Franz Lehner

Sozialwissenschaft

AF153069

Für Ilse und David

Franz Lehner

Sozial-
wissenschaft

VS VERLAG

Bibliografische Information der Deutschen Nationalbibliothek
Die Deutsche Nationalbibliothek verzeichnet diese Publikation in der
Deutschen Nationalbibliografie; detaillierte bibliografische Daten sind im Internet über
<http://dnb.d-nb.de> abrufbar.

1. Auflage 2011

Alle Rechte vorbehalten
© VS Verlag für Sozialwissenschaften | Springer Fachmedien Wiesbaden GmbH 2011

Lektorat: Frank Engelhardt

VS Verlag für Sozialwissenschaften ist eine Marke von Springer Fachmedien.
Springer Fachmedien ist Teil der Fachverlagsgruppe Springer Science+Business Media.
www.vs-verlag.de

Das Werk einschließlich aller seiner Teile ist urheberrechtlich geschützt. Jede
Verwertung außerhalb der engen Grenzen des Urheberrechtsgesetzes ist ohne
Zustimmung des Verlags unzulässig und strafbar. Das gilt insbesondere für
Vervielfältigungen, Übersetzungen, Mikroverfilmungen und die Einspeicherung
und Verarbeitung in elektronischen Systemen.

Die Wiedergabe von Gebrauchsnamen, Handelsnamen, Warenbezeichnungen usw. in diesem Werk
berechtigt auch ohne besondere Kennzeichnung nicht zu der Annahme, dass solche Namen im
Sinne der Warenzeichen- und Markenschutz-Gesetzgebung als frei zu betrachten wären und daher
von jedermann benutzt werden dürften.

Umschlaggestaltung: KünkelLopka Medienentwicklung, Heidelberg
Druck und buchbinderische Verarbeitung: Ten Brink, Meppel
Gedruckt auf säurefreiem und chlorfrei gebleichtem Papier
Printed in the Netherlands

ISBN 978-3-531-17406-8

Inhalt

Vorwort

Dieses Buch trägt den Titel Sozialwissenschaft – in der Einzahl. Das macht die Intention dieses Buches deutlich. Ich will in diesem Buch nicht nur die verschiedenen Disziplinen abhandeln, die man als Sozialwissenschaften bezeichnet. Ich betrachte vielmehr Sozialwissenschaft als ein Wissenssystem, das die Ordnung und Organisation des menschlichen Zusammenlebens analysiert und Wissen zu deren Verständnis und Gestaltung bereit stellt. Dieses Wissenssystem umfasst nicht nur mehrere unterschiedliche Disziplinen oder Teildisziplinen, sondern auch eine beträchtliche Zahl unterschiedlicher methodologischer und theoretischer Ansätze. Ich will in diesem Buch nicht die immer wieder mal aufflammende Debatte über die Einheit der Sozialwissenschaft aufnehmen. Ich betrachte Sozialwissenschaft in unterschiedlichen übergreifenden Zusammenhängen und versuche dabei Übereinstimmungen und Differenzen, Konvergenzen und Divergenzen herauszuarbeiten. Ziel dieses Buches ist die Vermittlung eines breiten und dennoch einigermaßen systematischen Überblicks über die Sozialwissenschaft sowie ihre unterschiedlichen methodologischen und theoretischen Ansätze. Das tue ich allerdings vor dem Hintergrund eines bestimmten Wissenschaftsverständnisses.

Ich betrachte wissenschaftliches Wissen, Nico Stehr folgend, als Fähigkeit zu Handeln. Sozialwissenschaftliche Erkenntnis eröffnet in dieser Sicht immer wieder neue oder erweiterte Handlungsmöglichkeiten. Stehr bezieht die durch Wissen erzeugten Handlungsmöglichkeiten auf die Chancen, gesellschaftliche Entwicklungen zu beeinflussen. Mein Anspruch ist etwas zurückhaltender. Mir geht es vor allem darum, die Handlungsmöglichkeiten von Studierenden und anderen Menschen, die sich für Sozialwissenschaft interessieren, im Umgang mit der Sozialwissenschaft zu erweitern. Das Buch soll Möglichkeiten bieten, sich sozialwissenschaftliches Wissen systematisch anzueignen und mit diesem Wissen später oder aktuell beruflich, also handlungsorientiert, umzugehen zu können. Es soll Studierenden sozialwissenschaftlicher Studiengänge helfen, ihr eigenes Studienfach in einen größeren Rahmen einzuordnen und dieses Fach dadurch besser zu verstehen. Es soll Sozialwissenschaftlerinnen und Sozialwissenschaftlern in Wissenschaft und Praxis dabei unterstützen, das Wissen der anderen sozialwissenschaftlichen Disziplinen besser und vor allem systematischer zu nutzen. Nicht zuletzt soll das Buch zur problemorientierten, systematischen Kommunikation und Kooperation zwischen Sozialwissenschaftlerinnen und Sozialwissenschaftlern aus unterschiedlichen Fächern anregen.

Aus dieser Perspektive ist es sinnvoll, sozialwissenschaftliches Wissen soweit wie möglich zusammen zu führen. Damit wird nicht nur die tatsächliche vorhandene Einheit der Sozialwissenschaft hervorgehoben, sondern gleichzeitig die verbleibenden Differenzen und Divergenzen akzentuiert. Dabei lasse ich mich überwiegend von pragmatischen Gesichtspunkten leiten. Das hat zur Folge, dass ich nicht nur ehrwürdige methodologische Prinzipien eher hintenan stelle, sondern auch Interpretationsspielräume von Konzepten und Theorien großzügig im Sinn einer Zusammenführung nutze. Ich hoffe dabei auch auf das Verständnis der Leserinnen und Leser, die die Sozialwissenschaft gut kennen, weil gerade sie wissen, wie schwierig es ist, den theoretischen und methodologischen Pluralismus der Sozialwissenschaft sinnvoll zu reduzieren und wie leicht es gerade in methodologischen Grundsatzdebatten fällt, vorhandene Divergenzen und Differenzen in starker Vergrößerung darzustellen. Wie schwierig ersteres ist, kann man auch daran ersehen, dass es – zumindest meines Wissens – bisher kein „Lehrbuch" der Sozialwissenschaft gibt.

Wie ich im ersten Kapitel dieses Buches erläutern werde, definiere ich Sozialwissenschaft problemorientiert als die Disziplinen, die sich mit der Ordnung und Organisation des menschlichen Zusammenlebens beschäftigt. Das schließt einige Disziplinen aus, die in einem bekannten Internet-Lexikon als Sozialwissenschaft bezeichnet werden, weil in diesem Lexikon Sozialwissenschaft wenig spezifisch und vor allem losgelöst von irgendwelchen sinnvollen Problembezügen gleichgesetzt wird mit den Wissenschaften, die sich mit den menschlichen Aspekten der Realität beschäftigen. Diese Definition passt offensichtlich auf fast alle Disziplinen, die nicht den Natur- oder Ingenieurwissenschaften sowie der Tiermedizin zugeordnet sind, also beispielsweise auf die Humanmedizin, die Rechtswissenschaft, die Pädagogik und die Geschichtswissenschaft. In meiner Definition umfasst Sozialwissenschaft neben den beiden Wirtschaftswissenschaften, der Soziologie und der Politikwissenschaft auch die Sozialpsychologie und die Sozialanthropologie. Damit sollen Teilgebiete anderer Disziplinen, die unter meine Definition passen, beispielsweise die Medizinsoziologie oder Rechtssoziologie, nicht ausgeschlossen werden.

Dieses Buch ist aus meiner Vorlesung „Einführung in die Sozialwissenschaft" an der Ruhr-Universität Bochum entstanden. Ich habe beim Schreiben dieses Buches bewusst den narrativen Stil meiner Vorlesung beibehalten. Das dient nicht nur der leichteren Lesbarkeit eines von der Natur der Sache her nicht ganz einfachen Buches, sondern hat auch einen tieferen Sinn. Ich vermeide damit die Verwendung einer Systematik, denn diese wäre unvermeidlich in meinem eigenen sozialwissenschaftlichen Denken verankert und damit a priori einseitig. Wer sich mit Wissenschaft auskennt, weiß, dass Objektivität zwar zu den obersten Tugenden der Wissenschaft gehört, diese Tugend aber gerade im Umgang mit dem eigenen Fach leicht verloren geht. Deshalb erzähle ich in diesem Buch eine Geschichte – vielleicht eher noch eine Reportage – über die Sozialwissenschaft, in der ich auch über unterschiedliche methodologische und theoretische Sichtweisen berichte und zeige, wie sich bestimmte Sachverhalte in unterschiedlichen Sichtweisen darstellen. Im Verlaufe dieser Geschichte führe ich in wichtige Theorien und Forschungsprogramme der Sozialwissenschaft ein. Dabei stelle ich Theorien und Forschungsprogramme zunächst in einem bestimmten Kontext dar und beschränke mich dabei auf die in diesem Kontext wichtigen Aspekte der jeweiligen Theorien und Programme. Diese Darstellung erweitere und systematisiere ich später in anderen Kontexten. Das soll den Leserinnen und Lesern dieses Buches, die mit Sozialwissenschaft nicht oder wenig vertraut sind, helfen, schrittweise ein komplexes kognitives Raster für das Verständnis der Sozialwissenschaft aufzubauen.

Im ersten Kapitel führe ich zunächst meine Definition von Sozialwissenschaft ein und illustriere an einem konkreten Beispiel aus der Forschung, womit sich die so definierte Sozialwissenschaft beschäftigt. Darauf aufbauend skizziere ich in groben Zügen die disziplinäre sowie die methodologische und theoretische Struktur der Sozialwissenschaft. Am Ende des Kapitels binde ich meine erste Darstellung von Sozialwissenschaft in den weiten Kontext der Entwicklung der Wissensgesellschaft ein. Das ermöglicht es mir, einerseits die Rolle der Sozialwissenschaft in einer modernen Gesellschaft zu umreißen und zweitens an einem weiteren konkreten Beispiel zu zeigen, womit sich Sozialwissenschaft beschäftigt und wie sie das tut. Im zweiten Kapital stelle ich anhand der Frage, was Gesellschaft ist, den konzeptuellen Rahmen der Sozialwissenschaft dar. Damit beschreibe ich die wichtigsten Elemente von Gesellschaft und gleichzeitig die Konzepte, mit denen diese Elemente erfasst werden. Dabei abstrahiere ich soweit wie möglich von konkreten theoretischen Bezügen oder benenne solche Bezüge explizit. Im dritten Kapitel erzähle ich eine systematische Ideengeschichte der Sozialwissenschaft. Ich stelle dabei nicht historische Abläufe dar, sondern die Entwicklung von Wissensstrukturen. Im vierten und fünften Kapitel verknüpfe ich die unterschiedlichen Methodologien, Theorien und Forschungsprogramme anhand von zwei zentralen sozialwissenschaftlichen Themen, nämlich der Strukturierung des Handelns (oder dem Verhältnis von Individuum und System) sowie der Logik des sozialen Wandels (oder der Entwicklung von Gesellschaft). Das sechste Kapitel enthält eine knappe Darstellung der Schlussfolgerungen, die ich ziehe. Die Kapitel sind so angelegt, dass sie gleichzeitig eine breite Einführung in die Problemzusammenhänge von Ordnung und Organisation in den modernen Gesellschaften vermitteln.

In jedem Kapitel definiere ich wichtige Begriffe jeweils in einem Kasten. Dabei erhebe ich keinerlei Anspruch auf Vollständigkeit. Ich verzichte in diesem Buch durchgängig auf die üblichen Fußnoten und Literaturverweise. Stattdessen schließe ich jedes Kapitel mit einer kommentierten Bibliographie ab. Darin nenne ich in erster Linie die Literatur, auf die ich die ich mich beim Schreiben des jeweiligen Kapitels konkret gestützt habe.

Dieses Buch verdankt seine Entstehung meinem Kollegen Achim Henkel, der mich bewogen hat, eine bis dahin als Ringvorlesung angelegte Einführung in die Sozialwissenschaft an der Ruhr-Universität Bochum, allein zu übernehmen und darauf aufbauend ein Lehrbuch der Sozialwissenschaft zu schreiben. Dieses anspruchsvolle Vorhaben konnte ich nur mit viel Unterstützung durch Kolleginnen und Kollegen zu Ende bringen. Besonders dankbar bin ich Rolf Heinze und Achim Henkel, mit denen ich immer wieder über meine Arbeit diskutierte und von denen ich viele Anregungen und Hinweise erhalten habe. Auch meine Frau, Ilse Führer-Lehner, sowie Jörg Bogumil, Rainer Eising, Reiner Fretschner, Dieter Haller, Josef Hilbert, Anne Juhasz, Annette Kammertöns, Ilse Lenz, Notburga Ott, Thomas Poguntke, Ludger Pries, Dieter Rehfeld, Götz Rohwer, Stefan Schirm, Jürgen Straub, Peter Strohmeier, Hans Georg Tegethoff und Martin Werding haben mich mit vielen kleineren und größeren Gespräche über die Vorlesung und das Buch unterstützt und mir viele Anregungen und Hinweise vermittelt. Dieses Buch profitiert zudem von vielen methodologischen und theoretischen Grundsatzdebatten mit Stephan Bieri, Roberto Camagni, Tony Charles, Anthony Courakis, Werner Engelhardt, Richard Gordon, Wilhelm Hankel, Paul Kevenhörster, Frieder Naschold, Helmut Nolte, Ralf Reichwald, Friedrich Schmidt-Bleek, Friedrich Schneider, Heiner Treinen und Frank Wistuba. Ebenso gewinnt es auch von den vielen theoretischen Grundsatzdebatten, die ich mit Kolleginnen und Kolleginnen und Kollegen am Institut Arbeit Technik geführt habe, um Ideen für innovative Lösungen ganz praktischer Probleme zu finden. Viel Dank schulde ich Michael Krüger-Charlé, Svenja Neumann, Katharina Rolff und Simone Sprick, die das ganze Manuskript des Buches durchgelesen und mit mir diskutiert haben. Auch von den Mitgliedern des Tutorenteams, das meine Vorlesung begleitet, habe ich viele Anregungen erhalten. Dafür danke ich Sophie Bäther, Sven Benecke, Ines Brinker, Jan Dreyer, Kirsten Drüke, Sebastian Göppert, Martin Heckenkamp, Maximilian Hugendubel, Christian

Hüttemeister, Katharina Knüttel, Katharina Küsgen, Dana Maren Meyer, Katharina Miekley, Carsten Mielke, Jana Pieper, Silke Steinheuer, Sabine Wege, Anika Westheide und Bianca Wiktor. Im ersten Kapitel beziehe ich mich auf ein Forschungsprojekt, das ich zusammen mit Studierenden einer forschungsbezogenen Lehrveranstaltung gemacht habe. Mit diesen Studierenden habe ich viele anregende Diskussionen über das Studium der Sozialwissenschaft geführt, aus denen ich manche Anregung für meine Vorlesung und für dieses Buch gewonnen habe. Dafür danke ich David Becker, Alexander Deicke, Patrick Finn, Slawomir Johns, Agata Markocinski, Michaela Prijanto, Anna-Lena Schönauer, Sandra Schulze, Janina Kleist, Claire Range, Florian Engel, Marie Konietzky, Michael Kazmierski, Miriam Szymaszczyk, Vitaly Podhopaev und Anja Tangermann. Großen Dank verdient Angelika Hüpen dafür, dass sie die zahlreichen Tip-Fehler und die vielen „Drag-and-drop"-Fehler, welche die bequeme Arbeit am PC mit sich bringt, ausbügeln musste. Simone Sprick und Ramin Zaitonie danke für ihre Unterstützung bei der Recherche und Beschaffung der umfangreichen Literatur, die ich für meine Arbeit benötigte. Die Grafiken haben Rudolf Lehner und Monika Weibel für mich gestaltet, wofür ich ihnen dankbar bin, weil Grafiken nicht meine Stärke sind.

Bochum, Juli 2010   Franz Lehner

1. Kapitel: Was ist Sozialwissenschaft?

In diesem Kapitel bestimme ich Sozialwissenschaft anhand einer einfachen und naturgemäß abstrakten Definition. Diese Definition fülle ich dann zunächst anhand eines Beispiels aus der empirischen Forschung mit Leben. Anhand eines einfachen Forschungsprojekts und dessen Einordnung in einen größeren, gesamtgesellschaftlichen Zusammenhang zeige ich exemplarisch, womit sich Sozialwissenschaft beschäftigt. Als Grundlage für eine systematischere Bestimmung von Sozialwissenschaft und ihrer unterschiedlichen Disziplinen diskutiere ich die für die Sozialwissenschaft wichtigsten wissenschaftstheoretischen Ansätze. Das liefert uns die Kriterien, die üblicherweise für die Bestimmung und Abgrenzung von wissenschaftlichen Disziplinen genutzt werden. Darauf aufbauend stelle ich die sozialwissenschaftlichen Disziplinen und danach die wichtigsten methodologischen und theoretischen Ansätze und Denkschulen der Sozialwissenschaft dar. Am Ende des Kapitels binde ich meine Darstellung von Sozialwissenschaft in den weiten Kontext der Entwicklung der Wissensgesellschaft ein.

Eine einfache Definition

Die Frage in der Überschrift dieser Einleitung wäre einfacher zu beantworten, wenn da nicht Sozialwissenschaft, sondern Sozialwissenschaften stehen würde. Fangen wir also mit der einfachen Frage an, was Sozialwissenschaften sind. In der englischen Version von Wikipedia werden die Sozialwissenschaften definiert als die wissenschaftlichen Disziplinen, die sich mit den humanen Aspekten der Realität beschäftigen. In diesem Sinne werden auch Psychologie, Rechtswissenschaft, Geschichtswissenschaft, Kunstwissenschaft, Sprachwissenschaft und Erziehungswissenschaft den Sozialwissenschaften zugerechnet. Diese breite Definition von Sozialwissenschaft passt nicht zum Selbstverständnis mancher der genannten Disziplinen. Sie macht auch wenig Sinn, weil die einbezogenen Disziplinen weder gemeinsame Probleme noch gemeinsame Theorien und Methoden haben. Wissenschaftliche Disziplinen, die weder gemeinsame Probleme (oder einen gemeinsamen Gegenstandsbereich) noch gemeinsame Theorien und Methoden aufweisen, stehen zueinander in keinem systematischen Zusammenhang.

Ich definiere in diesem Buch die Sozialwissenschaft über ein gemeinsames Problem – die soziale Ordnung und Organisation von menschlichem Handeln. Ich werde diese Begriffe im zweiten Kapitel systematisch bestimmen. In diesem Kapitel gehen wir erst einmal von einem alltäglichen Verständnis von Ordnung und Organisation aus. Im Alltagsverständnis ist mit Ordnung (zum Beispiel eine Vereinsordnung, eine Prüfungsordnung oder eine Straßenverkehrsordnung) eine Reihe von Regeln für Situationen gemeint, in denen Menschen zusammenkommen oder zusammenleben (müssen). Eine Organisation (zum Beispiel ein Verein, ein Unternehmen oder eine Universität) ist dagegen eine Einrichtung, in der Menschen zusammenarbeiten, um einen bestimmten gemeinsamen Zweck zu erreichen. Sozialwissenschaft umfasst also alle wissenschaftlichen Disziplinen, deren zentraler Gegenstand die Ordnung und Organisation des Zusammenlebens und Zusammenwirkens von Menschen ist.

Das sind im Wesentlichen die Soziologie, die Politikwissenschaft, die Wirtschaftswissenschaften (Volkswirtschaftslehre und Betriebswirtschaftslehre), die Sozialpsychologie und die Sozialanthropologie oder Ethnologie. Das Problem der Organisation und Ordnung des menschlichen Zusammenlebens und Zusammenwirkens, das ich im zweiten Kapitel noch ausführlicher diskutieren werde, ist in diesem Buch der Bezugspunkt für die Herausarbeitung der Unterschiede und Gemeinsamkeiten, der Divergenzen und Konvergenzen der sozialwissenschaftlichen Disziplinen. Wie ich weiter unten sowie im dritten Kapitel zeigen werde, gibt es diese Unterschiede und Gemeinsamkeiten, Divergenzen und Konvergenzen nicht nur zwischen, sondern auch innerhalb der Disziplinen.

Sozialwissenschaft

Die wissenschaftlichen Disziplinen, die sich mit der Ordnung und Organisation des menschlichen Zusammenlebens beschäftigen.

Die hier verwendete Definition ist sehr abstrakt und für Menschen, die (noch) keine ausgebildeten Sozialwissenschaftlerinnen und Sozialwissenschaftler sind, wahrscheinlich nicht sehr informativ. Deshalb werden wir sie im Folgenden zunächst anhand eines Beispiels konkretisieren, das ein ganz alltägliches Stück sozialwissenschaftlicher Forschung darstellt und dieses in einen größeren gesellschaftlichen Zusammenhang stellt. Mit der Wahl dieses Beispiels will ich auch deutlich machen, dass sich Probleme der Organisation und Ordnung des menschlichen Zusammenlebens der sozialwissenschaftlichen Forschung und Praxis oft nicht in Form der großen und grundsätzlichen Probleme der Gesellschaft stellen, sondern in vielen recht kleinen Problemen.

Ein Fall aus der Empirie

In der Wissenschaft heißt Empirie die Erhebung von Daten und Informationen durch systematische Beobachtung oder Messung von realen Sachverhalten oder durch Experimente.

Empirie

Der Begriff Empirie kommt aus dem Griechischen und heißt Erfahrung oder Erfahrungswissen. In der Wissenschaft heißt Empirie die Erhebung von Daten und Informationen durch systematische Beobachtung oder Messung von realen Sachverhalten oder durch Experimente.

Das Beispiel: Ausbildungsprobleme im Handwerk

Im Rahmen eines Empiriemoduls – einer forschungsorientierten Lehrveranstaltung – habe ich mit den Studierenden in den Jahren 2007 und 2008 eine Untersuchung von Ausbildungsproblemen im Handwerk durchgeführt. Partner der Untersuchung waren die Handwerkskammern Münster, Düsseldorf und Dortmund. Ziel der Untersuchung war es, Wege zu entwickeln, um Schülerinnen und Schüler für eine Ausbildung im Handwerk zu gewinnen und sie so zu fördern, dass der Ausbildungserfolg möglichst gut gesichert werden kann. Als empirische Grundlage des Projektes wurde eine Befragung von über 1000 Handwerksbetrieben durchgeführt.

Die empirische Befragung hat gezeigt, dass viele der jungen Menschen, die eine Ausbildung im Handwerk antreten, nicht die erforderlichen oder erwünschten Voraussetzungen mit sich bringen. Das ist in der Abbildung 1 dargestellt, in der die Antworten der befragten Handwerker auf die Frage nach Defiziten, welche sie bei den jungen Menschen antreffen, die bei ihnen eine Ausbildung antreten, aufgeführt sind. Wie man in der Abbildung sehen kann, gaben über 80 % der Befragten an, dass die Auszubildenden unzureichende Kenntnisse in Mathematik mitbringen. Über 60 % der Befragten nannten auch Deutschkenntnisse als unzureichend. Besonders bemerkenswert: Defizite bestehen in der Sicht des Handwerks nicht nur in Deutsch und Mathematik, sondern auch in den „Schlüsselqualifikationen" Kommunikationsfähigkeit, Einsatzbereitschaft und Selbständigkeit, während Computerkenntnisse, Pünktlichkeit oder Teamfähigkeit weniger als Problem berichtet wurden. Fast 80 % der Befragten gaben an, dass ihre neuen Auszubildenden nicht ausreichend selbstständig seien. Fast die Hälfte bemängelte die Einsatzbereitschaft. Wenige Probleme gibt es in der Sicht der meisten Betriebe im Hinblick auf Pünktlichkeit und Teamfähigkeit.

Abbildung 1   Defizite der Auszubildenden im Handwerk

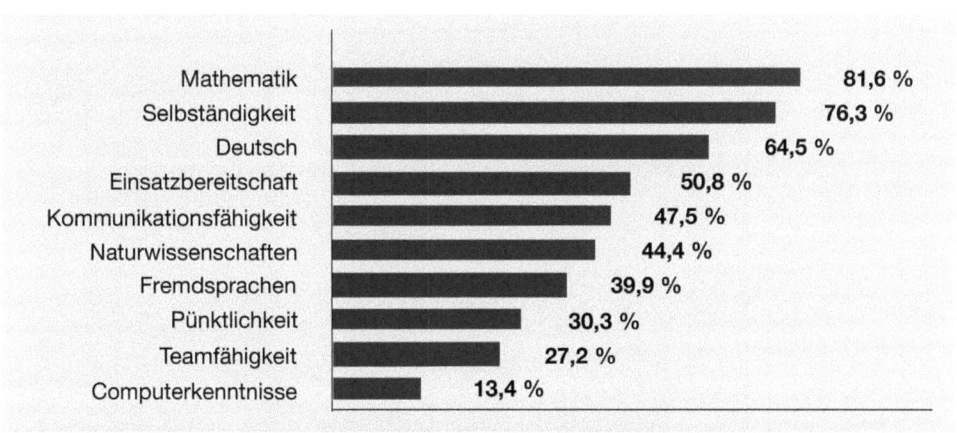

Quelle: Lehrstuhl für Angewandte Sozialforschung Ruhr Universität Bochum/Institut Arbeit und Technik

Ein wichtiger Hintergrund unserer Untersuchung waren die demografische Entwicklung und der auf der Basis dieser Entwicklung zu erwartende Fachkräftemangel. Wir haben die Betriebe deshalb auch gefragt, ob sie Schwierigkeiten hätten, qualifizierten Nachwuchs zu finden. Das ist, wie Abbildung 2 zeigt, gegenwärtig lediglich bei zehn Prozent aller Betriebe der Fall. Etwa ein Drittel aller Betriebe erwartet jedoch Probleme bei der Gewinnung von Nachwuchs in naher Zukunft.

Abbildung 2   Erwartete Nachwuchsprobleme im Handwerk

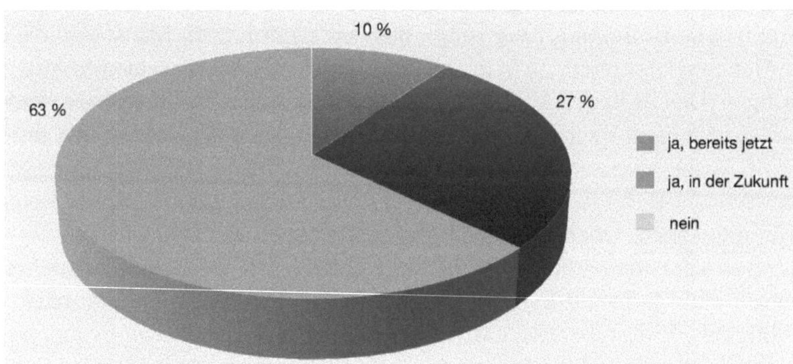

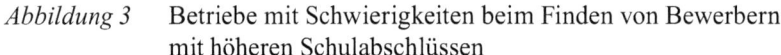

Quelle: Lehrstuhl für Angewandte Sozialforschung Ruhr Universität Bochum/Institut Arbeit und Technik

Wenn es jedoch um die Gewinnung von Azubis mit höheren Schulabschlüssen, also mit Real-schulabschluss oder Abitur, geht, haben mehr als die Hälfte der Betriebe Schwierigkeiten. Das zeigt Abbildung 3.

Abbildung 3   Betriebe mit Schwierigkeiten beim Finden von Bewerbern
mit höheren Schulabschlüssen

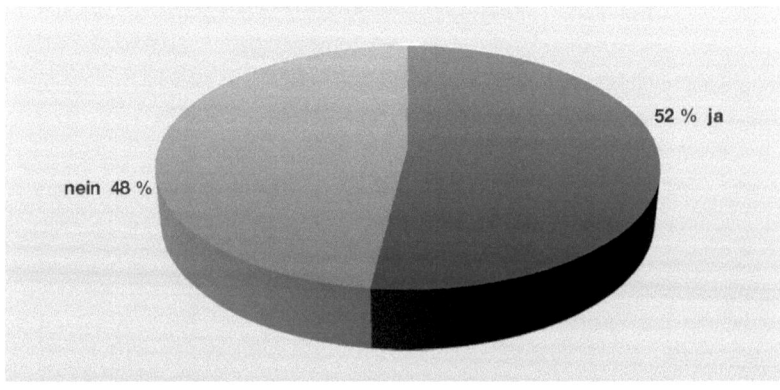

Quelle: Lehrstuhl für Angewandte Sozialforschung Ruhr Universität Bochum/Institut Arbeit und Technik

Wir haben die Antworten auch nach Branchen ausgewertet und dabei festgestellt, dass selbst jene Handwerksbereiche, die als besonders attraktiv gelten, insbesondere das Elektro- und Metallgewerbe, Schwierigkeiten bei der Gewinnung qualifizierter Azubis haben.

Die hier angesprochenen Probleme treffen nicht nur die Handwerksbetriebe, die keine Azubis finden, sondern schaffen auch ein soziales Problem. Schwierigkeiten beim Finden von qualifizierten Bewerbern hindern, wie Abbildung 4 zeigt, schon mehr als ein Drittel der Handwerksbetriebe daran, zusätzliche Ausbildungskapazitäten zu schaffen. Gleichzeitig gibt es in der Region, in der die untersuchten Handwerksbetriebe angesiedelt sind, immer mehr junge Menschen, die nach der Schule keine Lehrstelle finden. Viele dieser jungen Menschen erhalten keine Berufsausbildung und werden damit zu einem Leben mit geringen Einkommenschancen und hohen Arbeitslosigkeitsrisiken verurteilt. Das trifft am Ende nicht nur die Jugendlichen, welche keine Berufsausbildung erhalten, sondern hat Folgen für die wirtschaftliche und gesellschaftliche Entwicklung der ganzen Region,

Abbildung 4   Bereitschaft zur Schaffung zusätzlicher Ausbildungsplätze

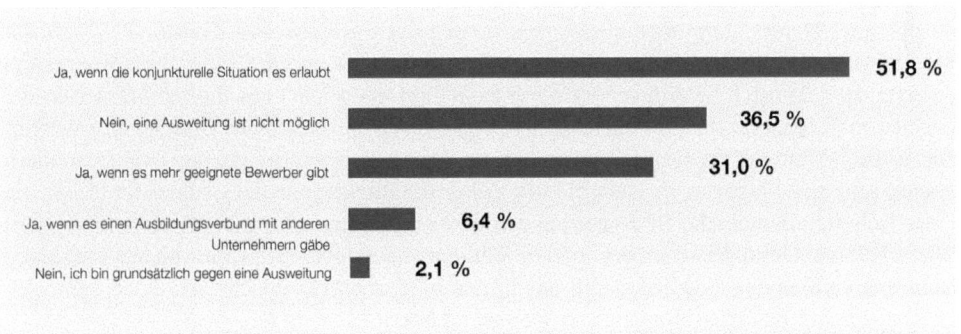

Quelle: Lehrstuhl für Angewandte Sozialforschung Ruhr Universität Bochum/Institut Arbeit und Technik

Aus den hier skizzierten Ergebnissen ergibt sich ein konkretes Organisationsproblem. Das Problem besteht darin, den Übergang von der Schule in die berufliche Ausbildung so zu gestalten, dass mehr junge Menschen die Chance erhalten, zu einem Berufsabschluss zu gelangen. Dieses Problem muss man auf der einen Seite in der Schule angehen, indem man Schülerinnen und Schüler besser auf die Berufsausbildung vorbereitet. Man muss es aber auch vom Handwerk aus anpacken und dafür sorgen, dass Schülerinnen und Schüler mit Defiziten geholfen wird, diese in der ersten Zeit ihrer Ausbildung zu beseitigen. An manchen Orten haben es Schulen und das Handwerk geschafft, ein gemeinsames Programm aufzubauen, mit dem sie Schülerinnen und Schüler beim Übergang helfen – mit guten Resultaten für die jungen Menschen, für das Handwerk und für den jeweiligen Ort.

Bildung: Ein zentrales Ordnungsproblem

Wenn man dieses Beispiel in einen noch etwas größeren Rahmen stellt, gelangen wir zu
ganz grundlegende Fragen gesellschaftlicher Ordnung, beispielsweise der Frage nach den
Möglichkeiten und Voraussetzungen einer stabilen Gesellschaftsordnung, der Frage nach dem
Verhältnis von individueller Freiheit und gesellschaftlicher Ordnung und der Frage nach der
Regelung der gesellschaftlichen Verteilung des Wohlstands und der individuellen Teilhabe an
der Gesellschaft. Diese Fragen sind eng mit der Verteilung von Bildungschancen verbunden.
Menschen mit geringer Bildung haben nicht nur wirtschaftlich schlechte Karten, sondern
werden auch in ihrer sozialen Teilhabe stark beschränkt. Sie haben weniger Handlungsmöglichkeiten und weniger Freiheiten in ihrer Lebensgestaltung. Aber auch die Gesellschaft
zahlt einen hohen Preis, wenn es ihr nicht gelingt, möglichst vielen Menschen eine qualifizierte Bildung und Ausbildung zu vermitteln, Das kann man in einer Studie über Bildung
im 21. Jahrhundert der UNESCO (Unesco steht für United Nations Educational, Scientific and
Cultural Organization) aus dem Jahre 1996 mit dem bezeichnenden Titel *Lernfähigkeit: Unser
verborgener Reichtum* nachlesen. Die Studie wurde von einer Kommission unter der Leitung
von Jacques Delors, dem ehemaligen Präsidenten der Europäischen Kommision, verfasst.
Sie macht eindringlich klar, dass die Zukunft aller Länder und der Menschheit insgesamt
entscheidend dadurch beeinflusst wird, ob es gelingt, möglichst rasch allen Menschen die
Chance zu bieten, eine ihren Fähigkeiten und Potenzialen entsprechende Bildung zu erwerben.
Das ist nach Meinung der Kommission nicht nur eine Frage der individuellen Rechte, sondern
ebenso sehr eine Frage der wirtschaftlichen Zukunftsfähigkeit und der sozialen Stabilität von
Gesellschaften. Ungleiche Bildungschancen treffen nicht nur einzelne Menschen, sondern
Wirtschaft und Gesellschaft insgesamt. Die Fähigkeiten und Kompetenzen von arbeitsfähigen
Menschen bilden das Humankapital, das in den modernen Gesellschaften einen zentralen
Faktor von Wettbewerbsfähigkeit und Wohlstand bildet.

Wie wohl alle einschlägigen Experten betont die UNESCO-Kommission, dass die Aufgabe
des Schulsystems darin besteht, den jungen Menschen die Qualifikation und Fähigkeiten
zu vermitteln, die sie für ihr weiteres Leben benötigen. Wenn wir die oben dargestellten
Daten mit diesem Anspruch vergleichen, wird erkennbar, dass selbst ein hoch entwickeltes
Land wie Deutschland es nicht schafft, Bildung so zu organisieren, dass alle schulpflichti-
gen Kinder zu einem Schulabschluss gebracht werden, der ihre weiteren Ausbildungs- und
Berufschancen sichert. Das zeigen vor allem die international vergleichenden PISA-Studien.
PISA (Programme for International Student Assessment) ist das internationale Programm zur
Schülerbewertung der OECD (Organization for Economic Co-Operation and Development),
der Organisation der Industrieländer. Diese Studien belegen, dass die Leistungen des deut-
schen Schulsystems im Vergleich der Industrieländer allenfalls mittelmäßig sind. Besonders
schlecht schneidet Deutschland in Bezug auf die Bedeutung der sozialen Herkunft für den
Schulerfolg ab – mehr als in den meisten anderen OECD-Ländern bestimmt die soziale
Herkunft den Schulabschluss.

Die mittelmäßigen Leistungen des deutschen Schulsystems markieren ein Organisationsproblem. Das deutsche Bildungssystem ist, im Unterschied zu den Bildungssystemen anderer
Länder, nicht so organisiert, dass es möglichst gute Abschlüsse für möglichst viele Kinder
und Jugendliche schafft. Das deutsche Schulsystem ist eher darauf ausgerichtet, Kinder und

Jugendliche auszusieben. Das liegt nach Meinung vieler Pädagogen schon daran, dass nach der Grundschule drei unterschiedliche Schultypen, nämlich Hauptschule, Realschule und Gymnasium (plus die Sonderschulen) nebeneinander existieren. Pädagogen beklagen zudem schon seit Jahren veraltete Unterrichtsformen, die keinen oder wenig Raum für eigenständiges Lernen und Kommunikation lassen. Lehrerinnen und Lehrer sind zwar im internationalen Vergleich gut bezahlt, aber nicht gut ausgebildet.

Derartige Probleme der Organisation der Zusammenarbeit und des Zusammenwirkens von Menschen gibt es nicht nur in Deutschland und nicht nur im Bildungsbereich, sondern in allen gesellschaftlichen Bereichen. Es gibt sie nicht nur im Staat, sondern auch in der Wirtschaft oder in Religionsgemeinschaften, in Vereinen ebenso wie in Unternehmen oder öffentlichen Einrichtungen. Sie sind oft Elemente oder Facetten von größeren Ordnungszusammenhängen. Das gilt auch für die Bildungsprobleme, die wir gerade diskutiert haben – sie stehen in einem engen Zusammenhang mit dem Wandel der Arbeitswelt in den Industrieländern.

Zukunft der Arbeit

Schon seit vielen Jahren wird in den Sozialwissenschaften über die Zukunft der Arbeit diskutiert. In diesen Debatten ging und geht es vor allem um drei Fragen: Erstens, um die Frage, ob es in einer modernen Volkswirtschaft noch Erwerbsarbeit für alle erwerbsfähigen Menschen geben kann, zweitens, um die Frage, ob sich die herkömmlichen Arbeitsverhältnisse in den entwickelten europäischen Volkswirtschaften noch halten lassen, und drittens, um die Frage nach dem Wandel von Arbeit im Zuge des Strukturwandels der entwickelten Volkswirtschaften.

Hintergrund der ersten Frage war eine wachsende Arbeitslosigkeit in vielen entwickelten Industrieländern. Von vielen Wissenschaftlerinnen und Wissenschaftlern wurde die hohe Arbeitslosigkeit einerseits mit den durch die neuen Informationstechnologien bewirkten massiven Produktivitätssteigerungen und andererseits mit der Globalisierung und einer veränderten internationalen Arbeitsteilung begründet. Dabei wurde oft – so auch in einem Bericht an den Club of Rome aus dem Jahre 1998 – argumentiert, dass die Vollbeschäftigung in den entwickelten Volkswirtschaften der Vergangenheit angehöre, und dass sich diese Volkswirtschaften entweder auf eine anhaltend hohe Massenarbeitslosigkeit einstellen oder aber die Arbeit gesellschaftlich neu verteilen müssten. Empirische Daten stützten diese These über lange Zeit. Seit den 1970er Jahren konnte man in den meisten entwickelten Volkswirtschaften nicht nur eine wachsende Arbeitslosigkeit, sondern auch einen wachsenden Sockel der Arbeitslosigkeit feststellen. Es wurden nicht nur mehr Menschen arbeitslos, sondern mehr Menschen blieben bei einer Wiederbelebung der Wirtschaft arbeitslos. Allerdings war die wachsende Arbeitslosigkeit oft begleitet von einer wachsenden Beschäftigung – die Arbeitslosigkeit nahm zu, obwohl auch die Zahl der Erwerbstätigen stieg. Die Gründe dafür lagen unter anderem in einer wachsenden Erwerbsquote von Frauen sowie in zunehmender Teilzeitarbeit.

Zu den hier angesprochenen Entwicklungen gehört gemäß einer verbreiteten These die Auflösung des herkömmlichen „Normalarbeitsverhältnisses". Als „Normalarbeitsverhältnis" bezeichnet man ein Arbeitsverhältnis, das auf dem Prinzip der Berufsfähigkeit aufbaut,

Vollzeittätigkeit beinhaltet, mit einer Berufskarriere verbunden ist und Arbeitnehmerinnen und Arbeitnehmern eine stabile Beschäftigung in ihren Unternehmen bietet. Anstelle dieses „Normalarbeitsverhältnisses" traten nun, so die These, Arbeitsverhältnisse, die mit dem Begriff „Flextime" beschrieben wurden. Typisch für diese Arbeitsverhältnisse seien mehrfache Wechsel von Unternehmen und Beruf, ein häufiger Wechsel von Vollzeitarbeit, Teilzeitarbeit, Weiterbildung und Selbstständigkeit und damit verbunden eine geringe Stabilität und eine hohe Unsicherheit von Arbeitsverhältnissen. Begründet wurde diese These mit den Auswirkungen der Informationstechnologie und der Globalisierung. Allerdings gibt es für diese These keine klare empirische Unterstützung.

Mit der Entwicklung, die man als „Globalisierung" bezeichnet, ist eine grundlegende Veränderung der internationalen Arbeitsteilung verbunden, genauer eine Erosion der herkömmlichen Arbeitsteilung zwischen entwickelten und weniger entwickelten Volkswirtschaften. Die herkömmliche Arbeitsteilung war dadurch charakterisiert, dass Produktionen in ausgereiften Märkten aus den entwickelten in weniger entwickelte Volkswirtschaften mit geringeren Löhnen und niedrigeren sozialen Standards verlagert wurden. Die damit verbundenen Verluste an wirtschaftlichen Aktivitäten und Beschäftigung wurden in den entwickelten Volkswirtschaften kompensiert durch die Entwicklung neuer Technologien und neuer Märkte. Die entwickelten Volkswirtschaften nutzten dabei ihre ausgebauten wissenschaftlichen Infrastrukturen und ihr Bildungssystem, um technologische Vorsprünge zu erzielen und wirtschaftlich zu nutzen. Wie der amerikanische Sozialwissenschaftler Robert Reich in seinem 1991 erschienenen Buch *The Work of Nations* argumentiert, befindet sich diese Arbeitsteilung in der Auflösung. Die Grenzen zwischen den Volkswirtschaften werden immer fließender und fast alles kann fast überall auf der Welt produziert werden. Die Produktion von Gütern und Dienstleistungen erfolgt in Reichs Sicht immer weniger in nationalen Unternehmen und immer mehr in internationalen Netzwerkunternehmen. Die Wettbewerbsfähigkeit dieser Unternehmen wird weitgehend durch ihre Innovationsfähigkeit und ihre Kundenorientierung bestimmt. Deshalb sind ihre Organisations- und Arbeitsstrukturen durch eine starke Innovationsorientierung und eine ebenso starke Kundenorientierung geprägt. Dabei gewinnt ein Typ von Arbeit eine zentrale Bedeutung, die man heute gemeinhin als „Wissensarbeit" bezeichnet (Reich selbst spricht von „Symbol-Analytikern"), während „Routinearbeit" an Bedeutung und an Einkommenschancen verliert.

Zu einer ähnlichen Schlussfolgerung kommt auch Manuel Castells in seinem dreibändigen Werk über das Informationszeitalter. In Castells Sicht ist das Informationszeitalter, das Ende des vergangenen Jahrhunderts begann, das Produkt einer „informationstechnischen" Revolution, die er an Bedeutung mit der industriellen Revolution gleichsetzt. Eine wichtige Folge dieser Revolution war und ist die Globalisierung der Wirtschaft, die neue Netzwerkstrukturen in der Wirtschaft und einen scharfen internationalen Innovationswettbewerb hervorgerufen hat. Die Wettbewerbsfähigkeit von Unternehmen und ganzen Volkswirtschaften wird dabei vor allem durch ihre technologische Leistungsfähigkeit und ihre Märkte bzw. Marktzugänge bestimmt. Damit einher gehen eine drastische Zunahme der Bedeutung von Wissensarbeit und eine Auflösung herkömmlicher Beschäftigungsverhältnisse. Darüber hinaus haben die Informationstechnologie und der durch sie vorangetriebene Prozess der Globalisierung einen Trend zu flexiblen, mobilen und wechselhaften Arbeitsverhältnissen ausgelöst.

Die Vorstellungen von Reich und Castells von der zukünftigen Arbeitswelt entsprechen einer weit verbreiteten Vorstellung des Wandels der entwickelten Industriegesellschaften zu Wissensgesellschaften, den ich am Ende dieses Kapitels ausführlicher diskutieren werde. Gemäß dieser Vorstellung gewinnt die Fähigkeit, Wissen für die Lösungen von Problemen zu generieren und zu nutzen, für die wirtschaftlich entwickelten Gesellschaften eine immer zentralere Bedeutung. Wissen ist zur zentralen Ressource dieser Gesellschaften geworden; die Erzeugung und Verteilung von Wissen zu einer zentralen Aufgabe. Die wirtschaftliche Wettbewerbsfähigkeit von Unternehmen und ganzen Volkswirtschaften wird geprägt durch ihre Fähigkeit, neues Wissen zu erzeugen, zu verteilen und zu nutzen. Die gesellschaftlichen Beteiligungsmöglichkeiten von Menschen, insbesondere ihre Chancen, Arbeit zu erhalten und ihre Möglichkeiten, ihre Interessen gesellschaftlich und politisch zu vermitteln, werden durch ihr Wissen und ihren Zugang zu Wissen bestimmt. Das verändert die Strukturen der Industriegesellschaften grundlegend und nachhaltig – Gesellschaft organisiert sich um die Produktion und Verteilung von Wissen. Das heißt unter anderem, dass sich Unternehmen immer mehr so organisieren, dass sie Wissen aus Forschung und Entwicklung, aus dem Marketing und der Kundenbetreuung und aus der Erfahrung in der Produktion möglichst systematisch nutzen können. Es heißt aber auch, dass soziale Verteilungsstrukturen (die Verteilung von Einkommen, gesellschaftlicher Anerkennung, Gesundheit, Lebenserwartung) immer durch die Bildungschancen von Menschen bestimmt werden.

Gesellschaftliche Weichenstellungen

Aus den Arbeiten von Wissenschaftlern wie Reich oder Castells kann man den Eindruck gewinnen, dass die dargestellten Entwicklungen geradezu zwangsläufig sind und deshalb die Zukunft der Arbeit schon vorgegeben ist. Das liegt jedoch nur daran, dass die Autoren von einer bestimmten „Theorie" oder von bestimmten Annahmen über die Entwicklung der modernen Gesellschaft und deren Triebkräfte ausgehen. Sowohl Reich als auch Castells gehen konkret davon aus, dass sich die Wirtschaft in den entwickelten Industriegesellschaften zu einer wissensbasierten Volkswirtschaft entwickelt. Diese besteht im Wesentlichen aus einer High-Tech-Industrie und hochwertigen Dienstleistungen, die beide in neuen Märkten operieren. Dabei entsteht eine „neue" Ökonomie, die allmählich die „alte" Ökonomie in den etablierten, technologisch und ökonomisch ausgereiften Märkten verdrängt. Reich und Castells gehen ferner davon aus, dass der wirtschaftliche Erfolg von Unternehmen in der „neuen" Ökonomie vor allem von den Beschäftigten abhängt, welche das Wissen produzieren, also von sogenannter Wissensarbeit. Wissensarbeit wird dabei weitgehend gleichgesetzt mit Forschung, Entwicklung, Konstruktion, Design und Management. In dieser „neuen" Ökonomie dominiert die so definierte Wissensarbeit, während für qualifizierte Facharbeit wenig Bedarf besteht. Für unqualifizierte Arbeit gibt es nur noch Platz in einfachen Dienstleistungen. Mit dieser Entwicklung dargestellt wird, würde die Arbeitswelt sich wieder derjenigen annähern, die in der frühindustriellen Zeit bestand. Die frühindustrielle Arbeitswelt war geprägt durch eine polarisierte Struktur mit einer vergleichsweise geringen Zahl von hoch qualifizierten Ingenieuren und Managern und einer großen Zahl gering qualifizierter Arbeitskräfte. Dieser Arbeitswelt entsprach ein ebenso polarisiertes Bildungsmodell mit Gymnasium und Hochschule für Management, Ingenieure und Wissenschaftler und der Volksschule für den großen Rest. Die moderne industrielle Produktion war und ist mit einem ganz anderen Arbeitsmodell verbunden. Sie basiert auf qualifizierter Arbeit, sowohl auf der Führungs- und Entwicklungsebene als auch in der „Werkstatt", also der eigentlichen Produktion. Diese Entwicklung würde den Prognosen von Castells und Reich entsprechen.

Diese Entwicklung ist jedoch keineswegs zwingend. Sie entspricht dem „amerikanischen" Weg zur Entwicklung einer „neuen" Ökonomie. Dieser Weg ist kein Vorbild für Europa, weil in den meisten europäischen Ländern wichtige Voraussetzungen für diesen Weg fehlen, gleichzeitig aber auch eine gute Alternative besteht. Der amerikanische Weg basiert darauf, neue Technologien raschen zu entwickeln und sie in neue High-Tech-Industrien umzusetzen, während ein großer Teil der übrigen Industrie auf einem moderaten technologischen Niveau verbleibt. Dieser Weg wird durch eine sehr hoch entwickelte Forschungslandschaft unterstützt, die in Europa viel weniger gegeben ist, als in den Vereinigten Staaten von Amerika. Viel wichtiger sind jedoch die Möglichkeiten, neue wissenschaftliche Einsichten zumindest experimentell in neue Produkte oder Verfahren umzusetzen – und die dabei auftretenden Risiken gesellschaftlich und politisch vermitteln zu können. Dem stehen jedoch die Rechtssysteme und die Kultur in den meisten europäischen Ländern entgegen. Darüber hinaus fehlen in Europa die Einrichtungen der Risikofinanzierung, die man braucht, um radikale Innovationen rasch auf den Markt zu bringen. Schließlich sind die europäischen Arbeitssysteme viel weniger flexibel, was zwar auf der einen Seite mehr soziale Sicherheit vermittelt, auf der anderen Seite aber radikale Innovationen hemmt, weil diese oft rasche und weit reichende organisatorische Veränderungen mit entsprechenden Konsequenzen für die Arbeit mit sich bringen. In den USA bestehen also ganz andere Voraussetzungen für die Entwicklung der Wirtschaft als in Europa. Damit sind auch andere Möglichkeiten und Chancen verbunden.

Die europäischen Chancen liegen weniger in einer Konzentration auf Hightech, als in einer raschen und breiten Diffusion neuen Wissens und einer hohen Innovationsfähigkeit, auch und gerade in den „alten" Industrien, wie dem Maschinenbau, der Chemie oder der Automobilindustrie. In diesen Industrien haben europäische Unternehmen oft eine hohe internationale Wettbewerbsfähigkeit, weil sie eine hohe Produktqualität und eine hohe Produktivität mit einer hohen technologischen Leistungsfähigkeit verbinden. Dieser Weg setzt allerdings qualifizierte Arbeit (Facharbeiterinnen und Facharbeiter) in der Produktion voraus – die es in den USA nicht in dem Maße wie in Europa gibt.

Während der „amerikanische" Weg zur Entwicklung einer neuen Ökonomie stark durch polarisierte Arbeitsverhältnisse mit hoch qualifizierten (und hoch bezahlten) „Wissensarbeitern" auf der einen Seite und wenig qualifizierten (und schlecht bezahlten) „Routinearbeitern" auf der anderen Seite geprägt wird, gilt das für einen „europäischen" Weg, der konsequent auf breite Innovation und Diffusion neuer Technologie und neuen Wissens auch und gerade in den „alten" Industrien setzt, keineswegs. Da er qualifizierte Arbeit auf allen Ebenen erfordert, ist er nicht mit polarisierten Arbeitsverhältnissen verbunden, sondern durch hohe Anteile sowohl der Arbeitnehmer mit akademischer Ausbildung als auch derjenigen mit einer qualifizierten beruflichen Ausbildung. Wenig Bedarf (und deshalb auch schlechte Bezahlung) gibt es an nicht oder wenig qualifizierten Arbeitskräften, deren Beschäftigungsverhältnisse denn auch prekär sind. Das Arbeitsmodell des „europäischen" Wegs setzt also die Entwicklung von der frühen zur modernen industriellen Produktion fort.

In diesem Arbeitsmodell ist nicht Wissensarbeit gefragt, die einseitig auf die Produktion von wissenschaftlich-technischem Wissen abgestellt ist, sondern Wissensarbeit, die über die ganze Innovations- und Produktionskette Theorie- und Faktenwissen, Erfahrungswissen und soziales Wissen systematisch und intensiv nutzt. Wissensarbeit beschränkt sich deshalb nicht auf relativ wenige gut ausgebildete – insbesondere wissenschaftlich ausgebildete – Arbeitskräfte, sondern prägt Arbeit auf fast allen Ebenen. Wissensarbeit ist nicht bloß die Arbeit von Ingenieuren, Wissenschaftlerinnen, Designern oder Managerinnen, sondern auch von Facharbeiterinnen.

Wissenschaftstheorie

An dieser Stelle unterbreche ich die Diskussion der Frage, was Sozialwissenschaft ist, um mich einer noch „größeren" Frage zuzuwenden, nämlich der Frage, was denn Wissenschaft ist oder sein soll. Mit dieser Frage beschäftigt sich die Wissenschaftstheorie. Die Wissenschaftstheorie ist ein Teilgebiet der Philosophie, das sich mit den Voraussetzungen, Methoden und Zielen von Wissenschaft sowie mit den Möglichkeiten wissenschaftlicher Erkenntnis beschäftigt. Auf die an und für sich einfache Frage, was Wissenschaft ist, beziehungsweise was Wissenschaft sein soll, gibt uns die Wissenschaftstheorie viele unterschiedliche Antworten, weil es nicht nur unterschiedliche Typen von Wissenschaft gibt, sondern eine Reihe unterschiedlicher Verständnisse von Wissenschaft. Auch die Sozialwissenschaft und ihre theoretischen und methodologischen Debatten sind durch unterschiedliche Wissenschaftsverständnisse geprägt.

> **Wissenschaftstheorie**
>
> Teilgebiet der Philosophie, das sich mit den Möglichkeiten, wissenschaftliche Erkenntnisse zu gewinnen, sowie mit den Zielen, Regeln und Methoden von Wissenschaft beschäftigt.

Wir werden im Folgenden immer wieder zwei zentrale Begriffe aus der Wissenschaftstheorie verwenden, nämlich die Begriffe Methodologie und Theorie. Diese Begriffe will ich hier kurz erläutern.

Methodologie und Theorie

Unter Methodologie versteht man in der Wissenschaftstheorie eine Menge von Regeln, durch die das Verfahren des Erkenntnisgewinns in einer Wissenschaft festgelegt wird. Diese Regeln bestimmen jeweils für konkrete Disziplinen insbesondere die zulässigen und nicht zulässigen Erklärungswege, die grundlegenden Konzepte, die zentralen theoretischen Annahmen sowie die Möglichkeiten der empirischen Beschreibung des Gegenstandes, das Vorgehen bei der Gewinnung und Verarbeitung von Daten und anderen Informationen und das Verfahren bei der empirischen Prüfung von Theorien oder Erklärungen. Es sind sozusagen die Spielregeln, denen Wissenschaft unterliegt. Ein Beispiel für eine solche Regel, auf die wir weiter unten noch näher eingehen werden, ist das in der Soziologie verbreitete methodologische Prinzip, demzufolge soziale Strukturen nicht durch individuelles Handeln, sondern nur durch soziale Strukturen erklärt werden sollen.

Methodologie

Ein System von Regeln über das Vorgehen bei der Erklärung von Realität, der Theorie-entwicklung sowie bei der Gewinnung und Verarbeitung von Daten und der Prüfung von Theorien.

Unterschiedliche Regeln über die zulässigen und nicht zulässigen Erklärungswege, die grundlegenden Konzepte und die zentralen theoretischen Annahmen führen auch zu unterschiedlichen Theorien. Theorien sind geordnete Mengen von Aussagen zur Erklärung von bestimmten Aspekten der Realität. Geordnet heißt, dass sich Aussagen nicht widersprechen dürfen und dass die einzelnen Aussagen einander entweder über- oder untergeordnet oder gleich geordnet sind. Dabei folgen untergeordnete Aussagen logisch jeweils aus übergeordneten Aussagen. Die grundlegenden Aussagen von Theorien müssen allgemeingültig sein. Sie dürfen sich also nicht nur auf eine konkrete Situation beziehen, sondern auf Typen von Situationen. Umstritten ist jedoch, wie wir noch sehen werden, ob Theorien auch unabhängig von Raum und Zeit sind.

Allgemeingültig heißt nicht, dass die Aussagen tatsächlich richtig sind, also die Realität zutreffend erklären, sondern lediglich, dass sie mit dem Anspruch verbunden sind, nicht nur für bestimmte konkrete Situationen zu gelten. Was die tatsächliche Richtigkeit anbelangt, bestehen Theorien immer aus Hypothesen, also aus begründeten oder plausiblen Vermutungen, deren Richtigkeit empirisch geprüft werden muss. Wie wir etwas weiter unten sehen werden, ist die empirische Richtigkeit allgemeingültiger Hypothesen nicht beweisbar. Man kann lediglich feststellen, dass sich eine Hypothese oder eine ganze Theorie empirisch bewährt hat, was heißt, dass sie mit den bekannten Daten über die Realität zumindest im Großen und Ganzen übereinstimmt.

Theorie

Eine geordnete Menge von Aussagen zur Erklärung von bestimmten Aspekten der Realität. Die einzelnen Aussagen stellen Hypothesen (Vermutungen) dar.

Ein einfaches Beispiel: Wir wollen erklären, warum Regierungen in den westlichen Demokratien bei der Lösung wirtschaftlicher Probleme in aller Regel wirtschaftspolitische Strategien verfolgen, die nach dem verfügbaren Stand des Wissens nicht zu der bestmöglichen Lösung für diese Probleme führen. Zur Erklärung dieses Problems nutzen wir eine Theorie mit zwei grundlegenden Hypothesen, nämlich „Parteien handeln so, dass sie bei den nächsten Wahlen möglichst erfolgreich sind" und „Wähler wählen jeweils die Partei, durch die sie ihre Interessen am besten vertreten sehen". Diese Hypothesen sind einander gleich geordnet und stehen nicht im Widerspruch zueinander. Sie gelten prinzipiell für alle Parteien in allen westlichen Demokratien. Aus den beiden Hypothesen kann man die Schlussfolgerung ableiten, dass demokratisch gewählte Regierungen für wirtschaftliche Probleme jeweils die Lösung wählen, von der sich die Regierungsparteien bei der nächsten Wahl das günstigste Ergebnis versprechen. Daraus wiederum folgt, dass Regierungen nur dann die wirtschaftlich beste Lösung für ein wirtschaftliches Problem wählen, wenn diese Lösung mit den Interessen der Wähler der Regierungsparteien übereinstimmt. Diese Schlussfolgerungen sind übrigens selber auch wieder Hypothesen.

Unser Beispiel stellt eine sehr einfache Erklärung dar, die lediglich verdeutlichen soll, was eine Theorie ist. Man kann an diesem Beispiel schon eine wichtige Eigenschaft von Theorien erkennen – Theorien vereinfachen die Realität, mit der sie sich befassen. Unsere Beispieltheorie geht nicht darauf ein, dass manche Parteien stark ideologisch oder programmatisch orientiert sind und sich deswegen nicht in erster Linie am Wahlerfolg orientieren oder dass sich manche Wähler eher an Werten als an konkreten Ergebnissen orientieren. Auch viele andere Merkmale von Parteien und Wählern werden ausgeblendet. Ebenso wenig berücksichtigt die Theorie unterschiedliche Parteien- und Wahlsysteme.

Unterschiedliche Wissenschaftsverständnisse

Grob kann man drei Typen von Wissenschaft unterscheiden: Formale, normative und empirische Wissenschaft. Formale Wissenschaft hat keinen Bezug zur Realität und sagt nichts über reale Ereignisse aus. Ihre Aussagen sind rein analytisch – sie sind dann wahr, wenn sie nach bestimmten Regeln abgeleitet oder begründet werden können. Beispiele für formale Wissenschaft sind die Mathematik, Logik und die Informatik. Normative Wissenschaft bezieht sich zwar auf Realität, enthält aber keine Aussagen über den tatsächlichen, sondern über den wünschenswerten Zustand von Realität. Ihre Aussagen sind dann wahr, wenn sie aus bestimmten normativ vorgegebenen Grundprinzipien (Dogmen) ableitbar sind. Beispiele für normative Wissenschaft sind die Theologie und die Rechtswissenschaft sowie große Teile der Philosophie. Empirische Wissenschaft ist Wissenschaft, die Aussagen über den tatsächlichen Zustand von Realität macht. Ihre Aussagen sind dann wahr, wenn sie mit beobachtbaren oder messbaren Tatbeständen in der Realität übereinstimmen.

Typen von Wissenschaft

- Formale Wissenschaft: Die Wahrheit von Aussagen ergibt sich aus logischen Regeln.
- Normative Wissenschaft: Die Wahrheit von Aussagen ergibt sich aus Dogmen.
- Empirische Wissenschaft: Die Wahrheit von Aussagen ergibt sich aus Übereinstimmung mit Beobachtungen oder Messungen.

Häufig können Wissenschaften zwar einem der drei genannten Typen zugeordnet werden, enthalten aber auch Elemente der anderen beiden Typen. So gibt es beispielsweise in der Logik

Ansätze, die auf Psychologie aufbauen und damit Elemente von empirischer Wissenschaft enthalten. In der Theologie und der Rechtswissenschaft gibt es Teilbereiche, wie die Religionsgeschichte oder die Rechtssoziologie, die empirisch sind. In vielen empirischen Wissenschaften, insbesondere in den Geistes- und Gesellschaftswissenschaften, findet man starke normative Komponenten. So gibt es in der Politikwissenschaft eine normative Demokratietheorie und in der Ökonomie ein normatives Ordnungskonzept, die liberale Gesellschaftstheorie.

Innerhalb der empirischen Wissenschaft gibt es zwei konträre Wissenschaftsauffassungen, nämlich eine realistische und eine antirealistische. Die realistische Wissenschaftsauffassung nimmt an, dass reale Objekte unabhängig vom Beobachter existieren und deshalb eine objektive Wahrheit besteht, an die sich Wissenschaft annähern kann. Die antirealistische Wissenschaftsauffassung sagt dagegen, dass reale Objekte so nur in der Wahrnehmung der Beobachter existieren und „objektive" (intersubjektive) Sachverhalte lediglich auf einer sozialen Verständigung beruhen. Wirklichkeit ist also lediglich ein soziales Konstrukt; eine wissenschaftlich erkennbare objektive Wahrheit kann es deshalb nicht geben. Die Debatte um Realismus und Antirealismus ist, wie wir im 3. Kapitel sehen werden, nicht eine nur wissenstheoretische Debatte, sondern auch eine soziologische. Sie bezieht sich nämlich auf die Frage, wie sich in Gesellschaften gemeinsame Vorstellungen von Bedeutung und Sinn bilden.

Wie schon die Unterscheidung von Realismus und Antirealismus zeigt, stellt Wissenschaft kein einheitliches und unumstrittenes System der Erkenntnisgewinnung dar, sondern ist eine Sache von normativen Festlegungen, die Gegenstand der Wissenschaftstheorie sind. Da Wissenschaft eine Sache von normativen Festlegungen ist, gibt es kein objektives Entscheidungskriterium zwischen unterschiedlichen Wissenschaftsauffassungen. Im Grunde genommen sind also Wissenschaftsverständnisse Weltanschauungen. In den meisten wissenschaftlichen Disziplinen gibt es zwar ein vorherrschendes Wissenschaftsverständnis, aber auch wissenschaftstheoretische Kontroversen. Das werden wir bezogen auf die Sozialwissenschaft noch ausführlicher diskutieren.

Realismus vs. Antirealismus

Realismus: Reale Objekte existieren unabhängig vom Beobachter – es gibt eine objektive Wahrheit.

Antirealistische Wissenschaftsauffassung: Reale Objekte existieren nur in der Wahrnehmung des Beobachters – Wirklichkeit ist ein soziales Konstrukt.

Das empirisch-analytische Wissenschaftsverständnis

In der Sozialwissenschaft dominiert heute ein empirisch-analytisches Wissenschaftsverständnis, zu dem es jedoch ein „Gegenprogramm" gibt. Das empirisch-analytische Wissenschaftsverständnis hat sich, wie ich im dritten Kapitel zeigen werde, aus der Aristotelischen Philosophie entwickelt, die auf einem Umweg über die islamische Wissenschaft erst im 13. Jahrhundert in der europäischen Wissenschaft ankam. Dieses Wissenschaftsverständnis beruht auf zwei Pfeilern, nämlich erstens auf dem Prinzip, dass sich alle wissenschaftlichen Aussagen auf empirische Beobachtungen (oder Messungen) zurückführen lassen und zweitens auf dem Prinzip, dass Wissenschaft allgemeingültige oder universale Aussagen anstreben muss. Allgemeingültig oder universal sind Aussagen dann, wenn sie nicht nur für einen bestimmten Raum oder eine bestimmte Zeit gelten. Universale Aussagen über soziale Gesetzmäßigkeiten beziehen sich also nicht nur auf die gegenwärtigen europäischen Gesellschaften, sondern auf alle Gesellschaften, insbesondere auch auf zukünftige Gesellschaften.

In vielen Wissenschaften, auch der Sozialwissenschaft, ist heute eine Version des empirisch-analytischen Wissenschaftsverständnisses verbreitet, die als Hempel-Oppenheim-Schema oder deduktiv-nomologisches Erklärungsmodell bezeichnet wird. Dieses Modell wurde von Carl Gustav Hempel und Paul Oppenheim publiziert. Deduktiv heißt, dass eine wissenschaftliche Erklärung eines konkreten Sachverhaltes aus einem allgemeinen Gesetz logisch abgeleitet werden muss. Das Gegenteil einer Deduktion ist die Induktion, das heißt die Ableitung einer allgemeinen Aussage aus der Generalisierung einzelner Beobachtungen – ein Verfahren, das schon Aristoteles benutzte. Nomologisch ist ein anderer Begriff für universal, bezeichnet also Aussagen, die unabhängig von Raum und Zeit gelten.

Deduktiv-nomologisches Erklärungsmodell

Erklärung eines Sachverhaltes durch Ableitung aus einem allgemeinen Gesetz und Randbedingungen.

Das deduktiv-nomologische Erklärungsmodell liegt dem kritischen Rationalismus – der in den Sozialwissenschaften wahrscheinlich am weitesten geteilten wissenschaftstheoretischen Auffassung – zugrunde. Der kritische Rationalismus wurde von Karl R. Popper insbesondere aus einer Auseinandersetzung mit dem Positivismus, einer anderen Version des empirisch-analytischen Erklärungsmodells entwickelt. Der Positivismus vertritt die Auffassung, dass nur solche Aussagen als wissenschaftliche Erkenntnis akzeptiert werden können, die auf einem empirischen Befund basieren. Wissenschaftliche Aussagen müssen durch empirische Fakten bewiesen sein. Demgegenüber argumentieren Popper und der kritische Rationalismus, dass wissenschaftliche Aussagen durch empirische Fakten nicht beweisbar, sondern lediglich widerlegbar (falsifizierbar) seien. Auch wenn wissenschaftliche Aussagen oder Theorien immer wieder durch Fakten gestützt werden, heißt das in Poppers Sicht nicht, dass diese Theorie damit bewiesen ist. Dass sich eine nomologische Aussage prinzipiell auf eine unendliche Zahl von Fällen bezieht, beweist – so Popper – auch die Tatsache, dass mithilfe dieser Aussage in vielen Fällen eine empirisch zutreffende Erklärung abgeleitet werden konnte, nicht aber, dass diese Aussage richtig ist. Nomologische Aussagen sind also grundsätzlich nicht verifizierbar. Dagegen genügt schon ein einziger Fall, in dem eine mit Hilfe einer Aussage abgeleitete Erklärung empirisch nicht zutrifft, um diese Aussage zu widerlegen.

Kritischer Rationalismus

- Realistische Wissenschaftsauffassung.
- Nomologisch-deduktives Erklärungsmodell.
- Fallibilismus.
- Wissenschaftliche Aussagen sind immer nur vorläufig wahr.

In der Sicht von Popper und dem kritischen Rationalismus kann man nur dann von einer empirischen Wissenschaft sprechen, wenn ihre Aussagen und Theorien an der Realität scheitern können. Aussagen oder Theorien müssen durch Fakten widerlegbar sein. Aussagen, die nicht durch Fakten widerlegbar sind, sind metaphysisch. Eine Aussage oder Theorie ist umso stärker, je besser sie grundsätzlich durch Fakten widerlegbar ist. Widerlegbar ist sie umso eher, je mehr denkbare Folgen einer bestimmten Situation durch die Aussage oder Theorie ausgeschlossen sind. Die Menge der denkbaren, aber durch die Aussage oder Theorie ausgeschlossenen Möglichkeiten nennt man den empirischen Gehalt einer Aussage oder Theorie. Je gehaltvoller eine Theorie ist, desto besser ist sie. Der Fortschritt der Wissenschaft, der Erkenntnisfortschritt, besteht in dieser Sicht darin, dass Theorien empirisch widerlegt und durch bessere, sprich gehaltvollere, Theorien ersetzt werden.

Poppers Verständnis von „objektiver" Erkenntnis und deren Ausrichtung auf beobachtbare Tatbestände ist auch von Wissenschaftstheoretikern kritisiert worden, die das deduktiv-nomologische Erklärungsmodell und wichtige Prinzipien des kritischen Rationalismus durchaus teilten, insbesondere von Imre Lakatos und Paul Feyerabend. Beide widersprachen dem strikten Falsifikationismus von Popper, also der Vorstellung, eine Theorie könne durch einzelne empirische Beobachtungen widerlegt werden. Imre Lakatos wandte gegen Popper kritisch ein, dass auch Daten nicht reine Beobachtungen darstellen, sondern auf Messverfahren und Auswertungsmethoden beruhen, die selbst bloß theoretische Aussagen darstellen. Jeder Beobachtung liegt also eine Theorie, zumindest eine Messtheorie, zugrunde. Es gibt deshalb keine reinen Daten, die nur aus Beobachtungen bestehen. Ein Beispiel dafür ist das Bruttosozialprodukt, das wir oft als Maß für den Wohlstand einer Volkswirtschaft nehmen. Das Bruttosozialprodukt ist eine Messgröße, die keineswegs objektiv gegeben ist, sondern auf bestimmten theoretischen und methodischen Vorstellungen beruht. Daten über das Bruttosozialprodukt sind keine bloßen Beobachtungssätze. In der Sicht von Lakatos können deshalb auch Daten nicht als zweifelsfreie Instanz für die Widerlegung einer Theorie akzeptiert werden. Daten, die einer Theorie widersprechen, sind kein ausreichender Grund, die Theorie zu verwerfen. Vielmehr muss im Falle eines Widerspruches zwischen Daten und theoretischen Aussagen nach einer Erklärung gesucht werden, die mit der Theorie konsistent ist und die den Widerspruch auflöst.

Lakatos kritisiert zudem Poppers Konzept als realitätsfremd. In der Realität stehen sich, so Lakatos, nicht Daten und Theorien gegenüber, sondern alternative Theorien. In jeder Theorie gibt es einen harten Kern von Grundprinzipien und Basisannahmen, die auch bei einem Widerspruch mit Daten nicht aufgegeben werden. Wissenschaftlicher Fortschritt besteht deshalb zumeist darin, dass auf der Basis von Grundprinzipien und Basisannahmen bessere Theorien entwickelt werden, also Theorien, die auftretende Widersprüche von Daten und theoretischen Aussagen erklären. Ein Beispiel dafür ist die heute vorherrschende ökonomische Theorie, deren grundlegende Annahme schon öfter empirisch widerlegt wurde. Das hat bisher nicht dazu geführt, dass die Theorie und ihr grundlegendes Prinzip aufgegeben wurden. Sie wurde vielmehr immer wieder so weiterentwickelt, dass die jeweiligen Widersprüche beseitigt werden konnten. Darauf werde ich im dritten und vierten Kapitel ausführlicher eingehen.

Paul Feyerabend war in der Ablehnung von Poppers striktem Falsifikationismus noch radikaler als Lakatos. Feyerabend kritisierte zunächst, wie auch Lakatos, die Annahme, es gäbe theorielose Beobachtungssätze. Aus der Zurückweisung dieser Annahme zog er, ähnlich wie Lakatos, die Schlussfolgerung, dass Theorien letztlich nur durch Theorien widerlegt werden könnten. Das führte ihn wiederum zu der Aussage, Erkenntnisfortschritt könne es nur geben, wenn es einen Theorienpluralismus gibt. Diese Auffassung radikalisierte er später und wandte sich gegen jegliche Versuche, Wissenschaft methodologisch zu regeln. Er argumentiert, dass es keine allgemeinen Regeln gibt, die von allen Wissenschaftlerinnen und Wissenschaftlern befolgt werden und befolgt werden müssen. Vielmehr wären gerade durchgreifende wissenschaftliche Erkenntnisfortschritte mit einem Bruch etablierter methodologischer Regeln verbunden. Er stellte damit den Sinn von wissenschaftstheoretischen Regeln ganz in Frage und forderte, dass Wissenschaft bei der Suche nach Erkenntnissen und dem Streben nach Erkenntnisfortschritt frei sein müsste. Wissenschaftstheoretische und methodologische Regeln würden, so argumentierte er, lediglich Intuition und Kreativität als Voraussetzungen für Erkenntnisgewinn und Erkenntnisfortschritt dogmatisch einschränken.

Auch der Wissenschaftshistoriker Thomas Kuhn kritisiert Poppers Wissenschaftsverständnis als realitätsfremd. Er argumentiert insbesondere, dass Poppers Verständnis einen linearen Prozess der Akkumulation von Wissen unterstellt, den es so in der Realität gar nicht gibt. Darauf komme ich weiter unten ausführlicher zurück.

Das geisteswissenschaftliche Gegenkonzept

Wie weiter oben schon erwähnt, war und ist das empirisch-analytische Wissenschaftsverständnis in der Sozialwissenschaft (und mehr noch in anderen Geisteswissenschaften) keineswegs allgemein anerkannt. Vielmehr gibt es dazu ein „Gegenprogramm", das als Hermeneutik bezeichnet wird. Die Hermeneutik war zunächst eine Methodologie der Interpretation und des Verständnisses von Texten und Kunstwerken, die in der christlichen Theologie vor allem in der Exegese der Bibel angewandt wurde. In der Neuzeit wurde sie bei Wilhelm Dilthey zu einer Lehre des Verstehens. Dilthey wandte sich gegen das zu seiner Zeit vorherrschende positivistische und naturalistische Wissenschaftsverständnis in den Geisteswissenschaften und gegen die Vorstellung, dass Naturwissenschaften und Geisteswissenschaften im Prinzip das gleiche sind und der gleichen Erkenntnislogik unterliegen. Er bestritt insbesondere die Möglichkeit nomologischer Erklärungen in den Geisteswissenschaften.

Dilthey akzeptierte das empirisch-analytische Wissenschaftsverständnis für die Naturwissenschaften, nicht aber für die Geisteswissenschaften. In seiner Sicht benötigen die Geisteswissenschaften eine eigene wissenschaftliche Methode. Die Notwendigkeit einer besonderen geisteswissenschaftlichen Methode ergibt sich in seiner Sicht daraus, dass sich die Geisteswissenschaften mit einer von Menschen geschaffenen und weiterentwickelten

sowie mit Bedeutung und Werten verbundenen Welt beschäftigen, der sich Menschen nicht
mit der gleichen Abstraktion und Objektivität nähern können wie der Natur. Die Naturwissenschaften beobachten die Natur von außen und versuchen, ihre Gesetzmäßigkeiten
zu ergründen. Die Geisteswissenschaften befassen sich dagegen mit den Erzeugnissen des
menschlichen Geistes, an denen sie selbst Anteil haben und die sie deshalb nicht „objektiv"
betrachten können. In die Analyse geistes- und gesellschaftswissenschaftlicher Sachverhalte
fließen immer auch die Sinnverständnisse und Bewertungen der Wissenschaftler mit ein – die
analysierte Wirklichkeit ist immer interpretierte Wirklichkeit. Deshalb kann die soziale und
kulturelle Wirklichkeit nicht erklärt, sondern lediglich interpretiert und durch die Erfassung
von Sinnzusammenhängen verstanden werden.

Dilthey folgend, ist das Ziel der Hermeneutik, den Sinn von beobachtbaren Tatbeständen
zu verstehen. In der Perspektive der Hermeneutik gibt es keine im strengen Sinn objektive
Wissenschaft. Wissenschaftliche Erkenntnis ist immer das Resultat von Diskursen zwischen
Wissenschaftlerinnen und Wissenschaftlern und besteht letztlich immer nur aus Deutungen
und Interpretationen, die von vielen Wissenschaftlerinnen und Wissenschaftlern geteilt werden. Wissenschaftlicher Erkenntnisfortschritt ist in diesem Sinn lediglich die Akkumulation
von allgemein akzeptierten Verständnissen und Deutungen. Selbst allgemein akzeptierte
Verständnisse und Deutungen stellen nie nomologische Aussagen dar, sondern sind raum-
zeitlich oder historisch und kulturell beschränkt. Damit wird das deduktiv-nomologische
Erklärungsmodell für die Geisteswissenschaften abgelehnt. Im vierten Kapitel werde ich
jedoch mit Ulrich Oevermanns „objektiver Hermeneutik" eine mögliche Brücke zwischen
beiden Positionen darstellen.

Hermeneutik

- Es gibt eine unterschiedliche Erkenntnislogik für Natur- und Geisteswissenschaften.
- Geisteswissenschaft beschäftigt sich mit einer von Menschen geschaffenen Wirk-
  lichkeit.
- Analysierte Wirklichkeit ist immer interpretierte Wirklichkeit.
- Nomologische Aussagen sind nicht möglich.

In den 1960er und 1970er Jahren kam es in der deutschen Soziologie zu einer heftigen methodologischen Auseinandersetzung, dem sogenannten Positivismusstreit. Im Positivismusstreit
standen sich der kritische Rationalismus und die kritische Theorie (oder die Frankfurter Schule)
gegenüber. Die kritische Theorie, die von Max Horkheimer und Theodor W. Adorno begründet
wurde, steht methodologisch der Hermeneutik nahe, geht aber weiter als sie. Sie bestreitet
nicht nur die Möglichkeit nomologischer Aussagen, sondern die Existenz von „objektiver"
Erkenntnis insgesamt. Wissenschaft ist immer in die bestehenden Gesellschaftsverhältnisse
eingebunden, die Verzerrungen und Verblendungen mit sich führen. Das gilt insbesondere
für die Sozialwissenschaften, deren Theorien Teil der gesellschaftlichen Realität sind, die
sie beschreiben und die deshalb Gesellschaft nur in der Reflexion ihrer eigenen Einbindung
in die Gesellschaft analysieren können. Erst aus der kritischen Auseinandersetzung mit den

herrschenden gesellschaftlichen Verhältnissen und deren Veränderungsmöglichkeiten kann das Verständnis von Gesellschaft entwickelt werden.

Kritische Theorie ist also nicht „wertfreie" oder „objektive" Theorie, sondern nimmt bewusst Partei für die Menschen, die in den herrschenden Verhältnissen unterdrückt werden. Dabei besteht die wichtigste Aufgabe der kritischen Theorie in der Aufklärung der Menschen über die herrschenden Verhältnisse und ihre eigene Einbindung in diese Verhältnisse. Ihr Ziel ist nicht das bloße Verstehen von Gesellschaft, sondern deren Veränderung. Dazu muss sie sich an einer „konkreten Utopie" orientieren, etwa der einer klassenlosen Gesellschaft.

Einer der führenden Vertreter der Frankfurter Schule ist Jürgen Habermas, obwohl er sich in wichtigen Punkten von den Positionen Adornos und Horkheimers unterscheidet. An dem grundsätzlichen Ziel kritischer Theorie hält er fest. In seiner Theorie des kommunikativen Handelns setzt sich Habermas mit der Möglichkeit auseinander, dass Menschen durch Vernunft eine menschenwürdige Gesellschaft schaffen – was sowohl Horkheimer wie Adorno bezweifelten. Vernunft entsteht in Habermas' Sicht aus kommunikativem Handeln, also aus dem Versuch von Menschen, eine als rational begründbare Verständigung zu erreichen. Die Verständigung wird immer auf der Basis von Vorverständnissen erreicht, welche Teil der Lebenswelt von Individuen sind. Verständigungsprozesse tendieren zur Rationalisierung, also zur Herausbildung allgemein richtiger Aussagen und einer darauf aufbauenden Institutionalisierung von Handeln. Dabei bilden sich im Rahmen der materiellen Reproduktion Systeme heraus, die sich von der Lebenswelt abkoppeln. Verhalten wird nicht mehr über Verständigung koordiniert, sondern über Steuerungsmedien (wie Geld, Macht oder Recht). Die Lebenswelt wird dem System, die Kultur der materiellen Reproduktion unterworfen. In dieser „Kolonialisierung der Lebenswelt" sieht Habermas die Pathologie moderner Gesellschaft, der sich Menschen und vor allem Wissenschaftlerinnen und Wissenschaftler durch kommunikatives Handeln entziehen müssen. Wichtig ist dabei, dass kommunikatives Handeln herrschaftsfrei ist und alle Beteiligten die gleichen Möglichkeiten haben, Dialoge zu initiieren und ihre Positionen einzubringen.

Im „Positivismusstreit" und anderen Auseinandersetzungen ging es um die Möglichkeit oder Unmöglichkeit einer objektiven Wahrnehmung und einer nomologischen Erklärung von Realität. Die Existenz von Wirklichkeit stand nicht zur Debatte. Wenn in der kritischen Theorie von Verblendung gesprochen wurde und wird, heißt das letztlich, dass es hinter der Verblendung eine wahre Wirklichkeit gibt, die es zu enthüllen gilt.

Die soziale Organisation der Wissenschaft

Ich habe weiter oben erwähnt, dass es auch eine antirealistische Wissenschaftsauffassung gibt, welche die Existenz einer objektiv erkennbaren Wirklichkeit bestreitet. In der Sozialwissenschaft wird diese Position insbesondere vom sozialen Konstruktivismus vertreten. Der soziale Konstruktivismus baut auf einer wissenssoziologischen Theorie von Peter L. Berger und Thomas Luckmann auf, die ihrerseits die Phänomenologie von Alfred Schütz weiterführt. Diese werden wir im dritten Kapitel und danach noch ausführlicher diskutieren.

Berger und Luckmann und dem Konstruktivismus zufolge gibt es keine für Menschen objektiv erkennbare Realität. Realität ist vielmehr sozial konstruiert. Sozial konstruiert heisst, dass sie auf sozialer Verständigung beruht. Das wiederum heißt, dass Menschen sich in ihren sozialen Interaktionen auf gemeinsame Verständnisse über die Eigenschaften und Bedeutung ihrer Umwelt, auch ihrer natürlichen Umwelt, verständigen. Durch diese Verständigung werden Einsichten über die Realität von den einzelnen Individuen losgelöst, „objektiviert" und damit Teil eines allgemein anerkannten gesellschaftlichen Wissensvorrats. Die Inhalte dieses Wissensvorrats treten den einzelnen Individuen als „objektive Tatsachen" entgegen. Das gilt nicht nur für das Alltagswissen, sondern auch für das Wissen der Wissenschaft. Wissenschaftliche Erkenntnisse stellen in dieser Perspektive nie objektive Fakten dar und können auch nicht auf solche zurückgeführt werden. Sie können lediglich auf das sozial konstruierte Alltagswissen zurückgeführt werden, das die „Fakten" bildet, auf denen menschliches Handeln aufbaut. Das gilt nicht nur bezogen auf gesellschaftliche Tatsachen, sondern auch auf natürliche – auch scheinbar objektive naturwissenschaftliche Tatsachen sind das Ergebnis von Prozessen der sozialen Konstruktion.

Das bedeutet, wie die Konstanzer Soziologie-Professorin Karin Knorr-Cetina, eine führende Vertreterin des „methodologischen Relativismus", und andere soziale Konstruktivisten hervorheben, dass Wirklichkeit nicht die Ursache von beobachtbaren „Fakten" ist, sondern deren Resultat. Wissenschaft gewinnt also „Fakten" nicht aus der Wirklichkeit, sondern schafft die Wirklichkeit erst durch ihre „Fakten". Ihre Fakten entstehen aus mehr oder weniger komplizierten Prozeduren oder Erhebungsverfahren, die mit mehr oder weniger komplizierten sozialen Prozessen verbunden sind. Auch die Bewertung und Interpretation von „Fakten" ist in Interaktionen eingebunden. Einfacher ausgedrückt: Fakten werden von Arbeitsgruppen, die Teil einer größeren wissenschaftlichen Gemeinschaft sind, nach Methoden und Verfahren erzeugt und interpretiert, auf die sich die wissenschaftliche Gemeinschaft (oder Teile davon) geeinigt haben. Die Festlegung von Methoden und Verfahren und damit die Erzeugung und Interpretation von Fakten, ist mit Auseinandersetzungen und Konflikten, Kompromissen und mehr oder weniger hierarchischen Entscheidungsprozessen verbunden.

Viel weniger radikal als die Argumentation der methodologischen Relativisten (oder sozialen Konstruktivisten) stellt ein ganz etablierter und auch von den Anhängern des deduktiv-nomologischen Erklärungsmodells anerkannter Wissenschaftstheoretiker, nämlich Thomas Kuhn, auf den sozialen Charakter von Wissenschaft ab. Aus einer historischen Analyse wissenschaftlicher Entwicklungen heraus, stellt er den Prozess des wissenschaftlichen Erkenntnisfortschrittes als einen Wechsel zwischen normalen Phasen und wissenschaftlichen Revolutionen dar. Organisiert wird dieser Prozess über „Paradigmen". Paradigmen sind eine Art wissenschaftliche Musterlösungen für eine Disziplin. Sie enthalten grundlegende methodologische Regeln, Methoden und Theorien. Solche Paradigmen sind beispielsweise die neoklassische Ökonomie oder die verhaltenstheoretische Soziologie, die ich weiter unten darstellen werde. Mit dem Begriff „Paradigma" wird deutlich gemacht, dass Forschungsprogramme in aller Regel keine systematisch durchkonstruierten Programme sind, sondern sich eher aus den Interaktionen der Wissenschaftlerinnen und Wissenschaftler heraus mehr oder weniger spontan entwickeln.

Kuhn beschreibt die Entwicklung von Wissenschaft als einen Prozess, in dem zunächst ein Pluralismus von theoretischen und methodologischen Vorstellungen existiert, der in konkurrierenden Schulen organisiert ist. Zwischen den konkurrierenden Schulen ist eine wissenschaftliche Entscheidung faktisch nicht möglich, weil es keine gemeinsam anerkannten Methoden und Daten – und damit keine Verständigungsmöglichkeit – gibt. Jede dieser Schulen konstruiert sich ihre eigene Wirklichkeit. Das geht so lange, bis es einer Wissenschaftlerin oder einem Wissenschaftler (oder einer Gruppe von Wissenschaftlern) gelingt, die Probleme, Methoden und theoretischen Grundlagen so zu bestimmen, dass viele andere Wissenschaftlerinnen und Wissenschaftler diesem Vorbild (Paradigma) folgen und sich von den anderen Schulen abwenden. Wenn das Paradigma richtig etabliert ist, kann sich kaum eine Wissenschaftlerin oder ein Wissenschaftler in diesem Fach dem Paradigma entziehen, ohne soziale Sanktionen bis hin zum Ausschluss oder zur Ausgrenzung aus der Fachgemeinschaft fürchten zu müssen. Erst wenn ein Paradigma auf wachsende Probleme stößt, die nicht mehr innerhalb des Paradigmas gelöst werden, wird der Prozess wieder offener. Nachdem sich in einer Wissenschaft ein Paradigma etabliert hat, kommt sie in die Phase der „normalen" Wissenschaft. In dieser Phase bewegt sich Forschung nur innerhalb des herrschenden Paradigmas. Es herrscht in den jeweiligen Fachgebieten ein weitreichender Konsens, der wichtige Grundlagen des Paradigmas „dogmatisiert". Theorien werden nur im Rahmen des Paradigmas verbessert und verfeinert, neue Theorien, welche das herrschende Paradigma verlassen, stoßen auf breite Ablehnung. Im Gegensatz zu Popper betont Kuhn, dass Paradigmen nicht aufgegeben werden, wenn ihre theoretischen Aussagen falsifiziert werden. Falsifikationen stellen zwar ein Problem dar, aber noch keinen Grund für die Aufgabe des Paradigmas. Erst wenn ein Paradigma über einen längeren Zeitraum in wichtigen Punkten auf eine wachsende Zahl von Problemen stößt, zum Beispiel mit anerkannten Fakten in wachsenden Widerspruch gerät oder neue Entdeckungen nicht aufnehmen kann, wird es allmählich in Frage gestellt. Dann beginnt in Kuhns Sicht eine Phase der außerordentlichen Wissenschaft. In dieser Phase wird über die theoretischen und methodologischen Grundlagen des Faches gestritten. Am Ende dieser Phase kommt es zu einer wissenschaftlichen Revolution, in der das etablierte Paradigma gestürzt wird. Wissenschaft, so kann man Kuhns Theorie interpretieren, ist nur selten jener offene, lediglich dem Erkenntnisfortschritt verpflichtete und nach anerkannten vernünftigen Regeln ablaufende Prozess, den Popper darstellt.

Auch wenn wissenschaftstheoretische Ansätze und Debatten oft zu Recht abstrakt und fern der Realität alltäglicher wissenschaftlicher Forschung anmuten, sind sie doch für das Verständnis der Zusammenhänge zwischen den unterschiedlichen sozialwissenschaftlichen Disziplinen – und vor allem den unterschiedlichen theoretischen Positionen und Schulen innerhalb und zwischen den Disziplinen – nützlich. Sie schärfen nicht nur den Blick für Divergenzen und Konvergenzen zwischen Disziplinen, Denkschulen und Ansätzen, sondern machen auch deutlich, dass Wissenschaft ein Teil der Gesellschaft ist. Wie die Gesellschaft insgesamt, bedarf sie, wie ich noch zeigen werde, einer klaren Ordnung, aber diese Ordnung ist in der Wissenschaft ebenso wie in der Gesellschaft selten unumstritten.

Auf der Basis der Theorien von Kuhn sowie von Berger und Luckmann kann man nachvollziehen, warum das so ist. In den unterschiedlichen sozialen Zusammenhängen, in denen sich wissenschaftliche Disziplinen und Teildisziplinen entwickelt haben und weiter entwickeln, finden jeweils unterschiedliche Verständigungsprozesse statt und entfalten sich unterschiedliche Denkströmungen, aus denen heraus Wissenschaft unterschiedlich objektiviert wurde. Die Wissenschaftsphilosophen haben diese Objektivationen jeweils aufgenommen, systematisiert und versucht, sie als allgemeingültige Regeln durchzusetzen. Das ist aber schon daran gescheitert, dass es keine Entscheidungskriterien gab, welche von allen

Denkströmungen oder Schulen akzeptiert wurden – und auch nicht geben konnte. Eine übergreifende Akzeptanz kann, folgt man Kuhn, nur eine wissenschaftliche (keine wissenschaftstheoretische) Leistung erbringen, die so herausragend ist, dass sie von den meisten Wissenschaftlerinnen und Wissenschaftlern einer Disziplin wahrgenommen und als Lösung für ihre Probleme angenommen wird. Ein Beispiel für eine solche Leistung war Newtons Mechanik in der Physik.

Soziologie, Ökonomie & Co.

Ich habe bisher von Sozialwissenschaft gesprochen und mich damit um die Tatsache „herum gemogelt", dass es Soziologie, Volkswirtschaftslehre, Betriebswirtschaftslehre, Politikwissenschaft, Sozialpsychologie und Sozialanthropologie gibt. Diese Fächer sind als eigenständige Disziplinen organisiert und verstehen sich auch so. Sie haben eigene Fachverbände und eigene Fachzeitschriften und treffen sich auf eigenen Konferenzen und Tagungen. An den Hochschulen sind die einzelnen Fächer oft als eigene Fachbereiche oder Fakultäten organisiert und haben auch ihre eigenen Studiengänge. Allerdings bilden Volkswirtschaftslehre und Betriebswirtschaftslehre in vielen Fällen gemeinsame wirtschaftswissenschaftliche Fachbereiche mit Studiengängen, die beide Fächer umfassen. Auch Soziologie und Politikwissenschaft sind oft in sozialwissenschaftlichen Fachbereichen zusammengefasst, die allerdings nicht immer auch gemeinsame Studiengänge haben. Die Sozialpsychologie ist zum Teil innerhalb der Psychologie organisiert, zum Teil in der Soziologie. Die Sozialanthropologie oder Ethnologie schließlich ist manchmal ein sozialwissenschaftlicher, manchmal aber auch ein anderer kultur- oder geisteswissenschaftlicher Fachbereich. Allerdings gibt es auch einige Hochschulen, welche umfassendere sozialwissenschaftliche Studiengänge (Studiengänge mit mehr als zwei sozialwissenschaftlichen Fächern) anbieten. Dazu gehören unter anderem die Universität Bielefeld, die Ruhr-Universität Bochum, die Universität Göttingen, die Technische Universität Kaiserslautern, die Universität zu Köln und die Universität Konstanz und im englischsprachigen Raum zum Beispiel die University of Cambridge. Das sind zunächst nicht mehr als organisatorische Fakten, die nichts darüber aussagen, ob es zwischen den sozialwissenschaftlichen Disziplinen starke inhaltliche Bezüge gibt oder einen eher lockeren Zusammenhang.

Nach üblichen wissenschaftstheoretischen Kriterien werden wissenschaftliche Disziplinen durch ihre Gegenstände, also durch die Probleme, mit denen sie sich beschäftigen, sowie durch ihre spezifischen Theorien und Methoden definiert und abgegrenzt. Um Soziologie, Ökonomie und Co. voneinander systematisch abzugrenzen, müssten wir jeder dieser Disziplinen einen eigenen, klar abgegrenzten Gegenstandsbereich und gleichzeitig auch eigene Theorien und Methoden zuordnen können.

Wirtschaftswissenschaft und Politikwissenschaft

Wenn wir zunächst Theorien und Methoden unberücksichtigt lassen und nur die Gegenstände betrachten, kann man feststellen, dass sich die Wirtschaftswissenschaft, vor allem die Volkswirtschaftslehre, und die Politikwissenschaft besonders gut abgrenzen lassen, während das für die anderen sozialwissenschaftlichen Disziplinen Schwierigkeiten bereitet. Die beiden Disziplinen, die historisch in der Politischen Ökonomie vereint waren, beschäftigen sich, wie schon der jeweilige Name sagt, mit unterschiedlichen gesellschaftlichen Bereichen oder Teilsystemen, der Wirtschaft und der Politik, die im Alltagsverständnis hinreichend klar definiert und abgegrenzt sind. Wissenschaftlich formuliert beschäftigen sich die Wirtschaftswissenschaften mit der Organisation und Ordnung der Produktion, der Verteilung und des Konsums von Gütern und Dienstleistungen. Die Volkswirtschaftslehre betrachtet dabei die Gesamtheit dieser Organisations- und Ordnungszusammenhänge, eben die Volkswirtschaft, die Betriebswirtschaftslehre konzentriert sich auf die einzelnen Unternehmen und Betriebe und deren Interaktionen. Gegenstand der Politikwissenschaft sind die Festlegung und die Durchsetzung verbindlicher Regeln sowie die Erzeugung von Leistungen, die prinzipiell allen Gesellschaftsmitgliedern zu Gute kommen (zum Beispiel Infrastrukturen und Bildung).

Produktion heißt wirtschaftlich die Erzeugung von Dingen oder Leistungen, die Menschen brauchen oder wünschen, aus Arbeit und zumeist auch aus Energie und Rohstoffen (oder Zwischenprodukten). Verteilung heißt zunächst die Aufteilung der produzierten Güter und Dienstleistungen auf die Menschen, die diese brauchen oder haben möchten. Verteilung heißt darüber hinaus auch die Aufteilung des durch die Produktion erwirtschafteten Wohlstandes auf die Gesellschaftsmitglieder. Konsum ist der Gebrauch oder die Nutzung von Gütern und Dienstleistungen. Mit diesen Begriffen verbinden sich zentrale Organisations- und Ordnungsprobleme (fast) aller Gesellschaften, insbesondere aller modernen Gesellschaften. Volkswirtschaftlich gesehen entstehen die Probleme daraus, dass die Güter und Dienstleistungen, die wirtschaftlich produziert und verteilt werden, knappe Güter sind. Knappe Güter sind solche Güter (und Dienstleistungen), die nicht in der Menge zur Verfügung stehen, in der sie gebraucht oder gewünscht werden und die mit den in einer Wirtschaft oder Gesellschaft verfügbaren Mitteln auch nicht in hinreichender Menge produziert werden können.

Knappe Güter

Güter, die nicht in der gewünschten Menge produziert werden können.

Knappe Güter sind potentiell immer mit Verteilungskonflikten verbunden, weil die Menge, die ein Mensch von diesem Gut erhält, einem anderen Menschen abgeht. Sie sind auch deswegen immer mit Verteilungskonflikten verbunden, weil die Mittel, die in einer Gesellschaft für die Produktion eines Gutes verwendet werden, für andere Güter nicht zur Verfügung stehen. Für jede Gesellschaft stellt sich deshalb das grundlegende Problem, die Produktion und Verteilung von Gütern so zu organisieren und zu ordnen, dass eine für die Gesellschaftsmitglieder akzeptierbare Lösung entsteht. Das gelingt wahrscheinlich nie ganz, aber es muss so weit gelingen, dass keine Verteilungskonflikte entstehen, welche die gesellschaftliche Ordnung gefährden.

In den westlichen Gesellschaften (und in vielen anderen Gesellschaften auch) gibt es zwei unterschiedliche Mechanismen für die Organisation der Produktion und Verteilung von Gütern und für die Regulierung von Verteilungskonflikten, nämlich den Markt und den Staat.

Der Markt ist ein sogenannter spontaner Koordinierungsmechanismus, der Staat dagegen ein zielgerichteter. Bei einer zielgerichteten Koordination wird das Ergebnis der Koordination von vornherein festgelegt und den interagierenden Akteuren durch hierarchisch übergeordnete Akteure vorgegeben. Spontane Koordination heißt, dass das gesellschaftlich wünschenswerte Ergebnis der koordinierten Interaktionen nicht von vornherein festgelegt ist, sondern sich aus den Interaktionen von Akteuren, die prinzipiell gleichberechtigt sind, heraus ergibt.

Den Unterschied können wir uns an einem einfachen Beispiel verdeutlichen, nämlich am Unterschied zwischen einem Dorfmarkt und einer Lebensmittelfiliale. In beiden Einrichtungen werden Lebensmittel, zum Beispiel Spargel, verkauft. Auf dem Markt wird der Spargel von mehreren Händlern angeboten und von vielen Käufern gekauft. Die Händler gehen mit einem festen Preis in das Geschäft, werden aber im Verlauf des Tages möglicherweise feststellen, dass sie zu diesem Preis ihre Ware nicht absetzen können, weil nicht genügend Käufer bereit sind, den geforderten Preis zu bezahlen. Wahrscheinlich wird dann mindestens ein Händler seinen Preis entsprechend reduzieren, was zur Folge haben wird, dass er seinen Spargel gut verkauft. Die anderen laufen Gefahr, auf ihrem Spargel sitzen zu bleiben, wenn sie nicht auch den Preis reduzieren. Wenn alles so läuft wie im Lehrbuch, pendelt sich der Preis für Spargel auf dem Markt so ein, dass die meisten Käufer die Menge Spargel bekommen, die sie haben wollen und die meisten Verkäufer die Menge Spargel verkaufen können, die sie wollen. In der Lebensmittelfiliale gibt es ebenfalls einen festen Preis, der beispielsweise vom regionalen Verkaufsleiter vorgegeben ist. Dieser Preis bleibt auch dann bestehen, wenn der Spargel am Ende des Tages nur zum Teil verkauft ist. Der Leiter der Lebensmittelfiliale hat selber keine Möglichkeit, den Preis an das Verhältnis von Angebot und Nachfrage in seiner Filiale anzupassen oder ihn an die Entwicklung auf dem benachbarten Markt anzupassen. Er muss sich an einen Preis halten, der in seiner Kette nach übergeordneten Gesichtspunkten errechnet und durch hierarchisch höhergestellte Instanzen festgelegt wird.

Ähnlich verhält es sich mit privaten und öffentlichen Krankenversicherungen. Bei den privaten Krankenversicherern werden, wenn der Markt so funktioniert wie im Lehrbuch, Leistungspakete und Preise durch Angebot und Nachfrage bestimmt. Die privat Versicherten können den Preis dadurch beeinflussen, dass sie die Versicherung wechseln. Bei der öffentlichen oder staatlichen Krankenversicherung werden Leistungspakete und Preise (Beiträge) dagegen durch die Politik festgelegt. Die Politik orientiert sich dabei, wenn sie sich wie im Lehrbuch verhält, an übergeordneten gesellschaftlichen Zielen, zum Beispiel an dem Ziel, auch Menschen mit geringem Einkommen eine gute medizinische Versorgung zu sichern.

In den westlichen Gesellschaften (und anderen Gesellschaften mit marktwirtschaftlichem System) beschäftigt sich die Volkswirtschaftslehre primär mit der spontanen Koordination der Produktion und Verteilung über den Markt, der Staat ist in erster Linie die Domäne der Politikwissenschaft. Beide Disziplinen verfolgen dabei ähnliche Fragestellungen: Sie fragen nach den Auswirkungen unterschiedlicher Ordnungs- und Organisationsstrukturen auf das Handeln von Akteuren und die daraus resultierenden spontanen oder gezielten Verteilungsentscheidungen. Beide fragen auch danach, wie Ordnung beschaffen oder Prozesse organisiert sein müssen, um bestimmte Ergebnisse erbringen zu können. Wie wir im dritten Kapitel noch sehen werden, waren beide Disziplinen historisch lange eng zusammen – die Volkswirtschaftslehre wurde bis zum Ende des 19. Jahrhunderts als Politische Ökonomie bezeichnet. Zwischen beiden Disziplinen gibt es Überschneidungen, zum Beispiel bezogen auf die Wirtschaftspolitik, die öffentlichen Leistungen und die öffentliche Wirtschaft, die sozialen Sicherungssysteme oder die Analyse wirtschaftlicher Macht.

Spontane und zielgerichtete Koordination

- Zielgerichtete Koordination: systematische Ausrichtung von Interaktionen auf ein vorher definiertes, sozial erwünschtes Ergebnis.
- Spontane Koordination: sozial erwünschtes Ergebnis ergibt sich im Nachhinein aus Interaktionen selbst.

Schon schwieriger wird die Abgrenzung, wenn wir die zweite der wirtschaftswissenschaftlichen Disziplinen, die Betriebswirtschaftslehre, betrachten. Diese hat mit der Volkswirtschaftslehre den Gegenstand Wirtschaft, aber mit der Politikwissenschaft den Gegenstand zielgerichtete Koordination gemeinsam. Sie untersucht die zielgerichtete Koordination von wirtschaftlichem Handeln vor allem in Unternehmen, aber auch in anderen Organisationen (wie öffentliche Einrichtungen oder Vereine). Wie die Volkswirtschaftslehre und die Politikwissenschaft fragt auch die Betriebswirtschaftslehre nach den Auswirkungen unterschiedlicher Organisationsstrukturen auf das Handeln von Akteuren und danach, wie Prozesse organisiert sein müssen, um bestimmte Ergebnisse erbringen zu können. Dabei geht es allerdings immer um die Erreichung konkreter Ziele, insbesondere der wirtschaftlichen Ziele von Unternehmen. Die Volkswirtschaftslehre und die Politikwissenschaft orientieren sich dagegen an gesamtwirtschaftlichen oder gesamtgesellschaftlichen Zielen, wie die optimale Versorgung einer Bevölkerung mit Gütern und Dienstleistungen oder eine hohe Akzeptanz politischer Entscheidungen in der Bevölkerung.

Trotz mancher Überschneidungen lassen sich jedoch die Gegenstände der Wirtschaftswissenschaften und der Politikwissenschaft mit Bezug auf die sie interessierenden gesellschaftlichen Bereiche und die Koordinationsmechanismen, mit denen sie sich beschäftigen, ganz gut voneinander abgrenzen.

Sozialanthropologie

Diese Art von Abgrenzung kann man noch ein Stück weitertreiben, wenn man einen dritten grundlegenden Mechanismus der Koordination menschlichen Handelns mit einbezieht, nämlich die Kultur. Kultur ist wie der Markt ein Mechanismus spontaner Koordination. Jedoch liegt zwischen Markt und Kultur ein entscheidender Unterschied: Sie werden unterschiedlich organisiert – die Regeln, nach denen sie funktionieren, kommen unterschiedlich zu Stande. Beim Markt werden diese Regeln extern durch den Staat vorgegeben, die Kultur dagegen bestimmt diese Regeln aus sich selbst heraus. Das werden wir im zweiten Kapitel ausführlicher diskutieren.

Kultur wird im allgemeinen Sprachgebrauch sehr viel weiter definiert, als ich es hier tue und als es in der Sozialwissenschaft üblich ist. Im allgemeinen Sprachgebrauch wird Kultur der Natur gegenübergestellt und bezeichnet alles, was Menschen schaffen und geschafft haben.

In der Sozialwissenschaft – auch in diesem Buch – wird Kultur oft definiert als ein System von Kommunikationsformen und Symbolen, insbesondere Sprache, durch das die Welt in Form von gemeinsamen Verständnissen von Realität sowie von Wertvorstellungen und Regeln sinnvoll strukturiert wird. Kultur ist, mit anderen Worten, ein System zur Produktion und Reproduktion von Sinn. Sinn ist nichts anderes als Wissen über die Beschaffenheit der sozialen und natürlichen Wirklichkeit. Dieses Wissen kann aus unterschiedlichen Quellen – Glauben (Offenbarung) reiner Vernunft (Logik) oder Erfahrung (Empirie) – stammen und normativ, formal oder real sein. Wichtig ist, dass es sozial geteilt und geordnet ist. Kultur stellt also eine sozial geteilte und geordnete Menge von Wissen dar, auf deren Basis Menschen interagieren und ihr Zusammenleben ordnen können. Sie ordnet und vermittelt dieses Wissen in unterschiedlichen symbolischen Formen, wie Sprache, Bilder oder Architektur.

Kultur

Ein System von Kommunikationsformen und Symbolen zur Produktion und Reproduktion von Sinn.

Das hört sich erst mal sehr abstrakt an, ist aber gut nachvollziehbar, wenn wir unsere alltägliche Welt betrachten. In dieser Welt wird uns Wissen über Naturgesetze oder gesellschaftliche Regeln in Form von Sprache vermittelt, durch Symbole (wie Verkehrszeichen oder Piktogramme) erhalten wir Orientierungswissen, die Kunst vermittelt uns Verständnisse unserer Welt in Form von Bildern, Tonbildern oder Geschichten, mit Hilfe der Architektur werden Urbanität, Status oder Lebensweisen in Form von Gebäuden und gestalteten Landschaften dargestellt und mit Geld wird der Wert von Dingen ausgedrückt. Alle diese Formen vermitteln uns im Alltag Wissen, mit dessen Hilfe wir uns orientieren können.

Da Kultur nicht durch irgendwelche Akteure zielgerichtet gesteuert wird und auch keinen extern vorgegebenen Regeln unterliegt, sondern sich aus sich selbst heraus entwickelt, ist sie oft sehr dynamisch. Das gilt insbesondere für die Kultur in modernen Gesellschaften. Ein Beispiel dafür ist die Entwicklung von Jugendsprachen. Jugendliche verwenden in ihrer Sprache Worte manchmal nur wenige Monate, dann kommen andere Worte auf. Das führt dann unter anderem dazu, dass Jugendliche, die sich im Deutschunterricht an ihrem Gymnasium lehrplangemäß auf der Basis eines durchaus neueren Schulbuches mit Jugendsprache beschäftigen müssen, mit Worten und einer Sprache konfrontiert werden, die sie nicht verstehen und schon gar nicht gebrauchen. Bis die Schulbuchautoren gelernt haben, was bei Jugendlichen in Sachen Sprache in ist und dieses Wissen in einem Schulbuch niedergelegt haben, ist dieses Wissen schon wieder Makulatur. Das liegt auch daran, dass es zwar für die offizielle Sprache Kommissionen und andere autoritative Instanzen gibt, die festlegen, welche Wörter zu einer Sprache gehören, was sie bedeuten und wie sie geschrieben werden, nicht aber für die Jugendsprache, deren Entwicklung ganz spontan verläuft. Deshalb wird nicht „offiziell" festgelegt, welche Wörter es gibt und welche Bedeutung sie haben sollen. Dennoch haben die Jugendlichen untereinander kaum Kommunikationsprobleme.

Kultur ist das zentrale Thema der Sozialanthropologie. Ihr Interesse gilt insbesondere der Verknüpfung von Kommunikationsformen und Symbolen, gemeinsamen Verständnissen von Realität sowie von Wertvorstellungen und Regeln zu unterschiedlichen Kulturen und spezifischen Formen der Organisation und Ordnung des Zusammenlebens in unterschiedlichen Kulturen. Zudem gilt ihr besonderes Interesse der Entwicklung und den Entwicklungsmöglichkeiten unterschiedlicher Kulturen. Sie betrachtet dabei Kultur als einen Prozess, in welchem sich soziales Handeln immer wieder aus sich selbst heraus neu ordnet. Dieses geschieht jedoch nicht beliebig, sondern folgt „Pfaden". Jede Kultur begünstigt bestimmte zukünftige Entwicklungen oder lässt sie zumindest offen, lässt aber andere Möglichkeiten nicht zu oder hemmt sie zumindest.

Der britische Sozialanthropologe Alan Macfarlane führt zum Beispiel die Entwicklung des Kapitalismus und des Individualismus in der westlichen Zivilisation zurück auf die spezifischen Familienstrukturen, die sich in weiten Teilen Europas, insbesondere in England, schon im 7. Jahrhundert entwickelten. Im Unterschied zu den Familienstrukturen in den meisten anderen Teilen der Welt entwickelten sich in Europa früh kleine Familien statt Großfamilien. Eine wichtige Ursache dafür lag in Regelungen, welche nicht dem Zusammenhalt der (Groß)Familie, sondern dem des Familienbesitzes oberste Priorität einräumten. Das führte dazu, dass der Besitz an einen einzigen Erben ging, während die anderen Nachfahren (und ihre Familien) eine andere wirtschaftliche Grundlage suchen mussten. Das begünstigte die Akkumulation von Vermögen, auf die später der Kapitalismus aufbauen konnte. Zudem begünstigte es die Individualisierung der Gesellschaft. Macfarlane zeigt, dass auch Japan, das den westlichen Kapitalismus erfolgreich aufnahm und entwickelte, im Unterschied zu den meisten anderen asiatischen Ländern ähnliche Erbschaftsregeln und ähnliche Familienstrukturen hatte wie England.

Man kann also die Sozialanthropologie als Wissenschaft von der Entstehung und Entwicklung von unterschiedlichen Kulturen bezeichnen. Traditionell beschäftigt sich die Sozialanthropologie eher mit einfachen Gesellschaften und „fremden" Kulturen, während die Analyse der Kultur der modernen Gesellschaften eher ein Feld von Soziologen und Sozialpsychologen ist. Sie gewinnt aus dieser Beschäftigung jedoch grundlegende Einsichten über kulturelle Strukturen und deren Entwicklung. Diese Einsichten werden oft auf moderne Gesellschaften übertragen. Auch anthropologische Methoden, die zunächst in Bezug auf einfache Gesellschaften entwickelt werden, sind für die Untersuchung moderner komplexer Gesellschaften nutzbar. Insofern kann man die Sozialanthropologie, vor allem mit Blick auf neuere Entwicklungen, durchaus als die sozialwissenschaftliche Disziplin bezeichnen, die sich mit Kultur beschäftigt. Durch diese lässt sie sich gut von der Wirtschaftswissenschaft und der Politikwissenschaft abgrenzen, nicht aber von der Soziologie und der Sozialpsychologie, mit denen es vom Gegenstand her erhebliche Überschneidungen gibt. Mit der Soziologie weist die Sozialanthropologie, wir noch sehen werden, auch theoretisch enge Bezüge aufweist.

Sozialpsychologie und Soziologie

In der bisher vorgetragenen Perspektive kann man drei sozialwissenschaftliche Disziplinen systematisch aufgrund ihrer Beschäftigung mit unterschiedlichen Teilbereichen von Gesellschaft und mit unterschiedlichen Mechanismen der sozialen Koordination abgrenzen. Diese Art der Abgrenzung stößt jedoch bei der Sozialpsychologie – und noch viel mehr bei

der Soziologie – an ihre Grenzen. Beiden lässt sich weder ein bestimmter Teilbereich von
Gesellschaft noch ein spezifischer Mechanismus der sozialen Koordination zuordnen. Ihre
Gegenstandsbereiche umfassen vielmehr die Gegenstandsbereiche der anderen sozialwissen-
schaftlichen Disziplinen.

Die Sozialpsychologie beschäftigt sich mit den Beziehungen zwischen dem Individuum
und seiner sozialen Umwelt. Das ist ein weitgespanntes Problemfeld. Es umfasst auf der einen
Seite die Lern- und die Kommunikationsprozesse, durch die Individuen soziale Orientierungen
erwerben, die sie in die Gesellschaft integrieren. In dieser Perspektive bilden soziale Strukturen, einschließlich der oben diskutierten Koordinationsmechanismen, einen Rahmen, an
den sich Individuen nicht einfach anpassen müssen, sondern in den sie hineinwachsen sollen.
Unternehmen funktionieren beispielsweise dann besonders gut, wenn es ihnen gelingt, durch
Kommunikationsprozesse bei ihren Mitarbeiterinnen und Mitarbeitern positive Orientierun-
gen zum Unternehmen zu entwickeln. Auf der anderen Seite umfasst das Problemfeld der
Sozialpsychologie auch die Entwicklung von gemeinsamen Vorstellungen, Erwartungen und
Verhaltensweisen der Mitglieder einer Gesellschaft oder von Gruppen in einer Gesellschaft.
In dieser Perspektive bilden soziale Strukturen nicht einfach einen Rahmen für individuelles
Handeln, sondern sind selbst das Resultat von individuellem Handeln beziehungsweise der
sozialen Interaktionen von Individuen. Ein Beispiel für eine sozialpsychologische Analyse
der Entwicklung und Beeinflussung sozialer Strukturen durch individuelles Handeln und die
soziale Interaktion von Individuen ist die Entwicklung der Managergehälter.

Diese Entwicklung kann man mit einer Theorie des amerikanischen Sozialpsychologen
Leon Festinger erklären, der Theorie der sozialen Vergleichsprozesse. Festinger hat die Art
und Weise analysiert, in der Menschen ihre eigenen Fähigkeiten und Meinungen bewerten
oder einschätzen und stellte dabei fest, dass Menschen ihre Fähigkeiten und Meinungen
immer dann, wenn ihnen objektive Maßstäbe fehlen, durch soziale Vergleiche bewerten.
Sie vergleichen also ihre Fähigkeiten und Meinungen mit denen anderer Menschen. Dabei
orientieren sie sich eher an Menschen, die im Hinblick auf Fähigkeiten und Meinungen ähnlich sind, als an solchen, die ganz anders sind. Wenn also Manager oder Fußballspieler ihren
beruflichen Erfolg bewerten wollen, nutzen sie dazu zwar oft die Höhe ihres Einkommens,
aber dabei zählt nicht der tatsächliche Geldbetrag, sondern die relative Höhe des Einkommens
im Vergleich mit anderen Managern oder Fußballspielern in ähnlichen Positionen.

Mit dieser Theorie erhält man eine ganz einfache Erklärung für das Bestreben vieler
Manager, ihre Millionengehälter immer noch weiter hochzutreiben und für die daraus resultierende Entwicklung der Managergehälter in den 1990er und 2000er Jahren. Die Gehälter
dieser Manager dienten als wichtiger Maßstab für die Beurteilung der eigenen Bedeutung
und des eigenen Erfolgs. Manager schätzten sich umso bedeutsamer und erfolgreicher ein,
je mehr sie im Vergleich zu ihren Kollegen „verdienten". Jeder Manager versuchte möglichst,
seine Kollegen zu übertreffen, was zur Folge hatte, dass die Gehälter immer höher ausfielen,
ohne dass jemals die Manager mit ihrer Einkommenssituation zufrieden waren. Die, die
weniger verdienten, wollten so viel haben, wie diejenigen die mehr verdienten, diejenigen,
die mehr verdienten wollten auch mehr haben, damit der Abstand zu den weniger Verdie-
nenden möglichst groß blieb. Wenn man diese Erklärung grundsätzlich akzeptiert, stellt sich
allerdings die Frage, warum dieser Prozess vor allem in Europa nicht schon längst vor den
1990er Jahren eingesetzt hat. Die Antwort liegt in den sozialen Rahmenbedingungen der Ein-

kommensentwicklung, konkret in der bis dahin existierenden Konkurrenz des Kapitalismus mit dem Sozialismus. Diese Konkurrenz hat in den westlichen Gesellschaften, insbesondere in den westeuropäischen, bestimmte Vorstellungen von sozialer Gerechtigkeit gestützt, welche die gesellschaftlich als legitim anerkannten Einkommensdifferenzen beschränkt haben. Diese Vorstellungen wurden auch Managern vermittelt und schränkten deren Bestreben, ihre Einkommen zu erhöhen, ein. Das hatte zur Folge, dass das Einkommen nur beschränkt als Erfolgsmaßstab dienen konnte.

In der Sozialpsychologie werden Mechanismen der sozialen Koordination, oder allgemeiner soziale Strukturen, daraufhin untersucht, wie sie auf individuelles Handeln wirken oder wie sie durch individuelles Handeln beeinflusst werden. Dabei spielt zwar die Kultur oft eine etwas hervorgehobene Rolle, definiert aber keineswegs den Gegenstandsbereich der Sozialpsychologie. Deren Erkenntnisinteresse richtet sich letztlich auf alle sozialen Strukturen. Auch ihre Ergebnisse sind auf unterschiedliche Strukturen, insbesondere auch auf unterschiedliche Koordinierungsmechanismen, anwendbar. Sie werden ebenso für die Erklärung von Wahlverhalten oder von Konsumentenverhalten, also Verhalten im Rahmen spontaner Koordination genutzt, wie für das Handeln in Unternehmen und anderen Hierarchien. Zudem bieten sie Erklärungen für wichtige Aspekte der Entwicklung von Parteiensystemen oder Organisationen. Darauf komme ich noch ausführlicher zu sprechen.

Auch der Soziologie lässt sich kein spezifischer Mechanismus der sozialen Koordination zuordnen, weil sie sich mit allen drei Mechanismen gleichermaßen beschäftigt. Ihr Gegenstand sind prinzipiell alle gesellschaftlichen Strukturen und Prozesse und alles soziale Handeln. Das schließt die Wirtschaft, die Politik und die Kultur mit ein. Mit diesen drei gesellschaftlichen Teilbereichen beschäftigt sich die Soziologie zum einen allgemein in unterschiedlichen Zusammenhängen, zum anderen aber auch speziell in soziologischen Teildisziplinen, nämlich der politischen Soziologie, der Wirtschaftssoziologie und der Kultursoziologie. Die politische Soziologie ist auch ein wichtiges Forschungsfeld der Politikwissenschaft, vor allem der Wahl- und Parteiforschung. Auch mit der Sozialpsychologie gibt es beträchtliche Überschneidungen, zum Beispiel in der Analyse von Gruppen, von Sozialisation oder von Konflikten. Der Gegenstandsbereich der Soziologie umfasst also die Gegenstandsbereiche aller anderen sozialwissenschaftlichen Disziplinen. Wie weit das Erkenntnisinteresse der Soziologie gespannt ist, kann man daran sehen, dass Heiner Meulemann in seinem Buch „Soziologie von Anfang an" als Gegenstand der Soziologie ganz einfach das Zusammenleben der Menschen bezeichnet. Seine Definition ist etwa so weit gefasst, wie meine Definition der Sozialwissenschaft insgesamt. Das ist keineswegs überzogen, sondern entspricht durchaus dem, womit sich Soziologen tatsächlich beschäftigen.

Betrachtet man nur den Gegenstandsbereich der Soziologie, kann man den Eindruck gewinnen, die Soziologie sei die umfassende Sozialwissenschaft schlechthin. Wie wir weiter unten sehen werden, ist das jedoch unter theoretischen und methodologischen Gesichtspunkten ein falscher Eindruck.

Überschneidungen

Ich habe oben auf Überschneidungen zwischen den Gegenständen der Soziologie und anderen Disziplinen hingewiesen. Auch zwischen den anderen Disziplinen gibt es viele größere oder kleinere Überschneidungen. Das ist nicht weiter erstaunlich, sondern entspricht den realen Problemzusammenhängen. Die realen Probleme halten sich oft nicht an die Grenzen der akademischen Disziplinen. So werden politische Entwicklungen oft durch kulturelle Entwicklungen beeinflusst oder gar angestoßen. Ein Beispiel dafür ist der Wertewandel, der in den 1970er Jahren in Deutschland und anderen Ländern dazu führte, dass Ökologie zu einem wichtigen Thema wurde und Die Grünen als Partei Erfolg hatten. Der amerikanische Politikwissenschaftler Ronald Inglehart beschrieb diesen Wandel in einem Buch mit dem bezeichnenden Titel *The Silent Revolution* (Die stille Revolution) als Wandel von materialistischen zu post-materialistischen Werten. Materialistische Werte sind Werte, die vor allem auf materiellen Wohlstand und soziale Sicherheit als besonders „wertvolle" Zustände abheben, während postmaterialistische Werte die Lebensqualität (also Ökologie, Freizeit, Individualität und Freiheit) betonen. Dieser Wandel wurde nicht durch Politik, Medien oder andere Akteure angestoßen, sondern vollzog sich in der Gesellschaft selbst. Er war lange Zeit kaum beobachtbar und wurde erst in einem fortgeschrittenen Stadium erkannt, als er sich zunächst im Wahlverhalten, später auch im Konsumverhalten deutlich bemerkbar machte.

Viel kleinräumiger spielen kulturelle Zusammenhänge auch für Unternehmen eine wichtige Rolle. Besonders deutlich wird das bei der Fusion von zwei Unternehmen. Schon wenn diese Unternehmen aus dem gleichen Land kommen, haben sie oft unterschiedliche Kulturen, die bei der Fusion aufeinanderprallen und die Entwicklung des neuen Unternehmens hemmen. Noch stärker ist dies zumeist der Fall, wenn die Unternehmen aus unterschiedlichen Ländern kommen. Wie etwa der Fall Daimler-Chrysler zeigt, also die Fusion von Daimler Benz mit dem amerikanischen Automobilkonzern Chrysler, können kulturelle Widersprüche und Unterschiede dazu führen, dass die erwarteten Synergien der Fusion nicht realisiert werden können und sich das fusionierte Unternehmen schlechter entwickelt, als die beiden früheren Unternehmen. In Anbetracht solcher Sachverhalte ist nachvollziehbar, warum Unternehmenskultur zu einem wichtigen Thema der Betriebswirtschaftslehre geworden ist.

Unternehmenskultur

Unternehmensspezifische Wertvorstellungen, Denkweisen, Umgangs- und Kommunikationsformen und Leitbilder.

Es gibt viele andere Beispiele, die zeigen, dass Sozialwissenschaftlerinnen und Sozialwissenschaftler oft über die Grenzen ihrer eigenen Disziplin hinweg schauen müssen, um wissenschaftliche Probleme angemessen untersuchen und lösen zu können. Wirtschaft wird beispielsweise immer wieder durch politische Entscheidungen beeinflusst. Politik verhält sich dabei oft nicht so wie es aus Sicht der Volkswirtschaftslehre normativ richtig wäre. Um Vorschläge für Politik zu machen, die nicht nur ökonomisch richtig, sondern auch politisch realistisch sind, müssen Volkswirte die Logik der Politik begreifen. Ähnlich können Soziologinnen und Soziologen die Organisationsentwicklung in Unternehmen kaum verstehen, wenn sie nicht auch die Wettbewerbsbedingungen der Unternehmen und die dahinterstehenden wirtschaftlichen Strukturen verstehen.

Wenn es nicht um Probleme der Grundlagenforschung, sondern um praktische Probleme geht, sind „Grenzüberschreitungen" sogar eher die Regel als die Ausnahme. Einige Sozialwissenschaftlerinnen und Sozialwissenschaftler argumentieren, dass sich die disziplinär orientierte Forschung für die Analyse und Lösung praktischer Probleme nicht eignet, sondern zunehmend durch einen interdisziplinären Typ von Forschung verdrängt wird. Das werde ich erst im dritten Kapitel ausführlicher diskutieren. An dieser Stelle will ich nur festhalten, dass die Abgrenzung der sozialwissenschaftlichen Disziplinen über ihre Gegenstände ein Bild liefert, das viele Unschärfen aufweist. Diesem Bild liegt keine klare Systematik zu Grunde. Es entspringt eher historischen Entwicklungen. Auch das werden wir im dritten Kapitel ansprechen.

Theoretische und methodologische Grenzen

Bezogen auf Methodologie und Theorien gibt es in der Sozialwissenschaft zwei klare Grenzziehungen. Die eine wird bestimmt durch die Frage nach dem Geltungsanspruch und der Allgemeinheit von sozialwissenschaftlichen Theorien. Bei der anderen geht es um die Frage nach dem „richtigen" Erklärungsansatz in der Sozialwissenschaft.

Der Geltungsanspruch der sozialwissenschaftlichen Erklärungen

Die erste Grenzlinie fällt nicht mit Grenzen zwischen Disziplinen zusammen, sondern liegt quer zu den Disziplinen. Es handelt sich um den zentralen Streitpunkt zwischen den Vertretern eines empirisch-analytischen Wissenschaftsverständnisses und denen eines hermeneutischen Wissenschaftsverständnisses, über den wir im wissenschaftstheoretischen Teil dieses Kapitels schon kurz gesprochen haben. Der Streitpunkt ist, ob es in der Sozialwissenschaft wie in den Naturwissenschaften universale Erklärungen geben kann oder nicht. Die Vertreter des Universalismus bejahen diese Frage und suchen deshalb nach allgemeinen Erklärungen oder Theorien der Gesellschaft. Die Vertreter der gegenteiligen Position, die als Historismus bezeichnet wird, argumentieren dagegen aus den im wissenschaftstheoretischen Teil dieses Kapitels schon genannten Gründen, dass sozialwissenschaftliche Erklärungen und Theorien nur für eine bestimmte Zeit und einen bestimmten Raum gelten können, also für eine bestimmte historische Situation.

In allen sozialwissenschaftlichen Disziplinen ist heute das empirisch-analytische Wissenschaftsverständnis und damit im Prinzip der Universalismus stark vertreten. Abgesehen von der Ökonomie gibt es jedoch in allen Disziplinen auch eine beachtliche hermeneutische Denkschule. Zwischen diesen beiden Wissenschaftsverständnissen gab es in der zweiten Hälfte des 20. Jahrhunderts noch teilweise heftige Auseinandersetzungen. Heute gibt es diese Auseinandersetzungen allenfalls noch in Nischen des Elfenbeinturms. Ansonsten sind sie pragmatisch „gelöst" worden. Die grundlegende philosophische Auseinandersetzung wurde auf Methodenprobleme reduziert und diese im Rahmen einer stillschweigenden „Arbeitsteilung" gelöst. Dabei werden die qualitativen Verfahren des Verstehens und der Interpretation, die eng mit dem hermeneutischen Wissenschaftsverständnis verbunden sind, in der qualitativen Forschung genutzt, um mögliche Zusammenhänge zu entdecken und zu verstehen, während empirisch-analytische Methoden vor allem in der quantitativen Forschung genutzt werden, um Aussagen über bestimmte Zusammenhänge empirisch zu überprüfen oder um reale Situationen systematisch, das heißt theoriegeleitet, zu beschreiben.

Im Rahmen dieser pragmatischen Lösung hat sich ein „mittlerer Weg" entwickelt, nämlich das Konzept der mittleren Reichweite. Dieses Konzept wurde insbesondere von dem amerikanischen Soziologen Robert Merton entwickelt. Gemäß diesem Konzept sollen sozialwissenschaftliche Erklärungen und Theorien zumindest für einen überschaubaren Zeitraum oder eine überschaubare Entwicklungsphase gelten. Solche Theorien fokussieren sich auf die Erklärung gegenwärtig erkennbarer Probleme und Situationen und lassen offen, ob und inwieweit diese Erklärungen universal gültig sind. Das macht, etwas salopp formuliert, gerade dann viel Sinn, wenn man die Aussagen von Popper, Lakatos, Feyerabend und anderen Vertretern von moderneren Versionen des empirisch-analytischen Wissenschaftsverständnisses ernst nimmt, dass universalistische wissenschaftliche Erklärungen nie bewiesen (verifiziert), sondern bestenfalls falsifiziert werden können. In einer pragmatischen Sicht kann man deshalb mit Theorien mittlerer Reichweite ebenso gut operieren wie mit universalistischen.

Wir finden also in der Sozialwissenschaft drei alternative methodologische Prinzipien zur Gültigkeit von Erklärungen, den Universalismus, den Historismus und das Konzept der Theorie der mittleren Reichweite. Die Unterschiede kann man sich klar machen, wenn man die Art und Weise betrachtet, in der Sozialwissenschaftlerinnen und Sozialwissenschaftler die gegenwärtige wirtschaftliche und gesellschaftliche Entwicklung in den westlichen Gesellschaften erklären. Manuel Castells geht in seiner weiter oben kurz dargestellten Theorie der Informationsgesellschaft von einer vor allem in der Soziologie weithin akzeptierten allgemeinen Gesetzmäßigkeit aus, nämlich der Hypothese, dass gesellschaftliche Entwicklung einen Rationalisierungsprozess darstellt, in dem neue überlegene Organisationsformen und Technologien die bestehenden ersetzen und dabei auch die sozialen Strukturen verändern. Ein Beispiel für eine Theorie mittlerer Reichweite werde ich am Ende dieses Kapitels ausführlich darstellen, die Theorie der Wissensgesellschaft. Ein Beispiel für eine historistische Erklärung ist die Theorie der Moderne, die ich im fünften Kapitel diskutieren werde. Diese Theorie beschreibt die Entwicklung der westlichen Gesellschaften im 19. und 20. Jahrhundert als eine historische Epoche, die gegenwärtig durch eine Epoche, die Postmoderne, abgelöst wird.

Methodologischer Individualismus und methodologischer Holismus

Die zweite Grenzziehung ist dagegen zumindest teilweise auch mit einer Abgrenzung zwischen Disziplinen verbunden. Ich habe weiter oben argumentiert, dass es falsch wäre, wenn man die Soziologie als die umfassende Sozialwissenschaft schlechthin verstehen würde, weil ihr Gegenstandsbereich die Gegenstandsbereiche der anderen Disziplinen umfasst. Der Grund dafür liegt einfach darin, dass die Soziologie, genauer ihr Hauptstrom, für ein ganz bestimmtes methodologisches Verständnis von Sozialwissenschaft steht, dass keineswegs von allen sozialwissenschaftlichen Disziplinen geteilt wird. Vielmehr dominiert vor allem in der Volkswirtschaftslehre ein gegensätzliches methodologisches Verständnis. Man kann also zwei unterschiedliche methodologische Verständnisse von Sozialwissenschaft unterscheiden, die sich der Soziologie und der Volkswirtschaftslehre zuordnen lassen – die beiden Fächer werden zumindest in ihren Hauptsträngen durch alternative Methodologien bestimmt. Wie ich oben bereits erwähnt habe, geht es dabei um die Frage nach der Erklärbarkeit sozialer Strukturen durch individuelles Handeln.

Als soziale Strukturen werden ganz allgemein die relativ dauerhaften (nicht nur kurzfristig wirksamen) Grundlagen, Formen und Zusammenhänge sozialen Handelns und sozialer Beziehungen bezeichnet. Soziale Strukturen sind die zentralen Elemente der Ordnung und Organisation des menschlichen Zusammenlebens. Wir haben in diesem Kapitel bereits eine ganze Reihe von solchen sozialen Strukturen angesprochen, zum Beispiel Bildungsstrukturen, Arbeitsteilung, Wissensverteilung, gesellschaftliche Beteiligungsmöglichkeiten, Wirtschaftsstrukturen, Organisationen (z. B. Unternehmen oder Hochschulen), unterschiedliche Regelungsmechanismen (Markt, Hierarchie, Kultur), Kommunikationsformen, Familienstrukturen und Wertstrukturen.

Soziale Strukturen

Die relativ dauerhaften Grundlagen, Formen und Zusammenhänge der Organisation und Ordnung des menschlichen Zusammenlebens.

Das methodologische Leitprinzip des Hauptstroms der Soziologie besagt, dass soziale Strukturen nur aus sozialen Strukturen erklärt werden dürfen, während das methodologische Leitprinzip der Ökonomie genau das Gegenteil aussagt, nämlich, dass soziale Strukturen aus individuellem Handeln heraus erklärt und letztlich auf sie zurückgeführt werden können. Das in der Soziologie vertretene Leitprinzip und die damit verbundenen Regeln bezeichnet man als methodologischen Holismus, das Leitprinzip der Volkswirtschaftslehre und die damit verbundenen Regeln als methodologischen Individualismus.

Der methodologische Holismus geht zurück auf den Soziologen Emile Durkheim, obwohl es auch schon früher in der Soziologie holistisches Denken gab. Von ihm stammt die Aussage, dass soziale Tatbestände (soziale Strukturen) nur durch soziale Tatbestände (Strukturen) erklärt werden können. In seiner Sicht können soziale Strukturen nicht allein aus der Summe der Vorstellungen und Handlungen der beteiligten Akteure erklärt werden, sondern sie existieren unabhängig von den Akteuren. So erklärte er beispielsweise den Zusammenhang von modernen Gesellschaften nicht daraus, dass Individuen gemeinsame Interessen und Werte haben, sondern aus der gesellschaftlichen Arbeitsteilung, durch welche die Gesellschaftsmitglieder in eine Vielzahl wechselseitiger Abhängigkeiten eingebunden sind. Diese Abhängigkeiten, die für die einzelnen Individuen kaum überschaubar sind und denen sie sich auch nicht entziehen können, sichern den Zusammenhang moderner Gesellschaften, obwohl sie in Bezug auf Werte und Interessen immer individualistischer werden.

Gemäß den Regeln des methodologischen Holismus stellen also soziale Strukturen eine eigene Realität dar, die unabhängig von individuellem Handeln existiert und die durch individuelles Handeln nicht verändert werden kann. Der Soziologe Ralf Dahrendorf hat dies einmal mit der Formulierung umschrieben, die Gesellschaft trete den Menschen immer wieder als eine ärgerliche Tatsache gegenüber, welche sie in der Freiheit ihres Handelns tagtäglich einschränkt.

Ganz anders sieht das in der Sicht des methodologischen Individualismus aus. Dieser akzeptiert zwar durchaus, dass individuelles Handeln sozialen Regeln unterliegt, geht aber davon aus, dass diese Regeln letztlich aus individuellem Handeln heraus entstanden sind und durch individuelle Interessen begründet sind. Gesellschaftliche Ordnung ist in der Sicht vieler Ökonomen zumindest im Prinzip das Resultat einer freiwilligen Übereinkunft zwischen den Mitgliedern der Gesellschaft.

Methodologischer Individualismus und methodologischer Holismus

- Methodologischer Individualismus: Soziale Strukturen können als Ergebnis individuellen Handelns erklärt werden
- Methodologischer Holismus: Soziale Strukturen unterliegen eigenen Gesetzmäßigkeiten und können nicht auf individuelles Handeln zurückgeführt werden.

Wir können den Unterschied zwischen den beiden Prinzipien am Beispiel des Wertewandels in den westlichen Demokratien erläutern. Folgt man dem methodologischen Holismus, kann dieser Wandel nicht dadurch erklärt werden, dass sich die Werte vieler Individuen verändert haben. Erklärt werden kann er nur durch einen sozialen Tatbestand. Bei Inglehart sind die relevanten Tatbestände der wirtschaftliche Wohlstand und das Bildungsniveau einer Gesellschaft. Postmaterialistische Werte entwickeln sich dann, wenn eine Gesellschaft eine lange Periode wirtschaftlicher Prosperität erlebt und sie entwickeln sich dann vor allem bei Menschen mit hohem Bildungsniveau. Strikt holistisch interpretiert, schaffen lange Perioden von Wohlstand und Wachstum sowie ein hohes Bildungsniveau soziale Bedingungen, die bei Individuen einen Wertewandel hervorrufen und denen sich Individuen nicht oder nur sehr schwer entziehen können. Das ist zwar stark vereinfacht, macht aber das holistische Erklärungsprinzip deutlich.

Wenn wir ebenso vereinfacht und strikt das individualistische Prinzip anwenden, wäre der postmaterialistische Wertewandel das Ergebnis von Veränderungen individueller Wünsche und Bedürfnisse. Diese Veränderungen kann man durch das Prinzip der ökonomischen Theorie erklären, das als Grenznutzenprinzip bezeichnet wird. Dieses Prinzip werde ich im dritten Kapitel ausführlicher diskutieren. Es besagt grob gesprochen, dass Menschen Gütern umso weniger Wert beimessen, je mehr sie von diesen Gütern schon besitzen oder konsumiert haben. Wenn also Menschen in langen Zeiten des Wohlstands vieles an materiellen Gütern erworben oder konsumiert haben, verlieren diese an Wert, während nicht-materielle Güter, die sie bisher viel weniger genossen haben, an Wert gewinnen.

Individualismus und Holismus: Eine Illustration

Ich habe bei der Erläuterung des Theoriebegriffs schon ein Beispiel für den methodologischen Individualismus dargestellt, nämlich die Erklärung dafür, dass Regierungen in den westlichen Demokratien bei der Lösung wirtschaftlicher Probleme in aller Regel wirtschaftspolitische Strategien verfolgen, die nach dem verfügbaren Stand des Wissens nicht zu der bestmöglichen Lösung für diese Probleme führen. Dazu habe ich eine einfache Theorie mit zwei grundlegenden Aussagen verwendet, nämlich der Aussage „Parteien handeln so, dass sie bei den nächsten Wahlen möglichst erfolgreich sind" und der Aussage „Wähler wählen jeweils die Partei, durch die sie ihre Interessen am besten vertreten sehen". Die beiden Aussagen haben wir der ökonomischen Theorie der Demokratie von Anthony Downs entnommen. Auf der Basis dieser Aussagen erklärt Downs die Entwicklung und die Struktur von Parteiensystemen. Er zieht beispielsweise die Schlussfolgerung, dass in Gesellschaften, die nicht durch starke gesellschaftliche Konflikte und Gegensätze bestimmt werden, die Programme von Parteien konvergieren, sich also sehr ähnlich werden.

Das kann man für Deutschland, genauer für die Bundesrepublik Deutschland, gut illustrieren. Bei der Gründung der Bundesrepublik spielten religiöse und soziale Unterschiede noch eine große Rolle. Deshalb lagen die CDU und die SPD mit ihren Parteiprogrammen weit auseinander. Später verloren diese Unterschiede gesellschaftlich an Bedeutung, die Bundesrepublik entwickelte sich sozial immer mehr zu einer Mittelschichtgesellschaft mit relativ ausgeglichenen Einkommensverhältnissen. Das führte, wie man aus der Downs'schen Theorie ableiten kann, dazu, dass die Programme von CDU und SPD immer ähnlicher wurden. Die etablierten Parteien orientierten sich an der politischen „Mitte", am Rande versuchten kleinere Parteien mit wenig Erfolg, die politischen Extreme zu organisieren und damit Stimmen zu gewinnen. Das änderte sich erst, als durch den oben angesprochenen Wertewandel eine neue Konfliktlinie entstand, nämlich der „Gegensatz" zwischen materialistischen und postmaterialistischen Werten, der rasch als Konflikt zwischen Ökologie und Wirtschaft wahrgenommen wurde. Postmaterialistische Werte konnten weder die CDU und die FDP noch die SPD in ihrem Handeln aufnehmen. Sie konfligierten in CDU und FDP mit den wirtschaftlichen Orientierungen von Mitgliedern und Wählern, in der SPD mit der Orientierung an der Beschäftigung. Das gab den Grünen die Chance, sich außerhalb des bisherigen Parteienspektrums zu etablieren. In jüngster Zeit gab es weitere Veränderung im Parteiensystem, nämlich die Etablierung der Linken, die man mit Downs dadurch erklären kann, dass in Deutschland die sozialen Gegensätze stark zugenommen haben.

Die gleichen Sachverhalte, die Downs individualistisch erklärt, kann man auch holistisch erklären, zum Beispiel mit der Systemtheorie von Niklas Luhmann. In der Sicht von Luhmann besteht gesellschaftliche Ordnung aus Systemen, die individuelles Handeln regeln, aber selbst von individuellem Handeln unabhängig sind. Ein System besteht – einfach gesprochen – aus Strukturen und Regeln, die aufeinander bezogen sind. Ein einfaches Beispiel für ein System ist der Straßenverkehr. Der Straßenverkehr ist in den meisten europäischen Ländern so organisiert, dass die Fahrzeuge jeweils auf der rechten Seite einer Straße fahren. Das ist nicht nur eine Regel in der Straßenverkehrsordnung, sondern eine organisierte Struktur. So werden beispielsweise Verkehrsschilder auf der rechten Seite aufgebaut und auch Parkplätze befinden sich jeweils rechts von der Fahrbahn. Auch Autos sind passend für den Rechtsverkehr eingerichtet. Die Verkehrsregeln passen zu diesen Strukturen und umgekehrt. In einem so gearteten System ist Linksfahren, von Ausnahmen etwa beim Überholen abgesehen, für einen einzelnen Autofahrer schlichtweg nicht möglich. Egal ob es einer Fahrerin oder einem Fahrer passt oder nicht, dass System veranlasst sie oder ihn dazu, in der Regel rechts zu fahren. Die einzelnen Fahrerinnen und Fahrer können dieses System durch ihr Handeln auch nicht verändern. Mehr noch, das System hat eine eigene Logik, die Veränderungen einzelner Elemente nicht oder nur in einem bestimmten Rahmen zulässt. So kann man nicht einfach in einer Straße alle Verkehrsschilder auf der linken statt der rechten Seite der Straße anbringen

> **Soziales System**
>
> Eine Menge von Strukturen und Regeln, die aufeinander bezogen sind.

In Luhmanns Theorie spielt Handeln für das Verhalten und die Entwicklung von sozialen Systemen keine Rolle. Was das heißt, kann man am Beispiel des Straßenverkehrssystems gut darstellen. In diesem System gibt es selbstverständlich Akteure, zum Beispiel Straßenverkehrsämter oder Konstrukteure von Autos. Deren Handeln ist, soweit es für das System wichtig ist, durch das System geregelt. Sie müssen sich der Logik dieses Systems beugen. Die Straßenverkehrsämter müssen Schilder in der Regel auf der rechten Seite anbringen, weil sie sonst den Zweck, den das Straßenverkehrsamt mit ihnen verbindet, nicht erfüllen. Auch der Konstrukteur kann die Autos für den europäischen Markt nicht einfach so konstruieren, dass sie für den britischen Linksverkehr, nicht aber für den kontinentalen Rechtsverkehr eingerichtet sind. Diese Autos wären für Kontinentaleuropäer schlecht zu fahren und würden deshalb nicht gekauft.

Was soziale Systeme Luhmann zufolge bewegt, ist Kommunikation, nicht Handeln – und zwar nicht Kommunikation zwischen individuellen Akteuren, sondern zwischen Systemen. Systeme reagieren also auf Mitteilungen von anderen Systemen. Das politische System reagiert beispielsweise auf Mitteilungen aus dem wirtschaftlichen System. Wenn das wirtschaftliche System wirtschaftliche Probleme oder gar eine wirtschaftliche Krise signalisiert, reagiert das politische System durchaus darauf. Aber – das ist der springende Punkt in Luhmanns Theorie – jedes System reagiert auf Kommunikation von anderen Systemen nach seiner eigenen Logik. Die Logik des politischen Systems beschreibt Luhmann mit dem Erwerb und der Sicherung von Macht. Wenn das politische System Probleme des wirtschaftlichen Systems kommuniziert bekommt, beispielsweise in Form von Expertenmeinungen und Daten aus Meinungsumfragen, dann reagiert es auf diese Probleme so, dass Macht gesichert und ausgebaut wird. Es wählt eine Lösung, die zwar wirtschaftlich möglicherweise nicht die beste oder zweitbeste ist, die aber die günstigste – bezogen auf den Machterhalt – darstellt. Damit haben wir also den weiter oben mit Hilfe von Downs individualistisch erklärten Sachverhalt, dass Regierungen für wirtschaftspolitische Probleme oft nicht die sachlich besten Lösungen wählen, sondern eben die politisch günstigsten, holistisch erklärt.

Etwas schwieriger wird es, die Entwicklung des Parteiensystems in der Bundesrepublik Deutschland systemtheoretisch zu erklären. Dazu müssen wir noch etwas mehr über Luhmanns Theorie wissen. Wir müssen wissen, dass Systeme auf eine Erhöhung der Komplexität ihrer Umwelt dadurch reagieren, dass sie sich ausdifferenzieren und spezialisierte Teilsysteme bilden. Wenn also die Umwelt von Systemen vielschichtiger und vielfältiger (komplexer) wird, passen sich Systeme dadurch an, dass sie selbst durch Bildung von Teilsystemen auch an Komplexität zunehmen. In unserem Fall ist das gesellschaftliche Umfeld des deutschen Parteiensystems durch den postmaterialistischen Wertewandel komplexer geworden – und zwar so komplex, dass die etablierten Parteien die durch den Wertewandel entstandene neue gesellschaftliche Konfliktlinie nicht mehr bewältigen konnten. Das Parteiensystem differenzierte sich somit durch Bildung einer neuen, auf die ökologische Dimension und postmaterialistische Werte orientierten Partei.

Wir gelangen also mit Hilfe der Systemtheorie von Luhmann, die ich hier allerdings stark vereinfacht darstelle, zu der gleichen Schlussfolgerung, wie mit der Theorie von Downs. Der wichtige Unterschied zwischen der systemtheoretischen Erklärung und einer individualistischen Erklärung besteht darin, dass es in der Systemtheorie nicht drauf ankommt, was die Parteien wollen. Die Parteien müssen sich vielmehr der Logik des politischen Systems beugen, wenn sie in diesem System überleben wollen. Da die Logik des politischen Systems die Sicherung von Macht ist, haben Parteien nur die Wahl, zu versuchen, ihre Macht auszubauen und zu sichern oder aber ihre Macht zu verlieren und im politischen System bedeutungslos zu werden. Im Unterschied zur ökonomischen Erklärung benötigen wir bei einer systemtheoretischen Erklärung keine Annahmen oder Informationen über die Interessen von Parteien, wenn wir erklären wollen, warum Politik auf wirtschaftliche Probleme nicht mit der wirtschaftlich besten Lösung reagiert oder warum sich Parteiensysteme ausdifferenzieren. Wir müssen lediglich die sozialen Strukturen des Systems und Veränderungen der Strukturen seiner gesellschaftlichen Umwelt kennen.

Man kann, wie ich eben dargestellt habe, Soziologie und Volkswirtschaftslehre als zwei alternative methodologische Verständnisse von Sozialwissenschaft bezeichnen. Der Unterschied zwischen den beiden Verständnissen liegt, um das noch einmal deutlich hervorzuheben, in der Antwort auf eine ganz einfache Frage. Die Frage ist nicht, ob Individuen rational handeln, und auch nicht, ob sie durch soziale Strukturen in ihrer Handlungsfreiheit eingeschränkt werden. Auch systemtheoretische Soziologen gehen selbstverständlich davon aus, dass Individuen vernünftig und zielgerichtet handeln; ebenso gehen auch neoklassische Volkswirte davon aus, dass individuelles Handeln durch gesellschaftliche Regeln eingeschränkt wird. Die Frage lautet vielmehr: Entstehen soziale Strukturen aus dem Handeln von Individuen und sind sie durch dieses Handeln beeinflussbar? Oder folgen soziale Strukturen einer eigenen Logik und entwickeln sich aus sich selbst heraus? Das werden wir im vierten Kapitel noch ausführlicher diskutieren.

Ein dritter Weg: Methodologischer Interaktionismus

Zwischen diesen beiden gegensätzlichen methodologischen Verständnissen von Sozialwissenschaft gibt es ein drittes, das beide Positionen verknüpft. Ich bezeichne dieses Verständnis als methodologischen Interaktionismus. Der methodologische Interaktionismus geht wie der methodologische Individualismus davon aus, dass soziale Strukturen aus dem Handeln von Individuen und anderen Akteuren – oder genauer, aus der Interaktion von Individuen und

anderen Akteuren – entstehen und durch dieses beeinflusst werden können. Wie der methodologische Holismus nimmt er jedoch auch an, dass soziale Strukturen das Handeln und
die Interaktion von Akteuren regeln und beeinflussen und sich Akteure diesen Regelungen
oft nicht oder nur mit erheblichen negativen Folgen entziehen können. Soziale Strukturen
entstehen also aus den Interaktionen von Akteuren, verselbständigen sich aber gegenüber
diesen Interaktionen und regeln oder beeinflussen sie ihrerseits – werden dabei aber ihrerseits
durch die Interaktionen, die sie regeln, beeinflusst. Handeln und Interaktionen einerseits und
soziale Strukturen andererseits beeinflussen und verändern sich also wechselseitig.

Methodologischer Interaktionismus

Geht von der Leitidee aus, dass sich Handeln und Interaktionen einerseits und soziale
Strukturen andererseits wechselseitig beeinflussen und verändern.

Der Soziologe Hartmut Esser bezeichnet die interaktionistische Methodologie als den Makro-Mikro-Makro-Weg der Erklärung. Damit ist gemeint, dass man Veränderungen auf der
Makroebene (von sozialen Strukturen) nur über die Mikroebene, also über das Bewusstsein
und das Handeln von individuellen Akteuren, erklären kann. Dieser Weg lässt sich so beschreiben, dass bei der Analyse der Veränderung sozialer Strukturen zunächst untersucht
wird, wie diese Strukturen in bestimmten Situationen auf die Akteure und deren Bewusstsein
(ihr Verständnis der jeweiligen Situation, ihre Interessen und Erwartungen) wirken; danach
werden die aus diesem Bewusstsein resultierenden Handlungen analysiert und daraus dann
die strukturellen Veränderungen erklärt. Dabei ist der letzte Schritt aus zwei Gründen besonders schwierig. Der erste Grund liegt einfach darin, dass es in den meisten Situationen viele
unterschiedliche Handlungen gibt, die schließlich zu strukturellen Veränderungen führen.
Der zweite Grunde ist noch schwerwiegender: Strukturelle Veränderungen sind Wirkungen
des Handelns, die sich nicht einfach aus den Intentionen des Handelns ergeben, sondern oft
sogar den Intentionen des Handelns widersprechen.

Diesen Weg kann man sich gut am Beispiel der Entwicklung der gesellschaftlichen
Vorstellungen über Ehe, Familie und Sexualität vergegenwärtigen. Diese Vorstellungen haben
sich in Deutschland und anderen Ländern im Verlauf von wenigen Jahrzehnten grundlegend
verändert. Die Veränderung erfolgte nicht abrupt und revolutionär, sondern in einem schlei-
chenden Prozess. Immer mehr Menschen hielten sich nicht mehr an die etablierten Regeln
und es entwickelten sich immer mehr Milieus in der Gesellschaft, in denen diese Regeln
abgelehnt oder zumindest nicht mehr praktiziert wurden. Am Ende dieses Prozesses sind
viele der herkömmlichen Regeln obsolet geworden. Diese Entwicklung kann man so erklären,
dass die sozialen Strukturen (Schule, Familie und andere) die etablierten Vorstellungen über
Ehe, Familie und Sexualität unterschiedlich stark an die Gesellschaftsmitglieder, insbesondere an die jüngeren Generationen, vermittelt haben. Das führte dazu, dass die etablierten
Vorstellungen über Ehe, Familie und Sexualität zwar noch nicht prinzipiell abgelehnt, aber
doch unterschiedlich gelebt wurden. Aus diesen unterschiedlichen Handlungen entstanden unterschiedliche kulturelle Milieus mit abweichenden, aber noch nicht gegensätzlichen
Vorstellungen über Ehe, Familie und Sexualität. In der nächsten Phase vermitteln die unter-

schiedlichen Milieus jeweils ihre Vorstellungen wieder unterschiedlich stark an die ihnen zugehörigen Individuen, so dass sich die Kultur im Hinblick auf die Vorstellungen über Ehe, Familie und Sexualität weiter ausdifferenziert. Dabei können sich auch Milieus entwickeln, in denen die ursprünglichen Vorstellungen über Ehe, Familie und Sexualität in Frage gestellt oder ganz abgelehnt werden.

Der methodologische Interaktionismus, wie ich den Makro-Mikro-Makro-Weg wieder nennen will, hat eine ausgeprägte individualistische Komponente, weil er postuliert, dass man Veränderungen von sozialen Strukturen nur über das Bewusstsein und das Handeln von individuellen Akteuren erklären kann. Er hat gleichzeitig aber auch eine ebenso ausgeprägte holistische Komponente, weil er davon ausgeht, dass soziale Strukturen eine eigene Logik entwickeln. Sie folgen Gesetzmäßigkeiten, die in den Strukturen selbst angelegt sind. Soziale Strukturen bestimmen das Bewusstsein von individuellen Akteuren in einem mehr oder weniger starken Maß und lassen damit den individuellen Akteuren nur mehr oder weniger stark eingeschränkte Handlungsmöglichkeiten. Deshalb sind auch die aus dem Handeln der individuellen Akteure resultierenden Veränderungen der sozialen Strukturen nicht beliebig, sondern in den Strukturen angelegt.

Der methodologische Interaktionismus wurde das erste Mal systematisch in der Sozialpsychologie durch George Herbert Mead mit der symbolisch-interaktiven Sozialpsychologie entwickelt. Meads zentrale These ist, dass sich Bewusstsein und Persönlichkeit in sozialen Interaktionen formen. Soziale Interaktionen sind Kommunikationsprozesse, in denen symbolisch, insbesondere über Sprache, Bedeutungen ausgetauscht werden. Im Rahmen solcher Interaktionen wird Realität zusammen mit Verhaltenserwartungen definiert und soziales Verhalten erlernt. Daraus entwickeln sich soziale Strukturen, welche das Handeln von Individuen und anderen Akteuren regeln, es also sozial kontrollieren. Individuen leben jedoch gleichzeitig in mehreren unterschiedlichen sozialen Kontexten mit jeweils unterschiedlichen Verhaltenserwartungen und haben zwischen Kontexten auch Wahlmöglichkeiten. Dieser Sachverhalt beschränkt die Möglichkeiten sozialer Kontrolle. Die soziale Kontrolle ist auch nicht einseitig. Individuen setzen sich mit ihrer (sozialen) Umwelt auseinander, sodass sich sowohl das Bewusstsein als auch die sozialen Kontexte, die das Bewusstsein prägen, evolutionär entwickeln. Meads Theorie wurde zum symbolischen Interaktionismus weiterentwickelt, der heute noch eine bedeutende Denkrichtung in der Soziologie und der Sozialanthropologie darstellt. Das werde ich im dritten Kapitel eingehender darstellen.

In der Politikwissenschaft und in der Betriebswirtschaftslehre ist der methodologische Interaktionismus zwar nicht in Form von systematischen Theorien, aber doch einer verbreiteten Denkweise schon seit vielen Jahren und Jahrzehnten wirksam. Die Politikwissenschaft geht auf der einen Seite vor allem in der empirischen Forschung ganz selbstverständlich davon aus, dass politische Strukturen und Prozesse durch individuelle Akteure, beispielsweise durch die Entscheidungen der Wähler, Mitglieder politischer Eliten oder Repräsentanten von Parteien und Verbänden, bestimmt werden. Ebenso selbstverständlich akzeptiert sie, dass politische Strukturen einer eigenen Logik folgen. Das gilt beispielsweise für Wahl- und Parteiensysteme oder für repräsentativ oder direktdemokratisch strukturierte politische Entscheidungssysteme,

Direkte und repräsentative Demokratie

- Direkte Demokratie: Bürgerinnen und Bürger treffen wichtige politische Entscheidungen selber in Form von Volksabstimmungen.
- Repräsentative Demokratie: Bürgerinnen und Bürger wählen Repräsentanten, welche die politischen Entscheidungen für sie treffen.

Das illustriere ich an einem konkreten Beispiel, nämlich dem politische System der Schweiz. Dieses System beruht auf direkter Demokratie, bietet also den Bürgerinnen und Bürgern nicht nur die Möglichkeit zu wählen, sondern auch über Gesetze abzustimmen oder selbst Gesetze und Verfassungsartikel vorzuschlagen. Man kann zeigen, dass dieses System die Parteien dazu zwingt, im Parlament große Mehrheiten anzustreben und eine große Koalition zu bilden, weil sie andernfalls keine stabilen Handlungsmöglichkeiten und Machtverhältnisse sichern können. Es zwingt sie auch, die Verbände breit an politischen Entscheidungen zu beteiligen. Das kann man einfach erklären: Die direkte Demokratie bietet allen Parteien, die im Parlament unterlegen sind sowie allen Verbänden, die sich nicht hinreichend einbezogen fühlen, die Chance, eine Volksabstimmung über das jeweilige Gesetz zu veranlassen. Dazu müssen diese Parteien zuerst einmal genügend Unterschriften sammeln, um eine Volksabstimmung durchzusetzen und danach genügend Wähler mobilisieren. Das ist schwieriger, wenn im Parlament mit großer Mehrheit entschieden wurde und vorher bei der Ausarbeitung der jeweiligen Gesetzes- oder Beschlussvorlage die Verbände breit einbezogen wurden. Deshalb hat die Regierung größere Chancen, ihr politisches Programm auch realisieren zu können, wenn sie im Parlament große Mehrheiten organisiert und in die Vorbereitung von Entscheidungen möglichst viele Verbände einbezieht. Die politischen Entscheidungsprozesse sind stark konsensorientiert. Das zwingt die Regierung und die sie stützenden Parteien zu vielen Kompromissen. Jede einzelne Regierungspartei kann deshalb ihr besonderes Programm nur beschränkt realisieren. Ganz anders sieht das in Ländern mit repräsentativer Demokratie, wie Deutschland, aus. In diesen Ländern können die Bürgerinnen und Bürger zwar die Mitglieder des Parlaments wählen, aber nicht selbst über Gesetze abstimmen. Deshalb können die Parteien in der Regel im Parlament mit viel knapperen Mehrheiten regieren und müssen viel weniger Kompromisse eingehen. Die Regierungsparteien haben deshalb größere Möglichkeiten, ihr besonderes Programm zu realisieren, ohne damit die Handlungsfähigkeit der Regierung einzuschränken.

Vor einigen Jahren haben Fritz Scharpf und Renate Mayntz einen interaktionistischen Ansatz für die Politikwissenschaft entwickelt, den sie als akteurzentrierter Institutionalismus bezeichnen. Scharpf hat diesen Ansatz in seinem Buch *Interaktionsformen* zu einer Theorie mittlerer Reichweite ausgebaut. Der akteurzentrierte Institutionalismus geht von der Annahme aus, dass soziale Strukturen und Prozesse das Ergebnis von Interaktionen zwischen zielgerichtet handelnden Akteuren sind. Diese Interaktionen werden jedoch durch Institutionen strukturiert und ihre Ergebnisse durch sie beeinflusst. Institutionen sind soziale Regeln, denen sich Akteure nicht oder nur mit beträchtlichen negativen Folgen entziehen können. Diese Regeln legen fest, welche Verhaltensweisen in bestimmten Situationen „richtig" oder „falsch" sind und wie unterschiedliche Ergebnisse von Verhalten zu bewerten sind. Sie sind miteinander zu mehr oder weniger komplexen Regelungssystemen verknüpft. Institutionelle Regeln beeinflussen sowohl die Interessenbezüge zwischen den Akteuren, die als Akteurskonstellationen beschrieben werden, als auch die Formen, in denen die Akteure interagieren. Akteurskonstellationen sind unter anderem Konflikt oder Koordination; zu den Interaktionsformen gehören unter anderem Mehrheitsentscheidungen und Verhandlungen. Akteure können also ihre Konflikte oder ihre Koordinationsprobleme beispielsweise durch Verhandlungen oder durch Mehrheitsentscheidungen lösen. Sie unterliegen dabei unterschiedlichen institutionellen Regelungen. Mit Hilfe dieses Ansatzes kann man, wie Scharpf zeigt, eine Vielzahl von unterschiedlichen politischen Entscheidungen erklären.

Wie ich eben schon kurz dargestellt habe, führt die direkte Demokratie in der Schweiz zu einem stark konsensorientierten politischen Entscheidungsverhalten. Deshalb bezeichnet man die Schweiz auch als Konkordanzdemokratie. Konkordanz stammt vom lateinischen Wort concordare (übereinstimmen). Konkordanzdemokratien unterscheiden sich von den repräsentativen Demokratien vor allem dadurch, dass gesellschaftliche Konflikte politisch nicht über den Wettbewerb der Parteien, sondern über Verhandlungen geregelt werden. Der Parteienwettbewerb wird dadurch weitgehend außer Kraft gesetzt – er spielt eine zweitrangige Rolle bei der politischen Regelung von Konflikten. Die starke Konsensorientierung der Verhandlungen in der schweizerischen Konkordanzdemokratie hat zur Folge, dass alle wesentlichen politischen Entscheidungen faktisch von den Führungen der wichtigen Parteien und Verbände getroffen werden. Man spricht deshalb von einem Elitekartell. Es mag sich zunächst paradox anhören, dass ausgerechnet in einem Land mit direkter Demokratie die politischen Entscheidungen weitgehend durch ein Elitekartell getroffen werden. Das vermeintliche Paradox löst sich aber sofort auf, wenn man berücksichtigt, dass die direkte Demokratie eine starke Konsensorientierung erzeugt. Konsensorientierte Verhandlungen kann man jedoch, wie Scharpf zeigt, nur dadurch zum Erfolg führen, dass die Eliten eine flexible Verhandlungsposition haben, sich also von der Position ihrer Parteien und Verbände auch entfernen können. Damit wird jedoch auch die Bedeutung der demokratischen Entscheidungsverfahren in den Parteien und Verbänden relativiert – was allerdings auch in den Wettbewerbsdemokratien oft der Fall ist, weil faktisch die Eliten Entscheidungen oft unter sich ausmachen. Das will ich hier nicht weiter diskutieren, sondern einfach noch einmal hervorheben, dass man erst durch die Berücksichtigung der Handlungsebene verstehen kann, wie das System der direkten Demokratie funktioniert.

Auch in der Betriebswirtschaftslehre sind interaktionistische Ansätze stärker vertreten, obwohl sie vordergründig durch den methodologischen Individualismus geprägt ist. Der methodologische Individualismus ist für die Betriebswirtschaftslehre nahe liegend, weil es in der Betriebswirtschaftslehre letztlich immer um den Zusammenhang zwischen unternehmerischen Entscheidungen und dem Ergebnis des Unternehmens geht. Das macht Horst Albach in seiner *Einführung in die Betriebswirtschaftslehre* deutlich, indem er alle Bereiche unternehmerischen Handelns von der Bilanz her darstellt. Folgt man seiner Darstellung, kann man Unternehmen in funktionale Bereiche und die dort zu treffenden Entscheidungen zerlegen. Die Bereiche werden wiederum durch unternehmerische Entscheidungen koordiniert und auf das Gesamtergebnis des Unternehmens ausgerichtet. Entscheidungen über Produkte, Strukturen, Prozesse, Regeln und Strategien und andere Aspekte von Unternehmen werden, das ist eine Binsenwahrheit, immer von Personen oder Gruppen von Personen getroffen. Unternehmen und die in ihnen handelnden Personen sind jedoch eingebunden in Absatz- und Beschaffungsmärkte, in Netzwerke mit anderen Unternehmen und in andere soziale Strukturen. Diese Strukturen können sie zwar oft nicht kurzfristig ändern, sie aber durch ihre Entscheidungen strategisch beeinflussen. Absatzmärkte können Unternehmen beispielsweise durch Preispolitik, durch Serviceangebote oder durch Innovationen beeinflussen. Unternehmen und die in ihnen handelnden Personen interagieren also mit Strukturen, die sie nicht kontrollieren, aber möglicherweise beeinflussen können. Diese Möglichkeiten sind ein wichtiges Thema unternehmerischer Entscheidungen.

Ganz ähnlich verhält es sich auch mit den Strukturen, welche die Akteure in einem Unternehmen selbst geschaffen haben. Diese Strukturen sind das Ergebnis von Entscheidungen, die unter bestimmten Bedingungen und auf der Basis eines bestimmten Wissens getroffen wurden. Diese Bedingungen und Wissensgrundlagen gehören naturgemäß zumeist der Vergangenheit eines Unternehmens an – es sei denn, ein Unternehmen ist gerade neu strukturiert worden. Die in der Vergangenheit entstandenen Strukturen beeinflussen die Vorstellungen und Handlungsorientierungen von Management und Belegschaften. Daraus entsteht oft eine für das Unternehmen spezifische Unternehmenskultur. Diese Unternehmenskultur und die ihr zu Grunde liegenden Strukturen bilden einen Rahmen, dem sich die im Unternehmen handelnden Personen und das Unternehmen insgesamt nicht einfach und vor allem oft nur mit beträchtlichen Kosten, zum Beispiel Kosten für eine Restrukturierung, entziehen können. Daraus entstehen sogenannte Pfadabhängigkeiten – gegenwärtige Entscheidungen und zukünftige Entwicklungsmöglichkeiten werden durch vergangene Entscheidungen vorstrukturiert. Deshalb hemmen die Strukturen von Unternehmen oft die Anpassung an veränderte Bedingungen oder auch grundlegende Innovationen. Gute Beispiele für diesen Sachverhalt kann man in der amerikanischen Automobilindustrie finden, die über viele Jahre hinweg an überkommenen Technologien und Designprinzipien festgehalten hat und auch deshalb 2008 mit der Finanzmarktkrise besonders schwer ins Trudeln geraten ist, weil ihre Produkte wenig zukunftsweisend erschienen. Solchen strukturellen Problemen trägt die Betriebswirtschaftslehre theoretisch unter anderem durch institutionelle und systemtheoretische Ansätze sowie durch interaktionistische Entscheidungstheorien Rechnung. Das werde ich im vierten Kapitel anhand unterschiedlicher Organisationstheorien ausführlicher darstellen.

Die Verknüpfung von unterschiedlichen theoretischen und methodologischen Ansätzen liegt, wie Hans Raffée zeigt, an der starken Anwendungs- und Gestaltungsorientierung der Betriebswirtschaftslehre. Im Unterschied zur Volkswirtschaftslehre und anderen sozialwissenschaftlichen Disziplinen, stehen bei der Betriebswirtschaftslehre, zumindest für die meisten ihrer Vertreterinnen und Vertreter, nicht theoretische Erklärungen von Sachverhalten, sondern praktische Vorschläge zur Gestaltung dieser Sachverhalte im Fokus des Erkenntnisinteresses. Dabei kann man aus unterschiedlichen theoretischen Ansätzen unterschiedliche Gesichtspunkte für die Analyse von Gestaltungsmöglichkeiten gewinnen. So richtet beispielsweise ein systemtheoretischer Ansatz die Aufmerksamkeit auf die oben schon angesprochene Verfestigung von Strukturen in Unternehmen und die daraus resultierenden Pfadabhängigkeiten, die in einem rein entscheidungstheoretischen Ansatz nicht berücksichtigt werden. Die Verknüpfung beider Perspektiven ist also prinzipiell durchaus fruchtbar. Das gilt allerdings nur, wenn die Aussagen aus beiden Ansätzen sinnvoll miteinander verknüpft werden können. Das geschieht Raffée folgend dadurch, dass der entscheidungstheoretische

Ansatz den konzeptuellen Rahmen bildet, in den systemtheoretische Aussagen (und Aussagen aus anderen Ansätzen, etwa der Verhaltenstheorie) eingefügt werden.

Diesen Teil zusammenfassend, können wir festhalten, dass die unterschiedlichen sozialwissenschaftlichen Disziplinen theoretisch und methodologisch keine Einheit bilden, sondern mindestens drei unterschiedliche methodologische Verständnisse repräsentieren. Bei näherer Betrachtung werden wir später in diesem Buch allerdings feststellen, dass in den meisten Disziplinen, auch in der Volkswirtschaftslehre, unterschiedliche Verständnisse nebeneinander existieren. Mit Ausnahme der Betriebswirtschaftslehre, die versucht, unterschiedliche Ansätze miteinander zu verknüpfen, besteht in den anderen Disziplinen zwischen unterschiedlichen Ansätzen eine Konkurrenzsituation. Dabei erscheinen die methodologischen und theoretischen Gegensätze oft viel grundlegender und unüberbrückbarer, als sie es tatsächlich sind. Das werde ich im 4. Kapitel zeigen.

Die empirische Seite der Sozialwissenschaft

Wir haben uns bisher bei der theoretischen und methodologischen Abgrenzung der sozialwissenschaftlichen Disziplinen vor allem mit der theoretischen Seite der Sozialwissenschaft beschäftigt. Nun nehmen wir die empirische Seite in den Fokus.

Daten, Indikatoren und Theorien

Die empirische Seite der Sozialwissenschaft ist die Beschreibung und Analyse von Realität durch Daten. Daten sind eine besondere Form von Informationen. Es sind Informationen, die begrifflich strukturiert, systematisch definiert und standardisiert festgehalten sind. Begrifflich strukturiert heißt, dass sich die Informationen auf einen wissenschaftlich klar und eindeutig definierten Aspekt von Realität beziehen. Systematisch definiert heißt, dass die Informationen nach nachvollziehbaren Regeln erhoben werden. Standardisiert festgehalten heißt, dass die Informationen immer in der gleichen Form festgehalten werden. Als einfaches Beispiel können wir die Untersuchung nehmen, die ich am Anfang dieses Kapitels kurz dargestellt habe. In dieser Untersuchung haben wir unter anderem Daten über Defizite der Auszubildenden erhoben. Defizite haben wir definiert als Differenz zwischen den für eine Ausbildung erforderlichen Kenntnissen und Fähigkeiten und den Fähigkeiten und Kenntnissen, welche die Auszubildenden aus der Schule mitbrachten. Diese Defizite haben wir über eine einfache Frage ermittelt, auf die die Befragten mit Ja oder Nein antworten konnten. Alle Befragten erhielten genau die gleiche Frage. Die Antworten konnten wir dann jeweils in Form der Zahlen 1 für Ja und 0 für Nein in Tabellen niederschreiben und das Ergebnis in Form einer einfachen Prozentzahl für die Häufigkeit der Zahl bestimmen. Damit ist nachvollziehbar, was die Balken und Zahlen in der Abbildung 1 bedeuten.

Daten

Informationen, die begrifflich strukturiert, systematisch definiert und standardisiert festgehalten sind.

Sozialwissenschaftler (und auch andere Wissenschaftler) arbeiten bei der empirischen Forschung nicht nur mit Daten, sondern auch mit anderen Informationen. Politikwissenschaftler arbeiten beispielsweise mit Protokollen von Parlamentssitzungen, Organisationssoziologen mit Erzählungen über den Umgang von Managern mit ihren Belegschaften und Betriebswirte mit Berichten über besonders innovative Unternehmen. Die Bedeutung dieser Informationen ist oft eine Frage ihrer Interpretation durch den jeweiligen Wissenschaftler oder die jeweilige Wissenschaftlerin. Allerdings gibt es in der Sozialwissenschaft Methoden, mit denen man solche qualitativen Informationen nachprüfbar verarbeiten kann.

In der Sozialwissenschaft ist Empirie oft eine anspruchsvolle Angelegenheit, weil sich viele und wichtige Ausschnitte sozialer Realität einer unmittelbaren Beobachtung entziehen. Um solche Ausschnitte zu beobachten, muss man zunächst Methoden und Verfahren zu ihrer Beschreibung und Messung entwickeln. Der Wohlstand einer Gesellschaft ist ein solcher Ausschnitt. Wir messen ihn üblicherweise über das Bruttoinlandsprodukt – den Wert aller Güter und Dienstleistungen, die in einer Volkswirtschaft produziert werden. Wir nehmen also das Bruttoinlandsprodukt als Indikator für den Wohlstand einer Gesellschaft. Ein Indikator ist eine Messgröße, die den eigentlich interessierenden, aber nicht direkt beobachtbaren Sachverhalt anzeigt. Der Indikator ist nicht in dem Sachverhalt objektiv oder quasi naturwüchsig angelegt, sondern beruht auf einer Ermessensentscheidung der jeweiligen Wissenschaftlerinnen und Wissenschaftler. Oft gibt es in der jeweiligen Disziplin eine weithin geteilte Übereinkunft über die Verwendung bestimmter Indikatoren. Das ist in der Volkswirtschaftslehre beispielsweise bei der Messung des Wohlstands einer Gesellschaft über das Bruttoinlandsprodukt der Fall. Allerdings gibt es auch Ökonomen, welche die Tauglichkeit des Bruttoinlandsprodukts als Messgröße für den Wohlstand einer Gesellschaft in Frage stellen. Wichtige Argumente gegen die Tauglichkeit des Bruttoinlandsprodukts sind die Vernachlässigung von Verteilungsproblemen oder von Umweltproblemen.

Indikatoren

Messgrößen zur Erhebung von Sachverhalten, die sich nicht unmittelbar beobachten lassen.

In sozialwissenschaftliche Indikatoren fließen häufig theoretische Verständnisse oder Annahmen und manchmal auch Wertmaßstäbe ein. Indikatoren zu Armut stützen sich beispielsweise nicht nur auf Daten über gesellschaftliche Verteilungsstrukturen, sondern bewerten diese nach Maßstäben, über die man trefflich streiten könnte – etwa darüber, wie hoch oder niedrig der Prozentsatz des Durchschnittseinkommens sein soll, bei dem Armut beginnt. Indikatoren über Demokratie reflektieren manchmal normative Demokratiekonzepte, zum Beispiel bestimmte Vorstellungen von Parteienkonkurrenz. Umgekehrt werden durch Indikatoren oft

auch Wertmaßstäbe faktisch vorgegeben – sozialwissenschaftliche Daten und die dahinterstehenden Indikatoren prägen gesellschaftliche Verständnisse von sozialen Sachverhalten
und erhalten dadurch eine geradezu normative Kraft. Ein illustratives Beispiel dafür ist das
Bruttoinlandsprodukt, genauer das Wachstum des Bruttoinlandsprodukts. Über lange Zeit
wurden wirtschafts- und sozialpolitische Aktivitäten nur nach ihrem Beitrag zu dem über das
Bruttoinlandsprodukt definierten Wirtschaftswachstum bewertet. Das Bruttoinlandprodukt
wurde damit von einem Indikator auch zu einem Wertmaßstab für den Erfolg von Volkswirtschaften und von politischen Programmen. Daten, die auf Indikatoren beruhen, sind also keine
objektiven Fakten, die man einfach hinnehmen muss, sondern enthalten mehr oder weniger
starke theoretische und normative Komponenten. Das gilt aber auch für viele anderen Daten.
Die meisten Daten beruhen nicht auf direkten Beobachtungen, sondern auf Messverfahren
und Methoden, denen Theorien oder einzelne theoretische Annahmen zu Grunde liegen.

Bruttoinlandsprodukt

Die in Marktpreisen gemessene Summe aller in einer Volkswirtschaft in einem Jahr
produzierten Güter und Dienstleistungen.

Ich will das hier nicht weiter ausführen, sondern einfach festhalten, dass Daten keine objek-
tiven Fakten sind, welche eine gesicherte Grundlage für wissenschaftliche Argumente bieten.
Das haben wir weiter oben auch aus der wissenschaftstheoretischen Diskussion um Poppers
Konzept der Falsifikation lernen können. Wie Lakatos zeigt, gleicht Sozialwissenschaft, wie
Wissenschaft insgesamt, dem Lösen eines Puzzles, zu dem immer neue Teile kommen, aber
auch Teile wieder herausgenommen und durch andere ersetzt werden. Daten sind wichtige
Teile dieses Puzzles. Sie vermitteln nicht nur die Informationen, die man braucht, um Theorien
überprüfen oder reale Probleme beschreiben zu können, sondern oft auch Einsichten und
Anregungen für das Verständnis von Realität und die Theorieentwicklung. Daten vermitteln
umso mehr Information, je mehr man sie mit anderen Daten und Informationen sowie mit
theoretischen Verständnissen von Realität verknüpfen und systematisieren kann. Das ist
genau das, was das Lösen eines Puzzles heißt: Man gewinnt ein immer besseres Bild und
kann deshalb neue Teile auch besser einordnen.

Da Daten keine objektiven Fakten sind, sondern auf theoretischen Vorstellungen und
Messkonzepten beruhen, könnte man erwarten, dass die unterschiedlichen methodologischen
Verständnisse von Sozialwissenschaft und ihre unterschiedlichen theoretischen Ansätze
dazu führen, dass auch Daten und die Methoden ihrer Erhebung zwischen den sozialwissenschaftlichen Disziplinen umstritten sind. Mehr noch könnte man erwarten, dass die Puzzles
der einzelnen Disziplinen selbst dann zu ganz anderen Bildern führen, wenn sie auf den
gleichen Daten basieren. Das ist jedoch nicht der Fall. In Sachen Empirie gibt es zwischen
den sozialwissenschaftlichen Disziplinen ein großes Maß an Übereinstimmung. Zwar gibt es
immer wieder kleinere und größere Auseinandersetzungen und Kontroversen über Daten und
empirische Befunde. Diese Auseinandersetzungen und Kontroversen haben jedoch zumeist
wenig mit unterschiedlichen methodologischen Verständnissen von Sozialwissenschaft zu
tun, sondern mit Fragen der Aussagefähigkeit und der Zuverlässigkeit von Methoden oder

der konkreten Angemessenheit von Daten und Verfahren. Die unterschiedlichen Disziplinen verwenden den gleichen Baukasten an Methoden und Verfahren der Datengewinnung
und -verarbeitung. Sie nutzen oft auch die gleichen Indikatoren. Daten werden in aller Regel
quer über die Disziplinen genutzt. Das hat übrigens auch eine ganz einfache organisatorische
Ursache – immer mehr Datenbanken und große empirische Projekte werden von Regierungen
oder nationalen und internationalen Organisationen in Auftrag gegeben oder durchgeführt.
Die jeweiligen Forschungsgruppen, welche die Datenbanken konzipieren oder die Projekte
bearbeiten, sind oft interdisziplinär zusammengesetzt.

Ein gutes Beispiel für diese Art von wissenschaftlicher Aktivität ist die MIT Commis-
sion on Industrial Productivity, welche das Massachussetts Institute of Technology, eine der
führenden Hochschulen weltweit, 1986 einrichtete. Hintergrund war die Einsicht, dass die
internationale Wettbewerbsfähigkeit der amerikanischen Industrie in den meisten Branchen
verloren gegangen war. Die Kommission untersuchte deshalb mehrere Branchen detailliert
auf ihre Schwächen und Probleme und erstellte eine Diagnose ihrer internationalen Wettbewerbsfähigkeit. Darauf aufbauend entwickelte sie Lösungen für jede Branche. Die Ergebnisse der Kommission wurden in der amerikanischen Politik breit und intensiv diskutiert. Sie
bildeten eine wichtige Grundlage der amerikanischen „Competitiveness Policy", also einer
Politik zur Wiedererlangung der internationalen Wettbewerbsfähigkeit der amerikanischen
Industrie. Auch viele Unternehmen und Hochschulen nahmen Anregungen der Kommission
auf. Die Untersuchungen und Ergebnisse der Kommission wurden in mehreren Büchern
veröffentlicht. Michael L. Dertouzos, Richard K. Lester und Robert M. Solow fassten die
Studien und Ergebnisse der Kommission in ihrem Buch *Made in America – Regaining the
Productive Edge* zusammen.

Die Arbeit der MIT-Commission on Industrial Productivity ist ein typisches Beispiel
für sogenannte Modus 2-Forschung. Wie ich im dritten Kapitel ausführlicher darstellen
werde, wird mit dem Begriff Modus 2 Forschung bezeichnet, die von praktischen Problemen oder von wissenschaftsexternen Aufgabenstellungen bestimmt wird und die zumeist
disziplinenübergreifend ausgerichtet ist. Der MIT-Commission on Industrial Productivity
gehörten 17 Wissenschaftlerinnen und Wissenschaftler aus der Sozialwissenschaft, der Naturwissenschaft und den Ingenieurwissenschaften an. Die Kommission war also breit interdisziplinär besetzt. Bemerkenswert ist dabei, dass sich die Mitglieder der Kommission sehr
oft mit Problemen und Sachverhalten beschäftigten, die nicht in den engeren Gegenstandsbereich ihres Faches gehörten und bei denen sie sich nicht auf die theoretischen Grundlagen
ihrer Disziplin stützen konnten. Der Arbeitsgruppe, die sich mit der Automobilindustrie
beschäftigte, gehörten beispielsweise ein Bauingenieur, ein Materialwissenschaftler, ein
Computerwissenschaftler, ein Maschinenbauer, ein Politikwissenschaftler und ein Volkswirt
an. Gemeinsam war ihnen, dass sie sich neben ihrer engeren disziplinären Forschung auch
mit den Zusammenhängen zwischen technologischen, wirtschaftlichen, politischen und gesellschaftlichen Entwicklungen beschäftigten.

In solchen Arbeitssituationen treten theoretische und methodologische Fragen zwangsläufig in den Hintergrund. Die beteiligten Wissenschaftlerinnen und Wissenschaftler müssen
sich pragmatisch auf einen analytischen Ansatz für das jeweilige Projekt einigen. Das gilt
nicht nur, wenn das Spektrum der beteiligten Disziplinen so weit ist, wie bei der MIT-Commission, sondern auch dann, wenn etwa Soziologen, Politikwissenschaftler und Volkswirte

im Auftrag der europäischen Kommission versuchen, die Zukunftsperspektiven der europäischen Industrie abzuschätzen. Die beteiligten Wissenschaftlerinnen und Wissenschaftler müssen sich dann darauf einigen, welche Entwicklungen und Trends sie erwarten, wie sich unterschiedliche Entwicklungen und Trends zueinander verhalten, welche Ursachen diese Trends und Entwicklungen haben, unter welchen Bedingungen sie wahrscheinlicher oder weniger wahrscheinlich auftreten werden und mit welchen Konsequenzen sie verbunden sein können. Aus dieser Diskussion entwickeln die beteiligten Wissenschaftlerinnen und Wissenschaftler eine gemeinsame Vorstellung der Zusammenhänge und Probleme, die sie untersuchen. Eine solche Vorstellung bezeichnet man als ein Modell. Modelle bilden die wesentlichen Merkmale der zu untersuchenden Realität ab und beschreiben die für die Untersuchung relevanten Zusammenhänge und Probleme dieser Realität. Solche Modelle können in natürlicher Sprache, aber auch in formalisierter Form, etwa in Pfeildiagrammen oder mathematischen Formeln, dargestellt werden. Im Unterschied zu Theorien beziehen sich Modelle immer auf eine konkrete Situation.

Aus der Tatsache, dass Wissenschaftlerinnen und Wissenschaftler gerade in der angewandten, praxisbezogenen Forschung zumeist eher mit Modellen der jeweiligen Realität als mit Theorien arbeiten, sollte man jedoch nicht die Schlussfolgerung ziehen, dass Theorien und methodologische Leitprinzipien allenfalls für die Grundlagenforschung wichtig sind. Ganz im Gegenteil: Wenn man sich genauer anschaut, wie Wissenschaftlerinnen und Wissenschaftler zu Modellen kommen, stellt man fest, dass sie sich dabei durchaus auf ihre theoretischen Grundlagen stützen. Sie nutzen diese Grundlagen zur Bestimmung der wesentlichen Merkmale und der relevanten Zusammenhänge und Probleme. Wie ich im 4. Kapitel noch ausführlicher darstellen werde, sind wissenschaftliche Modelle letztlich immer theoriegestützte Verständnisse von Realität. Allerdings kann man die in den Modellen enthaltenen Aussagen über die jeweilige Realität auch unabhängig von ihrem jeweiligen theoretischen Hintergrund betrachten. Sie lassen sich dann mit unterschiedlichen Theorien verknüpfen. Wir haben beispielsweise weiter oben die Aussage, dass Politik nicht die Lösung für wirtschaftliche Probleme wählt, die wirtschaftlich am günstigsten ist, sondern diejenige, die politisch den meisten Nutzen bringt, einmal mit der ökonomischen Theorie rationalen Handelns und einmal mit der soziologischen Systemtheorie begründet.

Modelle stellen also die Brücke dar, über die sich Wissenschaftlerinnen und Wissenschaftler trotz unterschiedlicher methodologischer und theoretischer Auffassungen auf gemeinsame Vorstellungen von realen Zusammenhängen und Problemen verständigen können. In der Sozialwissenschaft bietet sich die Arbeit mit Modellen besonders an, weil ihre Theorien oft sehr abstrakt sind.

In dem Maß, in dem in einem Forschungsfeld Wissenschaftlerinnen und Wissenschaftler interdisziplinär zusammen arbeiten und gemeinsame Modelle entwickeln oder auch nur Daten und Datenbanken fachübergreifend genutzt werden, entwickeln sich in diesem Forschungsfeld oft auch gemeinsame Begrifflichkeiten. Über gemeinsame Begrifflichkeiten entstehen gemeinsame Verständnisse von Problemen und Zusammenhängen. Zumindest wenn es um die empirische Beschreibung und Analyse sozialer Realität geht, sprechen also die unterschiedlichen sozialwissenschaftlichen Disziplinen oft die gleiche oder doch eine sehr ähnliche Sprache. Das heißt aber auch, dass viele empirische Einsichten quer über unterschiedliche theoretische und methodologische Denkschulen genutzt werden können.

Mehr noch, empirische Einsichten aus unterschiedlichen Denkschulen lassen sich oft zu einem gemeinsamen Bild zusammenfügen. Das kann man beispielsweise anhand der Innovationsforschung illustrieren.

Ein interessantes Beispiel: Innovationsforschung

Innovation, das heißt die Einführung technischer und organisatorischer Neuerungen in der Praxis, insbesondere am Markt, ist seit den 1980er Jahren zu einem wichtigen Thema der Wirtschaftswissenschaften, der Soziologie, der Politikwissenschaft und auch der Sozialpsychologie geworden. Die Gründe für das wachsende Interesse am Thema Innovation in der Sozialwissenschaft liegen in der großen Bedeutung, die Innovationen heute in Wirtschaft und Gesellschaft haben. In den letzten Jahrzehnten hat die Bedeutung von Innovation im Rahmen der Internationalisierung und Globalisierung der Wirtschaft und eines zunehmend raschen technischen und organisatorischen Wandels stark zugenommen. Sie ist heute ein zentrales Thema für die Entwicklung von Unternehmen und ganzen Branchen sowie von Regionen und ganzen Volkswirtschaften. Wir werden diese Entwicklungen im zweiten Kapitel ausführlicher darstellen und diskutieren.

Innovation

Einführung technischer und sozialer Neuerungen in der Praxis.

Schon früh, nämlich am Anfang des 20. Jahrhunderts, hat der österreichische Nationalökonom Joseph A. Schumpeter die zentrale Bedeutung von Innovation für den Wettbewerb und die Entwicklung des Kapitalismus erkannt. Er sprach im Zusammenhang mit Innovation von einem Prozess der schöpferischen Zerstörung. Schöpferische Zerstörung heißt, dass neue Produkte und Verfahren ältere vom Markt verdrängen, ihren wirtschaftlichen Wert also zerstören. Ein einfaches Beispiel: Wenn ein Automobilhersteller ein neues Modell auf den Markt bringt, wird das ältere Modell entweder nicht mehr oder nur zu einem deutlich niedrigeren Preis gekauft. Unternehmer können mit neuen Produkten und Verfahren für eine mehr oder weniger große Zeitspanne ihren Markt beherrschen und damit höhere Gewinne einfahren, umgekehrt erleiden sie aber oft auch beträchtliche Verluste, wenn ihre Produkte und Verfahren früh durch neue verdrängt werden. Schumpeter hat sich auf der Basis dieser Theorie auch mit der längerfristigen Entwicklung des Kapitalismus und der Demokratie beschäftigt. Darauf gehe ich aber in diesem Kapitel noch nicht ein. In seinem Buch „Kapitalismus, Sozialismus und Demokratie" argumentiert er, dass als Folge des Prozesses der schöpferischen Zerstörung die Funktion des Unternehmers ihre Bedeutung verliert, weil der technische Fortschritt immer mehr durch geschulte Spezialisten vorangetrieben wird und Unternehmen durch einen bürokratischen Apparat gesteuert werden. Durch diese Entwicklung zerstört sich der Kapitalismus selbst, weil er mit der Unternehmerfunktion seine bürgerlichen Grundlagen allmählich verliert. Das begünstigt die Herausbildung einer demokratischen sozialistischen Gesellschaft. Ich will hier Schumpeters Prognose nicht weiter diskutieren, sondern mich auf das Thema Innovationsforschung konzentrieren. Wir werden aber die von Schumpeter angesprochenen Probleme im Zusammenhang mit der Entwicklung der Wissensgesellschaft noch ausführlich diskutieren.

In den modernen entwickelten Volkswirtschaften hängt die Wettbewerbsfähigkeit der einzelnen Unternehmen oft entscheidend von ihrer Innovationsfähigkeit ab. Innovationsfähigkeit heißt dabei die Fähigkeit eines Unternehmens, neues Wissen frühzeitig aufzunehmen oder selbst zu produzieren, es in neue oder verbesserte Produkte und Verfahren umzusetzen und diese erfolgreich am Markt oder in der betrieblichen Praxis einzuführen. Die Innovationsfähigkeit von Unternehmen und das aus unternehmerischen Aktivitäten entstehende Innovationsgeschehen der Wirtschaft werden in Deutschland, der Europäischen Union und anderen Ländern regelmäßig erhoben. Dabei handelt es sich zumeist um Daten aus Unternehmensbefragungen, zum Teil aber auch aus Fallstudien zu betrieblichen Innovationsprojekten. In Unternehmensbefragungen werden unter anderem die Einführung von neuen Produkten und Prozessen, der Umsatz mit neuen Produkten, unterschiedliche Innovationsaktivitäten und die Finanzierung von Innovationen, aber auch Innovationshemmnisse abgefragt. In Fallstudien werden betriebliche Innovationsprojekte und deren Verlauf auf der Basis von Gesprächen mit Beteiligten und manchmal auch einer Auswertung von Dokumenten detailliert untersucht.

Befragungen und Fallstudien

Methoden zur Datenerhebung

- Befragung: Erhebung von Daten mittels mündlicher, schriftlicher oder telefonischer Befragung von Personen.
- Fallstudien: Rekonstruktion von bestimmten Situationen oder Ereignissen auf der Basis von Dokumenten, Expertengesprächen, Erzählungen, Befragungen und anderen Verfahren.

Schon seit vielen Jahren haben Wirtschaftswissenschaftler, Soziologen und Politikwissenschaftler erkannt, dass die Innovationsfähigkeit von Unternehmen von einer Vielzahl von Faktoren beeinflusst wird, die zum Teil im Unternehmen selbst, zum Teil aber auch in ihrem wirtschaftlichen, gesellschaftlichen und politischen Umfeld liegen. Im Unternehmen fördern bestimmte organisatorische Eigenschaften die Innovationsfähigkeit, andere hemmen sie. Zu den fördernden Eigenschaften gehören bestimmte Formen der Arbeitsorganisation und des betrieblichen Umgangs mit Wissen, die Kooperation mit Kunden, die Weiterbildung der Belegschaften, die Entlohnungssysteme, aber auch die Kultur eines Unternehmens, insbesondere die Leitbilder, Vorstellungen, Regeln, der Führungsstil und die Kommunikationsformen im Unternehmen. Innovative Unternehmen zeichnen sich dadurch aus, dass sie mehrere dieser Eigenschaften bündeln. Sie schaffen es, solche Eigenschaften zu einem System zu verknüpfen, das sich selbst verstärkt.

Die Innovationsfähigkeit von Unternehmen hat aber auch viel mit Faktoren, die im Umfeld liegen, und deren Verknüpfung zu einem System zu tun. Solche Faktoren sind beispielsweise die Qualität von Bildung und Wissenschaft oder der Infrastrukturen, der politische und administrative Umgang mit technischen und organisatorischen Neuerungen, das Innovationsklima und die Lebensqualität in Städten und Regionen, die Möglichkeiten von Unternehmen, an ihrem Standort mit anderen Unternehmen oder mit Forschungs- und Entwicklungseinrichtungen zu diskutieren und zu kooperieren und vieles andere mehr. Auch solche Faktoren werden im Rahmen von sozialen Systemen miteinander verknüpft. Diese Systeme werden auf unterschiedlichen Ebenen und in unterschiedlichen Zusammenhängen sowie in unterschiedlichen theoretischen Perspektiven mal als Netzwerke, mal als Innovationssysteme, mal als Cluster oder industrielle Distrikte, aber auch als Innovationsmilieus bezeichnet.

Die Forschung über solche Strukturen ist sich in einem Punkt weitgehend einig, der unter methodologischen Gesichtspunkten bemerkenswert ist: Netzwerke, Innovationssysteme, Cluster, industrielle Distrikte oder Innovationsmilieus weisen Eigenschaften auf, die sich durch individuelles Handeln und die Interaktionen zwischen Individuen nicht erklären lassen. Das kann man am Beispiel von Netzwerken zeigen. Netzwerk ist auf den ersten Blick ein individualistisches Konzept, weil es Beziehungen zwischen unterschiedlichen Akteuren beschreibt. So wird in Netzwerkansätzen beispielsweise Innovation als ein interaktiver Prozess zwischen Unternehmen, Zulieferern, Kunden, Bildungs- und Forschungseinrichtungen, Finanzierungseinrichtungen und anderen Akteuren beschrieben. Diesen Prozess kann man auch mit einem individualistischen Instrumentarium analysieren. Aber das stößt rasch an Grenzen, wenn die Netzwerke etwas komplexer sind. Ein sehr bekanntes Beispiel für ein modernes Netzwerk ist die Online-Enzyklopädie Wikipedia. Ralf Reichwald und Frank Piller beschreiben dieses Unternehmen in ihrem Buch „Interaktive Wertschöpfung" als ein interaktives Wertschöpfungsnetzwerk. Interaktive Wertschöpfung heißt die Einbeziehung von Kunden in die Entwicklung, das Design und die Produktion von Gütern und Dienstleistungen.

Wertschöpfung

Erzeugung wirtschaftlicher Werte durch Produktion von Gütern und Dienstleistungen, die einen höheren Wert als die Materialien oder Güter haben, aus denen sie hergestellt werden.

Wikipedia wird bekanntlich von Nutzern selbst gemacht und zwar so, dass im Prinzip jeder Nutzer Autor werden kann. Die Nutzer und Autoren korrigieren sich wechselseitig. Wikipedia ist also ein Netzwerk von Nutzern und Autoren, die gemeinsam ein Informationsprodukt, eben die Enzyklopädie, herstellen. Kern dieses Netzwerks ist die Wikimedia Foundation, eine gemeinnützige Stiftung. Diese Stiftung mischt sich jedoch üblicherweise nicht in die Produktionsprozesse ein, sondern überlässt diese der Selbstorganisation der Nutzer und Autoren. Probleme werden dabei durch Diskussion und Abstimmung zwischen besonders engagierten Nutzern geklärt. Für die Entwicklung der Software gibt es ein unabhängiges Team von Programmierern, das sich an den Wünschen der Nutzer orientiert.

Ein großes Netzwerk, das sich weitgehend selber organisiert, ist von den einzelnen Akteuren kaum zu kontrollieren und bringt für die Akteure immer wieder Situation mit sich, in denen die Wirkungen ihres Handelns nicht ihren Intentionen entsprechen. Entwicklungen verselbständigen sich und bilden Konstellationen, welche die Handlungsmöglichkeiten der

Akteure und die Entwicklungsmöglichkeiten des Netzwerkes begrenzen. Deshalb ist es oft schwierig oder gar unmöglich, die konkrete Entwicklung eines solchen Netzwerkes mit einem strikt individualistischen Ansatz zu erklären. Faktisch werden Netzwerke deshalb zumeist mit interaktionistischen Ansätzen beschrieben und erklärt.

Bei der Analyse von Innovationssystemen, Clustern, industriellen Distrikten und Innovationsmilieus ist der Rückgriff auf systemtheoretische Denkmuster auch bei Ökonomen ganz selbstverständlich, die sich theoretisch ansonsten im theoretischen Rahmen ihrer Disziplin bewegen. Für den italienischen Regionalökonomen Roberto Camagni und den amerikanischen Politikwissenschaftler Richard Gordon sind Innovationsprozesse nicht hinreichend erklärbar, wenn man das räumliche Umfeld von innovativen Unternehmen außer Acht lässt. Der Grund liegt darin, dass Innovationen meist zwei ganz unterschiedliche Arten von Lernprozessen umfassen, nämlich einerseits die Lernprozesse in Forschungseinrichtungen oder Unternehmen, die zu neuen Ideen und Lösungen führen, und andererseits gesellschaftliche Lernprozesse, die dazu führen, dass Innovationen gesellschaftlich akzeptiert (oder abgelehnt) werden. Diese Prozesse schlagen sich unter anderem in der Nachfrage auf den Märkten und in den Werten und Normen nieder, denen neue Technologien, Verfahren und Produkte unterworfen sind. Die gesellschaftlichen Lernprozesse sind kleinräumig organisiert und fallen deshalb regional ganz unterschiedlich aus. Sie führen zur Herausbildung unterschiedlicher regionaler Milieus, die bestimmte Technologien oder Innovationen fördern oder hemmen. Diese Milieus sind das Ergebnis langer Entwicklungen, die sich kurz- und mittelfristig nur schwer verändern lassen. In dieser Sicht ist innovatives Handeln von Unternehmen das Produkt von Interaktionen von Unternehmen mit anderen Akteuren (z. B. mit anderen Unternehmen, Bildungs- und Forschungseinrichtungen) und mit den Strukturen ihres räumlichen Umfeldes. Mit diesem Ansatz lässt sich erklären, warum die neuen Informationstechnologien sich im berühmten Silicon Valley in Kalifornien viel rascher entwickelten, als in fast allen anderen Regionen.

Auch auf nationaler Ebene gibt es ähnliche soziale Strukturen, die bestimmte Technologien oder Innovationen fördern und hemmen. Das haben der Ökonom Bengt-Åke Lundvall und andere Innovationsforscher schon vor über zwanzig Jahren festgestellt. Dabei wird der Systembegriff auch von Ökonomen durchaus wie in der Soziologie verwendet. Innovationssysteme sind Strukturen, deren Verhalten sich nicht oder nur sehr abstrakt auf das Handeln von einzelnen Akteuren zurückführen lässt.

Ich habe in diesem Kapitel sowohl im Zusammengang mit der Innovationsforschung als auch mit der Diskussion um die Zukunft der Arbeit die Entwicklung der modernen Gesellschaften angesprochen. Dieses Thema will ich zum Abschluss dieses Kapitels noch etwas systematischer aufnehmen, indem ich die gegenwärtig vorherrschende Vorstellung dieser Entwicklung diskutiere – das Konzept der Wissensgesellschaft.

Die Entwicklung der Wissensgesellschaft

Das Konzept der Wissensgesellschaft ist ein gutes Beispiel für das, was ich weiter oben als Theorie mittlerer Reichweite bezeichnet habe. Es ist eine Theorie, die nicht den Anspruch hat, für alle Gesellschaften zu allen Zeiten zu gelten, aber doch für einen bestimmten Typ von Gesellschaft in einem überschaubaren Zeitraum. Die Theorie der Wissensgesellschaft ist ein besonderer Typ einer solchen Theorie, der als Gegenwartsdiagnose bezeichnet wird.

Gegenwartsdiagnosen

Wie der Name schon sagt, geht es dabei um die Analyse der gegenwärtigen gesellschaftlichen Entwicklung sowie deren Triebkräfte und die mit ihr verbundenen Probleme. Mit Begriffen wie „Wissensgesellschaft" wird in Gegenwartsdiagnosen jeweils ein bestimmter Typ von Gesellschaft beschrieben, der das Resultat eines bestimmten Entwicklungsprozesses ist und einer bestimmten Logik unterliegt. Dabei wird angenommen, dass dieser Typ nicht bloß eine vorübergehende Erscheinung oder ein kurzfristiger Zustand ist, sondern über einen überschaubaren Zeitraum existiert – so wie die Industriegesellschaft mit ihren spezifischen sozialen Strukturen in Europa rund zweihundert Jahre Bestand hatte.

Mit dem Konzept der Industriegesellschaft wird eine Gesellschaft beschrieben, deren wirtschaftlicher Kern die industrielle Produktion und deren Organisation und Ordnung auf diesen Kern bezogen ist. Die soziale Struktur der Gesellschaft wird durch die Industrie- arbeit und deren Anforderungen bestimmt. Die unterschiedlichen Qualifikationsniveaus der Industriearbeit – grob gesagt: unqualifizierte Arbeit, qualifizierte Facharbeit, wissenschaft- lich-technologische Experten und Führungskräfte – bestimmten das Einkommen, den gesell- schaftlichen Status und die sozialen Chancen von Menschen. Einkommen, Status und soziale Chancen von Eltern schlagen sich oft auf die Bildungschancen und die damit zusammen- hängenden Berufs- und Einkommenschancen ihrer Kinder nieder. Vor allem in Deutschland ist der Zusammenhang zwischen dem sozialen Status der Eltern und den Bildungschancen von Kindern, wie wir aus den PISA-Studien wissen, im Vergleich zu anderen entwickelten Industriegesellschaften stark. Die Anforderungen und Bedingungen der Industriearbeit finden ihren Niederschlag im Bildungssystem und anderen gesellschaftlichen Einrichtungen. Das manifestiert sich in Deutschland in der Dreigliedrigkeit des Schulsystems. Die Hauptschule bildet die jungen Menschen aus, die später als unqualifizierte oder qualifizierte Arbeiter in der Industrie dienen, die Realschule die zukünftigen mittleren technischen und organisa- torischen Kader, während das Gymnasium und danach die Hochschulen der Ausbildung von wissenschaftlich-technischen Fachkräften und von Führungskräften dienen. Mit der wissenschaftlich-technischen Entwicklung veränderten sich die Qualifikationsstrukturen der Industriearbeit; auch die Arbeiter in der Fabrik benötigten immer mehr eine qualifizierte Ausbildung. Damit veränderten sich sowohl die sozialen Strukturen als auch die Anforde- rungen an das Bildungssystem. Letzteres kann man unter anderem daran erkennen, dass die Hauptschule in Deutschland keine wirkliche Hauptschule, also die Schule für den Hauptteil der Bevölkerung, mehr ist.

Gegenwartsdiagnosen sind ein wichtiges „Produkt" sozialwissenschaftlicher Forschung. Wie andere Wissenschaften, dient auch Sozialwissenschaft als gesellschaftliche Einrichtung praktischen Zielen und gesellschaftlichen Interessen. Sie liefert das Wissen, an dem sich gesellschaftliche Akteure orientieren und auf das sie sich bei der Gestaltung der Organi- sation und Ordnung des menschlichen Zusammenlebens stützen können. Sie liefert auch Wissen für die Lösung vieler Probleme der Gesellschaft insgesamt und ihrer Akteure. Durch

Aufklärung über gesellschaftliche Zusammenhänge und Probleme, Diagnose von gesellschaftlichen Entwicklungen und Zuständen, durch Daten und durch konkrete Vorschläge für Problemlösungen stellt sie in vielfältiger Weise Orientierungs- und Handlungswissen für die Gesellschaft und ihre Akteure bereit. Gleichzeitig wird sie dadurch „instrumentalisiert". Ihr Wissen wird genutzt für die Realisierung von Zielen und die Durchsetzung der Interessen vieler unterschiedlicher Akteure.

Man kann die gesellschaftliche Funktion der Sozialwissenschaft (und der meisten anderen Wissenschaften) mit vier Stichworten beschreiben: Aufklärung, Diagnosen, Daten und konkrete Lösungen. Aufklärung heißt, dass die Sozialwissenschaft vielen Menschen und Akteuren ein generelles Verständnis für gesellschaftliche Zusammenhänge vermittelt. Sie vermittelt beispielsweise ein Verständnis dafür, dass der in Deutschland bestehende enge Zusammenhang zwischen sozialer Herkunft und Bildungschancen keineswegs nur ein Problem für die betroffenen Menschen ist, sondern ein Problem, dessen wirtschaftliche und gesellschaftliche Folgen (z. B. der Mangel an qualifizierten Arbeitskräften) am Ende fast alle Gesellschaftsmitglieder zumindest mittelbar betrifft. Bei Diagnosen geht es darum, Entwicklungen und Trends zu analysieren und die damit verbundenen Probleme sowie deren Ursachen und Gründe zu identifizieren. Solche Diagnosen vermitteln beispielsweise die Erkenntnis, dass in Deutschland und vielen anderen westlichen Demokratien kleine Verbände eine Macht errungen haben, die in keinem vernünftigen Verhältnis zu ihrer Mitgliederzahl und ihrer gesellschaftlichen Bedeutung steht. Eine wichtige Folge dieser großen Macht sind Gesetze, die oft im Widerspruch zu den Interessen der breiten Bevölkerung stehen oder ungeeignet sind, gesellschaftliche Probleme angemessen zu lösen. Daten stellen für unterschiedliche Akteure empirische Information als Entscheidungsgrundlage zur Verfügung. Ministerien, nationale und internationale Organisationen, Gewerkschaften und Verbände und viele andere Akteure greifen oft auf sozialwissenschaftliche Daten zurück oder lassen gar solche Daten erheben, um eine Grundlage für ihre Entscheidungen zu erhalten oder um ihre Entscheidungen zu überprüfen. Ich habe weiter oben schon auf die vielen Daten über das Innovationsverhalten der Wirtschaft hingewiesen. Bei Lösungen geht es darum, umsetzbare Vorschläge für die Lösung eines Problems zu entwickeln (und oft auch zu erproben). Es soll beispielsweise für ein Unternehmen der Automobilzuliefer-Industrie ein Vorschlag entwickelt werden, was dieses Unternehmen verändern muss, um international stärker wettbewerbsfähig zu werden.

In diesen Zusammenhängen sind Gegenwartsdiagnosen besonders wichtig, weil sie einzelne Analysen, Prognosen und Daten in einen umfassenderen Zusammenhang stellen – zum Beispiel in den Zusammenhang der Logik der Industriegesellschaft und ihrer Entwicklung zur Wissensgesellschaft. Das Verständnis für umfassendere Zusammenhänge ist gerade unter praktischen Gesichtspunkten sehr wichtig. Es gibt viele Beispiele dafür, dass gut gemeinte Maßnahmen zur Lösung sozialer Probleme oder zur Gestaltung von sozialen Strukturen und Prozessen unerwartete oder gar unerwünschte Resultate zeitigen, weil sie umfassendere Zusammenhänge vernachlässigen. So hat etwa ein bekanntes deutsches Automobilunternehmen, das seinen Stern am globalen Himmel stärker leuchten lassen wollte, erfahren müssen, dass aus der Fusion von zwei großen und vielleicht auch starken Unternehmen keineswegs ein mindestens doppelt so starkes Unternehmen entsteht, wenn man übergreifende kulturelle oder organisatorische Zusammenhänge außer Acht lässt. Ähnlich geht es vielen Strukturpolitikern, die feststellen müssen, das gut gemeinte Maßnahmen zur Verbesserung der wirtschaftlichen

Stärke und des sozialen Wohlstands in einer Region wirkungslos verpuffen, weil sie nicht in die ökonomischen und sozialen Strukturen der betreffenden Region passen.

Allerdings entstehen solche Probleme oft dann, wenn man Gegenwartsdiagnosen ungeprüft aus einem gesellschaftlichen Kontext in einen anderen überträgt. Das haben wir weiter oben in diesem Kapitel am Beispiel der Zukunft der Arbeit gesehen. Wir haben dort festgestellt, dass der amerikanische Weg zu einer wissensbasierten Volkswirtschaft für die europäischen Länder wahrscheinlich wenig tauglich ist. Hinter solchen Problemen der Übertragbarkeit steckt ein grundsätzliches methodologisches Problem. Da Aussagen einer Theorie mittlerer Reichweite größtenteils keine universalen Aussagen sind, gelten sie eigentlich nur für den sozialen Kontext, auf den sie sich beziehen. Sie können deshalb nicht ungeprüft auf andere Kontexte übertragen werden.

Die Logik der Wissensgesellschaft

Das Konzept der Wissensgesellschaft stammt von dem amerikanischen Managementwissenschaftler Peter F. Drucker. Er definiert die Wissensgesellschaft durch drei Merkmale. Erstens, Wissen ist die zentrale wirtschaftliche Ressource dieser Gesellschaft. Zweitens, die wichtigste Herausforderung dieser Gesellschaft ist Ungleichheit auf der Basis von Wissen. Drittens, die Politik dieser Gesellschaft wird stark von spezialisierten Organisationen, die Wissen zusammenführen, geprägt.

Drucker betrachtete das 20. Jahrhundert als ein Jahrhundert grundlegender, teilweise sogar radikaler Veränderungen. Das (vorläufige) Resultat dieser Transformation ist die Wissensgesellschaft. Die Wissensgesellschaft ist ökonomisch dadurch geprägt, dass Wissen anstelle von Arbeit, Kapital und Rohstoffen zur zentralen Quelle von Produktivität und Wachstum geworden ist. Man könnte darüber diskutieren, wie neu das wirklich ist. Schon die Phönizier wären nicht zur führenden Handelsmacht aufgestiegen, wenn sie nicht über ein überlegenes geografisches und nautisches Wissen verfügt hätten. Auch das „Goldene Zeitalter des Islam", das zwischen dem 9. und 12. Jahrhundert in den damaligen islamischen Ländern eine wirtschaftliche und kulturelle Blüte brachte, basierte wirtschaftlich vor allem auf Wissen und der Entwicklung einer auch aus heutiger Sicht durchaus modernen Wissenschaft. Die industrielle Revolution und der Aufstieg von England – und später von Deutschland und den U.S.A – zur führenden Industriemacht basierten ebenfalls auf wissenschaftlicher und technologischer Stärke oder gar Überlegenheit. Wissen hat also immer eine entscheidende wirtschaftliche Bedeutung gehabt.

Was neu an der wissensbasierten Volkswirtschaft ist, so Peter Drucker, ist nicht die Bedeutung des Wissens, sondern die Nutzung des Wissens. Diese hat seit 1750 eine grundlegende Transformation durchlaufen, die durch die Geschwindigkeit und die Reichweite der Wissensdiffusion ausgelöst wurde. In der ersten Phase dieser Transformation wurde Wissen zunächst systematisch angewandt auf Werkzeuge, Produkte und Prozesse. Das führte zu der industriellen Revolution. Die Erfindungen, auf welchen die industrielle Revolution basierte, blieben im Gegensatz zu früheren Erfindungen nicht isoliert, sondern bildeten eine Technologie, die sich rasch auf alle Wirtschaftszweige ausbreitete. Auch geografisch verbreitete sich die Technologie weit über ihre Ursprungsländer hinaus und hat Gesellschaft und Zivilisation weltweit verändert. Nach 1880 trat die Transformation der Wissensnutzung in eine zweite Phase – Wissen wurde angewandt auf die Analyse und Gestaltung von Arbeit. Frederick W. Taylor hatte ein Arbeitssystem entwickelt, welches Arbeitskräfte in zentral gesteuerte, standardisierte Abläufe (z. B. Fließbänder) einband. Daraus entwickelte sich die Produktivitätsrevolution, welche den Lebensstandard breiter Bevölkerungsschichten durch höhere Löhne, mehr Freizeit und mehr Gesundheitsvorsorge massiv verbessert hat.

In diesen beiden Entwicklungsphasen wurde Wissen als „Hilfsfaktor" genutzt, um den Einsatz der Produktionsfaktoren Ressourcen, Arbeit und Kapital zu verbessern. In der dritten Phase dieser Entwicklung, die zur wissensbasierten Volkswirtschaft führt, ändert sich das grundlegend – Wissen wird zum zentralen Produktionsfaktor. Entscheidend ist dabei die Anwendung von Wissen für die (systematische) Erzeugung von Wissen. Die Wissensproduktion entwickelt sich zu einer eigenständigen Aktivität gegenüber der Produktion von Gütern und Dienstleistungen. Mehr noch: Diese Aktivität dominiert die gesamte Produktion und deren Organisation – die Wissensproduktion ist nicht nur eine eigenständige wirtschaftliche Aktivität, die losgelöst von der Produktion und Distribution von Gütern und Dienstleistungen ist, sondern darüber hinaus die wirtschaftliche Aktivität, auf die alle anderen wirtschaftlichen Aktivitäten ausgerichtet oder durch die sie bestimmt werden. Sie prägt immer mehr auch die Arbeit und die sozialen Strukturen.

Wegen der zentralen Bedeutung von Wissen wird in der Wissensgesellschaft Ungleichheit auf der Basis von Wissen zur größten sozialen Herausforderung. Zur größten Herausforderung wird sie deshalb, weil sie die grundlegenden gesellschaftlichen und politischen Konflikte erzeugt und den gesellschaftlichen Zusammenhang gefährdet. In der Industriegesellschaft war (und ist noch) die größte gesellschaftliche Herausforderung die Ungleichheit von Einkommen und die Teilhabe am gesellschaftlichen Wohlstand. Um dieses grundlegende Problem zu entschärfen (gelöst wurde es nie), wurden der Wohlfahrtsstaat und die soziale Marktwirtschaft entwickelt. Als Wohlfahrtsstaat bezeichnet man einen Staat, der über Sozialpolitik, progressive Steuern, Bildungspolitik und andere Maßnahmen versucht, Einkommensungleichheit und deren Folgen abzumildern. Der Wohlfahrtsstaat nahm und nimmt in unterschiedlichen Ländern unterschiedliche Formen an. In manchen Ländern, wie etwa denn USA, konzentriert sich der Wohlfahrtsstaat auf die Kompensation von Armut, in anderen Ländern, insbesondere in Schweden, sorgt der Staat über ein breites Spektrum von freien Angeboten (z. B. Kindertagesstätten, Schulen, medizinische Versorgung und soziale Grundsicherung), das über hohe Steuern finanziert wird, für einen sozialen Ausgleich. Dazwischen liegen viele Länder, wie Deutschland oder die Schweiz, mit mehr oder weniger stark ausgebauten sozialen Sicherungssystemen und öffentlichen Bildungssystemen.

Wohlfahrtsstaat

Ein Staat, der über unterschiedliche Maßnahmen versucht, Einkommensungleichheit und deren Folgen abzumildern, um damit für einen sozialen Ausgleich zu sorgen.

In der Wissensgesellschaft bestimmt das Wissen, über das Menschen verfügen, viel mehr noch als in der Industriegesellschaft ihre wirtschaftlichen Möglichkeiten, ihren gesellschaft-

lichen Status und ihre sozialen Chancen. Damit wird der Zugang zu Wissen und die Verteilung von Wissen in einer Gesellschaft immer mehr zur zentralen Konfliktdimension dieser
Gesellschaft. So wie in der Industriegesellschaft die Verteilung des Wohlstandes die zentrale
Konfliktdimension darstellt, wird in der Wissensgesellschaft die für die meisten Menschen
unabdingbare Grundlage für ihre Teilhabe an der Wohlstandsentwicklung, nämlich ihre Teilhabe am Wissen (und damit ihre Bildungschancen und -möglichkeiten) in den Kern sozialer
und politischer Auseinandersetzungen rücken. Auch für die wirtschaftliche Entwicklung
wird Ungleichheit auf der Basis von Wissen immer mehr zu einem Problem. Das Wissen,
dass in einer Gesellschaft und in den Köpfen ihrer Arbeitskräfte verfügbar ist, prägt immer
mehr auch die wirtschaftlichen Möglichkeiten von Unternehmen in dieser Gesellschaft und
die internationale Wettbewerbsfähigkeit ihrer Volkswirtschaft. Ungleichheit auf der Basis
von Wissen führt oft dazu, dass Unternehmen und ganzen Volkswirtschaften die Köpfe und
deren für ihren wirtschaftlichen Erfolg dringend benötigtes Wissen fehlen. Das haben wir
am Anfang dieses Kapitels am Beispiel des Handwerks gesehen. Der Satz von Drucker, Ungleichheit auf der Basis von Wissen sei die größte Herausforderung der Wissensgesellschaft,
gilt also nicht nur in sozialer und politischer, sondern auch in wirtschaftlicher Hinsicht.

In diesem Zusammenhang komme ich nochmals kurz zurück auf die weiter oben umrissenen alternativen Wege zu einer wissensbasierten Volkswirtschaft. Eine Gesellschaft
mit einer großen Ungleichheit in der Wissensverteilung und im Wissenszugang hat kaum
Wahlmöglichkeiten. Ihr bleibt nur der Weg über eine High-Tech-Industrie und einen wissensbasierten Dienstleistungssektor. Beide Bereiche bleiben aber gemessen an der gesamten
Volkswirtschaft eher klein. Ein beträchtlicher Teil der Wirtschaft muss dagegen mit Arbeitskräften operieren, welche wenig Zugang zu Wissen haben. Die zu diesem Teil der Wirtschaft
gehörenden Unternehmen werden sich weitgehend auf eine billige Massenproduktion konzentrieren. Das ist für die entwickelten Volkswirtschaften keine sehr zukunftsträchtige Strategie.
Gerade die amerikanische Wirtschaft verliert trotz ihrer starken High-Tech-Orientierung
ihre Wettbewerbsfähigkeit, also ihre Fähigkeit, Beschäftigung und Wohlstand zu sichern.

Als drittes Merkmal der Wissensgesellschaft nennt Drucker den starken Einfluss spezialisierter Organisationen auf die Politik. Der Begriff spezialisierte Organisationen bezieht
sich dabei vor allem auf Bürokratien und Verbände. Sie gewinnen eine starke Bedeutung,
weil sie über spezialisiertes Wissen verfügen, auf das die Politik angewiesen ist und das sie
selbst weder beschaffen noch zusammenführen kann. Das liegt, wie ich am Ende des dritten Kapitels ausführlicher darstellen werde, in der Natur der modernen Wissensproduktion.
Durch die Verfügung über Wissen und die Fähigkeit, Wissen zusammenzufügen, werden
große Organisationen, insbesondere Verbände und Bürokratien, oft zu einem demokratisch
kaum mehr kontrollierbaren Machtfaktor. So gibt die Politik oft wichtige Aufgaben an spezialisierte Organisationen, wie Krankenhäuser, Sozialverbände, Schulen, Gewerkschaften und
viele andere, ab, mit deren Koordination sie überfordert ist.

Zentrale Merkmale der Wissensgesellschaft

- Eine Wirtschaft, deren zentrale Ressource Wissen ist.
- Eine Gesellschaft, deren größte Herausforderung Ungleichheit auf der Basis von Wissen ist.
- Eine Politik, die durch die unabdingbaren Funktionen und die starke Rolle spezialisierter Organisation geprägt ist.

Die wichtigen wirtschaftlichen, gesellschaftlichen und politischen Veränderungen, die sich mit der zentralen Rolle des Wissens verbinden, hat auch Daniel Bell erkannt, der zumeist mit einer anderen bekannten Gegenwartsdiagnose assoziiert wird – der Theorie der Dienstleistungsgesellschaft und dem Wandel der Industriegesellschaft zur Dienstleistungsgesellschaft. In seinem 1973 publizierten Buch *The Coming of Post-Industrial Society* (deutsche Übersetzung: *Die nachindustrielle Gesellschaft*) versuchte er eine „Prognose" der Entwicklung der industriellen Gesellschaft und ihrer Transformation. Da er dabei auch die Verlagerung des Schwergewichts wirtschaftlicher Aktivitäten von der Industrie zu den Dienstleistungen als ein (aber nur ein) zentrales Element der nachindustriellen Gesellschaft betonte, wird Bells Konzept der nachindustriellen Gesellschaft oft mit einer Dienstleistungsgesellschaft gleichgesetzt. Im Zentrum seiner Argumentation stand jedoch die zentrale Rolle von Wissen und Information. Letztere bezeichnete er als die entscheidende Ressource und die Organisation von Wissenschaft als Hauptproblem der nachindustriellen Gesellschaft. Wissen ist für Bell das axiale Prinzip der nachindustriellen Gesellschaft, also das Prinzip, um das sich alles dreht.

Die Zwiespältigkeit der Wissensgesellschaft

Die Wissensgesellschaft ist, wie Drucker darstellt, nicht das Ergebnis eines „revolutionären" Umbruchs, wie ihn Manuel Castells in der informationstechnologischen Revolution sah, sondern das einer allmählichen technischen, wirtschaftlichen und sozialen Entwicklung. Trotzdem bringt der Wandel der Industrie- zur Wissensgesellschaft für viele Akteure und Bereiche in der Gesellschaft weitreichende Veränderungen mit sich. Einige solcher Veränderungen, etwa die Veränderung der Arbeit und der Anforderungen an das Bildungssystem, haben wir in diesem Kapitel schon angesprochen. Bei unserer Diskussion über Bildung und Zukunft der Arbeit konnten wir zwei wichtige Sachverhalte feststellen. Der erste ist, dass es bei der Entwicklung der Wissensgesellschaft – wie bei jeder gesellschaftlichen Veränderung – Gewinner und Verlierer gibt. Verlierer sind in jedem Fall diejenigen Menschen, die keine angemessene Bildung erwerben können und das sind oft diejenigen, deren Eltern unverschuldet arbeitslos geworden sind. Die zweite Feststellung, die wir treffen konnten, ist die, dass die Entwicklung der Wissensgesellschaft keinem zwingenden Pfad folgt, sondern zumindest in Grenzen gestaltbar ist. Doch selbst wenn es gelingen würde, diese Entwicklung „richtig" zu gestalten, gäbe es immer noch Gewinner und Verlierer des Wandels.

Wenn wir uns die Entwicklung der Wissensgesellschaft noch etwas näher betrachten, können wir eine dritte wichtige Feststellung machen, nämlich die, dass die Chancen und

Risiken, die Möglichkeiten und Grenzen oder die Errungenschaften und Probleme der Wissensgesellschaft oft nahe beieinander liegen. So schafft Wissen zwar neue Handlungsmöglichkeiten, da aber Wissen und die Chance, Wissen zu erwerben, auch und gerade in modernen Gesellschaften ungleich verteilt sind, sind Individuen und Gruppen an diesen Handlungsmöglichkeiten ungleich beteiligt. Wissen schafft also gleichzeitig für viele Menschen und Gruppen mehr Handlungsmöglichkeiten und für andere neue Ungerechtigkeit. Es schafft aber auch Möglichkeiten, diese Ungerechtigkeit zu bekämpfen und zu verringern. Zudem erzeugt mehr Wissen gleichzeitig auch mehr Nicht-Wissen, weil neues Wissen immer auch Erkenntnisse über neue Probleme und offene Fragen beinhaltet. Darüber hinaus wird durch Wissen zumeist auch Nicht-Wissen bewusst gemacht. Das führt zu wachsender Unsicherheit des Wissens und zu wachsender Ungewissheit des Handelns. Mit Wissen nehmen also einerseits Handlungsmöglichkeiten zu, andererseits aber auch Ungewissheit. Letztere schränkt Handlungsmöglichkeiten oft wieder drastisch ein, weil sie Verständigungs- und Entscheidungsprozesse hemmt, die für die Nutzung der Handlungsmöglichkeiten notwendig sind.

Die hier angesprochene Zwiespältigkeit der Wissensgesellschaft macht insbesondere der Soziologe und Kulturwissenschaftler Nico Stehr deutlich. Er betrachtet die Wissensgesellschaft wissenssoziologisch und Wissen als Fähigkeit zu handeln (und damit auch als Quelle von Macht). Die Bedeutung von (wissenschaftlichem) Wissen liegt in dieser Sicht vor allem darin, dass es immer wieder neue Handlungsmöglichkeiten eröffnet. Diese Handlungsmöglichkeiten schaffen Chancen, gesellschaftliche Entwicklungen zu beeinflussen – Gesellschaft und gesellschaftliche Entwicklungen werden immer mehr durch menschliche Akteure „machbar". Insofern steht Wissen immer in einem Spannungsfeld zu Routinen und Regeln – und damit zur jeweils bestehenden Organisation und Ordnung des menschlichen Zusammenlebens. Deshalb sind Wissensgesellschaften auf der einen Seite geprägt durch die neuen Möglichkeiten, die Wissen eröffnet, auf der anderen Seite durch die Fragilität und Verletzbarkeit der Organisation und Ordnung der Gesellschaft, die eben dieses Wissen schafft. In der Wissensgesellschaft gestaltet sich also die Organisation und Ordnung des menschlichen Zusammenlebens trotz oder vielmehr wegen größerer Handlungsmöglichkeiten noch schwieriger, als in der Industriegesellschaft.

Die Zwiespältigkeit der Wissensgesellschaft lässt sich am Beispiel der Ökologie gut illustrieren. Die Entwicklung der Wissensgesellschaft ermöglicht auf der einen Seite eine grundlegende Lösung ökologischer Probleme, birgt aber gleichzeitig die Gefahr, dass ökologische Risiken drastisch wachsen. Auch die ökologische Entwicklung der Wissensgesellschaft ist charakterisiert durch ein hohes Maß an Offenheit und Ungewissheit. Eine solche Situation bezeichnen Luhmann und andere Soziologen mit dem Begriff der Kontingenz. Kontingenz bezeichnet eine Situation, in der gegenteilige Möglichkeiten eintreten können, ohne dass man a priori feststellen oder prognostizieren kann, welche dieser Möglichkeiten eintritt. Es geht dabei nicht etwa um die Tatsache, dass eine Prognose wahr oder falsch sein kann, sondern darum, dass eine hinreichend gesicherte Prognose überhaupt nicht möglich ist. Kontingenz ist mit anderen Worten keine Eigenschaft einer Aussage, sondern eine Eigenschaft der Realität. Solche Situationen treten in modernen Gesellschaften und ihren sozialen Strukturen sowie in großen Organisationen wegen ihrer hohen Komplexität häufig auf.

Kontingenz

Eine Entwicklung, in der prinzipiell sowohl eine bestimmte Möglichkeit als auch ihr völliges Gegenteil erwartet werden kann.

Zur ökologischen Zwiespältigkeit der Wissensgesellschaft gehört auf der einen Seite als große Chance die Rolle von Wissen als zentrale Ressource der wissensbasierten Volkswirtschaft. Wie Friedrich Schmidt-Bleek und ich in unserem Buch *Die Wachstumsmaschine* darstellen, heißt das, dass die wirtschaftliche Wertschöpfung nicht mehr durch die Bearbeitung von Material entsteht, sondern dadurch, dass Wissen in intelligente Problemlösungen gesteckt wird. Noch vor wenigen Jahrzehnten wurde beispielsweise der Wert einer Werkzeugmaschine größtenteils durch den Wert der in ihr enthaltenen Materie und die Kosten der Bearbeitung der Materie bestimmt; heute macht das nur noch etwa 20 % aus, während der größte Teil des Wertes in Entwicklungsleistungen, Software, Design, Kundendienstleistungen und anderen Dienstleistungen steckt. Bei vielen chemischen und pharmazeutischen Firmen ist das nicht anders: die Kosten für Forschung und Entwicklung, Marketing und Vertrieb sind um ein vielfaches höher, als die Produktionskosten. Bei Computern ist das noch viel dramatischer: Computer erbringen mit immer weniger Materie und immer mehr Wissen immer mehr Leistung. Volkswirtschaftlich entsteht Wachstum nicht mehr aus einem höheren Produktionsvolumen (und damit aus einem höheren Verbrauch an Ressourcen), sondern durch mehr Wissen in den Produkten und ihren Vertriebs- und Nutzungsstrukturen sowie durch die unmittelbare Nutzung von Wissen als Produkt. Das bietet die Möglichkeit, die Wirtschaft weitgehend zu dematerialisieren. Dematerialisieren heißt, viel Wohlstand und Lebensqualität mit wenig natürlichen Ressourcen zu produzieren. Etwas wissenschaftlicher ausgedrückt, geht es um die Ressourcenproduktivität. Die Ressourcenproduktivität misst den Verbrauch an natürlichen Ressourcen, der für die Erbringung einer bestimmten wirtschaftlichen Leistung erforderlich ist. Dieser Begriff lehnt sich an den heute verbreiteten Begriff der Produktivität, der sich meist auf die Arbeit bezieht. Schmidt-Bleek argumentiert, dass die Ressourcenproduktivität innerhalb von wenigen Jahren um den Faktor 10 gesteigert werden kann. Das bedeutet, dass in wenigen Jahrzehnten der heutige Wohlstand mit nur noch einem Zehntel des heutigen Ressourcenverbrauchs erreicht werden könnte.

Produktivität

Die Menge eines Produktionsfaktors (Arbeit, natürliche Ressourcen oder Kapital), die für die Erzeugung einer bestimmten wirtschaftlichen Leistung erforderlich ist.

Das eröffnet ganz neue Chancen der Verbindung von Wachstum mit Ökologie. Es eröffnet die Chance, mit Hilfe von Wissen die Ressourcenproduktivität (die Wertschöpfung pro Einheit natürlicher Ressource) drastisch zu steigern. Dieser Anspruch ist in der Industriegesellschaft nicht zu realisieren, weil die wirtschaftliche Produktion in der Industriegesellschaft weitgehend auf materieller Produktion, also der Verarbeitung von Rohstoffen, beruht. Selbst

Dienstleistungen, die definitionsgemäß immateriell sind, wie beispielsweise Versicherungen, Bankkredite, Unternehmensberatung oder Haarpflege, werden heute zumeist mit einem hohen Aufwand an natürlichen Ressourcen etwa in Form von Computern, logistischen Strukturen, Energie oder Haarpflegemitteln hergestellt. Mit der Entwicklung der Wissensgesellschaft ändert sich das in verschiedener Weise. Der Nutzen von Gütern und Dienstleistungen steckt vor allem in dem darin enthaltenen Wissen, zum Teil ist Wissen (etwa über eine genetische Formel oder ein Softwareverfahren) schon fast das ganze Produkt. Darüber hinaus entwickelt sich mit der Wissensgesellschaft oft auch eine Kultur des maßvollen Umganges mit Ökologie. Das schlägt sich in der Nachfrage nieder und stößt damit die Entwicklung von intelligenten Lösungen für einen sparsamen Ressourcenverbrauch an. Selbst große Energieversorger, die bisher mit guten Gründen als ökologische Dinosaurier bezeichnet werden konnten, fangen an, Ökologie nicht bloß als symbolisches Werbeobjekt zu sehen, sondern als eine strategische Dimension ihrer Geschäftsentwicklung. In solchen Sachverhalten stecken zwar oft noch wenig Realität, aber immerhin große Chancen. Diesen großen Chancen stehen große ökologische Risiken gegenüber. Diese Risiken ergeben sich aus der Grundlage der Wissensgesellschaft, nämlich ihrer raschen und großen Wissensproduktion. Das werde ich im dritten Kapitel ausführlicher diskutieren.

Resümee

Wir haben in diesem Kapitel erste Antworten auf die Frage gesucht, was denn Sozialwissenschaft ist. Dabei sind wir bald auf die Frage gestoßen, ob es denn nun Sozialwissenschaft oder Sozialwissenschaften heißen soll. Vom Gegenstand und von der wissenschaftlichen Organisation her ist diese Frage ganz einfach zu beantworten: es gibt unterschiedliche Sozialwissenschaften, nämlich Ökonomie, Soziologie, Politikwissenschaft, Sozialpsychologie und Sozialanthropologie. Auch methodologisch haben wir unterschiedliche Sozialwissenschaften gefunden, nämlich eine holistische, eine individualistische und eine interaktionistische Sozialwissenschaft. Empirisch und praktisch haben wir dagegen festgestellt, dass methodologische und andere Abgrenzungen oft in der konkreten Forschungstätigkeit keine oder doch nur eine nachgeordnete Rolle spielen. Diese Situation kann man auf einen einfachen Punkt bringen: Einheit in der Vielfalt. Es gibt in der Sozialwissenschaft unterschiedliche Disziplinen und Verständnisse, deren Einsichten und Erkenntnisse in der konkreten Forschungstätigkeit immer wieder zusammenfließen. Wie wir im sechsten Kapitel sehen werden, kann ein solcher methodologischer und theoretischer Pluralismus sehr produktiv sein. Er bietet Chancen, von unterschiedlichen Disziplinen und Verständnissen zu lernen und deren Einsichten und Erkenntnisse für die eigene Disziplin oder das eigene Verständnis nutzbar zu machen.

Literaturhinweise

Dieses Kapitel stützt sich – wie das Buch insgesamt – auf eine breite Aufarbeitung von Literatur bei der „Produktion" dieses Buches sowie auf die viele Literatur, die ich im Laufe meiner langen beruflichen Tätigkeit gelesen habe. Diese breite Literaturbasis kann ich – ohne den Rahmen dieses Buches zu sprengen – nur exemplarisch umreißen. Ich nenne im Folgenden die Literatur, auf die ich mich beim Verfassen dieses Kapitels besonders gestützt oder die ich im Text erwähnt habe. Darüber hinaus nenne ich einige Bücher (und Aufsätze), die ich den Leserinnen und Lesern dieses Buches besonders empfehle. Da manche Probleme oder Theorien in späteren Kapiteln jeweils in unterschiedlichen Zusammenhängen wieder aufgenommen werden, beziehe ich dort weitere Literatur ein. Bei Büchern mit mehreren Auflagen verweise ich im Folgenden über das Erscheinungsjahr immer auf die Auflage, die ich für dieses Buch selbst benutzt habe.

Die vollständigen Angaben zu der im Zusammenhang mit meinem einführenden Beispiel erwähnten Bildungsstudie der UNESCO lauten:

Delors, J. u. a., 1997: *Lernfähigkeit: Unser verborgener Reichtum. UNESCO-Bericht zur Bildung für das 21. Jahrhundert.* Neuwied: Luchterhand.

Zur Bedeutung des Humankapitals und zu seiner Entwicklung in Deutschland siehe

Werding M., Jäckle R., Holzner C., Piopiunik M., Wößmann L., 2009: *Humankapital in Deutschland: Wachstum, Struktur und Nutzung der Erwerbseinkommenskapazität von 1984 bis 2006.* Tübingen: Mohr Siebeck.

Die letzte als Buch veröffentlichte PISA-Studie stammt aus dem Jahr 2006:

OECD 2009: *PISA 2006. Technical Report.* Paris, OECD.

Bei der Diskussion über die Zukunft der Arbeit habe ich einen Bericht an den Club of Rome erwähnt, den ich nachfolgend genauer zitiere. Ich setze allerdings hinter diese Studie einige Fragezeichen, weil ich ihre zentrale Annahme, moderne Volkswirtschaften seien so produktiv, dass es nicht mehr genügend Arbeit für alle erwerbsfähigen Menschen gebe, für falsch halte.

Giarini O., Liedtke P. M., 1998: *Wie wir arbeiten werden. Der neue Bericht an den Club of Rome.* Hamburg: Hoffmann und Campe.

Ein auch für Studienanfänger gut lesbares und informatives Buch ist die im Text erwähnte Studie von Robert Reich:

Reich R., 1993: *Die neue Weltwirtschaft. Das Ende der nationalen Ökonomie.* Frankfurt – Berlin: Ullstein.

Schwieriger zu lesen, aber sehr kenntnisreich geschrieben, ist das dreibändige Werk von Manuel Castells zur Informationsgesellschaft:

Castells M., 1996: *The Rise of the Network Society. The Information Age: Economy, Society and Culture*, Volume 1. Malden-Oxford, Blackwell.

Castells M., 1997: *The Power of Identity. The Information Age: Economy, Society and Culture*, Volume 2. Malden-Oxford, Blackwell.

Castells M., 1998: *End of Millennium. The Information Age: Economy, Society and Culture*, Volume 3. Malden-Oxford, Blackwell.

Breite Einführungen in die Wissenschaftstheorie bieten:

Chalmers A., F., 2001: *Wege der Wissenschaft. Einführung in die Wissenschaftstheorie.* Berlin-Heidelberg-New York: Springer.

Seiffert H., 2003: *Einführung in die Wissenschaftstheorie 1. Sprachanalyse, Deduktion, Induktion in Natur- und Sozialwissenschaften.* München: Beck.

Seiffert H., 2006: *Einführung in die Wissenschaftstheorie 2. Phänomenologie, Hermeneutik und historische Methode, Dialektik.* München: Beck.

Seiffert H., 1997: *Einführung in die Wissenschaftstheorie 4. Wörterbuch der wissenschaftstheoretischen Terminologie.* München: Beck.

Eine provokante und deshalb anregende Darstellung einer antirealistischen Wissenschaftstheorie bietet:

Knorr-Cetina K., 2002: *Die Fabrikation von Erkenntnis. Zur Anthropologie der Naturwissenschaft.* Frankfurt: Suhrkamp

Wissenschaftstheorie ist nicht nur abstrakte Philosophie, sondern ein für die Forschungspraxis wichtiges Regelwerk. Das zeigt aus einer kritisch-rationalistischen Perspekteve Karl-Dietrich Opp. Siehe:

Opp K.-D., 2005: *Methodologie der Sozialwissenschaften. Eine Einführung in Probleme ihrer Theoriebildung und ihrer praktischen Anwendung.* Wiesbaden: VS Verlag für Sozialwissenschaften.

Leserinnen und Lesern, die sich stärker mit den einzelnen sozialwissenschaftlichen Disziplinen beschäftigen wollen, verweise ich unter anderem auf die folgenden Einführungen und Lehrbücher:

Abels H., 2001: *Einführung in die Soziologie*, 2 Bde., Wiesbaden: Westdeutscher Verlag.

Albach H., 2000: *Allgemeine Betriebswirtschaftslehre.* Wiesbaden: Gabler.

Bofinger P., 2007: *Grundzüge der Volkswirtschaftslehre. Eine Einführung in die Wissenschaft von Märkten.* München: Pearson Studium.

Bontrup H., 1998: *Volkswirtschaftslehre. Grundlagen der Mikro- und Makroökonomie.* München-
    Wien: Oldenbourg.
Fischer L., Wiswede G., 2002: *Grundlagen der Sozialpsychologie.* München: Oldenbourg.
Feldmann K., 2005: *Soziologie kompakt. Eine Einführung.* Wiesbaden: VS Verlag für Sozial-
    wissenschaften.
Frantz C., Schubert K., 2005: *Einführung in die Politikwissenschaft.* Münster: LIT
Giddens A., 1982: *Sociology. A Brief but Critical Introduction.* London-Basingstoke: Macmillan
    Press.
Grossekettler H., Hadamitzky A., Lotenz Ch., 2008: *Volkswirtschaftslehre.* Konstanz: UKV.
Haller D., 2005: *DTV-Atlas Ethnologie.* München: DTV.
Hankel W., 1982: *Heldensagen der Wirtschaft oder schöne heile Wirtschaftswelt.* München: Econ.
Hendry J., 1999: *An Introduction to Social Anthropology. Other People's World.* Basingstoke:
    Palgrave.
Hoffmann W., Dose N., Wolf D., 2007: *Politikwissenschaft.* Konstanz: UKV.
Kaschuba W., 1999: *Einführung in die Europäische Ethnologie.* München: C. H. Beck.
Kevenhörster, P., 2003: *Politikwissenschaft. Bd. 1 Entscheidungen und Strukturen der Politik.*
    Opladen: Leske+Budrich.
Kohl K.-H., 1993: *Ethnologie. Die Wissenschaft vom kulturell Fremden. Eine Einführung.* Mün-
    chen: C. H. Beck.
Korte H., 2004: *Soziologie.* Konstanz: UKV.
Laucken U., 1998: *Sozialpsychologie. Geschichte, Hauptströmungen, Tendenzen.* Oldenburg: BIS.
Neubauer R., Hewel B., 2005: *Volkswirtschaftslehre. Grundlagen der Volkswirtschaftstheorie
    und der Volkswirtschaftspolitik.* Wiesbaden: Gabler.
Neus W., 2001: *Einführung in die Betriebswirtschaftslehre aus institutionenökonomischer Sicht.*
    Tübingen: Mohr Siebeck.
Pelinka A., 2004: *Grundzüge der Politikwissenschaft.* Wien-Köln-Weimar: Böhlau.
Rabinow P., 2004: *Was ist Anthropologie?* Frankfurt am Main: Suhrkamp.
Rogall H., 2006: *Volkswirtschaftslehre für Sozialwissenschaftlerinnen und Sozialwissenschaftler.
    Eine Einführung.* Wiesbaden: VS Verlag für Sozialwissenschaften.
Streck B., 1997: *Fröhliche Wissenschaft Ethnologie: Eine Führung.* Wuppertal: Peter Hammer.

Alan Macfarlane hat seine Theorie der Entwicklung des Individualismus und des Kapitalismus, die ich als Beispiel der anthropologischen Beschäftigung mit Kultur angesprochen
habe, in dem folgenden Buch veröffentlicht:

Macfarlane A., 1978: *The Origins of English Individualism.* Oxford: Blackwell.

Die Theorie sozialer Vergleichprozesse wurde in dem folgenden Aufsatz veröffentlicht:

Festinger L., 1954: A theory of social comparison processes. *Human Relations,* 7: 117–140.

Die bibliographischen Angaben zu den im Text erwähnten Büchern von Heiner Meulemann und Ronald Inglehart lauten:

Inglehart R., 1977: *The Silent Revolution. Changing Values and Political Styles Among Western Publics.* Princeton: Princeton University Press.
Meulemann H., 2006: *Soziologie von Anfang an. Eine Einführung in Themen, Ergebnisse und Literatur.* Wiesbaden: VS Verlag für Sozialwissenschaften.

Ralf Dahrendorf hat die „ärgerliche Tatsache der Gesellschaft" in dem folgenden Buch beschrieben:

Dahrendorf R., 2006: *Homo Sociologicus. Ein Versuch zur Geschichte, Bedeutung und Kritik der Kategorie der sozialen Rolle.* Wiesbaden: VS Verlag für Sozialwissenschaften.

Emile Durkheims Regeln der soziologischen Methode und Anthony Downs Ökonomische Theorie der Demokratie sind in deutscher Sprache erhältlich:

Durkheim E., 2002: *Die Regeln der soziologischen Methode.* Neuwied-Berlin: Luchterhand.
Downs A., 1968: *Ökonomische Theorie der Demokratie.* Tübingen: Mohr Siebeck.

Zum Konzept der Theorie mittlerer Reichweite siehe

Merton R. K., 1968: *Social theory and Social Structure.* New York: Free Press, London: Collier Macmillan

Zu Luhmanns Systemtheorie gibt es u. a. die folgenden Einführungen:

Berghaus M., 2004: *Luhmann leicht gemacht. Eine Einführung in die Systemtheorie.* Wien-Köln-Weimar: Böhlau.
Kneer G., Nassehi A., 2002: *Niklas Luhmanns Theorie sozialer Systeme. Eine Einführung.* München: Fink.

Hartmut Esser beschreibt den Makro-Mikro-Makro-Weg der Erklärung sozialer Sachverhalte in dem folgenden Lehrbuch:

Esser H., 1999: *Soziologie. Allgemeine Grundlagen.* Frankfurt-New York: Campus.

Die symbolisch-interaktive Sozialpsychologie von George Herbert Mead wird in dem folgenden Buch ausführlich dargestellt und diskutiert:

Schneider W. L., 2002: *Grundlagen der soziologischen Theorie, Band 1: Weber – Parsons – Mead – Schütz.* Wiesbaden: VS Verlag für Sozialwissenschaften.

Zu Fritz W. Scharpfs interaktionistischer Theorie der Politik siehe:

Scharpf F. W., 2000: *Interaktionsformen. Akteurszentrierter Institutionalismus in der Politik-forschung.* Wiesbaden: VS Verlag für Sozialwissenschaften.

Das im Text erwähnte Lehrbuch von Horst Albach ist weiter oben aufgeführt. Die im gleichen Zusammenhang skizzierte Argumentation von Hans Raffée findet sich in:

Raffée H., 1974: *Grundprobleme der Betriebswirtschaftslehre.* Göttingen: Vandenhoek & Ruprecht.

Leserinnen und Leser, die sich ausführlicher mit den Methoden der empirischen Sozialfor-schung beschäftigen möchten, verweise ich unter anderem auf die folgenden Lehrbücher:

Behnke J., Baur N., Behnke N., 2005: *Empirische Methoden der Politikwissenschaft.* Paderborn: Schöningh.
Kromrey H., 2008: *Empirische Sozialforschung. Modelle und Methoden der standardisierten Datenerhebung und Datenauswertung.* Stuttgart: Lucius und Lucius.
Häder M., 2006: *Empirische Sozialforschung. Eine Einführung.* Wiesbaden: VS Verlag für Sozial-wissenschaften.
Rohwer G., Pötter U., 2002: *Methoden sozialwissenschaftlicher Datenkonstruktion.* Weinheim-München: Juventa.
Schnell R., Hill P. B., Esser E., 2008: *Methoden der empirischen Sozialforschung.* München: Oldenbourg.

Joseph A. Schumpeter beschreibt den Prozess der schöpferischen Zerstörung und seine Folgen in seinem berühmten Buch:

Schumpeter J. A., 1950: *Kapitalismus, Sozialismus und Demokratie.* München: Francke.

Die bibliographischen Angaben zu dem im Text kurz dargestellten Buch von Ralf Reichwald und Frank Piller lauten:

Reichwald R., Piller F., 2006: *Interaktive Wertschöpfung. Open Innovation, Individualisierung und neue Formen der Arbeitsteilung.* Wiesbaden: Gabler.

In dem Teil über die empirische Seite der Sozialwissenschaft habe ich die folgenden Arbeiten aus der Innovationsforschung angesprochen:

Camagni R. (ed.), 1991: *Innovation Networks: Spatial perspectives.* London: Belhaven Press.
Lundvall B.-A. (ed.), 1992: *National Systems of Innovation: Towards a Theory of Innovation and Interactive Learning.* London.
Nelson R. R. (ed.), 1993: *National Innovation Systems: A Comparative Analysis.* New York-Oxford: Oxford University Press.

Eine wissenschaftlich gut untermauerte Darstellung der modernen Industriegesellschaft und ihrer Strukturen bietet:

Galbraith J. K., 1970: *Die moderne Industriegesellschaft.* München: Droemer Knaur.

Die Theorie der Wissensgesellschaft von Peter F. Drucker wird in den folgenden Veröffentlichungen dargestellt:

Drucker P. F., 1969: *The Age of Discontinuity: Guidelines to Our Changing Society.* New York: Harper & Row.
Drucker P. F., 1994: The age of social transformation. *Atlantic Monthly* 274, 53–80.
Drucker P. F., 1998: From Capitalism to Knowledge Society, in: D. Neef (ed.), *The Knowledge Economy.* Boston-Oxford-Johannesburg-Melbourne-New Delhi-Singapore: Butterworth-Heinemann.
Drucker P. F., 1999: *Management Challenges for the 21st Century.* New York: HarperCollins.

Die in diesem Kapitel kurz angesprochene Entwicklung des Wohlfahrtstaates werde ich im vierten Kapitel ausführlicher diskutieren. Eine breite Diskussion dieses Themas findet sich in:

Heinze R. G., Schmid J., Strünck C., 1999: *Vom Wohlfahrtsstaat zum Wettbewerbsstaat. Arbeitsmarkt- und Sozialpolitik in den 90er Jahren.* Opladen: Leske + Budrich.

Zu Daniel Bells Theorie der nachindustriellen Gesellschaft verweise ich auf folgendes Buch:

Bell D., 1975: *Die nachindustrielle Gesellschaft.* Frankfurt-New York: Campus.

Sehr ausführlich hat sich Nico Stehr in einer Reihe von Veröffentlichungen mit der Wissensgesellschaft und ihren unterschiedlichen Facetten beschäftigt. Siehe:

Stehr N., 1994: *Arbeit, Eigentum und Wissen. Zur Theorie von Wissensgesellschaften.* Frankfurt: Suhrkamp.
Stehr N., 2000: *Die Zerbrechlichkeit moderner Gesellschaften.* Weilerswist: Velbrück Wissenschaft.
Stehr N., 2001: *Wissen und Wirtschaften. Die gesellschaftlichen Grundlagen der modernen Ökonomie.* Frankfurt: Suhrkamp.
Stehr N., 2001: Moderne Wissensgesellschaften, *Aus Politik und Zeitgeschichte*, B 36.

Das Konzept der Dematerialisierung und die damit verbundenen Chancen der Wissensgesellschaft werden ausführlich dargestellt in:

Schmidt-Bleek F., 1994: *Wieviel Umwelt braucht der Mensch? MIPS – das Maß für ökologisches Wirtschaften.* Berlin-Basel-Boston: Birkhäuser
Lehner F., Schmidt-Bleek F., 1999: *Die Wachstumsmaschine.* Der ökonomische Charme der Ökologie. München: Droemer Knaur.

Die ökologischen Chancen und Risiken der Wissensgesellschaft diskutiere ich ausführlicher in:

Lehner F., 2010: Ökologie, in: Engelhardt, A., Kajetzke, L. (Hg.), *Handbuch Wissensgesellschaft. Theorien, Themen und Probleme.* Bielefeld: Transcript.

Das Thema Wissensgesellschaft durchzieht das ganze Buch. Deshalb gebe ich dazu einige zusätzliche Literaturempfehlungen:

Bittlingmeyer U. H., 2005: *Wissensgesellschaft als Wille und Vorstellung.* Konstanz: UVK.

Bittlingmeyer U. H., Bauer U., (Hg.)., 2006: *Die Wissensgesellschaft. Mythos, Ideologie oder Realität.* Wiesbaden: VS-Verlag

Boos M., Goldschmidt N. (Hg.), 2000: *WissensWert!? Ökonomische Perspektiven der Wissensgesellschaft.* Baden-Baden: Nomos.

Engelhardt A., Kajetzke L. (Hg.), 2010: *Handbuch Wissensgesellschaft. Theorien, Themen und Probleme.* Bielefeld: Transcript.

Heidenreich M., 2003: Die Debatte um die Wissensgesellschaft, in: S. Böschen & I. Schulz-Schaeffer (Hg.), *Wissenschaft in der Wissensgesellschaft.* Wiesbaden, Westdeutscher Verlag.

Hubig C. (Hg.), 2000: *Unterwegs zur Wissensgesellschaft: Grundlagen – Trends – Probleme.* Berlin, Sigma.

Neef D. (ed.), 1998: *The Knowledge Economy.* Boston-Oxford-Johannesburg-Melbourne-New Delhi-Singapore: Butterworth-Heinemann.

OECD, 1996: *The Knowledge-based Economy.* Paris.

2. Kapitel: Was ist Gesellschaft?

Soziale Ordnung

In diesem Kapitel betrachten wir Sozialwissenschaft von ihrem Gegenstand her. Wir gehen der Frage nach, was Gesellschaft ist und wie sie funktioniert. Das mache ich anhand einer Darstellung und Illustration von zentralen Konzepten und Begriffen der Sozialwissenschaft. Dazu gibt es, wie wir schon im ersten Kapitel erkennen konnten, in der Sozialwissenschaft unterschiedliche Vorstellungen, die auf unterschiedlichen theoretischen und methodologischen Verständnissen beruhen. In diesem Kapitel geht es mir jedoch darum, ein breit akzeptiertes analytisches Grundverständnis von Gesellschaft in einer Sprache zu beschreiben, in der Sozialwissenschaftlerinnen und Sozialwissenschaftler jenseits von unterschiedlichen methodologischen und theoretischen Positionen miteinander kommunizieren können. Auf unterschiedliche theoretische und methodologische Verständnisse werde ich nur insoweit eingehen, als es für die Vermittlung eines grundlegenden Verständnisses notwendig ist.

Die Sozialwissenschaft, so haben wir im ersten Kapitel gesagt, beschäftigt sich mit der Ordnung und Organisation des Zusammenlebens und Zusammenwirkens von Menschen. Das ist genau das, was Gesellschaft ausmacht. Im Grunde genommen ist Gesellschaft nichts anderes als eine Menge von Personen, deren Zusammenleben und Zusammenwirken geordnet und organisiert ist und wo es Einrichtungen gibt, in denen Menschen zusammenarbeiten, um einen bestimmten Zweck zu erreichen. Allerdings sprechen wir zumeist nur dann von Gesellschaft, wenn diese Menge so groß ist, dass ihre Mitglieder unterschiedliche Interessen, Wünsche und Ansichten haben, sich größtenteils nicht kennen und größtenteils nicht direkt miteinander interagieren.

Gesellschaft

Eine große und heterogene Menge von Menschen deren Zusammenleben und Zusammenwirken geordnet und organisiert ist.

Eine einfache Definition und eine einfache Geschichte

Für den Anfang betrachten wir das Ordnungsproblem für eine überschaubare Menge von Personen und nutzen dazu ein einfaches Beispiel. Zwei Gruppen von Menschen, die sich nicht persönlich bekannt sind, und die Völkern angehören, die sich nicht kennen, treffen sich zufällig. Sie lächeln sich wechselseitig freundlich zu, daraufhin geht der Anführer der einen Gruppe lächelnd auf die Anführerin der anderen Gruppe zu, lächelt weiter und streckt ihr dann die Hand hin. Diese schaut erst ganz überrascht – und schlägt ihn dann mit einem Fausthieb nieder. Sofort verschwindet das Lächeln aus allen Gesichtern und die beiden

Gruppen stellen sich kampfbereit voreinander auf. Der Anführer der einen Gruppe rappelt sich auf und macht durch Gesten an beide Gruppen klar, dass er keinen Kampf möchte. Die Lage entspannt sich. Der Anführer geht wieder auf die Anführerin der anderen Gruppe zu und streckt ihr, allerdings doch zögernd, erneut die Hand hin. Wieder verfinstert sich das Gesicht der Anführerin. Dem Anführer wird klar, dass die Geste des Handreichens von der Anführerin als aggressiver Akt interpretiert wird. Er dreht sich deshalb zu seiner Gruppe um, geht auf einen seiner Leute zu und schüttelt ihm lachend und sichtbar freundlich die Hand. Dadurch wird der Anführerin der anderen Gruppe klar, dass Händereichen ein freundliches Signal ist. Sie lächelt und streckt nun ihrerseits dem Anführer der anderen Gruppe die Hand hin. Die Situation löst sich in Wohlgefallen auf.

Diese Geschichte mag sich anhören, als würde eine Ethnologin oder ein Ethnologe das Zusammentreffen zweier primitiver Stämme im Busch beschreiben. Das ist zwar möglich, aber die Geschichte passt durchaus zu unserem modernen Leben. Wenn ein Mensch, der in den Schweizer Alpen oder auf der Mecklenburgischen Seenplatte – also auf dem Land – wohnt, wo er gewohnt ist, dass man alle Menschen grüßt, in die Großstadt kommt und dort auch alle Menschen grüßt, benimmt er sich genauso „daneben" wie der Anführer der einen Gruppe. Das Zusammenleben von vielen Menschen auf wenig Raum funktioniert nur, wenn die Menschen einen großen Teil der Begegnungen mit anderen Menschen gar nicht zur Kenntnis nehmen. Menschen wären geistig und psychisch völlig überfordert, wenn sie die vielen anderen, meistens fremden Menschen, denen sie in der Großstadt tagtäglich begegnen, zur Kenntnis nehmen oder sich gar mit ihnen auseinandersetzen müssten. Gegen diese Überforderung schützen sie sich durch Anonymität. Diese Anonymität durchbricht unser Landmensch, wenn er die Menschen in der Stadt so grüßt, wie es auf dem Land üblich ist – was er aber gar nicht weiß. Er verhält sich so, wie es in seiner Kultur richtig und für ihn ganz selbstverständlich ist. Auf dem Land, wo es nur wenige Menschen gibt, sind die Leute oft aufeinander angewiesen und gehören insofern zusammen. Diese Zusammengehörigkeit drücken sie dadurch aus, dass sie sich immer grüßen, wenn sie sich begegnen. Wenn ein Landmensch das in der Stadt macht, überträgt er Verhaltensweisen aus seinem kulturellen Kontext in einen kulturellen Kontext, in den sie nicht passen. So etwas gibt es im Großen und im Kleinen ganz alltäglich, wenn z. B. Schweizer in Italien Auto fahren, Amerikaner in einem französischen Restaurant essen gehen, Deutsche aus den neuen und den alten Bundesländern zusammentreffen, europäische und amerikanische Politiker über amerikanische Außen- und Sicherheitspolitik diskutieren oder wenn Europäer mit Chinesen Geschäfte machen.

An unserem einfachen Beispiel kann man erkennen, dass Menschen nur vernünftig zusammenleben können, wenn sie sich untereinander über ihre Absichten und ihr Handeln verständigen können. Hätten sich die beiden Gruppen nicht verständigt, wäre das Zusammentreffen kompliziert geworden. Keine Gruppe hätte gewusst, was sie von der anderen zu erwarten hätte. Jede hätte damit rechnen müssen, dass sich die andere Gruppe nicht friedlich verhält. Die beiden Gruppen hätten sich wahrscheinlich erst mal ganz lange misstrauisch aus der Ferne beäugt und sich möglicherweise sogar kampfbereit gemacht, obwohl beide eigentlich friedlich gesinnt waren. Unter diesen Bedingungen hätte schon ein kleines Missverständnis zu einem Konflikt führen können, den keine der beiden Gruppen wirklich wollte.

Menschen verständigen sich mit Hilfe von Symbolen, also von Sprache, Bildern, Gesten und anderen Zeichen. Symbole sind beobachtbar, sie stehen aber für einen nicht-beobachtbaren Sinn. Lächeln steht in unserem Beispiel für freundliche Absichten. Den Austausch von Symbolen bezeichnet man als Kommunikation. Kommunikation ist die unabdingbare Grundlage aller Verständigung – setzt aber gleichzeitig auch schon Verständigung voraus. Kommunikation funktioniert nämlich nur, wenn vorher ein Minimum an Verständigung darüber besteht, welche Bedeutung oder welchen Sinn Symbole haben. In unserem Beispiel klappte das mit dem Lächeln, aber eben nicht mit dem Reichen der Hand. Erst nach einem weiteren Austausch von Symbolen wurde auch das Handreichen von beiden Gruppen gemeinsam als ein Symbol definiert, das einer freundlichen Situation angemessen ist.

Symbole

Beobachtbare Zeichen, die für einen nicht-beobachtbaren Sinn stehen.

Symbole können in unterschiedlichen Gesellschaften eine unterschiedliche Bedeutung haben. Das Handreichen hatte in unserem Beispiel für den Anführer der einen Gruppe eine positive Bedeutung und sollte so etwas signalisieren wie „Ich bin friedlich gesonnen, in meinen Händen sind keine Waffen". Für die Anführerin der anderen Gruppe aber bedeutete Handreichen etwas Negatives, vielleicht eine Verletzung ihrer Würde als Anführerin. Auch das gibt es nicht nur in unserem Beispiel. In Japan ist Handreichen unüblich, Europäer fallen mit ihrer Neigung, alle Menschen, mit denen sie zu tun haben, die Hand zu reichen, eher unangenehm auf – für die Japaner ist das Handreichen so ähnlich wie für uns das Grüßen in der Stadt. Ein weiteres Beispiel für diesen Sachverhalt ist die Frage „Wie geht es Ihnen?", wenn sich zwei Menschen begegnen. In Deutschland und anderen Ländern ist das eine wirkliche Frage, auf die eine Antwort erwartet wird, in den USA dagegen eine reine Grußformel, auf die man nicht ernsthaft antworten sollte.

Der entscheidende Schritt von Verständigung besteht darin, dass man sich über die Situation klar wird. In unserem Beispiel mussten sich beide Gruppen mit Hilfe von Symbolen darüber verständigen, ob die Situation (ihre Begegnung) freundlich oder feindlich sein soll. Sie mussten also, etwas (sozial)wissenschaftlicher formuliert, eine gemeinsame Definition der Situation finden. Sie mussten feststellen, welcher Art die Situation ist (zum Beispiel freundlich oder feindlich) und welche Verhaltenserwartungen damit verbunden sind. Bei der Definition einer sozialen Situation geht es somit nicht nur um die Bezeichnung und Bewertung der Situation, sondern auch im die Festlegung, welches Verhalten in der Situation erwartetet wird, welche Regeln gelten sollen. Beide Gruppen sind von einer freundlichen Situation ausgegangen und haben das durch Lächeln der anderen Gruppe signalisiert. Das hat zunächst geklappt, bis der Anführer der einen Gruppe der Anführerin der anderen die Hand reichen wollte. Diese Geste hatte im Unterschied zum Lächeln jedoch für beide Gruppen eine gegenteilige Bedeutung. Sie entsprach deshalb nicht einer Verhaltenserwartung, welche die Anführerin mit einer freundlichen Situation verband, sondern offensichtlich eher einer, die zu einer feindlichen Situation gehört. Daran scheiterte die Verständigung über die Situation zunächst. Deshalb mussten sich die beiden Gruppen mit Hilfe weiterer Kommunikation über das missverständliche Symbol verständigen. Die beiden Gruppen mussten also nicht nur festlegen, welche Bedeutung der Situation beizumessen war, sondern auch, mit welchen Symbolen diese Bedeutung ausgedrückt werden soll. Die Definition der Situation als freundliche Begegnung war auch mit einer bestimmten Verhaltenserwartung verbunden, nämlich mit der Erwartung, dass kein Mitglied der beiden Gruppen irgendwelche aggressiven Aktivitäten gegen ein Mitglied der anderen Gruppe unternimmt. Was als aggressiv wahrgenommen wurde, etwa welche Gesten, mussten die Gruppen über Kommunikation klären.

Situationsdefinition

Sozial geteiltes und durch gemeinsame Symbole kommunizierbares Verständnis der Bedeutung einer bestimmten Situation, das mit bestimmten Verhaltenserwartungen verbunden ist.

Situationsdefinitionen beschreiben Situationen in einer Form, die von allen Mitgliedern einer Gesellschaft (oder einer Gruppe) verstanden und akzeptiert wird, und die mit Verhaltenserwartungen verbunden sind, die von allen Mitgliedern einer Gesellschaft (oder einer Gruppe) verstanden werden. Sowohl die Beschreibung der Situation als auch die Definition der damit verbundenen Verhaltenserwartungen sind stark selektiv. Die Beschreibung der Situation umfasst nur die Aspekte, die für das soziale Handeln wichtig sind, und Verhaltenserwartungen werden nur für die Aspekte des Verhaltens definiert, die für die soziale Interaktion in dieser Situation wichtig sind.

Eine Vorlesung kann man zum Beispiel sozial definieren als eine Interaktion zwischen Studierenden und Dozenten, die bestimmten Formen folgt und in einem bestimmten Typ von Raum stattfindet. Die Eigenschaften des Raumes gehen nur insoweit in die Definition der Situation ein, als sie die Interaktion beeinflussen. Dafür gehen in die Situationsdefinitionen aber auch Bezüge zwischen der Vorlesung und dem Studiengang ein, zu dem die Vorlesung gehört, insbesondere die Funktion, welche die Vorlesung im Studiengang hat, und die sich daraus ergebenden Anforderungen an die Vorlesung. Die Interaktion hat die Form eines Vortrages durch eine Dozentin oder einen Dozenten. Mit der Form sind bestimmte Verhaltenserwartungen an die Dozentin oder den Dozenten verbunden, etwa dass der Vortrag gut vorbereitet und die Argumentation verständlich ist. Es gibt jedoch keine definierten Verhaltenserwartungen darüber, wo sie oder er sich vorbereitet oder wie sie oder er sich im Hörsaal bewegt. Ebenso wenig ist der Akzent ihrer oder seiner Sprache Gegenstand von Verhaltenserwartungen in dieser Situation. Auch für die Studierenden gibt es Verhaltenserwartungen, etwa, dass sie konzentriert zuhören und sich Notizen machen. Es gibt jedoch keine Verhaltenserwartungen bezüglich ihrer Kleidung oder der Verwendung von Papier oder eines Computers für ihre Notizen.

Mit der Definition der Situation und der damit verbundenen Verhaltenserwartungen sowie der Symbole, mit denen sie sich verständigen, haben die beiden Gruppen in unserem Beispiel eine einfache soziale Ordnung geschaffen. Diese Ordnung macht es ihnen möglich, sich zur gleichen Zeit friedlich an einem bestimmten Ort aufzuhalten. In einfacher Form besteht also eine soziale Ordnung aus Situationsdefinitionen und der Definition der mit diesen Situationen verbundenen Verhaltenserwartungen sowie aus einer Menge von Symbolen, mit denen sich die Menschen in dieser Situation untereinander verständigen können.

> **Einfache Ordnung**
>
> Eine Menge von aufeinander bezogenen Situationsdefinitionen und Verhaltenserwartungen, die durch Symbole vermittelt werden.

Komplexe Ordnungsstrukturen

Bisher habe ich eine einfache Ordnung beschrieben, die mit der Ordnung einer modernen Gesellschaft wenig gemeinsam hat. Selbst einfache Ordnungen sind etwas vielschichtiger als das, was in unserem Beispiel beschrieben wird. In unserem einfachen Beispiel sind die Situationsdefinition, Verhaltenserwartungen und Symbole eng miteinander verbunden. Die Verhaltenserwartungen und Symbole erscheinen als integraler Teil der Situationsdefinition. Das ist selbst für unser sehr schematisches Beispiel noch zu einfach dargestellt. Wenn die beiden Gruppen aus diesem Beispiel länger zusammenbleiben, interagieren sie in mehreren unterschiedlichen Situationen miteinander, etwa auf einer Jagd, bei einer gemeinsamen Feier oder beim Arbeiten. Sie entwickeln dann nicht mehr für jede Situation jeweils besondere Symbole, sondern etwas wie eine gemeinsame Sprache und andere Kommunikationsmedien. Viele ihrer Verhaltenserwartungen, etwa bezüglich eines höflichen Umgangs, gelten für unterschiedliche Situationen – für die es wiederum aber auch zusätzliche besondere Verhaltenserwartungen gibt. Dabei ist nicht ausgeschlossen, dass die allgemeineren und die besonderen Verhaltenserwartungen miteinander kollidieren. Tatsächlich gehören solche Widersprüchlichkeiten zum Alltag jeder realen sozialen Ordnung.

Schon in einer noch gut überschaubaren Situation, wie in einer Vorlesung, können Verständigungsprobleme auftreten, die nicht mehr so leicht lösbar sind, wie es in unserem einfachen Beispiel der Fall war. Solche Probleme entstehen zum Beispiel, wenn das erwartete Verhalten von Studierenden und Dozentinnen und Dozenten in Konflikt gerät mit Regeln, die über ihre Außenbezüge, also durch andere Situationen, bestimmt werden. Ein solcher Fall kann dann entstehen, wenn Studierende durch die Notwendigkeit, ihr Studium selbst zu finanzieren, nicht in der Lage sind, sich so auf die Vorlesung vorzubereiten, wie es erwartet wird. Er kann auch entstehen, wenn ein Dozent oder eine Dozentin durch ein Forschungsprojekt stark in Anspruch genommen wird und deshalb die Vorbereitungen für ihre oder seine Lehrveranstaltungen etwas schleifen lässt. Noch schwierigere Verständigungsprobleme entstehen dann, wenn in unterschiedlichen Akteursgruppen, die an einer Interaktion beteiligt sind, bezogen auf die gleiche Situation unterschiedliche Regeln bestehen. Das gab es während der Studentenunruhen in den 1960er und 1970er Jahren recht häufig. Damals sahen viele Studierende in den Sozialwissenschaften die Aufgabe der Sozialwissenschaft vor allem in der kritischen Auseinandersetzung mit den gesellschaftlichen Verhältnissen, was viele ihrer Dozentinnen und Dozenten ablehnten. Daraus entwickelten sich oft Konflikte, die sich sozialen Verständigungsprozessen entzogen und nur noch durch Macht (z. B. das gewaltsame Räumen eines Hörsaals durch die Polizei oder durch gewaltsame Vertreibung von Dozentinnen und Dozenten aus den Hörsälen) „gelöst" werden konnten.

In unserem einfachen Beispiel am Anfang dieses Kapitels werden die Situationsdefinitionen von beiden Gruppen selbst vorgenommen und auf den konkreten Fall bezogen. In unserem Vorlesungsbeispiel dagegen ist die Situation zu einem großen Teil extern vordefiniert. Vorlesungen sind eine im Hochschulbereich generell definierte Form von Lehrveranstaltungen. Konkrete Inhalte und Anforderungen werden unter anderem durch Prüfungs- und Studienordnungen festgelegt, die für den ganzen Studiengang gelten. Diese Ordnungen unterliegen ihrerseits allgemeineren Regeln, die beispielsweise in Hochschulordnungen oder in Gesetzen niedergelegt sind, die für ganze Hochschulen oder die Hochschulen insgesamt gelten – also für eine Vielzahl unterschiedlicher Situationen. Zudem gibt es hochschuldidaktische Prinzipien und andere professionelle Standards für Vorlesungen sowie fachliche oder wissenschaftstheoretische Regeln für die Aufarbeitung und Darstellung der in der Vorlesung behandelten Probleme und Zusammenhänge. Da die Lehrenden etwa bei einem sozialwissenschaftlichen Studiengang, der mehrere der sozialwissenschaftlichen Disziplinen umfasst, oder einem wirtschaftswissenschaftlichen Studiengang, der Volkswirtschaftslehre und Betriebswirtschaftslehre verbindet, aus unterschiedlichen Disziplinen stammen, ist es durchaus naheliegend, dass sie auch unterschiedlichen professionellen Regeln unterliegen. Die externen Vorgaben bilden einen Rahmen, dem sich oft weder die Studierenden noch die Lehrenden ohne negative Folgen entziehen können. Innerhalb dieses Rahmens können sich Studierende und Lehrende jeweils weiterverständigen, beispielsweise über das Stellen und Beantworten von Fragen oder den Stil der Vorlesung. Darüber hinaus eröffnen sich ihnen zusätzliche Handlungsmöglichkeiten, wenn der Rahmen in sich nicht völlig konsistent ist, etwa weil er unterschiedliche professionelle Regeln aus unterschiedlichen Disziplinen enthält oder wenn die Anforderungen aus den unterschiedlichen Regelstrukturen Widersprüche enthalten. Wenn das der Fall ist, können die Studierenden und die Lehrenden ihren Handlungsspielraum dadurch erweitern, dass sie die Widersprüche durch entsprechende Interpretationen der jeweiligen Regeln so auflösen, dass der Rahmen für sie weiter wird.

Dieses Zusammenspiel von extern vorgegebenen Regeln, die oft für viele unterschiedliche Situationen gelten, und einer weiteren Verständigung im Rahmen direkter Interaktionen zwischen den Personen, die in einer konkreten Situation handeln, ist in modernen Gesellschaften in fast allen Situationen gegeben, in denen Menschen zusammentreffen oder zusammenleben. Anstelle von einfachen Situationsdefinitionen, auf die sich Menschen in unserem Beispiel einigen, tritt in den modernen Gesellschaften eine Vielzahl von Regeln und Konventionen, die jeweils für unterschiedliche Typen von Situationen gelten. Viele der Regeln, die eine Vorlesung bestimmen, spielen auch für die sogenannten Akkreditierungsverfahren eine Rolle, also die Verfahren, durch die Studiengänge und deren Prüfungsordnungen genehmigt werden. Solche Verfahren sind durch Gesetze geregelt und es wird erwartet, dass die an der Akkreditierung beteiligten Gutachter nach professionellen Standards handeln. In diesen Verfahren werden auch Studierende befragt, für die die Prüfungsordnung in dieser Situation keine extern vorgegebenen Regeln darstellt, denen sie sich nicht entziehen können, sondern Regeln, die sie im Rahmen des Verfahrens prinzipiell beeinflussen können. Sie können also versuchen, die in der Prüfungsordnung enthaltenen Regeln so zu verändern, dass sie besser auf die Regeln abgestimmt sind, denen die Aktivitäten unterliegen, mit denen sie ihr Studium finanzieren. Dabei können sie möglicherweise auch widersprüchliche Regeln strategisch zu ihren Gunsten nutzen.

Am Ende der beiden vorangegangenen Abschnitte habe ich jeweils auf Möglichkeiten verwiesen, Regeln nicht einfach zu befolgen, sondern sie zu interpretieren oder strategisch zu verändern. In solchen Tatbeständen manifestiert sich die Komplexität der Ordnungen moderner Gesellschaften. In der Alltagssprache ist komplex das Gegenteil von einfach und überschaubar. Das gilt auch für den Komplexitätsbegriff in der Sozialwissenschaft. Komplexe Strukturen werden durch eine Vielzahl und Vielfalt unterschiedlicher Faktoren bestimmt, die nicht vollständig aufeinander abgestimmt sind, sodass deren Zusammenspiel oft unklar und widersprüchlich ist und deren Wirkungen oft schwer abzusehen sind. Deshalb sind komplexe Strukturen schlecht überschaubar und ihre Wirkungen oft nicht abschätzbar.

Komplexe Strukturen

Strukturen, die durch eine Vielzahl und Vielfalt von Elementen bestimmt werden, die nicht vollständig aufeinander abgestimmt sind.

Diesen Sachverhalt kann man sich schon anhand von ganz alltäglichen Situationen aus dem Hochschulbetrieb gut verdeutlichen. Wir haben weiter oben kurz den Fall von Studierenden angesprochen, die sich ihr Studium selbst finanzieren müssen und dadurch in Konflikt mit den Anforderungen des Studiums kommen. Diesen Konflikt können sie je nachdem, von welchen Regeln sie sich primär leiten lassen oder leiten lassen müssen, unterschiedlich lösen. Wenn die Regeln, denen sie bei dem Job, mit dem sie ihr Studium finanzieren, rigide und kaum zu umgehen sind, können sie manche Lehrveranstaltung nicht so besuchen, wie es die Studienordnung vorsieht, und haben weniger Zeit für das Studium, als die Regeln der Studienordnung vorsehen. Das heißt für sie, dass sie entweder die Anforderungen ihres Studiums nicht voll erfüllen können oder ihr Studium zeitlich strecken müssen. Das hat Auswirkungen auf ihre Berufschancen und ihren Lebensweg, die zum Zeitpunkt, zu dem sie sich für das eine oder das andere entscheiden müssen, nur teilweise absehbar sind. Ob sie etwa durch ein längeres Studium schlechtere Chancen haben, einen adäquaten Job zu finden, hängt unter anderem davon ab, nach welchen Regeln potenzielle Arbeitgeber zum Zeitpunkt ihres Studienabschlusses Hochschulabsolventinnen und -absolventen einstellen. Wenn diese Regeln vor allem ein junges Berufseinstiegsalter und eine „effiziente" Studiengestaltung begünstigen, haben sie schlechtere Karten, als wenn die Regeln die Fähigkeit, sich ein Ziel, einen Hochschulabschluss, auch unter widrigen Bedingungen, etwa eine ungünstige finanzielle Situation, zu erkämpfen, hoch bewerten.

Die Entscheidungen, welche die Studierenden treffen, wirken sich nicht nur auf ihre eigenen Handlungsmöglichkeiten aus, sondern auch auf die ihrer Fakultät und auf die Qualität des Lehrangebots in dieser Fakultät. Wenn in einer Fakultät viele Studierende sich ihr Studium ganz oder teilweise selbst finanzieren müssen und deshalb längere Studienzeiten in Kauf nehmen, verliert eine Fakultät, die den Regeln der leistungsorientierten Mittelverteilung in Nordrhein-Westfalen (oder ähnlichen Regeln woanders) unterliegt, viel Geld. Nach diesen Regeln werden die finanziellen Zuweisungen an die Hochschulen und innerhalb der meisten Hochschulen an die Fakultäten unter anderem nach der Zahl der Absolventen bemessen. Dabei fallen Absolventen in der Regelstudienzeit doppelt so stark ins Gewicht wie

Absolventen, die für ihr Studium länger brauchen. Weniger Geld heißt für die betroffenen Fakultäten auch, dass sie weniger Lehrpersonal einstellen können und das schlägt auf die Qualität des Studienangebots durch.

Ich habe die ganzen Beispiele aus der Hochschule in einer Form beschrieben, die dem im ersten Kapitel beschriebenen methodologischen Interaktionismus entspricht, nämlich als ein Zusammenspiel von sozialen Strukturen und Interaktionen zwischen Individuen. Das ist eine leicht nachvollziehbare Form, weil wir in beiden Beispielen gedanklich die handelnden Personen unmittelbar beobachten können. Ich könnte die gleichen Beispiele aber auch in einer Weise beschreiben, die eher der Systemtheorie von Luhmann entspricht. In diesem Fall würde ich jedes der Beispiele als Interaktionen zwischen unterschiedlichen Systemen beschreiben, als etwa dem sozialen System, das die Studierenden einer Fakultät bilden, dem wirtschaftlichen System, in welchem sie arbeiten, um ihr Studium zu finanzieren, dem sozialen System, das die Lehrenden einer Fakultät bilden, den professionellen Systemen, in welche die Lehrenden und im Akkreditierungsbeispiel auch die Gutachter eingebunden sind, oder dem System der Hochschuldidaktik. Das wäre zwar aufwendiger, würde uns aber auf einen ganz wichtigen Punkt stoßen, nämlich darauf, dass in modernen Gesellschaften in Vorlesungen, Akkreditierungsverfahren und anderen sozialen Situationen nicht nur unterschiedliche Regeln gelten, sondern dass diese Regeln mit anderen Regeln zu umfassenderen Regelsystemen verbunden sind. Darauf komme ich weiter unten zurück.

Wir haben am Anfang dieses Kapitels soziale Ordnung als eine Menge von aufeinander bezogenen Situationsdefinitionen und Verhaltenserwartungen (Regeln) definiert, die durch Symbole vermittelt werden. Nachdem wir uns mit den Grundzügen von komplexeren Ordnungsstrukturen beschäftigt haben, ist es sinnvoll, diese Definition von Ordnung aufzugeben. Komplexere Ordnungen unterscheiden sich von einfachen Ordnungen nicht bloß dadurch, dass sie immer mehr Situationsdefinitionen enthalten, sondern dass die Zusammenhänge zwischen Situationen und Regeln nicht mehr klar definiert sind. Sie sind deshalb nicht mehr klar definiert, weil in fast jeder sozialen Situation in einer modernen Gesellschaft unterschiedliche Regeln (und Regelsysteme) zusammenspielen, die sich oft auf ganz unterschiedliche Situationen beziehen, und erst aus diesem Zusammenspiel heraus die Situation wirklich definiert wird. Anstelle der klaren und überschaubaren Situationsdefinitionen in einfachen Ordnungen treten in komplexen Ordnungen Systeme von Regeln als grundlegende Elemente.

Ordnung als System von Regeln

Ordnung als ein System von Regeln kann man in einfacher Form als ein Spiel verstehen, zum Beispiel als ein Fußballspiel. Für (offizielle) Fußballspiele gibt es Spielregeln, die durch Verbände festgelegt und im Spiel durch Schiedsrichter überwacht werden. Darüber hinaus gibt es viele weitere offizielle Regeln, zum Beispiel für die Lizenzierung von Vereinen in der Bundesliga, den Transfer von Spielern oder die Qualifikation von Schiedsrichtern. Damit solche Regeln erlassen werden können, muss es Regeln darüber geben, wie die Entscheidungen über Regeln getroffen werden, wie die zuständigen Verbände organisiert und geleitet werden und einiges mehr. Das ergibt schon ein ziemlich umfangreiches Regelsystem, das jedoch bloß die viel zitierte Spitze des Eisbergs darstellt. Darüber hinaus gibt es viele weitere

Regeln, die direkt mit Fußball zu tun haben, beispielsweise Regeln für die Ordnung in Stadien oder Verträge über Senderechte für die Bundesliga. Damit nicht genug, finden auf Fußball viele staatliche Gesetze und Verordnungen, wie das Vereinsrecht oder das Vertragsrecht, Anwendung. Dann gibt es in Deutschland auch noch den Paragraphen 157 des Bürgerlichen Gesetzbuches (BGB). Ähnliche Regelungen gibt es auch in Österreich und der Schweiz. Paragraph 157 BGB besagt, dass Verträge so auszulegen sind, wie Treu und Glauben mit Rücksicht auf die Verkehrssitte es erfordern. Dieser Paragraph, der auch für Verträge im Fußball gilt, ist in unserem Zusammenhang besonders interessant. Er verweist nämlich auf gesellschaftliche Wertvorstellungen, eben auf Treu und Glauben, sowie auf die Verkehrssitte, also auf übliche Verhaltensweisen (Bräuche). Das macht deutlich, dass es zusätzlich zu vielen in Regelheften, Satzungen, Gesetzen und anderen Dokumenten schriftlich niedergelegten Regeln auch noch welche gibt, die zwar die meisten Menschen kennen, die aber nirgendwo formal festgelegt sind. Dazu gehören auch Regeln über Fairness oder über Fankultur im Fußball und vieles mehr. Ein gutes Beispiel für solche Regeln ist das Verhalten von Spielern in einem Fußballspiel, wenn ein gegnerischer Spieler ohne Regelverstoß verletzt am Boden liegt. In diesem Fall wird der Ball ins „Aus" gekickt. Wenn der Verletzte wieder auf den Beinen ist, gibt es einen Schiedsrichterball, den die gegnerische Mannschaft zurück zum Torwart der Mannschaft spielt, die den Ball ins „Aus" gekickt hat. Dieser Ablauf ist nirgendwo vorgeschrieben, wird aber ganz selbstverständlich praktiziert. Die vielen nicht formal definierten Regeln, die es in einer Gesellschaft gibt, werden über informelle Kommunikationsprozesse, zum Beispiel über Diskussionen in und mit Fanclubs von Fußballvereinen, Diskussionen zwischen Eltern und Kindern, Kommentare in den Medien oder die Interpretation von literarischen Texten in der Schule, vermittelt.

Wie das Beispiel Fußball zeigt, wird das menschliche Zusammenleben in modernen Gesellschaften durch eine Vielzahl von Regeln bestimmt. Diese Regeln stehen nicht allein, sondern sind in unterschiedliche Regelwerke (z. B. die Spielregeln für den Fußball oder das Bürgerliche Recht) eingebunden, in denen sie mit einer mehr oder weniger großen Zahl weiterer Regeln verknüpft werden. Jedes dieser Regelwerke bildet ein kleineres oder größeres Regelungssystem, das einen bestimmten Sinn hat und einer bestimmten Logik unterliegt. Die einzelnen Regelungssysteme haben eine unterschiedliche Reichweite. Manche gelten nur für Fußball, andere, wie der Grundsatz von Treu und Glauben, für fast alle Aktivitäten in einer Gesellschaft. Viele dieser Regelungssysteme sind formalisiert: sie werden also von zuständigen Instanzen bestimmt und schriftlich niedergelegt. Viele andere Regelungssysteme sind dagegen nicht formalisiert, sondern ergeben sich aus dem Zusammenleben der Menschen heraus. Insgesamt stellt die gesellschaftliche Ordnung ein mehrfach verschachteltes System von Regeln dar, das durch unterschiedliche Formen der Kommunikation geschaffen wird.

Kommunikation spielt nicht nur für die Entwicklung von Regeln eine wichtige Rolle, sondern ist auch unabdingbar für deren Aufrechterhaltung und Geltung. Mit dem Erlass von Regeln ist es nicht getan. Wenn es keine Schiedsrichter gäbe, die die Regeln immer wieder durchsetzen und dadurch symbolisch reproduzieren, würden sie nicht lange gelten. Gesetze müssen durch Gerichte durchgesetzt und an unterschiedliche Bedingungen angepasst werden. Das gilt noch mehr für Regeln, die nicht in Regelheften niedergeschrieben sind, sondern lediglich verbal vermittelt werden. Die wohl an allen Schulen geltende Erwartung (Regel), dass Schülerinnen und Schüler dem Unterricht aufmerksam folgen sollen, verliert sehr schnell ihre Geltung, wenn die Lehrerinnen und Lehrer sie im Unterricht nicht immer wieder verbal oder gar durch Sanktionen bekräftigen und einfordern würden – es sei denn, der Unterricht ist so spannend, dass Schülerinnen und Schüler gar kein Bedürfnis haben, zu schwatzen. Soziale Ordnung ist also nichts, was naturwüchsig existiert, sondern etwas, was durch Kommunikation hergestellt wird und nur so lange existiert, wie sie über Kommunikation immer wieder vermittelt und durchgesetzt werden kann.

> **Ordnung**
>
> Eine durch Kommunikation hergestellte und reproduzierte Menge von Regeln, die miteinander in unterschiedlichen Teilmengen verknüpft und in übergeordnete Zusammenhänge eingebunden sind.

Diese Definition ist für alle sozialwissenschaftlichen Denkschulen, soweit sie sich überhaupt mit der Entstehung und Entwicklung von Ordnung beschäftigen, anwendbar. Allerdings gibt es dabei wichtige Unterschiede bezüglich der Bedeutung von Kommunikation. In den individualistischen Schulen ist mit Kommunikation eine Interaktion oder ein Austausch zwischen Individuen und anderen Akteuren gemeint, in interaktionistischen Ansätzen ein Austausch zwischen Akteuren sowie zwischen Akteuren und Strukturen; in Luhmanns Systemtheorie dagegen eine Beziehung zwischen Systemen.

Regeln sind in fast allen sozialwissenschaftlichen Theorien ähnlich definiert, wenn auch oft mit anderen Bezeichnungen versehen. In älteren Ansätzen ist, wie wir gleich noch sehen werden, die Rede von Normen und Werten. Luhmann dagegen spricht von Erwartungen und von Erwartungserwartungen. Erwartungen beschreiben das erwartete Verhalten von Systemen, Erwartungserwartungen dagegen die Erwartungen, die ein System bei anderen Systemen bezüglich seines eigenen Verhaltens erwartet. In unserem einfachen Beispiel am Anfang des Kapitels sind zwei soziale Systeme repräsentiert durch zwei Gruppen aufeinandergetroffen. Jede erwartete eine friedliche Situation und ging davon aus, dass das andere System ein entsprechendes kommunikatives Handeln (z. B. Lächeln) erwartet. Im Falle des Lächelns traf diese Erwartungserwartung zu, im Falle des Handreichens nicht. Ähnliche Unterscheidungen zwischen einfachen Erwartungen und Erwartungserwartungen gibt es implizit oder explizit auch in den meisten anderen sozialwissenschaftlichen Ansätzen.

Wie schon unser Fußball-Beispiel zeigt, bestehen gesellschaftliche Ordnungen aus unterschiedlichen Arten von Regeln. Manche Regeln, insbesondere die Spielregeln, gelten nur für Fußballspiele, andere, wie der Paragraph 157 BGB, für eine Vielzahl unterschiedlicher Situationen. Manche Regeln, wie der Paragraph 157 BGB, gelten nur in einer bestimmten Gesellschaft, in diesem Fall nur für Deutschland; andere, wie die Spielregeln im Fußball, dagegen international. Zudem gibt es Regeln, die nur für einen bestimmten Teilbereich der Gesellschaft, z. B. das Handwerk, oder nur für Intellektuelle gelten. Regeln können also eine unterschiedliche Reichweite aufweisen. Sie sind auch in unterschiedlichem Maße verbindlich. Ein Spieler, der sich in einem Fußballspiel nicht an die Spielregeln hält, muss mit einer Bestrafung durch den Schiedsrichter rechnen, die ihn empfindlich treffen kann; ein Zuschauer auf der Tribüne, der eine Höflichkeitsregel verletzt, kommt dagegen (meist) ohne eine spürbare Bestrafung weg. Die Verbindlichkeit von Regeln hängt insbesondere mit ihrer Kodifizierung zusammen, also damit, ob sie in einer festgelegten Form von einer zuständigen Instanz in einem Dokument niedergeschrieben sind oder ob sie in einer mehr oder weniger offenen Form bloß informell kommuniziert werden. Schließlich kann man Regeln auch noch im Hinblick auf ihren Abstraktionsgrad unterscheiden. Manche Regeln, wie die Spielregeln im Fußball, sind konkret und genau, andere, wie das Prinzip von Treu und Glauben, dagegen eher allgemein und interpretationsbedürftig.

Ich habe in diesem Kapitel bisher den Begriff „Regeln" verwendet. Das entspricht einer heute in der Sozialwissenschaft verbreiteten Begrifflichkeit. In früheren Werken, insbesondere bei vielen Klassikern, mit denen wir uns im dritten Kapitel beschäftigen werden, werden dagegen die Begriffe Normen und Werte verwendet. Das ist nicht bloß eine Sprachregelung, sondern manifestiert eine bestimmte Vorstellung von gesellschaftlicher Ordnung.

Normen, Werte und gesellschaftliche Ordnung

Regeln geben jeweils für bestimmte sozial definierte Situationen einen Verhaltensstandard oder eine Handlungsrichtlinie für alle Handelnden vor. Diese sagen jedem Akteur in der Situation, was grundsätzlich von ihm erwartet wird. Die Verkehrsregeln geben beispielsweise vor, dass ein Autofahrer sich an einem Fußgängerüberweg vorsichtig verhalten muss. Wie er das macht, ist jedem Autofahrer selbst überlassen. Deshalb bezeichnet man in der Soziologie und anderen sozialwissenschaftlichen Disziplinen solche sozial definierten Verhaltenserwartungen oder Regeln als soziale Normen. Normen legen unabhängig von konkreten Personen fest, welches Verhalten in bestimmten Situationen sozial geboten oder verboten, erwünscht oder unerwünscht, richtig oder falsch ist. Dadurch wird das Handeln in einer Situation so weit vereinheitlicht (normiert), wie es für das soziale Zusammenleben und Zusammenwirken erforderlich ist. Wenn fremde Menschen sich auf der Straße in einer Großstadt begegnen, wissen sie, dass von ihnen erwartet wird, dass sie die Anonymität der anderen respektieren und sie nicht grüßen. Wenn die gleichen Großstädter sich jedoch später zum ersten Mal in einem Fitnessstudio treffen, dann wissen sie, dass von ihnen erwartet wird, dass sie sich wahrnehmen und grüßen, obwohl sie sich immer noch genau so fremd sind, wie einige Stunden vorher auf der Straße.

Normen

In bestimmten Situationen oder unter bestimmten Bedingungen allgemein geltende, mehr oder weniger verbindliche Verhaltensvorschriften, die von Gewohnheiten, Bräuchen und Sitten über sozial sanktionierte Regeln und Tabus bis hin zu Rechtsnormen reichen.

Normen ersetzen also die Verständigung im Einzelfall. Anders als in unserem einfachen Beispiel am Anfang dieses Kapitels, müssen sich Menschen oder Gruppen, die Teil einer Gesellschaft sind, nicht mehr jedes Mal verständigen, wenn sie in bestimmten Situationen aufeinandertreffen. Sie wissen, welche Normen in dieser Situation gelten, welches Handeln von ihnen erwartet wird und welches Handeln sie von anderen erwarten können. Das erspart ihnen viel Aufwand für die Verständigung. Kunden können beim Einkauf bei ihrem Metzger erwarten, dass er ihnen nur Fleisch verkauft, das bestimmten Qualitätsstandards genügt, dass er den gekochten Schinken nach üblichen Grundrezepturen herstellt, dass die italienische Salami, die er verkauft, auch wirklich italienisch ist und dass er sie beim Abwiegen der Ware nicht betrügt. Wenn sie solche Dinge bei jedem Einkauf, nicht nur beim Metzger, sondern in allen Geschäften erst aufwendig prüfen müssten, wäre das Einkaufen für die meisten Menschen eine Tortur. Ohne Normen wäre das alltägliche Leben so kompliziert, dass fast nichts liefe.

In einer holistischen Sicht sind Normen für Individuen und andere Akteure verbindlich vorgegeben und durch Sanktionsdrohungen geschützt. Das Verletzen von Normen führt also im Prinzip immer zu Sanktionen. Manche Normen, zum Beispiel die Normen des Strafrechts, werden durch staatliche Sanktionen gesichert, andere Normen „nur" durch soziale Sanktionen – die für die Betroffenen manchmal härter sind als staatliche. Wer in einer informellen Diskussionsrunde unter Freunden polemisch wird, muss sich auf Druck der ganzen Runde entschuldigen, wer immer wieder Normen in einer Partnerschaft verletzt, wird erleben, dass diese Partnerschaft aufgekündigt wird und wer sich in einem Dorf über die herkömmlichen Bräuche lustig macht, findet sich schnell im sozialen Abseits. Normen haben also immer einen mehr oder weniger starken Zwangscharakter. Das hat, wie wir schon im ersten Kapitel gesehen haben, Ralf Dahrendorf als ärgerliche Tatsache der Gesellschaft bezeichnet. Das heißt nichts anderes, als dass Normen für die Gesellschaftsmitglieder ebenso eine Tatsache sind wie das Wetter, das übrigens ähnlich wie Normen die Handlungsmöglichkeiten von Menschen einschränkt. Dem Wetter entzieht man sich zumindest teilweise dadurch, dass man entweder in einem Gebäude bleibt oder sich draußen entsprechend anzieht. Normen kann man sich zumindest teilweise dadurch entziehen, dass man sich in sozialen Räumen bewegt, in denen diese Normen nicht kontrolliert werden, oder dass man sein Verhalten so gestaltet, dass es einer Norm zwar scheinbar entspricht, aber davon nicht negativ betroffen wird. Das ändert jedoch nichts am grundsätzlichen Zwangscharakter von Normen. Allerdings wird dieser Zwangscharakter dadurch stark abgemildert, dass die meisten Mitglieder einer Gesellschaft die meisten Normen in dieser Gesellschaft akzeptieren und freiwillig befolgen. Wie wir im dritten Kapitel ausführlicher am Beispiel der Systemtheorie von Talcott Parsons sehen werden, verfügen soziale Ordnungen über Mechanismen, durch die soziale Normen und individuelle Bedürfnisse und Interessen in Einklang gebracht werden. Zu diesen Mechanismen gehört unter anderem die Sozialisation, ein Prozess, in dessen Rahmen soziale Normen Menschen ab ihrer Geburt durch Eltern und andere Personen vermittelt werden. Diesen Prozess werde ich weiter unten detaillierter beschreiben.

Auch für Sozialwissenschaftlerinnen und Sozialwissenschaftler, die ganz dem methodologischen Individualismus verpflichtet sind, ist die Existenz von Normen (oder Regeln) etwas Selbstverständliches – ebenso selbstverständlich, wie die Tatsache, dass diese Regeln zumeist freiwillig befolgt werden. Das ist auch mit einer individualistischen Theorie erklärbar. Eine gute individualistische Erklärung für die Existenz von Normen (oder Regeln) bietet der Transaktionskosten-Ansatz von Oliver Williamson. In einem engeren ökonomischen Ansatz ist mit Transaktionskosten der Aufwand gemeint, den Menschen betreiben müssen, um eine (ökonomische) Transaktion überhaupt vornehmen zu können. Eine Transaktion ist ein (ökonomischer) Tausch, also ein Vorgang, bei dem ein Akteur von einem anderen Akteur eine bestimmte Leistung erhält und dafür eine Gegenleistung erbringt. Ein typisches Beispiel für eine ökonomische Transaktion ist einen Kauf-Verkauf-Vorgang, beispielsweise der Kauf eines Autos. Ein typisches Beispiel für eine soziale Transaktion ist eine Vereinbarung zwischen zwei Müttern, die jeweils abwechselnd ihre Kinder aus der Schule abholen und sie nachmittags betreuen. Jede solcher Transaktionen bringt zwei Arten von Kosten mit sich, nämlich einmal den Kaufpreis für ein Gut oder die Gegenleistung für eine Leistung, und eben die Transaktionskosten. Zu den Transaktionskosten bei einem Autokauf gehören unter anderem die Kosten oder der Aufwand des Kunden für die Beschaffung der Informationen über die Vor- und Nachteile unterschiedlicher Autotypen, die auf dem Markt angebotenen Konditionen für Kredite für Autokäufe sowie für die Besichtigung von Autos bei unterschiedlichen Händlern. Für den Verkäufer entstehen Transaktionskosten unter anderem durch die Sicherstellung der Zahlung des Kaufpreises, also etwa die Einlösung des Schecks, mit dem der Kauf bezahlt wird. In unserem sozialen Beispiel entstehen Transaktionskosten unter anderem in Form des Aufwandes für den Abschluss einer Vereinbarung und die Planung und Abstimmung des Abholens, aber auch für die Bildung und den Erhalt des Vertrauens, auf denen eine solche Vereinbarung basiert.

In den modernen Gesellschaften sind die Kosten für solche Transaktionen zumeist recht bescheiden, weil sie geregelt sind. Es gibt Normen, welche die Qualität von Informationen über Autos, die Haftung für versteckte Mängel und vieles andere regeln; es gibt auch Normen, welche dafür sorgen, dass die Identität eines Käufers eindeutig festgestellt werden kann und dass Schecks in aller Regel problemlos eingelöst werden. Ohne solche Normen wäre der Kauf oder Verkauf eines Autos mit sehr viel höheren Transaktionskosten verbunden. Der Kunde müsste die Qualität eines Autos vor dem Kauf durch einen technischen Gutachter prüfen lassen, dessen professionelle Qualität er vorher ebenfalls überprüft hat. Der Verkäufer könnte nur Bargeld als Bezahlung annehmen oder er müsste das Risiko auf sich nehmen, dass ein Scheck platzt und er seinen unbezahlten Wagen nie wieder sieht, weil ihm der Käufer einen falschen Namen und eine falsche Adresse genannt hat. Das mag sich grotesk anhören – aber nur weil wir gewohnt sind, dass unsere alltäglichen Transaktionen durch eine Vielzahl von Normen abgesichert sind und dadurch die Transaktionskosten zumeist sehr gering sind. Gäbe es diese vielen Normen nicht, müsste man sich zum Beispiel jeden Morgen beim Gang zum Bäcker darüber verständigen, wie ein Brötchen definiert sein soll, welche Qualität es haben soll und was ein vernünftiger Preis dafür sein soll. Der damit verbundene Verständigungsaufwand wäre so hoch, dass das Zusammenleben von Menschen in großen Zahlen kaum möglich wäre.

Transaktionskosten

Die Kosten, die entstehen, um einen ökonomischen Tausch (oder eine andere Transaktion) möglich zu machen.

Die hier als holistisch und individualistisch bezeichneten Verständnisse von Normen und Ordnung spiegeln nicht nur unterschiedliche methodologische Prinzipien wider, sondern unterschiedliche Ordnungskonzepte. Darauf komme ich weiter unten ausführlicher zurück.

Obwohl es für die beiden Gruppen in unserem einfachen Beispiel vorab keine gemeinsamen Normen gab, auf die sie sich stützen konnten, haben sie sich am Ende trotz der Miss-
verständnisse rasch auf einen friedlichen Umgang verständigt. Keine der beiden Gruppen
war erkennbar auf Streit aus. Vermutlich hielten sogar beide einen friedlichen Umgang
miteinander für wünschenswerter als einen Kampf. Sie teilten wahrscheinlich die Vorstellung, dass friedlicher Umgang besser sei als Streit. Solche sozial geteilten Vorstellungen von
wünschenswert und unerwünscht, richtig und falsch, gut oder schlecht bezeichnet man in
der Sozialwissenschaft als Werte. Werte sind, wie das Wort schon sagt, Wertmaßstäbe zur
Beurteilung von eigenem und fremdem Handeln. Diese Maßstäbe sind zumeist sehr allgemein
und geben lediglich generelle Orientierungen vor.

Wir haben schon im ersten Kapitel kurz über Werte gesprochen, nämlich über materialistische und post-materialistische Werte. Auf diese Werte gehen wir jetzt etwas näher ein.
Ronald Inglehart hat materialistische Werte definiert als Werte, die Wohlstand, physische
und soziale Sicherheit, niedrige Arbeitslosigkeit und Verteilungsgerechtigkeit als wichtige
gesellschaftliche Ziele und als wichtige Kriterien für die Beurteilung der eigenen Handlungsmöglichkeiten bezeichnen; post-materialistische Werte dagegen betonen Inglehart folgend
Lebensqualität, politische und gesellschaftliche Beteiligungsmöglichkeiten, Mitsprache-
möglichkeiten am Arbeitsplatz und Umweltschutz. Empirisch hat Inglehart diese Werte im
Rahmen von internationalen Befragungen erhoben. Dabei wurden die Befragten gebeten,
anhand einer vorgegebenen Liste anzugeben, ob Wohlstand, soziale Sicherheit, Mitsprache-
möglichkeiten in der Gesellschaft und am Arbeitsplatz und andere Sachverhalte für sie als
gesellschaftliche Ziele wichtig oder unwichtig sind. Auf Grund ihrer Antworten auf diese
Fragen wurden den Befragten materialistische oder postmaterialistische Wertorientierungen
zugeschrieben. Von der Verteilung dieser Orientierungen unter den Befragten wurde dann
auf die gesellschaftliche Wertstruktur geschlossen. Wenn bei den Befragten postmaterialistische Orientierungen viel häufiger als materialistische Orientierungen vorlagen, wurde der
betreffenden Gesellschaft ein postmaterialistisches Wertesystem zugeschrieben. Aus diesem
Vorgehen können wir ersehen, dass gesellschaftliche Werte nicht direkt beobachtbar sind,
sondern über eine Reihe von Indikatoren erhoben werden müssen. Gesellschaftliche Werte
sind also ein sozialwissenschaftliches Konstrukt.

Werte

Sozial geteilte Vorstellung von wünschenswerten oder sinnvollen Zuständen.

Mit Hilfe des Konzepts „Werte" versuchen manche Sozialwissenschaftlerinnen und Sozialwissenschaftler, den gesellschaftlichen Sinn von Normen und Verhalten zu ergründen. In
dieser Sicht sind bestimmte Verhaltensweisen und bestimmte Normen deshalb sinnvoll, weil
sie zu Situationen und Zuständen führen, die nach sozial geteilten Vorstellungen wünschenswert sind. In älteren soziologischen Theorien spielen, wie ich im dritten Kapitel dieses Buches
darstellen werde, Werte eine zentrale Rolle als Grundlage gesellschaftlicher Ordnung. In
der Sicht dieser Theorien gelingen Verständigungsprozesse, wie wir sie in unserem Beispiel
geschildert haben, nur dann, wenn alle Beteiligten gemeinsame Werte haben. Diese Position

kann man sich an unserem Beispiel durchaus plausibel machen. Wir unterstellen ganz einfach mal, dass eine unserer beiden Gruppen Werte aufweist, die friedlich sind, und die andere solche, die kriegerisch sind. Dann kann man sich leicht vorstellen, dass die Begegnung der beiden Gruppen in einem Kampf geendet hätte. Da aber beide Gruppen übereinstimmend friedliche Werte hatten, kam es statt zum Kampf zur Verständigung. Gemeinsame Werte könnten also durchaus die Erklärung dafür sein, dass es zu einer Verständigung gekommen ist. Allerdings könnte es auch sein, dass die zweite Gruppe zwar kriegerische Werte hatte, aber ihre Aussichten, den Kampf zu gewinnen, für so gering hielt, dass sie sich auf die Friedensbemühungen der ersten Gruppe eingelassen hat. Die Verständigung käme nicht auf der Basis gemeinsamer Werte zustande, sondern durch bloßes Eigeninteresse.

Empirisch kann man oft feststellen, dass in modernen Gesellschaften Werte häufig nicht von allen Mitgliedern geteilt werden. Das zeigt auch die Studie von Inglehart. In den Jahren 1972–73, in denen Inglehart das Aufkommen von postmaterialistischen Werten beobachtete, vertraten in Belgien 25 % der Bevölkerung materialistische Werte und 14 % postmaterialistische, während der große Teil Orientierungen aufwies, die zum Teil materialistisch, zum Teil post-materialistisch waren. In Deutschland vertraten noch 42 % der Bevölkerung materialistische Werte und lediglich 8 % postmaterialistische. In der Schweiz und in den USA gab es jeweils nur noch 31 % Materialisten, aber auch erst 12 % Postmaterialisten. In Frankreich gab es ebenfalls 12 % Postmaterialisten, aber noch etwas mehr, nämlich 35 %, Materialisten. Auch in den anderen Ländern konnte man damals feststellen, dass materialistische Wertorientierungen gegenüber postmaterialistischen Orientierungen noch dominierten, aber nicht mehr von der Mehrheit der Bevölkerung geteilt wurden. Die meisten Menschen in allen untersuchten Ländern wiesen Orientierungen auf, die sowohl materialistische als auch postmaterialistische Elemente enthielten. Bezogen auf Materialismus und Postmaterialismus gab es also in allen Ländern keine einheitliche Wertstruktur.

Das ist, wie wir weiter unten sowie im dritten Kapitel dieses Buches sehen werden, durchaus charakteristisch für die modernen Gesellschaften – moderne Gesellschaften sind auch bezogen auf ihre Wertstrukturen stark differenzierte Gesellschaften. In der heutigen Sozialwissenschaft sind gemeinsame Werte deshalb längst nicht mehr notwendige Grundlagen gesellschaftlicher Ordnung, spielen aber in einer Reihe von theoretischen Ansätzen eine wichtige Rolle. In Luhmanns Systemtheorie sind Werte abstrakte, von bestimmten Situationen und Personen losgelöste Verhaltenserwartungen, die allgemeine Kriterien für das Verhalten von Systemen festlegen. Sie sind sozusagen „Leitprinzipien" oder „Leitbilder" sozialer Systeme. In der verhaltenstheoretischen Soziologie sind Werte allgemeine, sozial geteilte und abstrakte, von konkreten Situationen abgelöste Verhaltensorientierungen. In anderen Theorien, denen wir im dritten Kapitel dieses Buches begegnen werden, sind Werte Verständigungen über den Sinn von Normen oder Regeln und liefern Begründungen für Normen und deren Einhaltung.

Ordnungskonzepte

Ich habe oben das holistische und das individualistische Verständnis von Normen und Ordnung kurz skizziert und dabei angemerkt, dass diese Verständnisse unterschiedliche Ordnungskonzepte markieren. Als Ordnungskonzepte bezeichne ich grundlegende Verständnisse der Entstehung und der Operation von Ordnungen. Im Prinzip handelt es sich dabei um analytische Konzepte, die jedoch oft mit normativen Positionen verbunden sind.

Ordnung: Spontaneität, Emergenz, Funktionalität, Autopoiesis

In der individualistischen Sicht ist die gesellschaftliche Ordnung eine spontane Ordnung, also eine Ordnung, die aus dem individuellen Handeln ohne bewusste Gestaltung entsteht. Eine spontane Ordnung ist das, was wir in einfachster Form in unserem Beispiel am Anfang des Kapitels beschrieben haben. Dort haben die beiden Gruppen die soziale Ordnung, die für ihr friedliches Zusammentreffen erforderlich war, selbst geschaffen. Sie haben sich mit anderen Worten selbst und freiwillig auf eine gemeinsame Ordnung verständigt. Das Konzept der spontanen Ordnung ist von Friedrich August von Hayek entwickelt worden. Er beschreibt eine spontane Ordnung als eine Ordnung, der kein Plan zugrunde liegt, sondern die sich aus dem Handeln von Individuen und anderen Akteuren heraus ergibt. Spontane Ordnung entwickelt sich in einem evolutionären Prozess, in welchem sich besonders erfolgreiche Handlungsmuster verallgemeinern und zu Regeln werden. Solche Regeln setzen sich selbst durch – sie werden befolgt, weil sie den Individuen Nutzen bringen.

Eine spontane Ordnung muss keineswegs so entstehen, wie in unserem Beispiel, nämlich als Resultat einer direkten Verständigung zwischen Individuen. Das wäre in einer modernen Gesellschaft mit vielen Mitgliedern, die zum größten Teil nicht direkt miteinander interagieren, kaum darstellbar. Das setzt von Hayek in seinem Konzept der spontanen Ordnung auch nicht voraus. Er beschreibt vielmehr einen Prozess, in dem Regeln zunächst in kleineren überschaubaren Interaktionszusammenhängen (Mikrogesellschaften) entstehen oder verändert werden. Es entstehen also in unterschiedlichen Mikrogesellschaften unterschiedliche Regeln. In der Makrogesellschaft konkurrieren diese unterschiedlichen Regeln oft miteinander. Dabei werden die Regeln der am erfolgreichsten operierenden Mikrogesellschaft von anderen übernommen. Am Ende setzen sich in Konkurrenz schließlich die Regeln durch, deren Befolgung sich am nützlichsten für die meisten Gesellschaftsmitglieder erweist. Das ist mit dem Begriff „evolutionärer Prozess" gemeint – in der Konkurrenz unterschiedlicher Regeln setzen sich die von den Gesellschaftsmitgliedern als Beste bewerteten durch. Im Rahmen eines solchen Prozesses ist, wie ich weiter unten darstellen werde, auch das Rationalitätsprinzip entstanden, auf das sich das Konzept der spontanen Ordnung stützt.

Ein interessantes Beispiel für eine spontane Ordnung und deren Entwicklung haben wir im ersten Kapitel diskutiert, nämlich Wikipedia. Wikipedia wird, so haben wir gesehen, durch Nutzer und Autoren selbst organisiert. Die Regeln, denen Wikipedia unterliegt, entstehen und entwickeln sich spontan aus vielen Interaktionen zwischen Nutzern und Autoren. Widersprüche zwischen Regeln werden durch Diskussion und Abstimmung zwischen besonders engagierten Nutzern und Autoren geklärt. Am Ende setzen sich also die Regeln durch, welche die meisten der engagierten Nutzer und Autoren für die Besten halten. Ähnlich funktionieren viele andere Bereiche des Internets, das sich deshalb oft der staatlichen Kontrolle entzieht.

Spontane Ordnung

Eine Ordnung, die sich aus dem rationalen Handeln von Individuen ergibt und die freiwillig akzeptiert wird.

Ob gesellschaftliche Ordnung tatsächlich so spontan zustande kommt, wie von Hayek es beschreibt, ist in der Sozialwissenschaft umstritten und war es, seit die Sozialwissenschaft bzw. die Philosophie Ordnung nicht mehr als gottgegeben betrachtet, sondern als menschliche Konstruktion.

Einer der ersten Philosophen, der gesellschaftliche Ordnung ganz empirisch betrachtete, war Thomas Hobbes. In seinen Untersuchungen zur Möglichkeit gesellschaftlicher Ordnung kam er zu dem Schluss, dass zwar die Gesellschaftsmitglieder durchaus in der Lage seien, freiwillig eine gesellschaftliche Ordnung zu vereinbaren, für die Durchsetzung dieser Ordnung aber ein allmächtiger Staat notwendig sei. Die Philosophen vor Hobbes gingen davon aus, dass die gesellschaftliche Ordnung im Naturrecht fest verankert ist und deshalb ebenso befolgt werden muss wie Naturgesetze. Thomas Hobbes brach mit dieser aus der Antike übernommenen Staatstheorie des Mittelalters und erkannte, dass gesellschaftliche Ordnung eine künstliche Konstruktion ist, die einen Verständigungsprozess voraussetzt.

Naturrecht

Recht, das Teil der Natur ist, den Menschen als Natur gegenübertritt und genauso allgemeingültig ist, wie die Naturgesetze generell.

Auch Hobbes ging von einem „Naturrecht" aus, war aber moralischer Relativist. Er lehnte die Auffassung ab, dass es eine natürliche Moral gibt, die sich den Menschen prinzipiell erschließt, durch die Menschen also unmittelbar erfahren werden kann. Er stützte sich dabei auf eine Theorie der Wahrnehmung und des Bewusstseins, die er entwickelt hatte. Darauf gehe ich hier nicht ein. Naturrechtlich vorgegeben war für Hobbes nur das Recht jedes einzelnen Menschen auf Freiheit, was insbesondere das Recht einschloss, zur Erhaltung seines Selbst alle seine Möglichkeiten und Mittel einzusetzen. Daraus resultierte für Hobbes die Gefahr eines Krieges Aller gegen Alle. Da dieser Naturzustand für alle Menschen ein Höchstmaß an Gefährdung der Selbsterhaltung mit sich bringt, gibt es eine natürliche Tendenz der Menschen, Frieden zu sichern. Dazu müssen sie sich auf einen Gesellschaftsvertrag verständigen, der für jeden Menschen einen teilweisen Verzicht auf seine individuelle Freiheit (also sein Naturrecht) mit sich bringt. Dieser Gesellschaftsvertrag kommt Hobbes folgend durchaus spontan zustande. Da er jedoch mit einem Verzicht auf die volle Ausschöpfung der individuellen Freiheitsrechte und der damit verbundenen konkreten Handlungsmöglichkeiten einhergeht, besteht immer die Gefahr, dass Menschen den Gesellschaftsvertrag nicht einhalten. Der Gesellschaftsvertrag muss deshalb über einen Herrschaftsvertrag abgesichert werden, über den sich alle Individuen der Zwangsgewalt eines Herrschers (modern: des Staates) unterwerfen. Der Herrscher hat nur eine Aufgabe, nämlich den Gesellschaftsvertrag zu sichern, herrscht aber in diesem

Rahmen absolut – Hobbes bezeichnet ihn als Leviathan. Anstelle einer spontanen Ordnung tritt eine durch den Staat geschaffene Ordnung.

Fast vierhundert Jahre später nahm der amerikanische Wirtschaftswissenschaftler James Buchanan die Hobbes'sche Vertragstheorie wieder auf und ging auf der Basis dieser Theorie der Möglichkeit einer spontanen Ordnung nach. Er kam zu dem Schluss, dass eine auf einem Gesellschaftsvertrag basierende Ordnung dann spontan möglich ist, wenn sie sich auf die minimalen Regeln beschränkt, die notwendig sind, damit Menschen ihre gemeinsamen Angelegenheiten über freiwillige Tausch- und Vertragsbeziehungen regeln können. Minimale Regeln heißt bei ihm vor allem Eigentumsrechte sowie „Spielregeln" für Wettbewerb und andere Austauschbeziehungen. Diese Regeln müssen durch einen „minimalen" Staat notfalls auch durchgesetzt werden. Buchanan argumentiert, dass eine Vereinbarung über einen solchen minimalen Staat durchaus spontan zustande kommen kann, weil das Akzeptieren von Eigentumsrechten auf der Basis eines gegebenen Status quo für Individuen in der Regel günstiger ist als der Versuch, Eigentumsverteilungen zu verändern.

Der minimale Staat bietet einen Rahmen, in dem Individuen tauschen und Verträge abschließen können; er kommt mit wenig Zwangsgewalt aus. Mehr als ein Minimum an Zwangsgewalt wird in Buchanans Sicht jedoch dann notwendig, wenn der Staat sich nicht mehr darauf beschränkt, Eigentumsrechte zu definieren und zu gewährleisten, sondern selbst produktive Aufgaben übernimmt, also öffentliche Güter, wie Schulen und Hochschulen, Krankenhäuser oder Straßen, produziert und unterhält. Die Produktion öffentlicher Güter setzt einen Vertrag aller potenziellen Konsumenten dieser Güter voraus, der nur freiwillig zustande kommt, wenn er auf dem Einstimmigkeitsprinzip basiert. Dieses Prinzip ist jedoch mit hohen Transaktionskosten verbunden und deshalb praktisch nicht realisierbar. Das Abweichen vom Einstimmigkeitsprinzip impliziert die Einführung von Zwangsgewalt. Das wiederum führt zu einer Ausbeutung der Gesellschaft durch minimale Mehrheiten. Am Ende werden staatliche Entscheidungen über öffentliche Güter durch wechselnde Mehrheiten bestimmt. Das führt dazu, dass die Produktion öffentlicher Güter und damit der Machtbereich staatlicher Zwangsgewalt immer stärker ausgeweitet werden. Der durch einen freiwilligen Kontrakt entstandene Staat entwickelt sich also durch das Abweichen vom Einstimmigkeitsprinzip immer mehr zu einem Leviathan. Buchanans Schlussfolgerung ließe sich mit Hilfe von politikwissenschaftlichen Erkenntnissen zur Legitimation und Akzeptanz politischer Mehrheitsentscheidungen durchaus kritisch beleuchten. Diese Erkenntnisse zeigen, dass politische Mehrheitsentscheidungen in einer Gesellschaft durchaus allgemeine Zustimmung finden können. Das Abweichen vom Einstimmigkeitsprinzip allein erzeugt also nicht unbedingt einen Leviathan.

Das Ordnungskonzept des methodologischen Individualismus lässt sich leicht definieren: Ordnung entsteht aus dem Handeln von Individuen und sie ist nicht bewusst gestaltet. Das holistische Gegenkonzept ist schwerer zu bestimmen. Im ersten Kapitel haben wir das Gegenstück zu spontaner Koordination als zielgerichtete Koordination bezeichnet. Der Begriff „zielgerichtet" ist gut geeignet für die Beschreibung von Koordinationsverfahren, aber nicht von sozialen Ordnungen und schon gar nicht von gesamtgesellschaftlicher Ordnung. Zielgerichtete und geplant gestaltete Gesellschaften sind zwar in der Realität durchaus feststellbar – zum Beispiel das Jakobinische Frankreich, das Dritte Reich, das Regime der Roten Khmer, das Maoistische China oder die Islamische Republik Iran. Bei allen sonstigen

Unterschieden haben diese Gesellschaften die Tatsache gemeinsam, dass sie zumindest vom Prinzip her systematisch auf die Erreichung konkreter ideologischer Ziele und die Realisierung eines bestimmten Menschenbildes ausgerichtet sind/waren. Das sind jedoch extreme Fälle, die von vielen, insbesondere von den meisten westlichen Sozialwissenschaftlerinnen und Sozialwissenschaftlern als pathologisch betrachtet werden. Zudem kann man aus theoretischen und empirischen Gründen bezweifeln, ob solche Ordnungen in einer modernen Welt auf längere Sicht funktions- und überlebensfähig sind.

Deshalb ist es sinnvoller, das holistische Gegenstück zur spontanen Ordnung nicht mit Hilfe des Begriffes „zielgerichtet" zu definieren, sondern sich am Gegenteil der Definitionsmerkmale von spontaner Ordnung zu orientieren. Das bedeutet, das eine dem methodologischen Holismus entsprechende Ordnung erstens nicht allein aus dem Handeln von Individuen hervorgeht und zweitens, dass diese nicht bewusst oder planvoll gestaltet wird. Das provoziert die Frage, wer, wenn nicht Menschen und ihr Handeln, denn eine solche Ordnung und den ihr zugrunde liegenden Plan schaffen soll. Bis ins Mittelalter war die Antwort auf diese Frage in der christlichen Philosophie klar: Gott. In der modernen Sozialwissenschaft gibt es darauf drei etwas unterschiedliche Antworten, die mit den Begriffen Emergenz, Funktionalität und Autopoiesis bezeichnet werden können.

Emergenz bezeichnet in der Systemtheorie die Entwicklung von Strukturen oder Eigenschaften von Systemen, die sich nicht mehr durch das Verhalten der Teile erklären lassen, aus denen sie hervorgegangen sind, und die sich gegenüber dem Handeln von Individuen verselbstständigen. In der Sozialwissenschaft wird die Tatsache, dass soziale Systeme auch emergente Strukturen aufweisen, oft mit dem Satz beschrieben, das Ganze sei mehr als die Summe seiner Teile. Typische Beispiele für emergente Strukturen sind funktionale Arbeitsteilung und Macht. Das erst genannte Beispiel nutze ich hier, um zu illustrieren, was Emergenz bedeutet und wie eine auf emergenten Strukturen basierende Ordnung beschaffen ist. Funktionale Arbeitsteilung hat ihren Ursprung wahrscheinlich im Handeln von Individuen, die sich auf eine bestimmte funktionale Arbeitsteilung geeinigt haben, also bestimmte Tätigkeiten oder Aufgaben Personen zugeordnet haben, die diese Aufgaben besonders gut erfüllen können, weil sie über besondere Fähigkeiten oder besonderes Wissen verfügen. Sobald sich diese durch direkte Verständigung zwischen Individuen geschaffene Arbeitsteilung räumlich und zeitlich über diese Individuen und ihr unmittelbares soziales Umfeld ausbreitet, entstehen Strukturen, die sich nicht mehr durch das Handeln erklären lassen, aus dem sie hervorgegangen sind.

> **Emergenz**
>
> Entwicklung von Strukturen oder Eigenschaften von Systemen, die sich nicht mehr durch das Verhalten der Teile erklären lassen, aus denen sie hervorgegangen sind.

Das kann man am Beispiel der Wertschöpfung in der Industrie, etwa in der Automobilindustrie, zeigen. Ursprünglich haben die Automobilunternehmen ihre Produkte weitgehend selbst hergestellt. Die Arbeitsteilung in der Automobilindustrie war zunächst eine Sache der Unternehmen und ihrer Beziehungen in ihren unmittelbaren sozialen Umfeldern, etwa den

Beziehungen mit Gewerkschaften oder nationalem Vertrags- und Arbeitsrecht. Dann lagerten die Unternehmen die Herstellung bestimmter Teile zu spezialisierten Zulieferunternehmen aus, die sich aber noch in räumlicher Nähe befanden, und in ähnlichen, aber nicht identischen, sozialen und ökonomischen Kontexten handelten. Diese Arbeitsteilung und die damit verbundenen geschäftlichen Beziehungen mussten zwischen den beteiligten Unternehmen vertraglich geregelt werden. Dabei mussten Regeln über Termine, Abläufe und Qualitäten vereinbart und die entsprechenden organisatorischen Vorkehrungen getroffen werden. Die vertraglichen Regelungen konnten sie zwar im Rahmen eines einheitlichen nationalen Vertragsrechts treffen, das sie jedoch selber nicht beeinflussen konnten, sondern als gegeben akzeptieren mussten. Darüber hinaus mussten einzelne Unternehmen die vereinbarten Regeln und organisatorischen Vorkehrungen mit ihren Organisationsstrukturen, ihren sonstigen wirtschaftlichen Aktivitäten und teilweise auch mit ihrem sozialen Umfeld, beispielsweise mit ihren Banken oder den Gewerkschaften, abstimmen. Dabei handelten sie trotz ihrer räumlichen Nähe in teilweise unterschiedlichen sozialen und wirtschaftlichen Kontexten, mit jeweils spezifischen Regeln, die sie nicht oder nur in mehr oder weniger engen Grenzen verändern konnten. Das führte zwangsläufig dazu, dass zwischen dem Automobilhersteller und seinen Zulieferern eine Regelstruktur entstand, die mit anderen Regelstrukturen verbunden und damit auch mehrfach festgezurrt war. In den nächsten Schritten werden nach dem Absatz auch die Zulieferbeziehungen internationalisiert. Die Arbeitsteilung wird räumlich noch einmal stark ausgeweitet – und zwar diesmal über nationale Kontexte hinaus. Daran beteiligen sich nicht nur einzelne Unternehmen, sondern beträchtliche Teile der Wirtschaft. Das aber erzwingt, damit es überhaupt funktionieren kann, neue Institutionen und auch neue Organisationsformen. Nationales Recht muss international harmonisiert werden, neue Logistikstrukturen werden aufgebaut, Währungsrisiken stimulieren die Entwicklung neuer Finanzprodukte und so weiter – am Ende hat sich aus der vormals lokalen Arbeitsteilung ein internationales System von Regeln entwickelt. Dieses System ist nicht aus der individuellen Entscheidung von Akteuren, Arbeitsteilung zu schaffen, entstanden, sondern aus der Tatsache der Arbeitsteilung selbst und ihrer räumlichen Ausdehnung. Wie wir im fünften Kapitel von Simmel lernen werden, ist die hier angesprochene räumliche Ausdehnung in der sozialen Logik von Differenzierung verankert – Differenzierung enthält eine immanente Dynamik der räumlichen Entgrenzung.

Mit der Arbeitsteilung entstanden aber auch neue gesamtgesellschaftliche Strukturen und neue Formen der sozialen Integration. Das werde ich im dritten Kapitel im Zusammenhang mit der Darstellung des Werkes des Soziologen Emile Durkheim zeigen. Dort sowie im fünften Kapitel werde ich auch darstellen, dass die Entwicklung der oben diskutierten Strukturen durchaus einem Plan oder besser einem bestimmten Programm folgt, nämlich dem Programm der gesellschaftlichen Rationalisierung. Dieser Plan oder dieses Programm ist nicht von irgendwelchen Akteuren oder Instanzen beschlossen und umgesetzt worden, sondern hat sich aus dem menschlichen Handeln und der Arbeitsteilung allmählich herausentwickelt – ist also selbst Teil einer emergenten Entwicklung.

Das Programm der gesellschaftlichen Rationalisierung und der Prozess der Arbeitsteilung führen dazu, dass sich die Gesellschaft funktional ausdifferenziert. Bestimmte Tätigkeiten werden jeweils in spezialisierten Bereichen der Gesellschaft zusammengefasst, für die es auch spezielle Regeln gibt. Diesen Prozess der funktionalen Differenzierung werden wir weiter unten und vor allem im fünften Kapitel ausführlicher diskutieren. Von der funktionalen Differenzierung ist es nur ein kleiner Denkschritt zum Konzept der Funktionalität. Dazu muss man sich vergegenwärtigen, dass funktionale Differenzierung immer auch heißt, dass die gesellschaftliche Ordnung in Teilbereiche oder Teilordnungen zerlegt wird, die voneinander abhängig sind. Das gilt schon für die Arbeitsteilung – Menschen, die ihre Arbeit funktional aufteilen, stellen nur noch einen Teil der Leistungen her, die sie für ihr Leben brauchen. Alle anderen Leistungen müssen sie von anderen Menschen beziehen und sind damit von diesen abhängig. Das Gleiche gilt für funktional ausdifferenzierte gesellschaftliche Bereiche. Die Wirtschaft ist vom Bildungssystem abhängig, weil sie qualifizierte Arbeitskräfte braucht, das Bildungssystem braucht die Wirtschaft, weil sie letztlich die finanziellen Ressourcen liefert, die das Bildungssystem benötigt. Das führt zu der Frage, wie die unterschiedlichen gesellschaftlichen Bereiche so koordiniert werden (können), dass die für das Leben und das Zusammenleben der Menschen erforderlichen Leistungen auch erbracht werden. Dazu bedarf es eines Verfahrens oder eines Programms. Ein solches Programm postulieren struktur-funktionalistische Theorien in der Sozialanthropologie und in der Soziologie als Tendenz sozialer Systeme, sich mit ihren grundlegenden Strukturen selbst zu erhalten. Soziale Systeme sind zwar in der Sicht dieser Theorien Handlungssysteme, bilden aber Strukturen heraus, die dafür sorgen, dass Handeln so geregelt wird, dass es dem Systemerhalt dient. Auch das Verhalten der einzelnen Teilsysteme wird so geregelt, dass es dem Erhalt des Gesamtsystems dient. Das Handeln von Akteuren, ebenso wie das Verhalten von Systemen erfüllt dadurch bestimmte Funktionen für den Erhalt der Teilsysteme und der Gesellschaft insgesamt. Das werde ich im dritten Kapitel in der Diskussion der struktur-funktionalistischen Systemtheorie von Talcott Parsons ausführlicher darstellen.

Eine interessanter Denkanstoß: Norbert Elias

Die Ordnungskonzepte von Buchanan und Parsons haben eines gemeinsam, nämlich eine Gegenüberstellung von Struktur und Handeln – oder von Gesellschaft und Individuum. Gegen diese Gegenüberstellung wendet sich Norbert Elias mit dem Konzept der Figuration. Er untersucht Regelstrukturen als soziale Beziehungsgeflechte interdependenter Individuen, die er als Figuration bezeichnet. Jede Figuration umfasst immer eine Mehrzahl von Individuen sowie gemeinsame Symbole und Verständnisse, Verhaltenserwartungen und soziale Zwänge (Interdependenzen) dieser Individuen, aber auch individuelle Handlungsmöglichkeiten. Eine Figuration ist jedoch keine feste Gruppe von Menschen mit festen Beziehungen und Regeln, sondern ein offenes Beziehungsgeflecht, das durch Konflikte und Konkurrenz geprägt wird und immer nur eine temporäre Machtbalance aufweist. Deshalb sind auch die Regeln einer Figuration nicht fest, sondern immer mehr oder weniger stark im Fluss. Individuen gehören in aller Regel einer Vielzahl von unterschiedlichen Figurationen an. Figurationen wirken auf das Bewusstsein und auf die Orientierungen von Individuen ein und verändern sie mehr oder weniger dauerhaft. Umgekehrt wird die Figuration auch durch die Interaktionen der ihr angehörenden Individuen verändert. Jede Figuration ist immer mit einer mehr oder weniger großen Zahl anderer Figurationen verbunden. Diese Verbindungen sind oft nur vorübergehend, in vielen Fällen aber auch längerfristig. Dabei wirken die Figurationen wechselseitig aufeinander ein und erzeugen mehr oder weniger dauerhafte Veränderungen.

Figuration

Ein dynamisches Geflecht von Interaktionen zwischen Menschen und den Verständnissen und Regeln, die diese Interaktionen koordinieren.

Da Figurationen sowohl durch die sozialen Interaktionen der ihr angehörenden Individuen als auch durch die Verbindungen mit anderen Figurationen verändert werden, sind sie immer im Fluss. Elias' Konzept ist also nicht bloß ein anderes Wort für Regelungsstruktur, sondern beschreibt einen Prozess, innerhalb dessen sich Regelungsstrukturen verändern – Figurationen koordinieren nicht nur Handeln und Interaktionen, sondern verändern sich dabei. Menschen können gleichzeitig in unterschiedlichen Figurationen handeln. Gesellschaft besteht aus einem Geflecht von Figurationen, die oft über mehrere Ebenen verschachtelt sind. Deshalb ist Gesellschaft nie statisch, sondern immer in Bewegung. Da dabei immer wieder neue Konstellationen von Figurationen entstehen und sich innerhalb von Figurationen Beziehungen und Interdependenzen verändern, ist Ordnung keine feste Struktur, die sich von Individuen klar abgrenzen lässt.

Diesen Ansatz aufnehmend, kann man beispielsweise eine Hochschule als ein Geflecht von Figurationen verstehen. Ein Typus von Figuration in einer Hochschule wird durch die Interaktionen zwischen den Studierenden und den Lehrenden von Fakultäten gebildet. Diese Figuration wird beeinflusst durch andere Figurationen, insbesondere die Figuration der Hochschullehrerinnen und -lehrer der Fakultät einerseits und der Studierenden andererseits. Die Beziehungen zwischen den Lehrenden und den Lernenden wird unter anderem durch Prüfungs- und Studienordnungen strukturiert, die mit bestimmten Verständnissen, Verhaltenserwartungen und Regeln verbunden sind. Die Bestimmung von Prüfungs- und Studienordnungen wird nicht allein durch die Interaktionen zwischen den Studierenden und den Lehrenden von Fakultäten geprägt, sondern durch weitere Figurationen. Dazu gehören insbesondere die Figuration, welche die Lehrenden einer Fakultät bilden, und die Figuration der Studierenden innerhalb der Fachschaft. Die Verabschiedung von Prüfungs- und Studienordnungen ist oft mit erheblichen Konflikten innerhalb und zwischen diesen Figurationen verbunden. Prüfungs- und Studienordnungen sind das Ergebnis von Machtbalancen innerhalb und zwischen den Figurationen zum Zeitpunkt ihrer Verabschiedung.

Deshalb werden die wenigsten Personen, die an der Entscheidung über diese Ordnungen beteiligt waren, diese Ordnungen vollständig akzeptieren. Das hat zur Folge, dass sich Prüfungs- und Studienordnungen im Rahmen ihrer Anwendung verändern. Sie werden beispielsweise in Lehrveranstaltungen oder konkreten Prüfungssituationen neu interpretiert und anders ausgefüllt – und damit faktisch verändert. Sobald sich Machtbalancen innerhalb und zwischen den Figurationen verändern, wird ein Teil der faktischen Veränderungen auch formal aufgenommen. Dabei setzt allerdings mindestens eine weitere Figuration mehr oder weniger enge Grenzen, nämlich die notwendige Akkreditierung jedes Studiengangs.

Wenn wir im Zusammenhang mit Elias von Konflikten innerhalb oder zwischen Figurationen sprechen, reden wir nicht bloß von Konflikten zwischen Personen, sondern immer auch von Konflikten zwischen Regeln, denen sich die Personen nicht oder nur mit erheblichen Schwierigkeiten entziehen können. In der Figuration der Hochschullehrerinnen und -lehrer können das beispielsweise unterschiedliche hochschuldidaktische Positionen oder unterschiedliche fachliche Verständnisse sein. Die Lösbarkeit von Konflikten und die Möglichkeiten von Kompromissen hängen nicht nur von den Personen ab, sondern von der Vereinbarkeit oder Unvereinbarkeit der involvierten Regeln.

Die Konflikte und die möglichen Machtbalancen innerhalb einer Figuration hängen ab von den Bezügen zwischen dieser Figuration und anderen Figurationen. Konflikte innerhalb der Figuration der Hochschullehrerinnen und -lehrer werden zum Beispiel dann möglichst vermieden, wenn es zwischen dieser Figuration und der Figuration der Studierenden in der Fachschaft massive Spannungen gibt. Auch hier geht es nicht nur um Personen, sondern auch um Regeln. Wenn es beispielsweise bei den Studierenden grundsätzlich andere Verständnisse von Wissenschaft gibt als bei den Professorinnen und Professoren – wie das um 1968 herum an vielen Universitäten in Deutschland und anderen Ländern der Fall war –, dann verlieren die Konflikte um bestimmte hochschuldidaktische Prinzipien innerhalb der Figuration der Professorinnen und Professoren an Gewicht.

Das Figurationskonzept ist, wie selbst dieses einfache und verkürzte Beispiel zeigen sollte, kein interaktionistischer Ansatz. Zwar hat es mit einem solchen Ansatz die Vorstellung von Interaktionen zwischen Individuen (oder anderen Akteuren) und sozialen Strukturen gemeinsam. Gleichzeitig geht es aber, wie holistische Ansätze, davon aus, dass es auch Interaktionen zwischen Strukturen gibt. Gerade solche Interaktionen zwischen Strukturen führen oft zu nicht beabsichtigten Folgen sozialen Handelns und sozialer Interaktionen.

Hierarchien, Märkte und Kultur

Die Gegenüberstellung von spontaner und zweckorientierter Ordnung als alternative Ordnungskonzepte ist zwar unter theoretischen und methodologischen Gesichtspunkten interessant, sie geht aber an der Realität der komplexen Ordnung moderner Gesellschaften vorbei. Wir haben schon im ersten Kapitel kurz über zielgerichtete oder zweckorientierte und spontane Koordination, konkret über Hierarchien, Märkte und Kultur, gesprochen. Diese drei Mechanismen sind in allen Ordnungen moderner Gesellschaften in unterschiedlichen Gesellschaftsbereichen oder Teilsystemen existent, wechselseitig miteinander in vielfacher Form verbunden und auch wechselseitig voneinander abhängig.

Ich habe im ersten Kapitel Hierarchien definiert als Mechanismen zielgerichteter Koordination. Zielgerichtete Koordination wiederum habe ich definiert als eine Koordinationsform, welche auf ein vorher festgelegtes konkretes Ergebnis ausgerichtet ist. Ein konkretes Ergebnis kann ein bestimmter Zustand oder ein bestimmtes Handeln sein. Unternehmen werden zumindest im Prinzip so koordiniert, dass sie den höchstmöglichen Gewinn erwirtschaften, ohne dadurch ihre zukünftigen Gewinnchancen zu mindern. Modernen Führungslehren folgend, geschieht dies oft nicht dadurch, dass einzelnen Akteuren ein konkretes Verhalten vorgeschrieben wird, sondern dass ihnen bestimmte Ziele vorgesetzt werden. Die zu koordinierenden Akteure können dann selbst entscheiden, mit welchem Handeln sie die ihnen vorgegebenen Ziele erreichen. Ganz anders operiert dagegen in vielen Ländern die staatliche Bürokratie. Da wird den Akteuren beispielsweise durch das Haushaltsrecht oder das Reisekostenrecht genau vorgeschrieben, wie sie sich zu verhalten haben, während der dadurch erreichte Zustand nur in der Form allgemeiner Aufgabenzuweisungen definiert wird. Schulämter haben beispielsweise die Aufgabe, die Schulen zu beaufsichtigen. Viele Regeln bestimmen ganz genau, wie diese Aufgabe zu erledigen ist, während die dadurch erreichte Qualität der Schulen nicht klar definiert und vorgegeben ist.

Sowohl im Fall des Unternehmens als auch der Bürokratie ist die Koordination strukturell geprägt durch die Über- und Unterordnung von Akteuren und durch Weisungsrechte der jeweils übergeordneten Akteure. Es ist also festgelegt, wer Ziele definiert und wer welches Handeln koordiniert. Ebenso ist festgelegt, wer die damit verbundenen Weisungen zu befolgen hat. Diese hierarchische Struktur ist die Voraussetzung für eine zielgerichtete Koordination – zielgerichtete Koordination baut immer auf einer Form hierarchischer Organisation auf. Das gilt für Unternehmen und Bürokratien ebenso wie für Verbände, Parteien oder Vereine, aber auch für den Staat. Der Staat definiert und realisiert verbindliche Ziele, zum Beispiel soziale Gerechtigkeit oder Wachstum, für die gesamte Gesellschaft. Deshalb wird in der Politikwissenschaft das politische System oft als das soziale System bezeichnet, dessen Aufgabe die autoritative Zuweisung von Werten (die verbindliche Definition von Zielen) für die gesamte Gesellschaft ist. Das ist auch in Demokratien zwangsläufig mit Hierarchie verbunden. An der Spitze dieser Hierarchie stehen je nach konkreter Verfassung das Parlament, wie in Deutschland oder Großbritannien, eine Verbindung von Parlament und Exekutive, wie in den USA und Frankreich, oder direktdemokratische Verfahren, wie in der Schweiz. An dieser Spitze der Hierarchie werden, zumindest normativ, die grundlegenden Ziele festgelegt. Diese grundlegenden Ziele werden über mehrere Hierarchieebenen konkretisiert und umgesetzt. Selbst in einer anarchistischen Staatsordnung gäbe es eine minimale Hierarchie. Es gäbe irgendeine Form von basisdemokratischem Organ, das die Ziele der Gemeinschaft festlegt, die dann zum Teil durch andere basisdemokratischen Organisationseinheiten umgesetzt werden müssten.

Hierarchie

Eine zielgerichtete Regelungsstruktur, die auf der Über- und Unterordnung von Akteuren und auf eindeutigen Weisungsstrukturen basiert.

Diese Definition enthält, wie man sieht, zwei Komponenten, nämlich einen bestimmten Steuerungsmechanismus und eine bestimmte Organisationsstruktur. Das ist nicht spezifisch für die zielgerichtete Steuerung, sondern gilt auch für die spontane Steuerung. Gesellschaftliche Regelungsmechanismen sind immer organisierte Strukturen. Das habe ich schon im ersten Kapitel kurz bei der Unterscheidung von Markt und Kultur erwähnt. Ich habe darauf hingewiesen, dass Markt und Kultur unterschiedlich organisierte Formen spontaner Steuerung sind. Markt und Kultur sind zwar Mechanismen der spontanen Koordination, aber das heißt nicht, dass sie ohne Organisation auskommen. Jede Ordnung, auch eine spontane Ordnung, braucht Organisation. Was Markt und Kultur von der Hierarchie unterscheidet, ist nicht Tatsache der Organisation, sondern der Organisationszweck und die Form der Organisation. Bei der Hierarchie ist der Organisationszweck die Erreichung eines oder mehrerer konkreter Ziele, auf die die Organisation ausgerichtet ist. Bei Markt und Kultur dagegen ist Zweck der Organisation die Bestimmung und Sicherung von „Spielregeln", nach denen die spontane Koordination von Interaktionen operieren soll. Das erfolgt beim Markt über externe Organisation, bei der Kultur durch Selbstorganisation.

Wie wir weiter oben anhand der kurzen Darstellung von Buchanans Ordnungskonzept schon festgestellt haben, kann der Markt nur funktionieren, wenn Eigentumsrechte klar definiert und geschützt werden und wenn der Gütertausch zwischen Individuen und anderen Akteuren durch entsprechende Regeln als Wettbewerb organisiert wird. Eigentumsrechte sind deshalb notwendig, weil Individuen im Prinzip nur dann Güter und Dienstleistungen kaufen und verkaufen können, wenn klar ist, dass diese Güter und Dienstleistungen dem Verkäufer auch gehören. Dass das so ist, wird klar, wenn man überlegt, was mit einem Markt passiert, auf dem die Bedingung nicht erfüllt ist. Im Internet gab und gibt es immer wieder Fälle, in denen entweder die Verkäufer oder die Käufer geprellt werden. Das Bekanntwerden solcher Fälle führt dazu, dass der jeweilige virtuelle Marktplatz Käufer und Verkäufer verliert, was die jeweiligen Betreiber des Marktplatzes rasch dazu bringt, Maßnahmen zu ergreifen, um die Geltung von Eigentumsrechten auf ihrem Marktplatz wieder durchzusetzen. So wurden beispielsweise Benutzernamen und Geheimcodes oder gar elektronische Unterschriften und ähnliches (der TAN beim Internetbanking beispielsweise) eingeführt. All das sind nichts anderes als Regeln zur klareren Bestimmung und Durchsetzung von Eigentumsrechten.

Beim Markt legt ein externer Akteur, nämlich der Staat, die wesentlichen Spielregeln fest, innerhalb derer die spontane Koordination erfolgt, und überwacht sie auch. Neben Eigentumsrechten definiert der Staat beispielsweise wichtige Prinzipien von Wettbewerb als Regeln des Wettbewerbsrechts und überwacht die Einhaltung dieser Regeln. Zu diesen Regeln gehört unter anderem das Verbot von Preisabsprachen oder die Erringung einer marktbeherrschenden Stellung durch Fusionen und Zukäufe. Damit wird die Funktionsfähigkeit des zentralen Koordinierungsmechanismus des Marktes, nämlich des Preismechanismus, gesichert. Der Preismechanismus bringt Angebot und Nachfrage in einen Gleichgewichtszustand. In diesem Gleichgewicht wird im Idealfall ein Optimum erreicht, in dem sich kein Marktteilnehmer verbessern kann, ohne dass ein anderer schlechter gestellt wird. Dieses Optimum stellt die im Sinne der Interessen und der Handlungsmöglichkeiten der Gesellschaftsmitglieder bestmögliche Verteilung knapper Güter dar. Das funktioniert jedoch nur, wenn kein Anbieter oder Nachfrager in der Lage ist, das Angebot oder die Nachfrage zu bestimmen und damit Marktmacht auszuüben. Diese Bedingung kann ohne staatliche Regelungen und Aufsicht ebenso wenig gesichert werden, wie andere notwendige Voraussetzungen der Funktionsfähigkeit des Marktes. Das kann man schon daran erkennen, dass in der Realität Marktmacht ein recht häufiges Phänomen ist, wie man an den Energiekonzernen, den großen Einzelhandelsketten oder Microsoft und immer wieder neuen Fällen von aufgedeckten verbotenen Preisabsprachen gut beobachten kann.

Auch Regeln für den Wettbewerb sind für einen funktionierenden Markt unabdingbar, weil sie absichern, dass der Tausch von Gütern und Dienstleistungen tatsächlich freiwillig ist. Nur wenn der Tausch wirklich freiwillig ist, sorgt der Markt dafür, dass das für alle

Gesellschaftsmitglieder bestmögliche Ergebnis erzielt wird. Das gelingt nur dann, wenn der Markt so organisiert und geregelt ist, dass auf ihm ein lebhafter Wettbewerb existiert. Wenn das durch die spontane Koordination des Marktes nicht das für alle Mitglieder bestmögliche ist, wird das Ergebnis von den Gesellschaftsmitgliedern nicht freiwillig, sondern nur unter Zwang akzeptiert. Ein gutes Beispiel für dieses Problem ist die Deutsche Bahn. Die Deutsche Bahn operiert seit ihrer Privatisierung in einem Markt, der kaum Wettbewerb kennt. Das Ergebnis sind Leistungen der Bahn, die keineswegs zur Zufriedenheit der Kunden ausfallen und weit davon entfernt sind, die bestmöglichen zu sein. Sie werden von vielen Kunden nur akzeptiert, weil sie keine vernünftige Alternative haben – also unter Zwang. Um mit marktwirtschaftlichen Mitteln sicherzustellen, dass die Bahn die für die Kunden bestmöglichen Leistungen erbringt, müsste der Bahnverkehr als echter Wettbewerb organisiert werden. Das ist prinzipiell möglich. Man könnte den Bahnverkehr beispielsweise so organisieren, dass Bahngesellschaften an einer Art „Börse" jeweils Verkehrsrechte für bestimmte Züge und eine bestimmte Fahrplanperiode erwerben können. Bahngesellschaft A würde also etwa Verkehrsrechte für einen ICE von Dortmund nach München mit Abfahrtszeit in Dortmund um 7.00 Uhr erwerben, Bahngesellschaft B könnte für die gleiche Strecke die Rechte für einen ICE erwerben, der in Dortmund um 7.15 Uhr abfährt. Das würde auf vielen Strecken dazu führen, dass mehrere Bahngesellschaften als Anbieter auftreten und die Kunden eine Wahl zwischen unterschiedlichen Bahngesellschaften hätten. Allerdings würde das eine aufwendige und anspruchsvolle Organisation des Bahnmarktes voraussetzen. Das ist aber kein spezifisches Problem des Falles Bahn.

Markt

Eine spontane Regelungsstruktur, die durch staatliche Regeln als Wettbewerb organisiert wird.

Ich habe schon im ersten Kapitel Kultur dargestellt als ein System, dass Sinn in Form von sozial geteiltem und geordnetem Wissen produziert und reproduziert. Kultur liefert das Wissen, das menschliches Handeln ermöglicht oder auch beschränkt. Sie regelt mit anderen Worten (soziales) Handeln durch Wissen. Das der Regelung zugrunde liegende Wissen stammt aus unterschiedlichen Quellen, wird in einer Vielzahl von unterschiedlichen Prozessen (re-)produziert und von einer Vielzahl von Akteuren in unterschiedlichen Situationen und Handlungszusammenhängen akzeptiert, modifiziert oder verworfen. Kultur ist, wie ich im vierten Kapitel ausführlicher darstellen werde, ein komplexer Prozess, der in seiner Gesamtheit weder durch den Staat noch durch irgendeinen anderen externen Akteur organisiert werden muss und kann. Der komplexe Prozess der Kultur organisiert sich aus sich selbst heraus. Dieses Organisationsprinzip der Kultur wird als Selbstorganisation bezeichnet. Ein ganz einfaches Beispiel dafür ist die Jugendsprache, auf deren Entwicklung ich schon im ersten Kapitel eingegangen bin.

> **Kultur**
>
> Eine spontane Regelungsstruktur, die auf sozialer Verständigung basiert und sich aus sich selbst heraus entwickelt.

Ein weniger einfaches Beispiel sind Innovationsmilieus. Wir haben im ersten Kapitel kurz darüber gesprochen, dass sich in Regionen oft Milieus herausbilden, die bestimmte Technologien oder Innovationen fördern und andere hemmen. Diese Innovationsmilieus stellen eine für eine Region spezifische Kultur dar und sind ein gutes Beispiel für die Selbstorganisation von Kultur. Diese Kultur umfasst eine Vielzahl unterschiedlicher Elemente, die miteinander verwoben sind. Ein grundlegendes Element ist ein gemeinsames Verständnis wichtiger regionaler Akteure von der Situation, den Perspektiven und den Problemen der Region. Ein weiteres wichtiges Element sind positive Einstellungen zu Innovation und Wandel in breiten Bevölkerungsschichten sowie in wichtigen regionalen Organisationen (z. B. Gewerkschaften, Wirtschaftsverbänden, Verwaltungen) sowie Wertstrukturen, die durch Toleranz, Neugier und Aufgeschlossenheit gegenüber Neuem und Fremden geprägt sind. Nicht minder wichtig ist, dass viele Menschen in unterschiedlichen Positionen über profundes Wissen und Kompetenzen in bestimmten technologischen oder wirtschaftlichen Gebieten verfügen. Auch eine breite und vielfältige Kommunikation und Auseinandersetzung in der Region über technische, wirtschaftliche und soziale Entwicklungen sind ein wichtiges Element von starken Innovationsmilieus. Nicht zuletzt gehört auch ein künstlerisches Angebot, das Kreativität anregt und Diskussionen provoziert, dazu. Die meisten dieser Elemente kann man nicht gezielt herstellen oder organisieren. Sie entwickeln sich vielmehr in Prozessen, die oft gar nicht oder nur teilweise erkennbar sind. Das gilt mehr noch für die „Verwebung" der verschiedenen Elemente zu einer spezifischen kulturellen Struktur. Akteure in der Region oder außerhalb können bestenfalls Bedingungen schaffen, welche für die Entwicklung eines starken Innovationsmilieus günstig sind.

> **Selbstorganisation**
>
> Die selbstständige Entwicklung und Weiterentwicklung von sozialen Strukturen.

Eng verwandt mit dem Konzept der Selbstorganisation ist das der Autopoiesis. Dieser Begriff stammt ursprünglich aus der Biologie und bezeichnet den Prozess der Selbsterschaffung und des Selbsterhalts von Lebewesen. Aus einer Eizelle und einer Samenzelle wachsen Lebewesen heran. Wenn diese ausgewachsen sind, ersetzen sie alte Zellen durch neue und revitalisieren damit regelmäßig ihre Organe. Jeder Zelle liegt dabei ein bestimmter, in ihren genetischen Codes angelegter Bauplan zugrunde. Zellen organisieren sich also nicht nur selbst, sondern beziehen sich dabei auch immer auf ihren eigenen Code. Diesen Bezug auf den eigenen Code (oder die eigene Logik) bezeichnet man als Selbstreferentialität. Autopoiesis verknüpft den Begriff der Selbstorganisation mit dem der Selbstreferentialität. Niklas Luhmann hat dieses Konzept in die Systemtheorie übernommen. Autopoiesis heißt bei Luhmann, dass sich

Systeme selbst erschaffen, sich immer auf sich selbst beziehen und sich selbst immer wieder nach ihrer eigenen Logik reproduzieren und verändern.

Autopoiesis

Selbstreferentieller Prozess der Selbsterzeugung und des Selbsterhalts von sozialen Strukturen und Regelsystemen.

Mit Luhmanns Konzept der Autopoiesis scheint gesellschaftliche Ordnung immer spontan und zweckgerichtet zugleich zu sein. Sie ist selbstorganisiert, also spontan, bezüglich ihrer Entstehung und Entwicklung. Gleichzeitig ist sie zweckgerichtet, weil Systeme bestimmte Zwecke (Funktionen) erfüllen, beispielsweise das wirtschaftliche System die Verteilung knapper Güter, und dabei einer eigenen Logik folgen, die Luhmann als Codes bezeichnet. Wenn man dieses Verständnis von Systemen konsequent zu Ende denkt, ist Luhmanns Systemkonzept, wie ich im sechsten Kapitel darstellen werde, nahe beim Konzept der spontanen Ordnung.

Soziale Verständigungsprozesse in komplexen Strukturen

Selbstorganisation ist bezogen auf gesellschaftliche Ordnung immer ein Prozess der sozialen Verständigung. Allerdings sehen Verständigungsprozesse in komplexen Strukturen ganz anders aus, als in dem einfachen Beispiel am Anfang dieses Kapitels festgestellt wurde. Wie in unserem einfachen Beispiel geht es darum, in einer Gesellschaft oder einem Teilbereich einer Gesellschaft eine Übereinstimmung über Regeln und Organisationsstrukturen herzustellen. Das erfolgt über Kommunikation (den Austausch von Symbolen). Je nach methodologischer und theoretischer Position erfolgt die Verständigung durch Kommunikation zwischen Individuen oder durch Kommunikation zwischen Systemen.

Unser Beispiel am Anfang dieses Kapitels beschrieb einen solchen Verständigungsprozess in einfacher Form. Individuen verständigen sich in direkter Kommunikation. Moderne Gesellschaften sind jedoch, wie wir weiter oben schon festgestellt haben, dadurch charakterisiert, dass die meisten Gesellschaftsmitglieder nicht direkt miteinander kommunizieren, sondern vermittelt über Medien, Gruppen, Organisationen und anderen sozialen Strukturen. Die Verständigung und die Herausbildung von Kultur ist in modernen Gesellschaften deshalb zumeist ein vielschichtiger Prozess. Das machen wir uns im Folgenden an zwei Beispielen deutlich. Das erste Beispiel beschreibt die Entwicklung einer neuen Kultur in einer Bürokratie, das zweite die Herausbildung eines regionalen Innovationsmilieus. Beide Beispiele stelle ich in Form von einfachen Geschichten dar.

Verständigung

Die Herstellung von Übereinstimmung über Regeln und Organisationsstrukturen in einer Gesellschaft oder einem gesellschaftlichen Teilbereich durch Kommunikation.

Die Geschichte zum ersten Beispiel beginnt damit, dass eine Universitätsprofessorin in einem Lions-Club einen Vortrag über Verwaltungsreform hält. In der Diskussion über diesen Vortrag kommt es zwischen dem Planungs- und Baudezernenten der Stadt und einer erfolgreichen Unternehmerin aus selbiger Stadt zu einer Auseinandersetzung über die Leistungsfähigkeit und den Führungsstil der städtischen Verwaltung. Am Ende lassen sich die beiden aber auf einen konstruktiven Dialog ein, den sie ein paar Tage später bei einem Glas Rotwein fortführen. Im Verlauf dieses Dialoges versteht die Unternehmerin, in welchen Strukturen der Bau- und Planungsdezernent arbeitet und der Dezernent lernt, wie die Unternehmerin denkt. Nach dem zweiten oder dritten Rotweinabend haben die beiden ein Konzept zur Verbesserung der Verwaltung entwickelt. Der Dezernent beginnt, dieses Konzept in seiner Behörde umzusetzen. Zudem berichtet er dem Kulturdezernenten, mit dem er befreundet ist, davon. Der Kulturdezernent nimmt das Konzept ebenfalls auf und setzt es in seinem Bereich um. In den beiden Dezernaten stoßen die neuen Ansätze auf unterschiedliche Resonanz, werden aber in einigen Behörden des jeweiligen Dezernats positiv umgesetzt. Nach einigen Monaten haben sich die Arbeitsweise dieser Behörden und ihr Umgang mit anderen Behörden oder mit Akteuren außerhalb der Stadtverwaltung verändert. Dabei wurden auch neue Interaktionsstrukturen zwischen Behörden und ihrer sozialen Umwelt entwickelt, über die beispielsweise Probleme rasch und auf informellem Weg gelöst werden können. Solche Entwicklungen bleiben in einer Stadtverwaltung nicht verborgen. Einige Behörden, welche die neuen Ansätze ablehnen, reagieren auf diese Ansätze so, dass sie die überkommenen Strukturen und Verhaltensweisen noch betonen. Der Unterschied zwischen der etablierten Verwaltungskultur und der „Gegenkultur" wird deutlich sichtbar, was immer wieder zu Konflikten führt. Behörden mit traditionellen Strukturen bemängeln beispielsweise bei Aktivitäten von Behörden mit neuen Strukturen Formfehler und fordern deren Korrektur. Damit hemmen sie immer wieder die Aktivitäten von Behörden mit neuen Strukturen. Umgekehrt werfen Behörden mit neuen Strukturen denjenigen mit traditionellen Strukturen vor, sie würden mit ihren Mitteln viel zu wenig erreichen und fordern deshalb, dass Sparmaßnahmen vor allem bei den ineffizienten traditionellen Behörden angesetzt werden sollten. Im Bau- und Planungsdezernat und im Kulturdezernat werden diese Konflikte in der Regel zu Gunsten der Behörden im Dezernat entschieden, welche die neuen Ansätze pflegen. Deshalb lassen sich viele Anhänger der überkommenen Formen aus den beiden Dezernaten versetzen, während sich umgekehrt Beamte und Angestellte, die Anhänger der neuen Formen sind, darum bemühen, in die beiden „progressiven" Dezernate versetzt zu werden. Nach einiger Zeit gibt es in der Stadtverwaltung zwei unterschiedliche Kulturen mit entgegen gesetzten Verständnissen von öffentlicher Verwaltung. Nach noch mehr Zeit beginnt sich die neue Kultur durchzusetzen und es kommt schließlich zu einer Reform der gesamten Stadtverwaltung. Eine Geschichte dieser Art kann man für manche Stadt erzählen, die erfolgreich eine grundlegende Verwaltungsreform durchgeführt hat.

Auch zur Entwicklung eines innovativen Milieus in einer Region kann man eine Geschichte erzählen, die nahe an der Realität ist. In einer Region gab es eine gute Universität, die beschloss, ihre Absolventen bei der Gründung von Unternehmen zu unterstützen. So siedelten sich in der Nähe der Universität einige Existenzgründungen an. Eines dieser Unternehmen schaffte es in recht kurzer Zeit zu einem internationalen Top-Unternehmen. Auch anderen Existenzgründern in der Region war zumindest ein bescheidener Erfolg beschieden. Wirtschaftlich geschah in der Region über ein Jahrzehnt nichts Großartiges, aber es entwickelte sich ein Netz von innovativen Unternehmern und Universitätsprofessoren. In diesem Netz wurde viel über die neue Informationstechnologie diskutiert und auch viele Visionen entwickelt. Dann gründete die Universität einen großen Technologiepark und weitete damit ihre Programme zur Förderung von Existenzgründungen erheblich aus. Auch die Kooperation zwischen Hochschulen und Unternehmen wurde ausgeweitet. Wissenschaftlerinnen und Wissenschaftler aus unterschiedlichen Fächern diskutierten an der Universität und mit ihrem Umfeld über die neue Technologie und ihre ungeahnten Möglichkeiten. Diese Diskussion griff immer mehr auf die Region über und prägte zunehmend das Verständnis wichtiger Akteure und breiter Bevölkerungskreise. Gleichzeitig wuchsen in der Region Wissen und Kompetenzen zu der neuen Technologie. Das wurde dadurch unterstützt, dass es in der Region eine bildungshungrige ethnische Minderheit gab. Unabhängig von der bisher beschrieben Entwicklung bildete sich schon seit Jahren in der Region und ihrem Umfeld ein Klima der Veränderung heraus. All das führte dazu, dass sich die Region am Ende einer fast vierzigjährigen Entwicklung zu einem der kreativsten und innovativsten Räume der Welt mauserte. Wie die meisten Leserinnen und Leser vermuten werden, habe ich hier in etwa die Geschichte von Silicon Valley erzählt.

Die beiden Geschichten stellen Verständigung in einer individualistischen oder interaktionistischen Perspektive dar. Es interagieren individuelle Akteure und Organisationen, die durch individuelle Akteure repräsentiert werden. In der individualistischen Perspektive verständigen sich die Akteure auf der Basis bestimmter Situationsdefinitionen, Regeln und anderer Normen sowie Werte und Symbole. Sie halten sich freiwillig an die Verständigungsinhalte, können sich aber auch jederzeit auf Änderungen verständigen. In der interaktionistischen Sicht gilt Letzteres nur beschränkt. Situationsdefinitionen, Regeln und andere Normen sowie Werte und Symbole bilden Strukturen, die sich gegenüber den Akteuren, aus deren Interaktion sie entstanden sind, verselbstständigen. Diese Strukturen entziehen sich der Veränderung durch die Akteure.

Ein einfaches Beispiel dafür sind Studiengänge. Wenn sich die Akteure in einer Fakultät für einen Bachelor-Studiengang nach dem Bologna-Modell entschieden und eine entsprechende Prüfungsordnung erlassen haben, dann wird damit eine Struktur geschaffen, die eine innere Logik aufweist und die sich nicht mehr beliebig verändern lässt. Einzelne Professorinnen und Professoren, aber auch der für den Erlass und die Veränderung der Prüfungsordnung zuständige Fakultätsrat, können nicht einfach beschließen, dass am Ende einer bestimmten Vorlesung nachträglich eine Abschlussklausur eingeführt wird. Das würde zu einer Veränderung der Arbeitsbelastung der Studierenden und damit zu einer Veränderung der Grundlage zur Vergabe der Kreditpunkte für die Vorlesung führen. Das ginge nur, wenn die Kreditpunkte bei einer anderen Lehrveranstaltung entsprechend gekürzt würden. Das wäre aber mit einem geringeren Arbeitsaufwand der Studierenden verbunden und würde deshalb auch eine Veränderung des Inhaltes erfordern. Das wiederum könnte zur Folge haben, dass Lehrinhalte gestrichen oder gekürzt werden, auf denen andere Veranstaltungen aufbauen. Diese Veranstaltungen müssten dann auch geändert werden und das würde wieder weitere Veranstaltungen beeinflussen. Deshalb kann man einen Bachelor-Studiengang oft nur insgesamt verändern, indem man in ihn von Grund auf neu konzipiert.

Von einem interaktionistischen Konzept von Verständigung ist es nicht mehr weit zu einem holistischen Konzept. Das mag zunächst überraschend klingen, weil das interaktionistische Konzept immer noch von einer Kommunikation zwischen Akteuren ausgeht, holistische Konzepte dagegen unterstellen, dass soziale Strukturen und Systeme unabhängig vom Handeln individueller Akteure existieren. Die Brücke findet man, wenn man Luhmanns Systemtheorie nutzt. Wir haben im ersten Kapitel Systeme definiert als Strukturen und Regeln, die aufeinander bezogen sind. Luhmanns Definition von System enthält zwei weitere wichtige Definitionsmerkmale: Erstens, Systeme sind gegeneinander abgegrenzt und zweitens, Systeme reduzieren Komplexität durch Sinn. Jedes System hat eine eigene „Identität", die in einer ganz bestimmten Weise besteht, um denkbare Möglichkeiten des Handelns sinnvoll auszuschließen. Der Sinn des politischen Systems besteht im Erwerb und im Erhalt von Macht. Verhaltensmöglichkeiten, die nicht dem Erwerb und dem Erhalt von Macht dienen, werden als sinnlos ausgeschlossen. Das wirtschaftliche System hat dagegen ein anderes Sinnkriterium, nämlich Profit. Verhalten, das nicht zu Profit führt, ist wirtschaftlich nicht sinnvoll. Jedes System grenzt sich somit durch ein bestimmtes Sinnkonzept von anderen Systemen ab und verhält sich nach diesem Konzept.

Daraus folgernd kann man ein System auch als einen nach außen durch eine bestimmte Sinnkonzeption abgegrenzten und innen nach dieser Konzeption strukturierten Akteur bezeichnen. Aus dem Individuum des individualistischen Ansatzes wird in Luhmanns Systemtheorie das psychische System. Jedes Individuum hat ein Bewusstsein, welches ein spezifisches Sinnkonzept und eine bestimmte kognitive Struktur enthält, welche die Wahrnehmung des Individuums und seiner Umwelt bestimmt. Das Bewusstsein jedes Menschen ist geprägt durch die besondere soziale Umwelt und die Lern-Geschichte des Menschen. Dieses sehr vereinfachte psychische System nimmt Realitäten in einer bestimmten Weise wahr und bewertet die wahrgenommen Sachverhalte auch in einer ganz bestimmten Weise. Das Handeln des Individuums ist dann lediglich noch die logische Folge der Kommunikation des psychischen Systems. Deshalb sagt Luhmann, dass nicht Handeln, sondern Kommunikation die Grundeinheit sozialer Systeme ist.

Ganz ähnlich kann man kollektive Akteure, wie Gruppen oder Organisationen, als Systeme beschreiben. Unternehmen verfügen beispielsweise über ein Geschäftsmodell, das ihren Sinn und ihre Wahrnehmung der eigenen Fähigkeiten und Kompetenzen sowie ihrer Umwelt enthält. Das Geschäftsmodell ist oft schriftlich niedergelegt, hat sich aber praktisch weiterentwickelt. Es ist oft mit klaren Entscheidungsregeln verbunden, oft aber auch bloß mit informellen Normen. Das Geschäftsmodell legt – wie das Bewusstsein des Individuums – die Art und Weise, in der das Unternehmen mit seiner Umwelt und mit sich kommuniziert, weitgehend fest – und damit auch sein Verhalten. Selbstverständlich gibt es im Unternehmen Menschen. Das Bewusstsein dieser Menschen kommuniziert mit dem Geschäftsmodell, wobei es die Informationen über das Geschäftsmodell nach seinen eigenen Kriterien auswählt und bewertet. Die Information über das resultierende Verhalten wird vom Unternehmen nach

Maßgabe seines Geschäftsmodells wahrgenommen und bewertet. Dabei reagiert das Unternehmen nicht auf Informationen über das Handeln einzelner Individuen, sondern auf das Verhalten von sozialen Systemen, welche das Bewusstsein bestimmter Typen von Menschen im Unternehmen (etwa der Facharbeiter, des mittleren Managements oder der Techniker) abbilden. Das Ergebnis kann ein Verständigungsprozess sein, in dessen Rahmen sich eine Unternehmenskultur entwickelt, welche das Geschäftsmodell stützt oder seine Schwächen kompensiert oder die das Geschäftsmodell modifiziert, um eine bessere Übereinstimmung zwischen dem Bewusstsein der im Unternehmen arbeitenden Menschen und dem Geschäftsmodell zu erreichen.

Mit Luhmanns Systemtheorie würde man die Geschichte der Entwicklung eines innovativen Milieus in einer Region etwas abwandeln. Am Anfang der Geschichte steht hier wieder eine Universität, also ein soziales System. Zentrale Elemente der Sinnkonzeption dieser Universität sind, wie bei allen guten Universitäten in den USA, die Ausbildung guter Absolventen und die Vermittlung von guten Arbeitsmöglichkeiten für diese Absolventen. Im wirtschaftlichen Umfeld dieser Universität gibt es eine stark ausgebaute Kultur der Selbstständigkeit. Aus der Kommunikation der Universität mit diesem Umfeld heraus entwickelt die Universität Aktivitäten zur Unterstützung ihrer Absolventen bei der Gründung von Unternehmen. Das führt dazu, dass sich in der Nähe der Universität einige forschungs- und entwicklungsintensive Existenzgründungen ansiedeln, die mit der Universität regelmäßig kommunizieren. Dadurch entwickelt sich um die Universität herum allmählich ein soziales System, in dessen Sinnkonzeption Innovation die zentrale Rolle spielt. Dieses System kommuniziert zunehmend auch mit anderen sozialen Systemen in der Region, zum Beispiel mit dem politischen System oder dem kulturellen System. Das will ich hier nicht weiter ausbauen, weil am Ende die gleiche Geschichte herauskommt, die ich weiter oben schon erzählt habe.

Die Möglichkeit, sowohl aus einer interaktionistischen als auch aus einer systemtheoretischen Perspektive heraus eine ganz ähnliche Geschichte zu erzählen, hat einen einfachen Grund. Beide Ansätze nutzen ein gemeinsames Erklärungsprinzip, das Prinzip der Koevolution. Koevolution heißt grob gesprochen, dass die Entwicklungen unterschiedlicher Strukturen oder Systeme miteinander verknüpft sind. Das werde ich im fünften Kapitel genauer und konkreter herausarbeiten.

Die Interdependenz von Ordnungsstrukturen

Die drei grundlegenden Regelungsstrukturen, Hierarchie, Markt und Kultur, sind in modernen Gesellschaften bei der Organisation und Ordnung des menschlichen Zusammenlebens miteinander verwoben und oft wechselseitig voneinander abhängig. Wir haben schon gesehen, dass (wirtschaftliche) Märkte nicht ohne den Staat (einer Hierarchie) als Organisator funktionsfähig sind. Umgekehrt gilt allerdings auch, dass innerhalb des Staates Märkte eine wichtige Koordinierungsleistung erbringen. In demokratischen Systemen erfolgen grundlegende Weichenstellungen über einen Marktmechanismus, nämlich Parteienkonkurrenz und Wahlen. Dieser Mechanismus funktioniert auch in repräsentativen Demokratien nicht nur zu den jeweiligen Wahlzeitpunkten, sondern auch dazwischen über die öffentliche Meinungsbildung und die öffentliche Kommunikation, also einen kulturellen Mechanismus. Im

Rahmen der öffentlichen Meinungsbildung entwickeln sich Verhaltenserwartungen (Normen), deren Befolgung oder Nicht-Befolgung die Chancen von Politikern, bei der nächsten Wahl zu gewinnen, erheblich beeinflussen können. Im staatlichen Bereich werden Marktmechanismen schon seit Jahren zur besseren Steuerung der öffentlichen Verwaltung eingesetzt. Ein Beispiel dafür ist die leistungsorientierte Mittelverteilung für die Hochschulen – Hochschulen werden damit in einen Wettbewerb um gute Studierende gezwungen. Das schafft massive Anreize, eine gute Lehrleistung zu erbringen und Professorinnen und Professoren zu berufen, die nicht nur in der Forschung, sondern auch in der Lehre gut sind. In Unternehmen, deren zentraler Steuerungsmechanismus die Hierarchie ist, werden oft Marktmechanismen zur Steuerung eingesetzt. So lassen manche Unternehmen externe Konkurrenz zu ihren eigenen Organisationseinheiten zu. Design-Leistungen werden beispielsweise nicht selbstverständlich an die eigene Design-Abteilung vergeben, sondern in einen Wettbewerb mit externen Design-Firmen gestellt.

In Hierarchien gibt es Prozesse, die nicht hierarchisch gesteuert werden, sondern die sich selbst organisieren. Das gilt, wie eine Reihe von Studien aus der Soziologie, der Betriebswirtschaftslehre und der Politikwissenschaft zeigen, vor allem für große Unternehmen, Verwaltungen und andere Organisationen. Diese Organisationen sind so komplex, dass sie hierarchisch nur beschränkt gesteuert werden können. Lösungen für Probleme an einer Stelle der Organisation erzeugen oft unerwartete Probleme an anderen Stellen der Organisation. Diese Einsicht hat in der Betriebswirtschaftslehre zur Entwicklung von sogenannten evolutionären Managementkonzepten geführt. Einer der Begründer dieses Ansatzes, Fredmund Malik, argumentiert, dass sich die Führung von Unternehmen bei der Organisationsgestaltung darauf beschränken soll, günstige Rahmenbedingungen für eine Selbstorganisation der Unternehmen zu schaffen. Diese Selbstorganisation bringt Malik zufolge Organisationsstrukturen hervor, die leistungs- und innovationsfähiger sind, als die Strukturen, die man durch gezielte, hierarchische Organisationsgestaltung erreicht. Das kann man sich gut vorstellen, wenn man an ein Unternehmen denkt, das Maschinen für Kunden in unterschiedlichen Ländern herstellt. Wenn dieses Unternehmen den Vertrieb und die Kundenbetreuung in allen Ländern, in die es liefert, zentral und einheitlich regelt, wird diese Organisation den unterschiedlichen wirtschaftlichen, sozialen und kulturellen Bedingungen in den unterschiedlichen Ländern nicht gerecht. Das wird entweder zu geringeren Absatzzahlen oder zu höheren Kosten für Vertrieb und Kundendienst (oder zu beidem) führen. Überlässt das Unternehmen die Organisation von Vertrieb und Kundendienst den Akteuren vor Ort, können die zusammen mit ihren jeweiligen Kunden Vertriebs- und Servicestrukturen bilden, die genau passen und deshalb leistungsfähiger sind. Werner Kirsch, ein anderer wichtiger Vertreter dieses Ansatzes, plädiert dagegen für eine geplante Evolution. Dabei wird die Organisationsentwicklung durch Vorgaben der Unternehmensführung angeregt, durch Selbstorganisation geführt und durch die Unternehmensführung später überprüft und möglicherweise durch neue Vorgaben korrigiert. In dem eben diskutierten Beispiel würde also die Unternehmensführung einige allgemeine Vorgaben machen, die dann von den Akteuren vor Ort umgesetzt und ausgeführt würden. Nach einiger Zeit würde die Unternehmensleitung dann die Strukturen vor Ort überprüfen und, falls notwendig, korrigierend eingreifen.

In vielen Fällen sind die hier angesprochenen Interdependenzen durchaus konstruktiv. Sie führen dazu, dass die involvierten Regelungsstrukturen leistungsfähiger werden. Allerdings sind Interdependenzen oft auch problematisch. Das lässt sich besonders gut an dem viel diskutierten Verhältnis von Markt und Staat zeigen. Gemäß einer vor allem in der Volkswirtschaftslehre verbreiteten ordnungspolitischen Konzeption erbringt die Marktwirtschaft dann das für alle Gesellschaftsmitglieder bestmögliche Ergebnis, wenn der Staat möglichst wenig in den Markt eingreift und sich wirklich nur darauf beschränkt, Eigentumsrechte zu definieren und den Wettbewerb zu sichern. Dieses Konzept eines minimalen Staates übersieht allerdings die Komplexität dieser Aufgabe in modernen Gesellschaften und die sich daraus ergebende wirtschaftliche und politische Dynamik.

In den modernen Gesellschaften sind die Organisation von Märkten und die Bestimmung von Eigentumsrechten in den allermeisten Fällen aufwendig und anspruchsvoll. Zur Definition der Eigentumsrechte gehört unter anderem die Definition des Gegenstandes, aus dem das Eigentum besteht. Dabei wird festgelegt, welche Eigenschaften ein Gegenstand oder eine Leistung haben muss oder nicht haben darf, damit er oder sie zu einem am Markt handelbaren Gut werden kann. Selbst bei einem einfachen Produkt, etwa einem Brötchen, gibt es in Deutschland schon eine ganze Reihe von Regelungen über zulässige Bestandteile, Gewicht und andere Eigenschaften. Noch viel mehr Regeln gibt es bei Medikamenten, bei denen unter anderem Zulassungsverfahren oder die Informationen über Risiken und Nebenwirkungen und der Schutz der Wissensgrundlage (Patente) geregelt werden müssen. Das ergibt für alle Märkte zusammen schon ein sehr kompliziertes System von Regeln. Noch komplizierter wird dieses System, weil zur Definition von Eigentumsrechten auch das Umweltrecht gehört.

Das Umweltrecht legt fest, ob, in welchem Umfang und zu welchen Bedingungen sich Produzenten und Konsumenten Umweltgüter wie Luft, Wasser, Boden oder Rohstoffe aneignen dürfen. Diese Güter sind in vielen Fällen unerlässliche Produktionsfaktoren, ohne deren Einsatz manche Produkte nicht oder nur mit viel höheren Kosten hergestellt oder konsumiert werden könnten. Bei vielen industriellen Produktionen, bei der Energieerzeugung und bei der Entsorgung, braucht man beispielsweise Luft und Wasser zur Kühlung oder Boden zur Deponierung. Diese Nutzungen haben dazu geführt, dass insbesondere schadstofffreie Luft und unbelastetes Wasser immer knapper werden. Die Klimadebatte hat längst deutlich gemacht, dass die bisherige Nutzung von Luft nicht mehr möglich ist, ohne dass große Schäden und noch größere Risiken in Kauf genommen werden. Deshalb muss die Nutzung von Luft und anderen Umweltgütern ebenso in der Eigentumsordnung der Gesellschaft geregelt werden, wie die Frage, wer denn für die Kosten der Risiken und Schäden aufkommen muss, die aus dieser Nutzung entstehen. Wenn das nicht richtig geregelt wird, funktioniert auch der Markt nicht richtig. Auf diesen Sachverhalt kommen wir im 6. Kapitel ausführlicher zu sprechen.

Auch die Organisation und die Regelung des Wettbewerbs sind in modernen Gesellschaften keine einfache Sache. Um einen „fairen" Wettbewerb zwischen Unternehmen zu sichern, gibt es beispielsweise Regelungen über Werbung oder über Markennamen. Die Sicherung der sogenannten „Konsumentensouveränität", also der Möglichkeiten von Konsumenten, ihre Kaufentscheidungen frei und rational zu treffen, erfordert unter anderem Regeln über Informationspflichten zu Produkten oder über die Gestaltung des viel zitierten „Kleingedruckten", etwa der Allgemeinen Geschäftsbedingungen von Versicherungen. Das ist in Anbetracht der vielen unterschiedlichen Märkte moderner Gesellschaften mit einem erheblichen Regelungsaufwand und mitunter mit erheblichen Organisationsproblemen verbunden. In manchen Fällen bestehen, wie wir oben am Beispiel des Bahnverkehrs gesehen haben, massive Probleme, überhaupt Strukturen zu schaffen, in denen sich ein reger Wettbewerb entwickeln kann.

Die Organisation und Regelung des Marktes durch den Staat ist in den modernen Gesellschaften mit einer komplexen Regelungsstruktur verbunden. Das liegt insbesondere an den oft komplexen wirtschaftlichen, sozialen und technischen Problemzusammenhängen, die bei der Definition von Eigentumsrechten und bei der Organisation von Märkten zu berücksichtigen sind. Diese Tatsache hat jedoch weitreichende politische und wirtschaftliche Folgen. Dazu gehören insbesondere die Entwicklung eines großen administrativen und juristischen Staatsapparates zur Formulierung und Überwachung dieser Regelungsstruktur sowie ein starker Einfluss von organisierten Interessen. Das sind, wie ich schon vor vielen Jahren in meinem Buch „Grenzen des Regierens" festgestellt habe, die wichtigsten Treiber eines Staates, der sich immer weiter von dem Bild eines minimalen Staates entfernt. Darüber hinaus sind komplexe Regelsysteme zumeist mit großen Interpretationsspielräumen verbunden, welche es leicht machen, Regeln zu verletzen oder zu umgehen. Das kann man erahnen, wenn man mal die dicken Kommentare betrachtet, die gerade in Deutschland zu fast jedem Gesetz geschrieben werden, um zu erklären, was denn das Gesetz wirklich meint und wie es von Gerichten interpretiert wird oder werden soll. Auch das verstärkt Tendenzen zu einem weit mehr als minimalen Staat – selbst wenn der Staat tatsächlich nichts anderes täte, als bloß Eigentumsrechte und Wettbewerb zu sichern.

Wirtschaftliche Märkte sind für die hier angesprochenen Probleme besonders anfällig, weil sie kulturell oft zu schwach abgesichert sind. Märkten fehlt, mit anderen Worten, ein hinreichendes moralisches Fundament, welches dafür sorgt, dass Regeln nicht nur dann eingehalten werden, wenn sie mit staatlicher Zwangsgewalt durchgesetzt werden. Die dem wirtschaftlichen Handeln zugrunde liegende Rationalität führt dazu, dass Regeln entgegen den Annahmen von Hayek selbst dann nicht freiwillig eingehalten werden, wenn von allen Akteuren akzeptiert wird, dass es die bestmöglichen Regeln sind. Das kann man mit Hilfe der schon im ersten Kapitel dargestellten ökonomischen Theorie des kollektiven Handelns gut zeigen, was ich hier allerdings nicht tun will. Erst die zusätzliche Absicherung durch Moral sorgt oft dafür, dass Regeln eingehalten werden, obwohl eine Regelverletzung rational durchaus sinnvoll (Nutzen stiftend) wäre.

Die eben kurz skizzierten Zusammenhänge verweisen auf die zentrale Rolle, welche die Kultur für die gesellschaftliche Ordnung spielt. Kultur schafft die Grundlagen für die Funktionsfähigkeit der anderen beiden Regelungsmechanismen. In politischen und öffentlichen Debatten über die gesellschaftliche Ordnung geht es meist um das Verhältnis von Markt und Staat. Markt und Staat sind jedoch ohne die Unterstützung durch kulturelle Koordination allein als Koordinierungssysteme nicht funktionsfähig. Die Kultur trägt einen großen Teil der „Grundlast" gesellschaftlicher Koordination. Das wird meist erst deutlich, wenn die kulturelle Koordination nicht mehr funktioniert. Dann versagen sehr schnell auch Markt und Staat. Ein gutes Beispiel dafür ist der Untergang der Weimarer Republik. Die Weimarer Republik ist zusammengebrochen, weil es in der damaligen deutschen Gesellschaft kaum gemeinsame demokratische Werte und Denkweisen sowie entsprechende politische Kommunikations- und Umgangsformen gab – die Weimarer Republik hatte keine demokratische politische Kultur. Ein auf den Markt bezogenes Beispiel ist die Krise der Finanzmärkte. Diese Krise ist nicht bloß das Resultat von materiellen Entwicklungen, sondern vor allem das eines fast totalen Verlustes des Vertrauens in die etablierten Regeln und Werte.

Kultur ist in gesellschaftlichen Organisations- und Ordnungszusammenhängen allgegenwärtig. Das gilt nicht nur für die großen gesellschaftlichen Regelungszusammenhänge von Staat und Markt, sondern auch für die ganz konkrete Organisation des menschlichen Zusammenlebens in Unternehmen und anderen Einrichtungen. Jedes Unternehmen und jede andere Organisation entwickelt eine spezifische Kultur, welche die Verhaltensmöglichkeiten der Organisation über die hierarchischen Vorgaben hinaus bestimmt. Das zeigte der Organisationspsychologe und Managementwissenschaftler Edgar H. Schein schon in den 1980er Jahren. Jede Organisation, so zeigt Schein, hat ihre eigene Organisationskultur, die das Verhalten der Organisation erheblich beeinflusst. Organisationskultur heißt eine Menge von gemeinsamen Vorstellungen und Verständnissen, Verhaltensweisen und Kommunikationsformen, Werten und Symbolen, die spezifisch für die jeweilige Organisation (oder von bestimmten Typen von Organisation) sind. In herkömmlichen öffentlichen Verwaltungen in Deutschland und anderen Ländern kann man beispielsweise feststellen, dass die stark hierarchischen Strukturen mit einem ganz bestimmten Verhaltensmuster verbunden sind, das unter anderem geprägt ist durch striktes Beharren auf Vorschriften, eine Vernachlässigung von Zielen und Wirkungen, eine geringe Bereitschaft, Verantwortung zu übernehmen und eine stark formalisierte Kommunikation. Da solche Verwaltungen häufig nicht sehr produktiv arbeiten, erzeugen ihre Strukturen oft gleichzeitig auch eine Tendenz zur Umgehung von Regeln – Behördenleiter oder andere Mitglieder der Bürokratie verletzen u. a. Haushaltsvorschriften, um ihre Aufgaben sinnvoll erfüllen zu können.

Organisationskultur

Eine Menge von Verhaltensweisen, Kommunikationsformen, Vorstellungen, Verständnissen und Werten, die für eine Organisation spezifisch sind.

Diese Definition formuliert nichts anderes als das, was wir im ersten Kapitel schon über Unternehmenskultur gesagt haben. Der Organisationsforscher Edgar Schein unterscheidet drei Ebenen der Organisationskultur. Auf der ersten Ebene befinden sich sichtbare Verhaltensweisen, Kommunikationsformen und Symbole, wie etwa ein bestimmter Umgang mit Kunden, eine häufige Nutzung informeller Kommunikation oder eine bestimmte Art, sich zu kleiden. An manchen Universitäten (oder Fachbereichen) gibt es beispielsweise einen sehr persönlichen Umgang der Lehrenden mit den Studierenden, in anderen haben die Studierenden kaum die Möglichkeit, mit ihren Lehrenden außerhalb von Lehrveranstaltungen und Sprechstunden zu kommunizieren. In manchen Universitäten (oder Fachbereichen) können Studierende mit den Lehrenden intensiv diskutieren, in anderen eben nicht. Die auf dieser Ebene angesiedelten Sachverhalte kann man empirisch direkt beobachten. Auf der zweiten Ebene befinden sich Ziele und Werte sowie Leitbilder, die allen Mitgliedern der Organisation bekannt sind und von (fast) allen auch als wichtig und verbindlich anerkannt werden. Ein Beispiel dafür ist das Verständnis einer Fakultät von ihrem Fach und der Art und Weise, wie dieses Fach in der Lehre vermittelt werden soll. Solche Sachverhalte kann man zwar nicht mehr direkt beobachten, aber über Befragungen erheben oder durch die Analyse von Entwicklungs-plänen, Studienkonzepten und Leitbildern rekonstruieren. Auf der dritten Ebene befinden sich schließlich grundlegende Verständnisse, die für die Mitglieder der Organisation völlig selbstverständlich sind, nicht in Frage gestellt und auch nicht thematisiert werden. Beispiele dafür sind grundlegende Verständnisse von Wissenschaft oder von Pädagogik, etwa die Vor-stellung, dass Wissenschaft der Wahrheit dienen muss oder Pädagogik der Selbstentfaltung des Individuums. Solche Vorstellungen werden in den Diskussionen einer Fakultät nicht oder höchst selten explizit thematisiert.

Über die hier nur grob skizzierten vielfältigen Zusammenhänge und Interdependen-zen bilden die unterschiedlichen gesellschaftlichen Koordinierungsmechanismen komplexe Strukturen der Koordination von sozialem Handeln, die wir in den folgenden Kapiteln dieses Buches noch ausführlich diskutieren werden. Im verbleibenden Teil dieses Kapitel werde ich die begriffliche Darstellung von gesellschaftlicher Ordnung vertiefen, indem ich auf wichtige Komponenten dieser Ordnung eingehe.

Institutionen, Organisationen und soziale Systeme

Bevor ich auf einzelne Komponenten von sozialen Ordnungen eingehe, will ich kurz das Verständnis von sozialer Ordnung rekapitulieren, das wir bisher in diesem Kapitel entwickelt haben. Wir haben die soziale Ordnung moderner Gesellschaften definiert als eine durch Kommunikation hergestellte und reproduzierte Menge von Regeln, die miteinander in unter-schiedlichen Teilmengen verknüpft und in übergeordnete Zusammenhänge eingebunden sind. Als wichtige Teilmengen haben wir dann die Regelmechanismen Hierarchie, Markt und Kultur dargestellt. Wir haben erkannt, dass unterschiedliche Teilmengen oft miteinander sinnvoll verknüpft sind, also das bilden, was üblicherweise als System bezeichnet werden. Wir haben auch darüber gesprochen, dass Regeln in sozialen Ordnungen unterschiedlich verbindlich sind. An diesem Punkt setzen wir nun an und betrachten Ordnungen in einer etwas veränderten Perspektive. Wir fokussieren uns auf den „harten Kern" von Ordnungen, das heißt auf die Regeln, die ein hohes Maß an Verbindlichkeit haben. Diese Regeln werden in einem modernen sozialwissenschaftlichen Sprachgebrauch als Institutionen bezeichnet.

Institutionen

Im alltäglichen Sprachgebrauch ist eine Institution eine wichtige und ehrwürdige gesell-schaftliche Einrichtung, wie das Bundesverfassungsgericht in Deutschland oder der Supre-me Court in den Vereinigten Staaten von Amerika, die Familie oder das Privateigentum. Diesen Sprachgebrauch findet man traditionell und auch heute noch in der Sozialwissen-schaft. Ich übernehme diesen herkömmlichen Sprachgebrauch kurz, weil man am Beispiel des Bundesverfassungsgerichtes oder des Supreme Court ganz gut klarmachen kann, was in sozialwissenschaftlicher Sicht eine Institution ausmacht. Das Verfassungsgericht (oder der Supreme Court) überprüft bekanntlich Gesetze und politische Handlungen darauf, ob sie mit der Verfassung vereinbar sind. Es sorgt damit für die Durchsetzung der Verfassungsregeln.

So hat beispielsweise das Bundesverfassungsgericht 2009 entschieden, dass der Einsatz von Wahlcomputern nicht den Grundsätzen von nachvollziehbaren und geheimen Wahlen entspricht und deshalb nicht mit dem Grundgesetz der Bundesrepublik Deutschland vereinbar ist. Dabei hat es insbesondere festgestellt, dass Wähler ohne besondere Fachkenntnisse nicht feststellen können, was mit ihrer Stimme geschieht, und die Korrektheit der Stimmauszählung weder überprüfen noch nachvollziehen können. Das Verfassungsgericht kann für seine Entscheidung nicht einfach in das deutsche Grundgesetz schauen, denn da steht nichts über Wahlcomputer. Das Gericht muss für seine Entscheidung das Grundgesetz und seinen Sinn interpretieren. Es regelt also mit seinen Entscheidungen nicht nur bestimmte Sachverhalte, in unserem Fall den Wahlakt, sondern fügt diese Sachverhalte in einen größeren Sinnzusammenhang ein. Das ist genau das, was Institutionen in sozialwissenschaftlicher Sicht tun: Sie binden jeweils für bestimmte Lebensbereiche das Handeln von Individuen und anderen Akteuren in gesellschaftliche Sinnzusammenhänge ein, regeln dieses Handeln verbindlich und sorgen für die Durchsetzung von Regeln.

Das kann man auch für andere Institutionen zeigen, wie Privateigentum und Wettbewerb, politische Gleichheit, Konkurrenz und Recht, Vertrag und Herrschaft sowie Bildung und Familie. Das Privateigentum und die politische Gleichheit stellen Lösungskonzepte für gesellschaftliche Verteilungskonflikte dar – Privateigentum für die Verteilung knapper Güter, politische Gleichheit für die Verteilung der Teilhabe an Herrschaft. Sie sind unter anderem durch ein bestimmtes Verständnis des Verhältnisses von Individuen und Gesellschaft und entsprechende Wertvorstellungen (z. B. individuelle Freiheit) geprägt. Diese Lösungskonzepte werden durch eine Vielzahl von Regeln über Eigentumsrechte, politische Rechte und die Verfügung über diese Rechte umgesetzt. Strafandrohungen und andere Maßnahmen (z. B. Entscheidungen des Verfassungsgerichts) sorgen für die Durchsetzung dieser Regeln. Wettbewerb und (politische) Konkurrenz sind Verfahren der Regelung von Verteilungskonflikten um knappe Güter oder Macht, die in Gesellschaften als sinnvoll anerkannt werden, weil sie beispielsweise friedlich sind oder als besonders effizient gelten. Sie werden ebenfalls durch viele Regeln (u. a. das Wettbewerbsrecht oder das Wahlrecht) abgesichert, für deren Verbindlichkeit unter anderem Strafandrohungen oder das Verfassungsgericht sorgen. Bildung und Familie sind in kultureller Hinsicht insbesondere Einrichtungen zur Vermittlung von Inhalten gesellschaftlicher Verständigung, also von Werten, Normen, Symbolen und Situationsdefinitionen. Dazu gibt es ebenfalls viele verbindliche Regeln. Auf die anderen genannten Institutionen gehe nicht weiter ein.

Das Bundesverfassungsgericht und der Supreme Court sind Einrichtungen, die ganz formal als Hierarchien (konkret als Behörden) organisiert sind. Familien würde man, wie wir weiter unten in diesem Kapitel sehen werden, dagegen eher als Gruppen, denn als Organisationen bezeichnen. Andere Institutionen, wie Privateigentum oder politische Gleichheit, sind weder Organisationen noch Gruppen, sondern lediglich Vorstellungen, Konzepte oder Leitbilder, die in konkrete Regeln umgesetzt sind. Institutionen können also sehr unterschiedlich organisiert sein. Gemeinsam ist ihnen jedoch, dass sie jeweils Mengen von miteinander verknüpften Regeln darstellen, die durch Sinnzusammenhänge begründet und mit Durchsetzungsmechanismen verbunden sind, welche die Verbindlichkeit der Regeln sichern.

Man kann also zwischen Regeln und den Organisationsstrukturen, die mit ihnen verbunden sind, trennen. Das ist auch in dem modernen Institutionenbegriff, auf den ich mich hier beziehe, der Fall. Dieser Begriff geht aber noch ein Stück weiter, in dem er offen lässt, ob die Verbindlichkeit auf Durchsetzungsmechanismen beruht. Die Verbindlichkeit wird vielmehr über die Folgen einer Regelverletzung definiert. Eine Regel hat dann eine hohe Verbindlichkeit, ist also dann eine Institution, wenn eine Regelverletzung für den jeweiligen Akteur mit erheblichen negativen Konsequenzen verbunden ist. Eine solche Konsequenz kann eine gerichtliche Strafe, die Verachtung der sozialen Umwelt, ein wirtschaftlicher Verlust oder auch einfach ein schlechtes Gewissen sein. Eine Regel, die stark im moralischen Bewusstsein von Menschen verankert ist, stellt in dieser Sicht ebenso eine Institution dar, wie eine Regel des Strafgesetzbuches. Selbst etwas scheinbar ganz „Weiches", wie ein Innovationsmilieu, kann eine Institution sein – Unternehmen, welche die informellen Regeln eines solchen Milieus nicht beachten, können massive Verluste erleiden.

Institutionen

Regeln, denen sich Akteure nur mit erheblichen negativen Konsequenzen entziehen können.

Der entscheidende Unterschied dieser Definition zur herkömmlichen Definition liegt, um das noch einmal hervorzuheben, darin, dass zwischen Regeln einerseits und der Organisationsstruktur, welche diese Regel trägt und möglicherweise auch durchsetzt, unterschieden wird. Wenn man dieser Definition folgt, bezeichnet man anders als unter der herkömmlichen Definition Kirchen nicht mehr als Institution. Die Institution ist die Religion, Kirchen sind Organisationen, welche Träger der Institution Religion sind, ihren Sinn vermitteln und die Durchsetzung ihrer Regeln sichern. In diesem Verständnis bezeichnet man auch das Bundesverfassungsgericht nicht mehr als Institution, sondern als Organisation zur Durchsetzung der Institution Recht und zur Vermittlung entsprechender Sinnzusammenhänge. Auch die Familie ist in einem modernen Institutionsverständnis keine Institution, sondern eine Gruppe, über die ein bestimmtes Konzept des Zusammenlebens zwischen Männern und Frauen sowie der Erziehung von Kindern umgesetzt wird.

Die Trennung zwischen Regeln und den Organisationen oder Gruppen, welche diese Regeln definieren oder durchsetzen, ist nicht bloß eine (sozial)wissenschaftliche Spitzfindigkeit, sondern trägt der Tatsache Rechnung, dass Institutionen nicht zwingend mit bestimmten Organisationen oder Gruppen verbunden sein müssen, sondern in unterschiedlichen Formen organisiert werden und mit unterschiedlichen Organisationen oder Gruppen verknüpft werden können. Politische Konkurrenz kann man beispielsweise statt über Parteien über direkt-demokratische Verfahren organisieren. Religion kann, wie die Baptisten und andere Freikirchen zeigen, statt über hierarchische Kirchen durch kommunale Strukturen (Ortsgemeinden) organisiert werden. Die Trennung betont darüber hinaus die noch wichtigere Tatsache, dass sich Institutionen aus ihren ursprünglichen organisatorischen Kontexten herauslösen können. Diesen Sachverhalt bezeichnet man als Entkoppelung von Institutionen und Organisationen. Es gibt zwei häufig zu beobachtende Formen von Entkoppelung. Die eine Form ist die, dass Institutionen im Zuge von gesellschaftlichem Wandel oft losgelöst von ihrem ursprünglichen organisatorischen Kontext erhalten bleiben. Darauf komme ich weiter unten zurück. Die andere, häufig zu beobachtende Form ist die Ausbreitung von Institutionen weit über den ursprünglichen Kontext aus. Ein Beispiel dafür ist die Übernahme wichtiger Regeln der christlichen Religion in das Rechtssystem oder die generelle Kultur der westlichen Gesellschaften, wo sie weiter gelten, obwohl die Kirchen in diesen Gesellschaften massiv an Bedeutung verloren haben.

Ein besonders interessanter Fall einer Entkoppelung durch Ausbreitung über den ursprünglichen organisatorischen Kontext hinaus ist das Rationalitätsprinzip, auf dem die ökonomische Theorie aufbaut. Das Rationalitätsprinzip ist, wie der Wirtschaftshistoriker Alfred Bürgin zeigt, historisch gewachsen aus der Rechtfertigung von Eigennutzen (gegenüber Gemeinnutzen) Anfang des 16. Jahrhunderts – noch vor der Geburt von Thomas Hobbes. Damals wurde in einer Denkschrift für den Augsburger Reichstag das Geschäftsgebaren der großen Augsburger Handelshäuser dadurch gerechtfertigt, dass das eigennützige Verhalten dieser Häuser schließlich dem Gemeinwohl dienen würde. Eigennutz wurde dabei als notwendiger Anreiz für die Wahrnehmung gesellschaftlich wichtiger wirtschaftlicher Aktivitäten, insbesondere auch die Übernahme von Risiken, gesehen. Mehr als einhundert Jahre später wurde daraus im Utilitarismus ein selbstverständliches, naturrechtlich begründetes Handlungsprinzip. Das Eigennutzprinzip wurde damit zu einer Institution. Im Zuge der Entwicklung der Neoklassik wurde daraus schließlich das Rationalitätsprinzip als wissenschaftliches Erklärungsprinzip.

Das Rationalitätsprinzip funktioniert als Erklärungsprinzip vor allem deshalb, weil es zu einer grundlegenden Institution der westlichen Gesellschaft geworden ist und sich mit dem wirtschaftlichen Erfolg des westlichen Kapitalismus global ausgebreitet hat. Das Rationalitätsprinzip hat sich als gesellschaftliche Institution – mit von Hayek gesprochen – in der sozialen Evolution als besonders leistungsfähiges Prinzip durchgesetzt. Dieses Prinzip ist heute als Institution unabhängig von der tatsächlichen Geltung anerkannt und zu einer selbstverständlichen Grundlage unseres alltäglichen Verständnisses von menschlichem Handeln geworden. Das zeigt sich in der Sozialwissenschaft darin, dass auch in holistischen Ansätzen davon ausgegangen wird, dass sich Individuen (oder psychische Systeme) nach diesem Prinzip verhalten.

An dieser Stelle komme ich nochmals zurück auf die Frage der Verbindlichkeit von Institutionen. Ich habe weiter oben deutlich gemacht, dass eine Regel nicht nur dann zu einer Institution wird, wenn Verletzungen der Regel mit Sanktionen belegt sind. Wie das Beispiel des Rationalitätsprinzips zeigt, ist oft die formale Sanktionierbarkeit von Regeln nicht entscheidend, um von einer Institution zu sprechen. Das Rationalitätsprinzip gilt auch dann, wenn Menschen sich irrational verhalten. Es ist zu einer nicht mehr hinterfragten Annahme über die Wirklichkeit – also über das Verhalten von Individuen und anderen Akteuren – geworden. Der Soziologe Richard Scott bezeichnet solche Institutionen als kulturell-kognitive Institutionen und unterscheidet sie von regulativen und normativen Institutionen. Normative Institutionen werden als moralisch richtig anerkannt und grundsätzlich befolgt. Regulative Institutionen sind durch Sanktionen geschützt und werden aus Gründen reiner Zweckmäßigkeit befolgt. Kognitiv-kulturelle Institutionen sind selbstverständlicher Teil unseres Denkens und werden nicht hinterfragt.

Da wir Institutionen als Menge miteinander verknüpfter formaler und informeller Regeln sowie Mechanismen zur Durchsetzung dieser Regeln und Sinnzusammenhänge zur „Begründung" der Regeln bezeichnen, könnte man auch Staat, Markt oder Kultur als

Institution bezeichnen. Es ist jedoch sinnvoller, Markt, Staat und Kultur als umfassendere Koordinierungssysteme zu verstehen, in denen mehrere unterschiedliche Institutionen und Organisationen miteinander verknüpft werden. Der Markt umfasst unter anderem die Institutionen Privateigentum, Wettbewerb und (Wirtschafts-)Recht. Seine Regeln sind zum größeren Teil formalisiert und werden von staatlichen und anderen Organisationen erlassen und durchgesetzt, zum Teil sind sie jedoch informell und entstehen spontan aus gesellschaftlichen Interaktions- und Kommunikationszusammenhängen. Ein erheblicher Teil der Akteure auf dem Markt, nämlich die Unternehmen, sind Hierarchien. Zum Staat gehören insbesondere die Institutionen politische Gleichheit, Konkurrenz und Recht und er wird weitgehend von Hierarchien unterschiedlicher Art (u. a. Parteien, Verwaltungen) getragen. Auch der Staat als Koordinierungssystem basiert zum Teil auf informellen Regelungen, die aus gesellschaftlichen Interaktions- und Kommunikationszusammenhängen entstehen. Das dritte übergreifende Koordinierungssystem, die Kultur, ist im Unterschied zu Staat und Markt für sich genommen kaum formalisiert. Ihre Regeln entwickeln sich aus gesellschaftlichen Interaktions- und Kommunikationszusammenhängen heraus. Aber: Wichtige Institutionen, wie Meinungsfreiheit, Erziehung und Bildung, sind staatlich geregelt und werden zum Teil von Hierarchien (z. B. Bildungseinrichtungen, Theater, Medienunternehmen) getragen.

Der Neo-Institutionalismus

Institutionen sind in den letzten 30 Jahren wieder stärker in den Fokus der Sozialwissenschaft gerückt. In der Politikwissenschaft, der Volkswirtschaftslehre, der Betriebswirtschaftslehre und in der Soziologie gibt es eine Reihe von theoretischen Ansätzen, welche Institutionen in das Zentrum der Analyse von Gesellschaft stellen. Diese Ansätze werden in Abgrenzung zu früheren institutionalistischen Ansätzen aus dem 19. und frühen 20. Jahrhundert als Neuer Institutionalismus bezeichnet. Das Erkenntnisinteresse des Neo-Institutionalismus gilt der Einbettung von Akteuren in umfassende Regelungssysteme sowie der Entstehung und Veränderung dieser Systeme. Die wichtigsten Unterschiede zwischen dem alten und dem neuen Institutionalismus liegen darin, dass erstens, nicht mehr nur formale, sondern auch informale Regeln betrachtet werden; zweitens, Institutionen nicht als feste, sondern als sich verändernde Strukturen verstanden werden, und drittens, dass nicht mehr davon ausgegangen wird, dass Institutionen immer befolgt werden und sich immer positiv auf die Gesellschaft auswirken. Die hier angesprochenen Annahmen finden sich in allen neo-institutionalistischen Ansätzen, die ansonsten theoretisch keine einheitliche Schule darstellen.

In der Soziologie konzentriert sich der Neo-Institutionalismus weitgehend auf die Organisationsforschung. Dabei geht es vor allem um die Strukturierung des Verhaltens von Organisationen durch gesellschaftliche Institutionen und um die Rolle von Organisationen als grundlegende Strukturen der Koordination sozialen Handelns. Zu den führenden Vertretern des soziologischen Neo-Institutionalismus gehören Paul DiMaggio und Walter Powell. Ihre zentrale Einsicht lässt sich in der Aussage zusammenfassen, dass die Handlungsstrukturen von Organisationen, insbesondere von Unternehmen, nicht ihren spezifischen Zielen, Aufgaben und Handlungsbedingungen entsprechen, sondern sich an einem extern vorgegebenen einheitlichen Modell orientieren. Dies zeigt sich etwa daran, dass Organisationen und Unternehmen ein hohes Maß an Isomorphie, an struktureller Ähnlichkeit, aufweisen, obwohl sie ganz unterschiedliche Ziele verfolgen und in unterschiedlichen Umfeldern operieren. Diese Einsicht widerspricht sowohl der herkömmlichen Organisationsforschung, die davon ausgeht, dass Organisationen ihre Strukturen weitgehend ihren Zielen und Umweltbedingungen und den damit verbundenen Anforderungen anpassen, als auch den etablierten ökonomischen Konzepten von Unternehmen als rationale Akteure.

John W. Meyer und Brian Rowan erklären die weitgehende Isomorphie von Organisationsstrukturen als Resultat eines sozial konstruierten Konzepts organisatorischer Rationalität. Dieses Konzept spielt eine wichtige Rolle für die Legitimierung von organisatorischem Handeln – ohne dass es tatsächlich umgesetzt wird. Es funktioniert vielmehr als ein „Mythos", eine gesellschaftliche Legende über rationales Handeln. In vielen Fällen ist die Befolgung der in diesem Konzept enthaltenen institutionellen Regelungen mit Effizienzverlusten und anderen wirtschaftlichen Nachteilen verbunden. Um solche Situationen zu vermeiden, werden die institutionellen Regeln nur symbolisch eingehalten, nicht aber real. So werden beispielsweise extensive Kontrollmechanismen eingeführt, welche nach außen demonstrieren, dass das Unternehmen sich im Sinne der etablierten Rationalitätsvorstellungen verhält, die nach innen aber wenig wirksam sind.

Aus der Sicht von DiMaggio und Powell sind normative Vorgaben nur ein Grund für die weitreichende Isomorphie von Organisationen. Ein anderer Grund liegt in der Imitation erfolgreicher Vorbilder, die unter anderem über Unternehmensberater als Modelle breit vermittelt werden. Ein Beispiel für die Entwicklung von generalisierten Vorstellungen rationaler Organisation und die Imitation erfolgreicher Vorbilder bietet die Entwicklung der industriellen Arbeitsorganisation, konkret des Fordismus und der schlanken Produktion. Der amerikanische Industrielle Henri Ford entwickelte in seiner Automobilfabrik am Anfang des 20. Jahrhunderts eine später nach ihm benannte Form der Arbeitsorganisation, die Fließbandfertigung. Dabei führte jeder Arbeiter nur eine oder wenige Tätigkeiten durch, für die er ein spezielles Know-how besaß. Dadurch konnte Ford seine zumeist wenig qualifizierten Arbeitskräfte produktiv einsetzen und ihnen vergleichsweise günstige Löhne bezahlen. Deshalb wurde das Arbeitsmodell von Ford auch von den meisten Arbeitgebern positiv aufgenommen. Das Arbeitsmodell von Ford wurde nicht nur von anderen Automobilherstellern übernommen, sondern wurde zum Arbeitsmodell der Massenproduktion überhaupt. In der zweiten Hälfte des 20. Jahrhunderts geriet dieses Arbeitsmodell zumindest in zwei Punkten unter zunehmende Kritik. Der erste Punkt waren die von Arbeitnehmern als zunehmend negativ empfunden Arbeitsbedingungen, der zweite die Qualität der nach diesem Modell erzeugten Produkte. In Japan wurde in den 1970er Jahren von Toyota ein alternatives Arbeitsmodell entwickelt, das später als schlanke Produktion bezeichnet wurde. Dieses Modell ist unter anderem durch wenig Hierarchie sowie ein breiteres Tätigkeitsspektrum und eine höhere Eigenverantwortung der Arbeitskräfte gekennzeichnet. Es erwies sich im Hinblick auf Produktivität und Qualität dem Fordismus gegenüber als überlegen und stieß auch bei den Arbeitskräften auf größere Akzeptanz. Deshalb setzte es sich immer mehr auch in Europa und den USA durch und wurde zu einem in der industriellen Produktion international weit verbreiteten Arbeitsmodell.

In der Ökonomie haben Ronald Coase, Oliver Williamson, Douglass North und andere die Neue Institutionelle Ökonomie begründet. Sie tragen damit der Tatsache Rechnung, dass wirtschaftliches Handeln und vor allem wirtschaftliche Entwicklungen stark durch institutionelle Regelungen bestimmt werden. Coase beschreibt Unternehmen als ein hierarchisch strukturiertes System von Vertragsbeziehungen. Im Kern des einfachen Modells von Coase steht ein Unternehmer, der für die Produktion seines Gutes Leistungen anderer braucht. Diese Leistungen kann er prinzipiell durch einen anderen Unternehmer erbringen lassen und sie über den Markt von ihm kaufen oder er kann sie durch Mitarbeiterinnen und Mitarbeiter erbringen lassen, die er über Arbeitsverträge in sein Unternehmen holt. Die Beschaffung von Leistungen über den Markt ist mit spezifischen Transaktionskosten verbunden, auf die ich hier nicht eingehe. Deshalb ist es für den Unternehmer oft günstiger, Leistungen intern produzieren zu lassen und dafür Mitarbeiterinnen und Mitarbeiter einzustellen, die diese Leistungen erbringen oder deren Erbringung leiten. Das Größenwachstum von Unternehmen stößt jedoch an Grenzen, weil mit zunehmender Zahl von unterschiedlichen Verträgen innerhalb des Unternehmens die Transaktionskosten, z. B. die Kosten für den Abschluss von Verträgen oder die Organisation der Beziehungen zwischen den Mitarbeiterinnen und Mitarbeitern und die Kosten für die Fehler des Managements, steigen. So einfach dieses Modell ist, kann man doch damit interessante und gehaltvolle Einsichten über die institutionelle Struktur von Unternehmen und die damit verbundenen Organisationskosten gewinnen. Darauf kann ich hier jedoch nicht weiter eingehen.

Während in vielen Arbeiten zur Neuen Institutionellen Ökonomie die Transaktionskosten unterschiedlicher institutioneller Regelungen im Vordergrund stehen, verweist Douglass North ähnlich wie Paul DiMaggio darauf, dass Institutionen immer auf früherem Wissen und früheren Vorstellungen von Menschen aufbauen und deshalb die Entwicklung der Wirtschaft zurück an die Vergangenheit binden.

Diesen Sachverhalt kann man an einem aktuellen Beispiel illustrieren. Die institutionellen Regelungen, denen die Banken in Deutschland und anderswo unterliegen, sind in Zeiten entstanden, in denen Finanzprodukte einfacher waren und in denen es in Deutschland und anderen europäischen Ländern eine recht enge Verknüpfung zwischen der Finanzwirtschaft und der Realwirtschaft gab. Sie hielten mit der Entwicklung der Finanzprodukte und auch mit der Entwicklung der Bankenkultur nicht Schritt, was am Ende zum Zusammenbruch vieler Banken führte. Ganz ähnlich verhält es sich auch mit der Bahn. Deren institutionelle Regelungen sind geprägt von der Vorstellung, dass Eisenbahn eine wichtige Infrastruktur ist. Das passt aber kaum mehr zu einer Bahn, die an die Börse soll, deshalb ihren Profit maximieren muss und das nicht kann, wenn sie weiterhin so handelt, als würde sie primär einen öffentlichen Versorgungsauftrag erfüllen.

North' Beschäftigung mit Institutionen hängt eng mit seinem Interesse am ökonomischen Wandel zusammen. Er gehört zu den wenigen Ökonomen, die sich systematisch mit ökonomischem Wandel beschäftigen und setzt sich dabei kritisch mit dem in der Ökonomie dominierenden komparativ-statischen Ansatz auseinander, weil er die Dynamik der modernen Welt vernachlässigt. Deshalb sind die Werkzeuge, welche dieser Ansatz bereitstellt, für die Lösung der meisten wichtigen ökonomischen Probleme ungeeignet. Um diese Probleme lösen zu können, muss man ökonomischen Wandel verstehen. Ökonomischer Wandel ist in North' Sicht das Resultat von drei Veränderungen, nämlich der Veränderung der Zahl und der Qualifikation von Menschen, der Veränderung des menschlichen Wissens und der Veränderung der institutionellen Strukturen von Gesellschaften. Aus der Rückbindung der wirtschaftlichen Entwicklung über Institutionen entstehen Pfadabhängigkeiten. Wie wir bereits im ersten Kapitel gesehen haben, heißt das, dass zukünftige Entwicklungsmöglichkeiten durch vergangene Entwicklungen vorstrukturiert werden. Das hemmt die Anpassungsfähigkeit von Volkswirtschaften und führt auch dazu, dass rasche Veränderungen unvorhergesehene und unerwünschte Folgen zeitigen. Deshalb ist in seiner Sicht ökonomischer Wandel nur möglich, wenn sich auch die Institutionen wandeln.

Das kann man am Beispiel des Ruhrgebiets und anderer alter Industrieregionen gut zeigen. Die institutionellen Strukturen des Ruhrgebiets sind viele Jahrzehnte durch die Montanindustrie und eine durch große Konzerne dominierte Wirtschaft geprägt worden. An diesen Gefügen sind viele strukturpolitische Versuche, das Ruhrgebiet rasch in eine High-Tech-Region oder eine moderne Dienstleistungsregion zu transformieren, gescheitert, obwohl dafür viel Geld in die (öffentliche) Hand genommen wurde. Sie sind nur dort gelungen, wo man, wie in Dortmund, die institutionellen Strukturen der Wirtschaft und der Wirtschaftspolitik neu gestaltet hat. Dagegen ist es – zumeist ohne große öffentliche Mittel – vielen Unternehmen in den „alten" Industrien durch die Entwicklung neuer Produkte und Verfahren, rasche Produktivitätssteigerungen und die Erschließung neuer Märkte gelungen, eine starke internationale Wettbewerbsposition zu gewinnen, weil sie den Rahmen der gegebenen Pfadabhängigkeiten nicht durchbrechen mussten.

Für Sozialwissenschaftlerinnen und Sozialwissenschaftler, die sich mit wirtschaftlichem und gesellschaftlichem Wandel beschäftigen, sind Pfadabhängigkeiten ein wichtiges Thema. Das werde ich im fünften Kapitel ausführlich darstellen und diskutieren.

Gruppen und Organisationen

In einem modernen Verständnis von Institutionen wird, wie wir gesehen haben, zwischen Institutionen einerseits und den Gruppen und Organisationen, die die Institutionen tragen, andererseits unterschieden. Institutionen sind Regelungsstrukturen, die mit Hilfe von Gruppen und Organisationen definiert, angepasst und durchgesetzt werden. Institutionen sind die „Software" gesellschaftlicher Ordnung, Gruppen und Organisationen dagegen ihre „Hardware".

Gruppen und Organisationen sind abgrenzbare Mengen von Personen, die in einem längerfristig angelegten und relativ stabilen Kommunikations- und Interaktionszusammenhang stehen und für die jeweils besondere Regeln gelten, durch die ihr Handeln koordiniert wird. Organisationen unterscheiden sich von Gruppen durch ihre Strukturen und die Art der Koordination. Organisationen sind stark formalisierte Hierarchien, die auf ein konkretes, formal definiertes Ziel ausgerichtet sind – beispielsweise auf die Erzielung von Gewinn oder die Vertretung gemeinsamer Interessen. Ihre Regeln sind zu einem erheblichen Teil explizit formuliert (kodifiziert). Die Interaktionen ihrer Mitglieder sind in feste und durch kodifizierte Regeln festgelegte Strukturen und Verfahren eingebunden. Die Hierarchie weist zumeist mehrere unterschiedliche Ebenen auf. Typische Beispiele von Organisationen sind Unternehmen, Parteien und Vereine. Bei Unternehmen werden die Ziele der Organisation als Geschäftszweck im Gesellschaftsvertrag festgelegt, bei Parteien und Vereinen als Zweck der Vereinigung in der Satzung. Die Inhalte der Verträge oder Satzungen und grundlegende Organisationsstrukturen sind zum Teil rechtlich vorgegeben – zum Beispiel durch das

Aktienrecht oder das Parteienrecht – zum Teil werden sie durch die Gründungsmitglieder vereinbart. Durch Gesetze, Gesellschaftsvertrag und Satzung werden auch die Organe und deren Rechte bestimmt. Die Organe erlassen die Regeln für die Mitglieder der Organisation (soweit dies nicht bereits im Gesellschaftsvertrag oder in der Satzung geschieht) und sorgen für deren Durchsetzung. Die Mitglieder der Organisation sind qua Arbeitsvertrag oder Mitgliedschaft zur Einhaltung der Regeln verpflichtet – was nicht heißt, dass sie das auch immer tun. Mit Organisationen werden wir uns im vierten Kapitel ausführlich beschäftigen.

Organisation

Eine abgrenzbare Menge von Personen, deren Interaktionen hierarchisch auf ein oder wenige konkrete Ziele ausgerichtet sind.

Im Unterschied zu Organisationen weisen Gruppen meist keine oder nur schwache und flache Hierarchien auf. Ihre Regelungen sind zumeist nicht explizit formuliert. Sie verfügen kaum über festgelegte Strukturen und Verfahren. Im Unterschied zu Organisationen gibt es in Gruppen kaum formale Koordinationsmechanismen; die Koordination ist entweder informal oder spontan. In der einschlägigen Literatur werden mit Gruppen ebenso wie mit Organisationen klare Ziele (die Gruppenziele) verbunden. Dem schließe ich mich hier nicht an. Viele Gruppen, z. B. Freundesgruppen oder Netzwerke von Universitätsabsolventen, aber auch Familien, verfolgen zwar einen allgemeinen Zweck, z. B. die wechselseitige Zuwendung, die Pflege von Kontakten und Beziehungen oder die materielle Sicherung und Erziehung von Kindern, aber keine konkreten Ziele. Konkrete Ziele ergeben sich zumeist spontan aus der Interaktion der Gruppenmitglieder heraus. Sie sind kein konstitutives Element der Gruppe, sondern können sich verändern, ohne dass sich damit die Gruppe verändert. Organisationen dagegen werden zur Erreichung eines bestimmten Zieles gegründet; ihre Ziele sind konstitutiver Bestandteil der Organisation. Veränderungen der Ziele sind deshalb zumeist mit Veränderungen der Organisation verbunden. In diesem Sinne ist eine Gruppe von Personen, die sich einmal im Monat treffen, um zu kegeln, und die ansonsten keinen festen Interaktionszusammenhang haben, eher eine Organisation, als eine Gruppe. Die Abgrenzung von Gruppen und Organisationen ist fließend.

Gruppe

Eine abgrenzbare Menge von Personen, die in einem regelmäßigen, direkten Interaktionszusammenhang stehen und deren Interaktion einem allgemeinen Zweck unterliegt.

Es gibt allerdings in der Sozialpsychologie eine von Kurt Lewin begründete „Schule", die als Gruppenpsychologie bezeichnet wird, die ein etwas anderes Verständnis von Gruppe hat. Lewin und die Gruppenpsychologie betrachten Gruppen nicht nur als Mengen von Personen, sondern als Funktionseinheiten. In ihrer Sicht liegt die Essenz einer Gruppe in der Interdependenz der Mitglieder. Eine Gruppe besteht also nicht einfach aus einer bestimmten Zahl von

Personen, die einen gemeinsamen Zweck haben, sondern sie wird dadurch charakterisiert, dass alle ihre Mitglieder wechselseitig voneinander abhängig sind. Die Gruppe erfüllt für ihre Mitglieder eine bestimmte wichtige Funktion; sie stellt für die Gruppenmitglieder eine Leistung bereit, die sie allein nicht schaffen könnten (z. B. Freundschaft). Diese Interdependenz der Mitglieder führt dazu, dass alle Mitglieder in einen dynamischen Gesamtzusammenhang eingebunden sind, dem sie sich nicht oder nur mit negativen Folgen entziehen können. Damit postuliert Lewin ein holistisches Konzept von Gruppe. Die Gruppe ist in seiner Sicht mehr als bloß die Summe ihrer Mitglieder; sie hat ihre eigene Logik.

Moderne Gesellschaften weisen eine vielfältige und vielschichtige „Infrastruktur" in Form von Gruppen und Organisationen auf. Wir haben dies oben als die „Hardware" sozialer Ordnung bezeichnet. Diese Bezeichnung ist wichtig, um den Unterschied zwischen Institutionen einerseits und den Gruppen und Organisationen, die diese Institutionen tragen, andererseits zu beschreiben. Sie greift jedoch insofern zu kurz, als Gruppen und Organisationen Institutionen nicht einfach tragen oder transportieren, sondern sie auch verändern oder generieren. Gruppen und Organisationen sind „Hardware", die selbst „Software" produziert. Das gilt nicht nur für die Organisationen, deren Ziel die Generierung von Sinnzusammenhängen und Normen darstellt, wie etwa das Parlament, die obersten Gerichte oder die Kirchen, sondern für praktisch alle Gruppen und Organisationen. Die meisten Gruppen und Organisationen produzieren zwar in erster Linie die Sinnzusammenhänge und Normen, die sie für ihre eigene Koordination brauchen. Damit sind sie aber auch direkt oder indirekt an der gesamtgesellschaftlichen Produktion von Sinnzusammenhängen und Normen beteiligt.

In Organisationen, vor allem aber in Gruppen, werden Sinnzusammenhänge und Normen oft schneller an Veränderungen innerhalb der Gesellschaft oder in der Umwelt der Gesellschaft angepasst, als in der Gesellschaft insgesamt. Gruppen und Organisationen können dadurch sogar zu Vorreitern gesellschaftlicher Entwicklungen werden. Ein illustratives, wenngleich negatives Beispiel ist die Veränderung des wirtschaftlichen und sozialen Klimas im Vorfeld der Finanzmarktkrisen 2007 und 2008. Banken und andere Finanzagenturen erschienen damals als die Musterbeispiele des Erfolgs einer Befreiung der Märkte von den Fesseln des Staates. Ihre extrem hoch dotierten Manager gerierten sich gern und mit publizistischem Erfolg als die Führungselite einer neuen globalen Wirtschaft. Ihre Maßstäbe wurden zu Werten einer neuen „Leistungsgesellschaft", denen sich nicht nur Manager und Unternehmer, sondern auch Politiker fügten. Das hat nicht nur die wirtschaftliche Kultur verändert, sondern auch die institutionellen Strukturen der Wirtschaft weitgehend ausgehebelt. Das Resultat war ein Marktversagen, das nicht nur die sogenannten „neoliberalen" Ökonomen und deren Glauben an die „Selbstheilungskräfte" des Marktes erschütterte, sondern auch die Vorstellungen vieler anderer Sozialwissenschaftlerinnen und Sozialwissenschaftler von der Stabilität moderner gesellschaftlicher Systeme. In Gruppen und Organisationen können sich ebenso gut Sinnzusammenhänge und Normen halten, die in der Gesellschaft obsolet geworden sind. Die Beispiele dafür reichen von Traditionsvereinen bis hin zu orthodoxen Gruppen im Christentum, im Judentum und im Islam, die sich oft dem gesellschaftlichen Wandel entgegenstemmen. In den Vereinigten Staaten gibt es beispielsweise Regionen und Kommunen, deren Bewohner die moderne Technologie und die Fortschrittskultur der entwickelten westlichen Länder ablehnen und unter anderem auch nicht zulassen, dass in den Schulen ihrer Kommunen die Darwin'sche Entwicklungslehre gelehrt wird. Solche Sachverhalte machen deutlich, dass die „Hardware" moderner Gesellschaften im Unterschied zur Hardware eines herkömmlichen Computers nicht durchgängig hierarchisch koordiniert wird. Das ist jedoch kein grundsätzliches Problem, sondern entspricht, wie wir etwas weiter unten diskutieren werden, der Ausdifferenzierung moderner Gesellschaften.

Wir haben bisher Gruppen und Organisationen als „Hardware" sozialer Ordnung diskutiert. Wie schon bei Lewin deutlich wird, haben Gruppen und Organisationen auch eine ganz andere Funktion – sie dienen der Erstellung von Leistungen, die Individuen allein nicht erbringen können. Das gilt für Unternehmen ebenso wie für Verbände, Gewerkschaften, Parteien oder Behörden, aber auch für Bürgerinitiativen oder Protestgruppen. Ihnen ist bei allen sonstigen Unterschieden gemeinsam, dass sie die Erbringung von Leistungen organisieren, die das koordinierte Zusammenwirken vieler Menschen erfordert. Je nach Art der Organisation ist der Koordinationsbedarf unterschiedlich hoch. In Unternehmen erfüllen die meisten Beschäftigten eine bestimmte Aufgabe und müssen deshalb einzeln oder als kleine Gruppe koordiniert werden. Das sieht man besonders deutlich an einem Fließband, wo jeder Arbeitskraft eine oder mehrere Aktivitäten zugeordnet sind, die jeweils genau auf die Aktivitäten der Beschäftigten abgestimmt sind, die vor oder nach ihr am Band arbeitet. In Gewerkschaften oder Parteien erfüllen dagegen die meisten Mitglieder keine bestimmte Aufgabe. Sie müssen deshalb in aller Regel nicht einzeln, sondern nur als Menge koordiniert werden. Solche Unterschiede schlagen sich in der Struktur von Organisationen nieder, etwa in der Zahl der Hierarchieebenen oder in der Verknüpfung unterschiedlicher Regelungsmechanismen. Das werde ich im vierten Kapitel näher ausführen.

In den modernen Gesellschaften wird ein großer Teil der insgesamt in der Gesellschaft erbrachten Leistungen durch Organisationen erbracht. Organisationen sind in diesen Gesellschaften fast allgegenwärtig. Von ihrer Leistungsfähigkeit hängt ein großer Teil der Leistungsfähigkeit der Gesellschaft ab. Das trifft nicht nur auf Unternehmen zu, sondern beispielsweise auch auf Schulen, Krankenhäuser, Gewerkschaften oder Vereine. Deshalb sind Organisationen ein zentraler Gegenstand der Sozialwissenschaft, mit dem sich alle sozialwissenschaftlichen Disziplinen beschäftigen, insbesondere die Betriebswirtschaftslehre und die Organisationssoziologie. Die Fragen, die dabei im Vordergrund stehen, sind (fast) die gleichen, wie sie bei der Untersuchung von gesellschaftlicher Ordnung gestellt werden, insbesondere Fragen nach den Möglichkeiten, Bedingungen und Grenzen der Koordination menschlichen Handelns. Auch die theoretischen Instrumente sind oft die gleichen. Das gilt insbesondere für institutionalistische Ansätze. Die Neue Institutionelle Ökonomie und die Neoinstitutionalistische Soziologie sind zu einem erheblichen Teil in der Organisationsforschung entwickelt worden. Aus der Organisationsforschung kommen zudem ganz grundlegende Beiträge zur ökonomischen und zur soziologischen Theorie. So hat beispielsweise Herbert A. Simon einen grundlegenden Beitrag zur Rationalität menschlichen Handelns geliefert. In seinen Arbeiten zur Organisationsforschung beschäftigte sich Simon mit den sozialen und kognitiven Aspekten rationaler Entscheidungen. Er zeigte dabei, dass Entscheidungen in Unternehmen und anderen Organisationen durch Informationsdefizite und eingeschränkte kognitive Kapazitäten begrenzt werden. Für diesen Tatbestand prägte er den Begriff „bounded rationality" (beschränkte Rationalität) und setzt ihn dem herkömmlichen Rationalitätskonzept der Ökonomie entgegen. Das werden wir ebenfalls im vierten Kapitel ausführlicher erörtern.

Systeme

Wir haben in diesem Buch schon oft den Begriff des Systems verwendet. Wir haben zum Beispiel Markt, Staat und Kultur als Systeme bezeichnet. Damit haben wir der Tatsache Rechnung getragen, dass Institutionen in modernen Gesellschaften nicht vereinzelt existieren, sondern in größere Regelungszusammenhänge eingebunden und miteinander verknüpft sind. Für solche größeren Regelungszusammenhänge hat sich der Begriff des Systems eingebürgert. Das Systemkonzept wird in der Sozialwissenschaft meist mit der Soziologie und etwas weniger stark mit der Politikwissenschaft assoziiert. Es hat jedoch vor allem in den zurückliegenden Jahren auch in der Betriebswirtschaftslehre im Zusammenhang mit der Theorie komplexer Systeme und der Analyse der Lern- und Anpassungsfähigkeit von großen Unternehmen an Bedeutung gewonnen. Darauf gehe ich im vierten Kapitel näher ein.

Der Systembegriff ist kein spezifisch sozialwissenschaftlicher Begriff, sondern einer, der in vielen wissenschaftlichen Disziplinen verwendet wird. Wie ich schon im ersten Kapitel kurz erläutert habe, sind Systeme – abstrakt gesprochen — abgrenzbare Mengen von Elementen, die aufeinander sinnvoll bezogen sind. Der Systembegriff umfasst zwei zentrale Merkmale, nämlich einen sinnvollen Zusammenhang zwischen den Elementen und eine klare Abgrenzung dieser zusammenhängenden Elemente nach „außen". Von einem System wird nicht schon gesprochen, wenn Variablen oder Elemente miteinander zusammenhängen oder sich wechselseitig beeinflussen. Vielmehr müssen die Variablen oder Elemente in einem integrierten Zusammenhang stehen und dieser Zusammenhang muss sich klar von anderen Zusammenhängen unterscheiden oder abgrenzen lassen. Die Integration kann über eine bestimmte Funktion, eine bestimmte Aufgabe oder einen bestimmten Zweck erfolgen. Die Abgrenzung nach außen muss sich, wie Béla Bánáthy, einer der Pioniere der Systemtheorie, hervorhebt, insbesondere darin ausdrücken, dass Systeme nach außen als Ganzes handeln. Letzteres heißt jedoch nicht, dass ein System nach außen als ein Akteur auftritt, sondern nur, dass sich seine Wirkungen nach außen aus dem Gesamtzusammenhang des Systems ergeben. Die staatliche Regelung des Marktes ergibt sich beispielsweise aus dem Gesamtzusammenhang des politischen Systems, das in einer bestimmten Situation bestimmte Regeln zulässt und andere nicht. Zu diesem Gesamtzusammenhang gehören unter anderem die Mehrheitsverhältnisse im Parlament, die Verflechtungen zwischen Bürokratien und Verbänden oder die Rechtslage und deren wahrscheinliche Interpretation durch höhere Gerichte.

Diese Definition passt gut auf Luhmanns Systemkonzept. Wie ich schon dargestellt habe, wird der Zusammenhang von Systemen über Kommunikation und die Reduktion von Komplexität gesichert. Dabei werden durch Erwartungen und Erwartungserwartungen bestimmte Handlungsmöglichkeiten eingeschränkt und andere eröffnet. Systeme operieren jeweils nach einer eigenen Logik. Die Abgrenzung von Systemen ist bei Luhmann besonders stark gefasst. Gemäß seiner Theorie interagieren Systeme nicht miteinander, beeinflussen sich also nicht unmittelbar. Vielmehr kommunizieren sie lediglich miteinander und verarbeiten diese Kommunikation nach ihrer eigenen Logik.

Ein etwas anderes Systemkonzept verwendet Talcott Parsons, der Begründer der soziologischen Systemtheorie. In Parsons' Verständnis sind soziale Systeme sogenannte funktionale Systeme. Solche Systeme sind immer funktional auf einen bestimmten Zweck oder die Sicherung eines bestimmten Zustandes ausgerichtet. Jedes Element des Systems erfüllt eine bestimmte Funktion, die notwendig oder hilfreich für die Erreichung des Zwecks oder die Sicherung des Zustandes ist. Ein einfaches Beispiel für ein solches funktionales System ist die Blocksteuerung beim Eisenbahnbetrieb. Zweck dieses Systems ist eine unfallfreie Ordnung des Zugverkehrs. Blöcke sind jeweils Strecken, die am Anfang mit einem Signal gesichert sind und die am Anfang und am Ende mit einer Einrichtung versehen sind, welche das Durchfahren der Stelle durch einen Zug misst. Diese Messeinrichtung ist mit Schaltern verbunden, welche Signale umstellen. Wenn ein Zug bei einem grünen Signal in einen freien Streckenblock einfährt, wird das durch die Messeinrichtung festgestellt, die dafür sorgt, dass der Schalter das Einfahrtssignal auf rot stellt, so dass kein weiterer Zug einfahren kann. Wenn der Zug den Block am Ende verlässt und in den nächsten Block einfährt, wird das Signal am Anfang des Blockes, den er verlässt, wieder auf grün gestellt, so dass der nächste Zug in den nun freien Block einfahren kann. Auf diese Weise kann man verhindern, dass zwei Züge aufeinander auffahren. Die einzelnen Elemente dieses Systems, die Signale, die Messeinrichtungen und die Schalter erfüllen jeweils eine ganz bestimmte Funktion für die Erreichung dieses Zwecks.

Funktionale Systeme

Systeme, die auf einen bestimmten Zweck oder Zielzustand ausgerichtet sind und deren Elemente einen bestimmten Beitrag zur Erfüllung dieses Zwecks oder Zielzustandes liefern.

Unser Beispiel für ein funktionales System ist zwar kein soziales, sondern ein technisches System, aber es passt dennoch gut zu Parsons. In der Sicht von Parsons sind soziale Systeme darauf ausgerichtet, eine stabile Ordnung zu sichern. Dabei ist das Wort „stabil" entscheidend. Ordnung ist für Parsons ein Zustand, der über ein System von Strukturen und Regeln dauerhaft abgesichert ist. Alle Elemente des Systems sind funktional auf den Selbsterhalt des Systems angelegt. Diese Theorie bezeichnet man als Strukturfunktionalismus. Wir werden sie im dritten Kapitel ausführlicher diskutieren.

Es gibt in der Sozialwissenschaft noch ein drittes Konzept sozialer Systeme, nämlich das der kybernetischen Systeme. Kybernetische Systeme bilden einen Regelungszusammenhang, der selbständig auf Veränderungen in sich oder in seiner Umwelt reagiert und dabei einen bestimmten Zustand oder ein Gleichgewicht sichert. Das ist ein allgemeines Systemkonzept, das in der Sozialwissenschaft ebenso Anwendung findet, wie in der Biologie oder in der Mess- und Regelungstechnik. Aus Letzterer stammt auch ein verbreitetes Beispiel für ein kybernetisches System, nämlich eine zentral geheizte Wohnung, die über Thermostate gesteuert wird. Die Thermostate messen die jeweilige Raumtemperatur und vergleichen sie mit der vorgegebenen Soll-Temperatur. Wenn die tatsächliche Temperatur zu niedrig ist, wird die Heizleistung im Raum erhöht, wenn sie zu hoch ist, wird die Heizleistung reduziert. Die Heizungsleistung und die Raumtemperatur bilden also ein System von Größen, das über Thermostate so geregelt wird, dass immer eine gewünschte Temperatur, also ein bestimmter Zielzustand, gesichert wird. Ganz ähnlich kann man beispielsweise die Wirtschaft als ein selbstregulierendes System beschreiben, das zum Gleichgewicht tendiert. Es nimmt Wünsche

und Bedürfnisse in der Gesellschaft auf, die sich über die gesellschaftliche Einkommensverteilung vermittelt in Nachfrage niederschlagen. Die Nachfrage wird über den Preismechanismus in der Produktion vermittelt, der – vermittelt über Arbeits- und Kapitalmärkte – zu
Veränderungen der gesellschaftlichen Einkommensverteilung führt, die auf die Nachfrage
zurückwirken. Dieser Prozess geht so lange, bis ein Gleichgewicht zwischen Wünschen und
Bedürfnissen einerseits und der Einkommensverteilung andererseits erreicht ist.

Ein interessantes Beispiel einer kybernetischen Systemtheorie in der Sozialwissenschaft ist die Theorie des Politikwissenschaftlers Karl W. Deutsch. Deutsch beschäftigte
sich in seiner Forschung vor allem mit Fragen der internationalen Beziehungen und des
Nationalismus und leistete mit seinem Buch *The Nerves of Government: Models of Political
Communication and Control* einen wichtigen Beitrag zur Theorie politischer Systeme. In
diesem Buch beschreibt Deutsch politische Systeme mit Begriffen der Kybernetik. Kybernetik ist eine allgemeine Theorie selbstregulierender Systeme. Er wendet die Kybernetik an,
um eine Antwort auf die Frage zu finden, wie es politischen Systemen gelingen kann, ihre
Stabilität zu sichern. Stabilität heißt bei Deutsch, im Unterschied zu Parsons, nicht der Erhalt
von Strukturen, sondern die Sicherung der Steuerungsfähigkeit von Systemen. Das schließt
auch weitreichende strukturelle Veränderungen mit ein. Ein passendes Beispiel wären die
ökonomischen Reformen in China. Dort wurden bekanntlich starke marktwirtschaftliche
Elemente eingeführt oder zugelassen, um die Stabilität des sozialistischen Systems zu sichern.

Die Stabilität von Systemen hängt in Deutschs Sicht vor allem von der Fähigkeit ab, Vorgänge in seinem Inneren und Umfeld wahrzunehmen und darauf angemessen zu reagieren. Er
hat damit früh das Thema des Lernens zu einem zentralen Thema der Systemtheorie gemacht.
Lernen ist für Deutsch vor allem eine Frage der Kommunikations- und Kontrollstrukturen
von Systemen. Die Kommunikationsstrukturen müssen für einen offenen Informationsfluss
sorgen, denn ohne offene Kommunikation können Systeme nicht lernen. Dabei ist die negative Rückkoppelung, die Aufnahme und Verarbeitung von Kritik, besonders wichtig. Die
Kontrollstrukturen (sozusagen die Thermostate des Systems) müssen so beschaffen sein, dass
sie auf die Informationen so reagieren, dass die Akzeptanz der politischen Entscheidungen
möglichst hoch und die Ablehnung möglichst gering ausfällt. Die Bedeutung der Aufnahme
von Kritik drückt sich auch in Deutschs (negativer) Definition von Macht als die Fähigkeit
aus, nicht lernen zu müssen.

Ich habe weiter oben Markt, Staat und Kultur als Systeme bezeichnet, weil sie unterschiedliche Institutionen (und die mit ihnen verbundenen Organisationsstrukturen) in einem
integrierten Regelungszusammenhang verknüpfen. Das ist eine institutionalistische Interpretation von System, die nur zum Teil mit den eben diskutierten Systemkonzepten vereinbar
ist. Sie passt gut zu Parsons, für den Normen und Werte zentrale Elemente von Systemen
sind, und zu Deutsch, für den Systeme Regelungsstrukturen sind, innerhalb derer Akteure
Entscheidungen treffen. In Luhmanns Sicht sind Institutionen (Erwartungen und Erwartungserwartungen) nicht die Elemente, sondern die Resultate von Systemen. Systeme bestehen aus
Kommunikationen, die miteinander verknüpft sind. Auch das werde ich im vierten Kapitel
wieder aufnehmen und ausführlicher abhandeln.

Handeln, Interaktion und Struktur

Wir haben bisher Gesellschaft von der Ordnung her betrachtet. Das ist aus der Perspektive der Luhmann'schen Systemtheorie naheliegend, weil Gesellschaft immer aus kommunizierenden Systemen besteht, die sich gemeinsam entwickeln. In Luhmanns Systemen hat Handeln keinen Platz und insofern ist Handeln auch kein wichtiges theoretisches Thema für ihn. Schon aus der Sicht von Parsons sieht das ganz anders aus, weil Systeme immer Handlungssysteme sind, also Handeln miteinander verknüpfen. In interaktionistischer und individualistischer Sicht ist Handeln ganz offensichtlich eine zentrale Erklärungskategorie.

Soziales Handeln

Handeln wird in der Sozialwissenschaft im Allgemeinen als eine besondere Form des Verhaltens verstanden, nämlich Verhalten, das zweckorientiert oder absichtsvoll und bewusst ist. In der Sozialwissenschaft heißt Handeln immer soziales Handeln. Dabei ist zu beachten, dass nicht alles Handeln soziales Handeln ist. Soziales Handeln ist eine besondere Form des Handelns. Soziales Handeln ist zielgerichtetes Handeln, das sich auf Objekte in der sozialen Umwelt des Handelnden bezieht. Diese Definition enthält zwei Komponenten, nämlich zielgerichtetes Handeln und auf die soziale Umwelt ausgerichtetes Handeln. Sie geht auf Max Weber zurück, für den Handeln nur solches Verhalten ist, das einen (subjektiven) Sinn hat und für den Handeln nur dann soziales Handeln ist, wenn es seinem Sinn nach auf das Verhalten anderer Menschen oder gesellschaftlicher Akteure ausgerichtet ist. Sozialwissenschaft beschäftigt sich also nur mit solchem Verhalten, das für die jeweiligen Handelnden einen bestimmten und bewussten Zweck oder Sinn hat. Das ist ein sehr viel engerer Ausschnitt von Verhalten, als ihn etwa die Psychologie betrachtet, die sich auch mit unbewusstem und nicht sinnhaftem Verhalten beschäftigt. Sozialwissenschaft interessiert sich zudem nicht für alles zielgerichtete und sinnhafte Handeln, sondern nur für den Teil, der auf die soziale Umwelt des Menschen ausgerichtet ist.

Ein Beispiel: Wenn ein Wanderer an einem bewölkten Tag auf dem Weg von der Schynige Platte zum Faulhorn in der Schweiz erlebt, dass auf einmal die Wolken aufreißen und den Bilderbuch-Blick auf das Jungfraumassiv freigeben, und er daraufhin unwillkürlich einen Jodler ausstößt, ist das im Sinne der oben genannten Definition kein Handeln, sondern Verhalten, weil es unbewusst ist. Wenn der gleiche Wanderer etwas später seine Freude über das inzwischen schöne Wetter und die noch schönere Landschaft kundtun will und deshalb einen Jodler ausstößt, dann ist das zwar Handeln, weil es bewusst erfolgt, es ist aber noch kein soziales Handeln, weil es nicht zielgerichtet auf das soziale Umfeld bezogen ist (auch wenn es vielleicht andere Wanderer auf der Strecke freut oder ärgert). Wenn dagegen der Schweizer General in einer Aufführung von Gershwins Musical „Strike-up the Band" im Käsekrieg gegen die Amerikaner seine Truppen durch einen Jodler zusammenruft, ist das soziales Handeln, weil es bewusst und gezielt auf sein soziales Umfeld (seine Armee) abzielt.

Soziales Handeln

Verhalten, das zielgerichtet ist und sich auf Objekte in der sozialen Umwelt des Handelnden bezieht.

Dieses Konzept sozialen Handelns als zielgerichtetes und auf das soziale Umfeld bezogenes Verhalten wird in der Soziologie, Politikwissenschaft und Ökonomie von Vertretern unterschiedlicher theoretischer und methodologischer Ansätze zwar breit geteilt, aber ganz unterschiedlich interpretiert. Diese Unterschiede kann man mit den Konzepten des rationalen Handelns und des Rollenhandelns markieren. In beiden Fällen handelt es sich um zielgerichtetes Handeln, das auf das soziale Umfeld ausgerichtet ist. Unterschiedlich wird jedoch die Ausrichtung des Handelns auf das soziale Umfeld gefasst. Im Konzept des rationalen Handelns tritt das soziale Umfeld dem Handelnden als Einschränkung seiner Möglichkeiten bei der Verfolgung seiner individuellen Ziele gegenüber; im Konzept des Rollenhandelns sind dagegen das Handeln und seine Ziele über das Konzept der sozialen Rolle unmittelbar in das soziale Umfeld des Handelnden eingebunden.

Zwei unterschiedliche Handlungskonzepte

- Rationales Handeln: Soziales Umfeld als Beschränkung individuellen Handelns
- Rollenhandeln: Handeln ist über Rollen in das soziale Umfeld eingebunden

---

Das Konzept des rationalen Handelns ist das Handlungskonzept der neo-klassischen Ökonomie (also der modernen Volkswirtschaftslehre) und der davon beeinflussten verhaltenstheoretischen Ansätze in Soziologie und Politikwissenschaft. Rationales Handeln ist Handeln, das unter gegebenen Bedingungen jeweils diejenige Verhaltensalternative wählt, die dem Handelnden den größten Nutzen bringt. Dabei wird unterstellt, dass die Handelnden vollständig über ihre Verhaltensalternativen informiert sind. Dieses Rationalitätskonzept wird von vielen Soziologen, Sozialpsychologen und Sozialanthropologen abgelehnt, weil es allein auf den Eigennutz abstellt, soziale Verpflichtungen, Normen und Werte vernachlässigt und weil es vollständige Information unterstellt. Der erste Teil dieser Kritik ist irreführend. Normen und Werte finden im neo-klassischen Rationalitätskonzept zumindest formal als institutionelle Restriktionen Berücksichtigung. Vernachlässigt werden dagegen moralische Verpflichtungen, deren Verletzung keine erheblichen Nachteile mit sich bringt, die also keine institutionellen Regelungen darstellen. In dieser Hinsicht unterscheidet sich die neo-klassische Ökonomie nicht grundsätzlich von der Soziologie, für die die Verbindlichkeit von Normen nur durch Sanktionen gewährleistet werden kann. Der zweite Teil der Kritik, die Annahme vollständiger Information, wird heute in der Ökonomie weitgehend akzeptiert. Viele Ökonomen, insbesondere aus der institutionellen Ökonomie, verwenden deshalb das Konzept des beschränkt-rationalen Handelns, das wir weiter oben schon kurz angesprochen haben. Beschränkt-rationales Handeln heißt Handeln unter den Bedingungen beschränkter und oft ungewisser Information. Berücksichtigt man diese Bedingungen, gewinnen institutionelle

Regeln, Routinen und soziale Konstrukte von Realität als Methode der Vereinfachung von Entscheidungen eine systematische Bedeutung. Das werde ich im vierten Kapitel ausführlicher darstellen.

Etwas anders als in der Volkswirtschaftslehre wird das Prinzip des rationalen Handelns in der verhaltenstheoretischen Soziologie verwendet. Die verhaltenstheoretische Soziologie ist eine Denkschule der Soziologie, die wie die Volkswirtschaftslehre soziale Beziehungen als Tauschprozesse begreift und gesellschaftliche Strukturen als Resultat solcher Tauschprozesse erklärt. Sie geht dabei von einem Rationalitätsprinzip aus, das dem des beschränkt-rationalen Handelns in der Volkswirtschaftslehre nahekommt, verbindet dieses aber systematisch mit psychologischen, genauer mit lerntheoretischen Konzepten.

Verhaltenstheoretische Soziologie

Eine Denkschule der Soziologie, welche gesellschaftliche Strukturen als Resultat von sozialen Tauschprozessen erklärt.

George Caspar Homans, einer der Begründer der verhaltenstheoretischen Soziologie, interpretiert das Rationalitätsprinzip als ein Lernprinzip. Er versteht soziales Handeln als Austausch von materiellen und immateriellen Belohnungen zwischen Individuen. Seine Theorie basiert auf fünf elementaren Gesetzen menschlichen Handels, die im Wesentlichen besagen, dass Verhalten weitgehend über Belohnungserwartungen „gesteuert" wird – Menschen führen eine bestimmte Aktivität umso eher aus, je größer die erwartete Belohnung aus dieser Aktivität ist. Das entspricht dem Rationalitätsprinzip. Der Wert einer bestimmten Belohnung sinkt dabei mit der Häufigkeit, mit der ein Individuum diese Belohnung erhält. Wie wir im nächsten Kapitel sehen werden, entspricht dies einem Prinzip in der Ökonomie, das als Grenznutzenprinzip bezeichnet wird. Stabile Interaktionen entstehen immer dann, wenn sich die Beteiligten regelmäßig wechselseitig belohnen. Im Rahmen von stabilen Interaktionen entstehen Verhaltenserwartungen, die generalisiert und dadurch zu Normen werden. Normen sind in dieser Sicht nichts anderes als Verhaltenserwartungen, die sich von einer konkreten Interaktion losgelöst haben und die auf alle Interaktionen eines bestimmten Typs ausgeweitet werden. Ein Kind, das immer wieder erfährt, dass man ein kleines Geldgeschenk bekommt, wenn man einen Onkel oder eine Tante nett anlächelt und sie freundlich begrüßt, erlernt durch diese Erfahrung die Norm „Mit Tanten und Onkeln muss man sehr freundlich sein" (dann wird man belohnt).

Ein anderes Handlungskonzept als in der Ökonomie und der verhaltenstheoretischen Soziologie wird in Teilen des „Hauptstroms" der Soziologie verwendet, nämlich das Konzept der sozialen Rolle. Eine soziale Rolle ist ein Bündel von Verhaltenserwartungen, das sich an die Inhaberin oder den Inhaber einer bestimmten funktional definierten Position (zum Beispiel die des Lehrers, der Bürgermeisterin, des Vaters oder der Unternehmerin) richtet. Von der Bürgermeisterin wird beispielsweise erwartet, dass sie die Verwaltung leitet, Ideen für die Entwicklung der Stadt hat, mit den Bürgerinnen und Bürgern freundlich umgeht, die Politik ihrer Partei vertritt und sich am Vereinsleben beteiligt. Solche Verhaltenserwartungen haben den Charakter von Normen, die in unterschiedlichem Maße institutionalisiert sind.

Die Bürgermeisterin ist beispielsweise qua Amt verpflichtet, die Verwaltung zu leiten; der freundliche Umgang mit Bürgerinnen und Bürgern wird von ihr erwartet und gegebenenfalls durch Sanktionen (z. B. bei den Wahlen) eingefordert, während die Lieferung von Ideen für die Entwicklung der Stadt kaum sanktioniert wird. Da unterschiedliche Gruppen von Menschen unterschiedliche Erwartungen mit einer Rolle verbinden, können Rollenerwartungen widersprüchlich sein. Die Mitglieder des Stadtrats richten andere Erwartungen an die Bürgermeisterin als die Führung ihrer Partei, die Gewerkschaften andere als die Wirtschaftsverbände, die Leiterinnen und Leiter der Schulen in der Stadt andere als der Leiter der Polizei, und die Frauen in der Stadt andere als die Männer. Diese unterschiedlichen Erwartungen können miteinander in Konflikt geraten. Was die Führung ihrer Partei von der Bürgermeisterin will, kann im Konflikt stehen zu dem, was die Leiterinnen und Leiter der Schulen in der Stadt von ihr erwarten. Rollenerwartungen werden zum Teil explizit den Rollen zugeschrieben (z. B. durch Rechtsvorschriften oder Standesregeln), zum Teil werden sie aber auch von den Trägerinnen und Trägern der Rolle im Rahmen ihrer sozialen Interaktionen erworben. Dabei ist es durchaus möglich, dass Rollenerwartungen von unterschiedlichen Personen ganz unterschiedlich wahrgenommen werden. Dadurch kann es zu Konflikten über die Wahrnehmung oder das Verständnis von Rollen kommen. Unsere (weibliche) Bürgermeisterin hat wahrscheinlich ein anderes Verständnis von ihrem Amt als ihr (männlicher) Kollege aus der Nachbarstadt.

Mit dem Konzept der sozialen Rolle ist ein Verständnis des Menschen als Träger sozial vorgeformter Rollen verbunden. Das ist die Konzeption des „Homo Sociologicus". Vom rational im Eigennutz handelnden „Homo Oeconomicus" unterscheidet er sich vor allem dadurch, dass sein Verhalten weitgehend durch sozial definierte Erwartungen geprägt ist, die er erfüllen muss, um den Sinn oder Zweck seines Handelns zu erreichen. Letzteres ist sehr wichtig – auch das Handeln des „Homo Sociologicus" ist auf seine individuellen Ziele ausgerichtet. In diesem grundlegenden Punkt unterscheidet er sich nicht vom „Homo Oeconomicus". Ob „Homo Oeconomicus" oder „Homo Sociologicus", soziales Handeln ist immer zielgerichtet. Der Unterschied liegt lediglich in der Art und Weise, in der das soziale Umfeld in das Handlungskalkül (der Einschätzung der Handlungsmöglichkeiten) von Individuen einfließt.

Dieses Konzept wird auch in der Soziologie kritisiert. Es unterstellt, dass Individuen die an sie gerichteten Verhaltenserwartungen kennen und tatsächlich befolgen. Es übersieht darüber hinaus, dass in modernen Gesellschaften die Erwartungen, mit denen Individuen in bestimmten Situationen konfrontiert werden, oft widersprüchlich sind und deshalb soziales Handeln wenig festlegen. Individuen müssen den sozialen Rahmen ihres Handelns zu einem beträchtlichen Teil selbst festlegen, indem sie zwischen unterschiedlichen Rollenerwartungen auswählen. In der Systemtheorie spielt das Rollenkonzept keine oder keine bedeutende Rolle. Parsons geht zum Beispiel durchaus von rationalem Handeln aus und argumentiert, dass dieses Handeln durch das soziale System so eingeschränkt wird, dass es zu einem sozial wünschenswerten Ergebnis führt.

Ich habe bisher rationales Handeln und Rollenhandeln als zwei unterschiedliche Handlungskonzepte dargestellt. Das entspricht der üblichen Sichtweise in der Soziologie. In einer institutionalistischen Sichtweise lässt sich dieser „Gegensatz" auf die Frage reduzieren, wie weit und klar soziales Handeln durch Institutionen strukturiert wird. Das werde ich im vierten Kapitel weiter diskutieren.

Ein erweiterter Handlungsbegriff

In einer anderen Weise löst der Kulturpsychologe Jürgen Straub, in seinem Buch *Handlung, Interpretation und Kritik* den Gegensatz auf. Er argumentiert, dass der auf Max Weber zurückgehende Begriff des sozialen Handelns zu kurz greift und Verhaltensformen, die gerade in modernen komplexen Gesellschaften wichtig sind, vernachlässigt. Konkret geht es ihm um kreatives Handeln, um geschichtenförmiges und in Geschichten eingebettetes Handeln und nicht zuletzt um regelorientiertes Handeln.

Regelgeleitetes Handeln kann man tagtäglich in jeder Verwaltung beobachten. In Verwaltungen besteht ein großer Teil des Handelns der Mitarbeiterinnen und Mitarbeiter ganz einfach darin, Regeln zu befolgen. Das entspricht dem traditionellen Verständnis von Bürokratie, das wir weiter oben schon angesprochen haben. Regelgeleitetes Handeln in Bürokratien blendet nicht nur alternative Handlungsmöglichkeiten ganz einfach aus, sondern oft auch die Ziele der Bürokratie.

Ein besonderer Fall des regelorientierten Handelns ist routinehaftes Handeln. Auch bei routinehaftem Handeln werden alternative Möglichkeiten gar nicht erst in Betracht gezogen. Vielmehr übernimmt der Agierende oft unbewusst ein Handeln, das sich in vergleichbaren Situationen in der Vergangenheit bewährt hat, ohne zu prüfen, ob er nicht bessere Möglichkeiten hat. Das Handeln folgt Routinen, die auf positiven Erfahrungen in der Vergangenheit beruhen. Diese Routinen bestehen aus einfachen, manchmal selbst gestrickten Regeln, die gar nicht weiter hinterfragt werden. Das ist ein ganz alltäglicher Fall. Wenn Menschen immer bewusst wählen müssten, wäre dies mit einem enormen Aufwand verbunden, dem keinerlei Nutzen entgegensteht. Gerade in einer modernen Gesellschaft wären Menschen völlig überfordert, wenn sie jede ihrer Handlungen bewusst entscheiden müssten. Man stelle sich etwa einen Professor vor, der morgens die Universität betritt und bei jedem Studierenden und bei jeder Kollegin oder jedem Kollegen bewusst entscheiden müsste, ob er sie grüßen soll oder nicht. Wenn er dies wirklich in jedem Fall bewusst entscheiden würde, käme er wahrscheinlich nie in seinem Büro an. Wenn wir den weiter oben eingeführten Begriff der Transaktionskosten auf menschliches Verhalten übertragen, würde das bewusste Auswählen von Handlungsmöglichkeiten in jeder Situation zu Transaktionskosten führen, die Handeln kaum mehr möglich machen. Das Verfolgen von Routinen ist dagegen mit minimalen Transaktionskosten verbunden. Das gilt umso mehr, als die Kultur moderner Gesellschaften ein breites Repertoire von Verhaltensregeln für unterschiedliche Situationen zur Verfügung stellt, auf die sich handelnde Personen leicht beziehen können.

Auch geschichtenförmiges oder in Geschichten eingebettetes Handeln ist weit verbreitet. Gemeint ist damit ein Handeln, das für den Handelnden mit früherem Handeln verbunden ist, und dessen Handlungsalternativen durch das frühere Handeln erheblich beeinflusst werden. Ein aus der Wahlforschung bekanntes Beispiel dafür ist das Verhalten von Wählern, die über eine lange Zeit Stammwähler einer Partei waren, also bei jeder Wahl immer wieder diese Partei wählten. Wenn solche Stammwähler von „ihrer" Partei so massiv enttäuscht werden, dass sie diese nicht mehr wählen können, bleiben sie oft den Wahlen fern, weil es für sie aus ihrer politischen Lebensgeschichte heraus keine andere Partei gibt, die sie wählen können. Ähnliche Handlungsweisen findet man bei Konsumenten, die viele Jahre lang nur Autos einer ganz bestimmten Marke gefahren haben. Wenn solche Konsumenten von „ihrer" Marke enttäuscht werden, dann sind sie oft nicht bereit, ein Auto des schärfsten Konkurrenten „ihrer" Marke zu kaufen.

Der deutsch-amerikanische Wirtschaftswissenschaftler Albert O. Hirschman hat solche Handlungsweisen unter dem Begriff Loyalität beschrieben und gezeigt, dass loyale Wähler und loyale Konsumenten entgegen den Annahmen der Theorie des rationalen Handelns nicht in der Lage sind, bei Unzufriedenheit mit einer Partei, einer Organisation oder einem Anbieter einfach zu einer anderen Partei, einer anderen Organisation oder einem anderen Anbieter zu wechseln. Vielmehr neigen sie dazu, sich bei Unzufriedenheit zu beschweren oder zu protestieren. Sie versuchen also, den Wechsel (von Hirschman als „exit" bezeichnet) dadurch zu vermeiden, dass sie den Gegenpart zu einer besseren Leistung veranlassen. Erst wenn die Artikulation von Unzufriedenheit (von Hirschman als „voice" bezeichnet) fruchtlos bleibt, die Unzufriedenheit anhält und die Loyalität dadurch schwindet, werden diese Individuen die Möglichkeit des Wechselns nutzen.

Beim kreativen, schöpferischen Handeln werden die bislang verfügbaren und in der Vergangenheit verwirklichten Handlungsmöglichkeiten erweitert. Die handelnde Person entwickelt im Vollzug der Praxis ein Handeln oder variiert bekannte Muster in einer innovativen Weise. Auch das ist gerade in moderne Gesellschaften ein häufiger Fall, der vor allem dann wichtig wird, wenn die verfügbaren Handlungsmöglichkeiten neuen Zielen nicht mehr gerecht werden. Kreatives Handeln beinhaltet Lernprozesse. Wer an dem herkömmlichen Handlungskonzept festhalten will, könnte versucht sein, Lernen als ein Handeln zu definieren, in dem die handelnde Person systematisch ihr Wissen nutzt, um zusätzliche Handlungsmöglichkeiten zu entdecken. Das greift jedoch zu kurz. Kreatives Handeln heißt gerade nicht, dass vorhandenes Wissen genutzt (und damit reproduziert) wird, sondern dass neues Wissen geschaffen wird, das den gegebenen Rahmen des Wissens übersteigt und erweitert. Solch schöpferisches Handeln wird nicht nur von Wissenschaftlerinnen und Wissenschaftlern oder Künstlerinnen und Künstlern verlangt, sondern auch von vielen anderen Menschen in ihrem Alltag. Dazu gehören beispielsweise Menschen, deren Welt sich rasch verändert oder die mit einer unerwarteten und unbekannten Situation, z. B. einer nicht für möglich gehaltenen Finanzmarktkrise oder einem Erdbeben in einem Gebiet, in dem solche bisher nicht erwartet wurden, konfrontiert werden. Diese Menschen können nicht mehr auf ihr bewusstes Wissen zurückgreifen, sondern müssen neue Handlungsweisen entwickeln, um zu überleben. Aber auch im ganz normalen Alltag ist kreatives Handeln oft gefragt, zum Beispiel von Facharbeiterinnen und Facharbeitern in Automobilunternehmen, die ein neues Modell in der Produktion hochfahren. Dabei treten immer wieder kleine unerwartete Probleme auf, die nur durch kreatives Handeln gelöst werden können, bevor sie zu wirklich großen Problemen ausgewachsen wären.

In Anbetracht solcher Sachverhalte empfiehlt es sich, den theoretischen Handlungsbegriff nicht zu eng und vor allem nicht zu rationalistisch als einen in jedem Moment bewussten und durchdachten Akt zu verstehen. Ich folge deshalb Jürgen Straub und definiere Handeln als sinnhaft strukturiertes Sich-Verhalten, das bewusst oder unbewusst durch symbolische, insbesondere sprachlich vermittelte Orientierungen (Wissen) geleitet ist. In diesem Sinne lässt sich Handeln zwar im Nachhinein (ex post facto, retrospektiv) immer als zielgerichtete oder absichtliche Aktivität beschreiben, es impliziert aber nicht immer eine bewusste Wahl zwischen unterschiedlichen Möglichkeiten und vorab bekannten Zielen oder Zwecken. Ziele müssen nicht immer klar und präzise festgelegt sein, sondern können allgemeine, vage Absichten oder Intentionen darstellen, die sich erst im Vollzug des Handelns konkretisieren. Wir alle kennen die Erfahrung, dass wir erst im Vollzug der Praxis herausfinden, was wir eigentlich intendieren und wollen. Heinrich von Kleist sprach in einem berühmt gewordenen Bonmot von der allmählichen Verfertigung der Gedanken beim Reden. Analoges gilt für das nicht-sprachliche Handeln. Auch unter dem Aspekt seiner Kreativität betrachtet ist Handeln wissensgeleitet, aber dieses Wissen ist oft nicht bewusst, vielfach unvollständig und wird erst im Verlauf des Handelns geschöpft, erweitert und differenziert.

Die hier nur kurz skizzierte Öffnung des Handlungsbegriffes ist nicht zuletzt deswegen wichtig, weil man mit einem engen, intentionalistischen Konzept von ziel- oder zweckgerichtetem Handelns oft die Bedeutung von Unsicherheit und Komplexität sowie von sozialen Strukturen und Institutionen als Mechanismen der Reduktion von Komplexität unterschätzt oder ganz vernachlässigt.

Soziale Interaktion

Wenn das Handeln von Personen oder Gruppen von Personen das Handeln einer oder mehrerer anderer Personen oder Gruppen unmittelbar beeinflusst, spricht man von Interaktion. Unmittelbar heißt dabei, dass die beteiligten Personen oder Gruppen direkt miteinander kommunizieren. Interaktion heißt also die durch direkte soziale Beziehungen vermittelte Beeinflussung der Handlungen und der hinter den Handlungen stehenden Situationsdefinitionen, Werte und anderen Orientierungen (Einstellungen) von Personen durch andere Personen. In der Sozialanthropologie und anderen Kulturwissenschaften wird Interaktion auch als Einflussbeziehung zwischen Kulturen und Gesellschaften definiert. Darauf gehe ich hier noch nicht ein.

Interaktion

Wechselseitige Beeinflussung von Handeln sowie von Situationsdefinitionen und sonstigen Orientierungen von Akteuren durch andere Akteure.

Für alle sozialwissenschaftlichen Disziplinen und Denkschulen ist Interaktion wie das Handeln ein wichtiges Element von Gesellschaft, für einige ist Interaktion grundlegend oder gar konstitutiv für Gesellschaft. Letzteres gilt für die Volkswirtschaftslehre ebenso wie für bestimmte Denkschulen in der Soziologie und der Sozialpsychologie. In der Volkswirtschaftslehre und in der verhaltenstheoretischen Soziologie werden Interaktionen als Tauschbeziehungen verstanden, in deren Rahmen und aus denen heraus sich freiwillig akzeptierte Normen und Regeln entwickeln. Diese Vorstellung liegt dem Konzept der spontanen Ordnung zugrunde, das wir weiter oben in diesem Kapitel diskutiert haben. In anderen soziologischen und sozialpsychologischen Theorien wird Interaktion als Kommunikationsprozess aufgefasst. Im Rahmen solcher Kommunikationsprozesse bilden sich Erwartungen heraus, die in Form von Normen generalisiert werden.

Ein interessantes Beispiel für diesen Denkansatz ist das Konzept des Habitus des französischen Soziologen Pierre Bourdieu. Habitus bezeichnet eine sozial geprägte Persönlichkeit, also individuelle Denk- und Handlungsstrukturen, die zwar durchaus subjektiv sind, die aber ein Individuum mit anderen Individuen teilt, die in der gleichen Position im gleichen sozialen Raum leben. Der soziale Raum bezeichnet das soziale Beziehungsgeflecht, innerhalb dessen Individuen handeln. Menschen, die im gleichen Raum in gleicher oder ähnlicher Position leben, entwickeln auch ähnliche Persönlichkeitsstrukturen und Verhaltensweisen, also einen bestimmten Habitus. Das kann der Habitus eines Mitglieds der Oberschicht, eines Intellektuellen oder eines Fabrikarbeiters sein.

Habitus

Individuelle Denk- und Handlungsstrukturen, die Individuen mit anderen Individuen teilen, die in der gleichen Position im gleichen sozialen Raum leben.

In welchem sozialen Raum sich Menschen aufhalten und welchen Habitus sie dabei annehmen, hängt insbesondere von ihren Handlungsmöglichkeiten ab, die Bourdieu mit dem Begriff „Kapital" beschreibt. Jeder Mensch verfügt über ein ökonomisches, kulturelles und soziales Kapital, mit dem er in Austauschbeziehungen mit seinem sozialen Umfeld treten kann. Je nach dem Kapital, über das Menschen verfügen, können sie in unterschiedlichen sozialen Räumen agieren und unterschiedliche soziale Positionen erreichen.

Die Entwicklung eines bestimmten Habitus ist das Resultat eines Interaktionsprozesses, den man als Sozialisation bezeichnet. In den einschlägigen Lexika wird Sozialisation definiert als der Prozess, durch den ein Individuum in die Gesellschaft beziehungsweise in eine Organisation oder eine Gruppe hineinwächst und in diese eingegliedert wird. Dabei handelt es sich um einen Lernprozess, den Menschen von Geburt an und im Prinzip ihr ganzes Leben lang durchlaufen. Dieser Prozess ist größtenteils in den Alltag eingebunden und spontan geregelt. Heranwachsende Kinder erwerben im Umgang mit ihren Eltern und Geschwistern bestimmte Verständnisse und Verhaltensweisen. Dabei werden gesellschaftliche Sinnverständnisse, Situationsdefinitionen, Werte und Normen mitvermittelt. Kinder erfahren beispielsweise in der Familie und deren Umfeld Zwänge und Freiräume, die ihnen von den Eltern und anderen Personen erklärt und begründet werden. Dadurch erwerben Kinder ein bestimmtes Verständnis von individueller Freiheit und von sozialer Solidarität, das Teil ihres Bewusstseins wird und das sie in ihrem Erwachsenenleben weiterführen. In der Schule werden die Kinder mit unterschiedlichen Unterrichtsformen konfrontiert, die ihnen mehr oder weniger viel Selbstständigkeit und Eigenverantwortung beim Lernen zuweisen und mehr oder weniger viel Erfahrung mit kooperativem Arbeiten vermitteln. Auch das beeinflusst ihr Verständnis von individueller Freiheit und von sozialer Solidarität. Dabei kann das, was sie in der Schule erfahren, mit dem was sie im Elternhaus erwerben, mehr oder weniger stark in Konflikt geraten. Solche Konflikte werden die Kinder für sich lösen, indem sie sich stärker an der einen oder der anderen Seite orientieren oder aber neue Vorstellungen und Verhaltensweisen entwickeln. Später entwickeln diese Menschen als Erwachsene beispielsweise in dem Unternehmen, in dem sie tätig sind, im alltäglichen Umgang mit Kolleginnen und Kollegen ihr Verständnis von individueller Freiheit und von sozialer Solidarität weiter. Zudem werden sie in dem Unternehmen aber auch einer organisierten Sozialisation durch Programme zur Förderung der Unternehmenskultur in dem Unternehmen unterworfen. Wenn der Sozialisationsprozess gut verläuft, verfügen Menschen schon im Kindesalter über ein breites Repertoire an Orientierungen und Verhaltensweisen, mit denen sie sich in der Gesellschaft (oder in ihrem Unternehmen) bewegen und dabei ihre eigenen Ziele und Absichten verwirklichen können.

Die für Menschen universale Tatsache des Lernens (und der Umstand, dass dieses Lernen zu einem großen Teil in sozialen Kontexten stattfindet) sorgt also dafür, dass sich Menschen zu einem großen Teil im Sinne der Gesellschaft beziehungsweise von Organisation oder Gruppen verhalten, ohne dass dazu Zwang notwendig ist. Allerdings ist der Sozialisationsprozess von einer Gesellschaft, einer Organisation oder einer Gruppe nur teilweise kontrollierbar. Das gilt vor allem für die modernen Gesellschaften, in denen Sozialisationsprozesse für die einzelnen Menschen und für unterschiedliche Gruppen oft unterschiedliche, teilweise auch widersprüchliche Inhalte transportieren.

Sozialisation

Prozess, durch den ein Individuum in die Gesellschaft beziehungsweise in eine Organisation oder eine Gruppe hineinwächst.

Gesellschaftliche Differenzierung

Moderne Gesellschaften sind, wie wir schon festgestellt haben, hoch differenzierte Gesellschaften. Hoch differenziert heißt, dass in einer Gesellschaft eine größere Zahl unterschiedlicher, teilweise konkurrierender Regeln und Ordnungsstrukturen (oder Teilsysteme) nebeneinander existiert. Die Differenzierung erfolgt entweder nach sozialen Merkmalen, nach gesellschaftlichen oder organisatorischen Funktionsbereichen oder nach Räumen. Bei der Differenzierung nach sozialen Merkmalen gelten jeweils für bestimmte Merkmalsausprägungen von Geschlecht, wirtschaftlicher Tätigkeit und Beruf, Besitz und Einkommen, Bildung, Lebensstil, Alter, ethnische Herkunft und anderen Dimensionen unterschiedliche Regeln, die jeweils in unterschiedliche Ordnungsstrukturen eingebunden sind. An Frauen werden beispielsweise andere Verhaltenserwartungen gerichtet als an Männer, Frauen haben häufig unterschiedliche berufliche Chancen; Frauen haben zum Teil andere Formen des Umgangs und des Zusammenlebens als Männer; in Arbeitsgruppen mit einem erheblichen Frauenanteil entwickelt sich eine andere Kultur als in rein männlichen Arbeitsgruppen. Menschen mit hoher Bildung verkehren in sozialen Milieus oder Figurationen, in denen andere Regeln gelten als in denen von Menschen mit niedrigerer Bildung. Sie haben einen anderen Lebensstil oder Habitus. Ihre beruflichen Chancen und ihre soziale Sicherheit sowie die Bildungschancen ihrer Kinder sind besser, als die von Menschen mit niedrigerer Bildung. Das Handwerk in Deutschland, der Schweiz und Österreich hat ebenfalls seine ganz eigenen Regeln, um ein organisatorisches Beispiel anzuführen. Das gilt nicht nur für staatliche Rechtsvorschriften zum Handwerk, sondern auch für eigene Normen über Arbeitsweisen, Qualitätsansprüche, die Ausbildung von Nachwuchs und andere Sachverhalte. Es hat eigene Organisationen, die in ein verzweigtes Netz mit vielen anderen Einrichtungen, z. B. Volks- und Raiffeisenbanken, Forschungseinrichtungen oder Genossenschaften, eingebunden sind.

Die Differenzierung nach gesellschaftlichen oder organisatorischen Funktionsbereichen schafft unterschiedliche Regeln und Ordnungsstrukturen für unterschiedliche gesellschaftliche Funktionsbereiche, wie Wirtschaft, Staat oder Wissenschaft, aber auch für Akteure mit unterschiedlichen Funktionen. Wirtschaftliches Handeln unterliegt anderen Regeln als beispielsweise wissenschaftliches Handeln oder politisches Handeln. Macht ist für politisches Handeln eine zentrale Bezugsgröße, für wirtschaftliches Handeln dagegen oft ein regelwidriger Tatbestand. Wirtschaftliches Handeln wird einerseits durch Märkte geordnet, andererseits durch Hierarchien (Unternehmen, Verbände, Gewerkschaften) und deren Vertragsbeziehungen (z. B. Tarifverträge). Märkte und Hierarchien unterliegen, wie wir weiter oben gesehen haben, unterschiedlichen institutionellen Regelungen. Zwischen Märkten und den unterschiedlichen Hierarchien, die in der Wirtschaft handeln, gibt es zumindest in der Realität oft Konflikte. Unterschiedliche Regeln und Ordnungsstrukturen gibt es aber nicht nur für die großen gesellschaftlichen Funktionsbereiche, sondern auch für unterschiedliche Funktionen. Es gibt besondere Regeln und zum Teil auch besondere Ordnungsstrukturen für unterschiedliche Berufe oder Tätigkeiten sowie für unterschiedliche Aufgaben oder Ämter. Für unterschiedliche Berufe und Tätigkeiten gibt es besondere Regeln in Form von Ausbildungs- und Zulassungsordnungen. Darüber hinaus gibt es für jeden Beruf und jede Tätigkeit soziale Normen unterschiedlicher Verbindlichkeit. Von Handwerkern wird beispielsweise erwartet, dass sie kundenorientiert sind und dass ihre Leistungen eine hohe Qualität aufweisen – was in der Praxis nicht immer klappt, aber wichtig für das Selbstverständnis des Handwerks und seine Kultur ist. Für Wissenschaftlerinnen und Wissenschaftler gelten viele wissenschaftstheoretische Regeln und die Verpflichtung auf Wahrheit – was ebenfalls in der Praxis nicht immer klappt, aber wichtig für das Selbstverständnis von Wissenschaft und für ihre Kultur ist. Schließlich gibt es für viele Berufe ein spezifisches soziales Bewusstsein, also ein spezifisches Verständnis ihrer sozialen Lage und ihrer gesellschaftlichen Einordnung. Dieses Bewusstsein, das sich über die Zeit immer wieder verändern kann, schlägt sich unter anderem in unterschiedlichen Lebensstilen, einem unterschiedlichen Habitus oder in unterschiedlichem Wahlverhalten nieder. Ein Beispiel dafür ist das Arbeiterbewusstsein, das in manchen Ländern, wie in Frankreich oder Großbritannien stärker und zum Teil kämpferischer ausgeprägt ist als in Deutschland oder der Schweiz. Ein anderes Beispiel ist das Bewusstsein, das sich Anfang der 2000er Jahre bei vielen Bankern und Managern im Zuge der Globalisierung entwickelt hat und dazu führte, dass sich diese immer weniger an einst etablierte Normen sozialer Verantwortung hielten.

Die räumliche Differenzierung besteht in unterschiedlichen Regeln und Ordnungsstrukturen für unterschiedliche Räume. Raum ist dabei zum Teil geografisch definiert, zum Teil sozial. Als sozialen Raum bezeichnet man die Lebenswelt oder das soziale Beziehungsgeflecht, in dem sich Menschen bewegen. Ein Clochard in Paris erfährt und erlebt Paris anders als beispielsweise eine Professorin an einer Pariser Universität oder ein Buchhalter bei einem großen Pariser Unternehmen. Der geografische Raum ist für beide gleich, der soziale dagegen ganz unterschiedlich. Bezogen auf geografische Räume tritt Differenzierung häufig in Form von unterschiedlichen lokalen oder regionalen Kulturen oder Milieus auf. Der Prenzlauer Berg in Berlin hat ein ganz anderes kulturelles Milieu als Dahlem oder Wannsee, Essen-Bredeney ein anderes als Altenessen, Baden nicht nur eine andere Sprache, sondern eine andere Kultur als Württemberg, und auch Westfalen und das Rheinland unterscheiden sich kulturell. Geografische Differenzierung tritt zudem in Form von unterschiedlichen politischen oder administrativen Strukturen auf. In der Schweiz hat nicht nur jeder Kanton, sondern jede Gemeinde eigene Gesetze und eigene Steuerregelungen. Selbst im zentralistischen Frankreich gibt es erhebliche Unterschiede zwischen den Departments bezüglich der Umsetzung von nationalen Gesetzen und Politikstilen.

Bei sozialen Räumen liegen die Unterschiede im kulturellen Bereich – sie haben zum Teil spezifische Normen und Werte, Lebensstile und Lebensrisiken. Wissenschaftlerinnen und Wissenschaftler, die stark in der internationalen Forschung engagiert sind, bewegen sich in anderen sozialen Räumen als solche, deren Tätigkeit weitgehend regional oder national ausgerichtet ist, und haben deshalb zum Teil unterschiedliche Normen und Stile, was man beispielsweise an der Zitierweise erkennen konnte. International engagierte oder orientierte Wissenschaftlerinnen und Wissenschaftler verwendeten die damals als amerikanisch bezeichnete Zitierweise, während die eher national orientierten der deutschen Zitierweise mit Fußnoten anhingen. Solche Unterschiede kann man auch bei anderen Berufsgruppen beobachten. Banker, die stark international orientiert sind und sich an die Regeln des internationalen Finanzgewerbes orientieren, neigen beispielsweise viel mehr zum „zocken", als die gerne als „Provinzbanker" bezeichneten Chefs von Sparkassen, Volksbanken oder Kantonalbanken.

> ## Gesellschaftliche Differenzierung
>
> Koexistenz unterschiedlicher, teilweise konkurrierender Regeln, Regelungsprinzipien und Regelungsstrukturen in einer Gesellschaft

Soziale Differenzierung ist, wie man sieht, ein wichtiges Element gesellschaftlicher Ordnung. Sie schafft innerhalb einer Gesellschaft unterschiedliche Steuerungs- oder Ordnungsstrukturen. Das ist in der Sicht vieler Soziologen eine wesentliche Grundlage der Leistungs- und Anpassungsfähigkeit moderner Gesellschaften. Gesellschaftliche Probleme lassen sich über spezialisierte Teilsysteme oft effizienter und effektiver bewältigen als im Gesamtsystem. Zudem können sich hoch differenzierte Gesellschaften viel besser an veränderte Umweltbedingungen anpassen. Gesellschaftliche Entwicklung ist in dieser Sicht nichts anderes als ein Prozess zunehmender Differenzierung. Die zunehmende Differenzierung schafft wachsende Interdependenzen zwischen arbeits- oder funktionsteiligen Teilsystemen oder Strukturen, sie ist die Basis der Kohäsion und Stabilität moderner Gesellschaften. Das hat schon sehr früh Emile Durkheim, einer der Begründer der Soziologie, gezeigt. Durkheim betrachtete gesellschaftliche Entwicklung als einen Prozess der funktionalen Differenzierung. Grundlage dieses Prozesses ist die Arbeitsteilung. Einfache Gesellschaften sind Durkheim zu Folge segmentär organisiert. Sie weisen viele gleichartige Segmente auf, z.B. Familien oder Stämme. Zwischen den Segmenten gibt es keine Arbeitsteilung, innerhalb der Segmente ist die Arbeitsteilung nicht funktional, sondern orientiert sich an Kriterien wie Alter oder

Geschlecht. Höhere Gesellschaften weisen dagegen eine funktionale Arbeitsteilung auf – die Arbeit ist aufgeteilt auf Personen, die sich jeweils in ihrer Tätigkeit spezialisieren. Mit beiden Gesellschaftstypen verbinden sich bei Durkheim unterschiedliche Ordnungsprinzipien. Die segmentierte Gesellschaft ist charakterisiert durch mechanische Solidarität. Die gesellschaftliche Ordnung beruht auf gemeinsamen Überzeugungen, die durch repressive Mechanismen geschützt werden. Arbeitsteilige Gesellschaften sind dagegen durch organische Solidarität geprägt. Die gesellschaftliche Ordnung beruht auf der wechselseitigen Abhängigkeit der Gesellschaftsmitglieder und dem Austausch von Leistungen. Sie stellt sich größtenteils selber her.

Gleichzeitig schafft die starke Differenzierung der modernen Gesellschaften auch Koordinations- und Integrationsprobleme. Sie zerlegt Gesellschaft in Teilsysteme, die voneinander abhängig, aber nicht immer aufeinander abgestimmt sind. Somit bauen sich zwischen den Teilsystemen hoch differenzierter Gesellschaften immer wieder Konflikte und Widersprüche auf, die diese Gesellschaften aber wegen der mit ihrer Differenzierung verbunden Leistungsfähigkeit in aller Regel gut bewältigen können – allerdings zumeist zum Preis neuer Widersprüche und Konflikte. Deshalb sind moderne Gesellschaften nicht in einem statischen Sinne stabil, sondern nur in einem dynamischen. Sie unterliegen permanent kleineren oder größeren Veränderungen, schaffen es aber dennoch, ihre Ordnung größtenteils zu sichern.

Soziale Ungleichheit

Mit sozialer Differenzierung ist soziale Ungleichheit verbunden. Soziale Ungleichheit heißt zunächst lediglich, dass Menschen (und Gruppen von Menschen) ungleichen Zugang zu den materiellen und immateriellen Ressourcen der Gesellschaft (z. B. zu Geld und Wissen) haben. Damit sind jedoch in aller Regel ungleiche Chancen und Risiken bezogen auf Lebensstandard, Gesundheit und andere Faktoren von Wohlstand, Lebensqualität und Sicherheit verbunden. Menschen, die über ein höheres Einkommen verfügen, können sich andere Lebensstile leisten, als solche mit niedrigerem Einkommen. Menschen mit höherer Bildung können an gesellschaftlichen Aktivitäten, z. B. Kunst oder Politik, eher teilhaben, als solche mit niedrigerer Bildung. Menschen mit höherem Einkommen können sich oft ihr Recht besser verschaffen als solche mit niedrigerem, weil sie sich (bessere) Rechtsanwälte leisten können und sie sind meistens gesünder, weil sie sich eine bessere medizinische Behandlung leisten können. Menschen in höheren politischen Ämtern können anderen Menschen Gefallen erweisen und sich dadurch Vorteile sichern, die Menschen ohne politische Ämter oft nicht erreichen können. Häufig kumulieren die Effekte von Ungleichheit – Menschen mit niedriger Bildung haben schlechtere berufliche Chancen, schlechtere berufliche Positionen bringen geringeres Einkommen, geringes Einkommen ist mit schlechterer medizinischer Versorgung verbunden, schlechtere medizinische Versorgung begünstigt frühzeitiges Altern und so weiter.

Soziale Ungleichheit

Ungleicher Zugang von Menschen und Gruppen von Menschen zu den materiellen und immateriellen Ressourcen der Gesellschaft und damit verbunden ungleiche Chancen der sozialen Teilhabe und unterschiedliche Lebensrisiken.

Soziale Differenzierung ist zwar immer mit sozialer Ungleichheit verbunden, aber das Ausmaß an Ungleichheit kann doch erheblich variieren. Das zeigt sich gut an der Entwicklung der Sozialstruktur in (West)Deutschland. Nach 1950 konnte man in der damaligen Bundesrepublik eine deutliche Abschwächung der Schichtungsstruktur feststellen. Die Lebenslagen und die Verhaltensweisen (der Habitus) der Arbeiterschicht näherten sich denen der Mittelschicht, die auch in sich stärker homogen wurde und zudem rein quantitativ an Bedeutung gewann, einander so stark an, dass von einer nivellierten Mittelschichtsgesellschaft gesprochen wurde. Wichtige Triebkräfte dieser Entwicklung waren die technologische Entwicklung in der Industrie und die damit verbundenen höheren Qualifikationsanforderungen sowie das wachsende Bildungsniveau der Arbeiterschicht. Zudem führte eine Zunahme von Planungs-, Marketing-, Personal- und Verwaltungsaktivitäten und generell eine wachsende Dienstleistungsorientierung in der Wirtschaft zu einem quantitativen Wachstum der Mittelschicht. Obwohl diese Triebkräfte weiterhin wirksam sind und sich zum Teil sogar noch verstärkt haben, verschärfen sich seit einigen Jahren die schichtspezifischen Unterschiede in den Lebenslagen und den Lebensrisiken – und damit auch von Verhaltensweisen und Habitus – wieder. Viele Sozialwissenschaftler/-innen nehmen an, dass die Schichtungsstrukturen im Zuge der weiteren Transformation der Industriegesellschaft zur Wissensgesellschaft stärker polarisiert werden. Das ist jedoch, wie wir im ersten Kapitel festgestellt haben, kein unentrinnbares Schicksal, sondern eine durchaus gestaltbare Entwicklung.

Während Ungleichheit in der Soziologie, der Politikwissenschaft, der Sozialanthropologie und der Sozialpsychologie ein zentrales Thema ist, blendet die neoklassische Ökonomie Ungleichheit weitgehend aus. Das wird allerdings von einer Reihe von Ökonomen kritisch gegen das eigene Fach gewandt. Ein sehr prominenter Kritiker der Vernachlässigung ist Amartya Sen. Sen, der 1933 in Indien geboren wurde, erhielt 1998 den Nobelpreis für Wirtschaftswissenschaft. Er setzt sich in seinen grundlegenden Arbeiten zur Wohlfahrtsökonomie kritisch mit weiten Teilen der neoklassischen Ökonomie auseinander, denen er vorwirft, die Wohlfahrt einer Gesellschaft ohne jeden Bezug zur Verteilung des erwirtschafteten Nutzens zu betrachten. Das ergibt oft ein ganz falsches Bild. Sen zeigt das am Beispiel von Hungersnöten, die in der üblichen wohlfahrtsökonomischen Betrachtungsweise immer der Ausdruck eines Nahrungsmangels sind. Sen zeigt dagegen, dass viele Hungersnöte nicht deshalb entstehen, weil in einer Gesellschaft zu wenig Nahrungsmittel produziert werden, sondern weil große Teile der Gesellschaft auf Grund ihrer Armut keinen Zugang zu den produzierten Nahrungsmitteln haben.

Macht und Herrschaft

Macht wird üblicherweise in der Sozialwissenschaft definiert als jede Chance, den eigenen Willen in sozialen Beziehungen auch gegen den Willen anderer durchzusetzen. Dieser Begriff stammt ebenfalls von Max Weber. Einfacher formuliert heißt Macht jede Chance, Menschen in sozialen Beziehungen zu einem bestimmten Handeln zu zwingen. Mit der Betonung auf *jede* Chance wird deutlich gemacht, dass es unerheblich ist, worauf diese Möglichkeit oder Chance beruht. Das heißt insbesondere, dass Macht nicht notwendigerweise auf gesellschaftlich anerkannten oder gar geregelten Grundlagen beruhen muss, sondern sich sogar gegen gesellschaftliche Regeln wenden kann. Es gibt jedoch, wie ich weiter unten darstellen werde, eine Form von Macht, welche durch gesellschaftliche Regeln legitimiert wird – Herrschaft.

Macht

Jede Möglichkeit oder Chance eines Akteurs, den eigenen Willen in sozialen Beziehungen auch gegen den Willen der Betroffenen durchzusetzen.

Macht erscheint in der Makroperspektive der Gesellschaft oft als etwas, was einer vernünftigen Ordnung von menschlichem Zusammenleben im Wege steht. Ein typisches Beispiel für diesen Sachverhalt ist wirtschaftliche Macht. In einer Marktwirtschaft ist wirtschaftliche Macht unerwünscht, weil die spontane Koordination durch den Markt nur funktioniert, wenn kein beteiligter Akteur über Macht verfügt. Deshalb versuchen beispielsweise Wettbewerbspolitik und Kartellaufsicht, die Bildung wirtschaftlicher Macht zu verhindern, weil sonst der Wettbewerb verzerrt ist und die Allokation durch den Markt nicht mehr optimal ist. Auch in der Wissenschaft ist Macht in der Regel kontraproduktiv. Einer nur scheinbar ironisch gemeinten Definition zufolge kann man die Macht eines Professors an der Anzahl von Jahren messen, über die er den Erkenntnisfortschritt in seinem Fach verhindern kann. Ein bekanntes Buch des deutsch-amerikanischen Politikwissenschaftlers Peter Katzenstein bezeichnete Deutschland in den 1980er Jahren als einen „halb-souveränen Staat", weil dort Gewerkschaften und Verbände eine große Macht und einen starken Einfluss auf die Gestaltung der Politik hatten. Katzenstein argumentiert, dass der Staat in der damaligen Bundesrepublik ohne die Zustimmung von Gewerkschaften und Verbänden gar nicht mehr handeln könne und deshalb seine Souveränität, also die Möglichkeit, gesellschaftliche Angelegenheiten in letzter Instanz zu regeln, verloren habe.

    Wenn man sich die Situation, auf die sich Katzenstein bezieht, jedoch näher anschaut, wird deutlich, dass Macht keineswegs nur negativ ist, sondern in vielen Fällen eine wichtige Voraussetzung einer gesellschaftlichen Verständigung. In den 1970er und 1980er Jahren galt die damalige Bundesrepublik Deutschland als eines der ökonomisch erfolgreichsten westlichen Länder. Das galt nicht nur bezogen auf Wachstum, Beschäftigung und Inflation, sondern auch im Hinblick auf Verteilungsgerechtigkeit und die Regelung von Verteilungskonflikten. Die Bundesrepublik Deutschland wies im internationalen Vergleich eine relativ ausgeglichene Einkommensverteilung auf und hatte wenig unter Streiks zu leiden. Die Grundlage dieses Erfolges war eine Struktur, die man als „Neo-Korporatismus" bezeichnete.

Mit diesem Begriff, den der amerikanische Politikwissenschaftler Philippe C. Schmitter prägte, wurde eine enge Zusammenarbeit des Staates mit wenigen mächtigen Verbänden und Gewerkschaften in der Wirtschafts- und Sozialpolitik beschrieben. Alle wichtigen wirtschafts- und sozialpolitischen Entscheidungen wurden faktisch zwischen den Spitzen von Politik, Verbänden und Gewerkschaften getroffen. Damit waren Deutschland und andere Länder mit ähnlichen Verfahren wirtschaftlich und sozialpolitisch sehr viel erfolgreicher als die meisten der Demokratien, in denen die Macht der Verbände ausgeglichener und insgesamt schwächer war.

Macht können Akteure dann ausüben, wenn sie die Kontrolle oder Verfügungsgewalt über knappe Ressourcen haben. Knappe Ressourcen sind materielle oder immaterielle Objekte menschlicher Bedürfnisse oder Wünsche, die nicht in dem Maße verfügbar sind, in dem sie gewünscht oder benötigt werden. Dazu gehören nicht nur Güter, wie Rohstoffe, Autos oder Kleider, sondern auch Wissen und Fähigkeiten oder Ereignisse. Wer über Wissen verfügt, das andere nicht haben, aber brauchen oder wollen, der kann auch in einer Marktwirtschaft Macht haben. Joseph A. Schumpeter, den wir im ersten Kapitel kennengelernt haben, beschreibt den Lohn einer grundlegenden Innovation, also von Wissen, das niemand anderes hat, als temporäres Monopol. Ein Unternehmer, der eine grundlegende Innovation schafft, kann sich dem Wettbewerb so lange entziehen, bis ein konkurrierendes Unternehmen ein vergleichbares Produkt anbieten kann. Er kann dadurch die Preise bis zu einem gewissen Maß „diktieren". Ähnlich verhält es sich mit einem Designer, der die Fähigkeit hat, ein Design zu entwickeln, das keiner seiner Konkurrenten erreichen kann. Auch nicht-wissenschaftliche Formen des Wissens können viel Macht verleihen, wenn ein Akteur exklusiv darüber verfügt. Ein ganz typisches Beispiel sind Kirchen und andere Religionsgemeinschaften. Gegenüber ihren Mitgliedern erhalten Kirchen und andere Religionsgemeinschaften oft eine große Macht, weil sie über die „Deutungshoheit" über das jenseitsbezogene Wissen verfügen. Schließlich kann auch Macht haben, wer die exklusive Kontrolle über Ereignisse hat. Beispiele dafür sind Bernie Ecclestone mit der Formel 1 oder die Funktionäre der deutschen Fußballliga.

In vielen Fällen reicht schon eine überlegene Kommunikations- und Organisationsfähigkeit, mit der sich Akteure die Kontrolle oder Verfügungsgewalt über knappe Ressourcen oder Ereignisse verschaffen, um viel Macht zu erwerben. Das zeigt sehr überzeugend der Soziologe Heinrich Popitz in einer kleinen, aber bedeutenden Arbeit über „Prozesse der Machtbildung" auf. An einfachen Beispielen demonstriert er, wie leicht wenige Menschen Macht über viele Menschen erwerben können. So genügt es beispielsweise, dass eine kleine Gruppe sich gut organisiert, um die Verfügungsgewalt über knappe Ressourcen an sich zu ziehen. Die weitaus größere Gruppe, der diese Ressourcen entzogen werden, hat meist Schwierigkeiten, sich so zu organisieren, dass die Ressourcenverteilung wieder geändert werden kann. Macht entsteht oft in Übereinstimmung mit den Regeln einer Gesellschaft (oder einer Gruppe) durch die überlegene Produktionsfähigkeit von Akteuren. Microsoft oder Google haben beispielsweise eine starke Marktmacht, weil sie mit ihrem jeweiligen Geschäftsmodell früher und breiter auf dem Markt vorhanden waren.

Geht man von den Grundlagen von Macht aus, dann ist Macht zunächst nichts anderes als ein Verhältnis zwischen den Ressourcen von Individuen. Die Größe der Macht hängt dabei von der Ungleichheit der Ressourcenausstattung zwischen Individuen und deren Abhängigkeit von den knappen Ressourcen ab. Je ungleicher die Verteilung einer Ressource ist und je abhängiger diejenigen Individuen sind, die wenig von der Ressource haben, desto größer ist die Macht der Individuen mit einer guten Ressourcenausstattung. In dieser Sicht ist Macht allenfalls ein Verteilungsproblem. Macht lässt sich leicht abbauen, indem die Ressourcen gleicher verteilt werden. So einfach ist die Sache jedoch nicht, weil die ungleiche Ressourcenausstattung in den sozialen Strukturen verankert und verfestigt ist. Soziale Strukturen sorgen dafür, dass Ressourcen ungleich verteilt sind und ungleiche Verteilungen erhalten bleiben. Macht wird dadurch von einem Verhältnis zwischen Individuen zu einem gesellschaftlichen Verhältnis, zum Beispiel ein Verhältnis zwischen Klassen oder Kasten, zwischen Einheimischen und Fremden oder zwischen ethnischen Gruppen.

Ein gutes Beispiel dafür sind die Bildungschancen in Deutschland. Wie wir aus der PISA-Studie (und anderen Untersuchungen) wissen, hängen in Deutschland die Bildungschancen – und damit die Chance auf den Erwerb der Ressource Wissen – nicht nur von den Fähigkeiten und dem Engagement von Kindern und Jugendlichen ab, sondern stark von ihrer sozialen Herkunft. Kinder und Jugendliche, deren Eltern selber einen hohen Bildungsabschluss haben oder über ein überdurchschnittliches Einkommen verfügen, studieren viel häufiger als andere Kinder und Jugendliche. Das muss keineswegs so sein. Die PISA-Studie zeigt, dass in den meisten anderen untersuchten Ländern, z. B. in den skandinavischen Ländern, Frankreich oder Kanada, die soziale Herkunft die Bildungschancen viel weniger stark prägt. Geht man der Sache auf den Grund, kann man feststellen, dass in Deutschland die Interessen von sozialschwachen Familien und vor allem von Familien mit Migrationshintergrund in der Bildungspolitik weniger wahrgenommen werden als anderswo. Bildungspolitisch dominieren oft die Parteien oder Parteigliederungen, deren Werte oder Interessen einer ausgleichenden Bildungspolitik entgegenstehen. Auch in der Bildungsbürokratie sind oft die Verfechter der herkömmlichen Strukturen sehr einflussreich. Darüber hinaus gibt es eine Reihe von Verbänden, die aus ideologischen Gründen oder wegen der Interessen ihrer Mitglieder Maßnahmen, die einen stärkeren Ausgleich von Bildungschancen bewirken können, verhindern oder hemmen. Viele der Akteure, welche eine gleichere Verteilung von Bildungschancen verhindern oder hemmen, tun dies nicht in erster Linie, weil sie gegen gleichere Bildungschancen sind, sondern weil Maßnahmen und Programme zur Verbesserung der Chancengleichheit ihren individuellen Interessen, ihren Machtinteressen oder den Interessen ihrer Mitglieder entgegenstehen. Daraus entsteht jedoch eine bildungspolitische Machtstruktur, in deren Rahmen eine größere Gleichheit von Bildungschancen kaum mehr realisierbar ist.

Macht ist in fast allen Gesellschaften allgegenwärtig. Die Vorstellung einer Gesellschaft, in der es keine Macht gibt, sondern nur freiwillige soziale Beziehungen und nur freiwillig anerkannte Regeln, hat zwar im gesellschaftstheoretischen Diskurs eine lange Tradition; sie ist aber kaum jemals realisiert worden. Dennoch gilt Macht als ein gesellschaftlich durchaus problematischer Tatbestand. Gesellschaftliche Ordnungen, vor allem die politischen Ordnungen von Demokratien, sind oft darauf ausgerichtet, Macht zu beschränken und zu kontrollieren. Für den amerikanischen Politikwissenschaftler Robert A. Dahl ist die Beschränkung und Kontrolle von Macht ein zentrales Merkmal von funktionierenden Demokratien. Funktionierende Demokratien weisen sich, so Dahl, durch eine sogenannte Polyarchie aus. In einer Polyarchie gibt es mehrere Machtgruppen, die gegeneinander konkurrieren und sich dadurch wechselseitig kontrollieren und in ihrer Macht beschränken. Polyarchie entwickelt sich nur unter bestimmten sozio-ökonomischen Bedingungen. Dazu gehören insbesondere ein geringes Maß an sozio-ökonomischer Ungleichheit, ein hoher ökonomischer Entwicklungsgrad und eine geringe wirtschaftliche Konzentration. Wichtig ist darüber hinaus ein dezentralisiertes Allokations- und Steuerungssystem.

Wie weiter oben bereits erwähnt, gibt es eine Form von Macht, die gesellschaftlich anerkannt ist und durch gesellschaftliche Regeln institutionalisiert wird. Diese Form von Macht bezeichnet man als Herrschaft. Herrschaft heißt, die in einer Gesellschaft (oder einer Organisation oder Gruppe) von den Mitgliedern anerkannte und institutionell geregelte (legitime) Möglichkeit von Akteuren, andere Akteure zu einem bestimmten Verhalten zu zwingen und für die Ausübung dieser rechtmäßigen Zwangsgewalt auch die entsprechenden Regelungen zu erlassen und die notwendigen Institutionen zu schaffen. Mit dem Begriff Herrschaft wird oft die staatliche Herrschaft beschrieben, aber auch in jedem Unternehmen und jeder Organisation gibt es Herrschaft, die dort üblicherweise als Leitung oder Führung bezeichnet wird. Selbst in ganz lose organisierten Gemeinschaften, zum Beispiel in sozialen Bewegungen, gibt es Formen von Herrschaft, die zwar nicht formal geregelt sind, aber von allen Mitgliedern der Gemeinschaft aufgrund von informalen Regeln als richtig anerkannt werden.

Herrschaft

Legitime Macht, die mit institutionalisierter Zwangsgewalt und dem Recht zum Erlass von Regelungen und der Schaffung von Institutionen verbunden ist.

Auch wenn Herrschaft legitim ist, heißt das nicht, dass sie tatsächlich unangefochten ist. Schon vor über fünfhundert Jahren hat Niccolo Machiavelli in seinem berühmten Buch „Il Principe" (Der Fürst) die durchaus empirisch gemeinte Frage nach den Bedingungen effektiver und stabiler Herrschaft gestellt. Herrschaft verknüpft in seiner Sicht das Sicherheitsstreben der Massen mit dem Machtstreben des Herrschers. Wie später Hobbes geht er davon aus, dass Menschen eigennützig und maßlos sind und sich im Naturzustand wechselseitig bekriegen. Er stellt sich damit gegen die damals vorherrschende Staatssicht des christlichen Mittelalters. Um die Sicherheit der Menschen zu gewährleisten, ist Herrschaft notwendig. Herrschaft unterliegt zwar keinen ethischen Prinzipien, sondern lediglich einem Zweckrationalismus – sinnvoll ist, was die Sicherheit der Menschen gewährleistet. Der Fürst darf und soll alle seine Mittel und Fähigkeiten einsetzen, um seine Macht zu erhalten und seine Herrschaft zu sichern. Dennoch kann Herrschaft nicht unbeschränkt und willkürlich sein, weil sie dann in Gegensatz zu ihrer Aufgabe, die Sicherheit der Menschen, gerät. Wie der mit seinem Namen verbundene Begriff des „Machiavellismus" deutlich macht, wurde Machiavellis Analyse mit einem ungezügelten Machtdenken gleichgesetzt, was jedoch Machiavelli nicht gerecht wird.

Machiavellis Frage nach den Bedingungen effektiver und stabiler Herrschaft ist heute noch aktuell. Sie stellt sich zumindest für die meisten Demokratien selten als Frage nach der Legitimation der demokratischen Regierungsweise, aber oft als Frage nach der Leistungsfähigkeit des Staates und als Frage nach der Fähigkeit dieses Staates, gesellschaftliche Interessen angemessen zu berücksichtigen und einen gesellschaftlichen Zustand zu sichern, der als gerecht empfunden wird. Eine unangemessene Berücksichtigung gesellschaftlicher

Interessen und als ungerecht empfundene gesellschaftliche Zustände führen zu politischem Radikalismus, weitreichenden Veränderungen des Parteiensystems und zu verstärkten Aktivitäten sozialer Bewegungen. Sie schlagen sich nieder in Gesetzen, die sich einseitig an speziellen Interessen orientieren und gesamtwirtschaftlich ungünstige Wirkungen zeitigen, in sinkender Standortqualität oder in der Abwanderung von Menschen. Ganz ähnliche Probleme der Akzeptanz von Herrschaft gibt es in Unternehmen und anderen Organisationen. Unternehmen, deren Führung große Akzeptanzprobleme hat, werden oft mit Personal- und Motivationsproblemen konfrontiert, die sich negativ auf die Leistung niederschlagen. Organisationen mit großen Akzeptanzproblemen der Führung verlieren oft Mitglieder.

Raum, Zeit und Gesellschaft

Gesellschaft und soziale Ordnung sind zumindest aus der etablierten Sicht der Sozialwissenschaft räumlich und zeitlich verortet. Das zeigt sich schon darin, dass in der Sozialwissenschaft von der französischen Gesellschaft der Aufklärung, der deutschen Gesellschaft des 19. Jahrhunderts, der britischen Volkswirtschaft zu Beginn der Industrialisierung, der modernen amerikanischen Volkswirtschaft oder der italienischen Gegenwartskultur gesprochen wird. Das war und ist für weite Teile der Sozialwissenschaft so selbstverständlich, dass für sie geografischer Raum kein grundlegendes Thema war, während die Zeit mehr Interesse der Sozialwissenschaft auf sich zog. Erst seit dem Ende der 1990er Jahre ist der Raum in den Fokus des Interesses der Sozialwissenschaft gerückt. Der Auslöser für dieses Interesse war die sogenannte Globalisierung.

Im Alltagsverständnis heißt Globalisierung vor allem, dass die Wirtschaft immer mehr in einen globalen Rahmen hineinwächst und von globalen Regeln gesteuert wird. Die großen Unternehmen und die Banken (bzw. der ganze Finanzsektor) organisieren sich weltweit. Viele kleinere Unternehmen werden in die Organisationsstrukturen der globalen Konzerne eingebunden. Die nationalen Volkswirtschaften geraten immer mehr unter den Einfluss der globalen Finanzmarktakteure. Darüber hinaus wird Globalisierung mit globaler Mobilität von Menschen, vor allem mit wachsenden Migrationsströmen assoziiert. Immer mehr Menschen verlassen freiwillig und/oder aus wirtschaftlichen oder politischen Gründen gezwungen ihre Heimatregionen und Heimatländer. Da, wo sie sich niederlassen, sind sie nicht nur selbst Fremde in der Fremde, sondern sie bringen viel Fremdes in ihre „Gastländer" und konfrontieren damit die einheimische Bevölkerung. Das führt oft dazu, dass sich die jeweils Einheimischen im eigenen Land ein Stück weit fremd fühlen. Dies wird häufig dadurch verstärkt, dass Globalisierung für Viele eine globale Nivellierung kultureller Unterschiede mit sich bringt. Es setzen sich Verhaltensweisen durch, die aus einer anderen Kultur stammen oder Begriffe aus anderen Sprachen. In diesem Alltagsverständnis, heißt Globalisierung, dass sich die Wirtschaft und die Gesellschaft dem nationalen und erst recht dem regionalen und lokalen Handeln weitgehend entziehen. Diese Perspektive ist für viele Menschen mit Ängsten verbunden, weil sie sich ihr hilflos ausgeliefert fühlen. Das macht deutlich, dass für viele Menschen soziale Ordnung eng mit räumlicher Nähe verbunden ist, weil sie dadurch zumindest vertrauter wird.

Sozialwissenschaftlich gesprochen handelt es sich bei dem, was unter Globalisierung üblicherweise verstanden wird, um die Ablösung sozialer Ordnungen von geografisch definierten Räumen. Sie lösen sich konkret ab von nationalen Volkswirtschaften, Nationalstaaten und nationalstaatlich geprägten Gesellschaften – und mehr noch von lokalen und regionalen Zusammenhängen. Das heißt nicht, dass die Globalisierung zu einer einzigen globalen Volkswirtschaft oder gar zu einer Weltgesellschaft führt. Auch eine globalisierte Welt ist, wenn es sie denn geben sollte, eine stark differenzierte Welt mit einer Vielzahl von unterschiedlichen Ordnungen. Es heißt nur, dass die meisten dieser Ordnungen nicht mehr durch geografische Grenzen bestimmt sind (oder wären). So argumentiert beispielsweise der Soziologe Manuel Castells, dessen Theorie der Informationsgesellschaft wir im ersten Kapitel schon diskutiert haben, dass in der modernen Informationsgesellschaft soziale Räume nicht mehr geografisch, sondern durch Informationsflüsse definiert werden. Dementsprechend entwickeln sich Ordnungsstrukturen zu einem großen Teil nicht mehr innerhalb von geografischen Grenzen, sondern innerhalb von offenen Kommunikationsnetzen. Soziale Strukturen lösen sich also von räumlichen Bezügen ab und sind nicht mehr territorial definiert. Anstelle räumlicher Bezüge treten beispielsweise funktionale Bezüge, so wie es heute eine Ordnung für die Wissenschaft gibt, die zwar nicht global ist, aber immerhin für die westlichen Gesellschaften universal gilt. Diese Ordnung hat sich, wie wir im dritten Kapitel dieses Buches sehen werden, über viele Jahrhunderte hinweg in Arabien und Europa entwickelt.

Globalisierung

Ablösung von nationalen und regionalen Ordnungsmustern durch globale.

Ein interessantes Beispiel für neue globale Ordnungsstrukturen stellt die Soziologin Saskia Sassen mit ihrem Konzept der „global cities" dar. In der Sicht von Saskia Sassen verändern die Informationstechnologien und die Globalisierung räumliche Strukturen grundlegend. Mit Globalisierung verbindet sie vor allem die durch die Informationstechnologien geschaffen globalen Informationsnetze und die Macht von transnationalen Unternehmen. Im Gegensatz zu den Sozialwissenschaftlern, die Globalisierung als einen Prozess der Entgrenzung beschreiben, argumentiert Sassen, dass die Globalisierung neue Formen der Zentralität und der Urbanität hervorruft. Die transnationalen Unternehmen brauchen ein hohes Maß an Dienstleistungen, die sich auf eine Reihe von Finanz- und Geschäftszentren sowie strategische Aktivitäten konzentrieren. In diesen „global cities", die ein enges Netzwerk mit dichten Interaktionen bilden, konzentrieren sich wichtige wirtschaftliche Steuerungsfunktionen. Gleichzeitig bilden sich in diesen Städten neue soziale Strukturen, insbesondere auch verschärfte Formen der sozialen Ungleichheit, heraus. Diese neuen Strukturen verändern Normen und Werte nicht nur in den „global cities" selber, sondern weit darüber hinaus. Das „Giersyndrom", das Ende der 1990er und Anfang der 2000er Jahre viele Banker und Manager (und auch viele andere Menschen) erfasst hat, kann als ein Produkt der „global cities" verstanden werden.

Aus der Sicht von Sassen ist Globalisierung ein Prozess, der zwar auf der einen Seite globale Strukturen schafft, gleichzeitig aber neue Grenzen. Die Entstehung von „global cities", in denen sich Steuerungsfunktionen konzentrieren, hat eine Kehrseite, nämlich die

Marginalisierung vieler anderer Städte, aus denen Steuerungsfunktionen abwandern. Die marginalisierten Städte werden aus wichtigen globalen Informationsströmen und Netzwerken ausgegrenzt und gleichsam „provinzialisiert".

Was sich bei Sassen eher negativ anhört, nämlich die Ausgrenzung von Städten (und anderen Räumen) aus den globalen Strukturen, stellt für andere Sozialwissenschaftler ein Spannungsfeld von Globalisierung und Lokalisierung dar, in dem sich soziale Strukturen entwickeln. Globalisierung stellt sich in dieser Perspektive nicht als ein linearer und uniformer Prozess, sondern eher als ein dialektischer Prozess dar – globale Entgrenzung ruft auch immer wieder räumliche und soziale Begrenzungen hervor. Die neuen Begrenzungen müssen keineswegs mit einer Marginalisierung von Räumen einhergehen, sondern können Ausdruck einer wirtschaftlichen oder sozialen „Spezialisierung" sein. Die als wichtiges Element der Globalisierung bezeichnete Internationalisierung von Forschung und Entwicklung ist oft verbunden mit gleichzeitiger Nutzung lokaler oder regionaler Standortvorteile – auch von Standortvorteilen, die eben nicht in den „global cities" angesiedelt sind. Globale Unternehmen, wie Microsoft oder SAP, haben an „marginalen" Orten, wie Redmond (Seattle) oder Walldorf (Mannheim/Heidelberg), Standorte entwickelt, die ihnen sehr viel mehr Vorteile bringen als viele „global cities". In vielen „global cities" entwickeln sich kleinräumige Milieus mit einer eigenen Subkultur, in die sich nicht zuletzt auch Akteure privat zurückziehen, die beruflich voll in die „global cities" integriert sind. Mehr noch: Als Reaktion auf die Globalisierung gewinnen „marginalisierte" Städte und Lokalitäten eine neue Identität und Attraktivität als Räume, in denen sich Menschen aus den globalen Strukturen zurückziehen können. Globalisierung ist zwar eng mit hoher Migration verbunden, aber Migration unterstützt nicht zwangsläufig die Integration von Menschen in globale Strukturen, sondern schafft Inseln der Segregation, in denen Menschen ihre traditionelle Kultur weiter pflegen.

Solche Sachverhalte lassen vermuten, dass der Prozess, der als Globalisierung bezeichnet wird, durch vielschichtige Wechselwirkungen zwischen Entgrenzung und Begrenzung geprägt wird. Das zeigt der Soziologe Ludger Pries in seinem Buch „Die Transnationalisierung der sozialen Welt". Anhand von vielen Beispielen macht er deutlich, dass sich gesellschaftliche Strukturen am Anfang des 21. Jahrhunderts in einem Wandel befinden, der mit dem Begriff Globalisierung nicht angemessen beschrieben werden kann. Auf der einen Seite verlieren Jahrtausende alte Vorstellungen von einem sozialen Zusammenleben von Menschen mit einer gemeinsamen ethnischen Zugehörigkeit auf einem abgrenzten Territorium an Geltung. Auf der anderen Seite gibt es nur wenige soziale Beziehungen und Strukturen, die wirklich global und ohne klare lokale Bezüge existieren. Pries spricht deshalb von Transnationalisierung.

Transnationalisierung

Soziale Beziehungen und Strukturen, die sich zwischen spezifischen Orten dauerhaft über nationale Grenzen hinweg aufspannen.

Transnationale Strukturen und Beziehungen kann man auf ganz unterschiedlichen Ebenen und in unterschiedlichen Bereichen beobachten. Ein interessantes Beispiel sind Migrantenfamilien, die in unterschiedlichen Ländern leben und über Ländergrenzen hinweg intensive

Beziehungen sowie heimische Bräuche und Sitten pflegen. Solche Familien bilden soziale Räume, die zwar nationale Grenzen überschreiten, aber an bestimmten Orten verankert sind. Diese Räume bilden kulturelle und wirtschaftliche Brücken zwischen diesen Orten und den jeweiligen Ländern. In vielen internationalen Unternehmen bilden sich ähnliche transnationale Strukturen heraus. Sie sind oft an mehreren Standorten fest verankert, mit Hochschulen, Unternehmen und anderen Akteuren an diesen Standorten eng verbunden, haben aber gleichzeitig intensive Kommunikations- und Kooperationsstrukturen zwischen den Standorten ausgebaut und eine übergreifende Unternehmenskultur entwickelt. Ein drittes Beispiel sind Organisationen, wie Greenpeace oder Amnesty International, deren Organisation auf starken lokalen Gruppen aufbaut, die aber übergreifende Verständnisse und Regeln entwickelt haben. Andere Beispiele für transnationale Beziehungen bilden die Betriebsräte internationaler Unternehmen oder auch viele internationale Wissenschaftsnetze.

Transnationalisierung ist nichts grundlegend Neues und es ist kein Bruch in der Entwicklung von Gesellschaften. Man kann sie vielmehr verstehen als Element der Differenzierung von Gesellschaften. Dabei werden grenzüberschreitende Strukturen und Beziehungen mit nationalen oder lokalen Beziehungen und Strukturen vielfältig verflochten. Dieser Sachverhalt lässt sich gut mit der Theorie der Strukturierung von Anthony Giddens verstehen.

Giddens definiert gesellschaftliche Ordnung als eine Menge von Strukturen, die unterschiedlich weit in Raum und Zeit ausgreifen. Strukturen versteht er als rekursiv organisierte Menge von Regeln und Ressourcen. Mit dem Begriff rekursiv sagt Giddens einfach, dass soziale Strukturen daraus entstehen, dass bestimmte Verhaltensweisen oder Ressourcenverteilungen mehrfach und dauerhaft praktiziert werden. Strukturen sind also Verhaltensweisen und Ressourcenverteilungen, die sich im Rahmen von sozialen Interaktionen verselbstständigen. Verselbstständigen heißt, sich aus dem konkreten raum-zeitlichen Moment einer einzelnen Interaktion herauszulösen. Eine Handlungsweise wird zu einer Regel, wenn sie unter bestimmten generellen Bedingungen (oder in bestimmten allgemein definierten Situationen) an anderen Orten und zu anderen Zeiten von anderen Akteuren wiederholt wird. Anders formuliert: Eine Struktur entsteht daraus, dass unterschiedliche Akteure an unterschiedlichen Orten und zu unterschiedlichen Zeiten in bestimmten, allgemein definierten Situationen in gleicher Weise verfahren.

Soziale Strukturen sind also in der Sicht von Giddens prinzipiell das Ergebnis von Interaktionen zwischen Individuen. Sie entziehen sich aber in dem Maße der Kontrolle einzelner individueller Akteure, in dem sie in Raum und Zeit ausgreifen – je größer also der Raum und der Zeitraum sind, in dem sie praktiziert werden. Folgerichtig unterscheidet Giddens Strukturelemente danach, wie stark sie in Raum und Zeit ausgreifen. Die Elemente, die am weitesten in Raum und Zeit ausgreifen, bezeichnet er als Strukturprinzipien. Strukturprinzipien definieren grundlegende Formen oder Typen von Gesellschaften, zum Beispiel kapitalistische Gesellschaften, Industriegesellschaften oder Wissensgesellschaften. Strukturprinzipien von kapitalistischen Gesellschaften sind beispielsweise die Arbeitsteilung, die private Verfügung über Produktionsmittel und die marktwirtschaftliche Organisation der wirtschaftlichen Verteilung. Die Strukturelemente, die innerhalb der durch solche Strukturprinzipien definierten Formen oder Typen von Gesellschaft die größte Ausdehnung in Raum und Zeit besitzen, nennt er Institutionen. Zu den Institutionen der kapitalistischen Gesellschaft gehören beispielsweise die individuelle Freiheit, das Privateigentum und der Wettbewerb. Unterhalb der

Ebene der Institutionen gibt es eine Vielzahl von Regeln oder Ressourcenverteilungen mit einer mehr oder weniger eng begrenzten räumlichen oder zeitlichen Ausdehnung. Es gibt beispielsweise Regeln oder Ressourcenzuweisungen, die in ganzen Gesellschaften praktiziert werden, andere, die nur in bestimmten Organisationen oder Gruppen gelten. Es gibt Regeln, die in Gesellschaften nur über einen relativ kurzen Zeitraum gelten, andere, die sich über lange Zeiträume halten.

Resümee

Wir haben uns in diesem Kapitel ausführlich mit der Organisation und Ordnung des menschlichen Zusammenlebens, also mit Gesellschaft, befasst. Wir haben gesellschaftliche Ordnung definiert als eine durch Kommunikation hergestellte Menge von Regeln, die jeweils mit einer mehr oder weniger großen Zahl unterschiedlicher Typen von sozialen Situationen verknüpft sind. Das ist eine Definition, die – jeweils etwas anders formuliert – zu den unterschiedlichen Denkschulen und theoretischen Ansätzen in der Sozialwissenschaft passt. Statt von Regeln wird von Normen oder von Verhaltenserwartungen gesprochen. Manchmal wird statt von Kommunikation von Interaktionen oder Austauschprozessen gesprochen. Giddens spricht nicht von unterschiedlichen Typen von Situationen, sondern von räumlicher und zeitlicher Reichweite. Gemeint ist aber immer dasselbe, nämlich, dass gesellschaftliche Ordnung das soziale Handeln und die Interaktionen von Individuen regelt.

   Was dieses Regeln für Individuen und andere Akteure und deren Verhältnis zur Gesellschaft heißt, scheint sich aus unterschiedlichen methodologischen und theoretischen Positionen ganz unterschiedlich darzustellen. Das gilt vor allem dann, wenn man sich auf die Gegenüberstellung von methodologischem Individualismus und methodologischem Holismus bezieht. Da scheinen zwei entgegen gesetzte Prinzipien aufeinanderzustoßen. Im „wissenschaftlichen Alltag" sieht das jedoch ganz anders aus. Die Wirtschaftswissenschaften, die die Protagonisten des methodologischen Individualismus sind, diskutieren Regeln nur in grundlegenden philosophischen Werken, auf die wir noch eingehen werden, als Resultate individueller Übereinkunft. In ihren Analysen wirtschaftlicher Zusammenhänge behandeln sie Regeln dagegen als extern gesetzte Restriktionen individuellen Handelns. Damit unterscheiden sie sich nicht von der soziologischen Systemtheorie, der Protagonistin des methodologischen Holismus. Das hat, wie ich im letzten Kapitel dieses Buches zeigen werde, systematische Gründe.

   Wir haben im ersten Kapitel schon gesehen, dass es eine Reihe von Ansätzen gibt, welche den Gegensatz von Individualismus und Holismus aufzubrechen versuchen. Ich habe diese Ansätze als methodologischen Interaktionismus bezeichnet. Ein interessantes Beispiel für einen interaktionistischen Ansatz haben wir in diesem Kapitel mit Giddens Theorie der Strukturierung kennen gelernt. Giddens Theorie, insbesondere sein Konzept einer unterschiedlichen räumlichen und zeitlichen Reichweite von Strukturen, bietet die Möglichkeit, den Gegensatz zwischen Individualismus und Holismus aufzubrechen. Auch das werde ich im letzten Kapitel zeigen.

   Die Gegenüberstellung von Individualismus und Holismus schlägt sich auch in unterschiedlichen Handlungskonzepten nieder. Obwohl beide auf Max Webers Definition von sozialem Handeln aufbauen, scheinen das Konzept des rationalen Handelns und das des Rollenhandelns miteinander kaum vereinbar zu sein. Aber auch dieser Gegensatz lässt sich aufbrechen, wenn man die Transaktionskosten des Handelns von Akteuren berücksichtigt. Jürgen Straubs Differenzierung von Handlungstypen bietet dazu einen Ansatz, den ich im vierten Kapitel wieder aufnehmen werde.

Literaturhinweise

Ich habe für dieses Kapitel insbesondere die folgenden Bücher und Lehrbücher genutzt:

Abels H., 2007: *Einführung in die Soziologie, Band 1: Der Blick auf die Gesellschaft.* Wiesbaden: VS Verlag für Sozialwissenschaften..

Abels H., 2007: *Einführung in die Soziologie, Band 2: Die Individuen in ihrer Gesellschaft.* Wiesbaden: VS Verlag für Sozialwissenschaften. .

Albach H.,2000: *Allgemeine Betriebswirtschaftslehre.* Wiesbaden: Gabler.

Amann A., 1996: *Soziologie. Theorien, Geschichte, Denkweisen.* Wien: Böhlau.

Aronson E., Wilson T.D., Akert R.M., 1994: *Social Psychology.* New York: Harper Collins.

Calhoun C., Gerteis J., Moody J., Pfaff S., Virk I. (eds.), 2007: *Contemporary Sociological Theory.* Malden, MA, Oxford: Blackwell Publishing.

Cheater A.P., 1986: *Social Anthropology.* London: Unwin Hyman.

Elias N., 1971: *Was ist Soziologie.* München: Juventa.

Elster J., 2007: *Explaining Social Behavior: More Nuts and Bolts for the Social Sciences.* Cambridge: Cambridge University Press.

Esser H. , 1999: *Soziologie. Allgemeine Grundlagen.* Frankfurt-New York: Campus.

Esser H., 1999, Soziologie. *Spezielle Grundlagen. Band 1: Situationslogik und Handeln.* Frankfurt-New York: Campus.

Esser H., 2000: *Soziologie. Spezielle Grundlagen. Band 2: Die Konstruktion der Gesellschaft.* Frankfurt-New York: Campus.

Esser H., 2000: *Soziologie. Spezielle Grundlagen. Band 3: Soziales Handeln.* Frankfurt-New York: Campus.

Esser H., 2000: *Soziologie. Spezielle Grundlagen. Band 4: Opportunitäten und Restriktionen.* Frankfurt-New York: Campus.

Esser H., 2000: *Soziologie. Spezielle Grundlagen. Band 5: Institutionen.* Frankfurt-New York: Campus.

Esser H., 2001: *Soziologie. Spezielle Grundlagen. Band 6: Sinn und Kultur.* Frankfurt-New York: Campus.

Fischer L., Wiswede G., 2002: *Grundlagen der Sozialpsychologie.* München: Oldenbourg.

Gahlen B., Hardes H.-D., Rahmeyer F., Schmid A., 1971: *Volkswirtschaftslehre.* Tübingen: Mohr (Siebeck).

Giddens A., 1982: *Sociology. A Brief but Critical Introduction.* London-Basingstoke: Macmillan Press.

Greshoff R., Schimank U. (Hrsg.), 2006: *Integrative Sozialtheorie? Esser – Luhmann – Weber.* Wiesbaden: VS Verlag für Sozialwissenschaften.

Grossekettler H., Hadamitzky A., Lotenz Ch., 2008: *Volkswirtschaftslehre*. Konstanz: UVK.

Haller D., 2005: *DTV-Atlas Ethnologie*. München: DTV.

Hammond P. B., 1971: *An Introduction to Cultural and Social Anthropology*. New York-London: Macmillan.

Hendry J., 1999: *An Introduction to Social Anthropology. Other People's World*. Basingstoke: Palgrave.

Hoffmann W., Dose N., Wolf D., 2007: *Politikwissenschaft*. Konstanz: UKV.

Kaschuba W., 1999: *Einführung in die Europäische Ethnologie*. München: C. H. Beck.

Kneer G., Nassehi A., 2002: *Niklas Luhmanns Theorie sozialer Systeme. Eine Einführung*. München: Fink

Kohl K.-H., 1993: *Ethnologie. Die Wissenschaft vom kulturell Fremden. Eine Einführung*. München: C. H. Beck.

Korte H., 2004: *Soziologie*. Konstanz: UKV.

Laucken U., 1998: *Sozialpsychologie. Geschichte, Hauptströmungen, Tendenzen*. Oldenburg: BIS.

Layton R., 1997: *An Introduction to theory in Anthropology*. Cambridge: Cambridge University Press.

Luhmann N., 1990: *Die Wissenschaft von der Gesellschaft*. Frankfurt: Suhrkamp.

Meulemann, H., 2001: *Soziologie von Anfang an. Eine Einführung in Themen, Ergebnisse und Literatur*. Wiesbaden: VS Verlag für Sozialwissenschaften.

Neubauer R., Hewel B., 2005: *Volkswirtschaftslehre. Grundlagen der Volkswirtschaftstheorie und der Volkswirtschaftspolitik*. Wiesbaden: Gabler.

Neuberger O., Conradi W., Maier W., 1985: *Individuelles Handeln und sozialer Einfluss. Einführung in die Sozialpsychologie*. Opladen: Westdeutscher Verlag.

Neus W., 2001: *Einführung in die Betriebswirtschaftslehre aus institutionenökonomischer Sicht*. Tübingen: Mohr Siebeck.

Rabinow P., 2004: *Was ist Anthropologie?* Frankfurt am Main: Suhrkamp.

Rogall H., 2006: *Volkswirtschaftslehre für Sozialwissenschaftlerinnen und Sozialwissenschaftler. Eine Einführung*. Wiesbaden: VS Verlag für Sozialwissenschaften.

Schäfers B., Kopp J. (Hrsg.), 2006: *Grundbegriffe der Soziologie*. Wiesbaden: VS Verlag für Sozialwissenschaften.

Schneider W. L., 2002: *Grundlagen der soziologischen Theorie, Band 1: Weber – Parsons – Mead – Schütz*. Wiesbaden: VS Verlag für Sozialwissenschaften.

Schneider W. L., 2002: *Grundlagen der soziologischen Theorie, Band 2: Garfinkel – RC – Habermas – Luhmann*. Wiesbaden: VS Verlag für Sozialwissenschaften.

Schneider W. L., 2004: *Grundlagen der soziologischen Theorie, Band 3: Sinnverstehen und intersubjektive Hermeneutik, funktionale Analyse, Konversationsanalyse und Systemtheorie*. Wiesbaden: VS Verlag für Sozialwissenschaften.

Spradley J. P., Curd D. W., 1975: *Anthropology: The Cultural Perspective*. New York-London: John Wiley.

Streck B., 1997: *Fröhliche Wissenschaft Ethnologie: Eine Führung*. Wuppertal: Peter Hammer.

Werbik H., Kaiser H.-J., 1981: *Sozialpsychologie*. München: Fink.

Unterschiedliche sozialwissenschaftliche Konzepte der sozialen Definition von Situationen werden diskutiert in:

Greshoff R., Schimank U. (Hrsg.), 2006: *Integrative Sozialtheorie? Esser – Luhmann – Weber.* Wiesbaden: VS Verlag für Sozialwissenschaften.

Schulz-Schaeffer, I., 2008: „Die drei Logiken der Selektion. Handlungstheorie als Theorie der Situationsdefinition", *Zeitschrift für Soziologie, 37,5: 362–379.*

Die grundlegenden sozialwissenschaftlichen Begriffe, wie Normen, Werte, Regeln, Institutionen, Märkte, Organisationen werden in Lexika zu den unterschiedlichen Disziplinen dargestellt. Ich verweise unter anderem auf:

Farzin S., Jordan S., 2008: *Lexikon Soziologie und Sozialtheorie.* Ditzingen: Reclam.

Fuchs-Heinritz W., Lautmann R., Rammstedt, O. (Hrsg.), 2007: *Lexikon zur Soziologie.* Wiesbaden: VS Verlag für Sozialwissenschaften.

Gabler Kompakt-Lexikon Wirtschaft, 2006. Wiesbaden: Gabler.

Haller D., 2005: *DTV-Atlas Ethnologie.* München: DTV.

Hillmann K.-H., 2007: *Wörterbuch der Soziologie.* Stuttgart: Kröner.

Hohlstein M., Pflugmann B., Sperber J., Sprink J., 2009: *Lexikon der Volkswirtschaft: Über 2000 Begriffe für Studium und Beruf.* München: DTV-Beck.

May H., 2008: *Lexikon der ökonomischen Bildung.* München: Oldenbourg.

Schäfers B., Kopp J. (Hrsg.), 2006: *Grundbegriffe der Soziologie.* Wiesbaden: VS Verlag für Sozialwissenschaften.

Wiswede G., 2003: *Sozialpsychologie-Lexikon.* München: Oldenbourg.

Oliver Williamson hat seinen Transaktionskosten-Ansatz und seine Analyse unterschiedlicher (ökonomischer) Regelungsstrukturen veröffentlicht in:

Williamson O., 1975: *Markets and Hierarchies: Analysis and Antitrust Implications.* New York: The Free Press

Siehe auch:

Williamson O., 1996: *The Mechanisms of Governance.* Oxford: Oxford University Press, 1996.

Von Hayek beschreibt das Konzept der spontanen Ordnung in folgendem Buch:

Von Hayek F. A., 1969: *Freiburger Studien. Gesammelte Aufsätze.* Tübingen: Mohr (Siebeck).

James Buchanan hat seine Kontrakttheorie dargestellt in:

Buchanan J. M., 1975: *The Limits of Liberty. Between Anarchy and Leviathan.* Chicago-London: University of Chicago Press.

Kompakte Darstellungen der Systemtheorie von Talcott Parsons bieten:

Amann A., 1996: *Soziologie. Theorien, Geschichte, Denkweisen*. Wien: Böhlau.

Schneider W. L., 2002: *Grundlagen der soziologischen Theorie, Band 1: Weber – Parsons – Mead – Schütz*. Wiesbaden: VS Verlag für Sozialwissenschaften.

sowie in einem Theorienvergleich:

Abels H., 2007: *Einführung in die Soziologie, Band 1: Der Blick auf die Gesellschaft*. Wiesbaden: VS Verlag für Sozialwissenschaften.

Abels H., 2007: *Einführung in die Soziologie, Band 2: Die Individuen in ihrer Gesellschaft*. Wiesbaden: VS Verlag für Sozialwissenschaften.

Eine interessante Analyse der Funktionsweise und der Voraussetzungen von Märkten bietet:

Lindblom C. E., 2001: *The Market System: What It Is, How It Works, and What to Make of It*. New Haven: Yale University Press.

Zum Konzept der Autopoiesis in Luhmanns Systemtheorie siehe:

Luhmann N., 2008: *Soziale Systeme*. Frankfurt/M.: Suhrkamp

Die in diesem Kapitel erwähnten evolutionstheoretischen Ansätze in der Betriebswirtschaftslehre von Malik und Kirsch sind zusammen mit anderen Organisationstheorien dargestellt in:

Kieser, A., Ebers, M. (Hg.), 2006: *Organisationstheorien*. Stuttgart: Kohlhammer.

Eine ausführliche Diskussion von Begriffen und Theorien der Kultur enthält das folgende Buch:

Moebius S., 2009: *Kultur*. Bielefeld: Transcript-Verlag

siehe auch:

Reckwitz A., Sievert H., 1999: *Interpretation, Konstruktion, Kultur. Ein Paradigmenwechsel in den Sozialwissenschaften*. Opladen/Wiesbaden: Westdeutscher Verlag.

Ein grundlegendes Buch zum Thema Organisationskultur ist:

Schein E., 2004: *Organizational Culture and Leadership*. New York: Wiley

Norbert Elias' Konzept der Figuration wird dargestellt in:

Elias N., 1971: *Was ist Soziologie*. München: Juventa.

Elias N., 1991: Die Gesellschaft der Individuen. Frankfurt: Suhrkamp.

Korte H., 1997: Norbert Elias. Vom Werden eines Menschenwissenschaftlers. Opladen: West-deutscher Verlag.

Schäfers B., Kopp J. (Hrsg.), 2006: *Grundbegriffe der Soziologie*. Wiesbaden: VS Verlag für Sozialwissenschaften.

Treibel A., 2006: *Einführung in die soziologischen Theorien der Gegenwart*. VS Verlag für Sozialwissenschaften

Meine Ausführungen über Institutionen und den Neoinstitutionalismus stützen sich insbe-sondere auf die folgenden Arbeiten:

Coase R.H., 1990: *The Firm, the Market and the Law*. Chicago: University of Chicago Press.

Erlei M., Leschke M., Sauerland D.,1999: *Neue Institutionenökonomik. Stuttgart: Schäffer-Poeschel*

Göbel E., 2002: *Neue Institutionenökonomik. Konzeption und betriebswirtschaftliche Anwendung.* Stuttgart: Lucius & Lucius.

Greenwood R., Oliver C., Sahlin K., Suddaby R. (Eds.),2008: *Organizational Institutionalism.* Thousand Oaks-London: Sage.

Hasse R., Krücken G., 1999: *Neo-Institutionalismus*. Bielefeld: Transcript Verlag

Held M., Kubon-Gilke G., Sturn R. (Hrsg.), 2004: *Normative und institutionelle Grundfragen der Ökonomik. Jahrbuch 3: Ökonomik des Wissens.* Marburg: Metropolis Verlag.

Hodgson G. (ed.), 1993: *The Economics of Institutions.* Aldershot: Edward Elgar.

Neus W., 2005: *Einführung in die Betriebswirtschaftslehre aus institutionenökonomischer Sicht.* Tübingen: Mohr Siebeck.

North D.C., 1990: *Institutions, Institutional Change and Economic Performance.* Cambridge: Cambridge University Press.

Powell W., W., DiMaggio P.J. (eds.), 1991: *The New Institutionalism in Organizational Analysis.* Chicago: University of Chicago Press.

Richter R., Furubotn E.K., 2003: *Neue Institutionenökonomik*. Tübingen: Mohr Siebeck.

Scharpf F.W., 2000: *Interaktionsformen. Akteurszentrierter Institutionalismus in der Politik-forschung.* Wiesbaden: VS Verlag für Sozialwissenschaften.

Schmid M., Maurer A. (Hg.), 2003: *Ökonomischer und Soziologischer Institutionalismus. In-terdisziplinäre Beiträge und Perspektiven der Institutionentheorie und -analyse.* Marburg: Metropolis.

Scott R., 2007: *Institutions and Organizations: Ideas and Interests.* Thousand Oaks-London: Sage.

Senge K., Hellmann K.-U. (Hg) 2006: *Einführung in den Neo-Institutionalismus*. Wiesbaden: VS Verlag für Sozialwissenschaften

Vogt S., 2002: *Institutionenökonomik*. München: Fink.

Weigand G., Hess R., Prein G. (Hrsg.), 1988: *Institutionelle Analyse. Theorie und Praxis.* Frank-furt: Athenäum.

Williamson O., 1995: *The Economic Institutions of Capitalism.* New York: Free Press

Die im Text kurz dargestellte historische Analyse zur Entwicklung des Rationalitätsprinzips findet sich in:

Bürgin A., 1996: *Zur Soziogenese der Politischen Ökonomie*. Marburg: Metropolis.

Die drei Formen von Institutionen (regulativ, normativ, kognitiv-kulturell) werden in dem oben genannten Buch von Richard Scott beschrieben. Die Isomorphie-Erklärungen von Meyer und Rowan sowie von DiMaggio und Powell finden sich in den Beiträgen dieser Autoren zu dem oben genannten Buch von Powell und DiMaggio.

Die folgenden Bücher bieten einführende und grundlegende Darstellungen über Organisationen aus soziologischer, sozialpsychologischer und wirtschaftswissenschaftlicher Perspektive:

Abraham M., Büschges G., 2004: *Einführung in die Organisationssoziologie*. Wiesbaden: VS Verlag für Sozialwissenschaften.

Bea F. X., Göbel E., 2006: *Organisation: Theorie und Gestaltung*. Stuttgart: Lucius & Lucius.

Kieser A., Walgenbach P., 2007: *Organisationen*. Stuttgart: Schäfer-Poeschel.

Leithäuser T., Meyerhuber S., Schottmeyer M., 2009: *Sozialpsychologisches Organisationsverstehen*. Wiesbaden: VS Verlag für Sozialwissenschaften

Müller-Jentsch, W., 2003: *Organisationssoziologie. Eine Einführung*. Frankfurt-New York: Campus.

Picot A., Dietl H., Frank E., 2008: *Organisation: Eine ökonomische Perspektive*. Stuttgart: Schäfer-Poeschel.

Preisendörfer, P., 2008: *Organisationssoziologie: Grundlagen, Theorien und Problemstellungen*. Wiesbaden: VS Verlag für Sozialwissenschaften.

Türk K. (Hrsg.), 2000: *Hauptwerke der Organisationstheorie*. Wiesbaden: Westdeutscher Verlag.

Zur Einführung in die Soziologie und die (Sozial)Psychologie von Gruppen siehe:

Frey D., Irle M., 2008: *Theorien der Sozialpsychologie. Band II: Gruppen-, Interaktions- und Lerntheorien*. Bern: Huber.

Schäfers B., 2002: *Einführung in die Gruppensoziologie. Geschichte, Theorien, Analysen*. Stuttgart: UTB.

Einführungen zur allgemeinen und zur sozialwissenschaftlichen Systemtheorie bieten unter anderem:

Baecker D. (Hrsg.), 2005: *Schlüsselwerke der Systemtheorie*. Wiesbaden: VS Verlag für Sozialwissenschaften.

Hohm H.-J., 2000: *Soziale Systeme, Kommunikation, Mensch. Eine Einführung in die soziologische Systemtheorie*. Weinheim-München: Juventa.

Krieger D. J., 1996: *Einführung in die allgemeine Systemtheorie*. München: W. Fink.

Luhmann N., 2006: *Einführung in die Systemtheorie*. Heidelberg: Carl-Auer.

Karl W. Deutschs Systemtheorie wurde in deutscher Sprache in dem folgenden Buch veröffentlicht:

Deutsch K. W., 1969: *Politische Kybernetik. Modelle und Perspektiven.* Freiburg: Rombach.

Zum Thema soziales Handeln verweise ich auf folgende Literatur:

Dahrendorf R., 2006: *Homo Sociologicus. Ein Versuch zur Geschichte, Bedeutung und Kritik der sozialen Rolle.* Wiesbaden: VS Verlag für Sozialwissenschaften.
Esser H., 2000: *Soziologie. Spezielle Grundlagen. Band 3: Soziales Handeln.* Frankfurt-New York: Campus.
Miebach B., 2006: *Soziologische Handlungstheorie. Eine Einführung.* Wiesbaden: VS Verlag für Sozialwissenschaften.
Münch R.: 2003: *Soziologische Theorie. Band 2: Handlungstheorie.* Frankfurt-New York: Campus.
Neuberger O., Conradi W., Maier W., 1985: *Individuelles Handeln und sozialer Einfluss. Einführung in die Sozialpsychologie.* Opladen: Westdeutscher Verlag.

Das Handlungskonzept von Jürgen Straub, auf das ich in diesem Kapitel ausführlicher eingegangen bin, findet sich in:

Straub J., 1999: *Handlung, Interpretation, Kritik. Grundlage einer textwissenschaftlichen Handlungs- und Kulturpsychologie.* Berlin-New York: Walter de Gruyter.

Grundlegende Werke der verhaltenstheoretischen Soziologie sind:

Blau P. M., 1967: *Exchange and Power in Social Life.* New York-London: John Wiley.
Homans G. C., 1982: *Elementarformen sozialen Verhaltens.* Wiesbaden: Westdeutscher Verlag.
Malewski A., 1977: *Verhalten und Interaktion.* Tübingen: Mohr (Siebeck)
Opp K.-D., 1983: *Die Entstehung sozialer Normen. Ein Integrationsversuch soziologischer, sozialpsychologischer und ökonomischer Erklärungen.* Tübingen: Mohr (Siebeck).

Bourdieus Konzept des Habitus und sein theoretischer Ansatz insgesamt sind in folgendem Buch dargestellt:

Fuchs-Heinritz W., König A., 2005: *Pierre Bourdieu.* Konstanz: UVK.

Niklas Luhmann hat eine etwas eigenwillige, aber interessante ideengeschichtliche Darstellung des Konzepts der sozialen Differenzierung herausgegeben:

Luhmann N. (Hrsg.), 1985: *Soziale Differenzierung: Zur Geschichte einer Idee.* Opladen: Westdeutscher Verlag.

Zum Thema soziale Differenzierung weise ich auch auf folgendes Buch hin:

Schimank U., 2005: *Differenzierung und Integration der modernen Gesellschaft.* Wiesbaden: VS Verlag für Sozialwissenschaften.

Eine breite Darstellung der Theorien und des Diskussionsstandes zu sozialer Ungleichheit bieten:

Burzan N., 2007: *Soziale Ungleichheit. Eine Einführung in die zentralen Theorien.* Wiesbaden: VS Verlag für Sozialwissenschaften.
Solga H., Powell J., Berger P. A. (Hg)., 2009: *Soziale Ungleichheit. KlassischeTexte zur Sozialstrukturanalyse.* Frankfurt-New York: Campus.

Zu Amartya Sens Theorie von sozialer Ungleichheit siehe:

Sen A., 1992: *Inequality Reexamined.* Oxford: Oxford University Press.

Im Teil über Macht und Herrschaft habe ich auf Studien von Peter Katzenstein, Philippe C. Schmitter und Robert A. Dahl hingewiesen. Die bibliographischen Angaben dazu sind:

Dahl R. A., 1971: *Polyarchy. Participation and Opposition.* New Haven-London: Yale University Press.
Katzenstein P., 1987: *Policy and Politics in West-Germany: The Growth of a Semi-Sovereign State.* Philadelphia: Temple University Press.
Lehmbruch G., Schmitter P., 1982: *Patterns of Corporatist Policy-Making.* Beverly Hills-London: Sage.
Schmitter P., 1981: Interest Intermediation and Regime Governability in Contemporary Western Europe, in: S. Berger (ed.), *Organizing Interests in Western Europe: Pluralism, Corporatism and the Transformation of Politics.* Cambridge: Cambridge University Press.

Die bibliographischen Angaben zu dem im Text erwähnten Buch von Ludger Pries lauten:

Pries L., 2008: *Die Transnationalisierung der sozialen Welt.* Frankfurt: Suhrkamp.

Bei der Darstellung der Zusammenhänge zwischen Raum und Gesellschaft habe ich mich insbesondere auf das eben genannte Buch von Pries sowie auf folgende Bücher gestützt:

Bornschier V., 2008: *Weltgesellschaft. Grundlegende soziale Wandlungen.* Zürich: Loreto.
Sassen S., 2006: Territory, Authority, Rights. From Medival to Global Assembalges. Princeton-Oxford: Princeton University Press
Schirm S. A., 2006: *Globalisierung: Forschungsstand und Perspektiven.* Baden-Baden: Nomos

Das Thema Globalisierung gehört zu den viel und kontrovers diskutierten Themen in der Sozialwissenschaft. Auf diese Diskussion bin ich nicht ausführlich eingegangen. Siehe dazu:

Held D., McGrew A., Goldblatt D., Perraton J., 1999: *Global Transformation. Politics, Economics and Culture.* Cambridge: Polity Press

Hirst P., Thompson G., 1996: *Globalization in Question.* Cambridge: Polity Press

Martin H. P., Schumann H., 1996: *Die Globalisierungsfalle. Der Angriff auf Demokratie und Wohlstand.* Reinbek bei Hamburg: Rowohlt

Zu Saskia Sassens Analyse der Global Cities siehe:

Sassen S., *Metropolen des Weltmarkts. Die neue Rolle der Global Cities.* Frankfurt-New York: Campus.

Giddens Theorie der raum-zeitlichen Struktur von Ordnung ist dargestellt in:

Giddens A., 1997: Die *Konstitution der Gesellschaft. Grundzüge einer Theorie der Strukturierung.* Frankfurt-New York: Campus.

3. Kapitel: Die Ausdifferenzierung der Sozialwissenschaft

Die großen Entwicklungslinien

Dieses Kapitel beinhaltet die historische Entwicklung der Sozialwissenschaft und des sozialwissenschaftlichen Denkens über die gesellschaftliche Ordnung. Dabei geht es mir nicht darum, historische Abläufe detailliert zu beschreiben, sondern darum, wichtige Weichenstellungen und Entwicklungszusammenhänge aufzuzeigen. Damit soll ein profundes Verständnis der thematischen, wissenschaftstheoretischen und theoretischen Strukturen und Zusammenhänge der Sozialwissenschaft vermittelt werden. Darüber hinaus sollen Prozesse der Differenzierung und Spezialisierung in der Sozialwissenschaft herausgearbeitet werden.

Die Entwicklung der Sozialwissenschaft und ihres Ordnungsdenkens lässt sich durch drei große Entwicklungslinien beschreiben. Die erste Entwicklungslinie führte von der Einheitswissenschaft Philosophie, die alle Wissensgebiete umfasste, zu einem ausdifferenzierten Wissenschaftssystem mit Wissenschaften, die sich jeweils mit speziellen Gegenständen beschäftigten. Auf dieser Linie bildete sich die Sozialwissenschaft in ersten Konturen schon ab dem 14. Jahrhundert heraus, formierte sich aber erst im 18. und 19. Jahrhundert als eigene Disziplin. Auf der zweiten Entwicklungslinie veränderte sich das Wissenschaftsverständnis. Anstelle der Vorstellung, Erkenntnis könne allein durch Vernunft gewonnen werden, trat das Konzept von Erkenntnis als hypothetischem Wissen, das sich empirisch bewähren muss. Die dritte Linie, die spezifisch für die Sozialwissenschaft ist, führte von der Moralphilosophie und der Staatskunst zur Analyse sozialer Strukturen und Prozesse. Entlang dieser dritten Linie, die eng mit der zweiten verbunden ist, löste sich die Sozialwissenschaft von der Philosophie und konstituierte sich in eigenständigen Disziplinen. Das geschah insbesondere durch die Entwicklung einer empirischen Methodologie und spezifischer Theorien.

Diese Entwicklungslinien markieren einen Prozess, den ich etwas willkürlich bei Plato und Aristoteles beginnen lasse. Schon bei Plato und Aristoteles wurde die Unterscheidung zwischen realistischer und antirealistischer Wissenschaftsauffassung sichtbar, die heute eine der methodologischen Differenzierungslinien der Sozialwissenschaft darstellt. Sowohl für Plato als auch für Aristoteles bestand Wissenschaft vor allem darin, die Universalien zu ergründen, die hinter allen Dingen standen. Universalien oder Allgemeinbegriffe waren nicht einfach abstrakte Bezeichnungen oder menschliche Konstruktionen, sondern existierten tatsächlich. Für Plato war beispielsweise die ganze Welt durch Ideen (Prinzipien) geordnet. Ideen waren die zentralen Erkenntnisse von Wissenschaft. Die grundlegenden Ideen galten für die Gesellschaft ebenso wie für die Natur. Eine dieser Ideen war die Idee des Guten. Diese Idee verstand Plato nicht als eine abstrakte Vorstellung, mit der Philosophen gesellschaftliche Ordnung oder die Natur beschreiben, sondern als ein Prinzip, dem Ordnung und Natur real unterliegen. Sie zeigt sich in der Schönheit und Vernunft der Natur, dem Zusammenspiel von Feuer und Erde, Wasser und Luft. Ebenso müssen sich die Menschen und die Ordnung danach ausrichten. Menschen können eine gute Existenz nur im Rahmen einer Gemeinschaft führen, die nach der Idee des Guten geordnet ist. Deshalb ist die zentrale Frage von Platos

Gesellschaftstheorie die Frage nach der idealen Verfassung der „Polis", einer Verfassung, die der Idee des Guten entspricht. Polis (Stadt) steht für die politisch verfasste Gemeinschaft, welcher der Mensch untergeordnet ist. Unterordnung ist für Plato keine Sache von menschlichen Entscheidungen und institutionellen Regelungen, sondern eine reale Tatsache, die auf der Idee des Verschiedenen – einer der beiden zentralen Ideen – beruht.

Auch für Aristoteles war die Idee des Guten ein zentrales Prinzip von Natur und gesellschaftlicher Ordnung. Im Unterschied zu Plato ging Aristoteles davon aus, dass die menschliche Einsicht in das Gute ebenso beschränkt ist, wie die Fähigkeit zu gutem Handeln. Deshalb waren für ihn institutionelle Regelungen entscheidend. Aristoteles fragte nach Regelungen, welche zu einem möglichst guten Zusammenleben führen und die von den Menschen auch eingehalten werden, und beantwortete diese Frage nicht durch ein ideales Verfassungskonzept, sondern durch Verfahren zum Erlass und zur Durchsetzung institutioneller Regelungen. Er plädierte für eine durch Gesetze geregelte Ordnung und für eine Gewaltenteilung zwischen Volk, Rat und Gericht. Die Gewaltenteilung diente insbesondere der Ausbalancierung der beschränkten Einsichtsfähigkeit von Menschen und damit der Annäherung an das Gute.

Zwischen Plato und Aristoteles gab es jedoch einen grundlegenden Dissens darüber, wie man zu Universalien gelangt. Plato argumentierte, dass Universalien, konkret Ideen, nur durch Vernunft ergründbar seien, während Sinneseindrücke, oder moderner gesprochen Fakten, lediglich oberflächliche Erscheinungen sind. Das empirisch Beobachtbare ist in seiner Sicht vergänglich und bildet die dahinter stehende Idee nur unvollkommen ab. Zudem kann man die Realität und das, was man beobachtet, nur verstehen, wenn man vorher die Idee kennt, die dem zugrunde liegt. Die Quelle der Erkenntnis kann also nicht empirische Beobachtung, sondern nur die Vernunft sein – die auch einem Konstruktionsprinzip der Welt entspricht. Für Platos Schüler Aristoteles können Universalien dagegen nur aus empirischen Beobachtungen abgeleitet werden. Er lehnte Platos Ideenlehre ab und argumentiert, dass nur konkrete Einzeldinge real seien. Erst durch die Beobachtung von Einzeldingen kann man das dahinterstehende unvergängliche Prinzip erkennen. Die unvergänglichen Prinzipien müssen also aus empirischen Beobachtungen abgeleitet werden. Damit wird die empirische Beobachtung zur Grundlage von Wissenschaft.

Im so genannten Abendland setzte sich bis zum 13. Jahrhundert Platos Vorstellung durch, obwohl schon viel früher Aristoteles durch einzelne christliche Philosophen rezipiert und übersetzt wurde. Dagegen dominierte das empirische Wissenschaftsverständnis von Aristoteles schon ab dem 8. Jahrhundert die islamische Wissenschaft. Die Aufnahme des Aristotelischen Denkens führte im sogenannten Islamischen Golden Zeitalter (8.–12. Jahrhundert) zu einer Blüte empirischer Forschung und zu natur- und sozialwissenschaftlichen Erkenntnissen, die auch aus heutiger Sicht beeindruckend sind. Isḥāq al-Kindī brachte die griechische Philosophie in die arabische Welt, wandte sich gegen die Alchemie, befasste sich mit Umweltverschmutzung und war auch Pionier der experimentellen Psychologie. Abu Rayhan Biruni arbeitete ebenfalls mit experimentellen Methoden in unterschiedlichen Wissensgebieten, untersuchte aber auch Kulturen im mittleren Osten, im Mittelmeerraum und in Indien mit empirischen Methoden. Abu Ali Sina schuf eine umfassende wissenschaftliche Enzyklopädie sowie einen Kanon der Medizin, setzte sich kritisch mit Aristoteles auseinander und lehnte dessen einseitige Betonung von Induktion ab. Ibn Al-Haitham hob nicht nur die große Bedeutung empirischer Kritik von Theorien für den Erkenntnisfortschritt hervor, sondern entwickelte und nutzte quantitative und experimentelle Methoden in der Wahrneh-mungspsychologie und in der Optik.

Ab dem 13. Jahrhundert setzte sich auch in der abendländischen Wissenschaft ein empi-risches Wissenschaftsverständnis durch. Das werde ich im 4. Kapitel ausführlicher darstellen. Hier will ich lediglich hervorheben, dass sich dieses empirische Wissenschaftsverständnis auch in allen sozialwissenschaftlichen Disziplinen durchsetzte. Jedoch entstand gerade auf der Grundlage des generell geteilten empirischen Wissenschaftsverständnisses später die Grenzlinie zwischen methodologischem Individualismus und methodologischem Holismus. Die klassische Ökonomie und ihre Vorläufer sahen in den Individuen die kleinsten beobacht-baren Elemente sozialer Beziehungsgeflechte und eines Gleichgewichtssystems, das dem der Newton'schen Physik nachempfunden wurde. Irgendwelche übergeordneten Prinzipien von sozialen Beziehungsgeflechten ließen sich in ihrer Sicht dagegen nicht durch Beobachtung und Erfahrung feststellen. Mit Bezug auf die gleichen wissenschaftstheoretischen Prinzipien von empirischer Wissenschaft lehnte dagegen Auguste Comte, einer der beiden Gründungsväter der Soziologie, den methodologischen Individualismus ab. Seine einfache Begründung war, dass der Sinn von individuellem Handeln wissenschaftlicher Analyse nicht zugänglich sei, weil er nicht empirisch beobachtbar sei. Deshalb lehnte er jeden Rekurs auf psychologische Sachverhalte ab und bestritt auch, dass Psychologie eine Wissenschaft sei.

In der islamischen und in der christlichen Kultur waren Wissenschaft (Philosophie) und Theologie bis in das 13. Jahrhundert untrennbar miteinander verbunden. In der christlichen Kultur wurde diese enge Verbindung im 13. Jahrhundert vor allem unter dem Einfluss von Thomas von Aquin, der erkenntnistheoretisch auf Aristoteles aufbaute, gelockert. Thomas von Aquin stellte fest, dass die Anwendung von Einsichten aus der Offenbarung, also von grundlegenden theologischen Erkenntnissen, auf die Bestimmung des gerechten Preises von Gütern zu einem empirisch paradoxen Ergebnis führte. Er akzeptierte deshalb, dass es eine Sphäre gab, in der die Vernunft eine eigenständige Erkenntnisquelle war. Die meisten ökonomischen und auch viele soziale Probleme wurden dieser Sphäre zugeordnet.

Die Trennung von Philosophie und Theologie war mit einem radikalen Bruch mit den aus der Antike übernommen Vorstellungen von Gemeinschaft und Staat verbunden, der schon von Hobbes vollzogen wurde. Gemeinschaften wurden nicht mehr als Teil der göttlichen Ord-nung verstanden, sondern als künstliche Konstruktion der Menschen. Hobbes installierte die Naturrechtslehre und die soziale Kontrakttheorie als neue Grundlagen der Moralphilosophie und der Gesellschaftstheorie. Bei Hobbes ist der Staat eine künstliche Konstruktion, deren Zweck gerade darin liegt, den natürlichen Zustand der Menschen zu überwinden.

Durch die Einführung des Naturrechts und des Prinzips der individuellen Freiheit rückte nicht nur der Mensch stärker in das Interesse der Philosophie, sondern wurde die gesell-schaftliche Ordnung zum zentralen Problem der Gesellschaftstheorie und der sich allmählich herausbildenden Sozialwissenschaft. Dieses Problem wurde einerseits als Frage nach der dem Prinzip der individuellen Freiheit angemessenen Ordnung thematisiert, andererseits aber auch nach der Logik und den Bedingungen von Ordnung. Die erste Frage beschäftigt neben der Moralphilosophie auch die Ökonomie, die bis zur Neoklassik mit der Moralphilosophie eng verbunden war. Die zweite Frage stellten sich dagegen insbesondere die ersten Soziologen.

Die Ökonomie hat dabei von Anfang an Ordnung eher als einen Rahmen von ökonomi-schem Handeln und ökonomischer Analyse betrachtet und weniger als einen Teil von ökonomischem Handeln und ökonomischer Analyse. Auch die Kontrakttheorie wurde lediglich zur Begründung der Möglichkeit einer freiwilligen und freiheitlichen Ordnung genutzt, nicht aber als Instrument zur Analyse der Entstehung und der „Logik" unterschiedlicher Ordnungen. Erst am Ende des 19. Jahrhunderts und am Anfang des 20. Jahrhunderts entwickelten Thorstein Veblen und andere überwiegend amerikanische Ökonomen parallel zur neoklassischen Ökonomie die institutionelle Ökonomie. Sie kritisierten die neoklassische Ökonomie, weil sie den technischen Fortschritt der Produktion und die Institutionen, welche das Handeln wirtschaftlicher Akteure beeinflussen, vernachlässigen würden. Deshalb ist die Neoklassik in ihrer Sicht nicht in der Lage, wirtschaftlichen und sozialen Wandel zu erklären.

Die frühen Soziologen, die zum Teil von der Newton'schen Mechanik inspiriert waren, verstanden dagegen Ordnung als ein interdependentes Regelungssystem und untersuchten deren Logik und Entwicklung. Obwohl Ordnung von der Genese her durchaus als Resultat individuellen Handelns und mehr noch von individueller Interaktion verstanden wurde, wurde individuelles Handeln als Element der Entwicklung und der Logik von Ordnungen weitgehend ausgeblendet. Gesellschaftliche Ordnung hatte und hat für die meisten Soziologen ihre eigene Logik, die vom Handeln der individuellen Gesellschaftsmitglieder weitgehend unabhängig ist. Erst mit George Mead und der Chicagoer Schule entwickelte sich ein soziologisches Paradigma, welches das Zusammenspiel von individuellem Handeln und gesellschaftlicher Ordnung systematisch analysierte.

Ökonomie und Soziologie haben sich also schon früh nicht nur durch unterschiedliche Gegenstandsbereiche voneinander abgegrenzt, sondern auch durch unterschiedliche Zugänge zum Problem gesellschaftlicher Ordnung. In beiden Disziplinen gibt es jedoch alternative Ansätze zu den vorherrschenden Theorien und Methodologien. Das zeigt exemplarisch, dass die Ausdifferenzierung der Sozialwissenschaften zu einer vielschichtigen und vielfältig verflochtenen Struktur geführt hat. Das betrachten wir in diesem und dem folgenden Kapitel näher. Zunächst kehren wir zurück zu einer Situation, in der Philosophie noch die umfassende Wissenschaft war, die mit ihren Theorien und Methoden alle Aspekte der Welt, von der Natur bis zur Gesellschaft, analysieren und verstehen konnte.

Von der thomistischen zur neoklassischen Ökonomie

Der Ausgangspunkt: Philosophie als umfassende Wissenschaft

Wenn wir hier von Philosophie als umfassende Wissenschaft sprechen, heißt das nicht, dass es noch keine fest organisierte wissenschaftliche Arbeitsteilung gab. Es heißt vielmehr, dass Philosophie eine umfassende Wissenschaft war, weil es noch keinen Unterschied zwischen Natur und Gesellschaft gab. Gesellschaft war ebenso real wie die Natur und beide sind Teile einer der Welt immanenten Ordnung. Bei Plato war das die vom Schöpfer, dem Demiurg, geschaffene Weltseele, in der islamischen und der christlichen Wissenschaft die göttliche Ordnung. Es gab also eine Einheit von Natur, Gesellschaft und Schöpfung sowie von Philosophie und Theologie. Diese Einheit löste sich ab dem 13. Jahrhundert langsam auf. Eine frühe Phase dieser Auflösung kann man mit Thomas von Aquin verbinden.

Die Philosophie von Thomas von Aquin baute auf der von Aristoteles auf. In seiner Erkenntnistheorie argumentierte Thomas von Aquin wie Aristoteles, dass philosophische Erkenntnis auf Sinneserfahrungen aufbaut, diese mit bereits vorhandenen Erkenntnissen verknüpft und daraus durch Abstraktion universale Prinzipien entdeckt. Wichtigste Quelle der Erkenntnis ist die Offenbarung. Er akzeptierte jedoch Offenbarung und Vernunft als zwei gesonderte Erkenntnisquellen. Auch wenn er generell die Offenbarung über die Vernunft setzte, akzeptierte er, dass es eine Sphäre gab, in der die Vernunft eine eigenständige, von der Offenbarung losgelöste Quelle der Erkenntnis war.

In seinem Ordnungsdenken ging Thomas von Aquin zwar wie Plato davon aus, dass Staat und Gesellschaft nicht bloß durch Menschen konstruierte Kollektive sind, sondern einem höheren Zweck unterliegen und eine eigene, reale Existenz haben. Sie sind Teil einer göttlich gegebenen Ordnung. Geht man von der Existenz einer göttlichen Ordnung aus, kann man in thomistischer Sicht Politik als rationale Verfolgung des Guten verstehen. Ohne Annahme einer göttlichen Ordnung gibt es dagegen kein rationales Handeln, weil jedes Ziel unendlich auf ein jeweils höheres Ziel zurückführbar ist. Das göttliche Gesetz schafft jedoch keine starre Ordnung, sondern wirkt vielmehr als bewegende Kraft, in deren Rahmen Menschen durch vernünftige Übereinkunft das Gemeinwesen etablieren und auf die jeweils spezifische Lage zuschneiden können. Menschen müssen also im Rahmen der göttlichen Ordnungen institutionelle Regelungen schaffen. In diesem Punkt folgte er Aristoteles.

Die thomistische Philosophie diskutiert nicht nur die politische Gestaltung des Gemeinwesens, sondern dessen soziale und ökonomische Struktur. Dabei stützte sie sich zum großem Teil auf Aristoteles. Ökonomische Grundlage des Gemeinwesens waren bei Thomas von Aquin das Privateigentum, die Arbeitsteilung und der Gütertausch durch Kauf und Verkauf. Dabei galt das Prinzip, dass ein Gemeinwesen umso besser ist, je besser es eine wirtschaftliche Autarkie sichern kann und je weniger es von der Tätigkeit von Händlern und Kaufleuten abhängig ist. Dieses Prinzip wirkte, wie wir noch sehen werden, viel später noch in den ökonomischen Vorstellungen nach, die unter dem Begriff „Merkantilismus" zusammengefasst werden.

Die Aufteilung der Bevölkerung nach Beschäftigung und Besitz wurde der göttlichen Vorsehung zugeschrieben. Allerdings lehnte Thomas von Aquin eine naturrechtliche Legitimation des Privateigentums ab. Privateigentum ist vielmehr begründet durch Übereinkunft. Es ist jedoch als Institution allgemein anerkannt, weil private Produktion der gemeinwirtschaftlichen Produktion überlegen ist und weil sich damit die gesellschaftliche Arbeitsteilung viel besser organisieren lässt. Schon bei Thomas von Aquin war also die (funktionale) Arbeitsteilung ein wichtiges gesellschaftliches Organisationsprinzip.

Arbeitsteilung

Zerlegung von Arbeit in unterschiedliche Aufgaben und Funktionen und Aufteilung auf unterschiedliche Personen.

Wie schon Aristoteles gingen Thomas von Aquin und seine Schüler davon aus, dass jedes Gut einen intrinsischen Wert hat. Dieser innere Wert muss sich in der Sicht der thomistischen

Wirtschaftslehre im Preis niederschlagen. Der innere Wert von Gütern ergab sich jeweils aus ihrer Zugehörigkeit zu einer Klasse. Die Klassen waren hierarchisch geordnet, wobei sich die Ordnung durch Bezug zur Schöpfungslehre ergab. Wertvoller war, was in der Schöpfung höher stand; Lebewesen waren also höher als tote Materie. In der Praxis ergab sich dann allerdings immer wieder das Problem, dass der reale Tauschwert von Gütern noch weit von ihrem inneren Wert der abwich. So war der Tauschwert von Perlen höher, als der von Mäusen. Dieses Phänomen wurde später als Wertparadoxon bezeichnet. In thomistischer Sicht gab es ein naturrechtliches Prinzip, wonach der Lohn für geleistete Arbeit ausreichen müsse, um den Arbeiter und seine Familie zu unterhalten. Gleichzeitig sollte sich der Preis der Arbeit allerdings auch nach einer Bewertungsskala richten, welche die Art der geleisteten Arbeit sowie die Stellung des Arbeitenden berücksichtigte.

Für Thomas von Aquin stand außer Frage, dass das Gemeinwesen über dem Individuum steht und dass die Aufgabe des Gemeinwesens nicht das individuelle Wohl, sondern das Gemeinwohl ist. Der Einzelne muss sich dem Gemeinwohl und damit dem Gemeinwesen unterordnen. Deshalb verfügt der Staat gegenüber seinen Bürgerinnen und Bürgern über die Zwangsgewalt – Zwangsgewalt ist das konstitutive Element des Staates. Sie richtet die einzelnen Bürgerinnen und Bürger autoritativ auf das Gemeinwohl aus. Allerdings kann der Staat seine Gesetze nur im Rahmen der göttlichen Ordnung gestalten und seine Zwangsgewalt nur im Rahmen dieser Ordnung nutzen. Dabei kommt der Gerechtigkeit eine ganz entscheidende Rolle zu. Gerechtigkeit heißt, dass Güter nach Würdigkeit und Lasten nach Leistungsfähigkeit verteilt werden. Ökonomisch heißt das, dass der Staat verpflichtet ist, für gerechte Preise zu sorgen. Die thomistische Lehre ging davon aus, dass ein Zusammenleben der Menschen unmöglich sei, wenn beim Gütertausch der Grundsatz gerechter Preise verletzt wird.

Bis zu Thomas von Aquin gab es eine einheitliche Wissenschaft, die Philosophie, welche mit ihrem theoretischen und methodischen Instrumentarium die Welt umfassend analysieren und verstehen konnte. Sieht man von der Trennung von Philosophie und Theologie ab, die schon bei Thomas von Aquin, insbesondere im Zusammenhang mit dem Wertparadoxon, einsetzte, blieb diese Einheit bis in das 15. und 16. Jahrhundert erhalten. Allerdings wurden schon im 13. und 14. Jahrhundert die erkenntnistheoretischen Grundlagen der christlichen Philosophie und der antiken Traditionen, auf denen diese aufbaute, insbesondere von Roger Bacon und von Wilhelm von Ockham in Frage gestellt. Bacon hob die Rolle von Beobachtung und Erfahrung als verlässliche Methoden der wissenschaftlichen Analyse sowie die Rolle der Mathematik hervor. Ockham verneinte die Möglichkeit von Wissen über Gott, an den man nur glauben könne, und setzte sich deshalb für eine klare Trennung von Theologie und Philosophie ein. In der Philosophie war Ockham ein Pionier des Nominalismus. Er bestritt die Existenz von Universalien, also von Allgemeinbegriffen, die als Realitäten verstanden werden. Allgemeine Begriffe sind für Ockham lediglich gedankliche Abstraktionen, denen keine Realität zukommt. Darüber hinaus stellte Ockham die von praktisch allen Philosophen seinerzeit noch akzeptierte Möglichkeit gesicherter Erkenntnis in Frage.

Die Herausbildung der Wirtschaftswissenschaft

Die von Ockham begründete nominalistische Denkschule führte zu einer Veränderung der ökonomischen Wertlehre. Die Idee eines natürlichen oder gerechten Preises wurde allmählich obsolet. Stattdessen wurde der Wert von Tauschgütern zunehmend über deren individuelle Nützlichkeit und deren Knappheit bestimmt. Im 15. Jahrhundert ließ schließlich Gabriel Biel den Begriff des gerechten Preises ganz fallen. Er argumentierte, dass kein Kauf und Verkauf zustande kommen würde, wenn sich nicht beide Parteien von der Transaktion einen größeren Vorteil versprechen würden, als vom Verzicht auf die Transaktion. Anstelle einer objektiven Werttheorie trat eine subjektive Werttheorie – der Wert von Gütern wurde nicht mehr durch objektive Kriterien bestimmt, sondern lediglich durch die individuelle Wertschätzung.

Zwischen dem 16. und dem 18. Jahrhundert wurde eine Reihe unterschiedlicher wirtschaftstheoretischer Ideen und Konzepte entwickelt, die später als Merkantilismus bezeichnet wurden. Der Begriff Merkantilismus bezieht sich auf die lateinischen Worte für Handeltreiben und Ware (mercari, mercator, merx). Die mit dem Begriff Merkantilismus bezeichneten Ansätze und Theorien stellten keine einheitliche Denkschule dar und wiesen nur wenige Gemeinsamkeiten auf. Gemeinsam war den Merkantilisten am ehesten die Vorstellung, dass sich die wirtschaftliche Stärke und der Reichtum eines Staates über seinen Edelmetallschatz messen ließe und über die damit verbundene Betonung der Wichtigkeit einer positiven Zahlungsbilanz. Diese Auffassung war die Grundlage für eine protektionistische Wirtschaftspolitik. Die Entwicklung des Merkantilismus war mit der Entwicklung von „nationalen" Volkswirtschaften verbunden – wobei „national" nicht nur die räumliche (geographische) Dimension meinte, sondern auch die politische.

In der gleichen Zeit bildete sich der Utilitarismus heraus. Schon Hobbes' Staatstheorie enthält eine ausgeprägte psychologische Komponente, die er aus seiner naturwissenschaftlichen Theorie von Körpern und deren Bewegung heraus entwickelte. Hobbes zufolge sind die Vorgänge im Bewusstsein des Menschen lediglich Folge der Bewegung von Körpern. Bewegungen lösten Sinneswahrnehmungen aus, die wiederum Bilder im Gehirn erzeugen. Das erzeugt psychische Prozesse, wie Denken, Verstehen oder Erinnern. Aus dieser Theorie folgt für Hobbes, dass es zwischen menschlicher Wahrnehmung und Realität keine exakte Entsprechung gibt und dass deshalb auch keine gesicherten Erkenntnisse über die Realität möglich sind. Diese Einsicht überträgt er auf die Ethik und bestreitet, dass es ein erkennbares Gutes oder Böses gäbe. Er vertritt also einen moralischen Relativismus – was gut oder schlecht ist, ist eine Frage individueller Einschätzung; richtig oder falsch ist, was das eigene Wohlbefinden fördert. Auf dieser Basis, die schon Züge des Utilitarismus trägt, kommt er dann zur Einsicht, dass Menschen egoistisch handeln und es deshalb ohne eine staatliche Ordnung zu einem Krieg aller gegen alle kommen würde.

Wie Thomas Hobbes ging auch John Locke davon aus, dass sich mithilfe wissenschaftlicher Vernunft keine allgemeingültige Moral identifizieren lasse. Ebenfalls wie Hobbes stützte sich Locke auf die Annahme natürlicher Rechte – insbesondere das Recht, sein persönliches Glück zu verfolgen. Zu den grundlegenden Rechten gehört das Recht auf Selbsterhaltung. Aus diesem Recht rechtfertigt sich auch das private Eigentum, soweit dieses auf Arbeit beruht und soweit durch Arbeit der Natur nicht mehr entnommen wird, als man selber braucht. Dabei galt zwingend das Verbot, sich die Früchte der Natur anzueignen und sie dann verderben zu lassen. Erlaubt ist jedoch, verderbliche Naturprodukte gegen weniger verderbliche und gegen Geld zu tauschen. Durch die Einführung von Geld, die in Lockes Sicht zunächst spontan erfolgte, werden der Akkumulation von Vermögen keine Grenzen mehr gesetzt.

Im Unterschied zu Hobbes ging Locke davon aus, dass die Rechte auf Freiheit und Eigentum jedes einzelnen Menschen durch die Rechte auf Freiheit und Eigentum der anderen Menschen im Rahmen eines natürlichen Gesetzes beschränkt würden. Der Naturzustand bei Locke ist kein Krieg aller gegen alle, sondern ein Zustand einer durch einen Gesellschaftsvertrag abgesicherten Tauschwirtschaft. Allerdings entwickelt sich wegen der Möglichkeit der Akkumulation in jeder Gesellschaft Ungleichheit, die Locke zwar als Problem erkennt, aber nicht weiter thematisiert. Er geht davon aus, dass Gesellschaft trotz Ungleichheit weitgehend spontan geordnet sein könne. Deshalb gibt es bei Locke auch keine uneingeschränkte Herrschaft. Im Gegenteil: In Lockes Denken beruht der Staat auf einem Gesellschaftsvertrag und damit auf der Zustimmung der Beherrschten. Mit seiner Betonung individueller Freiheitsrechte argumentiert er eher im Sinne eines minimalen Staates. Locke entwickelte auch eine Geldtheorie, in welcher der Bezug auf den dahinterstehenden Wert von Gold und Silber aufgegeben wurde. Er machte den Wert des Geldes allein von der Menge der Zahlungsmittel abhängig. Er begründete dabei einen empirischen Ansatz, der sich im 17. Jahrhundert immer stärker verbreitete. Im Rahmen dieses Ansatzes wurden in Anwendung mechanistischer Konzepte wirtschaftliche Zusammenhänge als Relationen zwischen messbaren Größen ausgedrückt.

Einen wichtigen Beitrag zur Entwicklung des Utilitarismus leistete Francis Hutcheson mit seinem Prinzip des größten Glücks der größten Zahl als Leitprinzip für eine gute gesellschaftliche Ordnung. Danach ist immer diejenige Handlung am besten, die das größtmögliche Glück der größten Zahl der Gesellschaftsmitglieder schafft. Es geht also nicht nur darum, die Summe des Glücks der Gesellschaftsmitglieder möglichst groß zu machen, sondern auch darum, dass am Glück der Gesellschaft möglichst viele Mitglieder der Gesellschaft Anteil haben. Moderner ausgedrückt: Hutcheson bemaß die Leistung einer Gesellschaft nicht nur an der Höhe des Wohlstands, sondern auch an der Verteilung des Wohlstands.

Ein weiterer wichtiger Wegbereiter des Utilitarismus war David Hume, dessen wichtigste philosophische Beiträge in der Erkenntnistheorie lagen. Er gilt als einer der Begründer des Empirismus. Gleichzeitig argumentierte er jedoch, dass Moral nicht durch Vernunft begründbar sei, sondern ihre Wurzeln in moralischen Gefühlen hat, die wie Sinneseindrücke sind. Ordnungspolitisch postulierte er auf der einen Seite individuelle Freiheit und Privateigentum als grundlegende Rechte eines jeden Individuums, argumentierte aber gleichzeitig, dass ein starker Staat notwendig sei, um Privateigentum und individuelle Freiheit zu schützen. Ganz im Gegensatz zu Hobbes hieß für Hume ein starker Staat keineswegs uneingeschränkte Herrschaft, sondern Herrschaft des Rechts. Der Staat verfügt zwar über weitreichende Herrschaft und Zwangsgewalt, doch muss dies durch das Recht klar und für alle gleichermaßen geregelt werden. Auch der oder die Herrscher unterliegen dem Recht.

Als eigentlicher Begründer des Utilitarismus gilt Jeremy Bentham, der Hutchinsons Prinzip des größten Glücks der größten Zahl aufnahm. Er begründete dieses Prinzip psychologisch und entwickelte es zum grundlegenden Prinzip der Gesellschaftstheorie. Dabei lehnte er jeden Rückgriff auf ein Naturrecht ab, das er als puren Unsinn bezeichnete. Menschliches Handeln wird in Benthams Sicht durch Lust und Unlust (oder Leid) geleitet. Jeder Mensch versucht, seine Lust zu maximieren und Unlust zu vermeiden. Dinge sind lediglich

Mittel zur Maximierung von Lust. Aus diesen Überlegungen ergab sich für Bentham, dass menschliches Handeln nicht nach seinen Intentionen bewertet werden sollte, sondern nach seinen Wirkungen. Bentham legte das utilitaristische Prinzip der Gesetzgebung zu Grunde und entwickelte Kriterien zum Abschätzen der durch Gesetze erzeugten Lust oder Unlust. Bentham zeigte, dass auf der Basis des eigennützigen Handelns von Menschen ein vollkommen ausbalanciertes rationales System denkbar ist, das die optimale Befriedigung sämtlicher Interessen gewährleisten kann. Bentham unterstützte auch die Gründung des University College of London, das Studienmöglichkeiten für all jene schaffte, die aus religiösen oder politischen Gründen nicht in Oxford oder Cambridge studieren durften.

Nach Bentham entwickelte dessen Schüler John Stuart Mill den Utilitarismus in eine etwas andere Richtung, indem er unterschiedliche Qualitäten des Glücks unterschied. Er argumentierte, dass intellektuelle und moralische Lust der rein physikalischen Lust überlegen sei. Was Mill für die heutige Ökonomie besonders bedeutend machte, war seine systematische Verknüpfung des Utilitarismus mit dem Konzept der Freiheit. Freiheit war für ihn das grundlegende Recht aller Menschen, das nur in einer einzigen Weise beschränkt war, nämlich das Freiheitsrecht anderer. Individuelles Handeln darf nur eingeschränkt werden, wenn es anderen Individuen Schaden zufügt. Mill leistete damit einen grundlegenden Beitrag zur liberalen Gesellschaftstheorie, auf die ich weiter unten ausführlicher eingehe. Er vertrat allerdings einen eher radikalen Liberalismus, für den in den USA später der Begriff „Libertarianism" („Libertarismus") geprägt wurde – mit dem wichtigen Unterschied, dass sich Mill nicht für einen minimalen Staat einsetzte, sondern im Rahmen des Freiheitsprinzips einen aktiven Staat forderte, der für die Entwicklung des Wohls der Bürger verantwortlich ist. Er sprach sich deshalb zwar gegen ein staatliches Bildungsmonopol aus, erklärte aber die Bildung gleichzeitig zu einer zentralen Aufgabe des Staates. Aus seiner eher radikalen Position heraus wandte sich Mill gegen die Sklaverei und trat für die Gleichberechtigung von Mann und Frau ein.

Der von Bentham, Mill und anderen entwickelte Utilitarismus prägt heute noch die wirtschaftswissenschaftliche Theorie und Teile der soziologischen und politikwissenschaftlichen Theorie. Er schlägt sich insbesondere im Prinzip des rationalen Handelns nieder. Mit Blick auf dieses Prinzip, wird der Utilitarismus oft gleichgesetzt mit der Annahme, dass Menschen ausschließlich egoistisch handeln. Diese Annahme findet man zwar bei Hobbes; aber schon Locke, vor allem aber Hume und Adam Smith lehnten diese Annahme entschieden ab. Hume argumentierte, dass menschliches Verhalten nicht nur durch Eigennutz motiviert werde, sondern auch durch Sympathie. Adam Smith hob die große Bedeutung moralischer Gefühle („moral sentiments") hervor. Erst durch die neoklassische Ökonomie wurde das utilitaristische Prinzip auf egoistisches Handeln reduziert. Heute wird allerdings von vielen Ökonomen eine Version des Rationalitätsprinzips (das Prinzip der gebundenen Rationalität) akzeptiert, das moralisches Handeln einbezieht. Das diskutiere ich im vierten und fünften Kapitel ausführlicher.

> **Utilitarismus**
>
> Ethische Doktrin, die Handlungen nach dem erzeugten Nutzen bewertet und sich dabei
> am Prinzip des größten Glücks der größten Zahl orientiert.

Die klassische Volkswirtschaftslehre

Zusammen mit dem Utilitarismus entwickelte sich die klassische Volkswirtschaftslehre, als
deren Begründer Adam Smith gilt. Viele Ideen und Prinzipien der klassischen Volkswirtschaftslehre wurden schon vor Adam Smith entwickelt. David Hume gebührt beispielsweise
das Verdienst, in seinen Auseinandersetzungen mit den Prinzipien und Praktiken des Merkantilismus mechanistischen Interpretationen in der Ökonomie zum Durchbruch verholfen zu
haben. Auf der Basis einer mechanistischen Interpretation entwickelte Ferdinando Galiani
eine Theorie des Tauschwerts, die von der Annahme ausging, dass der Wert von Gütern nicht
in den Gütern liegt, sondern in den menschlichen Bedürfnissen. Deshalb ist der Wert von
Gütern ausschließlich durch Angebot und Nachfrage bestimmt. Er verknüpfte Angebot und
Nachfrage über den Preis. Er betrachtete auch Geld als Ware, deren Wert durch Angebot und
Nachfrage bestimmt wird. Auch andere Philosophen nutzten einen subjektiven Wertbegriff.

Adam Smiths große Leistung besteht darin, dass er das gesamte ökonomische Wissen,
das sich zu seiner Zeit angesammelt hatte, zusammengeführt hat. Sein Buch *Inquiry into the
Nature and the Causes of Nations*, das 1776 erschien, wurde zum grundlegenden Werk der
Volkswirtschaftslehre. Einen zentralen Stellenwert nimmt in diesem Werk die Definition des
Begriffes Tauschwert ein. Dabei ging Smith von einem „natürlichen" Wert von Gütern aus,
für den die Arbeit als stabiler Maßstab diente. Er definierte den Wert eines Gutes über die
Arbeitsmenge, die zur Herstellung des Gutes notwendig ist. Diesen Wert bezeichnete er als
natürlichen Preis. Jedes Gut hatte also in Adam Smiths Sicht einen Preis, der unabhängig von
Angebot und Nachfrage existiert. Von diesem Preis, der durch einen objektiven Wert, den
Arbeitswert, bestimmt ist, unterschied er den Marktpreis, der durch Angebot und Nachfrage
und die subjektiven Werte der Marktteilnehmer bestimmt wird. Smith nahm jedoch an, dass
die Marktpreise unter den Bedingungen des freien Wettbewerbs um die „natürlichen" Preise
schwanken würden. Diese Wertlehre, die als Arbeitswertlehre bezeichnet wird, markiert, wie
ich später darstellen werde, einen wichtigen Unterschied zwischen der klassischen und der
neoklassischen Ökonomie, also der heute etablierten Volkswirtschaftslehre.

Ebenfalls einen zentralen Stellenwert nehmen in Adam Smiths Werk die Verteilung
des Volkseinkommens und die damit verbundenen Probleme ein. Dabei ging es ihm vor
allem um die Klärung der Frage, welchen Beitrag die Produktionsfaktoren Arbeit, Boden
und Kapital zum Wert der Produkte leisten. Diese Frage beantwortete er jedoch nicht klar.
Für die Höhe der Löhne bot er drei unterschiedliche Erklärungen an. Profite betrachtete er
in manchen Teilen seines Werks als Abzug von den Tauschwerten, in anderen aber auch als
Überschuss über die von der Arbeit geschaffenen Tauschwerte. Allerdings blieben die Rolle
des Kapitals und das Verhältnis von Kapital und Arbeit letztlich ungeklärt – damit erhielt

die Volkswirtschaftslehre ein zentrales Problem und ein ebenso zentrales Streitthema, mit welchem sie letztlich bis heute beschäftigt ist.

Adam Smith, der Moralphilosoph war, verknüpfte Ideen zeitgenössischer Moralphilosophen und Ökonomen über Eigennutz, Bedürfnisbefriedigung und freien Wettbewerb zu einer Konzeption einer natürlichen (spontanen) Ordnung. Er übernahm dabei das utilitaristische Leitprinzip vom größten Glück der größten Zahl, das aus seiner Sicht am besten über eine Tauschwirtschaft, also eine Marktwirtschaft, realisiert werden könne. Dabei spielte das Gleichgewichtsprinzip eine wichtige Rolle als Regelungsmechanismus zwischen den Interessen der Marktteilnehmer. Er nahm an, dass das Bemühen jedes Einzelnen, sich einen möglichst großen Teil knapper Güter zu sichern, durch das gleiche Bemühen anderer Menschen eingedämmt würde. Er beschrieb also die Tauschwirtschaft als eine Ordnung, in der sich eine natürliche Harmonie der Einzelinteressen spontan einstellt. Der Staat soll sich strikt darauf beschränken, die für eine funktionsfähige Marktwirtschaft notwendigen rechtlichen Rahmenbedingungen zu schaffen. Er plädierte für einen so genannten minimalen Staat.

David Ricardo führte diese Überlegungen weiter, löste sie aus dem moralphilosophischen Kontext heraus und versuchte, die Wirtschaftswissenschaft zu einer „exakten" Wissenschaft nach dem Modell der Newtonschen Physik zu entwickeln. Ricardo legte vor allem in seinem Werk *Principles of Political Economy and Taxation* eine Theorie vor, in der Wirtschaft systematisch als eine spontane Ordnung beschrieben wird. Die wichtigste Kraft dieser Ordnung sah er, von Newton inspiriert, in den Gleichgewichtstendenzen der Wirtschaft. Er nahm an, dass als Folge dieser Tendenzen die Preise langfristig den Wert der Arbeit, die für ihre Produktion erforderlich ist, wiedergeben würden und bezeichnete diese Preise als natürliche Preise. Etwas formaler formuliert besagt seine Arbeitswertlehre, dass der relative Preis von zwei Gütern durch das Verhältnis der Arbeitsmengen bestimmt wird, die für ihre Produktion erforderlich sind. Er räumte allerdings ein, dass die realen Preise von den natürlichen Preisen abweichen, betrachtete aber diese Abweichungen wie Adam Smith als vorübergehende Erscheinungen, denen keine Bedeutung zukommt. Ricardo formulierte expliziter als Adam Smith, dass das Funktionieren der Wirtschaft als spontane Ordnung von drei Voraussetzungen abhängt, nämlich, erstens, von der Geltung des Prinzips des rationalen Handelns, zweitens, von der Existenz vollständiger wirtschaftlicher Freiheit und drittens, von der Organisation von Tausch als Wettbewerb. Eine Gefährdung des wirtschaftlichen Gleichgewichts sah er im technischen Fortschritt und in der Bevölkerungsentwicklung. Ricardo entwickelte darüber hinaus die Theorie der komparativen Kostenvorteile, wonach Länder ihren Wohlstand am besten steigern können, wenn sie sich auf die Produktion der Güter spezialisieren, in denen sie besonders stark sind und mit anderen Ländern handeln.

Die Wirtschaftslehre Ricardos wurde unter anderem von Thomas Malthus, der vor allem als Bevölkerungstheoretiker bekannt ist, kritisiert. Er lehnte die Vorstellung, die Werte von Produkten entstünden aus Arbeit, entschieden ab. Für ihn waren Werte eine reine Frage von Angebot und Nachfrage. Darüber hinaus stellte Malthus die heute noch in der Wirtschaftswissenschaft verbreitete These auf, dass sich jedes Angebot an Gütern über die Einkommensentwicklung eine Nachfrage schaffen würde. Damit lehnte er die Annahme ab, dass die Wirtschaft immer zu einem Gleichgewicht tendieren würde. Mit seiner Theorie konnte sich Malthus jedoch gegen Ricardo und die Arbeitswertlehre nicht durchsetzen. Dagegen wurde Malthus insbesondere durch seine Bevölkerungstheorie bekannt, in welcher er argumentierte, dass das Bevölkerungswachstum exponentiell zunähme, während die Produktion der Nahrungsmittel nur linear steige. Als Maßnahme zur Begrenzung der Geburtenzahl empfahl Malthus eine Bildungsoffensive für die unteren Schichten. Malthus' Theorie hatte großen Einfluss auf die Evolutionstheorie in der Biologie (Charles Darwin) und in der Soziologie (Herbert Spencer).

Wirtschaftswissenschaft in Frankreich und Deutschland

In Frankreich entwickelte sich zunächst eine andere ökonomische Lehre, nämlich die Physiokratie. Die physiokratische Schule, die von Francois Quesnay begründet wurde, betrachtete die Landwirtschaft als Quelle der Wertschöpfung und des Wohlstands. Quesnay war ein Pionier der Kreislauftheorie. Er argumentierte, dass der Wirtschaftskreislauf den Naturgesetzen unterworfen sei und am besten funktioniere, wenn man der Wirtschaft freien Lauf ließe. Das begründete er damit, dass die Wirtschaft natürlichen Gesetzen unterliegen würde. In Quesnays Sicht organisiert sich Gesellschaft um die Produktion. Er unterschied drei Klassen, nämlich die produktive Klasse (Bauern und Pächter), die Grundbesitzer und die sterile Klasse (u. a. Manufakturbesitzer (Industrielle), Händler, Angehörige der freien Berufe, Diener).

Später nahm Jean-Baptiste Say die Lehre von Adam Smith auf und verhalf ihr zu einer breiten Aufnahme in Frankreich. Er kritisierte jedoch Ricardo, weil dessen Lehre nicht vollständig auf Tatsachen gestützt sei. Er plädierte stattdessen dafür, den reinen Nutzen eines Produktes als Basis seines Tauschwertes zu betrachten. Auch der Wert der eingesetzten Produktionsfaktoren leitet sich in seiner Sicht vom Nutzen der mit ihnen erstellten Produkte ab. Als Produktionsfaktoren betrachtete er nicht nur Arbeit, sondern auch Kapital und Boden. Der wichtigste Beitrag Jean-Bapstite Says zur Entwicklung der Volkswirtschaftslehre ist das Say'sche Theorem. Gemäß diesem Theorem müssen das geplante Angebot und die geplante Nachfrage in einer geschlossenen Volkswirtschaft übereinstimmen. Dabei ging er davon aus, dass die Produktion von Gütern das Einkommen schafft, das für die Nachfrage nach eben diesen Gütern notwendig ist – was Malthus bestritt. Jedes Angebot schafft sich also seine Nachfrage selbst. Diese Vorstellung ist heute noch in der Angebotstheorie der Volkswirtschaftslehre lebendig.

In der deutschen Wirtschaftswissenschaft konnte sich die Wirtschaftslehre von Adam Smith im 19. Jahrhundert nicht durchsetzen. Vielmehr war die deutsche Wirtschaftswissenschaft geprägt durch den Historismus, konkret durch die „historisch-ethische Schule", deren führender Vertreter Gustav von Schmoller war. Diese Schule lehnte sowohl die naturwissenschaftliche Methodologie als auch den Individualismus von Adam Smith ab. Zudem kritisierte sie die materialistische Orientierung von Smith. Sie setzte auf eine auf Nation und Staat ausgerichtete Wirtschaftslehre. Die Volkswirtschaft wurde als reales Ganzes, als ein Organismus, aufgefasst, das durch Ethik und Recht geregelt wird. Das war verbunden mit der Annahme, dass die gesellschaftlichen Institutionen ständig verbessert und ethisch vollkommener würden. Ähnliche Vorstellungen vertrat, wie wir noch sehen werden, Ferdinand Tönnies in der deutschen Soziologie. Wirtschaftswissenschaft oder in seiner Sicht Nationalökonomie hatte in von Schmollers Sicht nicht nur die Aufgabe, wirtschaftliche Strukturen und Entwicklungen zu verstehen und daraus wirtschaftspolitische Handlungsempfehlungen zu entwickeln. Sie sollte vielmehr auch wirtschaftliche Entwicklungen und Reformen moralisch anleiten.

Eine radikale Alternative zu der von Adam Smith und David Ricardo entwickelten klassischen Volkswirtschaftslehre schuf Karl Marx. Methodologisch vertrat Marx einen historischen Ansatz, den er in der Auseinandersetzung mit der Geschichtsphilosophie von Georg Wilhelm Friedrich Hegel entwickelte. Zwei Leitideen machen diesen Ansatz aus, nämlich erstens, dass Geschichte ein gesetzmäßiger und deterministischer Prozess ist, und zweitens, dass dieser Prozess durch die wirtschaftliche (materielle) Produktion bestimmt wird. Dieser Ansatz wird als historischer Materialismus bezeichnet.

Historischer Materialismus

Ein theoretischer Ansatz, demzufolge die historische Entwicklung einer zwangsläufigen Gesetzmäßigkeit unterliegt, die durch die ökonomischen Bedingungen einer Gesellschaft bestimmt wird.

Ökonomisch lässt sich der Gegensatz zwischen Marx und den klassischen Ökonomen am Verhältnis zwischen Arbeitswert und Tauschwert, gesellschaftspolitisch am Privateigentum und der Möglichkeit einer spontanen Ordnung festmachen. Marx nahm zwar wesentliche Punkte der Arbeitswertlehre von Ricardo auf, leitete daraus aber eine fundamentale Kritik der Politischen Ökonomie her. Sein zentraler Punkt war der, dass unter den Bedingungen des Privateigentums an Produktionsmitteln (z. B. Maschinen, Gebäude, Technologien) der Tauschwert vom Arbeitswert systematisch abweicht, weil die Eigentümer der Produktionsmittel einen Profit erwirtschaften wollen (und müssen). Marx überträgt die Arbeitswertlehre auch auf die Arbeit selbst und definiert den Wert der Arbeit als die Kosten, die für die Reproduktion der Arbeit (für die notwendigen Lebenshaltungskosten der Arbeitskräfte) bezahlt werden müssen. Die Eigentümer der Produktionsmittel erwirtschaften ihren Profit einfach dadurch, dass sie zwar ihren Arbeitskräften die Kosten der Reproduktion (also den Wert ihrer Arbeit) bezahlen, von ihnen aber eine größere Leistung verlangen. Vor der kapitalistischen Wirtschaft geschah das in der Regel dadurch, dass die Arbeitskräfte einen Teil ihrer Arbeit leisten mussten ohne deren Produkte zu erhalten, also durch Fronarbeit. In der kapitalistischen Wirtschaft trat an Stelle der Fronarbeit die Arbeitsproduktivität – die Arbeitskräfte werden so eingesetzt, dass der Wert der von ihnen produzierten Waren höher ist, als der Wert ihrer Arbeit, also ihr Lohn.

Marx verstand Wirtschaft nicht als eine auf individueller Freiheit und Tauschbeziehungen basierende spontane Wirtschaftsordnung, sondern als ein durch Klassenverhältnisse geprägtes Herrschaftssystem. Eine oder mehrere Klassen verfügen über den Besitz von Produktionsmitteln, während gleichzeitig eine oder mehrere Klassen von der Verfügung über Produktionsmittel ausgeschlossen sind und von der oder den besitzenden Klassen ausgebeutet werden, indem ihnen ein Teil des Wertes der von ihnen produzierten Waren vorenthalten wird. Deshalb gibt es zwischen der oder den besitzenden Klassen und der oder den besitzlosen Klassen einen unauflösbaren Interessengegensatz, der eine spontane Ordnung gar nicht zulässt. Vielmehr müssen die Interessen der besitzenden Klassen durch Macht gesichert werden. In vorkapitalistischen Gesellschaften waren der Erzeugung von Mehrwert einfach dadurch Grenzen gesetzt, dass der Mehrwert die Form eines Naturalproduktes hatte, das konsumiert werden musste. Erst mit der Einführung von Geld und der Akkumulation von Mehrwert in Form von Kapital fielen diese Grenzen, sodass im Kapitalismus die Ausbeutung der Arbeitskräfte schrankenlos wird. Damit spitzt sich auch der Klassengegensatz immer mehr zu, was schließlich zum Untergang des Kapitalismus und damit zu einer klassenlosen Gesellschaft führt.

Die neoklassische Ökonomie

Die klassische Volkswirtschaftslehre war kein geschlossenes Theoriegebäude. Sie enthielt vor allem widersprüchliche Annahmen über den Wert von Gütern, weil ihre Wertlehre sowohl von „natürlichen" Werten als auch von Tauschwerten ausgeht. Einerseits erkannten die klassischen Ökonomen im Preismechanismus den entscheidenden Regelungsmechanismus von Märkten, andererseits hielten sie aber an der Vorstellung eines natürlichen Preises, insbesondere eines Preises, der auf dem Arbeitswert von Gütern beruht, fest. Das gilt sowohl für Adam Smith als auch für David Ricardo und die meisten ihrer Zeitgenossen, Karl Marx eingeschlossen.

Als Reaktion auf diese Unstimmigkeiten, insbesondere in der Wertlehre, entwickelte sich Anfang der 1870er Jahre die Grenznutzenschule – und zwar unabhängig voneinander praktisch gleichzeitig in Wien, Lausanne und Cambridge. Schon einige Jahre früher nahm Hermann Heinrich Gossen wichtige Aspekte der Grenznutzenschule vorweg. In seinem Sättigungsgesetz sagte Gossen, dass die Größe eines Genusses mit zunehmender Erfahrung dieses Genusses abnimmt, bis zuletzt eine Sättigung eintritt. Der individuelle Nutzen eines Gutes – um einen moderneren Begriff statt Genuss zu nehmen – ist also nicht konstant, sondern nimmt mit zunehmendem Konsum des Gutes ab. Das ist besonders leicht nachvollziehbar, wenn man an Essen denkt, weil man dabei irgendwann satt wird, aber es gilt auch für andere Güter. Der Nutzen des Lesens von wissenschaftlicher Literatur zu einem bestimmten Thema nimmt in der Regel mit zunehmender Anzahl von Büchern oder Aufsätzen zu diesem Thema ab, weil man dadurch immer weniger Neues über das Thema lernt.

Was Gossen in seinem Sättigungsgesetz beschrieben hat, ist das, was später das Gesetz des abnehmenden Grenznutzens genannt wurde. Als Grenznutzen eines Gutes wird der zusätzliche Nutzen der jeweils letzten konsumierten Einheit des Gutes bezeichnet, also beispielsweise der zusätzliche Nutzen des zuletzt gelesenen Buches zu einem bestimmten Thema. Das Gesetz des abnehmenden Grenznutzens sagt (ähnlich wie Gossens Sättigungsgesetz), dass der zusätzliche Nutzen einer jeden weiteren konsumierten Einheit eines Gutes abnimmt. Einfacher ausgedrückt heißt das, dass der Nutzen eines jeden Gutes mit zunehmendem Konsum abnimmt. Dieses Gesetz beansprucht Geltung für alle knappen Güter und Dienstleistungen; es wird auch auf Einkommen übertragen. Es ist einer der Eckpfeiler der modernen Volkswirtschaftstheorie.

Mit dem Konzept des Grenznutzens wird der Wert eines Gutes losgelöst von objektiven Maßstäben, wie seiner generellen Nützlichkeit oder die für seine Produktion aufgewendete Arbeit und reduziert auf individuelle Nutzenvorstellungen. Darüber hinaus wird der individuelle Nutzen eines Gutes nicht mehr generell bestimmt, sondern in Abhängigkeit von der jeweiligen konkreten Konsumaktivität oder, mit anderen Worten, von der jeweiligen individuellen Nachfrage. Erst damit wird der Wert zu einer völlig subjektiven Größe. Der Wert von Gütern wird zu einem reinen Tauschwert, der in jeder Tauschsituation in Form des jeweiligen Preises neu bestimmt wird.

Grenznutzen

Nutzenzuwachs aus dem Konsum der jeweils letzten Einheit eines Gutes.

Mit der Grenznutzenschule entwickelte sich die klassische zur neoklassischen Ökonomie. Die neoklassische Ökonomie unterscheidet sich von der klassischen vor allem in zwei Punkten: Erstens, sie lehnt einen objektiven Wertbegriff ab und geht allein vom Tauschwert von Gütern aus. Ihr Grundprinzip ist, dass Preise, Produktionsmengen und Einkommensverteilungen allein über den Markt durch das Angebot und die Nachfrage nach Gütern bestimmt werden. Zweitens, sie transformiert die utilitaristische Philosophie in eine (positive) Theorie rationalen Handelns. Die utilitaristische Philosophie ging von eigennützigem Verhalten von Individuen aus und begründete dieses mit dem natürlichen Recht jedes Individuums auf Selbsterhalt. Sie postulierte dann das größtmögliche Glück der größtmöglichen Zahl von Menschen als Leitprinzip für die gesellschaftliche Verteilung. Sie argumentierte dabei zu einem großen Teil normativ. Die Theorie des rationalen Handelns dagegen postuliert Eigennutz als ein positives (empirisch gegebenes) Verhaltensprinzip und interpretiert eigennütziges Verhalten als Nutzenmaximierung. Das Prinzip des größtmöglichen Glücks ist nicht mehr ein gesellschaftliches Leitprinzip, sondern ein individuelles Handlungsprinzip. Die Wirtschaftssubjekte maximieren im Rahmen ihrer wirtschaftlichen Möglichkeiten ihren Nutzen. Dabei gilt die Grenznutzentheorie. Die wirtschaftlichen Möglichkeiten der Individuen (Haushalte) werden durch ihr Einkommen beschränkt, die von Unternehmen durch ihre Kosten. Für beide gelten zudem gesellschaftliche Rahmenregelungen. Das zentrale Verfahren ist die Gleichgewichtsanalyse – im Rahmen von Tauschprozessen bilden sich immer Gleichgewichtszustände heraus. Angebot und Nachfrage führen zu einem Preis, der sich in einem Gleichgewicht einpendelt.

Heute geht die neoklassische Ökonomie überwiegend von einem etwas modifizierten Rationalitätsprinzip aus, das ich im vierten Kapitel ausführlicher diskutieren werde. An dieser Stelle will ich kurz auf einen interessanten Aspekt der historischen Entwicklung dieses Prinzips eingehen. Wie ich oben kurz dargestellt habe, gibt das Rationalitätsprinzip ein historisch gewachsenes Handlungskonzept wieder, das sich erst im Zuge der Entwicklung gesellschaftlicher Ordnungskonzepte von einer natürlichen Ordnung über eine menschlich konstruierte Ordnung zum Utilitarismus herausbildete und herausbilden konnte. In einer natürlichen Ordnung oder auch einer von Menschen geschaffen Ordnung, wie Hobbes sie mit dem Leviathan vorschlug, war Handeln zwangsläufig regelgeleitet. Das Rationalitätsprinzip ist also kein allgemeingültiges Prinzip menschlichen Handelns, sondern das Produkt der Entwicklung der modernen Gesellschaft und des damit verbundenen Rationalisierungsprozesses.

Mit der Neoklassik hat sich in der Volkswirtschaftslehre das bis heute dominierende Theoriegebäude etabliert. Allerdings ist an diesem Theoriegebäude immer wieder von Ökonomen Kritik geübt worden, die zwar die Neoklassik nicht vollständig ablehnten, aber ihr in wichtigen Punkten widersprachen. Der wohl immer noch bekannteste dieser Ökonomen ist John Maynard Keynes. Seine 1936 veröffentlichte „General theory of employment, interest and money" stellte insbesondere die üblichen Gleichgewichtsmodelle in Frage, in denen die Volkswirtschaft von vorübergehenden Störungen immer zu einem Gleichgewicht mit Vollbeschäftigung tendiert. Er stellte diesen Modellen Kreislaufmodelle entgegen, in denen auch Ungleichgewichte und vor allem Unterbeschäftigung auftreten konnten, die mehr als bloße Störungen bedeuteten. Dabei erklärte er Unterbeschäftigung vor allem als Folge einer Diskrepanz zwischen Sparen und Investitionen und dem Fehlen eines Mechanismuses, der beide Größen regelmäßig zur Übereinstimmung brachte. Unterbeschäftigung entstand in seiner Sicht immer dann, wenn Ersparnisse sich nicht unmittelbar in Investitionen und einer Steigerung der Gesamtnachfrage niederschlugen. In diesem Fall wurde dem Wirtschaftskreislauf Geld entzogen, was sich über die Nachfrage in der Beschäftigung niederschlug. Damit erklärte Keynes die Nachfrage und die Investitionen – statt der Preise – zu den Schlüsselgrößen der Wirtschaft. Keynes' General Theory stieß in der Volkswirtschaftslehre auf viel Zustimmung, aber noch größere Ablehnung. Sie konnte sich deshalb im Ganzen nicht durchsetzen, hat aber das wirtschaftswissenschaftliche Denken nachhaltig beeinflusst.

Wichtige Annahmen und Aussagen der Neoklassik sind immer wieder in Frage gestellt worden. Als weitere Beispiele dafür werden wir im vierten und fünften Kapitel die neue Institutionenökonomik und die evolutionistische Ökonomie diskutieren. Trotz viel und zum Teil auch grundlegender Kritik hat sich jedoch die Neoklassik bis heute als vorherrschendes Theoriegebäude in der Volkswirtschaftslehre gehalten.

Soziologie: Von der „Physique sociale" zur Systemtheorie

Die Soziologie hat sich rund ein halbes Jahrhundert nach der Ökonomie ebenfalls aus der Philosophie heraus zu einer eigenen Disziplin entwickelt. Als Begründer dieser neuen Disziplin werden zumeist zwei Gelehrte genannt. Der eine ist Auguste Comte, der die Soziologie zunächst als „Physique sociale" bezeichnete, und der andere Herbert Spencer, der die evolutionistische Schule der Sozialwissenschaft entwickelte und damit über die Sozialwissenschaft hinaus wirkte. Der eine, Comte, wandte sich gegen den methodologischen Individualismus der Ökonomie, der andere, Spencer, nahm ihn auf – der Gegensatz zwischen methodologischem Holismus und methodologischem Individualismus bildete sich schon bei der Begründung der Soziologie.

Comte: Positivismus und „Physique sociale"

Comte folgt der stark empirisch orientierten Wissenschaftsauffassung seiner Zeit. Seine Methode akzeptiert Beobachtungen und Erfahrungen als Tatsachen und ordnet diese nach Prinzipien der Ähnlichkeit und Aufeinanderfolge. Aus den geordneten Tatsachen werden Gesetze abgeleitet und auf der Basis dieser Gesetze Vorhersagen über zukünftige Ereignisse gemacht. Grundzüge dieser Methodologie kann man schon im islamischen Goldenen Zeitalter, insbesondere bei Ibn al-Haytham, finden. Comte prägte dafür den Begriff Positivismus. Diese Methodologie wurde Anfang des 20. Jahrhunderts zum Logischen Positivismus weiterentwickelt.

Positivismus

Eine Erkenntnistheorie, der zufolge nur das Wissen authentisch ist, das aus Sinneswahrnehmungen stammt. Wissenschaftliche Erkenntnis muss sich deshalb auf solches Wissen stützen.

Comte bezeichnet sein Methode nicht nur als positiv, weil sich seine Aussagen auf einwandfrei bestimmbare und gesicherte Sachverhalte und positive Befunde stützt, sondern auch, weil seine Soziologie auf das Positive im Sinne des Guten, Nützlichen und Sinnvollen ausgerichtet ist. So betrachtete er Geschichte positiv als Fortschritt des akkumulierten Wissens und der darauf aufbauenden Auseinandersetzung mit der Natur. Comtes wichtigste Erkenntnis ist formuliert in seinem Drei-Stadien-Gesetz, mit welchem er die Entwicklung zur modernen Gesellschaft beschreibt. Wie gerade erwähnt, fasst er dabei gesellschaftliche Entwicklung als einen Fortschrittsprozess, der durch die Akkumulation von Wissen und die Rationalisierung von Wissenssystemen (die Verwissenschaftlichung) bestimmt wird. Der jeweilige Wissensstand bestimmt die Möglichkeiten des Menschen, sich mit der Natur auseinanderzusetzen und sie sich anzueignen. Comte zufolge befinden sich alle Gesellschaften zunächst in einem theologischen oder fiktiven Stadium. In diesem Stadium werden alle natürlichen Ereignisse und Erscheinungen als Folge übernatürlicher Kräfte interpretiert. Dieses Stadium hat drei Stufen, nämlich die animistische, in welcher die Welt von Geistern in Pflanzen und Tieren bevölkert wird, die polytheistische und die monotheistische Stufe. Das zweite Stadium nennt Comte das metaphysische oder abstrakte Stadium. In diesem Stadium wird Wissen „verweltlicht" und durch Vernunft begründet. Wissen über die Natur wird positiv, also auf empirische Beobachtungen gestützt. Natur wird aus den ihr innewohnenden Gesetzen erklärt. Das dritte (und endgültige) Stadium ist das wissenschaftliche oder positive Stadium. In diesem Stadium werden alle Dinge, nicht nur die Natur, sondern auch die Gesellschaft positiv erklärt. Gesellschaft wird rational, also auf Grundlage von positivem Wissen, gestaltet. Jedem dieser Stadien entspricht eine bestimmte Gesellschaftsordnung: dem theologischen Stadium der Feudalismus, dem metaphysischen die Revolution und die Säkularisierung, dem wissenschaftlichen Stadium eine neue wissenschaftlich technische Gesellschaftsordnung.

Die Soziologie von Comte umfasst zwei Teile, nämlich die soziale Statik und die soziale Dynamik. Die soziale Statik umfasst die Strukturanalyse der sozialen Formen und die Darstellung der Funktionszusammenhänge von Gesellschaft. Zur sozialen Dynamik gehörten die positive, nur an Tatsachen orientierte Interpretation der Geschichte, die Beschreibung des Fortschritts und die Analyse des sozialen Wandels. Aus der sozialen Statik gewinnt Comte die Theorie der natürlichen Ordnung von Gesellschaft, aus der sozialen Dynamik die Lehre des Fortschritts.

Ich habe weiter oben schon erwähnt, dass Comte, ebenso wie die damaligen Ökonomen, ein Anhänger von Empirismus und Mechanik war, aber gerade deshalb den Utilitarismus und den methodologischen Individualismus entschieden ablehnte. Er untersuchte soziale Strukturen und ihre „Mechanik" unabhängig von individuellem Handeln als eine eigene Realität. Dies begründete er „wissenschaftssystematisch" damit, dass Psychologie als Wissenschaft nicht möglich sei, weil psychologische Vorgänge keiner positiven Analyse zugänglich seien. Soziologie ist in Comtes Sicht keine Philosophie oder Geisteswissenschaft, sondern eine Art Naturwissenschaft, die die Gesetze untersucht, welche den sozialen Erscheinungen zugrunde liegen. Da zu den sozialen Erscheinungen auch die Wissenschaft gehört, ist die Soziologie für Comte die letzte und größte Wissenschaft, welche alle anderen Wissenschaften umfasst.

      Comte hatte eine Reihe von Vorläufern, von denen ich hier nur Henri de Saint-Simon erwähne. Saint-Simon gilt als bedeutender Vertreter des utopischen Sozialismus (der Vorstellung einer auf Gemeineigentum und Gleichheit beruhenden Gesellschaft) sowie als einer der Väter der christlichen Soziallehre. Er stellte die Gesellschaftsordnung und nicht mehr die Staatsverfassung in den Mittelpunkt der sozialwissenschaftlichen Betrachtung und wies der industriellen Produktion als Quelle der Wertschöpfung und des Wohlstands eine prägende Rolle für die gesellschaftliche Struktur und Entwicklung zu. Sie strukturiert in seiner Sicht die modernen Gesellschaften. Auch er betrachtete gesellschaftliche Entwicklung als einen dreiphasigen Fortschrittsprozess. In jeder Phase gibt es organische und kritische Epochen der Gesellschaft, also Phasen, in denen die Gesellschaftsordnung weithin anerkannt und solche, in denen sie in Frage gestellt wird. Organische und kritische Epochen wechseln sich ab, bis schließlich eine neue Stufe der gesellschaftlichen Entwicklung erreicht wird.

Spencer: Die Theorie der sozialen Evolution

Während Comte einen methodologischen Holismus vertrat, ging Herbert Spencer den gegenteiligen Weg, obwohl er durchaus von Comtes Positivismus beeinflusst war. Er vertrat einen methodologischen Individualismus, der bei ihm, wie bei den klassischen Ökonomen nicht nur rein methodologisch, sondern auch sozialphilosophisch begründet war – Spencer war stark im utilitaristischen und liberalen Denken verhaftet. Spencer entwickelte eine soziale Evolutionstheorie, die gesellschaftliche Entwicklung als Evolutionsprozess fasste. Dabei ging er davon aus, dass Evolution ein grundlegendes kosmisches Prinzip ist, das Natur und Gesellschaft gleichermaßen zugrunde liegt. Mit dem Begriff Evolution wird ein bestimmter Entwicklungsmodus bezeichnet, nämlich eine Entwicklung auf der Basis von Variationen, Selektionen und Bewahrung. Dabei bilden sich innerhalb einer Population von Lebewesen unterschiedliche Varianten heraus, die einem Selektionsprozess durch die Umwelt unterworfen sind. Das kennen wir aus dem Biologieunterricht, in dem wir gelernt haben, dass sich in der Natur bei Tierarten auf der Basis von Mutationen von Genen unterschiedliche Varianten herausbilden. Diese Varianten können in ihrer Umwelt besser oder schlechter überleben. Die beste Variante setzt sich auf Dauer durch und die Tierart verändert sich entsprechend. Diese Variante wird durch Reproduktion bewahrt und setzt sich damit durch. Das kann über sehr lange Zeit zu starken Veränderungen führen.

      Diese Definition von Evolution orientiert sich an der Evolutionstheorie von Charles Darwin, die kurz nach der Theorie von Spencer veröffentlicht wurde. Spencers Evolutionskonzept ist etwas anders. Er betrachtet Evolution als ein Differenzierungsprozess, in dessen

Verlauf alle Organismen – auch die Gesellschaft ist in seiner Sicht ein Organismus – sich ausdifferenzieren und spezialisierte Teile bilden. Grundlage dieses Prozesses ist die Tatsache, dass jeder Organismus über eine Reihe unterschiedlicher Eigenschaften verfügt, die durch Differenzierung und Spezialisierung besser zum Tragen gebracht werden können. Organismen, welche diese Differenzierung schneller und besser zu Stande bringen, verfügen über eine bessere Fähigkeit, sich an ihre Umwelt anzupassen und zu überleben. Deshalb entwickeln sich, so Spencer, alle Organismen von einfachen zu komplexen Strukturen. Das gilt für natürliche ebenso wie für soziale oder kulturelle Organismen. Evolution ist ein universales Gesetz, dem die soziale Entwicklung ebenso unterliegt, wie die Entwicklung der Natur.

Evolution

Eine Entwicklung auf der Basis von Variationen und Selektionen sowie von Bewahrung (Retention).

Gesellschaftliche Entwicklung folgt also diesem Muster. Innerhalb einer Population von Akteuren oder Organismen bilden sich Variationen heraus, die sich in ihrer Umwelt unterschiedlich bewähren. Es entwickeln sich beispielsweise in Gesellschaften unterschiedliche Normen, die den jeweiligen Gesellschaften unterschiedliche ökonomische Entwicklungsmöglichkeiten verleihen. Gesellschaften mit ökonomisch günstigen Normen sind wirtschaftlich erfolgreicher und erzielen gegenüber anderen Gesellschaften ökonomische Vorteile. Das führt dazu, dass weniger erfolgreiche Gesellschaften die Normen erfolgreicherer Gesellschaften übernehmen. Diese Normenuniversalen Gesetz der Evolution. Sie baut darauf auf, dass die Individuen in einer Gesellschaft über unterschiedliche Fähigkeiten, Erfahrungen und Kenntnisse verfügen, die nur durch Differenzierung systematisch für die Verbesserung der Produktivität von Gesellschaften genutzt werden können. Die durch Differenzierung gebildeten Strukturen der Gesellschaft werden der Selektion durch die Umwelt unterworfen und müssen sich im Überlebenskampf der Gesellschaft bewähren. Erfolgreiche Strukturmuster werden bewahrt und weitergegeben. Die Weitergabe erfolgt innerhalb der Gesellschaft durch Vermittlung an nachfolgende Generationen, und zwischen den Gesellschaften dadurch, dass erfolgreiche Strukturmuster von anderen Gesellschaften imitiert werden. Erfolgreiche Strukturen setzen sich also breit durch. Das kann man gut illustrieren an der weltweiten Verbreitung von Elementen des amerikanischen Lebensstils und von amerikanischen Normen in der Zeit, als die amerikanische Wirtschaft die (scheinbar) erfolgreichste Wirtschaft der Welt war. Ähnliche Sachverhalte werden wir im vierten Kapitel im Hinblick auf die Struktur von Organisationen diskutieren.

Ein geradezu idealtypisches Beispiel für einen sozialen Evolutionsprozess ist der Prozess der schöpferischen Zerstörung von Schumpeter. In diesem Prozess bieten Firmen Produkte an, die sich durch Innovationen von den auf dem Markt befindlichen Produkten unterscheiden. Wenn die potentiellen Käufer dieser Produkte die durch Innovation veränderten Produkteigenschaften so gut finden, das sie dafür den geforderten Preis bezahlen, setzt sich die Innovation am Markt durch. Innovative Unternehmen haben damit eine Chance, sehr viel höhere Profite zu erwirtschaften als weniger innovative Unternehmen. Innovationen haben in diesem Prozess die gleiche Funktion, wie Mutationen bei der biologischen Evolution – sie erzeugen Variationen. Die Selektionsfunktion übernehmen der Wettbewerb und der Markt. Erfolgreiche Technologien oder Organisationsformen werden in ganzen Branchen oder gar der Wirtschaft insgesamt übernommen. Ein ähnliches Beispiel ist die Mode. Die Modedesigner entwickeln unterschiedliche Designs; sie erzeugen also Variationen. Diese Variationen werden am Markt selektiert und sind dort unterschiedlich erfolgreich. Am Ende werden einige wenige Designer zu Stardesignern und andere verschwinden vom Markt. Die erfolgreichen Designs werden zu einer Mode oder gar zu einem Stil.

Wenn wir das Beispiel Mode genauer betrachten, werden wir feststellen, dass der Markt nur der zweite Selektionsmechanismus ist. Bevor eine bestimmte Mode am Markt erfolgreich sein kann, müssen sich in der Gesellschaft oder bestimmten gesellschaftlichen Segmenten bestimmte ästhetische Vorstellungen entwickelt und durchgesetzt haben, auf welche die Mode passt. Auch dies geschieht in einem Wettbewerb. An unterschiedlichen Orten und in unterschiedlichen sozialen Räumen entwickeln sich unterschiedliche ästhetische Vorstellungen. Manche dieser Vorstellungen bleiben auf eng definierte Orte und Räume beschränkt, andere werden von vielen Menschen angenommen, so dass sie sich in der Gesellschaft oder in bestimmten wirtschaftlich wichtigen Segmenten der Gesellschaft (zum Beispiel bei den Jugendlichen oder bei den Reichen) durchsetzen. Der Selektionsmechanismus ist hier die Kultur.

An den Beispielen Innovation und Mode kann man verständlich machen, warum Spencer dem methodologischen Individualismus zugerechnet wird. Was die soziale Evolution in seiner Sicht bewegt, ist das Handeln von individuellen Akteuren. Gesellschaft wird verstanden als Population von individuellen Akteuren. Die Variationen in dieser Population bilden sich im Handeln dieser Akteure. Individuelle Akteure entwickeln neue technische Lösungen oder erwerben diese am Markt; sie entwickeln neue ästhetische Vorstellungen, auf welche individuelle Akteure mit neuen Modedesigns reagieren, die dann von individuellen Akteuren gekauft oder nicht gekauft werden. Mehr noch: Spencer hat erkannt, dass sich soziale von biologischer Evolution in einem wichtigen Punkt unterscheidet, nämlich in der Fähigkeit von Menschen, Entwicklungen zu antizipieren, aus Selektionsergebnissen zu lernen sowie strategisch zu handeln. Menschen sind also der Evolution nicht einfach ausgeliefert, sondern können sich ihr aktiv anpassen. Unternehmen können beispielsweise die Strategien von erfolgreicheren Unternehmen imitieren oder auf Produktinnovationen anderer Unternehmen mit massiven Preissenkungen für ihre weniger innovativen Produkte reagieren. Auch Modedesigner können sich dem Markt anpassen, indem sie beispielsweise wichtige Elemente einer erfolgreichen Kollektion übernehmen oder indem sie einen erfolgreichen Trend noch radikaler umsetzen als ihre erfolgreichen Wettbewerber.

Trotz seines individualistischen Ansatzes betrachtet Spencer die Gesellschaft als einen eigenen Organismus. Dieser Organismus gehorcht, wie auch alle natürlichen Organismen, einem evolutionären Prinzip der graduellen Spezialisierung und Individuation, auf das ich gleich noch eingehe. Individuation heißt die Herausbildung einer eigenen Identität als ein unteilbares Ganzes, das gegenüber anderen Organismen klar abgegrenzt ist. Das ist ein Konzept, das man häufiger in soziologischen Theorien findet, die holistisch oder interaktionistisch sind. Tatsächlich könnte man Spencer gut dem methodologischen Interaktionismus zuordnen. Er argumentiert nämlich, dass Individuen wechselseitig voneinander abhängig sind und sich deshalb sozialen Regeln und Strukturen nur schwer entziehen können. Manche soziale

Strukturen wirken auch als Selektionsmechanismen oder sind Teile von solchen. Individuen sind zwar der Gesellschaft nicht untergeordnet, aber sie sind wegen ihrer Interdependenz Teil der Gesellschaft als Ganzes. Ihr Handeln wird durch soziale Strukturen mehr oder weniger stark beeinflusst.

Da für Spencer Evolution ein kosmisches Prinzip ist, betrachtete er das ganze Universum, auch Gesellschaften, in Begriffen eines evolutionären Prozesses. Dieser Prozess gehorcht universalen Gesetzmäßigkeiten, Gesetzmäßigkeiten, die für die Entwicklung sozialer Organismen genauso gelten, wie für die von biologischen Organismen. Zu diesen Gesetzmäßigkeiten gehört, dass sich Organismen (z. B. Gesellschaften) von einfachen und homogenen zu komplexen und heterogenen Zuständen entwickeln, sich also ausdifferenzieren. Er unterstellte damit jedoch nicht, dass Organismen einer festgelegten Entwicklung unterliegen, sondern lediglich, dass durch Differenzierung die Überlebensfähigkeit, also ihre Fähigkeit, sich in Selektionsprozessen durchsetzen, gesteigert wird.

Die Anfänge der Soziologie in den USA

Comte und Spencer haben auch die Gründung der Soziologie in den USA stark beeinflusst, die vor allem mit den Namen William Graham Sumner und Lester Frank Ward verbunden ist. Sumner bot die erste akademische Lehrveranstaltung mit dem Titel „Soziologie" in der englischsprachigen Welt an, in der er vor allem die Theorien von Comte und Spencer vermittelte. Er setzte sich für ein weitreichendes „Laissez-faire" des Staates im Rahmen einer demokratischen Ordnung ein, damit sich die Kräfte der sozialen Evolution voll entfalten konnten. Aus dieser liberalen Position heraus war er ein scharfer Gegner von Imperialismus und Ethnozentrismus.

Während Sumner keine eigenen theoretischen Vorstellungen von Gesellschaft entwickelte, sondern sich auf die klassische liberale Gesellschaftstheorie und Spencer stützte, wandte sich Ward in seiner „Dynamic sociology" und anderen Büchern gegen die Vorstellungen von Marx und Spencer, dass soziale Entwicklungen vorgegeben seien. Er unterschied zwischen „genesis" – der spontanen Entwicklung von Gesellschaft – und „telesis" – der geplanten Gestaltung gesellschaftlicher Entwicklungen. Er postulierte, dass im Verlauf der gesellschaftlichen Entwicklung die „telesis" gegenüber der „genesis" ein wachsendes Gewicht erhalten würde. Diese Vorstellung ist der im ersten Kapitel kurz diskutierten These von Nico Stehr ähnlich, dass mit zunehmendem Wissen auch die Machbarkeit von sozialen Entwicklungen steigt. Auf der Basis dieser theoretischen Grundlagen entwickelte Ward das Konzept einer Soziologie, die aus der Einsicht in die Gesetzmäßigkeiten des Sozialen heraus Interventionsprogramme entwickelt, um die Evolution der Gesellschaft in eine wünschenswerte Richtung zu bringen. Er entwarf damit eine Soziologie, die stark anwendungsorientiert ist, sich dabei aber auf einer gesicherten theoretischen Basis bewegt. Wards theoretische Überlegungen haben in der lange stark europäisch geprägten Soziologie wenig Resonanz gefunden.

Gesellschaftskonzepte: Durkheim, Tönnies und Simmel

In Europa hat nach Comte und Spencer vor allem Emile Durkheim die Soziologie als eigenständige Wissenschaft weiterentwickelt. Er postulierte eine eigenständige soziologische Methode, deren grundlegende Regel besagte, dass soziale Tatbestände nur durch soziale Tatbestände erklärt werden dürften. Mit anderen Worten: Soziale Regeln und andere Strukturen dürfen nicht auf individuelles Handeln zurückgeführt werden, sondern nur auf andere soziale Regeln und Strukturen. Wie wir gleich sehen werden, erklärt Durkheim beispielsweise Individualisierung nicht aus individuellen Werten und individuellem Handeln, sondern aus der Veränderung sozialer Integration. Mit seinen Regeln der soziologischen Methode wandte sich Durkheim gegen individualistische Erklärungen, wie sie Herbert Spencer verwandte.

Trotz unterschiedlicher Methodologien gibt es allerdings eine wichtige Übereinstimmung zwischen beiden. Ähnlich wie Spencer erklärt Durkheim gesellschaftliche Entwicklung als einen evolutionären Prozess der funktionalen Differenzierung und Arbeitsteilung. Im Verlauf dieses Prozesses verändert sich der Zusammenhang von Gesellschaft grundlegend. Die „vormodernen" Gesellschaften sind nach Durkheim segmentierte Gesellschaften mit geringer Arbeitsteilung, welche durch mechanische Solidarität zusammengehalten werden. Die „modernen" Gesellschaften sind dagegen arbeitsteilige Gesellschaften, deren Zusammenhang auf organischer Solidarität basiert. Segmentierte Gesellschaften sind solche, die in Clans, Stämmen oder anderen Gruppen organisiert sind, die sich weitgehend selber versorgen und schützen können. Zwischen den Clans, Stämmen oder Gruppen gibt es nur schwache Interdependenzen. Arbeitsteilige Gesellschaften sind dagegen durch starke funktionale Abhängigkeiten zwischen den einzelnen Gesellschaftsmitgliedern und auch zwischen gesellschaftlichen Gruppierungen gekennzeichnet. Die vormodernen Gesellschaften werden durch gemeinsame Werte und Normen zusammengehalten, die durch Sanktionen gesichert werden. Durkheim bezeichnet dies als mechanische Solidarität. Der Zusammenhang wird durch gesellschaftliche Sanktionsmechanismen erzwungen. Er hängt von der Funktionsfähigkeit dieser Mechanismen ab. Der Zusammenhang der modernen Gesellschaften beruht dagegen durch wechselseitige funktionale Abhängigkeiten zwischen Individuen und anderen Akteuren. Diese Abhängigkeiten sind das zwingende Resultat von Arbeitsteilung. In einer arbeitsteiligen Gesellschaft ist jeder Akteur auf Produkte und Leistungen anderer Akteure angewiesen. Diese Art von Zusammenhang ist in der Struktur der Gesellschaft angelegt. Individuen und andere Akteure können sich ihm nicht entziehen, ohne ihren Selbsterhalt zu gefährden. Dieser Zusammenhang ist in der Organisation des Zusammenlebens inhärent.

Mechanische und organische Solidarität (Durkheim)

- Mechanische Solidarität: Sozialer Zusammenhang auf der Basis von gemeinsamen Werten und Normen sowie von Sanktionen.
- Organische Solidarität: Sozialer Zusammenhang auf der Basis von Arbeitsteilung und wechselseitigen Abhängigkeiten.

Mit seinem Konzept von organischer Solidarität wendet sich Durkheim nicht nur gegen den methodologischen Individualismus, sondern vor allem gegen den Utilitarismus und dessen Konzept individueller Freiheit. In seiner Sicht ist individuelles Handeln gerade in den modernen, hoch arbeitsteiligen Gesellschaften nicht mehr frei, sondern geprägt durch vielfältige wechselseitige Abhängigkeiten. Soziale Strukturen entstehen deshalb nicht aus individuellem Handeln, sondern aus den Interdependenzen zwischen Individuen. Diese Strukturen sind durch ein wenig ausgeprägtes Kollektivbewusstsein und eine starke Individualisierung von Normen und Werten geprägt. Spezialisierung und Individualisierung lassen immer weniger Raum für ein integriertes Kollektivbewusstsein. Deshalb verlieren gemeinsame Normen und Werte ihre Funktion als Basis gesellschaftlicher Solidarität. Das hat jedoch nicht zur Folge, dass die Gesellschaftsmitglieder damit mehr Freiraum für eigennütziges Handeln gewinnen – im Gegenteil: sie werden in ein dichtes Netz wechselseitiger Abhängigkeiten eingebunden. Dieses Netz von wechselseitigen Abhängigkeiten tritt den Menschen als eigene, von ihnen unabhängige Realität entgegen.

Die rasche Entwicklung von einer segmentierten zu einer arbeitsteiligen Gesellschaft schafft zwar eine organische Solidarität, aber gleichzeitig auch ein „moralisches" Defizit. Die traditionellen Normen und Werte, welche bisher in der gesamten Gesellschaft anerkannt waren und für deren Zusammenhalt sorgten, verlieren an Bedeutung, ohne dass sich ein neues, breit anerkanntes gesellschaftliches Werte- und Normensystem entwickelt. Viele Normen und Werte gelten nur in engen sozialen Kontexten. Das birgt für Durkheim die Gefahr von Anomie. Als Anomie bezeichnet er ein Auseinanderfallen von individuellen Handlungen und sozialen Bindungen. In Durkheims Sicht gefährdet Anomie die gesellschaftliche Ordnung – in unserer Begrifflichkeit ausgedrückt, die spontane kulturelle Steuerung der modernen Gesellschaften. Deshalb sucht Durkheim nach einer angemessenen Moral für die arbeitsteilige Gesellschaft. Dazu untersucht er in einer berühmten Studie, auf die ich hier nicht weiter eingehe, den Selbstmord als Ausdruck extremer Anomie. Die Suche nach einer streng wissenschaftlichen Theorie der Moral stellt nach Durkheim die wichtigste Aufgabe der Soziologie dar.

Anomie

Bei Durkheim ein durch Normen nicht hinreichend geregelter Zustand; bei Merton ein Auseinanderklaffen zwischen kulturell definierten Zielen und der Verfügung über Mittel.

Das Anomie-Konzept wurde in den 1930er in der amerikanischen Soziologie unter anderem von Robert Merton aufgenommen – allerdings mit einer Bedeutungsverschiebung. Merton war Vertreter des Strukturfunktionalismus, hob jedoch die Möglichkeit dysfunktionaler Konsequenzen von Strukturelementen hervor. Er entwickelte eine Theorie abweichenden Verhaltens auf der Basis von Durkheims Anomie-Konzept, das er jedoch anders fasste. Merton definierte Anomie als eine Diskrepanz zwischen kulturell definierten Zielen und verfügbaren Mitteln, also als Situation, in der es Individuen nicht mehr möglich ist, sozial anerkannte Ziele mit ihren verfügbaren Mitteln zu erreichen. Das begünstigt abweichendes, Regel verletzendes Verhalten in unterschiedlichen Formen.

In Deutschland hat sich die Soziologie viel später und unter anderen Bedingungen konstituiert als in England und Frankreich. Das kann man mit der späteren Industrialisierung und der späteren gesellschaftlich-politischen Umwälzung in Verbindung bringen. Im 19. Jahrhundert war Deutschland zwar gemessen am Außenhandel hinter England die zweitstärkste Wirtschaft Europas, aber noch keine Industrienation. Es war vielmehr geprägt durch kulturelle Spannungen und gesellschaftliche Konflikte zwischen der herkömmlichen feudalen und bürgerlichen Gesellschaft einerseits und der sich herausbildenden Industriegesellschaft andererseits. Das spiegelt auch die Soziologie am Ende des 19. und am Beginn des 20. Jahrhunderts wider. Sie nahm zwar wichtige Aspekte von Empirismus und Positivismus auf, war aber gleichzeitig in der deutschen Tradition von Romantik und Idealismus verhaftet. Ein gutes Beispiel dafür ist Ferdinand Tönnies.

Tönnies, der als einer der Begründer der deutschen Soziologie gilt, vertrat ein Konzept von gesellschaftlicher Entwicklung, das dem von Durkheim einerseits vom Ansatz her durchaus ähnlich war, aber anderseits gleichzeitig in scharfem Kontrast dazu steht. Wie Durkheim betrachtete auch Tönnies gesellschaftliche Entwicklung als einen grundlegenden Wandel gesellschaftlicher Ordnungsprinzipien, der eng mit der Veränderung der wirtschaftlichen Produktion, insbesondere mit der Industrialisierung, zusammenhängt. Tönnies unterscheidet zwei Formen der Vergesellschaftung, die er als Gemeinschaft und als Gesellschaft bezeichnet. Diese beiden Formen stehen sich als zwei Zeitalter in den großen Kulturentwicklungen gegenüber. Zur Bezeichnung der Ordnungsprinzipien der beiden Formen verwendet Tönnies wie Dürkheim die Begriffe „organische Solidarität" und „mechanische Solidarität" – die er jedoch genau andersherum definiert als Durkheim. Organische Solidarität heißt für Tönnies Verbundenheit durch gemeinsame Werte und Normen, mechanische Solidarität ist dagegen die Verbundenheit der Gesellschaft durch zweckrationale Tauschbeziehungen. Die auf organischer Verbundenheit beruhende Gemeinschaft findet Tönnies im sozialen Leben in dörflichen und kleinstädtischen Milieus, die wirtschaftlich von Landwirtschaft und Handwerk getragen werden. Gesellschaft ist dagegen das soziale Leben in großen anonymen Städten, die wirtschaftlich von Industrie und Handel getragen werden. Gemeinschaft und Gesellschaft beschreiben den Übergang von der agrarisch geprägten feudalen Gesellschaft zu der industriell geprägten modernen bürgerlichen oder kapitalistischen Gesellschaft. Tönnies reflektiert mit seiner Begrifflichkeit die mit diesem Übergang verbundenen Modernisierungskonflikte und setzt sich kritisch mit der damit verbundenen Rationalisierung des sozialen Handelns und der Gesellschaft auseinander.

Anders als Tönnies ging zur gleichen Zeit ein anderer „Gründungsvater" der deutschen Soziologie mit gesellschaftlichen Veränderungsprozessen um – Georg Simmel. Er analysierte Gesellschaft als einen ständigen Prozess und sprach von Vergesellschaftung statt von Gesellschaft. Im Unterschied zu Tönnies und Durkheim (und auch zu Comte) betrachtete er gesellschaftliche Entwicklung nicht als einen großen Umbruch, sondern als einen kontinuierlichen Prozess. Wie Spencer und Durkheim beschreibt auch Simmel gesellschaftliche Entwicklung als einen Rationalisierungsprozess, der durchaus problematische Konsequenzen für die gesellschaftliche Integration mit sich bringt, aber auch für die Freiheit der Menschen. Zentrales Konzept seiner Theorie ist das der Wechselwirkung. Wechselwirkungen sind zunächst Beziehungen zwischen Individuen, in deren Rahmen Individuen typisiert werden. Aus diesen Wechselwirkungen von Individuen entwickeln sich mehr oder weniger dauerhafte soziale Strukturen, durch die Individuen sozial verortet und vergesellschaftet werden. Individuen werden jedoch durch die Strukturen, in die sie eingebettet sind, nur zum Teil bestimmt – Individuen besitzen eine bestimmte Art des Nicht-Vergesellschaftet-Seins (also eine individuelle Persönlichkeit). Deshalb gibt es auch zwischen Individuen und sozialen Strukturen Wechselwirkungen. Simmel betrachtet also Gesellschaft als einen ständigen Prozess von informellen und formellen Wechselwirkungen zwischen Individuen sowie zwischen Individuen und den Strukturen, die aus ihren Wechselwirkungen hervorgehen. Ähnliche Vorstellungen finden sich später in der interaktionistischen Sozialpsychologie und Soziologie sowie in der Anthropologie. Simmel unterscheidet zwischen Form und Inhalt von Wechselwirkungen. Inhalt von Wechselwirkungen sind Triebe, Interessen, Neigungen oder Zwecke; Formen sind Gruppen, Familien und andere soziale Gebilde. In Formen wird individuelles Handeln geordnet; gleichzeitig werden diese aber im Rahmen von Wechselwirkungen durch Handeln beeinflusst.

Eines der Hauptwerke von Georg Simmel ist seine Philosophie des Geldes. Schon die Verwendung des Wortes Philosophie im Titel illustriert Simmels Verständnis von Soziologie als einen Teil der Geisteswissenschaften oder der Philosophie und eben nicht als eine eigenständige Wissenschaft. Wegen dieses Verständnisses konnte sich Simmel – ebenso wie Tönnies, der ebenfalls stark in der Philosophie verhaftet war – zu seiner Zeit in der Soziologie nicht durchsetzen. Er passte nicht in eine Soziologie, die sich gerade von der Philosophie „emanzipierte“. Substantiell nahm Simmels Philosophie des Geldes jedoch ein zentrales Konzept der damaligen (und heutigen) Soziologie auf, nämlich die Vorstellung von gesellschaftlicher Entwicklung als Rationalisierungs- und Differenzierungsprozess. Für Simmel war Geld ein Medium zur Objektivierung von Tauschbeziehungen und die Voraussetzung für den Wandel von Naturalwirtschaft zu kapitalistischer Wirtschaft. Es erleichtert Arbeitsteilung und begünstigt soziale Differenzierung. Gleichzeitig rationalisiert Geld die Beziehungen zwischen Menschen bis zur Entfremdung. Sozialbeziehungen werden unpersönlicher, weil sich Käufer und Verkäufer nur noch in einer bestimmten Rolle gegenüberstehen.

Konzepte des sozialen Handelns: Max Weber und Alfred Schütz

Der Einflussreichste der „Gründungsväter“ der deutschen Soziologie war Max Weber. Wie wir schon im 2. Kapitel festgestellt haben, sind Webers Definitionen von sozialem Handeln sowie von Macht und Herrschaft in der Sozialwissenschaft auch heute noch weithin akzeptiert. Max Weber vertrat zwar einen methodologischen Individualismus, brachte aber gleichzeitig einen neuen methodologischen Ansatz in die Soziologie. Er definierte Soziologie als Wissenschaft, welche soziales Handeln deutend verstehen und dadurch seinen Ablauf und seine Wirkungen erklären will. Der Fokus auf soziales Handeln macht seinen individualistischen Ansatz deutlich. Mit den Worten „deutend verstehen“ wird sein Konzept einer verstehenden Soziologie beschrieben. Das Konzept des Verstehens richtete sich gegen den Positivismus, der nur Erkenntnisse als wissenschaftlich akzeptierte, die auf direktem Beobachten beruhen oder durch solche überprüfbar sind. Da aber in Webers Sicht ein zentraler Aspekt von sozialem Handeln im subjektiven Sinn dieses Handels besteht, greift der Positivismus in der Soziologie zu kurz. Der subjektive Sinn entzieht sich der Beobachtung und kann deshalb nur durch wissenschaftliche Deutung oder Interpretation ergründet werden. Deutungen oder Interpretationen sind dann wissenschaftlich, wenn sie auf wissenschaftlichen Kriterien (z. B. intersubjektive Nachvollziehbarkeit, logische Konsistenz) und wissenschaftlichem Vorwissen beruhen. Durch die Verallgemeinerung der Erkenntnisse aus dem Verstehen einzelner Handlungen konstruierte Max Weber sogenannte Idealtypen, die für ihn den Kern wissenschaftlicher Erkenntnis bilden. Idealtypen kann man als theoretisch sinnvolle Abstraktionen von tatsächlich beobachtetem Handeln verstehen. Ideal sind diese Typen nicht in dem Sinne, dass sie eine besonders ideale Form von Handeln beschreiben, sondern dass die Beschreibung in dem Sinne ideal ist, dass sie sich auf die wichtigen Aspekte des Handelns beschränkt, diese aber auch gut wiedergibt. Ein Idealtypus beschreibt also nicht eine „ideale" Realität, sondern eine ideale Vorstellung von Realität. Beobachtetes und interpretiertes Handeln wird systematisiert und auf wenige Typen reduziert.

Max Weber unterscheidet beispielsweise zwischen unterschiedlichen Idealtypen sozialen Handelns, nämlich zwischen zweckrationalem Handeln, wertrationalem Handeln, affektuellem Handeln und traditionalem Handeln. Zweckrationales Handeln ist das Handeln, das wir im zweiten Kapitel als Handeln des „homo oeconomicus" kennengelernt haben, also Handeln, das sich an dem damit erzielten Nutzen orientiert. Wertrationales Handeln ist dagegen Handeln, das konsequent auf die Realisierung von Wertvorstellungen ausgelegt ist – selbst wenn dieses unter Gesichtspunkten von Nutzen ungünstig ist. Den Unterschied kann man ganz einfach am Wahlverhalten illustrieren. Im ersten Kapitel haben wir im Zusammenhang mit der Theorie von Downs einen Wähler betrachtet, der zweckrational handelt, und festgestellt, dass dieser Wähler diejenige Partei wählt, von deren Regierung er den größten Nutzen für sich erwartet. Der wertrationale Wähler dagegen wählt die Partei, deren Ideologie und Programm seinen Überzeugungen am nächsten steht. Affektuelles Handeln liegt vor, wenn jemand rein emotional handelt, sein Handeln also nicht zielgerichtet ist – weder auf Zwecke noch auf Werte. Ein Beispiel dafür sind Wähler, welche eine radikale Partei wählen, deren Ideologie und Politik sie in keiner Weise positiv finden, weil sie damit den etablierten Parteien einen Denkzettel verpassen wollen. Traditionales Handeln schließlich ist Handeln, das eine einmal getroffene Verhaltensentscheidung einfach fortsetzt, ohne dass der Kontext des Handelns berücksichtigt wird. Traditional handelt beispielsweise ein Wähler, der zwar von einer Partei nichts mehr hält, sie aber einfach deshalb weiter wählt, weil er das immer schon gemacht hat.

Idealtypus

Ein theoretisches Konstrukt, das die wichtigen Aspekte der jeweils beschriebenen Realität hervorhebt.

Wir haben oben festgestellt, dass Soziologie in Webers Sicht soziales Handeln deutend verstehen und dadurch seinen Ablauf und seine Wirkungen erklären soll. Was verstehen heißt, habe ich eben dargestellt. Erklären heißt in diesem Verständnis, dass reale Situationen einem Idealtypus zugeordnet werden, wie wir das oben für das Wählen gemacht haben. Dabei muss sich der Idealtypus empirisch bewähren, also Handlungsabläufe und Wirkungen richtig wiedergeben. Ich werde auf Webers Konzept einer „verstehenden Soziologie" im vierten Kapitel noch ausführlicher eingehen. In der Sicht von Max Weber ist der Idealtypus ein heuristisches Instrument zur systematischen Beschreibung von Realität, aber keine Hypothese. Darüber könnte man jedoch wissenschaftstheoretisch trefflich streiten. So kann man Max Webers Idealtypen des zweckrationalen und des wertrationalen Handelns durchaus als Verhaltensannahmen interpretieren, die durch eine stark abstrahierte Generalisierung von beobachtetem Handeln gewonnen werden. Der Idealtypus des zweckrationalen Handelns beschreibt das gleiche Verhalten, wie das ökonomische Konzept des rationalen Handelns; der des wertrationalen Handelns dagegen beschreibt eher die Verhaltensweisen des „Homo sociologicus". Ebenso kann man seine drei Typen der legitimen Herrschaft – die legale Herrschaft, die traditionale Herrschaft und die charismatische Herrschaft – als theoretische Beschreibungen unterschiedlicher Herrschaftsformen verstehen. Max Weber beschreibt nicht nur unterschiedliche Formen von Herrschaft abstrakt, sondern assoziiert damit auch einen bestimmten Typus von Verwaltung und von staatlichem Handeln. So wird der Idealtypus der legalen Herrschaft zunächst definiert durch die Begründung von Herrschaft durch eine Rechtsordnung. Stellt man nur auf diese Grundlage ab, wäre auch der Minimalstaat, den sich viele Ökonomen wünschen, eine Form der legalen Herrschaft. Max Weber verbindet jedoch mit der legalen Herrschaft eine bürokratische Verwaltungsform und begründet dieses systematisch mit dem Argument, dass nur eine bürokratische Verwaltung staatliches Handeln strikt an die Rechtsordnung bindet. Das ist sicher nicht mehr bloß eine empirische Abstraktion, sondern eher ein theoretisches Modell.

Max Webers wissenschaftliche Vorgehensweise lässt sich illustrieren am Beispiel eines seiner wegweisenden Beiträge zur Sozialwissenschaft, seiner Analyse der Entstehung des westlichen Kapitalismus. Im Zentrum dieser Analyse steht der Idealtypus des zweck-rationalen Handelns. Dieses Handeln erhält in einer bestimmten gesellschaftlichen Gruppe einen besonderen Sinn – bei den Protestanten. Die protestantische Ethik weist der beruflichen Pflichterfüllung einen hohen moralischen Stellenwert zu und weist Wohlstand als Belohnung für Pflichterfüllung und Fleiß aus. Da sie gleichzeitig aber Verschwendung und Luxusleben eine moralische Abfuhr erteilt, fördert sie die Akkumulation von Kapital. Der westliche Kapitalismus verdankt also sein Entstehen nicht nur ökonomischen Gründen (wie der Einführung von Geld oder dem Produktivitätsfortschritt), sondern ist das Resultat des Zusammenspiels ökonomischer Faktoren mit einer spezifischen gesellschaftlichen Konstellation, in der das Gewinnstreben ethisch unterstützt wurde.

Max Webers verstehende Soziologie und sein Handlungskonzept wurden von Alfred Schütz aufgenommen, der jedoch Max Weber in zwei für die Entwicklung der Sozialwissenschaft wichtigen Punkten kritisierte. Der erste Punkt bezog sich darauf, dass Weber vom subjektiven Sinn des Handelns ausgeht, ohne die Frage zu stellen, wie Sinn subjektiv zustande kommt. Damit verbunden war der zweite Punkt, der der Frage nach den Möglichkeiten des Fremdverstehens von subjektivem Sinn galt. Diese Frage muss sich stellen, wenn man, wie Weber, versucht, subjektiven Sinn wissenschaftlich zu erfassen, obwohl er empirisch nicht beobachtbar ist. Schütz schlug zu beiden Punkten eine soziologische Lösung vor, nämlich zu untersuchen, wie Sinn in der sozialen Welt zustande kommt. Er setzte dabei an der alltäglichen Lebenswelt an, also an dem Bereich von Wirklichkeit, in dem Menschen alltäglich handeln und in den sie auch alltäglich eingreifen, der sie aber auch in ihrem Handeln einschränkt. Diese alltägliche Lebenswelt ist, so Schütz, für erwachsene Menschen größtenteils vorgegeben und wird fraglos hingenommen. Der Grund liegt darin, dass die alltägliche Lebenswelt von Individuen durch Wissen sozial strukturiert wird. Das Wissen besteht aus sozialen Verständnissen von Realität, die durch Sozialisationsprozesse vermittelt werden oder die Individuen aus eigenen Erfahrungen im Rahmen von sozialen Interaktionen entwickeln und bestärken. Dadurch erhält die Wirklichkeit einen sinnhaften Aufbau für die Individuen. Dieser sinnhafte Aufbau ist Grundlage ihres Handelns. Die Alltagswelt ist also für Menschen eine intersubjektive, sozial konstruierte Wirklichkeit.

Schütz hat eine neue Schule der Soziologie begründet, die als phänomenologische Soziologie bezeichnet wird. Wie der Begriff „phänomenologisch" schon sagt, befasst sich die phänomenologische Soziologie mit den unmittelbar gegebenen Erscheinungen von sozialer Wirklichkeit, also mit dem, was die Handelnden unmittelbar erfahren und verstehen. Sie stellt diese ins Zentrum der soziologischen Analyse und fragt nach den sozialen Prozessen, aus denen die alltäglichen Verständnisse von Menschen hervorgehen. Dabei geht es konkret um die sozialen Prozesse, über die Sinn geschaffen und vermittelt wird. Die phänomenologische Soziologie geht also davon aus, dass die Alltagswelt für die Menschen durch soziale Verständigungsprozesse und das dadurch erzeugte Wissen sinnhaft aufgebaut ist. Damit ist eine bestimmte Methodologie verbunden, deren Kern in der Annahme besteht, dass Wissenschaft die soziale Welt nur aus sich selbst heraus verstehen kann, weil diese soziale Welt über die alltäglichen Verständnisse auch das wissenschaftliche Denken prägt. Wissenschaftliche Erkenntnis ist nichts anderes, als die Rationalisierung und Systematisierung des Alltagswissens. Schütz nennt diesen Prozess eine Konstruktion zweiter Stufe.

Phänomenologische Soziologie

Eine soziologische Denkschule, die postuliert, dass soziales Handeln durch einen sozial konstruierten sinnhaften Aufbau von Realität bestimmt wird.

Talcott Parsons: Struktur-funktionale Systemtheorie

Einen weiteren wichtigen Schritt hat die Entwicklung der Soziologie mit Talcott Parsons genommen. Parsons forderte eine allgemeine, von konkreten Gesellschaften und historischen Kontexten unabhängige Theorie der Gesellschaft – also eine Theorie, die unabhängig von Raum und Zeit für alle Gesellschaften Geltung beansprucht. Diese Theorie soll die Frage beantworten, die für Parsons die zentrale Frage der Soziologie ist, nämlich die Frage, wie eine stabile Ordnung überhaupt möglich ist. Ähnlich wie Hobbes nahm er an, dass der Erhalt einer gesellschaftlichen Ordnung auch dann nicht selbstverständlich ist, wenn die Existenz dieser Ordnung im eigenen Interesse aller Gesellschaftsmitglieder ist. Deshalb muss gesellschaftliche Ordnung systematisch auf ihren Erhalt ausgerichtet sein. Sie muss so beschaffen sein, dass alle ihre Elemente funktional auf das Ziel des Systemerhalts ausgerichtet sind. Das ist, auf einen einfachen Punkt gebracht, der Kern seiner strukturfunktionalistischen Systemtheorie. Bei der Entwicklung dieser Theorie griff er auf die Arbeiten von zwei Anthropologen – Bronislaw Malinowski und Alfred Radcliffe-Brown – und deren funktionalistische Konzepte zurück, die ich zu einem späteren Zeitpunkt im Zusammenhang mit der Entwicklung der Anthropologie noch darstellen werde. Er übernahm insbesondere deren Gleichgewichtskonzept und postulierte eine Tendenz sozialer Systeme, sich strukturell selbst zu erhalten.

Systemerhalt heißt nicht, dass soziale Systeme darauf ausgerichtet sind, alle ihre Strukturen zu erhalten. Es geht lediglich um den Erhalt von grundlegenden Strukturmustern oder -prinzipien, welche die Art und Weise bestimmen, in der ein soziales System Probleme bewältigt. Eine kapitalistische Gesellschaft ist darauf ausgerichtet, Institutionen und Mechanismen, wie das Privateigentum oder den Marktmechanismus zu erhalten und Probleme auf der Basis dieser Institutionen und Mechanismen zu lösen.

Strukturfunktionalismus

Die Strukturen sozialer Systeme sind auf den Erhalt des jeweiligen Systems ausgelegt; Teilsysteme auf den Erhalt des Gesamtsystems.

Um sich selbst zu erhalten müssen alle Systeme und alle ihre Teilsysteme jeweils vier Funktionen ausführen: Erstens, die Anpassung an die Umwelt des Systems, zweitens, die Festlegung und Erreichung der grundlegenden Ziele des Systems, drittens, die gesellschaftliche Integration und viertens, die Sicherung grundlegender Orientierungen. Diese Funktionen werden in englischer Sprache als Adaptation, Goal Attainment, Integration and Latency bezeichnet. Sie bilden die Komponenten des AGIL-Schemas, welches das funktionale Grundmuster aller sozialen (und aller lebenden) Systeme ist. Adaptation heißt beispielsweise, dass über das wirtschaftliche Teilsystem die Produktion und Verteilung von Gütern und Dienstleistungen in der Gesellschaft an die verfügbaren Ressourcen angepasst wird. Goal Attainment bedeutet, dass über das politische (Teil)System kollektive Ziele, wie die Sicherung einer hohen Bildungsqualität, für die Gesellschaft festgelegt und realisiert werden. Integration sorgt unter anderem dafür, dass über soziale Interaktionen Gruppen mit unterschiedlichen Interessen in einer Gesellschaft immer wieder auch gemeinsame Interessen finden und Latency sichert beispielsweise über Sozialisationsprozesse, dass zentrale gesellschaftliche Werte an heranwachsende Generationen vermittelt werden.

Um Parsons Theorie und das AGIL-Schema zu illustrieren, nutze ich das Schema für eine Interpretation der Anpassung von Parteiensystemen am Wertewandel und veränderte gesellschaftliche Problemlagen. Ich habe im ersten Kapitel dargestellt, dass der Wandel von materialistischen zu postmaterialistischen Werten in Deutschland dazu geführt hat, dass sich die Grünen als weitere Partei erfolgreich im Parteiensystem etablieren konnten. Damit wir diesen Prozess mit Parsons Theorie erklären können, müssen wir zunächst das Parteiensystem funktional bestimmen. Das Parteiensystem ist Teil des politischen Systems, dessen Funktion das „Goal Attainment" für das gesamte gesellschaftliche System ist. Damit das politische System seine Stabilität sichern kann, muss es seine Legitimität sichern. Legitimität heißt, dass das System von seinen Mitgliedern generell als rechtmäßig und sinnvoll verstanden wird und seine Entscheidungen deshalb auch dann akzeptiert werden, wenn sie im Einzelfall nicht den Interessen von Gesellschaftsmitgliedern entsprechen. In Demokratien heißt das, dass zwischen politischen Entscheidungen und den Interessen der Gesellschaftsmitglieder eine hinreichende Übereinstimmung besteht. Was an Übereinstimmung hinreicht, muss sich im politischen Prozess immer wieder neu erweisen, weil Interessen in modernen Gesellschaften oft einem kurzfristigen Kalkül unterliegen und sich Werte immer wieder verändern. Das politische System muss sich also immer an Veränderungen von Interessen und Wandel von Werten anpassen.

Diese Anpassungsfunktion wird in repräsentativen Demokratien hauptsächlich durch das Parteiensystem erfüllt. Das Parteiensystem erfüllt diese Funktion über Parteienkonkurrenz und Wahlen. Da es auch ein System ist, muss es für sich selbst auch wieder die Funktionen des AGIL-Schemas erbringen. Bei grundlegenden Veränderungen von Interessenstrukturen und Werten erfolgt die Anpassung des Parteiensystems durch Veränderung seiner Strukturen, also beispielsweise durch Bildung einer neuen Partei oder die Entwicklung neuer „Fraktionen" innerhalb von Parteien. Diese Veränderungen werden durch Wahlen angetrieben, die dadurch für das Parteiensystem die Funktion des „Goal Attainment" wahrnehmen. Wahlen sorgen dafür, dass das Parteiensystem veränderte Interessenstrukturen und gewandelte Werte so in die Politik transportiert, dass die Legitimität des gesamten politischen Systems gesichert wird. Wie sich das strukturell niederschlägt, hängt, wie ich gleich noch zeigen werde, vom Wahlsystem ab, also von der konkreten Regelung von Wahlen. Die Integration des Parteiensystems erfolgt über die Parteienkonkurrenz, welche die Parteien zwingt, handlungsfähige politische Mehrheiten zu bilden. Dabei sichert die politische Kultur grundlegende Orientierungen von Parteien und Parteiensystem. Das will ich hier nicht zu sehr ausbreiten, sondern lediglich für die Anpassungsfunktion konkreter darstellen.

Der Wandel von materialistischen zu post-materialistischen Werten hat ökologische Probleme, die bis dahin gesellschaftlich wenig wahrgenommen wurden, im gesellschaftlichen „Bewusstsein" und in den gesellschaftlichen Interessenstrukturen verankert. In der Politik hat sich das in Form einer neuen Konfliktlinie niedergeschlagen. Davor waren die westeuropäischen Demokratien vor allem durch eine soziale Konfliktlinie und die Auseinandersetzung um die Verteilung des Wohlstands geprägt. Das schlug sich in der Struktur der westeuropäischen Parteiensysteme nieder. Die Parteien waren überwiegend auf einer „Rechts-Links"-Dimension angesiedelt – „linke" Parteien vertraten sozialistische oder sozialdemokratische Politikvorstellungen, „rechte" bürgerliche. Nun kam die Auseinandersetzung um die ökologischen Folgen des Wohlstands hinzu. Sie setzte eine Konfliktlinie in Bewegung, die quer zur „Rechts-Links"-Dimension lag. Um weiterhin eine stabile Regierung zu sichern, musste diese neue Dimension im politischen System strukturell dauerhaft verarbeitet werden. Das geschah in manchen westeuropäischen Demokratien dadurch, dass sich eine neue ökologisch ausgerichtete politische Partei etablieren konnte, in Deutschland die Grünen; in anderen Ländern bildeten sich statt neuer Parteien neue Gruppierungen und Fraktionen in den etablierten Parteien. Welche dieser beiden Formen erfolgte, wurde vor allem durch das Wahlsystem bestimmt. Als Wahlsysteme werden in der Politikwissenschaft die Verfahren und Regelungen bezeichnet, mit denen den an einer Wahl beteiligten Parteien auf Grund der erhaltenen Stimmzahlen die Sitze im Parlament zugewiesen werden. In manchen Ländern, wie in Deutschland, sind diese Verfahren und Regelungen so beschaffen, dass sie die Etablierung neuer Parteien als Folge veränderter Werte begünstigen. In anderen Ländern, etwa in Großbritannien, setzt das Wahlsystem dagegen der Etablierung neuer Parteien massive Hemmnisse entgegen.

Wahlsystem

Die Verfahren und Regeln zur Umsetzung von Wahlergebnissen in parlamentarische Sitzverteilungen.

Schon an dieser kleinen Illustration wird sichtbar, dass eine zweckorientierte Ordnung im Sinne der Systemtheorie wenig mit einem Leviathan im Sinne von Hobbes zu tun hat. Es ist keine Ordnung, die immer wieder durch Zwangsgewalt durchgesetzt werden muss. Parsons' Systemtheorie basiert vielmehr auf einem Handlungskonzept, das davon ausgeht, dass dem zweckrationalen Handeln von Individuen durch das soziale und kulturelle System Grenzen gesetzt sind. Im Unterschied zum ökonomischen Konzept rationalen Handelns werden diese Grenzen aber nicht bloß als externe Restriktionen gesetzt, sondern sind verinnerlicht und mit den Interessen der Gesellschaftsmitglieder (und der Mitglieder anderer sozialer Systeme) verknüpft. Das geschieht durch die wechselseitige Durchdringung von drei Systemen, nämlich des Persönlichkeitssystems, des sozialen Systems und des kulturellen Systems. Das Persönlichkeitssystem ist das Beziehungsgeflecht der Orientierungen, Rollenverständnisse, Handlungsmotivationen und Interessen von Individuen. Das soziale System wird im Wesentlichen durch die Institutionen und die Organisationsformen einer Gesellschaft gebildet, während das kulturelle System Symbole, Sinnzusammenhänge und Werte umfasst. Diese drei Systeme sind nicht aufeinander reduzierbar, aber miteinander über Wechselbeziehungen (Parsons selbst spricht von Interpenetration) verflochten. Diese Wechselbeziehungen kann man sich vereinfacht etwa so vorstellen, dass Individuen im Rahmen ihrer Sozialisationsprozesse durch das kulturelle System bestimmte Werte und Sinnzusammenhänge vermittelt erhalten und diese sich in ihren eigenen Orientierungen (in ihrem Persönlichkeitssystem) mit mehr oder weniger großen Variationen niederschlagen. Die Variationen wirken zurück auf das kulturelle System und können dort zu Veränderungen führen. Gleichzeitig machen Individuen im Rahmen ihrer Sozialisationsprozesse und ihres alltäglichen Handelns Belohnungs- und Bestrafungserfahrungen, welche ihre Orientierungen verstärken, abschwächen oder verändern. Sie lernen durch diese Erfahrungen beispielsweise, dass bestimmte Ziele durch gesellschaftliche Regeln unterstützt werden, andere dagegen nicht. Sie können dabei auch die Erfahrung machen, dass Verhalten, das durch Werte negativ belegt ist, im sozialen System keine oder keine erheblichen Sanktionen hervorruft. In einem solchen Fall vermitteln das soziale und das kulturelle System keine stabilen Orientierungen, was zu Anpassungsprozessen zwischen diesen beiden Systemen führen muss, um den Systemerhalt zu sichern.

Parsons Strukturfunktionalismus ist in den 1950er Jahren in der Soziologie als großer theoretischer Fortschritt aufgenommen worden. Ab den 1960er Jahren wurde er eher kritisch aufgenommen, weil er für die konkrete empirische Forschung als wenig fruchtbar bezeichnet wurde. In den 1970er und 1980er Jahren erlebte die Systemtheorie dann durch die Arbeiten von Niklas Luhmann eine Renaissance. Das werde ich folgend ausführlicher darstellen.

Die empirische Schule

Parallel und konkurrierend zum Strukturfunktionalismus von Parsons entwickelte sich in der amerikanischen Soziologie eine starke empirische Schule, die insbesondere mit dem Namen Paul Lazarsfeld verbunden ist. Lazarsfeld gilt als Begründer der modernen empirischen Sozialforschung, insbesondere der Meinungs- und Kommunikationsforschung. Zu den grundlegenden Ergebnissen seiner Forschung gehört die Einsicht, dass der Alltagsverstand und das Alltagswissen Realität oft stark verzerrt wahrnehmen, weil sie nicht nur durch „objektives" Wissen, sondern auch durch subjektive Erfahrungen, Werturteile, Vorurteile und Verallgemeinerungen geprägt werden. Alltagswissen und Alltagsverstand, so zeigen Lazarsfeld und in seiner Nachfolge viele andere empirische Sozialforscher, sind das Resultat vielschichtiger interpersonaler Kommunikationsprozesse, in denen individuelle Einsichten verallgemeinert und „objektiviert" werden und sich solchermaßen objektivierte Einsichten und Vorstellungen immer wieder mit individuellen Wahrnehmungen und Einsichten verknüpfen. Individuelles Wahlverhalten zum Beispiel wird – Lazarsfeld folgend – stark durch Kommunikationsprozesse beeinflusst, in denen öffentliche Meinungen gebildet und vermittelt werden und in direkter Kommunikation zwischen Wählern selektiv verarbeitet werden. Die empirische Einsicht in das Zustandekommen von öffentlichen und individuellen Meinungen und von Alltagswissen ist nicht nur empirisch, sondern auch theoretisch und methodologisch wichtig. Theoretisch ist sie wichtig für alle Theorien, in denen Alltagswissen für das soziale Handeln und die Entwicklung von sozialen Strukturen eine wichtige Rolle spielt, also beispielsweise für Alfred Schütz, den symbolischen Interaktionismus und andere interaktionistischen Ansätze, aber auch für alle verhaltenstheoretischen Ansätze, die nicht auf einem strikten Rationalitätsprinzip aufbauen. Methodologisch ist die Einsicht von großer Bedeutung, weil die empirische Wirtschafts- und Sozialforschung zu einem großen Teil auf Informationen aufbaut, die durch Befragungen und Interviews gewonnen werden, die also auf Alltagswissen aufbauen. Empirische Forschung in der Sozialwissenschaft basiert also zu einem großen Teil auf individuellen Aussagen, die stark durch vorherrschende Meinungen und „objektiviertes" Wissen geprägt sind.

Zusammen mit Maria Jahoda und Hans Zeisel führte Paul Lazarsfeld Anfang der 1930er Jahre eine detaillierte Untersuchung der Veränderungen des Verhaltens und der sozialen Teilhabe von Langzeitarbeitslosen durch, die als „Marienthal-Studie" bekannt geworden ist und 1932 veröffentlicht wurde. Diese Studie, die in Marienthal, einem Ort in der Nähe von Wien, durchgeführt wurde, zählt zu den Klassikern der empirischen Sozialforschung. Sie nutzte ein breites Repertoire unterschiedlicher Methoden, Befragungen, Tiefeninterviews und die teilnehmende Beobachtung. In der Studie wurden die sozialen und psychischen Folgen lang anhaltender Arbeitslosigkeit untersucht. Ihre Ergebnisse zeigen, dass die Verbindung von langer Arbeitslosigkeit mit Hoffnungslosigkeit zu einem drastischen Einbruch des sogenannten „Humanvermögens" und zu Resignation führt. Diese Einsicht stand im Gegensatz zu der damals vorherrschenden Auffassung, dass lang anhaltende Arbeitslosigkeit zu Aufruhr und Revolution führen würde.

Die Einsicht des Marienthal-Projektes, dass Menschen, die lange in Arbeitslosigkeit leben und keine Hoffnung auf Wiederbeschäftigung haben, ihre Fähigkeit zur Teilhabe an der Gesellschaft verlieren, ist heute noch so aktuell wie damals. Diese Fähigkeit wird oft mit dem Begriff Humanvermögen bezeichnet. Mit dem Begriff Humanvermögen werden ganz elementare soziale Daseinskompetenzen und Motivationen bezeichnet, ohne die sich das Humankapital, also das Wissen und die Fähigkeiten, die eine moderne Wirtschaft und eine moderne Gesellschaft brauchen, nicht entfalten kann. Zum Humanvermögen gehören Leistungsbereitschaft, Arbeitsmotivation, Solidarität, Empathie, Vertrauen, Lernfähigkeit und Gesundheit. Diese Fähigkeiten und Motivationen sind für die wirtschaftliche, soziale und kulturelle Entwicklung von Gesellschaften oder Regionen wichtig. Fehlen sie bei erheblichen Teilen der Bevölkerung oder sind sie zu schwach ausgebildet, hat das nicht nur negative Folgen für die betreffenden Menschen, sondern auch für die Entwicklung der ganzen Gesellschaft oder Region – insbesondere für Wachstum, Innovation und Stabilität.

Humankapital, Humanvermögen

Humankapital bezeichnet das Wissen und die Kompetenzen von Menschen, die für die Wertschöpfung eines Unternehmens oder einer Volkswirtschaft eingesetzt werden können. Humanvermögen dagegen wird definiert als Fähigkeiten und Motivationen von Menschen, die für deren Teilhabe an Bildung, Wirtschaft und Gesellschaft notwendig sind.

Die negativen Folgen von fehlendem oder schwachem Humanvermögen in erheblichen Teilen der Gesellschaft konnte und kann man gut in den Städten und Regionen beobachten, die von einem massiven wirtschaftlichen Niedergang und einer entsprechenden Verarmung erheblicher Teile der Bevölkerung betroffen sind. Zu den vielen Beispielen solcher Städte und Regionen gehören die Vorstädte von Großstädten wie New York, Paris oder London, Städte wie Pittsburgh, Neapel und Manchester und Regionen wie Elsass-Lothringen, Nordengland, Halle und andere ostdeutsche Regionen und das Ruhrgebiet. In den genannten Großstädten zeigen sich die negativen Folgen fehlenden Humanvermögens in Form von Radikalismus, Gewalt, Kriminalität und oft auch Fundamentalismus sowie dem Zerfall der sozialen Ordnung und Integration. Das kann man auch in den anderen genannten Orten feststellen, in denen aber vor allem die wirtschaftliche Entwicklung stark beeinträchtigt wird. Ein gutes, aber keineswegs vereinzeltes oder besonders negatives Beispiel dafür ist das Ruhrgebiet.

Wie der Sozialforscher Klaus Peter Strohmeier in detaillierten empirischen Untersuchungen zeigt, ist mit einem wachsenden Armutsrisiko, einer hohen Langzeit- und Jugendarbeitslosigkeit und dem Ausschluss von vielen Menschen aus der Bildung in weiten Teilen des Ruhrgebiets das Humanvermögen massiv bedroht. Die Kultur und der Lebensrhythmus der Industrie werden abgelöst durch die Kultur und den Lebensrhythmus der Arbeitslosigkeit. Das Klassenbewusstsein und die Aufstiegsmotivation der alten Unterschicht zerfallen. Immer mehr Menschen aus der Unterschicht, vor allem junge Menschen, verlernen, zu wollen. Sie verlernen es, weil ihr soziales Umfeld ihnen tagtäglich zeigt, dass es keinen Sinn hat, zu wollen – es gibt weder Hoffnung auf gesellschaftliche Veränderungen noch Vertrauen in individuelle Chancen. Wer nicht mehr will, hat auch kein Motiv zu lernen; wer kein Vertrauen in individuelle Chancen hat, hat keinen Grund, gesellschaftliche Spielregeln zu respektieren. Diese Sachverhalte sind nicht bloß sozialpolitisch unerwünscht, sondern zerstören die Voraussetzungen für eine nachhaltige wirtschaftliche und gesellschaftliche Entwicklung im

Ruhrgebiet. Trotz viel positivem Strukturwandel verschlechtern sich wichtige Voraussetzungen und Bedingungen weiter und damit verliert das Ruhrgebiet sozial und kulturell an
Fähigkeiten, einen weitreichenden Wandel zu gestalten und zu realisieren.

Die Systemtheorie von Luhmann

Anhand der eben dargestellten Situation kann man sich die Systemtheorie von Luhmann
gut erschließen. Wir beginnen damit, dass wir einen Jungen namens Jan betrachten, dessen
Vater seit mehreren Jahren arbeitslos ist. Er wurde arbeitslos, weil der Betrieb, in dem er
arbeitete, durch das börsennotierte Unternehmen, dem der Betrieb gehörte, dicht gemacht
wurde. Da der Vater das war, was man gemeinhin als einfachen Arbeiter bezeichnet, fand er
keine neue Stelle mehr. In dem Stadtquartier, in dem Jan mit seinem arbeitslosen Vater lebt,
gibt es viele Jans mit vielen arbeitslosen Vätern. Keiner dieser Väter wurde aus eigenem
Verschulden arbeitslos und keiner hatte eine reale Chance, wieder einen Job zu finden. Jan
ging mit vielen anderen Kindern arbeitsloser Eltern in eine Grundschule, wo er eigentlich
ganz ordentliche Leistungen erbrachte. Dennoch kam er danach auf eine Hauptschule, wo
auch alle anderen Kinder arbeitsloser Eltern gelandet waren und wie all diese Kinder hörte
er fast jeden Tag, dass Hauptschülerinnen und Hauptschüler keine Chancen haben, einen
einigermaßen guten Ausbildungsplatz zu finden. Seine schulischen Leistungen ließen nach
und er schwänzte die Schule häufig – und so ging es auch den meisten seiner „Kumpels". Die
Lehrerinnen und Lehrer ließen sie gewähren. Am Ende verpasste er den Hauptschulabschluss
und wurde Hartz-IV-Empfänger.

Was hat das mit Systemtheorie zu tun? Die Antwort ist einfach, wenn wir uns überlegen,
was im Kopf von Jan vorging. Jan machte viele Erfahrungen, die ihm zeigten, dass er kaum
erwarten konnte, später einmal einen guten Ausbildungsplatz zu erhalten. Die alltäglichen
Gespräche mit seinen Kumpels, seinen Eltern und anderen Menschen bestätigten diese Erwartungen lange bevor er tatsächlich durch seine schlechten Leistungen etwas tat, was diese
negativen Erwartungen begründen würde. Durch die Kommunikation mit seiner Umwelt
bildete sich in seinem Kopf eine ganze bestimmte Vorstellung von sich und der Welt, in der
er alltäglich lebte, fachlich als Bewusstsein bezeichnet, heraus. Allgemein gesprochen besteht
dieses Bewusstsein aus einer abgrenzbaren Menge von Gedanken und Vorstellungen, die
aufeinander bezogen sind und die zueinander passen. Jans Bewusstsein unterscheidet sich
von dem anderer Menschen; die aufeinander bezogenen und zusammenpassenden Gedanken
machen Sinn – und zwar Sinn, der spezifisch für Jan ist.

In der Sprache von Luhmann bildet Bewusstsein ein psychisches System. Das psychische System ist, wie auch soziale Systeme, ein operativ geschlossenes System. Operativ
geschlossen ist ein System dann, wenn es seine Elemente und deren Zusammenhang immer
wieder selbst herstellen und sich dabei nur auf sich selbst beziehen kann. Das psychische System produziert immer neue Gedanken. Dabei werden neue Gedanken aus vorangegangenen
Gedanken heraus produziert. Bewusstsein ist also ein Strom von Gedanken, die aufeinander bezogen sind – rückwärts zu vorangegangenen, vorwärts zu neuen Gedanken. Diesen
Prozess der Erzeugung von Elementen eines Systems aus sich heraus haben wir im zweiten
Kapitel als Autopoiesis bezeichnet. In Luhmanns Sicht sind alle psychischen und sozialen

Systeme ebenso wie alle lebenden Systeme autopoietische Systeme – also Systeme, die sich selbst erzeugen, erhalten und entwickeln. Letzteres heißt allerdings nicht, dass autopoietische Systeme nur aus sich selbst heraus ohne Beiträge der Umwelt existieren. Psychische Systeme entwickeln Gedanken auf der Basis von Anregungen aus ihrer Umwelt, aber sie verarbeiten diese Anregungen nach ihrer eigenen „Logik". Wenn Jan beispielsweise von einer Lehrerin oder einem Lehrer hört, dass er ohne Hauptschulabschluss überhaupt keine Berufschance hat, verarbeitet er diese Mitteilung vielleicht zu der Einsicht, dass er auch mit Hauptschulabschluss keine Chancen hat, während ein Mitschüler aus dem gleichen Quartier daraus die Schlussfolgerung zieht, sich doch noch mal anzustrengen. Die gleiche Mitteilung aus der Umwelt wird von zwei psychischen Systemen unterschiedlich verarbeitet – obwohl wir aufgrund der Tatsache, dass sie sich in ähnlichen Lebensgeschichten entwickelt haben, vermuten können, dass sie viele Ähnlichkeiten aufweisen.

Damit stoßen wir auf die zentrale Komponente von Luhmanns Systemtheorie, nämlich auf Kommunikation. Kommunikation ist die Grundlage aller psychischen und sozialen Systeme. Damit unterscheidet Luhmann sich grundlegend von Parsons, für den soziale Systeme auf Handeln beruhen. Soziale Systeme sind in Luhmanns Theorie auf sich selbst bezogene Prozesse der Erzeugung und Verarbeitung von Kommunikation. Menschen spielen dabei nur insofern eine Rolle, als sie durch ihre Mitteilungen unerlässliche Beiträge zum Kommunikationsprozess sozialer Systeme liefern. Die Miteilungen eines Menschen sind Äußerungen, die ihr psychisches System aufgrund seiner eigenen „Logik" produziert und die von psychischen Systemen anderer Menschen nach der „Logik" von deren psychischen Systemen verarbeitet werden. Der durch Mitteilungen aus psychischen Systemen angestoßene soziale Kommunikationsprozess entwickelt von Anfang an eine eigene Logik. Das, was sozial kommuniziert wird, ist nicht identisch mit den Intentionen der einzelnen Mitteilungen. Das können wir am Beispiel der Entwicklung des sozialen Systems unseres Quartiers betrachten.

Keiner von den in unserem Quartier lebenden Menschen, weder die von Langzeitarbeitslosigkeit betroffenen Eltern noch deren Kinder oder deren Lehrerinnen und Lehrer, hatte jemals die Intention, ein soziales System zu entwickeln, das sich grundlegend aus dem sozialen System der übrigen Stadt ausgliedert. Am Anfang des Prozesses waren sie Teil des sozialen Systems der Stadt. In Luhmanns Sprache waren ihre psychischen Systeme strukturell mit dem sozialen System der Stadt gekoppelt. Strukturelle Koppelung liegt dann vor, wenn zwischen zwei Systemen komplementäre Beziehungen existieren, wenn sie also wechselseitig auf Beiträge des jeweils anderen Systems angewiesen sind. Die psychischen Systeme der Menschen im Quartier waren auf die Anregungen (Mitteilungen) aus dem sozialen System der Stadt angewiesen, weil diese Stadt ihr unmittelbares soziales Umfeld darstellte, dem sie sich gar nicht entziehen konnten. Umgekehrt entwickelte sich das soziale System der Stadt auch auf der Basis der Mitteilungen der psychischen Systeme der Menschen in unserem Quartier. Diese Mitteilungen waren unmittelbarer Teil des Kommunikationsprozesses, welcher das soziale System der Stadt ausmachte. Die psychischen Systeme in unserem Quartier und das soziale System der Stadt haben sich wechselseitig ergänzt und beeinflusst.

In Luhmanns Theorie erzeugen und verarbeiten soziale Systeme Sinn und reduzieren damit die Komplexität der Welt. Sinn erzeugen heißt in Luhmanns Theorie, dass einzelne Kommunikationen miteinander verknüpft sind und eine Struktur ergeben. Struktur wiederum heißt, dass bestimmte Kommunikationen im System möglich (zugelassen) sind, andere dagegen ausgeschlossen. Genauer genommen müssten wir von wahrscheinlich und unwahr-scheinlich sprechen, denn Strukturen definieren einfach nur Erwartungen – und zwar Erwar-tungen über die nächsten Kommunikationen. Wenn Jans Vater nach seiner unverschuldeten Arbeitslosigkeit zum Arbeitsamt geht und seine Qualifikation und Leistungsbereitschaft mitteilt, erwartet er, in absehbarer Zeit die Mitteilung über ein neues Arbeitsangebot zu erhalten. Wie das Beispiel von Jans Vater zeigt, muss diese Erwartung nicht erfüllt werden. Das Nichteintreffen der erwarteten Mitteilung ist für das psychische System, das Bewusstsein, von Jans Vater eine Irritation, die Kommunikationen auslöst, welche sinnverändernd wirken. Im Fall von Jans Vater (und vielen anderen Menschen, die ohne eigene Schuld arbeitslos wurden und keine Hoffnungen auf einen neuen Job hatten) ist das Resultat dieses Prozesses schließlich die Abkehr von den etablierten Vorstellungen der „Leistungsgesellschaft". Dieser Prozess wurde über Mitteilungen von Jans Vater (und vieler anderer Menschen in gleicher Situation) in sein soziales Umfeld vermittelt und veränderte damit das soziale System des Quartiers und der Stadt insgesamt.

Wenn viele Menschen in einem bestimmten Stadtquartier leben und alltäglich die Er-fahrung machen, dass es den Menschen in ihrem Stadtquartier viel schlechter geht und sie viel weniger Chancen haben, als Menschen in benachbarten Quartieren, bildet sich in diesem Stadtquartier allmählich ein eigenes soziales System heraus. In dem Stadtquartier entwickeln sich Werte, Normen und Erwartungen, die sich von denen anderer Stadtquartiere und der ganzen Stadt immer mehr unterscheiden. Die Handlungsmöglichkeiten, Erwartungen und der Sinn, die im sozialen System der Stadt vermittelt werden, treffen in dem benachteiligten Stadtquartier nicht mehr zu. Die Möglichkeit, sich durch Arbeit seinen Lebensunterhalt zu verdienen und damit die Erwartung, dass sich Leistungen lohnen, schwinden. Arbeit ver-liert ihre symbolische Bedeutung für Wohlstand und Lebensqualität. Leistung macht keinen Sinn, weil die Leistungsanforderungen der sozialen Umwelt des Stadtquartiers nicht mehr erreichbar sind. Deshalb dreht sich die wirtschaftliche Kommunikation im Stadtquartier nicht mehr um Leistung und Entlohnung, sondern um die Ausschöpfung der Möglichkeiten, die Hartz-IV bietet. Auf diese Weise löst sich das soziale System des Stadtquartiers aus dem sozialen System der Stadt heraus und grenzt sich dagegen ab. Es kommt zu einem Prozess, der als Segregation bezeichnet wird. In Luhmanns systemtheoretischer Sicht heißt Segre-gation nichts anderes als die Ausdifferenzierung eines sozialen Systems in „Teilsysteme". Innerhalb eines Systems entwickelt sich als Folge von Kommunikationsprozessen eine klar abgrenzbare Differenz von Handlungsmöglichkeiten, Erwartungen und Sinn. Im Stadtquartier gelten andere Handlungsmöglichkeiten, Erwartungen und ein anderes Verständnis von Sinn.

Segregation

Aufteilung eines territorial definierten sozialen Raumes (z. B. einer Stadt) in Teilräume, die voneinander durch spezifische soziale Merkmale ihrer Bewohner (z. B. Wohlstand oder ethnische Zugehörigkeit) abgegrenzt sind.

Mit den Begriffen Kommunikation, Handlungsmöglichkeiten, Erwartungen und Sinn haben wir zentrale Begriffe von Luhmanns Systemtheorie angesprochen. Soziale Systeme sind für

Luhmann abgrenzbare Mengen von Kommunikationsbeziehungen. Im Gegensatz zu Parsons argumentiert Luhmann, dass nicht soziales Handeln die Grundlage von sozialen Systemen ist, sondern Kommunikation. Kommunikation baut zwar auf Mitteilungen von Personen, aber sie lässt sich nicht darauf zurückführen. Kommunikation ist in Luhmanns Theorie ein Selektionsprozess, der die Komponenten Information, Mitteilung und Verstehen umfasst. Jede Information stellt eine Selektion aus einer größeren Menge möglicher Informationen dar, sie kann über unterschiedliche Wege (z. B. Sprache oder symbolisches Handeln) mitgeteilt werden und sie kann in unterschiedlicher Weise verstanden werden. An jeder Kommunikation sind mindestens zwei psychische Systeme beteiligt, von denen keines den Kommunikationsprozess kontrollieren kann. Jedes beteiligte psychische System kann nur die Mitteilungen, die es selber vermittelt und die sein Verständnis der Mitteilungen, die es erhält, kontrollieren. Spätestens dann, wenn mehrere psychische Systeme an einer Kommunikation beteiligt sind, löst sich diese von einzelnen Individuen ab und entwickelt eine eigene Logik.

In dieser Sicht können soziale Systeme nicht auf Individuen und deren psychische Systeme reduziert werden. Sie entwickeln vielmehr aus der Kommunikation heraus eine eigene „Logik" und produzieren einen spezifischen Sinn. Damit beschränken sie Erwartungen und Handlungsmöglichkeiten – ohne allerdings Erwartungen und Handeln strikt festzulegen – und reduzieren damit Komplexität. Über den spezifischen Sinn, den sie produzieren, grenzen sie sich von anderen sozialen Systemen ab. Auch soziale Systeme können miteinander insofern kommunizieren, als sie Mitteilungen erzeugen können, die für andere soziale Systeme bedeutend sind. Das soziale System unseres Stadtquartiers erzeugt beispielsweise Mitteilungen für das soziale System der Stadt, die vermitteln, dass das soziale System des Stadtquartiers den Sinn des sozialen Systems der Stadt nicht mehr teilt, sondern sich durch einen anderen Sinn vom sozialen System der Stadt abgrenzt. Schon im ersten Kapitel haben wir ein anderes Beispiel von Kommunikation zwischen sozialen Systemen angesprochen, nämlich die Kommunikation zwischen dem wirtschaftlichen und dem politischen System. Wir haben dabei festgestellt, dass jedes System die Kommunikation (genauer die Mitteilungen), die es erhält, nach seiner eigenen „Logik" verarbeitet. In der Begrifflichkeit der allgemeinen Systemtheorie bezeichnet Luhmann diese „Logik" als „Code". Ein Code ist eine Art „Leitidee" des Systems oder ein einfaches Kriterium, nach dem die Kommunikation im System und des Systems mit seiner Umwelt strukturiert wird. Für die Wissenschaft ist die Leitidee Wahrheit, der Code der Wissenschaft ist wahr/unwahr. Das Wissenschaftssystem verarbeitet also Mitteilungen danach, ob sie wissenschaftlich wahr oder falsch sind. Ähnlich benutzt das Rechtssystem den Code Recht/Unrecht, das wirtschaftliche System den Code Haben/Nicht-Haben und das politische System den Code Macht/keine Macht. Wie diese Beispiele zeigen, sind Codes von Funktionssystemen (also Systemen, die für das Gesamtsystem spezifische Leistungen erbringen) in Luhmanns Theorie immer binär – haben also die Form richtig/falsch, wahr/unwahr, Besitz/Nicht-Besitz und so weiter. Luhmann damit deutlich, dass jedes System immer in einem Spannungsfeld von einem positiven und einem negativen „Wert" operiert und nicht einseitig auf einen positiven Wert ausgerichtet ist. So kann im Wissenschaftssystem Kommunikation, die bestimmte Einsichten systematisch als unwahr bezeichnet, dazu führen, dass die methodologischen Grundlagen der Wissenschaft, welche die Unterscheidung von wahr und falsch definieren, in Frage gestellt oder gar durch eine neue Methodologie abgelöst werden.

Mit der Systemtheorie hat sich der gegenwärtige Hauptstrom der Soziologie herausgebildet. Das heißt allerdings nicht, dass die Systemtheorie in der Soziologie eine analoge
Rolle spielt, wie die Neoklassik und die Theorie des rationalen Handelns in der Ökonomie.
Die Systemtheorie, vor allem in der abstrakten Form von Luhmann, wird eher als gedank-
licher Rahmen und sprachliche Form genutzt, denn als wirkliche Theorie. Darüber hinaus gibt
es in der Soziologie ein breiteres Angebot an Theorien, die sich nicht in die Systemtheorie
einordnen oder die gar in einem methodologischen Gegensatz zur Systemtheorie stehen. Ein
Beispiel für Letzteres stellt die verhaltenstheoretische Soziologie dar.

Verhaltenstheoretische Soziologie

Die verhaltenstheoretische Soziologie gibt es in zwei Varianten, nämlich einer „ökonomischen"
und einer „psychologischen" Variante. Die ökonomische Variante basiert auf der Rational
Choice Theorie und ist eng mit dem Namen James S. Coleman verbunden. Coleman, der inter-
essanterweise Schüler von Robert Merton war, der wiederum Parsons nahestand, nahm das
Konzept des sozialen Systems auf, erklärte aber soziale Systeme individualistisch. Er versteht
Systeme ähnlich wie Parsons als Handlungssysteme, das heißt als Strukturen, die aus der
Verknüpfung von Handlungen entstehen. In einfacher Form bestehen Systeme aus zwei Arten
von Elementen – Akteuren und Ressourcen – sowie aus zwei Beziehungen, die Akteure mit
Ressourcen verknüpfen, nämlich Interesse und Kontrolle. Soziale Systeme entstehen aus der
Tatsache, dass Akteure die Ressourcen, denen ihr Interesse gilt, nicht oder nicht vollständig
kontrollieren. Die Verfolgung der eigenen Interessen zwingt also Akteure zu Transaktionen
mit anderen Akteuren, in deren Rahmen sie die Ressourcen, die sie kontrollieren, einsetzen
können, um die Ressourcen zu erhalten, die sie nicht kontrollieren. Transaktionen umfassen nicht nur Tauschgeschäfte, sondern eine Vielzahl anderer Aktivitäten, wie Drohungen,
Versprechungen, Investitionen von Ressourcen. Aus unterschiedlichen Typen von Ressourcen, die in den Handlungen eine Rolle spielen, aus unterschiedlichen Handlungsarten und
aus unterschiedlichen Kontexten von Handlungen entwickeln sich jeweils unterschiedliche
Handlungsstrukturen, zum Beispiel freiwillige Austauschsysteme, wie Märkte, Herrschafts-
beziehungen, Vertrauenssysteme, kollektives Handeln oder Körperschaften. Dabei kann
man zwei Typen von Handlungsstrukturen unterscheiden, nämlich solche, die sich aus den
Beziehungen der handelnden Akteure selbständig und spontan entwickeln und erneuern,
und solche, die sozial konstruiert und die nur mit Hilfe von Dritten aufrechterhalten werden.
Typische Beispiele für den zweiten Typ sind Organisationen.
Obwohl das Verhalten von Systemen für Coleman aus den Handlungen seiner Bestandteile hervorgeht, weisen soziale Systeme Strukturen auf, welche sich von den handelnden
Personen ablösen. Solche Strukturen haben wir im zweiten Kapitel als emergente Strukturen
bezeichnet. Trotz seines individualistischen Erklärungsansatzes argumentiert Coleman also
nicht, dass alle sozialen Strukturen das Ergebnis einer freiwilligen Verständigung unter
den Gesellschaftsmitgliedern darstellen – auch wenn ihr Ursprung auf einer freiwilligen
Übereinkunft zwischen Individuen beruht. Ein interessantes Beispiel für diesen Sachverhalt
sind formale Organisationen, wie Unternehmen. Zwar kann man die Entstehung formaler
Organisationen durchaus individualistisch erklären. Eine Reihe von Personen führen ihre

Ressourcen in einer Organisation zusammen und nutzen ihre Ressourcen, um Leistungen weiterer Personen für die Organisation „einzukaufen". Konkret bilden einige Personen etwa eine Aktiengesellschaft, in die sie Kapital einbringen und einigen sich gemeinsam auf eine „Verfassung" (Satzung) für diese Gesellschaft. Dann schließen sie mit einer mehr oder weniger großen Zahl weiterer Personen Arbeitsverträge ab, durch die sie gegen eine bestimmte Bezahlung bestimmte Leistungen erhalten. Diese Arbeitsverträge sind freiwillige Übereinkünfte, in denen die wechselseitigen Rechte und Pflichten festgelegt werden. Pflichten sind in Colemans Sicht immer Verzichte auf eigene Rechte und Einschränkungen der eigenen Handlungsfreiheit. Dazu gehört auch, dass die über Arbeitsverträge einbezogenen Personen sich anderen Personen unterwerfen oder andere Personen führen und die Verantwortung für deren Handeln übernehmen müssen. Damit wird die auf freiwilligen Übereinkünften entstandene Organisation zu einem (legitimen) Herrschaftssystem. Damit dieses System dauerhaft und vorhersehbar funktionieren kann, müssen Rechte und Pflichten von einzelnen Personen abgelöst und mit bestimmten Positionen verknüpft werden. Zwar beruht die Übernahme einer Position immer noch auf einer freiwilligen Vereinbarung (einem Arbeitsvertrag), aber Rechte und Pflichten von Personen werden dann durch die Positionen vorgegeben, die sie in der Organisation einnehmen. Anstelle eines Beziehungsgeflechts zwischen Personen entsteht ein Beziehungsgeflecht zwischen Positionen, das eine von den persönlichen Beziehungen losgelöste eigene Logik besitzt. Die Rechte und Pflichten von Positionen sind miteinander sinnvoll zu einem System verknüpft. Dadurch entziehen sich die Rechte und Pflichten eines Positionsinhabers immer mehr einer Vereinbarung zwischen Personen.

Während Coleman seinen individualistischen Ansatz auf die ökonomische Theorie rationalen Handelns stützt und diese mit einem Systemkonzept verbindet, geht die andere Variante von der psychologischen Lerntheorie aus. Begründer dieser Variante ist George C. Homans in dessen Sicht die Entwicklung von sozialem Handeln durch die Belohnungen, die Individuen von anderen für ein bestimmtes Handeln erhalten sowie durch die mit diesem Handeln verbundenen Kosten gesteuert wird. Soziales Handeln ist also nichts anderes als ein Austauschprozess, in welchem Individuen und andere Akteure materielle und immaterielle Belohnungen austauschen (oder verweigern). Belohnungen sind Leistungen, die von dem jeweiligen Empfänger positiv bewertet werden.

Im Unterschied zu ökonomischen Tauschbeziehungen sind soziale Beziehungen vor allem dadurch gekennzeichnet, dass es keine klaren „Preise" gibt, also kein klares Verhältnis von Leistung und Gegenleistung. Zwar handeln Individuen auf der Basis von Belohnungserwartungen, aber die Art und die Höhe der Belohnung ist dabei nicht festgelegt. Individuen gehen in sozialen Tauschbeziehungen vielmehr unspezifische wechselseitige Verpflichtungen ein. Sie entwickeln aber auf der Basis ihrer Belohnungserfahrungen bestimmte Verhaltenserwartungen und Verhaltensregelmäßigkeiten; zwischen Individuen bilden sich Vertrauensbeziehungen heraus. In einer einfachen verhaltenstheoretischen Sicht sind soziale Normen generalisierte Belohnungserwartungen; Rollen sind durch Belohnungserfahrungen gestützte Verhaltensregelmäßigkeiten und Gesellschaft ist eine durch Austauschbeziehungen geregelte Ordnung.

Peter M. Blau, einer der profiliertesten Vertreter der verhaltenstheoretischen Soziologie, warnt jedoch vor einer solchen einfachen Sicht. Er hält sie für verkürzt, weil im Rahmen gesellschaftlicher Austauschprozesse emergente Strukturen entstehen, wie etwa Arbeitsteilung oder Machtstrukturen, die nicht in Austauschbeziehungen zwischen Individuen angelegt sind und allenfalls abstrakt auf diese zurückgeführt werden können. Emergente Strukturen entwickeln sich vor allem in komplexen Gesellschaften aus dem Zusammenspiel von einfacheren sozialen Strukturen. Blau verstand soziale Strukturen nicht bloß als abstrakte Konstrukte, sondern als Systeme konkreter Beziehungen zwischen den unterschiedlichen Elementen und Teilen einer Gesellschaft. Damit löst Blau die verhaltenstheoretische Soziologie von einem einfachen individualistischen Verständnis ab, ohne den individualistischen Ansatz ganz aufzugeben.

Die Austauschtheorie wurde nicht nur in der Soziologie, sondern auch in der Sozialanthropologie und in der Sozialpsychologie entwickelt. Schon 1925 publizierte der französische Anthropologe Marcel Mauss einen Aufsatz, in welchem er argumentierte, dass soziale Beziehungen durch Austausch entstehen und entwickelt werden. Er band jedoch soziale Tauschbeziehungen in einen übergeordneten sozialen und kulturellen Rahmen ein und argumentierte, dass Formen und Bedeutung von Tauschbeziehungen kulturell geprägt sind und deshalb erheblich zwischen verschiedenen Gesellschaften variieren.

Zwei Sozialpsychologen, nämlich Harold H. Kelley und John W. Thibault, haben Homans Theorie in einem wichtigen Punkt präzisiert. Sie untersuchen die Maßstäbe mit denen Individuen die tatsächlichen oder erwarteten Ergebnisse ihrer sozialen Beziehungen bewerten. Aus ihrer Sicht benutzen Individuen dafür zwei Maßstäbe, die als Vergleichsniveau und als Vergleichsniveau für Alternativen bezeichnet werden. Das Vergleichsniveau bildet die Erfahrungen, die Individuen mit ihren eigenen Ergebnissen und Beobachtungen der Ergebnisse anderer Personen ab. Ergebnisse die oberhalb des Vergleichsniveaus liegen, werden als positiv bewertet, solche die darunter liegen als negativ. Da in das Vergleichsniveau auch aktuelle Erfahrungen einfließen, verändert sich dieser Wert prinzipiell mit jeder Interaktion. Zusätzlich zum Vergleichsniveau nutzen Individuen auch das Vergleichsniveau für Alternativen. Dieser Wert bezeichnet das erwartete Ergebnis der besten Alternative, die Individuen zu ihrer jeweils aktuellen Beziehung haben. Individuen verlassen soziale Beziehungen, wenn deren Ergebnisse längere Zeit unter dem Vergleichsniveau für Alternativen liegen – selbst dann, wenn die Ergebnisse über dem Vergleichsniveau liegen. Das will ich hier nicht ausführen, sondern leite mit der knappen Darstellung der Theorie von Thibaut und Kelley über zur Sozialpsychologie über.

Gesellschaftspsychologie, Völkerpsychologie, Sozialpsychologie

Die Psychologie der Gesellschaft

Etwa zur gleichen Zeit, in der sich die Soziologie entwickelte, begründete Johann Friedrich Herbart mit seiner Psychologie der Gesellschaft die Sozialpsychologie. Herbart gilt als einer der ersten bedeutenden Psychologen Deutschlands, war aber auch als Pädagoge sehr einflussreich. Er legte 1824 und 1825 eine umfassende Darstellung der Individualpsychologie vor, in welcher er Psychologie als eine Erfahrungswissenschaft definierte – die allerdings bei Herbart eine metaphysische Komponente hat. Er argumentiert, dass jede Wissenschaft sich mit ihren Gegenstand als eigene Realität („Reale") versteht und die Wirklichkeit aus mehreren unterschiedlichen „Realen" besteht. Den unterschiedlichen „Realen" liegen jedoch universalgültige mechanische Strukturen zugrunde. In einer modernen Sprache ausgedrückt, gibt es also unterschiedliche Systeme mit jeweils einer eigenen Logik, der aber eine gemeinsame Struktur zugrunde liegt.

Herbart beschäftigte sich aus psychologischen und pädagogischen Gründen mit der Gesellschaft. Es ging ihm um die gesellschaftliche Prägung der menschlichen Psyche. In Herbarts Sicht sind alle gesellschaftlichen Kräfte ihrem Ursprung nach psychologische Kräfte. Gesellschaftliche Kräfte (Normen, Werte) sind rein geistiger Art, sie existieren einfach gesagt lediglich im menschlichen Bewusstsein. Etwas pointiert formuliert, ist Gesellschaft nur ein Bewusstseinszustand, den Individuen teilen. Dennoch fasst Herbart Gesellschaft als eine Realität eigener Art auf. Gesellschaft hat ein Geistesleben, das sich von den einzelnen Individuen ablöst. Gesellschaftliches Geistesleben wird zwar über individuelles Geistesleben „vermittelt", schafft aber für die Individuen geistige Inhalte, denen sie sich nicht oder nur schwer entziehen können. Wie wir im vierten Kapitel sehen werden, ist dies eine Vorstellung, die in der gegenwärtigen Wissenssoziologie heute noch aktuell ist.

Aus der Annahme, dass gesellschaftliches Geistesleben eine eigene Realität bildet, der sich Individuen nicht oder nur schwer entziehen können, folgt für Herbart keineswegs, dass das individuelle Bewusstsein ausschließlich sozial geprägt ist. In Herbarts Sicht gibt es vielmehr zwischen gesellschaftlichem und individuellem Geistesleben wechselseitige Beeinflussungen, aber keine wechselseitige Reduzierbarkeit.

Herbarts Ideen wurden von Gustav Adolf Lindner aufgenommen, konkretisiert und weiterentwickelt. Lindner verstand Gesellschaft als Organismus, der durch „geselligen Verkehr" (Austauschbeziehungen) zusammengehalten wird. Er unterscheidet zwischen äußerlichen Wechselbeziehungen, dem Austausch von Gütern und Dienstleistungen und geistig-sozialen Wechselbeziehungen. Erst die geistig-sozialen Wechselbeziehungen ermöglichen gesellschaftliches Zusammenleben. Durch die geistig-sozialen Wechselbeziehungen – durch Kommunikation – entstehen gemeinsame Ideen, Begriffe, Anschauungen und Symbole, mit anderen Worten ein gesellschaftliches Bewusstsein. Das gesellschaftliche Bewusstsein ermöglicht es der Gesellschaft, als wollendes Wesen zu agieren – als politisch handelnder Organismus. Damit wurde der wohl erste Entwurf einer Sozialpsychologie geschaffen.

Die Völkerpsychologie

Auf der Basis von Herbarts Ideen entwickelten zwei Schüler von Herbart, nämlich Moritz Lazarus und Heymann Steinthal, die Völkerpsychologie, die eine andere Variante früher Sozialpsychologie darstellte. Auch die Völkerpsychologie geht von der gesellschaftlichen Prägung des Menschen, also seines Wissens sowie seiner Einstellungen, Werte und Gefühle, aus. Lazarus und Steinthal nehmen an, dass gesellschaftliches Zusammenleben objektive geistige Inhalte erzeugt, die sodann das individuelle Geistesleben bestimmen. In einer etwas moderneren Sprache formuliert heißt das, dass die aus der sozialen Interaktion von Menschen entstehenden Vorstellungen, Erwartungen und Werte sich verselbständigen und den Individuen als soziale Konstrukte entgegentreten, die sie nicht oder zumindest nicht unmittelbar beeinflussen können.

Deshalb muss die den Menschen prägende Gesellschaft selbst zum Gegenstand der Psychologie – einer besonderen Psychologie, der Völkerpsychologie – gemacht werden. Das Erkenntnisinteresse der Völkerpsychologie gilt der Ermittlung der Gesetze des Volksgeistes. Der Volksgeist unterliegt ähnlichen Prozessen wie der individuelle Geist, aber die Prozesse sind komplizierter und „ausgedehnter".

Eine Alternative zur Völkerpsychologie von Lazarus und Steinthal entwickelte Wilhelm Wundt. Er wandte sich gegen die schon von Herbart aufgestellte Annahme, es gäbe eine der physischen Mechanik gleichwertige Mechanik des Geistes. Geistige Vorgänge, selbst einfaches Wahrnehmen, haben immer auch eine kreative Komponente. Geistige Tätigkeit hat also immer etwas mit schöpferischer Entwicklung zu tun. Während Herbart ebenso wie Lazarus und Steinthal zwischen dem individuellen und dem zwischenmenschlichen Geistesleben lediglich eine Art Parallelität sahen, geht Wundt von einem engen wechselseitigen Zusammenhang zwischen individuellem und zwischenmenschlichem Geistesleben aus. Das individuelle Geistesleben fließt in das zwischenmenschliche Geistesleben ein. Das zwischenmenschliche Geistesleben erzeugt Produkte, wie Geschichten oder Weltanschauungen, die sich zu einer Kultur verdichten. Die Kultur existiert schließlich unabhängig von Individuen und unterliegt eigenen (geistesgeschichtlichen) Gesetzmäßigkeiten.

Massenpsychologie und Psychologie der Vergesellschaftung

Es gibt eine Reihe weiterer früher Ansätze der Sozialpsychologie, von denen ich zwei noch kurz darstellen will – die Massenpsychologie und die Sozialpsychologie der Vergesellschaftung.

Die Massenpsychologie wurde von Gustav Le Bon, Gabriel Tarde und Scipio Sighele begründet. Sie beschäftigt sich mit unorganisierten Aggregaten, also mit Mengen von Menschen, die nicht geordnet sind. Massen haben weder beständige soziale Strukturen noch weisen sie gemeinsame Normen und Werte auf. Massen als unorganisierte Aggregate werden jedoch von der Massenpsychologie genauso als eigenständige Organismen verstanden wie organisierte Aggregate. Massen entwickeln ein Eigenleben und wirken sich auf das Erleben und Handeln von Individuen aus. Dabei entwickeln sich, wie insbesondere Tarde argumentiert, in Massen Gleichförmigkeiten als Resultat von wechselseitigen Imitationen.

Bei der Sozialpsychologie der Vergesellschaftung handelt es sich nicht um einen einheitlichen Ansatz, sondern um eine Reihe unterschiedlicher Theorien und Erklärungen, die sich mit der sozialen Formung des Menschen und der gesellschaftlichen Anpassung des Menschen befassen. Dazu gehören die Arbeiten von Edward A. Ross und John Dewey. Ross grenzt die Sozialpsychologie der Vergesellschaftung von der Massenpsychologie dadurch ab, dass Erstere Menschen dauerhaft sozial prägt, Letztere dagegen nur vorübergehend. Als zentrales Element der Vergesellschaftung beschreibt er die Entwicklung von Gruppen-Individualitäten, über die sich Menschen nach innen über Orientierungen und Institutionen integrieren und nach außen abgrenzen. Dadurch entstehen Uniformitäten von Denken und Handeln von größeren Zahlen von Menschen, die Voraussetzung einer funktionierenden Gesellschaft sind. Die Uniformierung ist kein aktiver Anpassungsprozess von Individuen, sondern ein passiver Einfügungsprozess – Individuen werden vergesellschaftet.

Während Ross Vergesellschaftung als einen Prozess der sozialen Einverleibung von Individuen beschreibt, charakterisiert Dewey Vergesellschaftung als wechselseitigen Verständigungsprozess, an dem Individuen aktiv teilnehmen. Dewey postuliert Handlung, nicht Empfindung, als Grundeinheit psychologischer Analyse. Handlungen sind das empirisch beobachtbare „Material" der Psychologie. Handlungen sind größtenteils in soziale Kontexte, insbesondere in soziale Gruppen, eingebunden. Deshalb müssen sich Menschen wechselseitig verständigen, um (zusammen) leben zu können. Sie müssen sozial berechenbar werden. Im Rahmen der wechselseitigen Verständigung geben Menschen Objekten und Handlungen Bedeutungen und verständigen sich über diese Bedeutungen. Die wechselseitige Verständigung prägt die Formation von Kognitionen, Orientierungen und Werten. Das führt zu einer sozialen Prägung des individuellen Bewusstseins – individuelles Geistesleben ist Verinnerlichung des sozialen Geisteslebens. Unterschiedliche Ausprägungen des sozialen Geisteslebens in unterschiedlichen Interaktionszusammenhängen führen zu unterschiedlichen Prägungen des Bewusstseins.

Die hier diskutierten sozialpsychologischen Ansätze zur Vergesellschaftung gehen zwar durchgängig von Individuen und deren Psyche aus, nehmen aber gleichzeitig an, dass aus sozialen Interaktionen von Individuen eigenständige soziale Strukturen entstehen, die von Individuen nicht beeinflussbar sind. Sie vertreten also eine holistische Methodologie.

Der Behaviorismus

Das klare Gegenprogramm zu diesen Ansätzen ist der Behaviorismus, der durch John B. Watson begründet und durch B. F. Skinner weiterentwickelt und radikalisiert wurde. Der Behaviorismus stützt die Sozialpsychologie auf beobachtbares Verhalten, das mit naturwissenschaftlichen Methoden erhoben wird. Er postuliert, dass sich die empirischen Aussagen der Sozialpsychologie nur auf Verhalten, nicht aber auf Bewusstsein beziehen dürfen, weil Aussagen über Bewusstsein nicht den wissenschaftlichen Kriterien von Objektivität und intersubjektiver Nachprüfbarkeit standhalten würden. So hat auch Comtes argumentiert, der die Psychologie nicht als Wissenschaft akzeptierte und den methodologischen Individualismus ablehnte.

Behaviorismus

Eine methodologische Auffassung, der zufolge nur Aussagen über Verhalten, nicht aber über Bewusstsein als empirische Aussagen akzeptiert werden können.

Skinner entwickelte ein radikal-behavioristische Theorie, deren zentrale Annahme lautet, dass alles Verhalten, auch komplexes Verhalten, in einfache Reiz-Reaktions-Assoziationen zerlegt werden kann. Solche Assoziationen verknüpfen Reize aus der Umwelt mit individuellen Reaktionen und den Belohnungs- und Bestrafungserfahrungen mit diesen Reaktionen. Reize sind hier Anregungen oder Anstöße aus der Umwelt, welche Handlungen auslösen. Diese Handlungen werden von der sozialen Umwelt, von welcher sie angereizt wurden, belohnt oder bestraft. Daraus entwickeln Individuen ein Verständnis für „richtige" oder „falsche" Reaktionen auf bestimmte Reize. Verhalten wird in dieser Sicht durch seine Konsequenzen geformt – Verhaltensweisen, die von der sozialen Umwelt belohnt werden, werden verstärkt, solche die bestraft werden, dagegen abgeschwächt. Das sind übrigens die sozialpsychologischen Grundlagen, auf welchen die verhaltenstheoretische Soziologie, insbesondere der Ansatz von Homans, aufbaut.

Die heutige Sozialpsychologie ist überwiegend individualistisch ausgerichtet, ohne aber noch dem Behaviorismus zu folgen. Sie ist individualistisch im Sinne von Individualpsychologie, vertritt aber keinen methodologischen Individualismus, weil sie Gesellschaft nicht aus individuellem Verhalten erklären will, sondern lediglich als Umwelt für das individuelle Handeln betrachtet. Gegen diese einseitig individualistisch ausgerichtete Sozialpsychologie richtete sich die Gruppenpsychologie, die insbesondere mit dem Namen Kurt Lewin verbunden ist. Die Gruppenpsychologie knüpft wieder an Herbart an und definiert Gruppen holistisch, spricht ihnen vom Handeln ihrer Mitglieder unabhängige Strukturen zu.

Symbolisch-interaktive Sozialpsychologie

Zwischen methodologischem Individualismus und dem methodologischen Holismus bewegt sich die symbolisch-interaktive Sozialpsychologie, die von George Herbert Mead begründet wurde. Mead selbst bezeichnete seine Theorie als Sozialbehaviorismus. Er orientiert sich wie die Behavioristen am beobachtbaren Verhalten, stellt dabei aber letztlich auf das Bewusstsein ab. Seine zentrale These ist, dass sich Bewusstsein und Persönlichkeit in sozialen Interaktionen formen.

Herbert Blumer hat Meads Theorie unter dem Begriff des „symbolischen Interaktionismus" systematisiert. Der symbolische Interaktionismus ist heute noch eine bedeutende Denkrichtung in der Soziologie. Er basiert auf vier zentralen Annahmen. Die erste Annahme ist, dass Menschen individuell und kollektiv auf der Basis der Bedeutung handeln, die sie den Objekten in ihrer Umwelt zuordnen. Die zweite Annahme lautet: Die Assoziation von Menschen erfolgt in der Form eines Prozesses, in dem sie Erwartungen an andere vermitteln und die Erwartungen anderer interpretieren. Drittens wird angenommen, dass individuelles und kollektives soziales Handeln durch einen Prozess konstruiert wird, in welchem die Akteure ihre Handlungssituationen wahrnehmen, interpretieren und bewerten. Die vierte Annahme besagt, dass die komplexen Verknüpfungen von sozialem Handeln durch Organisationen, Institutionen, Arbeitsteilung und Netzwerke nicht statisch, sondern im Fluss sind.

Symbolischer Interaktionismus

Eine bedeutende Denkrichtung in der Soziologie, der Anthropologie und der Sozialpsychologie, welche Gesellschaft als Netz von Interaktionen betrachtet, innerhalb derer Individuen Handlungssituationen wahrnehmen, bewerten und mit Verhaltenserwartungen verknüpfen.

Damit wird Gesellschaft beschrieben als Netz von sozialen Interaktionen, in denen sich generalisierte Erwartungen (Normen) und Regeln herausbilden, welche von den Mitgliedern einer Gruppe oder Gesellschaft geteilt werden und die ihre Wahrnehmung, Interpretation und Bewertung von Handlungssituationen in späteren Interaktionen beeinflussen. Daraus entwickeln sich Verhaltenserwartungen, die sich im Bewusstsein von Individuen niederschlagen. Soziale Strukturen, Organisationen und Institutionen sowie ihre Veränderungen sind also das Produkt sozialer Interaktionen. Je mehr Individuen in unterschiedlichen Kontexten handeln und je komplexer diese Kontexte miteinander verknüpft sind, desto geringer ist der Einfluss von sozialen Strukturen und Organisationen auf Interaktionen und individuelles Handeln. Der Wandel von Bewusstsein sowie von sozialen Strukturen, Organisationen und Institutionen kann als evolutionärer Prozess verstanden werden, der von Interaktionen bestimmt wird. Auf einen einfachen Punkt gebracht, geht also der symbolische Interaktionismus davon aus, dass soziale Strukturen weder allein aus individuellem Handeln entspringen noch, dass soziale Strukturen individuelles Handeln vollständig kontrollieren.

Von der Leitidee her weist der symbolische Interaktionismus durchaus eine Ähnlichkeit mit Simmels Theorie der Vergesellschaftung auf. Wie ich weiter oben dargestellt habe, versteht Simmel Gesellschaft als ständigen Prozess von informellen und formellen Wechselwirkungen zwischen Individuen, Gruppen und anderen sozialen Gebilden. Im Rahmen dieser Wechselwirkungen wird individuelles Verhalten sozial geordnet. Auch für den symbolischen Interaktionismus ist Gesellschaft keine feste Struktur, sondern ein Prozess, in dem sich Strukturen in einem ständigen evolutionären Wandel befinden.

Sozialwissenschaft als Kulturwissenschaft: Anthropologie

Wie die anderen sozialwissenschaftlichen Disziplinen, bildet sich die Sozialanthropologie (oder Ethnologie) im 19. Jahrhundert als eigenständige Disziplin heraus. Sie ging aber theoretisch und methodologisch nur für wenige Jahrzehnte eigene Wege. In dieser Zeit war sie allerdings auch die Wiege einer theoretischen Richtung, welche später für die Soziologie eine wichtige Rolle spielte, nämlich des Funktionalismus. Der Funktionalismus wurde von Parsons in die Soziologie übernommen und zur Systemtheorie weiterentwickelt. Die soziologische Systemtheorie wurde ihrerseits in der Anthropologie aufgenommen. Heute sind Soziologie und Anthropologie theoretisch vielfältig verflochten. So ist beispielsweise der symbolische Interaktionismus, der ursprünglich aus der Sozialpsychologie stammt, über die Soziologie in die Anthropologie transportiert worden. Umgekehrt werden strukturalistische Ansätze aus der Anthropologie heute auch in der Soziologie, insbesondere in der französischen Soziologie, diskutiert. Soziologie und Anthropologie verfügen heute also weitgehend über die gleiche theoretische Basis.

Im 19. Jahrhundert war die Anthropologie stark vom evolutionistischen Denken geprägt. Allerdings war das in der Anthropologie insbesondere von Lewis Henri Morgan, Edward Burnett Tylor und James Frazer vertretene Konzept der Evolution im Unterschied zum Evolutionskonzept von Herbert Spencer ein lineares Fortschrittskonzept. Es postulierte einen uniformen kulturellen Entwicklungsprozess, den alle Gesellschaften durchlaufen. Deshalb markieren unterschiedliche Gesellschaften unterschiedliche Entwicklungsstufen. Sie sind also unterschiedlich hoch entwickelt. Auf der untersten Stufe befinden sich die Wilden, die weder Viehhaltung noch Landwirtschaft und Nahrungsmittelkonservierung kannten. Auf der nächsten Stufe existiert die Barbarei, die schon Landwirtschaft und Viehhaltung kennt. Auf der obersten Stufe steht die Zivilisation, die durch Schrift und Geschichtsschreibung gekennzeichnet ist. Diese Argumentation stellt ein teleologisches Evolutionskonzept dar, also ein Verständnis von Evolution als einen Prozess, der auf einen bestimmten Ziel- oder Endzustand ausgerichtet ist.

Dieses teleologische Evolutionskonzept, das man auch bei Comte und bei Karl Marx findet, lieferte der Politik im 19. und 20. Jahrhundert die anthropologische Begründung für den Sozialdarwinismus und die Kolonialisierung oder Unterdrückung weniger entwickelter Völker und Rassen. Sozialdarwinismus heißt, dass sich in der Entwicklung der Menschheit jeweils die stärksten und besten Menschen und Gesellschaften durchsetzen. Das von Morgan, Tyler und Frazer vertretene Entwicklungskonzept wird auch als Orthogenese bezeichnet. Die Orthogenese geht von einer inneren Triebkraft allen Lebens aus, die zu einer uniformen Entwicklung des Lebens führt. Diese Theorie wurde schon von Darwin widerlegt. Insofern ist der Begriff Sozialdarwinismus nicht ganz passend.

Wegen ihrer sozialdarwinistischen Implikationen stießen die evolutionistischen Vorstellungen von Morgan und Tyler auf die massive Ablehnung von Franz Boas, der den kulturellen Relativismus in der Anthropologie einführte. Boas lehnte das orthogenetische Verständnis von Evolution ab – also die Annahme, dass alle Gesellschaften die gleichen Stufen durchlaufen würden und Evolution ein teleologischer Prozess sei. Folgerichtig lehnte er auch die Vorstellung einer „natürlichen" Rangfolge von Gesellschaften ab. Dagegen akzeptierte er Darwins Evolutionstheorie, weil diese eben nicht teleologisch war. Für Boas sind kulturelle Differenzen zwischen Völkern die Folge von unterschiedlichen historischen, sozialen und geographischen Bedingungen. Kulturen sind nicht höher oder weniger entwickelt, sondern einfach unterschiedlich. Es gibt auch keine universellen Gesetze kultureller Entwicklung. Er bestritt, dass die Anthropologie auf ihrem (damaligen) Wissensstand in der Lage sei, wissenschaftlich fundiert nach universalen Entwicklungsgesetzen und Diffusionsmustern zu suchen. Selbst Kulturvergleichen stand er wegen unzureichendem Wissen skeptisch gegenüber.

Die Lehre von der Vielfalt der Kulturen wurde von Boas' Schülern weiterentwickelt. Sie untersuchten die Zusammenhänge zwischen Individuen und Gesellschaft, zwischen Kultur und Persönlichkeit und zeigten, dass jede Kultur ihre spezifischen Erziehungsmuster aufweist. Das arbeitete unter anderem Ruth Benedict in ihrem Buch Patterns of Culture heraus, das als Klassiker der Kulturanthropologie gilt. In diesem Buch beschrieb und verglich sie drei unterschiedliche Kulturen einfacher Völker. Sie zeigte, dass jede dieser Kulturen eine jeweils eigene Konstellation von Ästhetik und Werten und ganz unterschiedliche Sozialisationsinhalte aufweist. Diese schlägt sich nieder in einer modalen Persönlichkeit, die durch die spezifischen Erziehungsmuster einer Kultur gebildet wird. Über diese modale Persönlichkeit lässt sich Kultur wie ein Individuum analysieren. Auch andere Anthropologinnen und Anthropologen in der Tradition von Boas stellten fest, dass es in jeder Kultur eine begrenzte Zahl von Persönlichkeitstypen gibt.

Das orthogenetische Verständnis von gesellschaftlicher Entwicklung und überhaupt Erklärungen auf der Basis einer historischen Rekonstruktion der Interaktion zwischen Gesellschaften wurden auch von zwei weiteren grundlegenden Anthropologen, nämlich von

Bronislaw Malinowski und Alfred Radcliffe-Brown, zurückgewiesen. Beide setzten den historischen Ansätzen funktionalistische Theorien entgegen, also Theorien, welche Gesellschaft verstehen als ein System von Teilen, die interdependent sind. Sie vertraten dabei aber unterschiedliche Konzepte von Funktionalismus. Malinowski postulierte, dass alle kulturellen Phänomene, zum Beispiel Institutionen, eine bestimmte Funktion bezogen auf bestimmte menschliche Bedürfnisse erfüllen. Jede Institution ist darauf ausgerichtet, einen gesellschaftlichen Zustand zu erhalten, welcher den Bedürfnissen der Menschen einer bestimmten Kultur entspricht. Deshalb dürfen kulturelle Phänomene in der Gegenwart nicht aus der Geschichte heraus erklärt werden, sondern lediglich bezogen auf ihre gegenwärtige Funktion in der betreffenden Kultur. Während Malinowski „Funktion" als Leistungen zum Erhalt eines bestimmten Strukturzustandes von Gesellschaft definierte, verstand Radcliffe-Brown darunter lediglich wechselseitige Abhängigkeitsbeziehungen zwischen Strukturen. Strukturen stützen sich wechselseitig und damit das gesamte System. Der wichtige Unterschied liegt darin, dass Malinowski Funktionalität auf einen über Bedürfnisse definierten Zustand bezog, während Radcliffe-Brown lediglich davon ausgeht, dass der Gesamtzusammenhang des Systems erhalten bleibt, ohne dass dabei ein bestimmter Zustand erhalten bleiben muss.

Wie bereits erwähnt, haben die funktionalistischen Ansätze von Malinowski und Radcliffe-Brown später über Talcott Parsons auch Eingang in die Soziologie gefunden und wurden dort zur Systemtheorie weiterentwickelt. Während jedoch in der Anthropologie der Funktionalismus als „Gegenprogramm" zu evolutionistischen Ansätzen entwickelt wurde, nehmen Funktionalismus und Systemtheorie (u. a. Parsons, Luhmann) in der Soziologie auch evolutionistische Ansätze auf – allerdings ohne teleologische Elemente. Über Parsons und Luhmann kommen evolutionistische Ansätze in die Anthropologie zurück, die sich durchaus mit den Prinzipien des kulturellen Relativismus vereinbaren lassen.

Einen anderen Weg ging der Strukturalismus, der eng mit dem Namen Claude Lévi-Strauss verbunden ist und ursprünglich aus der Linguistik stammt. Wie der Name schon andeutet, geht es im Strukturalismus vor allem um die Beziehungen zwischen kulturellen Elementen. Die Inhalte der einzelnen Elemente treten dagegen in den Hintergrund. Dahinter steht das Argument, dass kultureller Sinn nicht über einzelne Elemente, sondern erst über die Struktur ihrer Beziehungen entsteht. So gibt es beispielsweise in den meisten Kulturen eine Regel wie das Inzesttabu, also das Verbot des Geschlechtsverkehrs respektive die Heirat zwischen Verwandten. Das Inzesttabu ist jedoch unterschiedlich mit Regeln verbunden, welche Verwandtschaft definieren oder Heiraten regelt und erhält dadurch in unterschiedlichen Kulturen eine unterschiedliche Bedeutung. Die Beziehungen zwischen kulturellen Elementen bilden eine Struktur, die kulturspezifisch ist. So gibt es beispielsweise Kulturen, deren Elemente durchgängig über einfache positive Beziehungen verbunden sind, andere, die über komplexe negative Beziehungen verknüpft sind. Im ersten Fall sagen Heiratsregeln beispielsweise aus, welche Verwandtschaftsgrade erwünscht wird, im zweiten Fall werden bestimmte Verwandtschaftsbeziehungen ausgeschlossen, wenn die Eltern auch schon die gleichen Verwandtschaftsbeziehungen hatten. Jede Kultur weist also eine spezifische Struktur von Symbolen, Vorstellungen und Regelungen auf. Dabei reflektiert die Struktur nicht einfach die Komplexität der Gesellschaft – Kulturen von Gesellschaften mit vergleichbaren Bedingungen können sowohl einfache als auch komplexe Strukturen aufweisen.

Politikwissenschaft: Die späte Entwicklung zur Sozialwissenschaft

Während sich die anderen sozialwissenschaftlichen Disziplinen spätestens im 19. Jahrhundert aus der Philosophie herausgelöst haben, etablierte sich die Politikwissenschaft erst ein gutes halbes Jahrhundert später als sozialwissenschaftliche Disziplin. In den USA markierte dies auch einen Wandel zu einer empirischen Wissenschaft, in Deutschland blieb Politikwissenschaft noch länger eine stark normativ orientierte Disziplin. Nicht zuletzt deshalb war Politikwissenschaft an den Universitäten oft auch organisatorisch von der Soziologie und der Ökonomie getrennt – zu denen sie zunächst auch wenig inhaltliche und methodologische Bezüge hatte. Obwohl also die Politikwissenschaft als Sozialwissenschaft noch keine lange Tradition hat, gehe ich im Folgenden historisch viel weiter zurück und diskutiere zwar nicht die Geschichte der Politikwissenschaft, aber die der Analyse von Politik und der Politikwissenschaft. Das ist für das Verständnis von Sozialwissenschaft besonders lehrreich, weil sich dabei die Entwicklung des zentralen Themas der Sozialwissenschaft – die Regelung und Ordnung des menschlichen Zusammenlebens – gut herausarbeiten lässt.

Ordnungskonzepte: Ein selektiver historischer Abriss

Ich habe im zweiten Kapitel bereits kurz darüber gesprochen, dass gesellschaftliche Ordnung in der Philosophie von der Antike bis in das Mittelalter als Teil der Natur – und nicht als menschliches Artefakt – betrachtet wurde. Erst Hobbes hat im 17. Jahrhundert mit diesem Verständnis radikal gebrochen und gesellschaftliche Ordnung als eine künstliche Konstruktion begriffen. Gleichzeitig entdeckte er das Individuum als einen eigenständigen, mit eigenen Rechten ausgestatteten Akteur, der sich nicht mehr ganz selbstverständlich einer in der Natur oder durch göttliches Gesetz vorgegebenen Ordnung beugte, sondern zusammen mit anderen Individuen Ordnung konstruierte.

Damit wurde Ordnung zum Problem. Diesem Problem kann man drei wichtige Dimensionen zuordnen. Ordnung ist, erstens, problematisch hinsichtlich ihres Bestandes – jede sozial konstruierte Ordnung ist mit Konflikten und Interessengegensätzen konfrontiert und läuft immer Gefahr, an diesen Konflikten und Gegensätzen, aber auch an ihren eigenen Unzulänglichkeiten zu zerbrechen. Jede sozial konstruierte Ordnung ist, zweitens, problematisch hinsichtlich ihrer Ausgestaltung – Ordnung wird von Menschen gestaltet und es gibt unterschiedlich Gestaltungsmöglichkeiten, die oft umstritten sind. Sozial konstruierte Ordnung ist, drittens, problematisch hinsichtlich ihrer Rationalität – Ordnungen können in unterschiedlichem Maße bezüglich Stabilität und Zielen „funktional" oder „leistungsfähig" sein. Mit der Problematisierung von Ordnung wurde die Frage nach den Möglichkeiten und den Kriterien von Ordnung zur zentralen Frage der wissenschaftlichen Beschäftigung mit Politik. Diese Beschäftigung begann in der Ökonomie, weil sich wirtschaftliches Handeln schon bei Thomas von Aquin nicht angemessen über die Offenbahrungslehre erfassen ließ. Dabei ging es zunächst um die Frage nach vernünftigen Möglichkeiten und Kriterien von Ordnung, mit dem aufkommenden Empirismus und mechanischen Denken aber immer mehr um die Frage nach den empirischen Gesetzmäßigkeiten und Regelungsmechanismen gesellschaftlicher Ordnung.

Auf die Frage nach den Möglichkeiten und Kriterien von Ordnung gab es, wie wir bereits im zweiten Kapitel festgestellt haben, ganz unterschiedliche Antworten. Diese unterschiedlichen Antworten kann man in einem Spannungsfeld von Herrschaft und Freiheit einordnen. In diesem Spannungsfeld nahm Hobbes eine extreme „Herrschaftsposition" ein, während die liberale Gesellschaftstheorie die Freiheitsposition darstellte. Eine noch extremere Freiheitsposition nahm, wie wir weiter unten sehen werden, der Anarchismus ein. Aus der Sicht von Hobbes birgt das natürliche Recht jedes Menschen, zur Erhaltung seiner Selbst seine Möglichkeiten und Mittel beliebig anzuwenden, die Gefahr eines permanenten Krieges aller gegen alle. Diese Gefahr droht, weil viele Güter, welche Menschen für ihren Selbsterhalt benötigen, knapp sind, also nicht in beliebiger Menge zur Verfügung stehen. Das natürliche Recht erlaubt es jedem Menschen, mit allen Mitteln, auch mit Gewalt, zu versuchen, die knappen Güter zu erwerben, die er benötigt. Dem steht jedoch eine natürliche Tendenz des Menschen gegenüber, sozialen Frieden zu suchen. Diese motiviert ihn, um des Friedens willen in einem Gesellschaftsvertrag auf seine natürlichen Ansprüche und Rechte teilweise zu verzichten. Der Begriff Gesellschaftsvertrag steht für eine Verständigung oder Übereinkunft der Gesellschaftsmitglieder über das Eigentum an und den Umgang mit knappen Gütern. Im Rahmen dieser Verständigung werden Eigentumsrechte an knappen Gütern definiert und den einzelnen Gesellschaftsmitgliedern zugewiesen und es werden Regeln über den Umgang mit diesen Rechten vereinbart. Der Gesellschaftsvertrag kann jedoch allein keinen Frieden gewährleisten, sondern droht vielmehr an den egoistischen Bestrebungen des Menschen permanent zu zerbrechen. Der Abschluss eines Gesellschaftsvertrages liegt zwar im Interesse aller Gesellschaftsmitglieder, weil er ihre Existenz sichert, dennoch ist es für die Gesellschaftsmitglieder immer wieder in konkreten Fällen lohnend, den Gesellschaftsvertrag zu durchbrechen. Deshalb muss der Gesellschaftsvertrag durch Herrschaft abgesichert werden – der Gesellschaftsvertrag wird in einen Herrschaftsvertrag überführt. Die gesellschaftliche Verständigung wird also in eine politische Verfassung umgesetzt.

Kontrakttheorie

Die von Hobbes begründete Kontrakttheorie von Gesellschaft betrachtet die gesellschaftliche Ordnung nicht mehr als Teil der natürlichen Ordnung, sondern als Ergebnis einer sozialen Verständigung. Diese Verständigung wird als Gesellschaftsvertrag bezeichnet.

Durch den Herrschaftsvertrag wird ein Staat eingerichtet, der die Sicherung des individuellen Lebens und der sozialen Ordnung übernimmt. Er erhält ein absolutes Herrschaftsrecht – der Staat ist nicht an irgendein vor ihm liegendes Recht gebunden, sondern schafft sein eigenes Recht. Was Recht und Unrecht ist, bestimmt nicht das Naturrecht, sondern das bürgerliche Recht und dieses kann beliebig gesetzt werden. Bürgerliches Recht ist eine künstliche Konstruktion. In der Sicht von Hobbes ist der Staat notwendigerweise total – es gibt keinen Mittelweg zwischen Anarchie und totaler Herrschaft. Die Legitimation des totalen Staates liegt nicht darin, dass er irgendwelche Tugenden fördert oder irgendwelchen höheren Vernunftsgründen folgt, sondern lediglich darin, dass es ihm gelingt, Ordnung herzustellen und zu sichern. Der Staat hat keine mystischen Qualitäten, sondern ist lediglich materialistisch definiert. Es gibt deshalb auch keine besonders gute oder tugendhafte Ordnung, sondern lediglich eine effektive – wie immer sie beschaffen sein mag. Deshalb ist für Hobbes die Frage nach der konkreten Staatsform eine bloß pragmatische. Aus rein praktischen Gründen hält er die Monarchie für die zweckmäßigste Staatsform, weil ihre Effektivität nicht durch Konkurrenz um Macht gefährdet wird und weil ein Einzelner am ehesten stark und konsistent handeln kann. Hobbes kann leicht als Denker des modernen Absolutismus oder gar Totalitarismus missverstanden werden. Indessen trifft das nicht zu. Er spricht dem Herrscher jede mystische Qualität, Charisma und Legitimität ab, lässt keine Ungleichheit als natürliches oder gar übernatürliches Recht gelten und billigt Herrschaft keine besonderen moralischen Qualitäten zu – ihre Qualität besteht lediglich in ihrer Ordnungsleistung. Im Übrigen billigt er den Menschen ökonomische und soziale Freiheit zu und unterwirft sie lediglich politisch dem Staat.

Das gegenteilige Extrem, die vollständige Ablehnung von Staat und Herrschaft, vertritt der Anarchismus. Entgegen dem alltäglichen Sprachgebrauch, ist Anarchismus durchaus ein gesellschaftliches Ordnungskonzept. Er lehnt nicht Ordnung ab, sondern lediglich Ordnung auf der Basis von Zwang. Seine wichtigsten Vertreter waren Pierre Joseph Proudhon, Michail Alexandrowitsch Bakunin und später Fürst Pjotr Alexejewitsch Kropotkin und Benjamin Ricketson Tucker. Sie vertraten zum Teil unterschiedliche, fast schon entgegen gesetzte Formen des Anarchismus. Stirner sprach für einen extremen Individualismus und lehnte sozialistische Vorstellungen von Gesellschaft ab; er verstand Gesellschaft als einen „Verein von Egoisten". Bakunins Auffassungen einer anarchistischen Gesellschaft waren stark sozialistisch geprägt; Grundlage von Gesellschaft war in seiner Sicht Gemeineigentum von lokalen Gemeinschaften, die untereinander durch freiwillige Verträge locker föderiert sein sollen. Durch Bakunin wurde der Anarchismus mit einer Gewaltphilosophie zur Abschaffung des Staates verbunden. Proudhon wiederum hing zwar sozialistischen Prinzipien an, lehnte aber Gewalt ab. Benjamin Tucker dagegen war wieder stark individualistisch orientiert.

Gemeinsam ist allen Anarchisten die Ablehnung des Staates und jeder Form staatlicher Zwangsgewalt. Anstelle eines Zwangsverbandes tritt in der Sicht der Anarchisten eine freie Vereinigung von Individuen und genossenschaftlichen Gruppen. Da Menschen in vielen Dingen wechselseitig voneinander abhängig sind oder viele Dinge gemeinsam besser erledigen können als allein, kooperieren sie freiwillig. Das setzt allerdings voraus, dass eine gerechte Wirtschaftsordnung existiert. Eine Wirtschaftsordnung, die von allen Menschen als gerecht empfunden wird, bedarf keiner Zwangsgewalt. Eine Wirtschaftsordnung wird aber nur dann von allen Menschen als gerecht empfunden, wenn sie allen gleichen Anteil an den Wirtschaftsgütern gewährleistet. Deshalb ist für die meisten Anarchisten Gemeineigentum die notwendige Bedingung einer freien Gesellschaft. Das von den meisten Anarchisten geforderte Gemeineigentum impliziert keinen Staat. Gemeinbesitz wird an kleine Gruppen übertragen, die als Genossenschaften organisiert sind. Genossenschaften sind auf Dauer angelegte freiwillige Zusammenschlüsse von gleichberechtigten Individuen. Sie dienen der gemeinsamen Produktion von Gütern und Dienstleistungen, welche die Individuen einzeln nicht oder nicht so günstig produzieren können, wie zusammen und verwalten sich selbst.

Genossenschaften

Auf Dauer angelegte freiwillige Zusammenschlüsse von Individuen zur gemeinsamen Produktion von Gütern und Dienstleistungen, die sich selber verwalten.

Das von den Anarchisten angestrebte Gesellschaftssystem ist genossenschaftlich, nicht herrschaftlich organisiert. Die Gesellschaftsmitglieder verwalten sich im Rahmen von Genossenschaften selber. Übergeordnete Aktivitäten werden durch Übereinkunft oder Verbünde zwischen den Genossenschaften geregelt.

Die liberale Gesellschaftstheorie – das gesellschaftliche oder politische „Korrelat" der klassischen Volkswirtschaftslehre – baut wie Hobbes auf dem Prinzip der natürlichen Freiheit und dem Konzept des Gesellschaftsvertrages auf. Mit dem Konzept des Gesellschaftsvertrages wird ein gesellschaftlicher Verständigungsprozess beschrieben, nicht unbedingt aber ein juristisches Konstrukt, wie etwa eine Verfassung. Die Verständigung kann spontan erfolgen. Ebenso wie Hobbes nimmt die liberale Gesellschaftstheorie an, dass der Gesellschaftsvertrag durch den Staat abgesichert sein muss. Im Gegensatz zu Hobbes ist jedoch zur Sicherung der Ordnung keine absolute Herrschaft notwendig, sondern lediglich ein minimaler Staat, der den rechtlichen Rahmen für den freiwilligen Tausch und die freiwilligen Kontraktbeziehungen der Gesellschaftsmitglieder sichern muss. Die liberale Gesellschaftstheorie teilt also die anarchistische Ablehnung staatlicher Zwangsgewalt, geht aber davon aus, dass gesellschaftliche Ordnung nicht ganz ohne Staat gesichert werden kann. Der „Kompromiss" ist der minimale Staat. Voraussetzung für eine solche Ordnung ist, dass sich die Gesellschaftsmitglieder auf klar definierte und sozial anerkannte individuelle Rechte und Eigentumstitel verständigen und dabei gesellschaftliche Tauschbeziehungen als Wettbewerb definieren. Einzige Aufgabe des Staates ist es dann, gesellschaftlich definierte Rechte und Eigentumstitel sowie die Organisation des Tausches als Wettbewerb zu organisieren.

Folgt man jedoch der im dritten Teil kurz umrissenen Argumentation von James Buchanan, dann ist ein minimaler Staat nicht möglich, sobald es um die Produktion öffentlicher Güter geht, also beispielsweise um Infrastrukturen, Sicherheit, allgemeine Bildung oder soziale Sicherungssysteme, genauer, wenn Entscheidungen über diese Produktion nicht der Zustimmung aller Gesellschaftsmitglieder bedürfen. In diesem Fall kommt es zu einem Prozess wechselnder Mehrheiten und zu einer immer stärkeren Ausweitung der Produktion öffentlicher Güter – und damit auch des Geltungsbereiches staatlicher Zwangsgewalt. Buchanan fordert deshalb eine allerdings konkretisierte „konstitutionelle Revolution", durch welche die Produktion öffentlicher Güter eingeschränkt wird. Er verweist damit auf ein grundlegendes Problem des Staates, nämlich auf das Problem der Beschränkung staatlicher Macht.

Dieses Problem hat eine wahrscheinlich ebenso lange Geschichte wie der Staat. Es wurde schon von Aristoteles erkannt, der es durch die beschränkte Einsicht von Menschen in das Gute und die beschränkte Vernunft der Menschen begründete. Der römische Gelehrte Cicero, der mehr als ein Jahrtausend vor Hobbes die Vorstellung eines natürlichen Staates ablehnte und ihn als eine durch gesellschaftliche Übereinkunft konstituierte Einrichtung betrachtete, sah die Lösung des Problems wie schon Aristoteles in der Gewaltenteilung (der „gemischten Verfassung", welche Elemente von Monarchie, Aristokratie und Demokratie miteinander verbindet).

Diese Idee nahm Montesquieu auf, der das heute akzeptierte Konzept der Gewaltenteilung schuf. Die Funktion der Gewaltenteilung bestand in der Sicht von Montesquieu vor allem in der institutionellen Beschränkung von Macht und ihrer dynamischen Entfaltung. Montesquieu knüpft in seiner Theorie (Hauptwerk „De l'ésprit des Lois") zwar an die naturrechtliche Tradition der politischen Philosophie an, entwickelt sie aber vor allem aus einer Vielzahl von Einzeluntersuchungen über verfassungspolitische Zusammenhänge. Freiheit kann nach Montesquieu dann am besten gesichert werden, wenn der Entfaltung von Macht durch das Prinzip der Gewaltenteilung institutionelle Grenzen gesetzt werden. Montesquieu unterscheidet drei Gewalten: Legislative, Exekutive und Judikative. Diese drei Gewalten müssen auf unterschiedliche Machtträger verteilt werden, weil sonst ein Einzelner oder eine Körperschaft zu mächtig wird und die Freiheit vernichten kann. Die Träger der einzelnen Gewalten müssen sich wechselseitig kontrollieren und ausbalancieren.

Politikwissenschaft als Sozialwissenschaft

Das von Montesquieu postulierte Prinzip der Teilung und Beschränkung politischer Macht ist in der modernen politischen Theorie vor allem von der Pluralismustheorie aufgenommen worden, zu deren wichtigsten Vertretern der amerikanische Politologe Robert A. Dahl zählt. Die zentrale Idee von Dahl ist die, dass in entwickelten Demokratien die Konkurrenz von organisierten Interessen um Einfluss und Macht zu einer wechselseitigen Kontrolle und Beschränkung von Macht und damit zu repräsentativen, ausgewogenen politischen Entscheidungen führt. Er nennt dies das Prinzip von „checks and balances". Moderne Demokratien brauchen zur Machtkontrolle nicht nur freie und gleiche Partizipationsrechte aller Bürger und die Freiheit der Organisation, sondern vor allem auch eine Konkurrenz von Interessengruppen und Parteien um Macht und Einfluss. Demokratische Machtkontrolle und -beschränkung weist, so Dahl, zwei zentrale Dimension auf, nämlich Partizipation und Konkurrenz. Politische Systeme, in denen beide Dimensionen stark ausgeprägt sind, bezeichnet er als Polyarchien. Polyarchien setzen bestimmte sozio-ökonomische Bedingungen voraus, nämlich ein möglichst geringes Maß an sozio-ökonomischer Ungleichheit, einen hohen ökonomischen Entwicklungsgrad, eine geringe wirtschaftliche Konzentration, ein dezentralisiertes Allokations- und Steuerungssystem und einen geringen oder ausgeglichenen subkulturellen Pluralismus. Polyarchie ist also nicht nur eine Frage formaler Regelungen und institutioneller Gewaltenteilung, sondern vielmehr eine von sozio-ökonomischen Strukturen und der Kultur. Diese Verknüpfung von institutionellen Regelungsstrukturen mit gesellschaftlichen und kulturellen Sachverhalten ist das, was die moderne Politikwissenschaft als Sozialwissenschaft ausmacht.

Die Politikwissenschaft hat sich im Unterschied zu Ökonomie, Soziologie und Sozialpsychologie weniger durch eigene theoretische Ansätze aus der Philosophie herausgelöst und als eigene sozialwissenschaftliche Disziplin etabliert, sondern eher durch organisatorische Akte, wie die Einrichtung von Professuren und universitären Fachbereichen oder die Gründung von Fachverbänden und Fachzeitschriften. So wurde beispielsweise 1903 die American

Political Science Association, 1949 die International Political Science Association, 1950 die britische Political Studies Association und 1951 die Deutsche Vereinigung für Politische Wissenschaft gegründet. Die entsprechenden Verbände der Soziologie wurden übrigens mit Ausnahme der schon 1909 gegründeten Deutschen Gesellschaft für Soziologie jeweils etwa gleichzeitig gegründet.

Gerade die Tatsache, dass sich die Politikwissenschaft nicht theoretisch und methodologisch, sondern nur organisatorisch verselbständigt hat, macht sie zu einer integrativen sozialwissenschaftliche Disziplin. Sie hat unterschiedliche theoretische und methodische Ansätze aus Soziologie, Ökonomie und Sozialpsychologie aufgenommen, die zum Teil parallel oder konkurrierend angewandt, zum Teil miteinander verknüpft werden. In der empirischen Wahl- und Parteienforschung werden beispielsweise soziologische Organisations- und Handlungstheorien mit ökonomischen Wettbewerbsmodellen und sozialpsychologischen Theorien über die Bildung und die Messung von Einstellungen problembezogen miteinander verknüpft. In der neueren Verwaltungsforschung geschieht das gleiche mit soziologischen System- und Organisationstheorien einerseits und ökonomischen Governance-Konzepten andererseits.

Theoretisch gab es lange Zeit eher eine Konkurrenz zwischen soziologischen und ökonomischen Ansätzen, wobei die soziologischen Ansätze zunächst dominierten. Aufbauend auf der Systemtheorie von Parsons entwickelte David Easton eine allgemeine Theorie politischer Systeme. Dabei betrachtete er das politische System als ein gesellschaftliches Teilsystem und schrieb diesem System die Funktion zu, die autoritative Zuweisung von Werten für die gesamte Gesellschaft vorzunehmen. Das heißt nichts anderes, als dass das politische System Entscheidungen über Normen oder die Verteilung von Gütern trifft, die für die gesamte Gesellschaft verbindlich sind und letztlich mit Zwangsgewalt durchgesetzt werden können. Allerdings bedürfen solche Entscheidungen in Demokratien der Zustimmung oder Akzeptanz durch die Bürgerinnen und Bürger. Demokratische Systeme sind so strukturiert, dass sie Forderungen der Bürgerinnen und Bürger sowie von Gruppen und Verbänden aufnehmen und in Leistungen umsetzen. Soweit die entsprechenden Entscheidungen akzeptiert werden, erhalten sie dafür die Unterstützung der Bürgerinnen und Bürger (oder von Gruppen und Verbänden). Dieses „feed back" (Rückkoppelung) in Form von Unterstützung (oder der Verweigerung von Unterstützung) sorgt dafür, dass politische Systeme sich selber regulieren und am Ende die Entscheidungen treffen, die in der Gesellschaft auf die größte Akzeptanz stoßen.

Noch systematischer als Easton hat Karl W. Deutsch, den ich schon im 2. Kapitel vorgestellt habe, das Konzept des politischen Systems als selbstregulierendes System entwickelt. Er baut auf der sogenannten Kybernetik – einer Steuerungstheorie – auf und stellt politische Systeme als interdependente Kommunikations- und Steuerungsvorgänge dar. Er stellt dabei das Prinzip des „feed back" ausdrücklich gegen jegliche Gleichgewichtskonzeption von Systemen und betont die Möglichkeiten von Lernprozessen in Systemen. Lernen heißt bei Deutsch, dass politische Systeme als Reaktionen von Informationen aus ihrer Umwelt ihre Ziele, Strukturen und Prozesse verändern. Im Gegensatz zur Systemtheorie von Parsons und Easton ist die Systemtheorie von Deutsch nicht strukturkonservativ, sondern bezieht strukturelle Veränderungen systematisch mit ein.

Alternativ zu den soziologischen Theorien gab und gibt es in der Politikwissenschaft auch einen ökonomischen Ansatz. Dieser überträgt die ökonomische Theorie rationalen Handelns, zum Teil in Verbindung mit dem ökonomischen Konzept des Wettbewerbs, auf politisches Handeln und politische Strukturen. Grundlegende Beiträge zu diesem Ansatz leisteten Anthony Downs mit seiner ökonomischen Theorie der Demokratie und Mancur Olson mit seiner Logik des kollektiven Handelns.

Betriebswirtschaftslehre: Die integrative Kraft der Praxis

Die Betriebswirtschaftslehre als die Wirtschaftswissenschaft, die sich mit der Organisation und Führung von Unternehmen beschäftigt, ist eine relativ junge Sozialwissenschaft, die sich erst im 20. Jahrhundert als wissenschaftliche Disziplin etablierte.

Zwar beschäftigte sich Richard Cantillon schon im 18. Jahrhundert mit der Funktion und beschrieb die Rolle des „entrepreneurs" als jemanden, der Produktionsfaktoren zum Zwecke der Fabrikation zusammenführt und dabei ein wirtschaftliches Risiko übernimmt, aber das Erkenntnisinteresse Cantillons gehörte dem Funktionieren der Volkswirtschaft. Zudem gab es im 17. und 18. Jahrhundert eine Handelswissenschaft, die sich auch mit betriebswirtschaftlichen Fragen beschäftigte, die aber schon im 19. Jahrhundert weitgehend bedeutungslos war. Eine bemerkenswerte Ausnahme war die 1819 gegründete Ecole Supérieure de Commerce in Frankreich, die auch heute noch existiert. In den USA, Deutschland und anderen Ländern wurden Handelshochschulen erst am Ende des 19. und zu Beginn des 20. Jahrhunderts aufgebaut. Der erste Universitätslehrstuhl für Betriebswirtschaftslehre wurde 1903 an der Universität Zürich eingerichtet.

Dieser Tatbestand ist für viele Betriebswirte offensichtlich ein erhebliches Problem. Das sieht man insbesondere daran, dass in einer Reihe von Veröffentlichungen immer wieder versucht wird, eine viel längere Geschichte zu rekonstruieren. Das ist insofern nicht falsch oder abwegig, als in der wirtschaftswissenschaftlichen Diskussion schon lange vor der Etablierung der Betriebswirtschaftslehre über einzelwirtschaftliche Probleme und Probleme des Handels diskutiert wurde. Auch der Versuch, die Betriebswirtschaftslehre mit der Handelswissenschaft des 17. und 18. Jahrhunderts zu verknüpfen, zeugt von der Bedeutung, welche manche Betriebswirte den langen historischen Wurzeln ihres Faches beimessen.

Da ich mich in diesem Kapitel für die Geschichte der Sozialwissenschaften nur interessiere, um wichtige Weichenstellungen und Entwicklungszusammenhänge darzustellen, gehe ich auf diese Bemühungen um die Entdeckung der Tradition der Betriebswirtschaftslehre nicht näher ein, sondern diskutiere Betriebswirtschaftslehre im Gegenteil als eine junge Disziplin. An dieser relativ jungen Disziplin lässt sich eine interessante neue Weichenstellung darstellen, die in allen Wissenschaftszweigen mit starker Anwendungsorientierung beobachtet werden kann, und die meisten wissenschaftlichen Disziplinen in dem Ausmaß betrifft, in dem deren Wissen zu einer wichtigen wirtschaftlichen (und gesellschaftlichen) Ressource wird.

Betriebswirtschaftslehre als eigenes Fach

Die Betriebswirtschaftslehre ist international sehr unterschiedlich konstituiert. Während sie in Deutschland, der Schweiz und Österreich ein eigenes Fach bildet, ist sie in den USA unter dem Begriff Business Administration sowohl an den Hochschulen als auch als Fachvereinigung transdisziplinär organisiert. Transdisziplinär heißt, dass unterschiedliche sozialwissenschaftliche Fächer (zum Teil auch technische Fächer) unter einem Dach arbeiten, gemeinsame Studiengänge anbieten und gemeinsame Forschungszentren betreiben. Gemeinsam ist allerdings der deutschen Betriebswirtschaftslehre und der amerikanischen Business Administration die starke Anwendungsorientierung. Beide gehen dabei jedoch unterschiedliche Wege, die man, wie wir noch sehen werden, mit zwei unterschiedlichen Typen wissenschaftlicher Forschung verbinden kann.

Die Betriebswirtschaftslehre in Deutschland, der Schweiz und Österreich entwickelte sich Ende des 19. und Anfang des 20. Jahrhunderts zunächst als Praxislehre an Handelshochschulen. Schon damals versuchte, insbesondere Josef Hellauer die Betriebswirtschaftslehre auf eine systematische Basis zu stellen. Er setzte sich insbesondere für die Entwicklung der Betriebswirtschaftslehre zu einem eigenen Fach ein. Die von ihm entwickelte Systematik setzte sich allerdings nicht durch.

Als eigentlicher Begründer der Betriebswirtschaftslehre als wissenschaftliche Disziplin gilt Eugen Schmalenbach – obwohl er sich strikt dagegen wandte, die Betriebswirtschaftslehre zu einer reinen Wissenschaft zu machen. Betriebswirtschaftslehre war auch für ihn eine praxisbezogene Lehre, die normativ Regeln für betriebliches Handeln aufstellte. Diese Kunstlehre sollte jedoch auf eine wissenschaftliche Basis gestellt werden. Das zentrale Problem der Betriebswirtschaftslehre war in seiner Sicht die Sicherung der Produktivität und der Rentabilität von Unternehmen durch ein systematisches betriebliches Rechnungswesen. Er verstand Kostenentwicklung und -kontrolle als ein Geflecht von vielfältigen Abhängigkeiten (u. a. von Leistung von Maschinen und Anlagen, Leistung und Qualität der Arbeit, Materialeigenschaften, organisatorischen Maßnahmen und anderen Faktoren), die ihrerseits von weiteren Faktoren, wie Technologien, Arbeits- und Produktionsorganisation oder Alters- und Qualifikationsstruktur von Beschäftigten, abhängen.

Einen grundlegenden, heute noch anerkannten Beitrag zur Entwicklung einer systematischen wissenschaftlichen Basis für die Betriebswirtschaftslehre leistete Erich Gutenberg. Er begriff Unternehmen als eigenständige wirtschaftliche Einheiten, deren Handeln sich an dem erwerbswirtschaftlichen Prinzip orientierte – einem eingeschränkten Prinzip der Gewinnmaximierung, das auch längerfristige Gesichtspunkte und Risikobeschränkung einbezog. Im Mittelpunkt seiner Analyse stand die Produktionsfunktion, also die Beziehung zwischen dem Einsatz der Produktionsfaktoren und den produzierten Gütern. Dabei erkannte er, dass Unternehmen aus Menschen mit eigenen Interessen bestehen und in einem Marktumfeld agierten, das sie nicht kontrollieren konnten. Er schloss jedoch manche der damit verbundenen Probleme durch wenig realistische Annahmen aus, auf die ich hier nicht weiter eingehe.

Die betriebswirtschaftliche Forschung baute in der zweiten Hälfte des 20. Jahrhunderts weitgehend auf Gutenbergs Ansatz auf. Das führte allerdings nicht zu der Entwicklung einer einheitlichen theoretischen Basis, sondern im Gegenteil zu einem theoretischen Auseinanderdriften des Faches. Es entstanden eine Reihe unterschiedlicher Theorien, die sich alle auf Gutenberg beriefen. Ein Beispiel dafür ist der entscheidungstheoretische Ansatz von Edmund Heinen. Heinen verband Gutenbergs Produktivitätstheorie mit der Frage, wie denn die unternehmerischen Entscheidungen aussehen müssen, die zu einer effizienten Gestaltung der Produktion führen. Da die Gestaltung der Produktion von einer größeren Zahl von Entscheidungen auf unterschiedlichen Ebenen des Unternehmens bestimmt wird, stellte sich für Heinen die zentrale Frage nach der Organisation und dem Management von Entscheidungsprozessen in Unternehmen.

In den stark auf die Produktion und die damit zusammenhängenden Entscheidungen ausgerichteten Ansätzen und Theorien der Betriebswirtschaftslehre tritt allerdings die Tatsache, dass Unternehmen in Märkte eingebunden sind, stark in den Hintergrund. Märkte werden zum bloßen Umfeld von Unternehmen, mit denen sie sich mit den Mitteln des Marketings beschäftigen. Es entbehrt nicht einer gewissen Ironie, dass ausgerechnet ein bekannter Marketing-Experte mit dieser Sichtweise kritisch umgeht, nämlich Werner Engelhardt. Engelhardt geht davon aus, dass die Produktion durch Entscheidungen im Unternehmen bestimmt wird, macht aber deutlich, dass diese Entscheidungen stark durch externe Akteure, insbesondere potentielle Kunden, beeinflusst wird. Das Handeln dieser externen Akteure ist für jedes Unternehmen mit einem hohen Maß an Ungewissheit verbunden. Zur Bewältigung dieser Ungewissheit werden die Grenzen zwischen intern und extern oft fließend und unscharf. Ein Beispiel dafür ist die Integration von Kunden in Innovationsprozesse, auf die ich im ersten Kapitel schon eingegangen bin.

Folgt man Arnold Picot, Ralf Reichwald und Rolf T. Wigand, lösen sich im Informationszeitalter die Grenzen zwischen Unternehmen und ihrem Umfeld immer mehr auf – in ihrem gleichnamigen Buch sprechen sie von *grenzenlosen Unternehmen*. Das grenzenlos bezieht sich auch auf die Internationalisierung und Globalisierung von Unternehmen, vor allem aber die Auflösung von organisatorischen Unternehmensgrenzen und die Entwicklung von netzwerkartigen Unternehmensstrukturen. Als Beispiel für solche neuen Strukturen stellt sie unter anderem die Firma Oticon, ein dänischer Hörgerätehersteller, dar. Oticon hat in den 1990er Jahren die herkömmliche Unternehmensorganisation aufgelöst und sie durch eine schwach ausgeprägte (flache) Hierarchie und ein lose koordiniertes Netz von Projekten ersetzt. Ein anderes Beispiel ist die virtuelle Fabrik Nordwestschweiz/Mittelland, in der sich eine Reihe von kleinen und mittleren Unternehmen zusammengeschlossen hat, um gemeinsam auch große Aufträge abzuwickeln, die sie allein nicht stemmen könnten.

Einen theoretischen Zugang zur Analyse solcher Situationen und Entwicklungen bietet der systemtheoretische Ansatz von Hans Ulrich. Ulrich analysiert Unternehmen als komplexe offene Systeme – also als Systeme, die aus vielen unterschiedlichen Elementen bestehen, deren Verhalten nur schwer zu kontrollieren ist und die in unterschiedliche Umfelder eingebunden sind, denen sie sich anpassen müssen und deren Anforderungen an das Unternehmen oft widersprüchlich sind. In dieser Sichtweise besteht Unternehmensführung nicht in erster Linie im Treffen von Entscheidungen, sondern in der Gestaltung von Strukturen und Regeln, mit denen ein Rahmen für das Handeln der Akteure innerhalb und außerhalb des Unternehmens geschaffen wird.

Ulrich verbindet mit seinem Ansatz die betriebswirtschaftliche Forschung mit einem Forschungsfeld, das stark interdisziplinär und international ausgerichtet ist, nämlich mit der Analyse komplexer adaptiver Systeme. Komplexe adaptive Systeme sind abgrenzbare Mengen von interagierenden Elementen oder Akteuren, die sich laufend aneinander und der Umwelt des Systems, dem sie angehören, anpassen. Durch die große Zahl laufender Anpassungsprozesse befindet sich das System immer in einem dynamischen Zustand, es verändert sich mit anderen Worten laufend. Die Komplexität der Systeme bringt es mit sich, dass vergangene Prozesse unumkehrbar und zukünftige Entwicklungen meist unvorhersagbar sind. Darüber hinaus entstehen immer wieder emergente (nicht erwartbare) Prozesse und Eigenschaften. Das Konzept des komplexen adaptiven Systems ist stark evolutionistisch ausgerichtet und wird in unterschiedlichen Disziplinen, von der Biologie bis hin zu der Sozialwissenschaft, angewandt.

Komplexe adaptive Systeme

Ein interdisziplinäres Konzept zur Analyse des Verhaltens einer Vielzahl interagierender Elemente oder Akteure, die sich aneinander sowie an ihr Umfeld laufend anpassen müssen.

Betriebswirtschaftslehre im Modus 2

Während in etwas älteren Ansätzen der Betriebswirtschaftslehre immer wieder das Bemühen sichtbar wird, die Betriebswirtschaftslehre als Disziplin wissenschaftlich zu verankern, sind neuere Ansätze durch eine starke Interdisziplinarität gekennzeichnet. Das gilt für UIlrich ebenso wie etwa für Picot oder Engelhardt. Damit rückt sie näher an die amerikanische Business Administration heran, die im Gegensatz zur deutschen Betriebswirtschaftslehre gar nicht erst den Anspruch hatte, eine einheitliche wissenschaftliche Disziplin zu sein. Sie war und ist im Gegenteil systematisch anwendungsorientiert und verknüpft dazu unterschiedliche Disziplinen und deren theoretische Grundlagen.

Die erste „Business School", in welcher diese Art von Business Administration entwickelt wurde, entstand nicht in den USA, sondern in Frankreich, nämlich die 1819 gegründete Ecole Supérieure de Commerce. An dieser Hochschule, die heute Standorte in anderen europäischen Ländern unterhält, gibt es unter anderem ein Forschungszentrum für Soziologie, in dem sich Soziologen, Sozialpsychologen, Historiker und andere mit Fragen der Entwicklung von Werten und öffentlicher Meinung beschäftigen, ein ebenfalls interdisziplinär zusammengesetztes Forschungszentrum zur Erforschung der modernen Gesellschaft und ihrer Individuen, ein Zentrum für Management und Finanzgeschichte, das nicht weniger interdisziplinär zusammengesetzt ist, als die bereits genannten und weitere Forschungszentren. Auch die berühmte Sloan School of Management des Massachussetts Institute of Technology lebt davon, dass Wissenschaftlerinnen und Wissenschaftler aus unterschiedlichen Fachgebieten sich in unterschiedlichen Forschungsschwerpunkten zu Themen, wie Energie und Umweltpolitik, Kollektive Intelligenz, Informationssysteme, schlanke Produktion oder Operations Research, zusammenfinden.

Hinter der herkömmlichen deutschen Betriebswirtschaftslehre und der amerikanischen Business Administration stecken zwei unterschiedliche Konzepte von anwendungsorientierter Forschung. Die deutsche Betriebswirtschaftslehre folgt dem etablierten Muster, dass eine Wissenschaft ihre Grundlagen so weit entwickelt, dass sie daraus praktisch anwendbare Erkenntnisse gewinnen kann. Die amerikanische Business Administration geht von praktischen Problemen aus und sucht nach wissenschaftlichen Erkenntnissen aus unterschiedlichen Disziplinen, mit deren Hilfe diese Probleme gelöst werden können. Folgt man Michael Gibbons und anderen, handelt es sich dabei um zwei unterschiedliche Typen von Forschung, die mit den wenig phantasievollen Begriffen Modus 1 und Modus 2 beschrieben werden.

Modus 1 entspricht der herkömmlichen wissenschaftlichen Forschung, die in Disziplinen eingebunden und stark grundlagenorientiert ist. Durch die Einbindung in Disziplinen ist sie weitgehend institutionalisiert, unterliegt insbesondere klaren methodologischen und theoretischen Regeln. Im Fokus dieser Forschung sind innerwissenschaftliche Probleme. Aufbauend auf der Grundlagenforschung werden die praktische Bedeutung neuen Wissens untersucht und daraus schließlich konkrete Ideen für neue Produkte und Verfahren entwickelt. Es gibt also eine klare Abfolge von Grundlagenforschung, angewandter Forschung und Entwicklung, was zur Folge hat, dass Modus 1 erst dann zu anwendungsfähigen Erkenntnissen und Innovationen (Einführung neuer Produkte und Verfahren) führt, wenn die entsprechenden Grundlagen hinreichend ausgebaut sind. Modus 2 ist dagegen ein Typ von Forschung, der sich an der Lösung konkreter praktischer Probleme orientiert und interdisziplinär ist. Er ist wenig institutionalisiert und wird weniger durch die Wissenschaft und ihre Probleme, als durch die Interaktion zwischen Wissenschaft und Praxis gesteuert. Zudem ist er stark kontextgebunden: Die Forschung wird durch bestimmte gesellschaftliche Interessen oder Konstellationen gesteuert und auf spezifische Probleme bezogen. Ihre Ergebnisse gelten jeweils für die konkreten Probleme und sind nur beschränkt generalisierbar. In vielen Fällen ist Modus 2 mit einem kontinuierlichen Wechselspiel zwischen Grundlagenforschung, angewandter Forschung und der Entwicklung konkreter Produkte und Verfahren verbunden: Aus der Grundlagenforschung werden Lösungsideen generiert, in der praktischen Anwendung durch Wissen aus anderen Fachgebieten erweitert und in eine praktische Lösung umgesetzt, die ihrerseits wieder in die Grundlagenforschung zurückgespielt wird. In Modus 2 löst sich somit die herkömmliche Abfolge von Grundlagenforschung, angewandter Forschung und Entwicklung auf.

Die amerikanische Business Administration, aber auch ein beträchtlicher Teil der neueren Betriebswirtschaftslehre in Deutschland weisen starke Züge von Modus 2 auf. Das liegt daran, dass schon in der entwickelten Industriegesellschaft und mehr noch in der sich aufbauenden Wissensgesellschaft die meisten Unternehmen unter den Bedingungen eines raschen technischen, wirtschaftlichen und sozialen Wandels, eines hohen Innovationstempos sowie einer hohen Komplexität ihrer eigenen Strukturen und der Strukturen ihrer Umfelder operieren. Dabei entstehen immer mehr Probleme, die erstens die Grenzen der existierenden Disziplinen übergreifen und die zweitens mit dem auf der Basis gesicherter Grundlagen verfügbaren Wissen nicht hinreichend gelöst werden. So erfordert etwa die Vorbereitung einer Investitionsentscheidung bezüglich einer weitreichenden Produktinnovation das Zusammenführen von Wissen über technische Möglichkeiten, die Gestaltungsalternativen für die Produktionsorganisation für das geplante Produkt, die dabei erforderlichen Qualifizierungsmaßnahmen, die Akzeptanz der neuen Technologie und des neuen Produktes auf den vorgesehenen Märkten, mögliche rechtliche oder politische Hemmnisse der Nutzung der Technologie und vieles andere mehr. Das Wissen zur Lösung dieser Probleme wird oft im konkreten Zusammenhang erzeugt und dann von der Grundlagenforschung aufgenommen. Solche neue Lösungen für konkrete praktische Probleme werden oft als „beste Praxis" bezeichnet; die systematische Aufarbeitung „bester Praxis" liefert neue Anstöße für die Grundlagenforschung.

Ähnliche Probleme haben alle anderen wissenschaftlichen Disziplinen, deren Wissen als wirtschaftliche und gesellschaftliche Ressource gebraucht wird und die deshalb eine starke

Anwendungskomponente aufweisen. Das gilt nicht zuletzt für die sozialwissenschaftlichen Disziplinen. Die Lösung realer Probleme der Arbeits- und Produktionsorganisation, der sozialen Integration von Ausländern, der Reform von Gesundheitssystemen oder der Gestaltung regionaler Strukturpolitik, um nur einige Beispiele zu nennen, erfordert häufig Modus 2-Forschung. Insofern ist die Betriebswirtschaftslehre, insbesondere die amerikanische Business Administration, ein Art „Modell" für Veränderungen, welche die Wissensgesellschaft für die Sozialwissenschaften (und andere Wissenschaften) mit sich bringt.

Das Janusgesicht der modernen Wissensproduktion

Seit der Antike ist Wissenschaft geprägt von der – nicht erreichten – Idee einer einheitlichen theoretischen und methodologischen Basis. Auch die Konkurrenz zwischen unterschiedlichen Theorien und Methodologien orientierte sich immer an dieser Idee und zielte darauf ab, am Ende die „richtige" oder „beste" Theorie zu gewinnen. Immer dann, wenn sich die vorhandene theoretische und methodologische Basis für einen größeren Erkenntnisbereich nicht mehr als angemessen erwies, differenzierte sich dieser Bereich als neue Disziplin aus und entwickelte eine neue methodologische und theoretische Basis. In dieser Perspektive habe ich in dem vorliegenden Kapitel die Entwicklung der Sozialwissenschaft (und der Wissenschaft insgesamt) als einen Prozess der funktionalen Differenzierung beschrieben.

Der Soziologe Peter Weingart erklärt diesen Prozess als eine Reaktion auf das rasche Wachstum des Wissenschaftssystems, das sich seit dem 17. Jahrhundert etwa alle 15 Jahre verdoppelt. Das Wissenschaftssystem reagiert auf sein rasches Wachstum durch selektive Aufmerksamkeit und Innendifferenzierung. Selektive Aufmerksamkeit bedeutet, dass manche Erkenntnisse und Entwicklungen in der Wissenschaft von dieser nicht wahrgenommen und weitergeführt werden. Innendifferenzierung heißt die Herausbildung einer wachsenden Zahl von Disziplinen und Teildisziplinen. Disziplinen bildeten sich am Anfang des 19. Jahrhunderts als zentrale Organisationsstruktur der Wissenschaft. Damit ging und geht eine Ausweitung der wissenschaftlichen Erkenntnisweise auf immer mehr Aspekte und Probleme der natürlichen und sozialen Welt einher. Die daraus hervorgehenden wissenschaftlichen Arbeitsgebiete werden als Disziplinen oder Teildisziplinen konstituiert und entwickeln dabei eigene theoretische und methodologische Grundlagen. Das führt zu einem wachstumsgetriebenen Prozess der Spezialisierung der Wissenschaft, aber auch zu einer immer stärkeren Verwissenschaftlichung der Welt. Dieser Prozess ist die Grundlage der sich immer weiter beschleunigenden wissenschaftlichen Wissensproduktion und der Entwicklung der Wissensgesellschaft.

Die zunehmende Ausdifferenzierung der Wissenschaft und die Entwicklung immer neuer Spezialgebiete führt zu einer Aufteilung des wissenschaftlichen Wissens in Wissensmengen, die nicht mehr miteinander verknüpft werden. Peter Drucker, dessen Konzept der Wissensgesellschaft wir im ersten Kapitel schon kennengelernt haben, bringt diesen Tatbestand auf einen einfachen Nenner, der sich schlecht in deutscher Sprache wiedergeben lässt – aus „knowledge" sind „knowledges" geworden. Die theoretischen Zusammenhänge zwischen den verschiedenen Wissensmengen bleiben längere Zeit unklar. Der wachstumsgetriebenen Prozess der Spezialisierung der Wissenschaft führt also zu einer Desintegration des Wissens. Diesen Sachverhalt werde ich im sechsten Kapitel ausführlicher diskutieren.

Die mit der wachsenden Differenzierung verbundene Desintegration der Wissenschaft ist die Grundlage, auf der Modus 2 seine wachsende Bedeutung gewinnt. Er schafft im konkreten Problembezug eine sinnvolle Verknüpfung unterschiedlicher Wissensmengen. Diese Verknüpfung erfolgt in der Regel interdisziplinär, zum Teil sogar transdisziplinär. Interdisziplinär heißt, dass unterschiedliche Disziplinen Lösungswissen für ein bestimmtes Problem bereitstellen und ganz praktisch abgleichen. Die methodologischen und theoretischen Zusammenhänge zwischen den unterschiedlichen Lösungsbeiträgen bleiben dabei ungeklärt. Die Vereinbarkeit der verschiedenen Lösungsbeiträge miteinander wird lediglich im Sinne von Plausibilität geklärt. Transdisziplinär heißt dagegen, dass Wissen auch theoretisch miteinander verknüpft wird. Wissenschaftlerinnen und Wissenschaftler, die über längere Zeit gemeinsam an der Lösung eines praktischen Problems arbeiten, entdecken nicht selten interessante theoretische Zusammenhänge zwischen ihren unterschiedlichen Wissensmengen.

Interdisziplinarität und Transdisziplinarität

Interdisziplinarität heißt in der Forschung, dass Wissenschaftlerinnen und Wissenschaftler aus unterschiedlichen Fachgebieten gemeinsam an der Lösung eines wissenschaftlichen oder praktischen Problems arbeiten; Transdisziplinarität heißt, dass die dabei verwendeten Wissensmengen auch theoretisch miteinander verknüpft werden.

Die fortschreitende Differenzierung der Wissensproduktion und die wachsende Bedeutung von Modus-2-Forschung bilden zusammen das Fundament der Wissensgesellschaft. Die Differenzierung ist die Grundlage eines hohen Tempos und einer großen Breite der Wissensproduktion und sorgt dafür, dass die zentrale wirtschaftliche Ressource rasch erneuert und breit verfügbar wird. Modus 2-Forschung kompensiert die damit zwangsläufig verbundene Desintegration des Wissens. Sie sorgt also dafür, dass disparates Wissen problembezogen zusammengeführt wird.

Gleichzeitig sind Differenzierung und Modus 2 die Grundlage der zentralen Probleme und Risiken der Wissensgesellschaft. Das lässt sich an zwei Punkten gut festmachen. Der erste Punkt ist die bereits im ersten Kapitel angesprochene Erweiterung der Handlungsmöglichkeiten vieler Akteure und der Gesellschaft insgesamt. Erweiterte Handlungsmöglichkeiten schaffen oft neue Möglichkeiten, gesellschaftliche und selbst natürliche Entwicklungen zu beeinflussen und zu gestalten. Entwicklungen werden also durch mehr Wissen machbarer. Allerdings verführt neues Wissen dazu, die Erweiterung der Handlungsmöglichkeiten und damit die Machbarkeit von Entwicklungen zu überschätzen. Es zeigt neue Lösungen auf, deren mögliche Konsequenzen und Folgeprobleme zumeist nur teilweise geklärt sind. Dieser Effekt ist vor allem von Lösungen zu erwarten, die entweder aus stark spezialisierter Forschung oder aus stark durch Verwertungsgesichtspunkte geprägter Modus 2-Forschung stammen. Spezialisierte Forschung vernachlässigt von der Natur der Sache her übergreifende Zusammenhänge und damit speziell mögliche Auswirkungen, welche die von ihr entwickelten Lösungen in ganz anderen Bereichen haben. Ein schönes Beispiel dafür ist die friedliche Nutzung von Kernkraft, die von der entsprechenden Forschung zu Recht als eine unerschöpfliche Energiequelle gepriesen wurde, deren Entsorgungsprobleme aber zunächst lange nicht erkannt und wahrgenommen wurden. Auch stark wirtschaftlich geprägte Modus 2-Forschung führt oft zu solchen Problemen, weil sie durch kurzfristige Renditeerwartungen geprägt wird, die eine breite Auslotung möglicher negativer Folgen und Probleme nicht zulässt.

Damit ist ein zweiter Risikofaktor angesprochen, der aus der wachsenden Bedeutung von Modus 2-Forschung erwächst. Ich habe weiter oben erwähnt, dass dieser Typ von Forschung stark kontextgebunden ist, also stark in ihr gesellschaftliches Umfeld eingebunden ist. Das bedeutet im Besonderen, dass Modus 2-Forschung durch wirtschaftliche, politische oder soziale Interessen und deren Problemdefinitionen beeinflusst und gesteuert wird. Der größte Teil der Mittel für diese Forschung kommt entweder aus der Wirtschaft oder von staatlichen Akteuren. Die von der Wirtschaft finanzierte Forschung ist der Logik von Investitionen und Profit unterworfen. Das ist zumeist mit einer einseitigen Selektion von Problemen und Fragestellungen verbunden. Aber auch die staatlich finanzierte Modus 2-Forschung ist oft stark interessengeleitet – zum Beispiel von den Machtinteressen der Politik oder von starken Interessengruppen, die ihre besonderen Interessen in der staatlichen Forschungsfinanzierung durchsetzen. Die häufige Konsequenz solcher Situationen ist die Vernachlässigung möglicher negativer Folgen der Nutzung der geförderten Forschungsergebnisse für Dritte – beispielsweise von gesundheitlichen Folgen bestimmter Nutzungen der Biotechnologie, von negativen ökologischen oder wirtschaftlichen Auswirkungen der staatlichen Regulierung von Energiemärkten oder von ungünstigen Beschäftigungswirkungen bestimmter wirtschaftlicher oder wirtschaftspolitischer Strategien.

Diese hier nur verkürzt skizzierten Sachverhalte – die mangelnde Prognostizierbarkeit technischer und ökonomischer Entwicklungen und die Vernachlässigung übergreifender Zusammenhänge als Folge des Tempos und der Differenzierung der Wissensproduktion sowie die Vereinnahmung von Modus 2-Forschung durch spezielle Interessen – sorgen dafür, dass die moderne Wissensproduktion ein Janusgesicht hat. Ein Janusgesicht – so benannt nach einem römischen Gott – ist bekanntlich ein doppeltes Gesicht. In unserem Fall ist es zum einen das positive Gesicht von Wissenschaft, welche die Handlungsmöglichkeiten vieler Menschen und Akteure und der Gesellschaft insgesamt fortwährend erweitert. Zum anderen ist es das negative Gesicht einer Wissensproduktion, welche vielen Menschen und Akteuren und der Gesellschaft beträchtliche und oft unüberschaubare Risiken auflädt. Mit dieser Janusköpfigkeit muss sich jede Wissenschaft auseinandersetzen, welche mit zu dem Wissen beiträgt, das die zentrale Ressource der Wissensgesellschaft darstellt – auch die Sozialwissenschaft.

Resümee

In diesem Kapitel haben wir die Entwicklung der Sozialwissenschaft betrachtet und als Prozess der gesellschaftlichen Differenzierung erklärt. Wie wir am Ende dieses Kapitels festgestellt haben, ist dies ein Prozess, der nicht spezifisch für die Sozialwissenschaft, sondern für die Wissenschaft insgesamt ist. Dieser Prozess hängt eng mit dem Wachstum des Wissens zusammen. Auf der einen Seite ist er eine notwendige Reaktion darauf, dass Wissen nicht nur quantitativ wächst, sondern auch vielschichtiger wird. Die damit verbundene wachsende Komplexität bewältigt das Wissenschaftssystem wie alle anderen sozialen Systeme durch

Arbeitsteilung und funktionale Differenzierung. Damit erhöht es seine Leistungsfähigkeit, was das Wachstum des Wissens weiter vorantreibt.

Mit der Ausdifferenzierung der Wissenschaft schon ab dem 14. Jahrhundert beginnt, haben sich zunächst lediglich unterschiedliche Wissensgebiete herausgebildet, die sich dann im 18. und 19. Jahrhundert als Disziplinen mit eigenen theoretischen und methodologischen Ansätzen konstituierten. Disziplinen wurden dabei zum zentralen Organisationsprinzip von Wissenschaft. Wir haben schon im ersten Kapitel festgestellt, dass die sozialwissenschaftlichen Disziplinen zwar als Organisationsstrukturen fest etabliert sind, aber von ihren Problembezügen und ihren theoretischen und methodologischen Grundlagen her zum Teil nur schwer gegeneinander abgrenzbar sind. Wir werden in den folgenden Kapiteln immer wieder feststellen, dass die disziplinäre Organisation von Wissenschaft dazu führt, dass methodologische und theoretische Differenzen stark betont und zu grundlegenden Gegensätzen hochstilisiert werden.

Am Ende dieses Kapitels haben wir gelernt, dass sich die starke Differenzierung von Wissenschaft im Hinblick auf die Lösung praktischer Probleme als massives Hindernis erweisen kann, weil die realen Problembezüge mit den disziplinären Grenzen der Wissenschaft nicht übereinstimmen. Das hat zur Herausbildung eines neuen Typs von Forschung geführt, dem Modus 2. Dieser Modus gewinnt in der Wissensgesellschaft stark an Bedeutung und bildet zusammen mit der Differenzierung und Spezialisierung von Wissenschaft das Fundament dieser Gesellschaft – und ihrer Risiken.

Das Zusammenspiel von wachstumsgetriebener Differenzierung und wachsender Bedeutung von Modus 2 hat auch weitreichende Konsequenzen für die institutionelle Regelung von Wissenschaft. Das werde ich im folgenden Kapitel zeigen.

Literaturhinweise

Breite und informative Einführungen in die Geschichte der Philosophie und der Wissenschaft bieten:

Störig H. J., 2007: *Kleine Weltgeschichte der Wissenschaft.* Frankfurt: Fischer.
Störig H. J., 2006: *Kleine Weltgeschichte der Philosophie.* Frankfurt: Fischer.

Meine Darstellung der Entwicklung der Wirtschaftswissenschaft stützt sich insbesondere auf die folgenden Werke:

Pribram K., 1998*: Geschichte des ökonomischen Denkens.* 2 Bde. Frankfurt: Suhrkamp.
Schumpeter J. A., 1965: *Geschichte der ökonomischen Analyse.* Göttingen: Vandenhoeck & Ruprecht.

Ich habe am Anfang dieses Kapitels kurz erwähnt, dass Thorstein Veblen und andere amerikanische Ökonomen die institutionelle Ökonomie als Alternative zur Neoklassik entwickelt haben. Wer sich für Veblens Ansatz interessiert, sei verwiesen auf:

Penz R., Wilkop H. (Hg.), 1995: *Zeit der Institutionen – Thorstein Veblens evolutorische Ökonomik*. Marburg: Metropolis Verlag.

Von Thorstein Veblen selber gibt es eine ebenso witzige wie scharfsinnige Analyse der Zusammenhänge von Normen und Konsumverhalten:

Veblen T., 2007: *Theorie der feinen Leute: Eine ökonomische Untersuchung der Institutionen*. Frankfurt: Fischer.

Zu den unter wirtschaftlichen und politischen Gesichtspunkten gewichtigsten wissenschaftlichen Doktrinen, die ich in diesem Kapitel dargestellt habe, gehört der Utilitarismus. Eine gut verständliche Einführung in den Utilitarismus bietet:

Nasher J., 2009: *Die Moral des Glück. Eine Einführung in den Utilitarismus*. Berlin: Duncker & Humblot.

Zur Beschreibung der Entwicklung der Soziologie habe ich insbesondere die folgenden Bücher genutzt:

Amann A., 1996: *Soziologie. Theorien, Geschichte, Denkweisen*. Wien: Böhlau.

Brock D., Junge M., Krähnke U., 2002: *Soziologische Theorien von Auguste Comte bis Talcott Parsons. Einführung*. München-Wien: Oldenbourg.

Kaesler D., 2006: *Klassiker der Soziologie. Bd I: Von Auguste Comte bis Norbert Elias*. München: Beck

Kaesler D., 2003: *Klassiker der Soziologie. Bd II: Von Talcott Parsons bis Pierre Bourdieu*. München: Beck

Korte H., 2006: *Einführung in die Geschichte der Soziologie*. Wiesbaden: VS Verlag für Sozialwissenschaften.

Kruse V., 2008: *Geschichte der Soziologie*. Konstanz, UTB.

Münch R., 2004: *Soziologische Theorie. Bd 1.: Grundlegung durch die Klassiker*. Frankfurt-New York: Campus.

Treibel A., 2006: *Einführung in die soziologischen Theorien der Gegenwart*. Wiesbaden: VS Verlag für Sozialwissenschaften.

Vester H.-G., 2009: *Kompendium der Soziologie II: Die Klassiker*. Wiesbaden: VS Verlag für Sozialwissenschaften.

Die im Text erwähnten empirischen Arbeiten von Klaus Peter Strohmeier sind in einer Reihe von Forschungsberichten enthalten. Eine zusammenfassende Darstellung seiner Ergebnisse findet sich in:

Bogumil J., Heinze R. G., Lehner F., Strohmeier K. P., 2011: *Ruhrvisionen. Zwischen kollektiven Illusionen und gemeinsamem Lernen*. Essen: Klartext Verlag.

Ich beziehe mich in diesem Kapitel und im ganzen Buch bei der Diskussion der soziologischen Systemtheorie vor allem auf Luhmann. Dabei habe ich insbesondere die folgenden Bücher genutzt:

Baraldi C., Corsi C., Esposito E., 1997: *GLU. Glossar zu Niklas Luhmanns Theorie sozialer Systeme*. Frankfurt/Main: Suhrkamp.
Greshoff R., Schimank U. (Hg.): *Integrative Sozialtheorie? Esser – Luhmann – Weber*. Wiesbaden: VS Verlag für Sozialwissenschaften.
Kneer G., Nassehi A., 2000: *Niklas Luhmanns Theorie Sozialer Systeme*. München: W. Fink.
Luhmann N., 1997: *Die Gesellschaft der Gesellschaft*. Frankfurt/Main: Suhrkamp.
Luhmann N., 2006: *Einführung in die Systemtheorie*. Heidelberg: Carl-Auer (3. Aufl.)
Schneider W. L., 2002: : *Grundlagen der soziologischen Theorie*, Band 2. Wiesbaden: VS Verlag für Sozialwissenschaften.

Eine individualistischen Alternative zur Systemtheorie in der Soziologie bieten einerseits der Rational Choice Ansatz von Colemann, andererseits die verhaltenstheoretische Soziologie (Austauschtheorie). Siehe dazu:

Blau P. M., 1964: *Exchange and Power in Social Life*. New York: John Wiley.
Coleman J., S., 1991: *Grundlagen der Sozialtheorie. Band 1: Handlungen und Handlungssysteme*. München: Oldenbourg.
Coleman J., S., 1992: *Grundlagen der Sozialtheorie. Band 2: Körperschaften und moderne Gesellschaft*. München: Oldenbourg.
Homans G., C., 1961: *Social Behavior. Its Elementary Forms*. New York: Harcourt, Brace.

Zur Austauschtheorie in der Anthropologie und in der Sozialpsychologie verweise ich auf:

Layton R., 1997: *An Introduction to Theory in Anthropology*. Cambridge: Cambridge University Press.
Thibault J. W., Kelley H. H., 1959: *The Social Psychology of Groups*. New York Wiley, 1959.

Die Entwicklung der Sozialpsychologie habe ich auf der Basis des folgenden Buches beschrieben:

Laucken U., 1998: *Sozialpsychologie. Geschichte, Hauptströmungen, Tendenzen*. Oldenburg: BIS.

Kurze Darstellungen der Entwicklung der Sozialpsychologie bieten auch:

Fischer L., Wiswede G., 2002: *Grundlagen der Sozialpsychologie*. München-Wien: Oldenbourg.
Stroebe W., Jona K., Hewstone M., 2002: *Sozialpsychologie. Eine Einführung*. Berlin-Heidelberg u. a.: Springer.

Für die Beschreibung der Entwicklung der Sozialanthropologie habe ich die folgenden Bücher genutzt:

Barnard A., 2000: *History and Theory in Anthropology.* Cambridge: Cambridge University Press.
Barnard A., Spencer J., 2002: *Encyclopedia of Social and Cultural Anthropology.* London: Routledge.
Mühlmann W. E., 1968: *Geschichte der Anthropologie.* Frankfurt: Athenäum.
Wulf C., 2004: *Anthropologie: Geschichte, Kultur, Philosophie.* Reinbek: Rowohlt.
Patterson T. C.,2003: *A Social History of Anthropology in the United States.* Oxford: Berg.

Ausführliche Darstellung der Entwicklung der politischen Ideen und Theorie sowie der Politikwissenschaft bieten unter anderem:

Bellers J., Kipke R., 2006: *Einführung in die Politikwissenschaft.* München-Wien: Oldenbourg
Brodocz A., Schaal G. S., 2009: *Politische Theorien der Gegenwart, 2 Bde.* Stuttgart: UTB.
Kailitz S. (Hg.), 2007: *Schlüsselwerke der Politikwissenschaft.* Wiesbaden: VS Verlag für Sozialwissenschaften.
Schaal G. S., Heidenreich F., 2009: *Einführung in die politischen Theorien der Moderne.* Stuttgart: UTB.
Schwaabe C., 2007: *Politische Theorie 1: Von Plato bis Locke.* Stuttgart: UTB.
Schwaabe C., 2007: *Politische Theorie 2: Von Rousseau bis Rawls.* Stuttgart: UTB.

Bei der Darstellung der Entwicklung der BWL habe ich mich vor allem auf die folgenden Bücher gestützt:

Brockhoff K., 2009: *Betriebswirtschaftslehre in Wissenschaft und Geschichte. Eine Skizze.* Wiesbaden: Gabler.
Brockhoff K., 2002: *Geschichte der Betriebswirtschaftslehre. Kommentierte Meilensteine und Originaltexte.* Wiesbaden: Gabler.
Schneider D., 2001: *Betriebswirtschaftslehre. Band 4: Geschichte und Methoden der Wirtschaftswissenschaft.* München: Oldenbourg.
Sundhoff E., 1991: *Dreihundert Jahre Handelswissenschaft.* Köln: Wirtschaftsverlag Bachem.

Die entscheidungsorientierte Betriebswirtschaftslehre von Heinen wird in dem folgenden Buch dargestellt:

Heinen E., 1992: *Einführung in die Betriebswirtschaftslehre.* Wiesbaden: Gabler.

Der Ansatz von Engelhardt wird ausführlich diskutiert in:

Backhaus K. u. a. (Hg.): *Marktleistung und Wettbewerb. Strategische und operative Perspektiven der marktorientierten Leistungsgestaltung.* Wiesbaden: Gabler.

Die bibliografischen Angaben zu dem im Text erwähnten Buch von Picot und anderen lauten:

Picot A., Reichwald R., Wigand T., 2003: *Die Grenzenlose Unternehmung. Information, Organisation und Management.* Wiesbaden: Gabler.

Zu Ulrichs Systemdenken verweise ich auf das folgende Buch:

Ulrich H., 1968: *Die Unternehmung als produktives soziales System.* Bern: Haupt.

Eine gut verständliche interdisziplinäre Darstellung des Konzepts der komplexen adaptiven Systeme bietet:

Bornholdt S., Feindt P. H. (Hg.), 1996: *Komplexe adaptive Systeme.* Dettelbach: Röll.

Das Konzept der Modus-2-Forschung und seine Grundlagen werden in dem folgenden Buch ausführlich dargestellt:

Gibbons M., Limoges C., Nowotny H., Schwartzman S., Scott P., Trow M., 2006: *The New Production of Knowledge. The Dynamics of Science and Research in Contemporary Societies.* London u. a.: Sage.

Die Aufteilung des Wissens in unterschiedliche und oft unverbundene Wissensmengen stellt Peter Drucker in dem folgenden Aufsatz dar:

Drucker P. F., 1998: From Capitalism to Knowledge Society, in: D. Neef (ed.), *The Knowledge Economy.* Boston-Oxford-Johannesburg-Melbourne-New Delhi-Singapore: Butterworth-Heinemann.

Peter Weingarts Erklärung des Differenzierungsprozesses findet man in dem folgenden Buch:

Weingart P., 2003: *Wissenschaftssoziologie.* Bielefeld: Transcript.

Meine Ausführungen zum Janusgesicht der modernen Wissensproduktion stützen sich insbesondere auf:

Nowotny H., Scott P., Gibbons M., 2001: *Rethinking Science. Knowledge and the Public in an Age of Uncertainty.* Cambridge: Polity.
Nowotny H., 1990: *In Search of Usable Knowledge. Utilization Contexts and the Application of Knowledge.* Frankfurt: Campus und Boulder, Colorado: Westview.

sowie das oben bereits genannte Buch von Gibbons und anderen.

4. Kapitel: Die Strukturierung des Handelns

In den ersten drei Kapiteln dieses Buches habe ich die Sozialwissenschaft und ihre unterschiedlichen methodologischen und theoretischen Ansätze dargestellt. In diesem und dem folgenden Kapitel geht es nun darum, die unterschiedlichen Ansätze in einen systematischen Zusammenhang zu bringen. Am Ende des Buches soll deutlich werden, inwieweit die Sozialwissenschaft eine sinnvolle, wissenschaftlich fruchtbare Einheit bildet – oder wie eine solche genutzt werden kann – und wo die verbleibenden Konfliktlinien liegen.

In dem vorliegenden Kapitel diskutiere ich den systematischen Zusammenhang der Sozialwissenschaft bezogen auf die Frage, wie Institutionen, Organisationen und Systeme soziales Handeln strukturieren. Ich stelle dabei die herkömmlichen methodologischen Gegensätze (Universalismus versus Historismus und Individualismus versus Holismus) in Frage und arbeite die Bezüge – unterschiedliche Sichtweisen und divergierende Aussagen ebenso wie konstruktive Verknüpfungsmöglichkeiten – zwischen unterschiedlichen Theorien heraus.

Methodologie zwischen Tradition und Wirklichkeit

Die methodologische Struktur der Sozialwissenschaft

Wir haben schon im ersten Kapitel festgestellt, dass es in der Sozialwissenschaft traditionell zwei methodologische Trennlinien gibt, nämlich die Gegensätze von Universalismus versus Historismus und Individualismus versus Holismus. Diese Gegensätze sind in den Disziplinen der Sozialwissenschaft unterschiedlich stark sichtbar. Am einheitlichsten, also von den beiden Gegensatzpaaren am wenigsten geprägt, sind die beiden wirtschaftswissenschaftlichen Disziplinen. Sie werden (noch) dominiert durch die Neoklassik, welche einen universalistischen Geltungsanspruch mit einem individualistischen Ansatz verbindet. Eine radikale Abkehr von beiden Prinzipien, Universalismus und Individualismus, finden wir, wie wir im dritten Kapitel gesehen haben, nur bei Karl Marx und seine intellektuellen Nachkommen.

Neuere Entwicklungen, nämlich institutionalistische und evolutionistische Ansätze sowohl in der Volkswirtschaftslehre als auch in der Betriebswirtschaftslehre, halten zwar am universalistischen Geltungsanspruch fest, sprengen aber den Rahmen des methodologischen Individualismus. Vor allem die evolutionistische Ökonomik und die Komplexitätstheorie in der Betriebswirtschaftslehre enthalten, wie ich weiter unten ausführen werde, starke Elemente eines systemtheoretischen und damit holistischen Denkens. Aber auch die institutionelle Ökonomie repräsentiert eher einen interaktionistischen Ansatz als einen individualistischen. Sie geht davon aus, dass Institutionen sich zwar aus individuellem Handeln heraus entwickeln, sich aber aus dem Handeln herauslösen und verselbständigen. Wie wir schon im zweiten Kapitel kurz angesprochen haben, argumentiert Douglass North, einer der Begründer der Neuen Institutionenökonomik, dass Institutionen Pfadabhängigkeiten für die Entwicklung sozialer Strukturen schaffen. Pfadabhängigkeiten heißt ganz einfach, dass Institutionen sich nicht mehr allein aus dem individuellen Handeln heraus entwickeln, sondern auch aus sich selbst heraus. Sie entwickeln im Zeitablauf eine eigene „Logik", welche die Möglichkeiten, sie durch Handeln zu verändern, mehr oder weniger stark einschränkt. Dieses Zusammenspiel von Individuen und Strukturen, das den interaktionistischen Ansatz ausmacht, kann man beobachten, wenn beispielsweise in Unternehmen Institutionen eingeführt werden sollen, die aus anderen Kontexten stammen. Ein Beispiel dafür war die Einführung japanischer Institutionen in der britischen Tochter von Nissan in den späten 1980er Jahren. Zu diesen Institutionen gehört unter anderem Kaizen, ein Verfahren zur kontinuierlichen Verbesserung von Produkten und Verfahren, das auf der Beteiligung aller Beschäftigten im Rahmen ihrer alltäglichen Arbeit aufbaut. Für die damalige japanische Managementphilosophie war der Prozess des Kaizen selbst ebenso wichtig wie seine Resultate, weil er die Beschäftigten mit in die Verantwortung für Produktivität und Qualität nahm. Für viele der britischen Beschäftigten bei Nissan UK – in Management und in der Fabrik – war diese Philosophie fremd und passte nicht zu den damaligen institutionellen Regeln von Management und Arbeit in Großbritannien. Deshalb konnte Kaizen nur in einem recht langwierigen Prozess bei Nissan UK eingeführt werden.

Während man die Wirtschaftswissenschaften trotz der eben angesprochenen Sachverhalte noch als methodologisch eher homogen bezeichnen kann, gilt für die Soziologie das Gegenteil. Die beiden methodologischen Prinzipien sind in allen Kombinationen vorhanden. Die Kombination von universalistischem Geltungsanspruch mit einem individualistischen Ansatz stellt die verhaltenstheoretische und individualistische Soziologie dar, die Kombination von Universalismus und Holismus ist in der Systemtheorie gegeben. Das bekannte Beispiel für die Verbindung von Individualismus und Historismus ist Max Weber. Die phänomenologische Soziologie, die an Max Webers Verständnis von sinnvollem Handeln ansetzt, hat zwar größtenteils seinen verstehenden Ansatz übernommen, nicht aber seinen Individualismus. Sie repräsentiert vielmehr einen interaktionistischen Ansatz. Der andere bekannte interaktionistische Ansatz in der Soziologie, der symbolische Interaktionismus, ist von seinem Geltungsanspruch universalistisch.

Mit der Sozialanthropologie verhält es sich ähnlich, weil sie heute theoretisch stark mit der Soziologie verbunden ist. Dabei übernimmt sie nicht nur Theorien aus der Soziologie, sondern leistet auch wichtige Beiträge zur Soziologie. Das haben wir schon am Beispiel des Funktionalismus gesehen. Ein anderes, in unserem jetzigen Zusammenhang besonders interessantes Beispiel ist die Ethnomethodologie von Harold Garfinkel. Garfinkel verknüpft Parsons Systemtheorie mit der Phänomenologie von Schütz. Er argumentiert, dass die gemeinsamen Sinnverständnisse von Realität, die Schütz untersucht, eine kognitive Ordnungsstruktur darstellen, die mit der normativen Ordnungsstruktur, auf die Parsons abhebt, eng verbunden ist. Das heißt insbesondere, dass Menschen die Regeln der gesellschaftlichen Ordnung als normale Handlungsverläufe und damit als selbstverständliche Tatsachen des Alltagslebens wahrnehmen. Handlungen, welche im Widerspruch zu Regeln stehen, sind deshalb intersubjektiv oft nicht nachvollziehbar, sondern unverständlich. Soziale Systeme verankern also über Sozialisationsprozesse soziale Regeln nicht nur als internalisierte Normen im menschlichen Bewusstsein, sondern auch als kognitive Strukturen.

Auch die Sozialpsychologie weist eine ähnliche methodologische Vielfalt auf wie die Soziologie. Zwar gibt es eine starke Dominanz von individualistischen und interaktionistischen

Ansätzen; daneben finden sich holistische Ansätze, wie die Gruppenpsychologie von Lewin, oder auch marxistisch geprägte Arbeiten. Von Letzteren abgesehen, ist die Sozialpsychologie traditionell eher universalistisch orientiert. Es gibt jedoch auch psychoanalytische, kultur-psychologische und phänomenologische Ansätze, die eher holistisch ausgerichtet sind oder Theorien mittlerer Reichweite darstellen. Darauf gehe ich hier nicht weiter ein.

Die Politikwissenschaft hat sich in methodologischer Hinsicht in den vergangenen Jahren und Jahrzehnten stark verändert. Die bis in die zweite Hälfte des 20. Jahrhunderts bedeuten-den hermeneutischen und normativen Ansätze haben ebenso wie der Marxismus drastisch an Bedeutung verloren. Die Systemtheorie, die mit David Easton und Karl Deutsch in den 1960er und 1970er Jahren zwei bedeutende Vertreter hatte, die stark in ihr Fach hineinwirkten, wurde seither in der Politikwissenschaft bis auf einige Versuche, Luhmann in die Politikwissen-schaft zu transferieren, nicht mehr weiterentwickelt. Die auf der ökonomischen Theorie des rationalen Handelns aufbauende Neue Politische Ökonomie (oder ökonomische Theorie der Politik) wurde ab den 1980er Jahren in der Politikwissenschaft breiter angewendet und spielt heute insbesondere in der Analyse internationaler Beziehungen eine bedeutende Rolle – hat sich aber nicht als dominante Theorie durchsetzen können. In neuerer Zeit gewinnen in der Politikwissenschaft neo-institutionalistische Ansätze an Bedeutung.

Ein interessantes Beispiel dafür ist der akteurszentrierte Interaktionismus von Fritz W. Scharpf, den ich bereits im ersten Kapitel kurz vorgestellt habe und hier noch etwas aus-führlicher darstelle. Scharpf analysiert politische Interaktionen und Entscheidungen in ihrem jeweiligen institutionellen Kontext mit Hilfe von drei Konzepten, nämlich Akteuren, Akteurs-konstellationen und Interaktionsformen. Akteure werden durch ihre Handlungsorientierungen und Ressourcen (Handlungsmöglichkeiten) sowie durch ihre Form beschrieben. Scharpf un-terscheidet neben individuellen Akteuren drei weitere Formen, nämlich aggregierte Akteure, beispielsweise Wähler, kollektive Akteure, zum Beispiel Koalitionen, Verbände, Parteien, sowie korporative Akteure, insbesondere Unternehmen und Bürokratien. Die drei weiteren Formen sind in der Politik besonders wichtig, weil die Akteure in politischen Entscheidungs-prozessen zumeist nicht die Mitglieder der Gruppen sind, die letztlich von Entscheidungen betroffen werden, sondern spezialisierte politische Akteure (wie Parteien oder Verbände). Mit dem Konzept der Akteurskonstellation trägt Scharpf der Tatsache Rechnung, dass politische Entscheidungen nie das Resultat des Handelns eines einzelnen Akteurs sind, sondern immer von bestimmten Konstellationen einer Mehrzahl von Akteuren. Solche Konstellationen be-schreibt Scharpf mit Hilfe der Spieltheorie abstrakt. Konstellationen, in denen die beteiligten Akteure mehr erreichen können, wenn es ihnen gelingt, ihr Handeln abzustimmen, stellen ein Spiel vom Typ der reinen Koordination dar, Konstellationen, in denen nur ein Akteur gewinnen kann, dagegen ein Spiel des reinen Konflikts. Dazwischen gibt es Mischformen, die in der Realität viel häufiger sind, als die reinen Typen. Die an bestimmten politischen Ent-scheidungsprozessen beteiligten Akteure können in unterschiedlichen Formen interagieren. Scharpf unterscheidet zwischen einseitigem Handeln, Verhandlungen, Mehrheitsentschei-dungen und hierarchischer Steuerung.

Scharpf bezeichnet seinen Ansatz nicht als universalistische Theorie, sondern als eine Theorie mittlerer Reichweite. Zwar sind die grundlegenden Aussagen der Theorie durchaus universalistisch; sie liefern aber keine vollständigen Erklärungen für die jeweils untersuchten Sachverhalte, als beispielsweise für bestimmte staatliche Handlungsprogramme. Für vollständige Erklärungen sind vielmehr zusätzliche Annahmen erforderlich, die in Form von empirischen Generalisierungen gewonnen werden. Solche Generalisierungen sind von der Natur der Sache her raum-zeitlich beschränkt.

Akteurszentrierter Institutionalismus

Erklärung von Interaktionen und deren Ergebnissen aus dem Zusammenspiel von institutionellen Kontexten, Akteurskonstellationen sowie Interaktionsformen.

Ich habe in diesem Teil nur nochmals zusammengefasst, was wir in den ersten drei Kapiteln über die methodologische Struktur der Sozialwissenschaft festgestellt haben. Diese Zusammenfassung kann man – zumindest auf den ersten Blick – auf einen einfachen Punkt bringen: Die Sozialwissenschaft bildet methodologisch betrachtet alles andere als eine Einheit. Wie der Einschub in dem vorstehenden Satz schon andeutet, erweist sich diese Feststellung jedoch bei näherer Betrachtung zumindest als irreführend, manchmal auch als falsch. Das werde ich im Folgenden zeigen.

Universalismus und Historismus: Ein anwendungsorientierter Vergleich

Die Wissenschaft ist traditionell universalistisch orientiert. Schon in der Antike hat Wissenschaft (Philosophie) nach universalen Aussagen gestrebt. Die grundlegenden Konzepte hießen bei Plato und Aristoteles Universalien. Es gab keinen Unterschied zwischen Erklärungen von natürlichen und von sozialen Phänomenen, weil die Gesellschaft Teil der Natur war. So lange Gesellschaft als Teil der Natur betrachtet wurde, stellte sich die Frage nach der Allgemeingültigkeit von Aussagen über die Gesellschaft nicht. Als sich mit und nach Hobbes die Einsicht durchsetzte, dass die gesellschaftliche Ordnung kein Teil der Natur war, sondern ein menschliches Artefakt, änderte sich an der universalistischen Orientierung der wissenschaftlichen Beschäftigung mit Gesellschaft nichts. Sowohl der Empirismus, der im 16. und 17. Jahrhundert unter anderem von Francis Bacon vorangetrieben wurde, als auch sein „Gegenpart" der neuzeitliche Rationalismus, der im 17. Jahrhundert insbesondere von René Descartes begründet wurde, wurden getragen vom universalistischen Verständnis einer Welt, die von gesetzmäßiger Beschaffenheit ist und deren objektive Gesetze wissenschaftlich ergründet werden können.

Bis ins 19. Jahrhundert war es für die Philosophie und für die sich aus der Philosophie heraus entwickelnde Politische Ökonomie selbstverständlich, dass Wissenschaft nach universalen Erklärungen strebt. Zwar entwickelte der italienische Philosoph Giambattista Vico schon Anfang des 18. Jahrhunderts grundlegende Ideen des Historismus und der Hermeneutik, konnte sich damit aber zu seinen Lebzeiten nicht durchsetzen. Wie viel später auch die Konstruktivisten, postulierte Vico, dass nur das als wahr erkennbar ist, was Menschen selbst gemacht oder gestaltet haben. Wahrheit ist also in Vicos Sicht immer ein soziales Konstrukt und gilt deshalb immer nur in einem bestimmten geschichtlichen Kontext. Gleichwohl ging er von der Existenz allgemeiner historischer Gesetze aus, denen die Entwicklung jeder Gesellschaft folgt.

Historismus im Sinne von Vico – und später von vielen anderen – heißt also mehr als Hermeneutik. Die Hermeneutik sagt lediglich, dass geistes- oder sozialwissenschaftliche Aussagen raum-zeitlich beschränkt sind, weil sie sich mit menschlichen Artefakten beschäftigen, also mit Strukturen und Prozessen, welche Menschen geschaffen haben. Vico – und später viele andere – gehen sehr viel weiter. Sie gehen von einer bestimmten Geschichtstheorie oder einem teleologischen Konzept der historischen Entwicklung aus und argumentieren, dass Geschichte einem bestimmten, zwingenden Ablauf folgt, in den soziale Strukturen und Prozesse, aber auch die wissenschaftliche Beschäftigung mit sozialen Strukturen und Prozessen eingebunden sind. Dieses Argumentationsmuster finden wir beispielsweise in der Marx'schen Theorie oder in der anthropologischen Evolutionstheorie. Auch Comte geht mit seinem Drei-Stadien-Gesetz von einer teleologischen Entwicklung von Gesellschaft und einer für jedes Stadium spezifischen Möglichkeit des Verständnisses von Realität aus. Insofern vertritt Comte eine historistische Theorie, geht aber gleichzeitig davon aus, dass das Drei-Stadien-Gesetz für alle Gesellschaften und zu allen Zeiten gilt. Er orientiert sich mit seiner „physique sociale" durchaus am nomologisch-deduktiven Erklärungsmodell von Newton.

Auch die Anthropologie war, wie ich im dritten Kapitel gezeigt habe, mit der Evolutionstheorie zunächst historizistisch orientiert. Die Entwicklung der Menschheit wurde als teleologisch betrachtet. Die Evolutionstheorie in der Anthropologie postuliert einen uniformen kulturellen Entwicklungsprozess, den alle Gesellschaften durchlaufen und sie nimmt eine psychologische Uniformität der Menschen an. Sie gewinnt ihre historische Dimension aus Annahmen, die universalistische Geltung beanspruchen. Genau diese universalistischen Annahmen und das damit verbundene orthogenetische Verständnis von Evolution lehnte Franz Boas ab. Er bestritt die Existenz universeller Gesetze kultureller Entwicklung und vertrat einen historischen Partikularismus. Er erklärte kulturelle Differenzen zwischen Völkern als Folge von unterschiedlichen historischen, sozialen und geographischen Bedingungen und vertrat einen Historismus, der nicht auf universalistische Entwicklungsgesetze rekurrierte. Betrachtet man die Arbeiten seiner Schüler, wie etwa Ruth Benedict, findet man aber durchaus Annahmen über allgemeine kulturelle Muster.

Erst Malinowski und Radcliffe-Brown brachten den Universalismus in der Anthropologie zur Geltung. Sie lehnten nicht nur das orthogenetische Verständnis von kultureller Entwicklung ab, sondern setzten ihm funktionalistische Theorien entgegen, die einen universalistischen Geltungsanspruch hatten. Später hat Talcott Parsons den Funktionalismus von Malinowski und Radcliffe-Brown in seiner Systemtheorie aufgenommen. Er begründete seine Theorie ausdrücklich mit der Notwendigkeit, auch die Soziologie auf eine universalistische Theorie zu stützen. Allerdings waren auch die meisten Soziologen vor ihm eher universalistisch als historistisch orientiert. Das gilt für Spencer ebenso wie für Durkheim oder Simmel. Nicht ganz in dieses Bild passt Max Weber mit seiner verstehenden Soziologie, auf die ich gleich zurückkomme.

In der Wirtschaftswissenschaft bildete sich, nicht zuletzt unter dem Einfluss von Newton, schon früh eine universalistische Methodologie heraus. Es gab jedoch bemerkenswerte Ausnahmen, nämlich die historisch-ethische Schule in Deutschland, für die insbesondere der Name Gustav von Schmoller steht und die politische Ökonomie von Karl Marx. Die historisch-ethische Schule wurde nicht nur von universalistisch ausgerichteten Ökonomen, insbesondere Carl Mengers, der einer der Begründer der österreichischen Grenznutzenschule war, kritisiert, sondern auch von Max Weber, der Professor für Nationalökonomie war. Max Weber kritisierte in dem sogenannten Werturteilsstreit die normative Ausrichtung der historisch-ethischen Schule. Auch sonst unterschied sich sein methodologischer Ansatz grundlegend von den Vorstellungen von Schmollers und anderer Vertreter der historisch-ethischen Schule. Im Unterschied zu von Schmollers holistischer Vorstellung von der Volkswirtschaft als organisches Ganzes, vertrat er einen klaren Individualismus. Im Gegensatz zu von Schmoller ging er nicht davon aus, dass sich wirtschaftliche und gesellschaftliche Entwicklungen in einem bestimmten historischen Rahmen vollziehen würden. Er war jedoch insofern historistisch orientiert, als er allgemeine kausale Gesetze für die Analyse von gesamtgesellschaftlichen Zusammenhängen nicht für sinnvoll hielt, weil das soziale Handeln, aus dem heraus sich diese Zusammenhänge entwickeln, nur in seinen jeweiligen kulturellen Kontexten verstehbar sei.

Handeln verstehen heißt für Weber, dessen subjektiven Sinn zu verstehen – und dieser ist kulturell geprägt. Insofern kann man Handeln eben nicht kausal erklären. Was man aber kausal erklären kann, nämlich aus dem subjektiven Sinn heraus, sind der Ablauf und die Wirkungen des Handelns. Das zeigt sich an seiner Erklärung der Entwicklung des westlichen Kapitalismus. Wie ich im dritten Kapitel dargestellt habe, erklärt Weber diese mit der protestantischen Ethik, also dem moralischen Sinnkonzept des Protestantismus. Ausgehend von der Feststellung, dass Protestanten sehr viel häufiger als Katholiken in wirtschaftlichen und wirtschaftsnahen Tätigkeiten vertreten waren, ging Weber der Frage nach, welche Sinnkomponenten die protestantische von der katholischen Ethik unterschieden. Den Unterschied fand er insbesondere in der protestantischen Betonung von Arbeit und Beruf als Kern eines gottgefälligen Lebens, dem Verständnis von Wohlstand als Lohn für dieses Leben und in der Ablehnung von Luxus und Verschwendung. Damit hatte er, wie Wolfgang Ludwig Schneider im ersten Band seiner *Grundlagen der soziologischen Theorie* ausführlicher darstellt, die erste der beiden Aufgabenkomponenten einer soziologischen Analyse erfüllt. Zur Erinnerung: Aufgabe soziologischer Analyse ist es nach Weber, soziales Handeln deutend zu verstehen und dadurch seinen Ablauf und seine Wirkungen zu erklären.

Ethik

Bezeichnet (wie bei Max Webers protestantischer Ethik) ein alltägliches normatives Verständnis von Gut und Schlecht als auch die philosophische Lehre von Gut und Schlecht, also die Moralphilosophie.

Mit der idealtypischen Rekonstruktion der protestantischen Ethik hat er die Deutungsaufgabe erfüllt. Um den zweiten Teil der Aufgabe, nämlich die ursächliche Erklärung zu erfüllen, musste Weber noch einen „Nachweis" dafür liefern, dass es zwischen der protestantischen Ethik und dem höheren Anteil der Protestanten in wirtschaftlichen Aktivitäten einen ursächlichen Zusammenhang gab. Dazu musste er insbesondere zeigen, dass dieser Anteil nicht durch die objektiven Bedingungen der Handlungssituation determiniert wird, sondern aus dem subjektiven Sinn des Handelns. Das will ich hier nicht weiter ausführen, sondern nur

auf einen in unserem Zusammenhang wichtigen Punkt hinweisen: Verstehende Soziologie
(und Hermeneutik insgesamt) heißt nicht, dass auf kausale Erklärungen und allgemeine
Aussagen verzichtet wird, sondern lediglich, dass der Geltungsanspruch dieser Erklärungen
und Aussagen auf den kulturellen Kontext beschränkt wird, in den die untersuchten Sachverhalte eingebettet sind.

An dieser Stelle breche ich meine grobe Skizzierung der Entwicklung von Universalismus und Historismus in der Sozialwissenschaft ab und wende mich der Frage zu, welche
Bedeutung die methodologische Unterscheidung von Universalismus und Historismus für
die Sozialwissenschaft hat. Diese Frage stelle ich allerdings nicht in einer wissenschaftstheoretischen Perspektive dar, weil dann genau das herauskommt, was wir bisher kennengelernt haben, nämlich dass Universalismus und Historismus miteinander unvereinbare
methodologische Prinzipien sind. Ich stelle die Frage vielmehr in einer sozialwissenschaftlichen Perspektive, in deren Zentrum nicht wissenschaftsphilosophische Festlegungen, sondern der praktische Nutzen von Wissen steht. Mein Ausgangspunkt ist dabei das im ersten
Kapitel angesprochene Verständnis Nico Stehrs von Wissen als Fähigkeit zu handeln und von
wissenschaftlicher Entwicklung als Eröffnung neuer Handlungsmöglichkeiten. Ich frage also
im Folgenden danach, ob und wie sich die methodologischen Prinzipien von Universalismus
und Historismus auf die Fähigkeit der Sozialwissenschaft, Handlungsmöglichkeiten aufzuzeigen, auswirken. Dabei gehe ich von der an und für sich selbstverständlichen Annahme
aus, dass wissenschaftliches Wissen umso eher Handlungsmöglichkeiten aufzeigen kann, je
allgemeiner es erstens ist und je besser es zweitens empirisch geprüft wurde und sich dabei
bewährt hat. Allgemein heißt hier pragmatisch, dass Wissen nicht nur für eine einzelne konkrete Handlungssituation gilt, sondern übertragbar auf eine mehr oder weniger große Menge
von Situationen ist, die man nach bestimmten Kriterien zu einer Kategorie oder einem Typ
von Handlungssituation zusammenfassen kann. Empirisch bewährt bedeutet ebenso pragmatisch, dass das Wissen den handelnden Akteuren eine Entscheidungsgrundlage bietet, auf
die sie sich nach üblichen wissenschaftlichen Maßstäben hinreichend verlassen können. Vor
diesem Hintergrund frage ich danach, ob sich der universalistische und der historistische
Ansatz bezüglich der Fähigkeit, hinreichend verlässliche Grundlagen für das Handeln von
Akteuren bereitzustellen, prinzipiell unterscheiden.

Ich beginne mit dem historistischen Ansatz und beziehe ich mich dabei nicht auf teleologische Varianten, wie die evolutionäre Anthropologie oder den historischen Materialismus
von Karl Marx, sondern auf Alfred Schütz (damit auch auf Max Weber) und die moderne
sozialwissenschaftliche Hermeneutik. Schütz' Methodologie, die bezüglich der Typenbildung
mit der Webers übereinstimmt, sich von ihr aber im Hinblick auf die Rekonstruktion von
Sinn unterscheidet, basiert auf der Rationalisierung und Systematisierung von Alltagswissen
in Form von Typen. Typen kann man auch als „Modelle" bestimmter sozialer Situationen
bezeichnen, die für diese Situationen typische Handlungsabläufe von typischen Akteuren
beschreiben. Diese Handlungsabläufe werden nach dem Rationalitätsprinzip modelliert. Es
wird unterstellt, dass Menschen rational handeln, ihr Handeln also auf das Erreichen eines
bestimmten Zeckes ausgerichtet ist.

Aus der Sicht von Schütz – ebenso wie der von Weber und vielen anderen Soziologen –
ist nur rationales Handeln wissenschaftlich nachvollziehbar. Typen werden zwar bezogen auf
bestimmte Handlungsprobleme entwickelt, sind aber in einer wissenschaftlichen Systematik

(einen übergreifenden Problemzusammenhang) miteinander verknüpft. Das kann man an dem oben dargestellten Beispiel von Max Webers Analyse der Entwicklung des westlichen Kapitalismus gut erläutern. Die Systematik ergibt sich aus der Frage nach dem Zusammenhang zwischen Religion (oder allgemeiner Ethik) und wirtschaftlicher Entwicklung. Das erfordert eine Typologie, welche einen Zusammenhang zwischen Ethik und wirtschaftlichem Handeln abbildet. Diese Typologie soll nicht beliebiges wirtschaftliches Handeln erfassen, sondern das Handeln, das für die Entwicklung des Kapitalismus wichtig war, also insbesondere das Sparen und das damit verbundene Akkumulieren von Kapital. Die Entwicklung von Typen erfolgt zunächst als hypothetische Konstruktion, die dann mit empirischem Wissen über tatsächliches Handeln konfrontiert wird. Wenn sie mit diesem Wissen nicht übereinstimmen, werden sie so lange modifiziert, bis eine für die Lösung des wissenschaftlichen Problems – etwa die Erklärung des Zusammenhangs zwischen Ethik und wirtschaftlicher Entwicklung – hinreichende Übereinstimmung erreicht wird.

Im Unterschied zu Max Weber betrachten Schütz und die phänomenologische Soziologie, wie wir im dritten Kapitel gesehen haben, Sinn als ein soziales Konstrukt. Das gilt auch für den Sinn, den Wissenschaftlerinnen und Wissenschaftler dem Handeln zuschreiben. Die von ihnen gebildeten Typen werden auf der Grundlage der im Alltag beobachteten sozialen Konstrukte (Verständnisse) von Realität erzeugt. Die Konstruktion von Typen erfolgt mit Hilfe von sogenannten Deutungsschemata, die Teil des gesellschaftlichen Wissensvorrats und damit intersubjektiv sind. Deutungsschemata sind allgemeine Vorstellungen über die Beschaffenheit von Realität, also so etwas wie Alltagstheorien, auf deren Basis Menschen in ihrem Alltag handeln. Deutungsschemata bauen in den modernen Gesellschaften oft auf wissenschaftlichen Grundlagen auf. Das Rationalitätskonzept ist ein solches Deutungsschema – es ist nicht nur ein wissenschaftliches Erklärungsprinzip, sondern auch ein Prinzip des alltäglichen Verständnisses menschlichen Handelns. Deutungsschemata haben hypothetischen Charakter, stellen also die Annahmen dar, auf denen Alltagswissen und Alltagshandeln aufbauen. Für die wissenschaftliche Analyse werden diese Deutungsschemata rationalisiert und systematisiert. Sie werden dabei mit den methodologischen und theoretischen Aussagen der Wissenschaft verknüpft. Die Deutungsschemata der Wissenschaft sind selbst also eine wissenschaftliche Theorie, zum Beispiel eine Theorie rationalen Handelns.

Deutungsschemata

Alltägliches, handlungsleitendes Wissen zur Erklärung der Lebenswelt von Individuen.

Die Methodologie von Schütz entspricht einer Methode, die als Situationsmethode bezeichnet wird und Hartmut Esser zufolge den Kern des soziologischen Denkens ausmacht und schon immer ausmachte. Ziel der Situationsmethode ist die Herausarbeitung der Logik einer Situation. Die Logik einer Situation beschreibt die für das Verständnis dieser Situation wichtigen Merkmale und Zusammenhänge und abstrahiert von Merkmalen, die für das Verständnis nicht wichtig sind. Man kann solche Modelle mit Landkarten vergleichen, die beispielsweise für Wanderer Wanderrouten, Gaststätten und Übernachtungsmöglichkeiten oder Stationen von Bahnen und Bussen als wichtige Orientierungspunkte darstellen, viele andere Merkmale der Landschaft aber weglassen. Das Vorgehen bei der Konstruktion von Typen, also das Zusammenspiel von hypothetischer Konstruktion auf der Basis von Deutungsschemata und empirischer Überprüfung, kommt der im ersten Kapitel beschriebenen Methodologie von Lakatos zumindest sehr nahe.

Phänomenologische Methode

Die Konstruktion von Typen (Modellen), die den Zusammenhang zwischen Sinn und Handeln abbilden, auf der Basis der Beobachtung äußerer Erscheinungen (Phänomene) des Handelns und deren Rationalisierung und Systematisierung.

Vor diesem Hintergrund kann man sagen, dass ein historistischer Ansatz, wie bei Weber und Schütz, zu allgemeinen und empirisch bewährten Erkenntnissen führt. Der entscheidende Unterschied zu universalistischen Ansätzen liegt bei Weber, Schütz und vielen anderen Sozialwissenschaftlerinnen und Sozialwissenschaftlern in deren Tradition darin, dass sie auf Alltagswissen aufbauen. Alltagswissen gilt nur in einem bestimmten kulturellen Kontext und ist von der Natur der Sache her raum-zeitlich gebunden. Das gilt auch für das darauf aufbauende wissenschaftliche Wissen. Die hier angesprochenen Ansätze können also im Prinzip nur empirisch bewährte Handlungsgrundlagen bezogen auf ihren raum-zeitlichen, insbesondere kulturellen Kontext liefern. Das ist für die aus der Nutzung von Wissen resultierenden Handlungsmöglichkeiten allerdings nur dann eine Einschränkung, wenn Handeln den raum-zeitlichen Kontext des Wissens deutlich überschreitet. Zudem lassen sich vor allem räumliche Beschränkungen durch systematische Kulturvergleiche verringern. Dennoch bleibt die prinzipielle raum-zeitliche Beschränkung der durch diese Ansätze bereitgestellten Wissensgrundlagen des Handelns.

Zumindest auf den ersten Blick liegt hier ein entscheidender Unterschied zu universalistischen Ansätzen, deren Aussagen prinzipiell raum-zeitlich nicht beschränkt sind. Dieser Unterschied schwindet, wenn man berücksichtigt, dass wir weiter oben von empirisch bewährtem Wissen als Handlungsgrundlage gesprochen haben. Empirisch bewährtes Wissen können auch universalistische Ansätze nur in raum-zeitlich beschränkter Form liefern. Bewährt ist Wissen nur in Bezug auf den raum-zeitlichen Kontext, für den es empirisch überprüft wurde. Mit diesem Sachverhalt begründet, wie wir im ersten Kapitel gesehen haben, Karl Popper seine Kritik am Positivismus und seinen Falsifikationismus. Wenn es also um empirisch bewährtes Wissen als Handlungsgrundlage geht, ist die Frage, ob sich Wissenschaftlerinnen und Wissenschaftler von einer universalistischen oder historistischen Erkenntnistheorie leiten lassen, wenig relevant. Darauf komme ich gleich noch zurück, will aber vorher kurz noch eine neuere Variante sozialwissenschaftlicher Hermeneutik diskutieren, nämlich die objektive Hermeneutik von Ulrich Oevermann.

Oevermann beschreibt seine objektive Hermeneutik als eine Methodik, die sich vor allem für die Untersuchung wenig erforschter Sachverhalte oder neuer, noch wenig bekannter Phänomene und Entwicklungen eignet. Wie Schütz geht es auch Oevermann um die Rekonstruktion von Sinn und Erklärung sozialer Organisation und Ordnung als sinnstrukturierte Welt. Im Unterschied zu Schütz geht es ihm nicht um die Rekonstruktion von subjektivem

Sinn, sondern von prinzipiell nicht wahrnehmbaren Bedeutungs- und Sinnwelten. Er stützt sich dabei auf die Analyse der Ausdrucksgestalten von Bedeutung und Sinn. Ausdruckgestalten sind Darstellungen von Sinn und Bedeutung in unterschiedlichsten Formen – von Interviewprotokollen, Dokumenten und anderen Texten über Bilder und Musikstücke bis hin zur Architektur und zu alltäglichen Gebrauchsgegenständen. Ausdrucksgestalten werden nicht klassifiziert, wie das in anderen hermeneutischen Ansätzen der Kulturforschung üblich ist, sondern einer Sequenzanalyse unterworfen. Sequenzen sind abgrenzbare Kommunikationsprozesse, durch die frühere Handlungsmöglichkeiten geschlossen und neue eröffnet werden. Der Sinn oder die Bedeutung von Ausdrucksgestalten wird erst durch die Einordnung in Sequenzen nachvollziehbar.

Als konkretes Beispiel dafür können wir Kommunikationsprozesse bei der Umstellung von Diplom- auf Bachelor- und Masterprogramme einer Fakultät betrachten. Dieser Prozess wird beispielsweise durch einen Fakultätsbeschluss eröffnet, der gleichzeitig die Möglichkeit des Diplomstudiums nach einer Übergangszeit schließt. Am Ende des Prozesses steht ein Fakultätsbeschluss zu den neuen Studiengängen, durch die neue Handlungsmöglichkeiten eröffnet werden. Im Verlaufe dieses Prozesses wird eine Vielzahl von Texten, zum Beispiel Arbeitspapiere oder Kommissionsprotokolle, produziert. Zudem gibt es andere Ausdruckgestalten, wie beispielsweise Plakate der Fachschaft. Wenn man diese Texte oder Plakate aus ihrem Zusammenhang herausnimmt, kann man ihren Sinn oder ihre Bedeutung nicht oder nur partiell verstehen. Ein Plakat mit der Schrift „Hochschule statt Schule" wird beispielsweise erst verständlich, wenn man weiß, dass ein zentrales Thema der Kommunikation die „Verschulung" von Studiengängen war.

Objektive Hermeneutik

Eine Methode zur Rekonstruktion von nicht beobachtbaren Bedeutungs- und Sinnwelten durch die Analyse der symbolischen Darstellung von Bedeutung und Sinn.

Anhand dieses Beispiels kann man deutlich machen, worum es der objektiven Hermeneutik geht. Es geht ihr, erst einmal negativ gesprochen, nicht einfach um die Rekonstruktion des Entscheidungsprozesses einer Fakultät, sondern um die hinter diesem Entscheidungsprozess liegenden Sinn- und Bedeutungsstrukturen und deren Wandel. Diese Sinn- und Bedeutungsstrukturen sind beispielsweise dann wichtig, wenn man die Akzeptanzprobleme, mit denen die Bachelorstudiengänge verbunden sind, erklären will. Die Ablehnung dieser Studiengänge, nicht nur durch viele Studierende, sondern auch durch Hochschullehrerinnen und -lehrer, kann etwa dadurch erklärt werden, dass der von der Wissenschaftspolitik den Hochschulen aufgezwungene Sinn der Studienzeitverkürzung weder den Vorstellungen der Studierenden von einer sinnvollen Gestaltung von Studium und Leben noch den Vorstellungen vieler Hochschullehrerinnen und -lehrer über ein Studienangebot, das sowohl fachlich sinnvoll ist als auch der Bedeutung des Studiums in einer modernen Wissensgesellschaft entspricht, gerecht wird. Aus der genauen Analyse der Sinn- und Bedeutungsstrukturen hinter diesen Prozessen kann man also erkennen, dass das eigentliche Problem in Konflikten zwischen ganz unterschiedlichen Sinnstrukturen liegt, die von unterschiedlichen Akteursgruppen in die „Bologna-Reformen" und deren Umsetzung an den Hochschulen hineingetragen werden. Aus dieser Einsicht ließe sich dann die Schlussfolgerung ziehen, dass die von der Politik angeregte „Vereinfachung" der Studiengänge zwar die Politik symbolisch entlastet, das Problem aber nicht lösen würde.

Oevermanns objektive Hermeneutik ist in unserem Zusammenhang besonders interessant, weil es sich weniger um eine Erkenntnistheorie, als eine Methode handelt. Diese Methode ist unabhängig von der historistischen Erkenntnistheorie, die mit der Hermeneutik generell verbunden ist, anwendbar – sie kann auch mit einem universalistischen Ansatz verbunden sein. Ein interessantes Anwendungsfeld dieser Methode könnte die Erforschung innovativer Milieus sein. Auf dem bisherigen Forschungsstand wissen wir zwar, dass innovative Milieus durch eine Vielzahl von Faktoren bestimmt werden, kennen aber deren Zusammenhänge nur rudimentär. Wir wissen also nicht, welchen strukturellen Zusammenhang innovative Milieus aufweisen. Diese Zusammenhänge könnte man mit Hilfe der objektiven Hermeneutik rekonstruieren und sie dann mit universalistischen Ansätzen aus der Innovationsforschung verbinden.

Verfolgt man diese Perspektive weiter, gelangt man zu der Einsicht, dass historistische und universalistische Ansätze keinen unüberwindbaren Gegensatz darstellen, sondern sogar komplementär sein können. Das lässt sich am Beispiel des akteurszentrierten Institutionalismus, den wir weiter oben diskutiert haben, deutlich machen. Wir haben bei dieser Diskussion festgestellt, dass Scharpf für eine vollständige Erklärung neben seinen universalistischen Hypothesen über Handlungsrationalitäten und die Logik von unterschiedlichen Handlungssituationen (Spiele) zusätzliches Wissen in Form von empirischen Generalisierungen benötigt, die raum-zeitlich beschränkt sind. Das gilt nicht nur für Scharpfs Theorie, sondern für alle gegenwärtig in der Sozialwissenschaft verfügbaren universalistischen Theorien. Alle diese Theorien sind so abstrakt, dass sie bestenfalls die grundsätzliche Logik von Handlungen, Strukturen und Entwicklungen in komplexen Gesellschaften darstellen können. Das hat James Buchanan schon vor vielen Jahren für die neoklassische Ökonomie gezeigt. Um zu tragfähigen Erklärungen zu kommen, benötigt man sehr viel zusätzliches empirisches Wissen. Dabei geht es nicht nur um Faktenwissen, das man immer benötigt, um die Bedingungen zu beschreiben, auf die eine universalistische Aussage angewendet werden soll. Vielmehr geht es um Wissen, mit dem die konkreten Zusammenhänge abgebildet werden, die sich aus den universalistischen Aussagen der Theorien nicht ableiten lassen. Man muss beispielsweise die Logik der direkten Demokratie herausarbeiten, bevor man sie spieltheoretisch (oder systemtheoretisch) erklären kann. Sozialwissenschaftliche Theorien, mit denen man tatsächliche komplexe reale Zusammenhänge und nicht nur abstrakte Logiken stark vereinfachter Modellwelten erklären kann, sind deshalb faktisch immer nur Theorien mittlerer Reichweite. Sie verbinden dabei universale Aussagen mit raum-zeitlich beschränkten Generalisierungen.

Ich will hier nur kurz erwähnen, dass dies auch für historistische Ansätze in der Sozialwissenschaft gilt. Wie wir bei Weber und Schütz gesehen haben, unterstellen diese Ansätze immer eine Rationalität des Handelns, weil ansonsten Handeln wissenschaftlich nicht erklärbar ist. Das Rationalitätsprinzip ist also in diesen Ansätzen eine universalistische Annahme, die nicht nur für das Handeln von Akteuren, sondern auch für die Erkenntnisweise der Wissenschaft (zumindest der westlichen Wissenschaft) gilt. Auch bei Oevermann findet man universalistische Annahmen über die Prinzipien, denen die Veränderung oder die Reproduktion von Kommunikationssequenzen unterliegt.

Zusammenfassend können wir festhalten, dass bei einem auf die heutige Sozialwissenschaft bezogenen anwendungsorientierten Vergleich die Gegensätze und Distanzen zwischen historistischen und universalistischen Ansätzen nicht einmal annähernd die grundsätzliche Bedeutung erlangen, die sie in einer erkenntnistheoretischen Diskussion haben. Das spricht dafür, die beiden Ansätze instrumentell zu betrachten und sich die Frage zu stellen, wie man die Sichtweisen und Methoden der unterschiedlichen „Schulen" für die eigene Forschung und die eigene Praxis sinnvoll nutzen kann. Das gilt auch für die Grundlagenforschung. Wie wir oben am Beispiel der innovativen Milieus gesehen haben, ist es durchaus lohnend, die Methoden der Hermeneutik zu nutzen, um die komplexen Zusammenhänge, denen diese Milieus unterliegen, systematisch und wissenschaftlich nachvollziehbar zu erfassen. Diese Überlegung werde ich im sechsten Kapitel im Zusammenhang mit der Erklärung komplexer Strukturen wieder aufnehmen.

Holismus oder Individualismus: Eine empirische Frage

Ich habe die methodologischen Prinzipien von Universalismus und Historismus unter der Fragestellung diskutiert, ob sie sich bezüglich der Fähigkeit, verlässliche Grundlagen für das Handeln von Akteuren bereitzustellen, prinzipiell unterscheiden. Im Hinblick auf Holismus und Individualismus spitze ich diese Frage zu und frage danach, ob und wie sich die Art des Handlungswissens, das die beiden Ansätze liefern, unterscheidet. Bevor ich auf diese Frage eingehe, fasse ich in einer kurzen Skizze die Entwicklung beider Prinzipien in der Volkswirtschaftslehre und in der Soziologie nochmals zusammen.

In der Geschichte der gesellschaftlichen Analyse von Plato und Aristoteles bis weit in das christliche Mittelalter gab es nur einen holistischen Ansatz – Staat und gesellschaftliche Ordnung waren Teile der Natur und standen über den Menschen. Erst als diese Konzeption von Staat und Ordnung aufgegeben wurde, konnten individualistische Ansätze entstehen – wie bei Hobbes. Hobbes hat Ordnung individualistisch als Ergebnis von Verträgen zwischen den Gesellschaftsmitgliedern erklärt; dem folgten alle Philosophen, die man dem Utilitarismus zurechnet. Das schlug und schlägt sich in der klassischen und neoklassischen Ökonomie nieder. Erst mit der evolutionistischen Ökonomie, der neuen Institutionenökonomik sowie mit der Komplexitätstheorie, die ich im fünften und sechsten Kapitel ausführlicher diskutieren werde, kommt ein ausgeprägtes holistisches Element in die wirtschaftswissenschaftliche Theorie. Allerdings gab es, insbesondere mit Marx und der historisch-ethischen Schule, auch früher schon holistische Ansätze in der Wirtschaftswissenschaft. Diese Ansätze stellten klare Gegenpositionen zur klassischen und neo-klassischen Ökonomie dar. Die eben genannten neueren Ansätze dagegen bewegen sich noch im Rahmen der Neoklassik, obwohl sie grundlegende Annahmen der Neoklassik in Frage stellen.

In einem großen Teil der Volkswirtschaftslehre wird das ökonomische Prinzip des rationalen Handelns allerdings nicht genutzt, um die Entstehung und Entwicklung von Institutionen und Ordnung zu erklären. Vielmehr wird damit lediglich ein bestimmtes Verhaltensmodell entwickelt, das für die Analyse makroökonomischer Zusammenhänge, also etwa der Zusammenhänge zwischen bestimmten Marktstrukturen und der gesellschaftlichen Wohlstandsentwicklung, genutzt wird. In diesen Analysen geht es nicht um die Erklärung der Entstehung von Institutionen, sondern um die ihrer makroökonomischen Wirkungen. Der Erklärungsweg folgt dem Makro-Mikro-Makro-Schema von Coleman und Esser, das wir schon im ersten Kapitel diskutiert haben, also einem Erklärungsprinzip, das interaktionistisch, nicht individualistisch ist. Dabei werden in einem ersten Schritt die Auswirkungen der untersuchten Makrostrukturen auf das Verhalten der relevanten Akteure und in einem zweiten Schritt die strukturellen Konsequenzen dieses Verhaltens untersucht. Das Verhalten der relevanten Akteure wird mit dem Modell rationalen Handelns als ein „Durchschnittsverhalten" – in Max Webers Begrifflichkeit als ein Idealtypus ökonomischen Handelns – beschrieben. Wenn man sich dabei auf das Prinzip des beschränkt-rationalen Handelns bezieht, also nicht vollständiges Wissen unterstellt, kann man, wie Notburga Ott zeigt, mit Hilfe des ökonomischen Verhaltensmodells makroökonomische Zusammenhänge recht gut erklären, obwohl das ökonomische Modell des rationalen Handelns als individuelle Verhaltenstheorie empirisch widerlegt ist. In dieser Sicht, auf die ich noch ausführlicher eingehen werde, ist das Prinzip des rationalen Handelns eher ein Prinzip zur Konstruktion von Handlungsmodellen, als eines zur Erklärung realen Handelns.

Im Unterschied zur Volkswirtschaftslehre versucht die verhaltenstheoretische Soziologie, insbesondere George C. Homans, der auf dem Behaviorismus von Skinner aufbaut, Institutionen und andere Normen unmittelbar durch individuelles Verhalten zu erklären. Wie im dritten Kapitel dargestellt wurde, sind Normen in dieser Sicht generalisierte Belohnungserwartungen und Rollen sind durch Belohnungserfahrungen gestützte Verhaltensregelmäßigkeiten. Diese einfache Sicht lässt jedoch mehr Fragen offen, als sie wirklich beantwortet. Sie leistet insbesondere keinen großen Beitrag zur Erklärung der komplexen sozialen Strukturen moderner Gesellschaften. Das macht schon Kritik von Peter Blau deutlich. In seiner Sicht entwickeln sich in komplexen Gesellschaften emergente Strukturen, also Strukturen, die sich nicht mehr aus individuellem Handeln erklären lassen. Solche Strukturen entwickeln sich, so Blau, in komplexen Gesellschaften aus dem Zusammenspiel von einfacheren Strukturen.

Ich habe im dritten Kapitel gesagt, dass Blau damit die verhaltenstheoretische Soziologie von einem einfachen individualistischen Verständnis ablöst, ohne den individualistischen Ansatz ganz aufzugeben. Diesen Satz will ich an dieser Stelle kurz erläutern. Ich hätte auch sagen können, das Blau den individualistischen Ansatz durch einen interaktionistischen ersetzt hat, aber das wäre irreführend gewesen. Ich habe im ersten Kapitel den methodologischen Interaktionismus durch die Leitidee definiert, dass sich Handeln und Interaktionen einerseits und soziale Strukturen andererseits wechselseitig beeinflussen und verändern. Was aber Blau mit der Einführung des Konzepts der emergenten Strukturen sagt, ist mehr als das. Das Konzept der emergenten Strukturen stammt, wie wir inzwischen wissen, aus der Systemtheorie. Damit werden Strukturen beschrieben, die sich nicht aus dem Verhalten der Elemente eines Systems erklären lassen – auch nicht aus der Interaktion zwischen Teilsystemen, also den Beziehungen zwischen sozialen Strukturen, wie das bei Blau der Fall ist. Blaus verhaltenstheoretischer Ansatz verknüpft also den methodologischen Individualismus mit einer ausgeprägten holistischen Komponente. Wenn wir dies mit dem Konzept des methodologischen Interaktionismus erfassen wollen, müssten wir dieses erweitern. Diese Überlegung werde ich im sechsten Kapitel weiter ausführen.

Die verhaltenstheoretische Soziologie spielt in der Soziologie, wie wir im dritten Kapitel gesehen haben, keine starke Rolle. In der Soziologie konnte sich der methodologische Individualismus von Anfang an nicht durchsetzen. Comte, der methodologisch wie die damalige Ökonomie auf dem Empirismus aufbaute, lehnte den „methodologischen" Individualismus mit der Begründung ab, dass die Beweggründe individuellen Handelns einer empirischen Beobachtung und einer positiven Bestimmung nicht zugänglich seien und Psychologie als Wissenschaft nicht möglich sei – weil sie nicht auf empirischen Beobachtungen aufbauen konnte. Das entspricht von der Begründung her nicht dem heutigen Verständnis des methodologischen Holismus. Dieses Verständnis geht zurück auf Emile Durkheim, der mit seinen Regeln der soziologischen Methode, die wir schon im ersten Kapitel diskutiert haben, die Soziologie gegenüber den anderen Wissenschaften (u. a. Psychologie, Philosophie, Biologie) abgrenzen will, die sich mit dem Menschen beschäftigen. Der Kern seiner Regeln besteht in dem methodologischen Prinzip, dass soziale Tatbestände nur durch soziale Tatbestände erklärt werden können, weil sie eine Realität eigener Art sind. Soziale Tatbestände weisen also Merkmale auf, die sich nicht aus individuellem Handeln erklären lassen. Das bedeutet nicht, dass soziale Tatbestände von Handeln unabhängig sind, sondern nur, dass sie nicht allein durch Handeln entwickelt werden, sondern sich (auch) aus sich selbst heraus entwickeln. Das werde ich weiter unten bezogen auf die Systemtheorie von Luhmann ausführlicher diskutieren.

Mit dem zweiten „Gründungsvater" der Soziologie – Herbert Spencer – zog auch der methodologische Individualismus in die Soziologie ein. Für Spencer war individuelle Freiheit die wesentliche Grundlage sozialer Evolution. Soziale Evolution, also die Evolution sozialer Organismen (Strukturen), unterscheidet sich in seiner Sicht von biologischer Evolution vor allem dadurch, dass Menschen Handlungsalternativen entwickeln und Wahlen treffen können. Spencer spricht aber gleichzeitig von einer Differenzierung und Spezialisierung und von der Herausbildung einer klar abgrenzbaren Identität sozialer Organismen. Zudem beschreibt er soziale Evolution als Anpassung interdependenter Strukturen an ihre Umwelt. Das entspricht nicht mehr dem üblichen Verständnis von methodologischem Individualismus, wie es beispielhaft in von Hayeks Konzept von spontaner Ordnung manifestiert wird. Bei von Hayek entwickelt sich Ordnung zwar auch evolutionär, aber diese Evolution wird nur durch den Wettbewerb zwischen unterschiedlichen Regeln bestimmt und enthält keine emergenten (sich aus der Struktur selbst entwickelnde) Elemente.

Ausgeprägt individualistisch war Max Webers Ansatz der verstehenden Soziologie, die soziale Strukturen aus sozialem Handeln und soziales Handeln aus dem subjektiven Sinn erklärt. Mit Letzterem machte er genau das, was Comte entschieden ablehnt – er griff auf individuelles Bewusstsein zurück. Dieses rekonstruierte er mit Hilfe der Annahme rationalen Handelns und verallgemeinerte es rational in Form von Idealtypen. Dieser Ansatz einer verstehenden Soziologie wird heute in der phänomenologischen Soziologie und darauf aufbauenden Ansätzen weitergeführt – allerdings mit einer holistischen oder besser interaktionistischen Wende. Sinn stellt für Schütz und seine Nachfolger eine soziale Konstruktion dar. Sinn existiert in Form von sozialen Verständnissen von Wirklichkeit, denen sich Individuen kaum entziehen können und die sie zumeist auch als vorgegeben akzeptieren. Diese Verständnisse entstehen und entwickeln sich zwar aus sozialen Interaktionen heraus, verselbstständigen sich aber gegenüber diesen. Ein Beispiel, an dem man sich solche Prozesse gut verdeutlichen kann, ist die Jugendkultur. Die Jugendkultur ändert sich in den westlichen

Gesellschaften in recht kurzen Abständen, auch wenn es in ihr längerfristige Aspekte gibt. Jugendkulturen entwickeln sich spontan aus unterschiedlichen Interaktionen (zum Beispiel aus bestimmten sozialen Milieus oder aus bestimmten Musikgruppen und deren Interaktionen mit ihren „Fans") und breiten sich oft weit über den sozialen Raum aus, in dem sie entstanden sind. Dabei verselbstständigen sie sich und werden für die Jugendlichen zu Institutionen, die man befolgen muss, wenn man „in" sein will. Allerdings kommt es immer wieder vor, dass Jugendkulturen kleinräumig variiert werden, was am Ende zu einem allmählichen Wandel der Jugendkultur führen kann.

Vor diesem Hintergrund ist es interessant, sich noch einmal mit von Hayeks Konzept einer spontanen Ordnung zu beschäftigen, das wir im zweiten Kapitel schon kurz diskutiert haben. Dort habe ich ausgeführt, dass von Hayek eine spontane Ordnung als eine Ordnung beschreibt, die sich aus dem Handeln von Individuen und anderen Akteuren heraus ergibt. Spontane Ordnung entwickelt sich in einem evolutionären Prozess, in welchem sich besonders erfolgreiche Handlungsmuster verallgemeinern und zu Regeln werden. Damit werden bestimmte Handlungsmuster für alle Mitglieder einer Gesellschaft in bestimmten Situationen verbindlich in dem Sinne vorgegeben, dass man sich ihnen nicht ohne beträchtliche negative Folgen entziehen kann. Von Hayek unterstellt, dass solche Regeln sich selbst durchsetzen, weil sie von den Individuen als bestmögliche Lösung akzeptiert werden. Das ist jedoch zu statisch gedacht. Regeln bringen in einer modernen Gesellschaft mit sehr unterschiedlichen Interessen in den meisten Fällen nicht allen Gesellschaftsmitgliedern oder allen Gruppen Nutzen und vor allem nicht den gleichen Nutzen. Das heißt, dass Regeln immer von einem mehr oder weniger großen Teil der Gesellschaft nur akzeptiert werden, weil Regelverletzungen erhebliche Nachteile bringen – die Regeln sind also formal oder faktisch mit Zwang verbunden. Noch wichtiger ist, dass Regeln nicht von allen Gesellschaftsmitgliedern in gleicher Weise befolgt werden. Vielmehr ist zu erwarten, dass in Mikrogesellschaften abweichende Handlungsmuster entstehen, die in Konkurrenz zu den etablierten Regeln treten. Die Entwicklung abweichender Handlungsmuster ist jedoch nicht beliebig, sondern wird durch die etablierten Regeln mehr oder weniger stark beschränkt – starke Abweichungen können so große Nachteile mit sich bringen, dass sie sich nicht mehr lohnen, während die Kosten weniger starker Abweichungen geringer sein können, als die Vorteile des Abweichens. Die Konkurrenz von Regeln wird zwar in vielen Fällen zu Veränderungen führen, aber diese Veränderungen sind durch die etablierten Regeln vorstrukturiert. Veränderungen können also nur in einer bestimmten Bandbreite oder entlang von bestimmten Pfaden erfolgen.

Mit diesem „Weiterdenken" von von Hayeks Konzept habe ich den Rahmen einer individualistischen Erklärung verlassen und stattdessen ein interaktionistisches Erklärungsmodell genutzt. Das entspringt nicht bloß einer voluntaristischen (oder willkürlichen) Entscheidung von mir, sondern ist der Tatsache geschuldet, dass ich einen evolutionären Prozess in einer komplexen Gesellschaft betrachtet habe. Dabei stoßen individualistische Erklärungen rasch auf Grenzen. Individualistische Erklärungen sind vor allem dann gut anwendbar, wenn man überschaubare Situationen statisch betrachtet. Auch bei Vergleichen zweier statischer Zustände aus unterschiedlichen Zeiten können sie gute Ergebnisse bringen, also bei einer komparativ-statischen Analyse. Das ist das, worauf sich die etablierte Neoklassik beschränkt. Sobald man aber Veränderungen von Ordnungs- und Organisationsstrukturen als Prozesse analysieren will, stößt ein rein individualistischer Ansatz an seine Grenzen. Der Grund dafür liegt, um das noch einmal hervorzuheben, in der einfachen Tatsache, dass die Regeln, die sich in der Konkurrenz der Regeln durchgesetzt haben, die weitere Entwicklung konkurrierender Regeln – und damit auch die Konkurrenz selber – einschränken.

Es ist bemerkenswert, dass sich holistische Ansätze bei näherem Betrachten oft eher als interaktionistisch, denn wirklich holistisch erweisen. Das gilt etwa für Parsons' Systemtheorie. Parsons weist, wie die meisten Soziologen vor ihm, dem sozialen Handeln eine grundlegende Bedeutung zu. Er wendet sich jedoch sowohl gegen das utilitaristische Prinzip und die völlige Freisetzung von Handeln als auch gegen eine vollständige Determination von Handeln, wie bei Comtes oder Durkheim. Er entwickelt ein „voluntaristisches" Konzept sozialen Handelns, in welchem dem zweckrationalen Handeln von Individuen durch das System normative Grenzen gesetzt werden. Diese Grenzen werden durch Interpenetration des personalen mit dem kulturellen und dem sozialen System so vermittelt, dass sie zu einem großen Teil freiwillig befolgt werden. Interpenetration heißt, dass sich die Systeme wechselseitig durchdringen, also wechselseitig beeinflussen. Das personale System (in anderen Worten das individuelle Bewusstsein) wird durch Sozialisations- und andere Kommunikationsprozesse immer wieder sozial geprägt. Wichtige gesellschaftliche Normen werden verinnerlicht, erscheinen also als ganz selbstverständlich. Da Parsons ausdrücklich von Interpenetration spricht, gilt umgekehrt, dass das soziale und das kulturelle System durch das personale System geprägt sind. Veränderte Handlungsmuster in Teilen der Gesellschaft schlagen sich beispielsweise in veränderten gesellschaftlichen Normen nieder. Damit kommt Parsons in die Nähe interaktionistischer Ansätze, von denen er sich allerdings in einem wichtigen Punkt unterscheidet. Parsons versteht gesellschaftliche Ordnung als einen Gleichgewichtszustand, der sich zwar immer wieder verändern kann, aber doch über lange Zeit stabil bleibt. Interaktionistische Ansätze verstehen dagegen Ordnung als einen kontinuierlichen Prozess.

Unter dem zuletzt genannten Punkt weist die Systemtheorie von Luhmann noch stärkere interaktionistische Züge auf, obwohl sie dem Handeln keine wichtige Rolle als Element sozialer Systeme zuspricht. Wie ich im dritten Kapitel ausführlicher dargestellt habe, definiert Luhmann soziale Systeme als Zusammenhang von aufeinander bezogenen und aufeinander verweisenden sozialen Handlungen und nicht als Zusammenhang der Handlungen selbst. Dieser Zusammenhang wird durch Kommunikation erzeugt – Kommunikation, nicht Handeln, ist die kleinste Einheit des Systems. Nicht Menschen, sondern Systeme kommunizieren. Kommunikation zwischen Systemen heißt lediglich Mitteilung. Jedes System verarbeitet die Mitteilungen von anderen Systemen nach seinem eigenen „Code" (nach seinen eigenen Regeln). Zwischen psychischen und sozialen Systemen gibt es Kommunikation, die das soziale System und die personalen Systeme jeweils ausschließlich nach ihrer eigenen Logik verarbeitet. Das hört sich nach einer radikalen Form von Holismus an.

In dieser scheinbar radikalen Form ist Holismus intuitiv nur schwer nachvollziehbar. Die sichtbare soziale Welt besteht offensichtlich und unbestritten aus Individuen und anderen Akteuren sowie aus deren sozialem Handeln. Im Alltag kann man immer wieder beobachten, dass das Handeln von Individuen einen starken und weitreichenden Einfluss auf soziale Strukturen hat. Religionsgründer, wie Moses, Jesus Christus oder Mohammed, haben die kulturellen Entwicklungen in vielen Ländern über Jahrhunderte beeinflusst und tun das heute noch. Gewerkschaften haben in Westeuropa nicht nur die Arbeitsbeziehungen und die Entwicklung des Wohlfahrtsstaats nachhaltig beeinflusst und damit den Kapitalismus stark verändert. Der deutsche Protestantismus hat mit der Durchsetzung der allgemeinen Schulpflicht dauerhaft neue Lebenschancen von Menschen sowie neue wirtschaftliche und gesellschaftliche Möglichkeiten geschaffen. Johannes Gutenberg hat mit der Erfindung des modernen Buchdrucks die soziale Kommunikation und die gesellschaftliche Wissensteilung ebenso grundlegend verändert, wie das heute die Erfinder und Macher des Internets tun. James Watt, der Erfinder der Dampfmaschine, Sir Richard Arkwright, der Erfinder der Spinnmaschine, und einige weitere Personen haben die sogenannte industrielle Revolution ausgelöst und damit nicht nur die Lebens- und Arbeitsbedingungen vieler Menschen in vielen Ländern nachhaltig verändert, sondern einen eigenen Gesellschaftstyp, die Industriegesellschaft, hervorgebracht. Diese Liste lässt sich beliebig erweitern. Warum also argumentiert Luhmann, dass soziale Systeme nicht auf Handeln basieren?

Die Antwort auf diese Frage ist einfach, wenn man sich erinnert, dass soziale Systeme für Luhmann Sinnsysteme sind. Sinn entsteht nicht aus dem Handeln eines einzelnen Akteurs, sondern erst aus der Mitteilung des einen Akteurs, die dieses Handeln transportiert und dem Verständnis dieser Mitteilung durch den anderen Akteur sowie der durch dieses Verständnis ausgelösten Mitteilung, die über dessen Reaktion transportiert wird. Das kann man an dem einfachen Beispiel am Anfang des zweiten Kapitels illustrieren. Im Bewusstsein (im psychischen System) des Anführers der einen Gruppe wurde die Situation als freundliche Situation verstanden. Daraufhin reagierte der Anführer mit einer Handlung, dem Ausstrecken der Hand, die in seinem personalen System als sinnvoll verfügbar war. Die Anführerin der anderen Gruppe erlebte diese Handlung ganz anders, weil in ihrem psychischen System das Ausstrecken der Hand nicht mit einer freundlichen, sondern mit einer unfreundlichen Situation verbunden war. Sie teilte dies über eine Ohrfeige mit. Erst dadurch entstand eine Information, nämlich die Information, dass beide personalen Systeme unterschiedliche Erwartungen bezüglich der Situation produzierten. Eine Information entsteht also aus der Verknüpfung aus Mitteilung und mitgeteiltem Verstehen dieser Mitteilung. Die Information sagt, was an weiterer Kommunikation erwartet oder ausgeschlossen werden kann. Sie sagte dem Anführer zum Beispiel, dass eine Mitteilung in Form einer Wiederholung ausgeschlossen war, eine Mitteilung, durch die der freundlich gemeinte Sinn des Handreichens dargestellt wird, dagegen sinnvoll. Jede Kommunikation erzeugt eine anschließende Kommunikation, welche die Information verändert oder bestätigt. Wenn sich Informationen über eine Serie von aufeinander bezogenen Kommunikationen stabilisieren, entsteht schließlich eine Struktur in Form von Erwartungen und Erwartungserwartungen. Dieser Struktur wohnt eine eigene Logik inne, deshalb kann die Struktur durch neue Kommunikationen nicht beliebig verändert werden – manche Kommunikationen machen im Kontext der gegebenen Struktur keinen Sinn.

Auf einen einfachen Punkt gebracht heißt das: Handeln ist in Luhmanns Sicht durchaus wichtig, aber lediglich als Teil einer Kommunikation, konkret als Träger einer Mitteilung. In diesem Sinne müssen wir die vielen Beispiele über die Bedeutung des Handelns, die ich oben vorgebracht habe, einfach etwas anders formulieren. Das Urchristentum als religiöse Institution ist zum Beispiel nicht einfach aus dem Handeln von Jesus Christus entstanden, beispielsweise aus seinen Predigten, sondern aus diesem Handeln und dem Verstehen dieser Handlungen durch andere Akteure. Das macht Sinn: In den psychischen Systemen vieler Menschen, zu denen Jesus Christus gesprochen hat, führten die Mitteilungen von Jesus zu einem ganz anderen Verstehen als bei seinen Anhängern, bei den Hohenpriestern zum Beispiel zu einer Ablehnung der Mitteilung als anmaßend. Erst durch die positive Aufnahme einerseits und die Ablehnung andererseits wurde das Christentum als Religion vom Judentum abgrenzbar. Diese Abgrenzung erfolgte nicht auf einen Schlag, sondern über einen langen Prozess. In diesem Prozess wurden die in den Predigten von Jesus Christus oft bloß in Form von Beispielen oder Geschichten vermittelten Erwartungen und Erwartungserwartungen durch Kommunikation innerhalb des Christentums und zwischen Christentum und anderen Religionen allmählich verfestigt und ausdifferenziert, aber auch verändert.

In diesem Beispiel sind zwei Punkte erkennbar, an denen sich meine These, dass Luhmann einen Ansatz verfolgt, der starke interaktionistische Züge trägt, gut festmachen lässt. Der erste Punkt ist der, dass in Luhmanns Theorie psychische Systeme mit dem sozialen System kommunizieren und dieses dadurch beeinflussen. Allerdings wird dieser Einfluss durch die eigene Logik des sozialen Systems gesteuert. Das Bildungssystem wird beispielsweise durchaus durch die Mitteilung der psychischen Systeme in seiner Umwelt beeinflusst, ob sie den mit der Bildungspflicht verbundenen Erwartungen entsprechen oder nicht. Aber der Einfluss ergibt sich erst daraus, welche Bedeutung diese Mitteilungen in den Sinnzusammenhängen des Bildungssystems erhalten. Würden beispielsweise viele psychischen Systeme mitteilen, dass sie die Bildungspflicht ablehnen und ihr nicht in der vom Bildungssystem erwarteten Weise entsprechen, bedeutet das im Bildungssystem nicht, dass die Bildungspflicht gelockert werden soll, sondern eher, dass den psychischen Systemen mitgeteilt wird, dass diese Regeln durchgesetzt werden sollen und dies mit negativen Folgen für die entsprechenden Akteure verbunden wäre.

Der zweite Punkt ist, dass in Luhmanns Theorie, im Gegensatz zu anderen holistischen Theorien in der Soziologie, das soziale System nicht Regeln (Erwartungen und Erwartungserwartungen) vorgibt, die von den Individuen in einer Gesellschaft akzeptiert werden und werden müssen. Vielmehr verarbeiten die psychischen Systeme die Mitteilungen des sozialen Systems über diese Regeln nicht nach der Logik des sozialen Systems, sondern nach ihrer jeweils eigenen. Ob und inwieweit eine Regel befolgt wird, hängt davon ab, welche Bedeutung diese Regel in dem jeweiligen psychischen System hat und welche Handlungsmöglichkeiten dadurch eröffnet oder ausgeschlossen werden. Im dritten Kapitel haben wir die Situation von Kindern und Jugendlichen aus der neuen Unterschicht angesprochen. Im Bewusstsein (im psychischen System) dieser Kinder und Jugendlichen wird die Schulpflicht nicht mit positiven Handlungsmöglichkeiten verknüpft, sondern eher mit einer Schließung anderer Handlungsmöglichkeiten, die viel positiver bewertet werden. Dementsprechend hält sich die Bildungspartizipation dieser Kinder und Jugendlichen in dem durch die Bildungspflicht erzwungen Rahmen, was zu der mit der Bildungspflicht assoziierten besseren Bildung der Bevölkerung wenig beiträgt.

Ich habe in diesem Teil argumentiert, dass sich bestimmte individualistische oder holistische Ansätze bei näherer Betrachtung als interaktionistisch erweisen und dass in manchen Theorien individualistische und holistische Ansätze miteinander verknüpft sind. Damit bewege ich mich auf einer Linie mit Anthony Giddens, der den Gegensatz von „Mikro" (Individualismus) und „Makro" (Holismus) entschieden ablehnt. In seiner Theorie der Strukturierung, die ich im zweiten Kapitel schon umrissen habe, unterscheidet er zwischen Strukturen und Systemen. Strukturen bezeichnen Verhaltensweisen und Ressourcenverteilungen, die regelmäßig praktiziert werden; Systeme dagegen das Handeln von Akteuren, das sich in unterschiedlichen Handlungskontexten auf Regeln und Ressourcen bezieht. Regeln und Ressourcen eröffnen Handlungsmöglichkeiten von Individuen oder schließen sie aus, sind aber für die handelnden Individuen nicht zwingend vorgegeben. Der Bezug des Handelns zu Regeln und Ressourcen muss also nicht in der Befolgung von Regeln und der Akzeptanz von Ressourcenverteilungen bestehen, sondern kann sich in Versuchen äußern, Regeln und Ressourcenverteilungen zu verändern. Systeme sind also abgrenzbare Handlungszusammenhänge, die durch Regeln und Ressourcenverteilungen strukturiert werden, die ihrerseits wieder durch Handeln mehr oder weniger stark beeinflussbar sind. Damit wird Gesellschaft als ein kontinuierlicher Prozess der Strukturierung von Handeln beschrieben. Darauf komme ich im fünften Kapitel zurück. Hier will ich zunächst nur festhalten, dass man diesen Prozess aus Giddens Sicht nur erklären kann, indem man holistische und individualistische Denkansätze miteinander verbindet.

Aus dieser Sicht kann man Individualismus und Holismus als unterschiedliche analytische Ansätze definieren, die sich nicht wechselseitig ausschließen, sondern sich fruchtbar ergänzen können. Wir können, wie wir oben gesehen haben, beispielsweise mit einem individualistischen Ansatz recht gut erklären, wie sich gegebene institutionelle Strukturen auswirken. Sobald wir jedoch diese Strukturen nicht einfach als gegeben unterstellen, sondern ihre Veränderung und Dynamik betrachten, stoßen wir rasch auf Pfadabhängigkeiten oder andere Eigengesetzlichkeiten von Strukturen. Bei der Erklärung solcher Sachverhalte stoßen individualistische Ansätze, wie unter anderem die Diskussionen sowohl in der institutionalistischen als auch in der evolutionistische Ökonomie zeigen, rasch an ihre Grenzen. Dagegen offerieren in diesen Problemzusammenhängen holistische Ansätze ein beträchtliches Erklärungspotenzial, das man im Rahmen von neo-institutionalistischen oder evolutionistischen Theorien gut mit individualistischen Ansätzen verknüpfen kann.

Ein gutes Beispiel für ein reales Problem, bei dem diese Möglichkeiten wichtig sind, ist die Gestaltung von Strukturwandel in alten Industrieregionen. Die Strukturen dieser Regionen wurden über viele Jahrzehnte von bestimmten Industrien, zum Beispiel der Montanindustrie, geprägt, welche die wirtschaftliche Basis der Region darstellten. Nachdem diese Industrien entweder niedergegangen oder bezogen auf die Beschäftigung drastisch geschrumpft sind, müssen nun neue Strukturen geschaffen werden, aus denen heraus eine tragfähige wirtschaftliche Entwicklung möglich ist. Die alten Strukturen setzen jedoch dieser Umstrukturierung oft massive Hemmnisse und Widerstände entgegen. Mit dem üblichen individualistischen Ansatz kann man zwar die Wirkungen der etablierten Strukturen untersuchen und dabei auch wichtige Hemmnisse und Widerstände identifizieren. Was man damit nicht erfassen kann, sind der Gesamtzusammenhang der etablierten Strukturen und ihre innere Logik. Man erfährt nicht, wie Pfadabhängigkeiten beschaffen sind und wie sie möglicherweise durchbrochen werden können. Schlimmer noch, man weiß nicht oder nur in Form oberflächlicher Kenntnisse, wie sich partielle Eingriffe in die etablierten Strukturen auswirken und welche Resultate die Eingriffe am Ende haben. Diesem Tatbestand sind viele Misserfolge gut gemeinter regionalpolitischer Programme sowie ein oft enttäuschendes Verhältnis zwischen den großen finanziellen Mitteln, die in regionalpolitische Programme fließen und deren bescheidenen Erfolgen geschuldet. Um solche Misserfolge und Enttäuschungen zu vermeiden oder zu verringern, muss man den systematischen Regelungszusammenhang verstehen, dem die Regionalentwicklung unterliegt. Das kann nur eine holistische Betrachtungsweise liefern.

In diesem Beispiel und der vorangegangen Argumentation habe ich die dem Gegensatz zwischen Individualismus und Holismus zu Grunde liegende Frage, ob soziale Strukturen aus dem Handeln von Individuen entstehen oder einer eigenen Logik folgen, stillschweigend von einer philosophischen Grundsatzfrage in eine empirische und eine methodische Frage transformiert. Statt in einem philosophischen Prinzip normativ festzulegen, ob soziale Strukturen aus dem Handeln von Individuen entstehen oder einer eigenen Logik folgen, mache ich das zu einer Frage der realen Eigenschaften sozialer Strukturen. Das führt zu Fragen wie: Unter welchen Bedingungen sind soziale Strukturen durch individuelles Handeln mehr, weniger oder nicht beeinflussbar? Welche Arten und Formen von sozialen Strukturen sind mehr, welche weniger oder nicht beeinflussbar? Wie sind unterschiedliche Prozesse der Beeinflussung sozialer Strukturen durch Individuen und andere Akteure beschaffen? Umgekehrt stellen sich Fragen, wie: Unter welchen Bedingungen entwickeln soziale Strukturen eine stärkere oder schwächere Eigengesetzlichkeit? Welche Arten und Formen von sozialen Strukturen tendieren zu einer hohen Stabilität bis hin zu einer Erstarrung, welche sind dynamischer? Wie sind Prozesse der Verfestigung und des Wandels sozialer Strukturen beschaffen?

Diese Art von Fragen muss die Sozialwissenschaft beantworten, wenn sie mit ihrem Wissen Handlungsmöglichkeiten eröffnen oder ausschließen will. Damit die Sozialwissenschaft solche Fragen sinnvoll und empirisch verlässlich beantworten kann, dürfen die Antworten nicht bereits durch methodologische Prinzipien festgelegt werden. Selbst wenn man nicht der radikalen Argumentation von Feyerabend folgt, Methodologien würden den Erkenntnisfortschritt nur hemmen, sind solche prinzipiellen Festlegungen wenig fruchtbar, weil sie Erklärungs- und Entwicklungspotenziale verschütten. Das soll nicht heißen, dass die Prinzipien von Holismus, Individualismus und Interaktionismus keinen Sinn machen. Sie machen dann Sinn, wenn man sie als erkenntnisleitende Ideen oder Suchinstrumente versteht, die beim Auffinden und Erklären von möglichen Zusammenhängen helfen und die sich in bestimmten Zusammenhängen besser, in anderen weniger eignen. So verstanden, eröffnen sie Möglichkeiten, individualistische, interaktionistische und holistische Sichtweisen miteinander zu verbinden und damit stärkeres Wissen für den Umgang mit der Komplexität der modernen Gesellschaften und ihrer Organisations- und Regelungsstrukturen zu liefern.

Handeln in komplexen Strukturen

Fast alle Probleme der Organisation und Ordnung des menschlichen Zusammenlebens, mit denen sich Sozialwissenschaftlerinnen und Sozialwissenschaftler beschäftigen, entstehen aus der Komplexität sozialer Strukturen. Auch viele Probleme der sozialwissenschaftlichen Grundlagenforschung, wie die Erklärungskraft bestimmter Handlungskonzepte, hängen eng mit dieser Komplexität zusammen. Im zweiten Kapitel haben wir komplexe Strukturen definiert als Strukturen, die durch eine Vielzahl und Vielfalt von Elementen bestimmt werden, die nicht vollständig aufeinander abgestimmt sind. Das gilt nicht nur in Bezug auf die realen Probleme, mit denen sich Sozialwissenschaftlerinnen und Sozialwissenschaftler beschäftigen, sondern auch für die mit dieser Beschäftigung verbundenen methodologischen und theoretischen Probleme. Das werde ich im verbleibenden Teil dieses Kapitels bezogen auf unterschiedliche Probleme der Strukturierung des sozialen Handelns zeigen.

Komplexität, Ungewissheit und soziales Handeln

Wir haben uns in diesem Buch schon zweimal mit dem Thema Komplexität beschäftigt. Im zweiten Kapitel haben wir komplexe Strukturen charakterisiert durch eine Vielzahl und Vielfalt von Elementen, die nicht vollständig aufeinander abgestimmt sind. Im dritten Kapitel sind wir kurz auf das Konzept komplexer adaptiver Systeme eingegangen. Komplexe adaptive Systeme haben wir als abgrenzbaren Zusammenhang einer Vielzahl interagierender Akteure, die sich aneinander sowie an ihr Umfeld laufend anpassen müssen, definiert. Komplexität heißt also eine große Vielzahl und Vielfalt von Interaktionen, die nicht dauerhaft und wohlgeordnet sind, sondern prozesshaft strukturiert werden. Dieses prozesshafte Element der komplexen Ordnung moderner Gesellschaften finden wir in Spencers Evolutionstheorie, Simmels Theorie der Vergesellschaftung, Meads symbolischem Interaktionismus, Luhmanns Systemtheorie, Giddens' Theorie der Strukturierung, in der evolutionistischen Ökonomik, der neo-evolutionistischen Anthropologie und anderen sozialwissenschaftlichen Theorien und Ansätzen.

Unter dem Gesichtspunkt der Strukturierung von Handeln bedeutet Komplexität auf der Akteursebene, dass Akteure gleichzeitig in eine Mehrzahl von unterschiedlichen sozialen Beziehungsgeflechten eingebunden sind, von denen in den meisten Situationen auch mehrere gleichzeitig auf die Akteure einwirken. Jedes dieser Beziehungsgeflechte vermittelt unterschiedliche, zum Teil widersprüchliche Situationsdefinitionen, Sinnverständnisse, Erwartungen und Regeln. Dabei verändern sich die Beziehungsgeflechte selbst, aber auch die Beziehungen zwischen diesen Beziehungsgeflechten immer wieder. Dadurch bieten sich den Akteuren eine Vielzahl unterschiedlicher Handlungsalternativen an, die jeweils mit einer Mehrzahl möglicher Handlungsfolgen verbunden sein können. In einer solchen Situation hängen Handlungsmöglichkeiten und Handlungsfolgen von Akteuren zunächst davon ab, welche der Orientierungen und Regeln, die in ihren in der Situation relevanten Beziehungsgeflechten vorhanden sind, sie zum Bezug ihres Handelns machen. Die Handlungsfolgen hängen, wie in allen sozialen Situationen, von den Reaktionen der Akteure ab, mit denen sie interagieren. Da auch diese Akteure in komplexen Strukturen agieren, hängen deren Reaktionen ebenfalls davon ab, welche Orientierungen und Regeln sie zum Bezug ihres Handelns machen. Was dabei herauskommt, ist weder für die Handelnden selbst noch für externe Beobachter eindeutig vorhersehbar.

Diese abstrakte Situation können wir am Beispiel der Bildungskarriere eines Mädchens mit türkischem Migrationshintergrund in Deutschland veranschaulichen. Die unterschiedlichen Beziehungsgeflechte, die für die Bildungskarriere dieses Mädchens relevant sind, definiere ich dabei als Figuration im Sinne von Norbert Elias. Elias bezeichnet mit dem Konzept der Figuration ein dynamisches Geflecht von Interaktionen zwischen Menschen sowie die Verständnisse und Regeln, die diese Interaktionen koordinieren. Mit Hilfe dieses Konzepts lässt sich der Sachverhalt, der uns interessiert, gut beschreiben und analysieren. Die erste relevante Figuration ist die Familie, die in unserem Beispiel zur Mittelschicht gehört und einen hohen Wert auf Bildung legt. Seit ihrer frühen Kindheit ist das Mädchen an seinem Wohnort fest in eine Gruppe anderer türkischer Mädchen eingebunden, welche eine zweite Figuration bilden. Die meisten Mädchen in dieser Figuration stammen aus Familien mit konservativen Orientierungen, die sie überwiegend übernommen haben. Die Verständnisse und

Regeln in dieser Gruppe waren gegenüber Bildungsaspirationen von Mädchen nicht positiv. Das wirkte sich aus, als sich die Eltern entschlossen, das Mädchen möglichst früh in den Kindergarten gehen zu lassen und das Mädchen diese Entscheidung auch positiv annahm. Das führte zwar nicht zu einem „Ausschluss" aus der Gruppe, aber doch einer spürbaren Marginalisierung des Mädchens. Im Kindergarten freundete sich unser Mädchen mit einigen türkischen und mit einigen deutschen Mädchen an. Diese Gruppe, welche eine dritte Figuration bildet, blieb in der Grundschule und größtenteils auch darüber hinaus beisammen. Während im Kindergarten, welcher die vierte Figuration bildet, ein positives Klima auch gegenüber Kindern mit Migrationshintergrund und ein gutes Lernmilieu existierten, war das Klima in der fünften Figuration, der Grundschule, sehr viel ungünstiger. Dort bildeten die türkischstämmigen Mädchen (und Jungen) eine kleine Minderheit, die von vielen Lehrerinnen und Lehrern sowie von vielen Eltern der anderen Schülerinnen und Schüler nicht gern gesehen wurde. In dieser Situation ging die Bildungsmotivation des Mädchens zurück, was sich in schwachen Leistungen niederschlug. Das wurde dadurch unterstützt, dass das Mädchen sich aufgrund ihrer vielen negativen Erfahrungen mit deutschen Mädchen und Jungen und deren Eltern wieder stärker seinem ursprünglichen Freundinnenkreis (Figuration 2) zuwandte. Dem wirkte jedoch neben den Vorstellungen und Regeln aus der Familie das Verhalten der dritten Figuration, den Freundinnen aus dem Kindergarten und deren Eltern, entgegen. Die deutschen Freundinnen und deren Eltern bildeten nicht nur ein freundliches Umfeld für unser Mädchen und die anderen türkischen Mädchen in der Gruppe, sondern unterstützten sie in der Schule so gut, dass das Mädchen diese erfolgreich abschloss und eine Gymnasialempfehlung erhielt. Zusammen mit seinen Freundinnen ging es jedoch an eine Gesamtschule, die sich sowohl für ein gutes multikulturelles Zusammenleben engagierte als auch über ein modernes pädagogisches Konzept verfügte. An dieser Gesamtschule machte die junge Frau ein sehr gutes Abitur.

An dieser Stelle breche ich die Geschichte ab und diskutiere kurz, was alles hätte ganz anders laufen können. Wenn das Mädchen den Entschluss ihrer Eltern, es in den Kindergarten zu stecken, unter dem Einfluss ihrer damaligen Freundinnen (Figuration 2) nur widerwillig akzeptiert und sich im Kindergarten nicht eingebracht hätte, wäre es dort wahrscheinlich isoliert, dafür aber stark in Figuration 2 eingebunden gewesen. Dann wäre es wahrscheinlich schon in der Grundschule gescheitert. Es wäre zur Hauptschule gegangen, hätte möglicherweise den Hauptschulabschluss verpasst, weil seine Bildungsmotivation „im Keller" war. Das gleiche wäre wahrscheinlich auch dann passiert, wenn das schlechte Milieu in der Grundschule dazu geführt hätte, dass die Freundinnengruppe aus dem Kindergarten auseinandergebrochen wäre und sich die deutschen Mädchen in der Gruppe mit den anderen deutschen Jungen und Mädchen in der Schule zusammengetan hätten. Diese Liste vieler „wenns" ließe sich ebenso ausbauen wie das Beispiel. Das will ich hier nicht tun, sondern es bei der Feststellung belassen, dass die Bildungskarriere des Mädchens immer wieder von Entscheidungen des Mädchens und ihrer jeweiligen Interaktionspartner bestimmt wurde, die auch ganz anders hätten ausfallen können, die also kontingent waren. Tatsächlich haben wir es sogar mit einer Situation doppelter Kontingenz zu tun.

Doppelte Kontingenz ist ein Begriff aus der Soziologie, vor allem aus der Systemtheorie. Er beschreibt eine Situation, in der das Handeln der beteiligten Akteure jeweils offen und unbestimmt (also kontingent) ist und in der die Akteure ihr eigenes Handeln von dem der anderen Akteure abhängig machen. In unserem Beispiel ist die doppelte Kontingenz nicht explizit gemacht worden. Dazu hätte ich beispielsweise deutlich machen müssen, dass die Eltern das Mädchen nicht gegen seinen Willen in den Kindergarten gesteckt hätten und das Mädchen die Bildungsentscheidungen ihrer Eltern deshalb akzeptierte, weil es mit deren Unterstützung rechnete. Das Mädchen hat sich von der Freundinnengruppe aus dem Kindergarten helfen lassen, weil es davon ausging, dass seine Freundinnen sich andernfalls von ihm abwenden würden; die Freundinnen ihrerseits gingen davon aus, dass das Mädchen sich wieder fangen würde.

> **Doppelte Kontingenz**
>
> Eine Situation, in der zwei oder mehrere Akteure ihr kontingentes Handeln jeweils vom kontingenten Handeln des oder der anderen Akteure abhängig machen.

Kontingenz und doppelte Kontingenz stehen für die Unsicherheit und Ungewissheit, mit denen soziales Handeln in komplexen Gesellschaften verbunden ist. In Situationen, wie ich sie eben abstrakt und dann beispielhaft geschildert habe, besteht für die Akteure eine beträchtliche Ungewissheit über Situationen, Regeln und Handlungsmöglichkeiten. Damit ist oft Ungewissheit über Zwecke des eigenen Handelns verbunden – da weder die Situation noch die Handlungsmöglichkeiten klar sind, können Akteure nicht bestimmen, welche konkreten Zwecke sie in dieser Situation realisieren können. Das verändert die Rationalität des Handelns, wie ich noch ausführen werde, grundlegend. Das gilt noch mehr im Fall doppelter Kontingenz, wenn also das eigene von Ungewissheit geprägte Handeln von dem ebenfalls durch Ungewissheit geprägten Handeln anderer abhängig gemacht wird (oder werden muss).

Kontingenz heißt aber nicht nur Unsicherheit und Ungewissheit, sondern auch Offenheit. Offenheit bedeutet unter anderem, dass Akteure den institutionellen Rahmen, in dem sie sich bewegen wollen, innerhalb engerer oder weiterer Grenzen selber auswählen können. Sie haben also eine Wahlmöglichkeit zwischen unterschiedlichen sozialen Kontexten, in die sie sich einordnen müssen. Damit können sie den Prozess der sozialen Strukturierung ihres Handelns beeinflussen. Das schlägt in der Sicht unterschiedlicher Theorien auf die Strukturen selbst zurück und verändert sie. Geht man von Luhmann aus, haben wir es mit unerwarteten Anschlusskommunikationen zu tun, die sinnverändernd wirken können. In der Sicht von Giddens können durch die Offenheit der Strukturierung bestehende Regeln und Ressourcenverteilungen in Frage gestellt und eventuell beeinflusst werden. In evolutionistischer Sicht können sich aus offenen institutionellen Strukturen konkurrierende Regeln entwickeln.

Die hier angesprochenen Sachverhalte machen deutlich, dass Komplexität ein zentrales Problem von Gesellschaften und Akteuren ist. Eine Lösung dieses Problems besteht in der Strukturbildung, also in der Ausdifferenzierung von Strukturen oder in der Entwicklung neuer Strukturen. Das wird nicht nur in unterschiedlichen sozialwissenschaftlichen Theorien postuliert, sondern kann auch in der Realität oft beobachtet werden. Karl Mannheim, der Begründer der Wissenssoziologie, hat diesen Prozess als funktionale Rationalisierung bezeichnet. Funktionale Rationalisierung heißt konkret, dass soziales Handeln durch Regeln systematisch und berechenbar auf ein bestimmtes Ziel ausgerichtet wird. Das lässt sich gut in bereits hierarchisch geordneten Strukturen beobachten, also in Organisationen. Organisationen neigen dazu, auf Abweichungen von Regeln durch die Erzeugung weiterer Regeln zu reagieren, durch welche Handlungsmöglichkeiten von Individuen noch weiter eingeschränkt werden.

Funktionale Rationalisierung steht, wie Mannheim argumentiert, in einem problematischen Spannungsverhältnis zur substantiellen Rationalität. Substantielle Rationalität ist die Rationalität, die im ökonomischen Prinzip des rationalen Handelns angenommen wird, die Max Weber und der phänomenologischen Soziologie als Grundlage der Rekonstruktion von Sinn dienen und nach der psychische Systeme in der Systemtheorie operieren. Substantielle Rationalität ist also die Fähigkeit von Akteuren, im Rahmen ihrer Ressourcen und ihres Wissens zielgerichtet oder zumindest sinnvoll zu handeln. Mannheim zu Folge gefährdet funktionale Rationalisierung die Fähigkeit von Menschen, aufgrund eigener Einsicht in die Zusammenhänge von Situationen und deren Logik vernünftig zu handeln. Der Grund liegt darin, dass Menschen durch die funktionale Rationalisierung ständig zu regelorientiertem und oft routinehaftem Handeln veranlasst werden und dadurch die Verantwortung für das Handeln auf Organisatoren der funktionalen Rationalisierung abwälzen können.

Mannheim zeigt einen Zusammenhang zwischen der Organisation und der Ordnung menschlichen Zusammenlebens und der Rationalität menschlichen Handelns auf, den man in unterschiedlichen Kontexten beobachten kann. Wir haben im ersten Kapitel kurz das Konzept von Frederick Taylor erwähnt, die industrielle Produktion auf der Basis wissenschaftlicher Erkenntnisse vollständig durchzurationalisieren. In den 1980er Jahren hat sich gezeigt, dass die darauf aufbauenden Systeme von Fließarbeit oft Fehler und qualitative Mängel produzieren, weil die Arbeitskräfte die ganze Verantwortung für ihre Arbeit auf die Organisatoren ihrer Arbeit abwälzen konnten und mussten. Deshalb hat man in den 1980er Jahren verstärkt Arbeitssysteme entwickelt, welche die Eigenverantwortung aller Arbeitskräfte stärkten und die institutionelle Kontrolle ihres Handelns entsprechend reduzierten. Darauf komme ich weiter unten im Zusammenhang mit der Organisation von Arbeit ausführlicher zurück. Zunächst beschäftigen wir uns etwas ausführlicher mit substantieller Rationalität, insbesondere dem ökonomischen Rationalitätsprinzip.

Das Rationalitätsproblem in der modernen Ökonomie

Im ökonomischen Rationalitätsprinzip manifestiert sich eines der großen Forschungsprogramme (Paradigmen) der Sozialwissenschaft. Wie wir in den vorangegangenen Kapiteln gesehen haben, liegt dieses Prinzip der neoklassischen Ökonomie zugrunde, wird aber auch für soziologische und politikwissenschaftliche Erklärungen benutzt – unter anderem von James Coleman in der Soziologie und von Fritz Scharpf in der Politikwissenschaft. Das ökonomische Rationalitätsprinzip ist eine Zuspitzung des Konzepts von substantieller Rationalität.

Substantielle Rationalität heißt zunächst nicht mehr, als das dass Handeln intentional und vernünftig strukturiert ist. Intentional bedeutet mit anderen Worten, dass Handeln absichtsvoll, also auf die Erreichung bestimmter Ziele oder Wirkungen, ausgerichtet ist. Vernünftig strukturiert meint, dass für den Handelnden zwischen dem Handeln und seinen Absichten ein Sinnzusammenhang besteht, er also aufgrund seines Verständnisses davon ausgehen kann, dass die Folgen seines Handelns seinen Absichten entsprechen oder diese zumindest fördern werden. Dadurch wird Handeln begründungsfähig und für den Handelnden und andere Personen prinzipiell nachvollziehbar. Auch für die Sozialwissenschaft wird menschliches Handeln nur versteh- oder erklärbar, wenn es in diesem Sinne rational ist.

In dieser Perspektive ist Rationalität – zumindest in Bezug auf die modernen westlichen Gesellschaften – eine generelle Eigenschaft des sozialen Handelns. Der einschränkende Bezug auf die modernen westlichen Gesellschaften ist der Tatsache geschuldet, dass Anthropologen, wie Alan Macfarlane, und andere Kulturforscher argumentieren, Individualismus und Rationalismus seien spezifische Merkmale der westlichen Zivilisation, die sich in den vergangen drei Jahrhunderten entwickelt hätten. Das gilt jedoch nur in Bezug auf die Form von Rationalität, die wir als Zweckrationalität bezeichnen. Zweckrationalität bezieht Handeln immer auf bestimmte erwünschte Konsequenzen, auf mehr oder weniger präzise Ziele. Wie schon Max Weber feststellte, gibt es auch eine ganz andere Form von Rationalität, die nicht auf Zwecke, sondern auf Werte ausgerichtet ist, nämlich Wertrationalität. In diesem Fall wird Handeln durch Rekurs auf Werte begründet und nachvollziehbar gemacht. Werte stellen soziale Vorstellungen von richtig oder falsch, erwünscht oder unerwünscht dar. Deshalb ist auch wertrationales Handeln durchaus intentionales Handeln. Die Intention richtet sich jedoch nicht auf individuelle Ziele von Akteuren, sondern auf gesellschaftliche Zustände. Diese wertrationale Sicht hat, wie Dieter Schneider argumentiert, die Wirtschaftswissenschaft bis zur Klassik geprägt und prägt Teile der Betriebswirtschaftslehre heute noch. Das Leitbild der Wirtschaftswissenschaft war das eines vernünftigen Wirtschaftens zur Förderung des gesellschaftlichen Wohlstands. Das können wir nachvollziehen, wenn wir daran denken, dass der Utilitarismus vom Prinzip des größten Glücks der größten Zahl ausging oder dass Adam Smith sein berühmtes Buch mit „Wohlstand der Nationen" betitelte.

Das neoklassische ökonomische Rationalitätskonzept ist ein spezielles Modell von zweckrationalem Handeln. Dieses Modell geht von drei Annahmen aus, nämlich erstens der Annahme individueller Nutzenmaximierung, zweitens der Annahme transitiv geordneter Präferenzen und drittens der Annahme vollständiger Information. Die erste Annahme besagt, dass Individuen die Handlungsmöglichkeit nehmen, die ihnen den größtmöglichen Nutzen bringt. Die zweite Annahme unterstellt, dass Individuen ihre Ziele vor der Entscheidung über die Wahl einer Handlungsmöglichkeit klar und eindeutig in einer Zielhierarchie ordnen können. Die dritte Annahme postuliert, dass die handelnden Individuen über ihre Handlungsmöglichkeiten und die möglichen Folgen ihres Handelns vollständig informiert sind. Rationales Handeln ist in diesem Sinne immer Handeln, das auf eigennützige Ziele ausgerichtet ist, die auch klar feststehen, und diese Ziele mit der bestmöglichen Handlungsalternative verfolgt, die ebenfalls bekannt ist.

Diese Annahmen stoßen schon seit vielen Jahren sowohl innerhalb der Ökonomie als auch außerhalb, insbesondere in der Soziologie, auf massive Kritik. Auf die Kritik an der Annahme eigennützigen Handelns gehe ich hier nicht ein, sondern beziehe mich auf die Kritik, die sich an der Annahme vollständiger Information entzündet hat. Wie ich schon im zweiten Kapitel kurz angemerkt habe, wird diese Annahme von den meisten Ökonomen nicht mehr oder nur noch für bestimmte Situationen aufrechterhalten. Durch die Aufgabe dieser Annahme ist jedoch das herkömmliche Rationalitätskonzept der neoklassischen Ökonomie, das ich im Folgenden als unbeschränktes oder striktes Rationalitätskonzept bezeichne, obsolet geworden. Es wurde weitgehend durch das auf den amerikanischen Sozialwissenschaftler Herbert Simon zurückgehende Prinzip der „bounded rationality", also der beschränkten Rationalität, ersetzt.

Das Modell des beschränkt rationalen Handelns beschreibt rationales Handeln unter Bedingungen von fehlendem Wissen über Handlungsmöglichkeiten und Handlungsfolgen. Es geht also um Handeln in Situationen, in denen Akteure nicht wissen, ob sie alle in der Situation prinzipiell vorhandenen Handlungsmöglichkeiten kennen oder Handlungsmöglichkeiten übersehen. Es geht auch um Handeln in Situationen, in denen Akteure zwar ihre Handlungsmöglichkeiten kennen, aber nicht wissen, welche Konsequenzen mit den einzelnen Handlungsmöglichkeiten verbunden sind. Wenn Individuen und andere Akteure nicht wissen, welche Handlungsmöglichkeiten sie tatsächlich zur Verfügung haben oder welche Konsequenzen sie mit sich bringen, sprechen Sozialwissenschaftlerinnen und Sozialwissenschaftler von Unsicherheit. Wenn die Handlungsmöglichkeiten und auch ihre möglichen Folgen bekannt sind, aber nicht abgeschätzt werden kann, welche der möglichen Folgen eines bestimmten Handelns wahrscheinlich oder weniger wahrscheinlich eintreten werden, wird von Ungewissheit gesprochen. Ungewissheit ist ein Unterfall von Unsicherheit.

Unsicherheit und Ungewissheit

* Unsicherheit: Fehlende Information über Handlungsmöglichkeiten und Handlungsfolgen.
* Ungewissheit: Fehlende Information über die Eintrittswahrscheinlichkeiten unterschiedlicher möglicher Folgen eines bestimmten Handelns.

Unter Bedingungen von Unsicherheit ist eine Nutzenmaximierung nicht möglich, weil die Akteure nicht wissen, welche der von ihnen wahrgenommenen Handlungsmöglichkeiten ihnen den größtmöglichen Nutzen bringen. Anstelle der Nutzenmaximierung tritt deshalb im Modell der beschränkten Rationalität das Prinzip der Erzielung zufriedenstellender Ergebnisse (satisfying principle). Akteure orientieren sich also nicht mehr an bestmöglichen Ergebnissen, sondern an vernünftig erwartbaren Ergebnissen, mit denen sie ihre Ziele hinreichend erreichen können. Um besser zu verstehen, was das heißt, kann man auf eine Einsicht von Ronald Coase zurückgreifen, die eng mit dem Konzept der beschränkten Rationalität verbunden ist, nämlich mit der Einsicht, dass alle ökonomischen Transaktionen, auch Tauschakte am Markt, mit Transaktionskosten verbunden sind. In unserem Zusammenhang geht es dabei vor allem um Informationskosten. Da Unsicherheit und Ungewissheit Probleme fehlender Informationen sind, können sie prinzipiell durch Beschaffung und Verarbeitung von Information beseitigt werden. Die Beschaffung und Verarbeitung von Informationen ist jedoch immer mit Kosten in Form von Zeit und Geld verbunden. Die Kosten für das Finden der bestmöglichen Handlungsmöglichkeit können deshalb höher sein, als der Nutzen dieser Handlungsmöglichkeit oder mindestens höher als die Differenz des Nutzens zwischen der nicht bekannten bestmöglichen und einer bekannten befriedigenden Alternative. Deshalb werden Akteure nur so lange nach einer besseren Handlungsmöglichkeit suchen, bis sie eine gefunden haben, die zufriedenstellend ist.

Wenn ein Mensch, der wie ich, wenig von Autos versteht und auch kein besonderes Interesse an Autos hat, aber ein solches kaufen muss, wird er wahrscheinlich nicht alle entsprechenden Fachblätter und sonstigen Informationsquellen auswerten. Wegen seines geringen Interesses an Autos ist die Entscheidung für ihn nicht so wichtig, dass er dafür viel Zeit aufwenden will. Deshalb wird er vielmehr auf der Basis einer groben Vorstellung, was er gerne hätte, einige Informationen einholen und sich dann rasch für ein Auto entscheiden, das seinen Ansprüchen genügt. Fall er schon ein Auto einer Marke hat, mit der er schon seit längerer Zeit gut gefahren ist, wird er sich wahrscheinlich sogar dafür entscheiden, wieder ein solches Auto zu kaufen. Das wird er insbesondere dann tun, wenn der Autohändler, bei dem er seine bisherigen Autos gekauft hat, ihm immer einen guten Service geboten hat. Menschen, für die ein Auto etwas Wichtiges ist – ein beruflich notwendiges Mittel, ein wichtiger Spaßfaktor oder ein bedeutendes Statussymbol –, werden sich dagegen sehr viel mehr Mühe mit der Entscheidung machen. Zwar werden sie ihre Wahl aufgrund von Vorkenntnissen auf wenige Marken und Modelle konzentrieren, aber sich sehr viele Informationen beschaffen, um genau zu erfahren, was die neuesten Modelle dieser Marken im Vergleich miteinander zu bieten haben.

In diesem Beispiel sind schon eine Reihe von Möglichkeiten enthalten, welche Individuen und andere Akteure im Umgang mit Unsicherheit und Ungewissheit haben. Diese Möglichkeiten sind seit der Einführung des Konzepts der beschränkten Rationalität durch Herbert Simon in den 1950er in vielen Studien diskutiert worden. Zu den Pionieren in diesem Forschungsfeld gehört James G. March, der als Klassiker der Organisationsforschung gilt. March zeigt, dass Informationsprobleme nicht nur Probleme der objektiven Verfügbarkeit von Information sind, sondern auch der Aufmerksamkeit, der kognitiven Fähigkeiten und der Kommunikation von Individuen und anderen Akteuren. Individuen und selbst Organisationen können nicht alle Informationen aufnehmen und verarbeiten, die sie erhalten oder die zumindest für sie zugänglich wären. Für March heißt das, dass das zentrale Handlungsproblem rationaler Akteure in modernen Gesellschaften nicht so sehr die Entscheidung zwischen unterschiedlichen Handlungsmöglichkeiten ist, sondern die Suche nach und die Verarbeitung von Informationen, die sie benötigen, um ihre Handlungsmöglichkeiten überhaupt zu bestimmen. Im Unterschied zur Theorie des unbeschränkt rationalen Handels ist die Theorie des beschränkt rationalen Handelns nicht mehr eine Theorie der rationalen Wahl, sondern eine der rationalen Suche.

Dadurch rückt die Form des Umgangs von Individuen und anderen Akteuren mit Unsicherheit in den Fokus des Erkenntnisinteresses. Überspitzt formuliert, tritt die erkenntnisleitende Frage, welche Handlungsmöglichkeiten Individuen und andere Akteure unter bestimmten Bedingungen wählen, gegenüber der Frage, wie Individuen und andere Akteure überhaupt zu einer rationalen Entscheidung kommen, in den Hintergrund. Der Grund liegt darin, dass die Entscheidung für eine bestimmte Form des Umgangs mit Unsicherheit oft das weitere Handeln weitgehend festlegt. Individuen und andere Akteure können, wie March, Simon und andere Sozialwissenschaftler zeigen, in einer Reihe unterschiedlicher Formen mit Unsicherheit umgehen. Die einzelnen Formen schränken die weiteren Handlungsmöglichkeiten mehr oder weniger stark ein.

Besonders drastisch werden Handlungsmöglichkeiten eingeschränkt, wenn Individuen und andere Akteure mit Unsicherheit in Form der Entwicklung von Routinen umgehen. Eine

Routine besteht in der regelmäßigen Wiederholung eines bestimmten Handelns in bestimmten (oder ähnlichen) Situationen. Ein Handeln, das bisher in bestimmten (oder ähnlichen) Situationen befriedigende Ergebnisse erbracht hat, wird so lange fortgesetzt, bis unbefriedigende Ergebnisse auftreten. Damit ist eine eingeschränkte Aufmerksamkeit für Handlungssituationen und Handlungsalternativen verbunden – solange eine Routine befriedigend ist, werden keine Informationen gesucht, mit deren Hilfe sich bestimmen ließe, wie weit eine neue Handlungssituation mit vergangenen Handlungssituationen übereinstimmt oder ob es neue Handlungsmöglichkeiten in dieser Situation gibt. Eine Routine liegt beispielsweise dann vor, wenn ein Professor oder eine Professorin den Aufbau und den Stil seiner oder ihrer Vorlesung so lange beibehält, wie er oder sie keine negativen Reaktionen erfährt. In diesem Fall wird sie oder er keine neuen hochschuldidaktischen Einsichten aufnehmen und umsetzen. Eine Routine ist also eine Form des Umgangs mit Unsicherheit, die alle alternativen Handlungsmöglichkeiten vollständig ausblendet.

Eine zweite Form des Umgangs mit unvollständiger Information ist die Generalisierung von Erfahrungen in bestimmten Verhaltensmustern und der Abgleich neuer Situationen mit diesen Mustern. Entscheidungen von Menschen über Handeln betreffen immer die Zukunft, weil die Folgen von Handeln, über das sie gerade entscheiden, von der Natur der Sache her in der Zukunft liegen. Wissen über Handlungsfolgen hat also immer die Form von Erwartungen. Erwartungen beruhen auf Wissen über die Gegenwart oder die Vergangenheit. Wenn Menschen nicht genügend Wissen aus der Gegenwart haben, um Erwartungen über Handlungsfolgen zu bilden, greifen sie auf Erfahrungen – auf Wissen aus der Vergangenheit – zurück. Auf der Basis dieser Erfahrungen entwickeln sie bestimmte Verhaltensmuster für bestimmte Typen von Situationen, die sie auf neue Situationen übertragen, wenn sie mit den bekannten Situationen hinreichend übereinstimmen. Erfahrene Verkäufer verfügen beispielsweise über eine Kundentypologie, die sie aus ihrer Erfahrung heraus entwickelt haben. Wenn sie mit neuen Kunden zu tun haben, versuchen sie diese einem ihrer Typen zuzuordnen und setzen dann das Verhaltensmuster ein, das mit diesem Typus assoziiert ist. Ähnlich gehen häufig Unternehmensberater vor, die für ein Unternehmen eine neue Strategie für eine neue Situation, die sie nur beschränkt übersehen, entwickeln sollen. Sie orientieren sich an sogenannten Beispielen bester Praxis, also an Fällen von Unternehmen, die in bestimmten Situationen besonders erfolgreich waren. Als Grundlage für die Entwicklung der neuen Strategie wählen sie auf der Basis einiger ausgewählter Merkmale ein passendes Beispiel bester Praxis aus. Auch diese Form des Umgangs mit Unsicherheit schränkt die weiteren Handlungsmöglichkeiten ein. Sie lässt nur solche zu, die sich in der Vergangenheit bewährt haben. Diese Form mag auf den ersten Blick ganz ähnlich sein wie die Entwicklung von Routinen. Es gibt jedoch einen wichtigen Unterschied: die Entwicklung von Routinen zielt darauf ab, Informationsbeschaffung und Informationsverarbeitung weitgehend zu vermeiden, die Intention der Generalisierung von Erfahrung besteht dagegen in der Strukturierung und der Rationalisierung von Informationsbeschaffung und Informationsverarbeitung. Das lässt mehr Handlungsmöglichkeiten offen. Beide Verhaltensweisen haben eines gemeinsam – sie binden Handeln in eine Geschichte ein. Das ist auf der individuellen Ebene etwa das gleiche, wie die Pfadabhängigkeit einer Entwicklung auf der makroökonomischen Ebene, über die wir schon im ersten Kapitel gesprochen haben.

Eine dritte Form des Umgangs mit Unsicherheit ist die Schaffung und die Befolgung von Regeln. Regeln dienen dazu, wie Elinor Ostrom, die erste Frau, die den Nobelpreis für Wirtschaftswissenschaft erhielt, schon vor vielen Jahren argumentierte, stabile Erwartungen zu schaffen. Sie reduzieren Unsicherheit oder Ungewissheit nicht durch Wissen, sondern ersetzen Wissen dadurch, dass sie für bestimmte wiederkehrende Situationen bestimmte Handlungsmöglichkeiten zulassen und andere ausschließen. Ein gutes Beispiel dafür sind Regeln für die wissenschaftliche Forschung. Forschung ist von der Natur der Sache her mit erheblicher Unsicherheit verbunden, weil ihre Resultate und die Erreichung bestimmter vorgegebener Forschungsziele kaum vorhersehbar sind. Deshalb werden schon für die Entscheidung über die Aufnahme oder Förderung eines bestimmten Projektes bestimmte Regeln eingehalten. Dazu gehört beispielsweise die Regel, dass ein neuer Projektvorschlag den bisherigen Forschungsstand oder bestimmte alternative Forschungsstrategien darstellen muss oder die Kosten und Risiken des Projektes nach bestimmten Regeln abgeschätzt werden müssen.

Zudem gibt es in vielen Forschungseinrichtungen oder Forschungsabteilungen von Unternehmen Regeln, die den Forschungsprozess so strukturieren, dass die Erfolgsaussichten regelmäßig überprüft und mögliche Probleme, wie zu hohe Kosten oder das Nichterreichen wichtiger Zwischenergebnisse, frühzeitig erkannt werden können. Diese Regeln legen fest, welche Handlungsmöglichkeiten in bestimmten Situationen, in denen sich der Forschungsprozess befindet, eröffnet oder ausgeschlossen werden. Diese Form des Umgangs mit Unsicherheit bezeichnet man als Inkrementalismus. Dabei werden komplexe Probleme mit hoher Unsicherheit in überschaubare Teilprobleme zerlegt und diese schrittweise abgearbeitet. Am Ende jedes Schrittes werden bestimmte weitere Schritte ausgeschlossen und neue ermöglicht. Diese Form schränkt die weiteren Handlungsmöglichkeiten nicht von vornherein stark ein, wie das etwa bei Routinen oder bei regelgeleitetem Handeln der Fall ist.

Neben den hier skizzierten Verhaltensmöglichkeiten im Umgang mit Unsicherheit und Ungewissheit werden in der einschlägigen Literatur viele andere genannt, wie die Verwendung von Vorurteilen, der Rückgriff auf sozial verbreitete Handlungsschemata, die Vereinfachung von Situationen, die Umdeutung von Problemen, die schrittweise Abarbeitung von Problemen oder die Imitation erfolgreicher Akteure. Ein großer Teil der Forschung, aus der die Erkenntnisse über mögliches Verhalten bei fehlender Information stammen, ist nicht rein ökonomische Forschung, sondern die Verknüpfung von ökonomischer mit sozialpsychologischer und soziologischer Forschung. Durch das Modell der beschränkten Rationalität erhält also die ökonomische Theorie eine beträchtliche Schnittmenge mit neueren soziologischen und sozialpsychologischen Handlungskonzepten, zu denen das neoklassische Modell der unbeschränkten Rationalität eher in einem schwer überwindbaren Gegensatz stand. Was bleibt, ist auch bei einem Modell beschränkter Rationalität der Gegensatz zur soziologischen Rollentheorie.

Das Rollenproblem der modernen Soziologie

Die Rollentheorie gilt manchen Soziologen als die große soziologische Alternative zur ökonomischen Theorie rationalen Handelns. Das ist jedoch eine überzogene und vor allem überkommene Sicht. Ganz abgesehen davon, dass das Rollenkonzept in wichtigen Theorien und

Ansätzen der Soziologie, beispielsweise in der Systemtheorie von Luhmann und in Giddens Theorie der Strukturierung, keine zentrale Rolle spielt, ist die Rollentheorie auch kein integriertes Theoriegebäude, wie die Theorie des rationalen Handelns. Das Rollenkonzept ist vielmehr eingebaut in unterschiedliche Theorien und Denkschulen. Wenn ich im Folgenden von Rollentheorie spreche, abstrahiere ich von diesen Unterschieden und beziehe mich auf ein breit geteiltes Grundverständnis. Dieses Grundverständnis setzt dem egoistisch handelnden Homo Oeconomicus (im Sinne des unbeschränkten Rationalitätsprinzips) den völlig durch gesellschaftliche Normen bestimmten Homo Sociologicus entgegensetzt. Wie ich weiter unten ausführen werde, gibt es zwischen den beiden Handlungsmodellen eine bemerkenswerte Übereinstimmung, die dazu führt, dass beide Konzepte letztlich am gleichen Problem scheitern – dem Problem des Wissens.

Das Konzept der sozialen Rolle hat zwei unterschiedliche Wurzeln. Die eine Wurzel des Rollenkonzepts liegt in der Sozialanthropologie und der struktur-funktionalistischen Theorie, konkret in den Arbeiten von Ralph Linton. In seinem bekannten Buch *The Study of Man* entwickelte er die Grundidee der Rollentheorie, wonach das soziale Handeln von Menschen durch die Positionen, die sie in sozialen Beziehungsgeflechten einnehmen, und die mit diesen Positionen verbundenen Rollen erklärt werden kann. Mit den Positionen, die Menschen in der sozialen Schichtung oder in der gesellschaftlichen Arbeitsteilung einnehmen, sind Bündel von Verhaltenserwartungen verbunden, die auf die Position bezogen sind und von den Individuen, die die Position einnehmen, erfüllt werden müssen. Diese Bündel von Verhaltenserwartungen, die an Positionen, nicht an Individuen gebunden sind, bezeichnet Linton als Rolle. Linton nutzte das Konzept hauptsächlich für den interkulturellen Vergleich von Wertsystemen. Er zeigte, dass in unterschiedlichen Kulturen die Inhalte von Rollen völlig unterschiedlich sind. Er unterstützte damit die These des kulturellen Relativismus von Franz Boas, die wir im dritten Kapitel kennengelernt haben.

Die andere Wurzel des Rollenkonzepts liegt in der Sozialpsychologie, genauer in der symbolisch-interaktiven Sozialpsychologie von George Herbert Mead. Unter Rollen versteht Mead typische Verhaltensmuster für bestimmte Kategorien von Menschen in bestimmten Situationen, etwa die jeweils spezifischen Verhaltensmuster von Mutter und Kind in bestimmten Entwicklungsphasen des Kindes. Mead, dessen Ansatz ich im ersten Kapitel schon kurz skizziert habe, nutzte das Konzept der Rolle insbesondere, um zu erklären, wie Menschen in unterschiedlichen Positionen (z. B. in den Positionen von Mutter und Kind) wechselseitige Verhaltenserwartungen lernen. Wechselseitig heißt, dass beispielsweise ein Kind nicht nur lernt, welches Verhalten seine Mutter von ihm in bestimmten Situationen erwartet, sondern auch welches Verhalten es in dieser Situation von seiner Mutter erwarten kann. Dadurch entstehen generalisierte Verständnisse von Situationen und den damit verbundenen Verhaltenserwartungen. Entscheidend ist dabei, dass die Verhaltenserwartungen nach Positionen differenziert sind. Rollen sind also Verhaltenserwartungen, die für bestimmte Kategorien von Menschen (z. B. Hochschullehrerinnen oder Studierende) gelten. Mead hat das Rollenkonzept interaktionistisch interpretiert; soziale Rollen entwickelten sich aus Interaktionen zwischen Menschen, verselbständigen sich diesen gegenüber, werden aber durch Interaktionen weiterhin beeinflusst. Rollenerwartungen sind also grundsätzlich immer im Fluss.

In der soziologischen Rollentheorie stellen Rollen, wie alle sozialen Strukturen, eine eigene Realität dar. Gesellschaft wird dabei gedacht als Geflecht spezialisierter sozialer

Beziehungen, zum Beispiel wirtschaftliche Beziehungen oder Beziehungen innerhalb von Vereinen, Gruppen und Familien. In jedem dieser Geflechte gibt es unterschiedliche Typen von Handelnden mit jeweils abgrenzbaren Aktivitäten und Handlungsmöglichkeiten. In Unternehmen gibt es beispielsweise Betriebsleiter, Facharbeiter und ungelernte Arbeiter, in Familien Väter, Mütter und Kinder oder in Vereinen Vorsitzende, Kassierer und einfache Mitglieder. Ein solcher Typus wird als Position bezeichnet. Individuen sind gleichzeitig Teil mehrerer unterschiedlicher Beziehungsnetze und haben mehrere unterschiedliche Positionen inne – zum Beispiel die der Mutter, der Hochschulprofessorin und der Gemeinderätin. Mit jeder Position sind gesellschaftliche Verhaltenserwartungen verbunden, deren Einhaltung durch positive und negative Sanktionen abgesichert wird. Die Verhaltenserwartungen gelten unabhängig von den Personen, welche die jeweilige Position einnehmen. Die Gesamtheit aller gesellschaftlichen Verhaltenserwartungen (oder Vorschriften) für eine bestimmte Position wird als Rolle bezeichnet. In der Regel ist jede Position mit mehreren anderen Positionen durch soziale Beziehungen verflochten. Jede Rolle kann man deshalb in Rollensegmente zerlegen, wobei jedes Segment die Verhaltenserwartungen umfasst, welche die Beziehungen mit einer bestimmten anderen Position betreffen. Zwischen Rollen und Rollensegmenten kann es Konflikte geben, weil die jeweiligen Verhaltenserwartungen sich in bestimmten Situationen widersprechen – die Verhaltenserwartungen, die an die Position der Hochschullehrerin gestellt werden, sind beispielsweise mit denen an die Position der Mutter oft nur schwer vereinbar.

In dem Konzept des Homo Sociologicus werden Rollen konkret durch Bezugsgruppen definiert. Bezugsgruppen sind Gruppen von Personen und Positionen, die Verhaltenserwartungen formulieren und über positive und negative Sanktionen auch durchsetzen können. Bezugsgruppen können die eigene Gruppe sein, also etwa im Falle der Hochschullehrerin die Gruppe der Professorinnen und Professoren, meistens handelt es sich um Fremdgruppen (Gruppen, denen die Positionsinhaber nicht angehören), also im Fall der Hochschullehrerin beispielsweise um die Studierenden oder die Wissenschaftspolitiker.

Soziale Rolle

Eine Menge von Verhaltenserwartungen, die mit bestimmten Positionen von Individuen in der sozialen Schichtung oder der gesellschaftlichen Arbeitsteilung verbunden sind.

Da es in modernen (komplexen) Gesellschaften für jede Position zumeist mehrere unterschiedliche Bezugsgruppen gibt, können die mit einer Position verbundenen Verhaltenserwartungen widersprüchlich sein. Es gibt also Konflikte zwischen den Erwartungen unterschiedlicher Bezugsgruppen an ein und dieselbe Rolle. Solche Konflikte werden als Intrarollenkonflikte bezeichnet. Ein Beispiel für solche Konflikte sind beispielsweise unterschiedliche Erwartungen, die Aktionäre, Investoren, Belegschaften, Kolleginnen und Kollegen, Kunden und andere Akteure an die Vorstandsvorsitzenden von Aktiengesellschaften richten. Aktionäre und vor allem Investoren erwarten möglichst hohe Renditen und steigende Kurse, Belegschaften dagegen sichere Arbeitsplätze. Beides passt oft nicht zusammen, was man unter anderem daran erkennen kann, dass die Nachricht, ein Unternehmen beabsichtige, eine große Zahl von Stellen abzubauen, die Aktienkurse nach oben treibt. Wenn daraus Konflikte mit der

Belegschaft entstehen, verletzt der Vorstandsvorsitzende die Erwartungen seiner Kolleginnen und Kollegen, dass er für gute Arbeitsbeziehungen sorgt, weil diese wichtig für die Sicherung einer hohen Qualität und Produktivität und diese wiederum für die Profitabilität der Bereiche sind, für welche die Kolleginnen und Kollegen verantwortlich sind. Der Vorstandsvorsitzende kann die an ihn gerichteten Rollenerwartungen nicht gleichzeitig erfüllen. Das zwingt den Vorstandsvorsitzenden, sich zu entscheiden, welche Rollenerwartungen er eher und welche er weniger erfüllen will. Es bietet ihm aber auch die Chance, sich über die Wahl zwischen unterschiedlichen Bezugsgruppen der ärgerlichen Tatsache der Gesellschaft zu entziehen – er wählt sich die Bezugsgruppe aus, deren Rollenerwartungen ihn am wenigsten einschränken.

Intrarollenkonflikte sind im Alltag häufig. Auf den ersten Blick mag das nicht dramatisch erscheinen. Das ist jedoch ein irreführender Eindruck, weil Intrarollenkonflikte in einer rollentheoretischen Perspektive mit zwei grundsätzlichen Problemen verbunden sind. Das eine Problem ist eine mangelnde Strukturierung von Handeln durch Rollen, das andere ein Zerbrechen des gesellschaftlichen Rollenkonsenses. Wenn Rollenträger zwischen unterschiedlichen Rollensegmenten wählen können und müssen, besteht für die Träger anderer Rollen, die mit ihm interagieren, keine Erwartungssicherheit mehr. Rollenträger können nicht davon ausgehen, dass andere Rollenträger sich entsprechend ihren normativ festgelegten Erwartungen verhalten. Damit sind die Folgen ihres Handelns nicht mehr absehbar, weil sie nicht absehen können, welche Erwartungen sich aus dem vom anderen gewählten Rollensegment für sie ergeben. Damit verlieren Rollen die ihnen theoretisch zugeschriebene Funktion, nämlich die Schaffung von Erwartungssicherheit und die Strukturierung von Handeln über normativ festgelegte Erwartungen.

Dieser Sachverhalt wird verschärft durch das zweite Problem, nämlich das Zerbrechen des gesellschaftlichen Rollenkonsenses. Die Vertreter der soziologischen Rollentheorie gehen davon aus, dass in einer Gesellschaft ein Rollenkonsens existiert. Das ist, wie der Sozialpsychologe Günther Wiswede darstellt, eine empirisch problematische Annahme, die nur unter bestimmten Bedingungen zutrifft. Sie ist jedoch theoretisch wichtig, weil Rollen nur dann Erwartungssicherheit bieten können, wenn ihre soziale Definition in dem sozialen Raum, für den sie gelten soll, allgemein anerkannt ist. Wenn das nicht gilt, sind die mit der Rolle verbundenen Erwartungen unsicher. Im Falle von Intrarollenkonflikten wird diese Bedingung verletzt. Rollen sind über unterschiedliche Bezugsgruppen in unterschiedliche Normensysteme eingebunden, die teilweise miteinander konkurrieren (sonst gäbe es ja keine unterschiedlichen Erwartungen an eine bestimmte Rolle). Das schafft statt Erwartungssicherheit Unsicherheit darüber, welche Verhaltenserwartungen und Normen gelten.

Die hier skizzierten Probleme sind auch unter methodologischen Gesichtspunkten wichtig. Sobald die mit einer Rolle verbundenen Erwartungen unsicher sind, verliert das Rollenkonzept seine Tauglichkeit für die Erklärung von Handeln. Wiswede hat diesen Sachverhalt auf die einfache Formel gebracht, dass der prognostische Wert des Rollenbegriffs mit seiner normativen Verankerung steht und fällt. Mit Hilfe des Rollenkonzepts lässt sich Handeln nur dann prognostizieren, wenn die Regeln bekannt und anerkannt sind, welche den unterschiedlichen Regeln zugrunde liegen. Diese Voraussetzung ist in modernen Gesellschaften zumeist nicht gegeben, weil Rollen durch unterschiedliche Bezugsgruppen unterschiedlich definiert werden. Auf einen einfachen Punkt gebracht heißt das, dass der Rollenbegriff für die Erklärung von Handeln in komplexen Situationen nicht geeignet ist. Darauf komme ich gleich noch zurück.

Neben den bisher diskutierten Intrarollenkonflikten, gibt es eine zweite Form von Konflikten, die in modernen Gesellschaften häufig mit Rollen verbunden sind, nämlich Interrollenkonflikte. Wie der Name schon sagt, handelt es sich dabei um Konflikte zwischen den Verhaltenserwartungen, die mit den unterschiedlichen Rollen verbunden sind, welche ein und dieselbe Person gleichzeitig spielen muss. Ein berühmtes Beispiel für Interrollenkonflikte sind berufstätige Frauen mit Kindern. Auch bei Interrollenkonflikten können die Rollenträger nicht alle an sie gerichteten Erwartungen erfüllen. Die Rollenträger müssen sich entscheiden, welche Erwartungen sie erfüllen wollen. Im Unterschied zu Intrarollenkonflikten wird dadurch ihr Handlungsspielraum oft verringert. Das ist dann der Fall, wenn sie durch die Unmöglichkeit, allen Anforderungen ihrer Rollen zu genügen, gezwungen werden, eine oder mehrere ihrer Rollen und die damit verbundene Position aufzugeben. Frauen werden beispielsweise gezwungen, eine Wahl zwischen ihrer Berufsrolle und ihrer Mutterrolle zu treffen.

Ich habe im ersten Abschnitt dieses Teiles darauf hingewiesen, dass die Rollentheorie verschiedene Varianten aufweist, weil das Rollenkonzept mit verschiedenen Theorien oder Denkschulen verknüpft wird. Zur Illustration dieses Sachverhaltes gehe ich hier kurz auf das phänomenologische Rollenkonzept ein. In phänomenologischer Sicht wird Gesellschaft aus einem verallgemeinerten Verständnis von Menschen über soziale Zusammenhänge konstruiert. Gesellschaft besteht also aus Zusammenhängen, die in einem sozial geteilten Alltagsverständnis und damit in einem gemeinsamen gesellschaftlichen Wissensvorrat verankert sind. In der phänomenologischen Soziologie, konkret bei Berger und Luckmann, sind Rollen objektivierte Verhaltenstypisierungen, also Regeln, die für jeweils bestimmte Typen von Handelnden gelten. Diese Verhaltenstypisierungen werden dann zu Rollen, wenn sie Teil des gesellschaftlichen Wissensvorrats werden und damit in der Gesellschaft oder einem sinnvoll abgrenzbaren Teil von ihr (einer „Subsinnwelt") allgemein bekannt sind. Es gibt deshalb in dieser Sicht weder Unsicherheit über Rollenerwartungen noch Intrarollenkonflikte. Im Gegenteil: Rollen sind das Ergebnis eines gesellschaftlichen Verständigungsprozesses, durch den Unsicherheit dadurch beseitigt wird, dass ein gemeinsames Verständnis konstruiert und ein gemeinsamer Wissensvorrat aufgebaut wird. Wenn dieses Verständnis nicht aufgebaut wird, bilden sich auch keine Rollen.

Zwischen den Modellen des rationalen Handelns und dem Modell des Rollenhandelns gibt es eine bemerkenswerte Übereinstimmung, die dazu führt, dass beide Konzepte letztlich am gleichen Problem scheitern. Wie das Modell des unbeschränkt rationalen Handelns, setzt auch das des Rollenhandelns vollständige Information voraus. Die Träger von Rollen müssen wissen, welche Erwartungen an sie gerichtet werden und welche Erwartungen sie an die Träger der Rollen richten können, mit denen sie interagieren. Sobald jedoch Rollen von unterschiedlichen Bezugsgruppen mit unterschiedlichen Verhaltenserwartungen versehen werden, verfügen die jeweiligen Rollenträger nicht mehr über vollständige Information. Das Rollenkonzept ist also ebenso wie das Konzept des unbeschränkt rationalen Handelns ein Konzept, das Handeln unter Unsicherheit und Ungewissheit nicht erklären kann. Beide können Handeln in komplexen Strukturen und Situationen nicht befriedigend erklären. Während die ökonomische Theorie für dieses Problem eine Lösung, nämlich das Modell des beschränkt-rationalen Handelns, entwickelt hat, fehlt eine solche für die Rollentheorie. Eine solche

Lösung könnte allerdings in John Meyers Theorie der sozialen Konstruktion von Akteuren liegen, auf die wir im zweiten Kapitel kurz eingegangen sind.

Meyer argumentiert in seiner Theorie, dass Akteure – Individuen und Organisationen ebenso wie Nationalstaaten – sozial konstruiert und damit kulturell definiert sind. Das gilt insbesondere auch für die rationalen Akteure, von denen weite Teile der Sozialwissenschaft ausgehen. Diese Akteure sind jedoch keineswegs universal, sondern das Produkt der kulturellen Entwicklung in den westlichen Gesellschaften. Diese Kultur hat Akteure und Handlungskonzepte geschaffen, die durch rationalistische Vorstellungen geprägt sind. Dazu gehört die Vorstellung, der Mensch könne die Natur kausal erklären und beeinflussen. Ebenso ist in diesen rationalistischen Vorstellungen auch Gesellschaft machbar. Tatsächlich aber handeln Akteure dabei nach weitgehend standardisierten Handlungsprogrammen („Skripts"), eben nach Prinzipien von Vernunft und Rationalität. Diese Prinzipien eröffnen Möglichkeiten, zwischen sozialen Strukturen und tatsächlichem Handeln zu trennen. Regelungen werden zwar symbolisch akzeptiert, das tatsächliche Handeln aber vernünftig an tatsächliche Gegebenheiten angepasst. Übertragen auf das Problem von Rollenkonflikten, heißt das, dass Individuen ihr Handeln so gestalten, dass Rollenkonflikte gar nicht erst sichtbar werden. Das Unsicherheitsproblem würde in diesem Fall dadurch gelöst, dass Individuen selber einen Handlungsrahmen für die Situation konstruieren und ansonsten Rollenerwartungen bloß symbolisch erfüllen. Damit gilt aber für das Rollenkonzept, ebenso wie für das Rationalitätskonzept, dass Verhalten nur noch bedingt erklärbar ist, weil weder Rationalität noch Rollenverhalten eindeutig festlegen.

Das Beziehungsproblem moderner Gesellschaften

Der amerikanische Soziologe Mark Granovetter bringt das, was wir bisher über den Homo Oeconomicus und sein Gegenstück, den Homo Sociologicus erfahren haben, auf einen einfachen Punkt: Die neoklassische Ökonomie operiert mit einem „untersozialisierten" Konzept des Menschen, die moderne Soziologie mit einem „übersozialisierten" Konzept. Beiden gemeinsam ist, dass ihre Menschen als Einzelwesen handeln, soziale Beziehungen also kaum vorkommen. Der Homo Oeconomicus handelt egoistisch, die Gesellschaft tritt ihm lediglich in Form von Regeln entgegen, die zu seinen Restriktionen gehören, und zu anderen Menschen unterhält er zwar Tauschbeziehungen, die allerdings abstrakt sind und dem Homo Oeconomicus nur in Form von typisierten Situationen begegnen. Der Homo Oeconomicus ist selbst auch bloß ein typischer Akteur, wie zum Beispiel ein durchschnittlicher Konsument oder ein typischer Wähler – im Grunde genommen nicht viel anderes, als ein soziologischer Rollenspieler. Der Homo Sociologicus hält sich strikt an die mit seiner jeweiligen Rolle verbundenen Verhaltenserwartungen und hat seine Rolle so stark internalisiert, dass sie ihm gar nicht mehr als etwas erscheint, mit dem er von außen konfrontiert ist. Er spielt seine Rolle zwar im Rahmen von Beziehungen mit anderen Rollenträgern, hält sich aber dabei an sein Skript. Sein Handeln wird durch die konkrete soziale Beziehung ebenso wenig beeinflusst, wie das des Homo Oeconomicus in seinen Tauschbeziehungen. In beiden Fällen sind die laufenden sozialen Beziehungen für das Handeln weitgehend irrelevant. Noch irrelevanter ist die Geschichte ihrer sozialen Beziehungen und ihre Verbindungen zu anderen sozialen Beziehungen.

Mit der Ausblendung von sozialen Beziehungen verzichten ökonomische und soziologische Ansätze darauf zu erklären, wie denn die Regeln, die ihre jeweiligen Akteure binden, zustande kommen. Das kann am Beispiel der neuen Institutionenökonomik gut dargestellt werden. Granovetter wirft der neuen Institutionenökonomik vor, sie betrachte Institutionen in einer schon fast funktionalistischen Sicht lediglich als effiziente Lösungen ökonomischer Probleme. Tatsächlich durchzieht, wie wir im zweiten Kapitel am Beispiel von Hayeks Konzeption spontaner Ordnung gesehen haben, ein roter Faden das ökonomische Denken über Institutionen – das Verständnis, dass Institutionen sich sozial durchsetzen und befolgt werden, weil sie den Gesellschaftsmitgliedern den größtmöglichen Nutzen bringen. Allerdings wird auch von vielen Vertretern der neuen Institutionenökonomik argumentiert, dass Institutionen auf einer moralischen Basis aufbauen und erst dadurch funktionieren. Das verschiebt das Problem jedoch nur, weil damit unterstellt wird, dass Moral systematisch darauf ausgerichtet ist, die Grundlagen für ein effizientes Operieren der Gesellschaft zu sichern – was wiederum eher in die Denkweise funktionalistischer Ansätze als in die von verhaltenstheoretischen passt.

Mit dem weitgehenden Ausblenden von sozialen Beziehungen verzichtet die Neue Institutionenökonomik darauf, einen Grundpfeiler ihres Institutionenverständnisses zu erklären oder einer Erklärung zumindest näherzubringen, nämlich die Annahme, dass Institutionen spontan aus dem Handeln rationaler Akteure heraus entstehen und sich in einem sozialen Evolutionsprozess gesellschaftlich durchsetzen. Wir haben im zweiten Kapitel erfahren, dass in von Hayeks Sicht Regeln zunächst in kleineren überschaubaren Interaktionszusammenhängen (Mikrogesellschaften) entstehen oder verändert werden. In der Makrogesellschaft konkurrieren diese unterschiedlichen Regeln oft miteinander, wobei die Regeln der am erfolgreichsten operierenden Mikrogesellschaft von anderen übernommen werden. In dieser Argumentation bleiben allerdings sowohl die Entstehung von Regeln in Mikrogesellschaften als auch deren Verbreitung über die Mikrogesellschaften hinaus unerklärt. Dadurch bleibt auch die Frage ungeklärt, wie sich Regeln aus bestimmten Mikrogesellschaften in der Konkurrenz mit den Regeln aus anderen Mikrogesellschaften durchsetzen. Der ganze Prozess, der vom rationalen Handeln einzelner Individuen schließlich zur Durchsetzung von Institutionen für ganze Gesellschaften oder zumindest größere soziale Systeme führt, ist eine einzige große schwarze Kiste („black box"), deren Inhalt wir nicht kennen.

Granovetter bietet einen interessanten Ansatz, um diese große schwarze Kiste zu beleuchten. Er betrachtet soziale Beziehungen als Netzwerke und Gesellschaft als eine Menge miteinander verbundener Netzwerke. Netzwerke sind durch sogenannte starke Beziehungen gekennzeichnet. Starke Beziehungen sind solche, die regelmäßig, intensiv und über unterschiedliche Personen mehrfach verflochten sind. Das sind die Beziehungen, die man in sozialen Gruppen findet. Die Mitglieder einer Gruppe unterhalten vielfältige direkte und indirekte soziale Beziehungen miteinander und bilden ein festes soziales Netzwerk. Zwischen den Netzen gibt es Brücken in Form von sogenannten schwachen Beziehungen. Schwache Beziehungen sind unregelmäßige und wenig intensive Beziehungen zwischen zwei Akteuren, die jedoch den beiden Akteuren eine hinreichende Erwartungssicherheit im Umgang miteinander sichern. Auch schwache Beziehungen sind also mit wechselseitigem Vertrauen verbunden. Schwache Beziehungen kann es auch zwischen Akteuren geben, die dem gleichen Netzwerk angehören; wir interessieren uns hier jedoch nur für schwache Beziehungen zwischen Akteuren, die unterschiedlichen Netzwerken angehören.

Starke soziale Beziehungen sind, wie auch die einschlägige sozialpsychologische Forschung zeigt, für die Entwicklung und Interpretation von Normen und vor allem von Vertrauen in Institutionen sowie die Bewältigung von Unsicherheit wichtig. Sie schaffen weitgehend übereinstimmende Verständnisse von Regeln und Situationen – und damit Erwartungssicherheit. Die Kehrseite dieser Erwartungssicherheit ist, dass übergreifende Zusammenhänge, andere Verständnisse und alternative Handlungsmöglichkeiten oft vernachlässigt werden. Starke Beziehungen fördern also eine gesellschaftliche Fragmentierung. Dem wirken jedoch schwache Beziehungen entgegen, durch die Informationen zwischen unterschiedlichen Netzwerken vermittelt werden, insbesondere Informationen über andere Verständnisse oder alternative Handlungsmöglichkeiten. Solche Informationen von außen können übergreifende oder übergeordnete Zusammenhänge vermitteln. Sie können zudem innerhalb der Netzwerke Veränderungen von Denken und Handeln anstoßen. Dieser Weg funktioniert prinzipiell auch unter Bedingungen von Unsicherheit, weil zwischen den Akteuren, deren schwache Beziehungen die Brücken zwischen unterschiedlichen Netzwerken bilden, ebenfalls Vertrauen als Basis für die Verständigung über das relevante Wissen besteht. Damit bieten schwache soziale Beziehungen die Möglichkeit, vertrauenswürdiges soziales Wissen auch über große soziale Distanzen zu transportieren. Dadurch können soziale Verständnisse und soziale Regeln, die sich in bestimmten Netzwerken entwickelt haben, über größere soziale Räume und die Gesellschaft insgesamt verbreitet werden. Damit ist zumindest ein wichtiger Teil der oben erwähnten schwarzen Kiste durch eine plausible Erklärung aufgehellt. Allerdings erklärt auch Granovetters Theorie der schwachen Beziehungen nur, wie sich Regeln im sozialen Raum ausdehnen können, nicht aber, welche Regeln sich in Konkurrenz zu anderen Regeln schließlich durchsetzen.

Soziale Netzwerke

Abgrenzbare Mengen von sozialen Beziehungen zwischen Individuen, die nicht formal organisiert sind.

Wir haben es hier mit einem zentralen Thema der Sozialwissenschaft zu tun, nämlich mit dem Thema der Entwicklung und Durchsetzung von Sinnverständnissen, Institutionen und anderen Regeln in größeren sozialen Räumen, insbesondere in ganzen Gesellschaften. Dieses Thema vertiefen wir im nachfolgenden Teil dieses Kapitels, in dem wir uns eingehender mit Kultur beschäftigen.

Kultur: Die soziale Konstruktion von Sinn

Wir haben im ersten Kapitel Kultur beschrieben als ein System, dass Sinn in Form von sozial geteiltem und geordnetem Wissen produziert und reproduziert und dadurch Handeln ermöglicht oder beschränkt. Das Wissen wird in einer Vielzahl von unterschiedlichen Prozessen produziert und von einer Vielzahl von Akteuren in unterschiedlichen Situationen und Handlungszusammenhängen akzeptiert, modifiziert oder verworfen. Kultur ist ein komplexer

Prozess, der in seiner Gesamtheit weder durch den Staat noch durch einen anderen externen Akteur organisiert werden kann. Er organisiert sich vielmehr spontan immer wieder aus sich selbst heraus. Diesem Prozess der Selbstorganisation, der Autopoiesis, gilt unser Interesse an dieser Stelle. Als Grundlage dafür betrachten wir zunächst überblickartig eine Reihe von unterschiedlichen Kulturtheorien.

Kulturtheorien

Da Kultur ein zentraler Teil jeder Gesellschaft ist, beschäftigen sich viele sozialwissenschaftliche Theorien mehr oder weniger intensiv mit ihr. Deshalb würde eine umfassende Beschreibung des Standes der theoretischen Beschäftigung mit Kultur den Rahmen dieses Buches bei Weitem sprengen. Ich konzentriere mich im Folgenden auf einige ausgewählte Kulturtheorien. Ich habe insbesondere Theorien ausgewählt, die Antworten auf die Frage nach der Verbreitung von Sinnverständnissen, Regeln und Institutionen im sozialen Raum bieten und deren Fokus dabei auf Kultur liegt. Darüber hinaus will ich in diesem Teil auch einige Theorien, insbesondere aus der französischen Sozialwissenschaft, vermitteln, die nicht zum üblichen „Kernkanon" sozialwissenschaftlicher Theorie gehören, aber einige alternative Sichtweisen zum „Kernkanon" bieten.

Ein aus heutiger Sicht erstaunlich aktuelles Verständnis von Kultur und ihren Problemen hat vor über hundert Jahren einer der Gründungsväter der deutschen Soziologie, Georg Simmel, vorgelegt. Moderne Gesellschaften sind Simmel folgend durch ein permanentes Spannungsverhältnis zwischen Kultur und Individualität charakterisiert. Sie produzieren massenhaft eine Kultur, die objektiviert und rationalisiert ist. Sie produziert mit anderen Worten permanent eine große Menge von kulturellen Inhalten, die einheitlich sind und den Individuen als unveränderbar gegenübertreten. Gleichzeitig schaffen moderne Gesellschaften und ihre Kultur die Bedingungen für die Herausbildung von Individualität (Persönlichkeit) und Individualismus (Lebensstil). Die große Flut von kulturellen Inhalten, insbesondere von Wissensangeboten, übersteigt die Verarbeitungsmöglichkeiten der Menschen. Deshalb können sich diese die Kultur nur teilweise zu eigen machen und sie nur beschränkt nutzen, um ihr Handeln zu gestalten. Das führt zu einem ständigen kulturellen Konflikt, der sich insbesondere auch in einer kompensatorischen Überbetonung des Ichs und der Individualität ausdrückt. Simmel bezeichnet dies als Tragödie der Kultur. Auf der Basis dieser schon über hundert Jahre alten Theorie ließen sich manche höchst aktuellen Probleme gut erklären – etwa die Gier von Bankern oder die Tendenz vieler Studierender, eigenständiges Lernen durch „Googeln" zu ersetzen.

In der Sicht von Norbert Elias stehen sich Individualität und Kultur nicht so spannungsvoll gegenüber wie bei Simmel. Individualität ist für Elias vielmehr selber ein kulturelles Produkt. Dieses Produkt ist verbunden mit einer seit dem späten Mittelalter beobachtbaren Tendenz, Fremdkontrolle durch Selbstkontrolle zu ersetzen. Im Verlauf der Entwicklung der modernen westlichen Zivilisation haben sich die Menschen zwar von religiösen, sozialen und politischen Zwängen emanzipiert, müssen dafür aber eigene Beziehungsregeln und soziale Praktiken entwickeln, denen sie sich in Form von Selbstzwängen unterwerfen müssen. Sie müssen Strukturen schaffen, welche einen Zusammenhang zwischen den Persönlichkeitsstrukturen und dem Handeln einer Vielzahl interdependenter Individuen regeln. Diese Strukturen bezeichnet Elias als Figurationen. Figurationen sind, wie wir schon im zweiten Kapitel festgestellt haben, keine starren Strukturen, sondern Beziehungsgeflechte, die immer mehr oder weniger stark im Fluss sind. Allerdings bilden sich in diesem Prozess auch stark verinnerlichte und stabile Denk- und Handlungsschemata heraus, die Elias als Habitus bezeichnet und die sich über Generationen reproduzieren können. Insgesamt ist Gesellschaft jedoch ein fortlaufender Prozess, in dem sich immer wieder Figurationen herausbilden, die einerseits der Individualität entgegenkommen, andererseits aber die notwendige Handlungskoordination ermöglichen. Das kann man beispielsweise an Universitäten gut beobachten, wenn jüngere Professorinnen und Professoren neue Lehrinhalte und Lehrformen in eine Fakultät einbringen, damit Studierenden neue Einsichten vermitteln und bei ihnen neue Denk- und Arbeitsweisen anstoßen und dadurch in recht kurzer Zeit die sozialen Strukturen (die Figurationen) in Fakultäten verändern. Ganz ähnliche Sachverhalte kann man in Unternehmen oder anderen Organisationen beobachten, wenn mit neuen Führungskräften neue Führungsstile einziehen oder neue Betriebsräte Veränderungen von Arbeitsbeziehungen initiieren.

Den Begriff des Habitus teilt Norbert Elias mit Pierre Bourdieu. Beide teilen auch die Ablehnung einseitig holistischer oder individualistischer Erklärungen. Bourdieu steht zwar durchaus in der Tradition der Soziologie von Emile Durkheim und dem darauf aufbauenden Strukturalismus. Er versucht jedoch eine Balance zwischen Holismus (Objektivismus) und Individualismus (Subjektivismus) zu finden, indem er das Verhältnis zwischen objektiv vorgegebenen Strukturen und subjektiver Alltagspraxis des Handelns thematisiert. Dabei geht er davon aus, dass Strukturen nicht einfach objektiv gegeben sind, sondern durch die Alltagspraxis des Handelns reproduziert werden müssen. Dazu bedarf es einer Verknüpfung zwischen objektiven Strukturen und subjektiven Handlungsschemata. Diese Verknüpfung erfolgt insbesondere über den Habitus. Eng mit dem Konzept des Habitus sind die Konzepte des Feldes und des Kapitals verbunden. Felder sind abgrenzbare Bereiche oder Mikrokosmen der Gesellschaft, wie der Markt, die akademische Wissenschaft, der Sport oder die Literatur. Felder sind durch spezifische Strukturen und Funktionslogiken, die sich jeweils im Habitus niederschlagen, charakterisiert. In jedem Feld werden unterschiedliche Formen von Kapital umgesetzt und akkumuliert. Bourdieu erweitert mit seinem Kapitalbegriff den ökonomischen Kapitalbegriff um soziale und kulturelle Dimensionen. Wie das ökonomische Kapital seinen Eigentümern Möglichkeiten bietet, ihre Wünsche und Interessen zu realisieren und ihre wirtschaftlichen Beziehungen entsprechend zu gestalten, bieten kulturelles, soziales und symbolisches Kapital analoge Möglichkeiten in anderen Feldern. Kulturelles Kapital bezeichnet bei Bourdieu einerseits kulturelle Fähigkeiten, andererseits die Verfügung über kulturelle Güter (einschließlich Status). Soziales Kapital umfasst Beziehungen, Reputation und Vertrauenswürdigkeit. Symbolisches Kapital besteht schließlich in der Fähigkeit, die „Wechselkurse" zwischen den verschiedenen Kapitalsorten zu erkennen und zu beeinflussen. Die jeweilige Ausstattung mit den verschiedenen Kapitalsorten bestimmt die Schichtzugehörigkeit von Menschen und ihre Position in sozialen Feldern, aber auch den Zugang zu Handlungsoptionen und die Ausübung von Macht. Die Bedeutung und die Austauschbarkeit der unterschiedlichen Kapitalsorten ist Gegenstand gesellschaftlicher Auseinandersetzung.

> **Soziales und kulturelles Kapital**
>
> - Soziales Kapital: Soziale Beziehungsnetze, Reputation und Vertrauenswürdigkeit von Akteuren.
> - Kulturelles Kapital: Kulturelle Fähigkeiten und die Verfügung über kulturelle Güter.

Wie die Verwendung des Kapitalbegriffs in Bezug auf Kultur und Symbole deutlich macht, betrachtet Bourdieu Kultur nicht als ein spontanes System im Sinne von Hayeks. Auch wenn Kultur nicht durch den Staat oder einen anderen Akteur organisiert werden kann und muss, wird sie durch Macht beeinflusst. Zudem ist Kultur ein Machtinstrument. Die Entwicklung der Wissenschaft wird, wie in Kuhns Wissenschaftstheorie erkennbar ist, beispielsweise durch die Durchsetzung bestimmter Begrifflichkeiten, methodologischer Prinzipien, Methoden und anderer Konventionen, aber auch durch die Anerkennung oder Verwerfung der Relevanz empirischer Befunde für ein Paradigma bestimmt. Wie Kultur als Machtinstrument funktioniert, hat Bourdieu selber in einer Analyse des Neoliberalismus gezeigt. Der Neoliberalismus hat etablierte Prinzipien, Regeln und Verständnisse schon dadurch in Frage gestellt und verändert, dass er sie mit neuen Etiketten versah. Kodifizierte Rechte von Arbeitnehmern wurden als Rigiditäten des Arbeitsmarkts (und damit als Wachstums- und Beschäftigungshemmnisse) bezeichnet; Globalisierung wird zu einer Menge von unentrinnbaren Verhaltenserwartungen. Durch solche „Sprachregelungen" wird Macht ausgeübt, die von den Betroffenen nicht als Macht erkannt wird, sondern sich ihnen als Beschreibung von Wirklichkeit darstellt und als solche anerkannt wird. Durch letzteres wird Macht legitimiert und damit zur Herrschaft.

> **Symbolische Herrschaft**
>
> Erzwingung eines bestimmten Verhaltens durch symbolische Vermittlung von Verständnissen, die von den Betroffen als Wirklichkeit anerkannt werden.

Das Konzept der symbolischen Herrschaft spielt auch in der Gender-Forschung, also der Forschung über die soziale Ungleichheit der Geschlechter eine wichtige Rolle. Diese Ungleichheit ist über Jahrhunderte hinweg in ein quasi-natürliches Verständnis von unterschiedlichen Denkweisen, Fähigkeiten und Verhaltensmöglichkeiten umgesetzt worden, aus dem sich wiederum eine gleichsam natürliche Ordnung der Geschlechter, konkret eine Unterordnung der Frau, ergab. Dabei wurden und werden unbestreitbare biologische Unterschiede mit bestimmten sozialen Verständnissen und Erwartungen verknüpft und die sozialen Bezüge von Mann und Frau „biologisiert". Durch die „Biologisierung" erscheinen geschlechtsbezogene Verständnisse und Erwartungen nicht mehr als soziale Konstrukte, sondern als naturgegebene, identitätsbildende Eigenschaften von Mann und Frau. Eine Frau muss sich im Sinne ihrer „Natur" weiblich verhalten, um in ihrer Identität als Frau sozial anerkannt zu werden; Frauen, die sich nicht gemäß ihren sozial definierten Geschlechterrollen verhalten, handeln „widernatürlich".

Gender

Sozial konstruiertes Geschlecht.

Auf der Basis ihrer Gender-Forschung hat die Kulturwissenschaftlerin Judith Butler eine allgemeinere Kulturtheorie entwickelt, in deren Zentrum nicht der Prozess der Objektivation von Verständnissen und Verhaltensmustern, sondern der der Subjektivation steht. Subjektivation bezeichnet den Prozess der Herausbildung eines individuellen Bewusstseins oder einer individuellen Identität. Butler stützt sich dabei insbesondere auf Arbeiten des Philosophen und Soziologen Michel Foucault, der im Unterschied zum Hauptstrom der Soziologie und der Sozialpsychologie Sozialisation nicht gleichsetzt mit einer Internationalisierung von sozial geteilten Verständnissen und Regeln, sondern mit einer Formung durch gesellschaftliche Machtverhältnisse und Wissensverteilungen. Wie Foucault geht auch Judith Butler davon aus, dass sich das Subjekt (das Bewusstsein) erst im alltäglichen Handeln und seinen routinisierten und standardisierten Praktiken herausbildet. Wie Bourdieu nimmt sie jedoch an, dass Strukturen nicht einfach objektiv gegeben sind, sondern durch die Alltagspraxis des Handelns reproduziert werden müssen. Dabei entwickeln sich Mehrdeutigkeiten und Kontingenz. Dieser Sachverhalt eröffnet den Subjekten eine eigene Handlungsmacht. Sie können im Rahmen der Reproduktion der kulturellen Ordnung durch ihr Handeln Normen reinterpretieren, verändern oder in andere Kontexte einbinden. Managerinnen oder Politikerinnen können beispielsweise etablierte Konzepte von Weiblichkeit für die Entwicklung eines neuen Führungs- oder Politikstils nutzen. Damit wird auch die Bedeutung von Weiblichkeit verändert.

Ein anderes Konzept der Verknüpfung zwischen individuellem Handeln und gesellschaftlichen Strukturen liefert der amerikanische Soziologe Erving Goffman, der sich auf die symbolisch-interaktive Sozialpsychologie von George Mead und die phänomenologische Soziologie von Alfred Schütz stützt. Goffmans zentrales Konzept ist das des „Frames", des Rahmens. Goffman argumentiert, dass Individuen in sozialen Situationen nur dann angemessen reagieren können, wenn sie auf ein Rahmenwissen zurückgreifen. Rahmen sind sozial konstruierte Situationsdefinitionen, die eine oftmals selbstverständliche oder gar aufgezwungene Grundlage der Interpretation von Situationen darstellen. Rahmen sind laut Goffmann niemals ganz sicher und Situationen sind oft mehrdeutig interpretierbar. Jede Kultur bietet zwar Interpretationswissen, das aber die Unsicherheit von Rahmungen meist nicht völlig beseitigen kann. Das bedeutet auf der einen Seite, dass Rahmenwissen institutionell abgesichert werden muss und auf der anderen Seite, dass Rahmenwissen offen für Veränderungen und Neuinterpretationen ist. Die hier angesprochenen Zusammenhänge kann man am Fall des Übertritts von Schülerinnen und Schülern von der Grundschule an das Gymnasium illustrieren. Da das Gymnasium nach ganz anderen Regeln, beispielsweise nach ganz anderen didaktischen Prinzipien, verfährt, haben viele Schülerinnen und Schüler mehr oder weniger dauerhafte Anpassungsprobleme, die oft mit einem beträchtlichen Leistungsabfall verbunden sind. Diese Probleme treten umso stärker und länger anhaltend auf, je weniger Schülerinnen und Schüler von ihren Eltern das notwendige Rahmenwissen vermittelt bekommen und schon mit einem guten „Frame" an das Gymnasium wechseln. Allerdings ist dieses Rahmenwissen insofern mit Unsicherheiten verbunden, als die konkrete Situation der

Schülerinnen und Schüler beim Eintritt in das Gymnasium auch durch die konkreten Lehrerinnen und Lehrer bestimmt wird, die sie in der ersten Gymnasialklasse unterrichten, sowie von dem sozialen und pädagogischen Milieu, das an ihrem Gymnasium vorherrscht. Diese Unsicherheit wird zum Teil dadurch reduziert, dass Schülerinnen und Schüler von Eltern, älteren Schülerinnen und Schülern oder anderen Personen wissen, wie man mit Lehrerinnen und Lehrern umgehen muss, um erfolgreich oder beliebt zu sein. Zudem wird ein Teil des notwendigen Rahmenwissens in Form von rechtlichen Regelungen und Lehrplänen institutionell abgesichert – wobei die Institutionalisierung durch das gut gemeinte Bemühen von Ministerien und Kommissionen, alles möglichst genau und klar zu regeln, so komplex wird, dass sie selber mehr Unsicherheit schafft als beseitigt.

Wie Erving Goffman stützt sich auch Anthony Giddens in seiner Theorie der Strukturierung auf einen interaktionistischen Ansatz und die phänomenologische Soziologie. Soziales Handeln findet in Giddens' Sicht im Rahmen einer vorgegebenen sozialen Struktur statt, die durch bestimmte Institutionen geprägt wird, die spezifisch für diese Struktur sind und sie gegen andere abgrenzen. Insofern ist Handeln immer zu einem mehr oder weniger großen Teil durch seinen strukturellen Kontext bestimmt. Indessen sind Strukturen nicht dauerhaft gesetzt, sondern werden durch soziales Handeln reproduziert oder verändert. Strukturen und Handeln beeinflussen und beschränken sich wechselseitig im Rahmen der gesellschaftlichen Entwicklung. Giddens unterscheidet zwischen Strukturen und Systemen. Systeme sind reproduzierte soziale Praktiken, also aufeinander bezogene Handlungen und Handlungszusammenhänge; Strukturen sind die Regeln und Ressourcen, welche diese Reproduktion bestimmen. Ein System ist nichts anderes als eine abgrenzbare Menge sinnvoll zusammenhängender Handlungen, während Strukturen die Regeln und Ressourcen sind, die das Handeln bestimmen, das diese sinnvollen Zusammenhänge hervorbringt. Regeln schränken Handeln ein, Ressourcen machen es möglich. Fußballspiele weisen zum Beispiel bestimmte sinnvolle und wiederkehrende Handlungsmuster auf, wie bestimmte Aufstellungen der Mannschaften oder bestimmte Strategien bei Angriff, Verteidigung und Kontern. Diese Muster entstehen aus dem Handeln der Spieler und Trainer, das den Regeln der Fußballverbände unterliegt und das den Stärken und Schwächen der Spieler (Ressourcen) der beiden Mannschaften entspricht. Eine Mannschaft mit einer starken Verteidigung und einer starken Sturmspitze hat andere Handlungsmöglichkeiten, als eine, die zwar einen starken Sturm, aber eine eher mittelmäßige Verteidigung hat. Da Handeln durch die Ressourcen von Akteuren ermöglicht wird, ist es in Giddens' Sicht immer mit Macht verbunden. Macht heißt für Giddens das Vermögen von Akteuren, Handlungszusammenhänge und Strukturen umzugestalten. Allerdings greifen Strukturen oft so weit in Raum und Zeit aus, sind also so allgemein, dass sie sich der Kontrolle einzelner Akteure entziehen. Umgekehrt können Akteure aber die Wirkungen von Strukturen auf ihr Handeln zum Teil beeinflussen oder sich Strukturen mehr oder weniger stark entziehen. Fußballspieler können durch Fouls das Spiel beeinflussen, Trainer können fehlende personelle Stärken durch kreative Strategien zumindest teilweise ausgleichen. Von Fußballspielen wissen wir aber auch, dass gut geplante Spielzüge am Ende Folgen oder Nebenprodukte haben können, die weder Trainer noch Spieler beabsichtigt haben. Das gilt in der Sicht von Giddens auch für soziale Strukturen und markiert ein bedeutendes Element von Gesellschaft. Handlungssequenzen produzieren kontinuierlich Folgen, die von den Akteuren nicht beabsichtigt sind. Sie wirken sich zudem auf die Handlungsbedingungen in anderen

Kontexten aus und erzeugen dort Reaktionen, welche den eigenen Kontext verändern. Das heißt auf einen einfachen Punkt gebracht, dass die Selbstorganisation der Gesellschaft – Produktion und Reproduktion von Handlungsmustern und Strukturen – wie ein Fußballspiel nur beschränkt prognostizierbar ist.

Ich werde weiter unten sowie im fünften Kapitel noch auf weitere wichtige soziologische und sozialanthropologische Kulturtheorien eingehen, insbesondere auf die Phänomenologie, den Konstruktivismus und auf die Theorie der Moderne, sowie im Zusammenhang mit Organisationen auf betriebswirtschaftliche Ansätze. An dieser Stelle schließe ich meinen kurzen Überblick über die Kulturtheorie mit einigen kulturellen Ansätzen aus der sozialwissenschaftlichen Disziplin, der man bisher wenig Interesse an Kultur (es sei denn als Wirtschaftsobjekt) unterstellte – der Volkswirtschaftslehre.

In der Volkswirtschaftslehre gibt es seit einigen Jahren eine Denkschule, die als kulturelle Ökonomik bezeichnet wird. Die kulturelle Ökonomik baut auf der neuen Institutionenökonomik auf. Schon Douglass North zeigt, dass ökonomisches Handeln stark kulturell geprägt wird. Dabei spricht er nicht nur Institutionen, sondern auch informalen Normen eine große Bedeutung zu. Was Institutionen anbelangt, teilt er von Hayeks Postulat, dass sich im Rahmen einer evolutionären Entwicklung immer die jeweils effizientesten Regeln, also diejenigen, welche mit den geringsten Transaktionskosten verbunden sind, durchsetzen würden. Er argumentiert jedoch, dass bei der alltäglichen Regelung ökonomischen Handelns informelle, nicht-institutionalisierte Regeln eine größere Rolle spielen als Institutionen. Informelle Regeln, wie etwa Treue und Glauben, Leistungsgerechtigkeit oder Fairness, bilden in North Sicht einen Rahmen, ohne den Institutionen nicht funktionieren können. Darüber hinaus sind informelle Regeln wichtig, um alltägliche Koordinationsprobleme effizient zu lösen. Schließlich spielen informelle Regeln eine wichtige Rolle bei der Veränderung von Institutionen. Die Berücksichtigung von Kultur im Sinne von Institutionen und informellen Regeln ist in der Volkswirtschaftslehre mit zwei gegensätzlichen methodologischen Prinzipien verbunden. Das eine Prinzip ist das der Kontextualisierung, das andere das der Dekontextualisierung. Das Prinzip der Kontextualisierung sagt, dass die ökonomische Theorie die unterschiedlichen Ausprägungen von Kultur in unterschiedlichen Gesellschaften oder anderen sozialen Aggregaten, also die unterschiedlichen kulturellen Kontexte von Handeln, systematisch aufnehmen muss, damit sie den tatsächlichen Handlungsbedingungen von Akteuren gerecht wird. Das Prinzip der Dekontextualisierung dagegen fordert die Nutzung eines verallgemeinerten, möglichst universalistischen Kulturkonzeptes, damit die ökonomische Theorie ihren Anspruch als die universalistische Theorie wahren kann.

Dekontextualisierung und Kontextualisierung

- Dekontextualisierung: (Wirtschaftliches) Handeln stützt sich auf einen allgemeinen Regelungsrahmen, der weitgehend unabhängig von spezifischen kulturellen Kontexten ist.
- Kontextualisierung: (Wirtschaftliches) Handeln kann nur in seinem spezifischen kulturellen Kontext erklärt werden.

Dekontextualisierte Ansätze enthalten kulturelle Variablen in allgemeiner Form und erklären damit die Wirkung bestimmter kultureller Bedingungen empirisch. Ein Beispiel dafür ist eine Analyse der Investition von Unternehmen in Sozialkapital von Kurt Annen. Das Konzept des Sozialkapitals wird dabei auf eine Variable reduziert, nämlich die Reputation eines Akteurs für kooperatives Handeln. Annen geht davon aus, dass die Bereitschaft eines Akteurs, in Sozialkapital zu investieren, vor allem von seinen „Außenoptionen" abhängt, also von der Möglichkeit, alternative Beziehungen zu Nutzen, um sein Ziel zu erreichen. Akteure werden danach umso eher in den Aufbau von Sozialkapital investieren, je geringer ihre Außenoptionen sind. Umgekehrt werden sie sich umso eher opportunistisch verhalten, je größer ihre Außenoptionen sind. Mit Hilfe dieses einfachen Modells von Kultur untersucht Annen Kooperationsprobleme von Kleinfirmen in Bolivien. Er zeigt dabei, dass die untersuchten Firmen sehr viele Außenoptionen haben, weil sie sich weitgehend ähnlich sind. Sie investieren deshalb wenig in Sozialkapital, so dass sich zwischen ihnen eine Kultur des Misstrauens aufbaut. Diese Kultur verhindert die ökonomisch sinnvolle Entwicklung von Arbeitsteilung zwischen den Unternehmen.

Anhand dieser Untersuchung kann man die Stärke und die Schwäche einer dekontextualisierten Theorie darstellen. Die Stärke besteht darin, dass man ein klares und stringentes Modell hat, mit dem man die entscheidenden Faktoren für und Probleme von Kooperation gut bestimmen kann. Das Modell erlaubt es, aus der Analyse Vorschläge zu entwickeln, wie Kooperation verbessert werden könnte. Die Schwäche der Analyse besteht darin, dass man sehr viel empirisches Wissen in die Analyse einbringen muss, damit man die Theorie sinnvoll anwenden kann. In dieses Wissen fließen zwangsläufig viele Annahmen über die untersuchte Situation ein, etwa über die Relevanz von Kommunikationsbeziehungen zwischen den Unternehmen, die nicht theoretisch abgeleitet sind, sondern Verallgemeinerungen von empirischen Beobachtungen darstellen. Diese Verallgemeinerungen sind im Rahmen der Analyse nicht widerlegbar. Die Erklärung von Annen besteht also aus drei Komponenten, erstens aus einem universalistischen Kern von Hypothesen, zweitens aus einer Reihe empirischer Generalisierungen, und drittens aus empirischen Beobachtungen, auf die Theorie angewendet wird. Das sind, wie wir oben im Zusammenhang mit Scharpfs akteurszentriertem Institutionalismus gesehen haben, die Merkmale einer Theorie mittlerer Reichweite. Es ist nur scheinbar paradox, dass die Anwendung des Kontextualisierungs-Prinzips zu einem ähnlichen Resultat führt. Eine systematische Betrachtung von unterschiedlichen kulturellen Strukturen und deren Wirkungen auf ökonomisches Handeln erfordert vergleichende Analysen. Solche Analysen setzen zumindest einen übergreifenden Bezugsrahmen voraus, in dem die Begriffe und Konzepte definiert werden, mit welchen jeder einzelne Fall analysiert wird. Das ist etwas, was Ökonomen von der vergleichenden Politikwissenschaft lernen können, die eine sehr viel längere Tradition als vergleichende Ökonomik hat. Ein solcher Bezugsrahmen enthält implizit oder explizit immer auch theoretische Annahmen, etwa über generelle Zusammenhänge zwischen kulturellen Strukturen und politischem oder wirtschaftlichem Handeln. Solche Annahmen sind letztlich die Grundlage dafür, dass bestimmte Konzepte und die dahinterstehenden empirischen Phänomene als relevant ausgewählt werden. Darüber hinaus operieren kontextualisierte Analysen zwangsläufig mit empirischen Generalisierungen – und zwar gleich zweifach. Sie müssen in einem ersten Schritt Verallgemeinerungen vornehmen, um jeden einzelnen untersuchten Fall zu systematisieren. In einem zweiten Schritt erzeugen sie Verallgemeinerungen aus dem Vergleich der Fälle, weil sie sonst nicht mehr aussagen würden, als dass es Unterschiede gibt, die sich auch irgendwie auswirken.

Die Debatte über Kontextualisierung und Dekontextualisierung ist nicht nur eine ökonomische Debatte. Sie wird unter anderen Etiketten schon lange in der Soziologie und in der Sozialanthropologie geführt. Wie wir schon im zweiten Kapitel gesehen haben, gehen beispielsweise die Vertreter des soziologischen Neo-Institutionalismus davon aus, dass sich zumindest innerhalb der westlichen Zivilisation Kulturen weitgehend angleichen – bis hin zur Herausbildung einer World Polity. Auch in der Theorie der Moderne werden ähnliche Thesen vertreten. Dagegen gibt es allerdings auch das Konzept der „Multiple Modernities", der kulturellen Vielfalt der Moderne. Auf diese Diskussion gehe ich weiter unten ausführlicher ein.

Die Strukturierung des Alltags

Nach diesem knappen, keineswegs vollständigen Überblick über Kulturtheorien wenden wir uns dem Prozess der Selbstorganisation von gesellschaftlichen Ordnungen, konkret von Kultur zu. Als theoretischen Einstieg in dieses Thema nutzen wir die Phänomenologie von Alfred Schütz und die darauf aufbauende konstruktivistische Wissenssoziologie von Peter Berger und Thomas Luckmann.

Das Erkenntnisinteresse von Alfred Schütz gilt zwei Fragen, nämlich erstens der Frage, wie Sinn subjektiv zustande kommt, und zweitens, der Frage, wie Sinn intersubjektiv verstanden werden kann. Wie ich im dritten Kapitel schon dargestellt habe, setzt er dabei an der Alltags- oder Lebenswelt an. Die Alltags- oder Lebenswelt bezeichnet das Wissen über die Welt und das Verständnis der Welt, das Menschen als vorgegeben betrachten und fraglos hinnehmen. Die Lebenswelt ist sozial konstruiert; sie besteht aus sozialen Verständnissen von Realität, die Individuen aus eigenen Erfahrungen im Rahmen von sozialen Interaktionen entwickeln und bestärken und die durch Sozialisationsprozesse oder andere Kommunikationsprozesse weitervermittelt werden. Die Lebenswelt repräsentiert für die Individuen eine sinnhaft aufgebaute Wirklichkeit – das Verständnis der Realität wird mit der Realität gleichgesetzt. Dieser sinnhafte Aufbau der Wirklichkeit ist Grundlage menschlichen Handelns.

Ein gutes Beispiel für ein fragloses Verständnis von Lebenswelt ist das Rationalitätsprinzip als Deutungsschema. Wenn Menschen in der westlichen Welt mit anderen Menschen zu tun haben, gehen sie in aller Regel davon aus, dass sich diese anderen Menschen vernünftig verhalten. Vernünftig heißt, dass das Handeln der Menschen einen Sinn hat, Menschen den Sinn ihres Handelns auch „erklären" können und dass das Handeln durch diesen erklärten Sinn auch nachvollziehbar ist. Darüber hinaus gehen die meisten Menschen in der westlichen Welt davon aus, dass vernünftige Menschen ihr Handeln auf ihre Wünsche, Bedürfnisse und Interessen ausrichten, wenn sie nicht zu einem anderen Handeln gezwungen werden. Diese Annahmen bilden zusammen eine Alltagstheorie, deren Richtigkeit von den meisten Menschen fraglos akzeptiert wird. Ohne Rückgriff auf diese Theorie können Menschen das Handeln anderer Menschen gar nicht verstehen. Das gilt, wie Alfred Schütz argumentiert, auch für Wissenschaftlerinnen und Wissenschaftler.

Ein anderes Beispiel sind die westlichen Vorstellungen von Demokratie. Auch diese Vorstellungen bilden eine Alltagstheorie. Eine der wichtigsten Prämissen dieser Theorie besteht in der Annahme, dass Menschen in aller Regel selber viel besser wissen, was gut für sie ist, als andere Menschen. Eine zweite Prämisse dieser Theorie ist, dass Politik dann am besten ist, wenn die durch die Politik regierten Menschen die Politik mitbestimmen können. Zu der Alltagstheorie der westlichen Menschen über Demokratie gehören auch Annahmen, wie die, dass Politiker wie alle anderen Menschen in erster Linie sich selbst und ihre Wünsche, Bedürfnisse und Interessen im Blick haben. Das führt dann zu Aussagen der Art, dass Bürgerinnen und Bürger die Politik nur dann mitbestimmen können, wenn es Konkurrenz um politische Macht gibt oder, dass das Regieren durch Verfassungen und Gesetze geregelt oder in die Form von Gesetzen gegossen werden muss. Diese Alltagstheorie wird von den Menschen allerdings nicht als Theorie verstanden, sondern als Beschreibung von Realität.

Lebenswelt

Das vorwissenschaftliche, selbstverständliche, also nicht hinterfragte Wissen der menschlichen Welt.

Diese sozial konstruierte Wirklichkeit baut auf dem sozialen Handeln von Individuen auf. Handeln ist Verhalten, das mit subjektivem Sinn verbunden wird. Subjektiver Sinn ist Sinn, der spezifisch für jedes einzelne Individuum ist. Daraus folgt, dass sich der subjektive Sinn, der dem Handeln eines Individuums zugrunde liegt, für Dritte nur bedingt erschließt. Dritte interpretieren das Handeln des Individuums jeweils aus ihrer eigenen Sinnperspektive. Schütz spricht deshalb von einem klaren Unterschied zwischen Selbstverstehen und Fremdverstehen. Das ist nicht nur ein Problem, wenn man, wie Max Weber, versucht, soziales Handeln aus dem subjektiven Sinn des Handelnden zu erklären, sondern ein ganz alltägliches Problem. Soziales Handeln ist Handeln, in dessen Entwurf oder Plan andere Personen vorkommen. Damit dieser Entwurf oder Plan realisiert werden kann, muss der Handelnde die anderen Personen in sein Handeln einbeziehen. Dazu muss er ein Verständnis, ein Fremdverstehen, der anderen Personen entwickeln. Damit das geplante soziale Handeln zustande kommt, müssen auch die anderen Personen den Handelnden in ihre Handlungspläne einbeziehen und dazu ein Fremdverstehen des Handelns entwickeln. Damit die von dem Handelnden und den anderen Personen geplante Interaktion tatsächlich zustande kommt, müssen die jeweiligen Selbst- und Fremdverständnisse aufeinander abgestimmt werden – es muss ein gemeinsames, intersubjektiv gültiges Verständnis der geplanten Handlungsabläufe entwickelt werden. Dieses gemeinsame Verständnis kann schon wegen der Begrenztheit des Fremdverstehens nicht die Komplexität der Motive und Verständnisse der beteiligten Akteure umfassen, sondern reduziert den subjektiven Sinn auf die für den Handlungsablauf wichtigen Aspekte.

Da wir hier von Alltag sprechen, haben wir es zumeist mit Interaktionen zu tun, die häufiger oder gar regelmäßig auftreten. Der eben beschriebene Prozess muss dabei nicht jedes Mal neu durchlaufen werden, weil die Beteiligten auf ihre Erfahrungen zurückgreifen können. Die für bestimmte Situationen entwickelten gemeinsamen Verständnisse werden also generalisiert und auf einen bestimmten Typ von Situationen (und nicht auf einzelne Situationen) bezogen. Daraus entstehen typische Sinnschemata für bestimmte Typen von Situationen, die die unterschiedlichen Bedeutungen, welche die Handelnden der Situation beimessen, ausblenden und nur einen bestimmten gemeinsamen Verständniskern beinhalten. Durch diese Typisierung wird das Problem der Intersubjektivität grundsätzlich sozial lösbar. Die Lösung besteht darin, dass dafür gesorgt wird, dass sich Handelnde an den gleichen typisierten Schemata orientieren. Dazu müssen Typisierungsschemata standardisiert, institutionalisiert und differenziert werden.

Die (soziale) Wirklichkeit, die aus dem oben skizzierten Prozess entsteht, existiert in der Form von Wissen, insbesondere von Wissen über typische Motive und Verhaltensweisen von Menschen in bestimmten Situationen und damit verbundenen Konsequenzen für die eigenen Handlungsentwürfe. Wissen heißt vor allem, das soziale Konstrukte nicht nur für diejenigen begreiflich sind, welche sie erzeugt haben, sondern auch für andere. Intersubjektive Typisierungsschemata und andere soziale Konstrukte werden in Form von Wissen objektiviert und erst durch diese Objektivation wird Alltagswelt wirklich. Gesellschaftliche Ordnung existiert nur durch menschliche Aktivität, welche Habitualisierungen (erwartbare Verhaltensregelmäßigkeiten) und Typisierungen (Sinnzusammenhänge) produziert, reproduziert und institutionalisiert.

Institutionalisierung ist bei Berger und Luckmann ein zentrales Element der sozialen Konstruktion von Gesellschaft. Sie steht am Anfang jeder gesellschaftlichen Entwicklung. Institutionalisierung wird dabei begrifflich weitergefasst als der übliche Institutionenbegriff, den wir im zweiten Kapitel diskutiert haben. Institutionalisierung heißt bei Berger und Luckmann, dass Habitualisierungen und Typisierungen von Handelnden wechselseitig als Faktum akzeptiert und an Dritte weitergegeben werden. Durch die Weitergabe an Dritte verändert sich der Charakter von Habitualisierungen und Typisierungen. Aus ad hoc Konzeptionen zweier oder mehrerer Individuen wird Wissen – Habitualisierungen und Typisierungen gewinnen Objektivität. Die Objektivierung wird umso stärker, je weiter Habitualisierungen und Typisierungen über die Zeit hinweg weitergegeben werden und je mehr Personen die jeweiligen Habitualisierungen und Typisierungen übernehmen. Besonders wichtig ist dabei die Weitergabe von Typisierungen und Habitualisierungen von einer Generation zur nächsten. Die nächste Generation verfügt nicht über den Erfahrungshintergrund der vorangehenden. Für sie sind Institutionen deshalb eine vorgegebene Wirklichkeit, die sie nur beschränkt durchschauen kann. Durch die Objektivierung von Institutionen in Form von Wissen wird eine bestimmte gesellschaftliche Welt zur Welt schlechthin.

Das kann man an dem Beispiel der arbeitslosen Väter und ihrer Kinder, das wir im dritten Kapitel diskutiert haben, gut illustrieren. Die Eltern reagieren auf die Erfahrung der Langzeitarbeitslosigkeit der Väter mit der Entwicklung eines bestimmten Verständnisses ihrer Arbeitslosigkeit und der damit verbundenen gesellschaftlichen Bedingungen. Das schlägt sich in bestimmten Habitualisierungen nieder. Den Kindern begegnen die Typisierungen und Habitualisierungen ihrer Eltern als gegebene Wirklichkeit, die sie zunächst gar nicht hinterfragen können. Wenn die Kinder nun alltäglich die Erfahrung machen, dass auch andere Eltern die gleichen oder sehr ähnliche Typisierungen und Habitualisierungen vorgenommen und an ihre Kinder weitergegeben haben, dann werden diese Typisierungen und Habitualisierungen zu einem festen Bestandteil ihrer Lebenswelt. Für die Kinder der Kinder wird diese Lebenswelt noch stärker verhärtet, weil sie gar nicht mehr wissen, dass es früher eine andere Lebenswelt in ihrem sozialen Umfeld gab.

Die Vermittlung von Institutionen über Generationen schafft auf der einen Seite eine stärkere Objektivierung, auf der anderen Seite aber auch Legitimations- und Kontrollzwänge. Wenn Institutionen an die nächste Generation weitervermittelt werden sollen, müssen sie erklärt und begründet werden, weil die nächste Generation an ihrer Konstruktion nicht beteiligt ist und sie gar nicht aus eigener Erfahrung nachvollziehen kann. Dadurch wird zusätzliches Wissen in Form von kognitiven und normativen Interpretationen oder Erklärungen von Institutionen geschaffen, in das die Institution eingebettet wird. Das verstärkt die Objektivierung, da die neue Generation das Legitimationswissen zusammen mit dem institutionellen Wissen erwirbt und es gar nicht mehr als getrennt wahrnimmt. Da jedoch die neue Generation den Sinn von Institutionen nicht aus eigener Erfahrung und aus dem eigenen subjektiven Sinn, sondern nur aus dem erworbenen Wissen nachvollziehen kann, entsteht mit der Vermittlung über Generationen auch immer die Möglichkeit von abweichendem Verhalten. Die Individuen, welche die nächste Generation bilden, machen teilweise andere Erfahrungen als ihre Eltern und entwickeln zum Teil einen anderen subjektiven Sinn. Dadurch verlieren Institutionen ihre Plausibilität und müssen durch Sanktionen geschützt werden.

Das lässt sich anhand des Beispiels der Bildungskarriere eines Mädchens mit türkischem Migrationshintergrund in Deutschland, das wir weiter oben diskutiert haben, gut illustrieren. Wir haben dort feststellen können, dass unser Beispiel-Mädchen die institutionellen Vorgaben ihrer Eltern zu seiner Bildung in einem bestimmten Milieu übernommen und erfolgreich umgesetzt hat. Wir haben auch festgestellt, dass unter anderen Bedingungen das Gegenteil möglich gewesen wäre. Dann hätten die Eltern ihre Vorgaben nicht oder nur mit Zwang durchsetzen können.

Institutionen entstehen, Berger und Luckmann folgend, immer nur im Rahmen einer gemeinsamen Geschichte von Handelnden, innerhalb derer sich ein gemeinsames Verständnis von sozialen Situationen herausbilden und so verfestigen kann, dass es für die Handelnden selbstverständlich wird. Gemeinsame Geschichten von Handelnden entwickeln sich dann, wenn Handeln von Menschen über längere Zeit wechselseitig von Relevanz für sie ist, also ihre jeweiligen Handlungsentwürfe beeinflusst. Einfacher ausgedrückt: Institutionen entstehen dann, wenn das Handeln von Personen über längere Zeit interdependent ist. Sie verbreiten sich entsprechend der (sozial)räumlichen Ausdehnung dieser Interdependenzen. Damit haben wir eine interessante Antwort auf die am Ende des vorangehenden Teiles dieses Kapitels gestellte Frage, wie sich Institutionen im sozialen Raum ausdehnen und durchsetzen, nämlich entsprechend Relevanzstrukturen (längerfristige Interdependenzen) von Individuen. Das ist ziemlich leicht nachvollziehbar, wenn wir an Individuen denken, die direkt miteinander interagieren. Diese Individuen können sich auf Institutionen so verständigen, wie das oben beschrieben wird. Schwerer nachvollziehbar ist dagegen, wie dieser Prozess aussieht, wenn Individuen zwar voneinander wechselseitig abhängig sind, aber sich nicht kennen und auch nicht direkt miteinander interagieren. In einem solchen Fall gibt es zwei Möglichkeiten der Verständigung, nämlich zum einen die Verständigung über Medien und zum anderen die Verständigung über die von Granovetter beschriebenen schwachen Beziehungen.

Ein gutes Beispiel für diesen Sachverhalt bildet die Entwicklung von Wissenschaft. Viele Wissenschaftlerinnen und Wissenschaftler, die sich mit gleichen Problemen beschäftigen, kennen sich nicht persönlich, sondern nur über gemeinsame Bekannte oder über wissenschaftliche Veröffentlichungen, die sie selber geschrieben haben oder in denen sie von Dritten erwähnt werden. Obwohl sich diese Wissenschaftlerinnen und Wissenschaftler nicht persönlich kennen, entwickeln sie gemeinsame Verständnisse von Problemen – oder gemeinsame Verständnisse ihrer theoretischen und methodologischen Divergenzen bei der Untersuchung der Probleme. Aus dem Verständnis ihrer Divergenzen können sie gemeinsam weiterführende Fragen entwickeln, deren Beantwortung die Divergenzen bereinigen kann. Mitunter wird ihnen aber auch ein gemeinsames Verständnis durch Dritte aufgezwungen, die ihre Divergenzen aufnehmen und dafür Lösungen bieten, welche in den einschlägigen Fachkreisen breit anerkannt werden.

Individuen sind in aller Regel in ihrem Handeln vom Handeln vieler anderer Individuen abhängig, zu denen sie ganz unterschiedliche soziale oder geografische Distanzen haben. Sie sind also in Relevanzen eingebunden, die räumlich unterschiedlich strukturiert sind. Wissenschaftler oder Wissenschaftlerinnen sind bei ihren Aktivitäten als Mütter oder Väter zum Teil lediglich von anderen Familienmitgliedern, zum Beispiel von den eigenen Kindern oder den eigenen Eltern, die sie bei der Kinderbetreuung unterstützen, abhängig. Solche Aktivitäten unterliegen Institutionen, deren Geltung auf die Familie beschränkt ist. Bei ihren wissenschaftlichen Aktivitäten dagegen operieren sie zum Teil im Rahmen von weltweiten Interdependenzen oder Relevanzstrukturen und entsprechend von weltweit geltenden Institutionen, zum Teil aber auch innerhalb einer Universität und deren spezifischen Relevanzstrukturen und Institutionen. Wenn diese Wissenschaftlerinnen und Wissenschaftler auch noch angewandte Forschung betreiben, operieren sie in Relevanzstrukturen mit den (potentiellen) praktischen Nutzern und müssen Institutionen akzeptieren oder mitentwickeln, die auf diese Strukturen zugeschnitten sind. Sie müssen beispielsweise für ein Gutachten für ein Unternehmen einen anderen Schreibstil nutzen, als für einen Aufsatz in einer wissenschaftlichen Fachzeitschrift.

Institutionen haben also eine unterschiedliche Reichweite. Sie sind zudem nach unterschiedlichen Relevanzstrukturen differenziert, weil sich in unterschiedlichen Interaktionszusammenhängen unterschiedliche Typisierungen und Habitualisierungen bilden. Deshalb bilden Institutionen und der gesellschaftliche Wissensvorrat nicht a priori ein schlüssiges Gesamtsystem. Gesellschaften fächern sich vielmehr in unterschiedliche Subsinnwelten auf, die jeweils Gesellschaft unter einer anderen Perspektive betrachten – etwa eine Subsinnwelt, in der sich Personen als Eltern bewegen und eine andere, in der sie als Wissenschaftlerinnen und Wissenschaftler operieren. Die Subsinnwelt der Wissenschaft fächert sich wieder in Subsinnwelten auf, beispielsweise in die Subsinnwelt der akademischen Grundlagenforschung und in die Subsinnwelt von Wissenstransfer und wirtschaftlichen Innovationsprozessen oder auch die Subsinnwelten von Geisteswissenschaft und Naturwissenschaften. Wenn wir Wissenschaft und deren unterschiedlichen methodologischen Verständnisse als Mikrokosmos von Gesellschaft betrachten, kommt man schnell zu der Vermutung, dass Subsinnwelten nicht aufeinander abgestimmt sein müssen, sondern widersprüchliche und konkurrierende Sinnverständnisse vermitteln können. Diese Vermutung lässt sich mit der Phänomenologie und dem Konstruktivismus theoretisch begründen. Allerdings kann man mit dem gleichen theoretischen Apparat auch die Hypothese begründen, dass es in einer Welt, in der Subsinnwelten miteinander in vielfältigen Beziehungen verflochten sind, zu Angleichungsprozessen kommen kann. Diese Überlegungen setzen wir weiter unten fort.

Jede Subsinnwelt hat einen spezifischen Wissensvorrat. Da sich nicht alle Mitglieder einer Gesellschaft in allen Subsinnwelten bewegen, haben sie ganz unterschiedliche Zugänge zum gesellschaftlichen Wissensvorrat. Das heißt also, dass gesellschaftliches Wissen ungleich verteilt ist. Das Wissen über die Verteilung des Wissens ist selbst Bestandteil des gesellschaftlichen Wissensvorrats und der Institutionalisierung des Handelns. Es ist bekannt, wer welche Zugänge hat und der ungleiche Zugang wird oft auch gesellschaftlich anerkannt. Die Tatsache, dass Wissenschaftlerinnen und Wissenschaftler Zugang zu einem Wissensvorrat haben, den alle anderen Menschen nicht oder nur beschränkt haben, ist gesellschaftlich bekannt und definiert den Status von Wissenschaftlerinnen und Wissenschaftlern. Das bedeutet allerdings nicht, dass die Existenz ungleicher Zugänge zu unterschiedlichen Teilen des gesellschaftlichen Wissensvorrats auch anerkannt wird. Es ist durchaus wahrscheinlich, dass sich zum einen in unterschiedlichen Subsinnwelten und zum anderen über Generationen unterschiedliche Vorstellungen vom Sinn der gesellschaftlichen Wissensteilung herausbilden, die miteinander in Konflikt stehen.

In dieser Perspektive ist Kultur in modernen Gesellschaften kein durchgängig – also zu jedem Zeitpunkt und mit allen seinen Bereichen – integriertes und geordnetes System. Zwar ist die Möglichkeit einer vollständigen Integration und Ordnung nicht ausgeschlossen; ebenso wenig ist ausgeschlossen, dass Kultur erhebliche Widersprüche oder gar Brüche enthält. Diese Einsicht ergibt sich nicht nur aus der Phänomenologie und dem Konstruktivismus, sondern auch aus einer Reihe der Kulturtheorien, die wir weiter oben diskutiert haben. Auch Simmels Argument, dass Individuen mit kulturellen Inhalten und Wissensangeboten überflutet werden, führt zur gleichen Schlussfolgerung. Individuen, die mit kulturellen Inhalten überflutet werden, können diese nur noch beschränkt und damit selektiv verarbeiten. Das führt dazu, dass sie unterschiedliche kulturelle Grundlagen für ihr Handeln aufbauen. Die gleiche Konsequenz hat die von Goffman betonte Unsicherheit, die mit Rahmen verbunden ist, oder die von Judith Butler postulierte Eröffnung von individueller Handlungsmacht durch Kontingenz. Bourdieus Vorstellung unterschiedlicher Felder und unterschiedlicher individueller Kapitalausstattungen sowie von Macht als Faktor der kulturellen Entwicklung oder Giddens Konzept der Dualität von Handeln und Struktur stützen ebenfalls die Vermutung, dass Kultur nicht einheitlich und nicht durchgängig geordnet ist.

Es gibt in der Sozialwissenschaft jedoch Theorien, die Kultur als Einheit betrachten, die zum Teil sogar auf die Grenzen von Gesellschaften übergreift. Wir haben weiter oben schon das Prinzip der Dekontextualisierung in der kulturellen Ökonomik angesprochen. In der Soziologie hat das Konzept von Kultur als ein System von Werten, das dem Handeln von Individuen und Akteuren die ultimativen Ziele vorgibt, eine lange Tradition, die sich mit Namen, wie Durkheim und Parsons, verbindet. Nicht in diese Tradition gehört Luhmann, dessen Theorie keine einheitliche kulturelle Basis von Gesellschaft voraussetzt. Auch der Evolutionismus und der Strukturfunktionalismus in der Anthropologie gehen von einer Einheitlichkeit von Kultur aus, wobei ein wichtiger Unterschied darin besteht, das die evolutionäre Anthropologie ein Kulturkonzept vertritt, das eine gesellschaftsübergreifende Einheitlichkeit im Rahmen eines teleologischen Prozesses postuliert, während der Strukturfunktionalismus davon ausgeht, dass jede Gesellschaft ihre eigene spezifisch Kultur hat. Gesellschaftsübergreifende Vorstellungen einer einheitlichen Kultur finden wir im soziologische Neo-Institutionalismus und in der Theorie der Moderne, auf die ich im fünften Kapitel ausführlicher eingehen werde.

Kultur: Von der Konstruktion zum Werkzeugkasten

Man kann die unterschiedlichen theoretischen Vorstellungen von der Einheitlichkeit der Kultur als Ausdruck unterschiedlicher oder gar alternativer theoretischer Ansätze verstehen. In Parsons Theorie zum Beispiel, stellt Kultur ein funktionales Teilsystem der Gesellschaft dar, das systematisch auf die Aufrechterhaltung der Gesellschaft und ihrer Stabilität ausgerichtet ist. Diese Funktion kann das kulturelle System nur erfüllen, wenn es klare Werte und Sinnverständnisse für die gesamte Gesellschaft vorgibt und damit zur gesellschaftlichen Integration und Stabilität beiträgt. Das schließt nicht aus, dass es unter dem „Dach" gemeinsamer Werte Differenzierungen gibt. Luhmanns Konzept von System als durch Kommunikation aufeinander bezogene Handlungen geht dagegen ausdrücklich von einer Ausdifferenzierung und Abgrenzung von Subsystemen sowie von der Existenz von Kontingenz und doppelter Kontingenz aus. Das Konzept lässt zu, dass sich innerhalb des kulturellen Systems Subsysteme bilden oder dass es zu unerwarteten Kommunikationen, also zu Widersprüchen oder gar Brüchen, kommt. Auch in Simmels Verständnis, für den Gesellschaft ähnlich wie für Luhmann ein Prozess ist, ist kein Platz für die Vorstellung einer einheitlichen Kultur als notwendige Grundlage von Handeln – der Prozess der Vergesellschaftung kann zu Vereinheitlichung führen, erzeugt aber häufig Divergenzen. Für die neoklassische Ökonomie dagegen ist die Annahme einer einheitlichen Kultur durchaus stringent, wenn sie, wie von Hayek, davon ausgeht, dass sich im Rahmen von evolutionistischen Entwicklungen immer die kulturellen Inhalte durchsetzen, die den Interessen der Gesellschaftsmitglieder am besten entsprechen.

Theoretische Divergenzen markieren eher unterschiedliche Blickwinkel auf Kultur als unterschiedliche empirische Wahrnehmungen von Realität. Empirisch kommt keine Sozialwissenschaftlerin und kein Sozialwissenschaftler an der Tatsache vorbei, dass es zwischen modernen Gesellschaften kulturelle Differenzen gibt und dass es innerhalb von Gesellschaften zahlreiche Subkulturen gibt, die mal mehr, mal weniger stark verfestigt sind. Ebenso wenig lässt sich bestreiten, dass es in jeder Gesellschaft gemeinsame kulturelle Inhalte gibt und dass manche kulturellen Inhalte auch eine mehr oder weniger große Zahl von Gesellschaften übergreifen oder gar global gelten. Beide Tatsachen sind Teil des gemeinsamen empirischen Wissens der Sozialwissenschaft, auf das ich im ersten Kapitel hingewiesen habe. Mit diesem gemeinsamen empirischen Wissen sind einige Verallgemeinerungen verbunden, die von den meisten Sozialwissenschaftlerinnen und Sozialwissenschaftlern akzeptiert werden, etwa die Einsicht, dass keine Gesellschaft ohne gemeinsame kulturelle Inhalte auskommt oder dass eine Gesellschaft, die nur gemeinsame kulturelle Inhalte hat, wahrscheinlich ihre Anpassungsfähigkeit verliert. Diese Tatsachen und Einsichten besitzen aber nicht für alle Theorien die gleiche Relevanz. Für eine Theorie, deren Erkenntnisinteresse vor allem der Stabilität von Ordnungen oder der Erwartungssicherheit von Handeln gilt, liegt es nahe, einen besonderen Fokus auf übergreifende kulturelle Inhalte zu legen. Das ist allerdings nicht zwingend, weil es Verständnisse von gesellschaftlicher Stabilität gibt, die nicht in erster Linie auf gemeinsame Werte, sondern auf Interdependenzen des Handelns abstellen. Ein Beispiel dafür sind die unterschiedlichen Verständnisse mechanischer und organischer Solidarität von Tönnies und Durkheim, die wir im dritten Kapitel diskutiert haben. Für Theorien, deren Erkenntnisinteresse nicht der Stabilität von Gesellschaften, sondern deren Wandel gilt, oder die sich mit Problemen von Unsicherheit und Risiko beschäftigen, bietet es sich an, den Fokus auf die Unterschiedlichkeit und Vielfalt von Kulturen und Kultur zu legen.

In einer konstruktivistischen Perspektive zeigt dieser Sachverhalt, dass wissenschaftliche Erkenntnisse nichts anderes als soziale Konstrukte zweiter Ordnung sind. Kultur ist kein objektiv ergründbarer Sachverhalt, sondern lediglich das, was Menschen im Alltag als Verständnisse und Institutionen produzieren und reproduzieren und das, was Wissenschaftlerinnen und Wissenschaftler daraus als wissenschaftliche Verständnisse rekonstruieren und erklären. Ich will mich hier keinesfalls auf eine methodologische Debatte einlassen, wie „richtig" oder „falsch" das konstruktivistische, antirealistische Wissenschaftsverständnis ist. Eine solche Debatte ist schon deshalb müßig, weil sie im Kontext von empirischer Wissenschaft gar nicht entschieden werden kann. Unter pragmatischen Gesichtspunkten ist die konstruktivistische Perspektive anregend, weil man sie als Einladung verstehen kann, Theorien als bloße Werkzeuge zu nutzen. Wenn Theorien nichts anderes sind, als Objektivationen, mit deren Hilfe soziales Handeln ermöglicht wird, kann man sie für die Entwicklung von Handlungsmöglichkeiten instrumentalisieren.

Ich nehme damit ein Konzept von Kultur auf, das die Soziologin Ann Swidler auf der Basis der Arbeiten des Anthropologen Clifford Geertz entwickelt hat. Swidler wendet sich gegen das von Max Weber, Talcott Parsons und vielen anderen Soziologen vertretene Verständnis von Kultur, welches Kultur vor allem als ein System von Werten versteht, das dem Handeln von Individuen und Akteuren die ultimativen Ziele vorgibt. Demgegenüber versteht Swidler, wie auch schon Geertz, Kultur als einen Werkzeugkasten (tool box). Kultur als Werkzeugkasten stellt eine Menge von Symbolen, Ritualen, Kommunikationsformen, Wissen (auch wissenschaftliches Wissen), Geschichten (Erfahrungen oder Berichte) und Verständnissen bereit, mit deren Hilfe Individuen und andere Akteure ihre Handlungsstrategien konstruieren können. Der Begriff Handlungsstrategien ist etwas irreführend, weil Strategie im Gegensatz zum üblichen Sprachgebrauch keinen Plan zur Erreichung bestimmter Ziele meint, sondern generelle Verhaltensmuster von Individuen, die für den Aufbau von Handlungssequenzen genutzt werden, die auf unterschiedliche Ziele ausgerichtet werden können. Ein solches Muster kann beispielsweise darin bestehen, dass sich ein Individuum bei seinem Handeln generell (oder in bestimmten breit definierten Typen von Situationen) auf bestimmte soziale Netzwerke stützt und isoliertes Handeln vermeidet. Solche Strategien kann man beispielsweise in der Politik häufig beobachten. Politiker oder Politikerinnen vernetzen sich möglichst breit mit anderen Personen und stimmen ihr Handeln immer auf die in dem damit geschaffenen Netzwerk dominierenden Vorstellungen, Ziele und Regeln ab. Um solche Netzwerke zu bilden und sinnvoll zu nutzen, benötigen Politiker oder Politikerinnen eine ganze Reihe von kulturellen Fähigkeiten und Werkzeugen, etwa Kommunikationsfähigkeit oder die Fähigkeit, gemeinsame Vorstellungen und Verständnisse besonders pointiert zu beschreiben, eine hohe Sensibilität für Einstellungen und Vorstellungen im Netzwerk oder auch ein bestimmtes Wissen. Politiker oder Politikerinnen, die über diese kulturellen Werkzeuge verfügen, können daraus eine auf Vernetzung ausgerichtete Handlungsstrategie konstruieren, während diejenigen, denen diese Werkzeuge fehlen, andere Handlungsstrategien konstruieren müssen.

Den Unterschied zwischen den beiden hier angesprochenen Verständnissen von Kultur und der kulturellen Strukturierung von Handeln kann man gut am Beispiel des Zusammenhangs zwischen sozialer Herkunft und Bildungserfolg illustrieren. Im herkömmlichen, auf Werte ausgerichteten Verständnis kann der vor allem in Deutschland viel geringere Bildungserfolg von Kindern aus der Unterschicht dadurch erklärt werden, dass die Unterschicht und deren Kinder nicht die leistungs- und bildungsorientierten Wertvorstellungen haben, welche die gebildete Mittelschicht prägen. In der Sicht des Verständnisses von Swidler und Geertz haben dagegen Kinder aus der Unterschicht selbst dann geringere Bildungschancen, wenn sie eine hohe Leistungs- und Bildungsmotivation aufweisen, weil ihnen die zur Erreichung hoher Bildungsziele notwendigen kulturellen Werkzeuge, etwa bestimmte Verhaltensweisen gegenüber Lehrerinnen und Lehrern, kommunikative Fähigkeiten, ein individualistisches Sozialverständnis oder ein hohes Selbstvertrauen, fehlen. Die beiden Sichtweisen haben ganz unterschiedliche Implikationen in Bezug auf Maßnahmen zur Verringerung der Abhängigkeit der Bildungschancen von der sozialen Herkunft. Im ersten Fall liegt es nahe, über Familienberatung, Sozialarbeit und andere Maßnahmen zu versuchen, die Einstellungen von Eltern und Kindern zu Bildung zu verbessern, im zweiten Fall dagegen ist eine möglichst früh einsetzende vorschulische Bildung zur Vermittlung kultureller Werkzeuge unabdingbar.

Kultur ist, Swidler folgend, kein einheitliches System, welches das Handeln der Gesellschaftsmitglieder in eine konsistente Richtung steuert. Jedes Individuum und jeder andere Akteur wählt zu unterschiedlichen Zeiten und in unterschiedlichen Zusammenhängen unterschiedliche Werkzeuge aus dem Werkzeugkasten aus und verbindet sie miteinander. Zwar gibt es für alle Akteure Werkzeuge, die sie häufiger und andere, die sie seltener benutzen, aber die meisten Akteure sind in der Lage, zwischen unterschiedlichen Werkzeugen situationsspezifisch zu wählen. Allerdings sind die Auswahlmöglichkeiten der einzelnen Akteure unterschiedlich. Zudem ist das Wechseln von Werkzeugen oft mit erheblichen (Transaktions)Kosten verbunden. Kinder, welche die ersten Jahre ihres Lebens in einem bestimmten kulturellen Milieu gelebt haben, können die Werkzeuge, mit denen sie in diesem Milieu erfolgreich waren, aus kognitiven und emotionalen Gründen nicht von heute auf morgen verändern, wenn sie in die Schule kommen und dort mit ihrer etablierten Handlungsstrategie Misserfolg erleiden.

Die Idee, Kultur als Werkzeugkasten zu betrachten, ist nicht bloß ein interessantes wissenschaftliches Konzept, sondern verweist auf ein Handeln, das in der modernen Welt für viele Individuen und andere Akteure, aber auch für die Lösung gesellschaftlicher Probleme, unabdingbar ist. Bourdieu spricht in diesem Zusammenhang von kulturellem Kapital als einer wichtigen Determinante der Handlungsfähigkeit von Akteuren. In der modernen Welt haben es viele Individuen und andere Akteure häufig mit Situationen zu tun, in denen sie fremde kulturelle Inhalte verstehen und neue Inhalte konstruieren müssen, also kulturelles Kapital benötigen, um sinnvoll handeln zu können. Das gilt sowohl in Bezug auf unterschiedliche Formen der Transnationalisierung als auch im Hinblick auf manche Formen kultureller Differenzierung innerhalb von Gesellschaften. Transnationalisierung, einschließlich Migration, produziert immer wieder Situationen, in denen sich Menschen und andere Akteure in multikulturellen Kontexten verständigen und handeln müssen. Ähnliche Wirkungen haben soziale Segmentierungsprozesse und die Herausbildung unterschiedlicher Lernkulturen in vielen Gesellschaften – nicht zuletzt in Deutschland, Österreich und der Schweiz. Mit der

Transnationalisierung wirtschaftlicher und sozialer Beziehungen haben wir uns im zweiten Kapitel schon beschäftigt. Deshalb konzentriere ich mich hier auf innergesellschaftliche Differenzierungen, die allerdings zum Teil mit Migration zusammenhängen.

Eine alltägliche Situation, in der Menschen fremde kulturelle Inhalte verstehen und neue Inhalte konstruieren müssen, ist die Situation von Lehrerinnen und Lehrern, die in Schulen mit einem hohen Anteil von Kindern mit Migrationshintergrund oder von Kindern aus prekären sozialen Verhältnissen tätig sind. Kinder mit Migrationshintergrund oder aus prekären sozialen Verhältnissen haben andere Verständnisse von Wirklichkeit und andere Sinnvorstellungen als Kinder ohne Migrationshintergrund oder Kinder aus der Mittelschicht – und auch als Lehrerinnen und Lehrer. Um mit diesen Kindern sinnvoll umgehen zu können und ein angemessenes Lernklima für sie zu schaffen oder um kulturelle Konflikte in ihrer Klasse und ihrer Schule lösen zu können, müssen diese Lehrerinnen und Lehrer die für die Schulsituation relevanten Aspekte der fremden Kultur (oder Subkultur) erkennen und in ihr eigenes Handeln einfließen lassen. Sie müssen darüber hinaus erkennen, wie stark diese Aspekte in übergeordnete Zusammenhänge eingebunden und damit schwerer beeinflussbar sind, wie sich die unterschiedlichen Typen von Situationen (Figurationen, Subsysteme) zueinander verhalten, in denen ihre Schülerinnen und Schüler ihre Verständnisse von Wirklichkeit und Sinn entwickeln. Sie müssen, um das Ganze auf einen einfachen Punkt zu bringen, über die Fähigkeit verfügen, kulturelle Inhalte als mögliche Werkzeuge ihres pädagogischen Handelns zu erkennen und zu nutzen. Diese Fähigkeit und die für ihre Entwicklung und Nutzung notwendigen Wissenshintergründe werden ihnen in ihrer Ausbildung zumeist nicht oder nur wenig vermittelt. Wie man an diesem Fall gut illustrieren kann, haben mangelhafte Fähigkeiten, mit kulturellen Inhalten instrumentell umzugehen, oft weitreichende gesellschaftliche Folgen. Sie führen beispielsweise dazu, dass die ethnische oder soziale Herkunft stark auf Bildungschancen durchschlägt und damit Segmentierungstendenzen verschärft. Das hat oft nicht nur wachsende soziale Spannungen zur Folge, sondern eine unzureichende Nutzung von Bildungspotenzialen in einer Gesellschaft. Im Zusammenhang mit einer Alterung der Gesellschaft kann sich daraus ein Nachwuchsmangel bei qualifizierten Arbeitskräften entwickeln, der sich zu einem spürbaren Wachstumshemmnis aufbauen kann.

Es gibt in unserem Alltag eine Vielzahl von Situationen mit ähnlichen Problemen des Umgangs mit unterschiedlichen kulturellen Inhalten. Bei manchen Situationen ist das leicht erkennbar. Dazu gehören beispielsweise der Umgang mit Geschäftspartnern aus anderen Kulturen, die internationale Kommunikation von Wissenschaft oder die Arbeit in transnationalen Unternehmen oder internationalen Organisationen. Bei anderen Situationen, etwa dem Wissenstransfer zwischen Universitäten und kleinen und mittleren Unternehmen, insbesondere Handwerksbetrieben, oder dem Aufbau einer lernfähigen Organisation, sind die kulturellen Verständnis- und Wissensprobleme nicht offensichtlich. Dennoch spielen sie eine wichtige Rolle. Der Wissenstransfer zwischen Wissenschaft und Handwerk scheitert oft schon am Habitus auf beiden Seiten und an Sprachproblemen, aber auch an unterschiedlichen Verständnissen von Innovation und anderen Aspekten von Wirklichkeit. Beim Versuch, eine lernende Organisation aufzubauen, stoßen viele Unternehmen auf massive Probleme im Umgang mit implizitem Wissen von Facharbeiterinnen und Facharbeitern, weil zwei unterschiedliche Wissenskulturen aufeinanderprallen. In diesen und vielen anderen Fällen spielt die Fähigkeit, kulturelle Inhalte als mögliche Werkzeuge des Handelns zu erkennen und zu nutzen, eine wichtige, aber oft verkannte Rolle.

Die Nutzung von Kultur als Werkzeug ist schwierig, wenn es um andere, fremde Kulturen oder gar multikulturell definierte Kontexte geht. Das Verstehen anderer Kulturen erfolgt immer aus der eigenen Kultur und der eigenen Wirklichkeit heraus. Verständnisse, die von der anderen Seite als angemessen empfunden werden, bilden sich zumeist erst im Rahmen einer längeren gemeinsamen Geschichte und gemeinsamen Relevanzstrukturen heraus. Gemeinsame Geschichten und Relevanzstrukturen können sich aber schlecht bilden, wenn soziale Räume stark segregiert sind, wenn also Menschen gleicher ethnischer oder sozialer Herkunft zusammen in Räumen leben, die von den Räumen von Menschen anderer ethnischer oder sozialer Herkunft deutlich abgegrenzt sind. Segregation ist, wie Jürgen Friedrichs und Sascha Triemer auf der Basis einer mehrjährigen Studie zeigen, in deutschen Städten stark ausgeprägt und weist eine eher steigende Tendenz auf. Theoretisch kann man das gut nachvollziehen, wenn man bedenkt, dass Kultur zwar auf der einen Seite Gemeinsamkeiten schafft, diese aber auf der anderen Seite erst durch Abgrenzung bewusste Wirklichkeit werden. Die der Selbstorganisation von Kultur zu Grunde liegenden Prinzipien verknüpfen die Schaffung von Sinnstrukturen mit deren Abgrenzung. Insofern begünstigen die Prinzipien der Selbstorganisation von Kultur Segregation. Daraus folgt nicht, dass Segregation ein unvermeidliches Resultat jeder kulturell differenzierten Gesellschaft ist, macht aber deutlich, dass die Entwicklung von übergreifenden kulturellen Verständnissen oft auf räumliche Hemmnisse stößt. Übergreifende kulturelle Verständnisse entwickeln sich deshalb häufig nicht spontan, sondern bedürfen eines organisatorischen und institutionellen Rahmens.

Organisation: Die Steuerung zielgerichteten Handelns

Wir haben uns im zweiten Kapitel schon ausführlich mit Organisationen und deren gesellschaftlicher Bedeutung beschäftigt. An diese Diskussion schließen wir hier an und fokussieren uns dabei auf die Frage nach der Strukturierung des Handelns in Organisationen und von Organisationen. Diese Frage diskutieren wir zunächst in unterschiedlichen theoretischen Perspektiven und danach in unterschiedlichen Problembezügen.

Organisationstheorien

Es gibt in den sozialwissenschaftlichen Disziplinen eine ganze Reihe unterschiedlicher Organisationstheorien. Das liegt vor allem daran, dass Organisation ein zentrales Element moderner Gesellschaften ist, mit dem sich deshalb die meisten sozialwissenschaftlichen Denkschulen und Ansätze beschäftigen (müssen). Es gibt folglich ein breites theoretisches Wissen über Organisationen aus unterschiedlichen Perspektiven. Diese Perspektiven spiegeln die methodologischen und theoretischen Differenzen und Differenzierungen wider, die in diesem Buch von Anfang an ein wichtiges Thema bildeten. Die bekannte Differenzierung zwischen individualistischen und holistischen Theorien schlägt sich, wie Peter Walgenbach feststellt, darin nieder, dass die meisten Organisationstheorien entweder den institutionellen

Kontext, in dem Organisationen und deren Mitglieder handeln, vernachlässigen oder dass sie Handeln von und in Organisationen als institutionell determiniert betrachten. Sie konzentrieren sich also entweder auf Handeln in und von Organisationen oder auf die Strukturen von Organisationen und deren Umwelt.

Auf eine frühe Organisationstheorie habe ich bereits im ersten Kapitel kurz hingewiesen, nämlich auf die Lehre des wissenschaftlichen Managements von Frederick Taylor. Wissenschaftlich hat Taylor seine praxisbezogene Managementlehre deshalb genannt, weil er versucht hat, sie auf erfahrungswissenschaftliche Grundlagen zu setzen. Da er davon ausging, dass es keine gleichermaßen universalen wie präzisen Organisationsprinzipien gibt, ersetzte er solche Prinzipien durch die Vorgabe einer klaren Methode, die er im Rahmen von betrieblichen Experimenten „optimierte". Die Arbeiter erhielten detaillierte Vorgaben über die zu befolgenden Handlungsabläufe und die zu erbringenden Leistungen, gleichzeitig aber auch positive Anreize für die Erreichung der vorgegebenen Leistungsziele. Sein Ziel war dabei die Steigerung der Produktivität und Qualität der Leistung auch wenig qualifizierter Arbeitskräfte, was es möglich macht, diesen Arbeitskräften höhere Löhne zu bezahlen und damit Verteilungskonflikte zu vermeiden.

Wissenschaftliches Management (Taylor)

Die Vorgabe wissenschaftlich begründeter Arbeitsmethoden zur Verbesserung der Produktivität.

Ein amüsantes Beispiel für eine Tayloristische Arbeitsgestaltung habe ich in den 1990er Jahren in der Stadtbahn von Tokyo entdeckt. In den Zügen der Tokyoter Stadtbahn konnte man durch ein Fenster in den Führstand sehen, in welchem ein korrekt uniformierter Lokomotivführer mit weißen Handschuhen seinen Dienst tat. An jeder Station machte er immer eine gleiche Reihe von Handbewegen, bevor er seinen Zug losfahren ließ. Ich habe einen japanischen Kollegen gefunden, der mir erklären konnte, was sich da abspielte. Um Unfälle, Verspätungen und andere Probleme zu vermeiden, waren die Arbeitsabläufe der Lokomotivführer standardisiert und durch symbolische Gesten unterlegt. Ich erinnere mich nicht mehr genau, wie das Ganze vor sich ging, aber in etwa geschah Folgendes: Vor der Abfahrt hatte der Lokomotivführer zunächst auf die Uhr gezeigt, um festzustellen, dass die Abfahrtszeit gleich erreicht wird. Danach deutete er auf das Signal und vergewisserte sich, dass dieses auf Grün stand, was er mit einer Geste bestätigte. Dann überprüfte er, wieder nach einer passenden Geste, dass die Türen geschlossen waren, niemand mehr am Zug stand und stellte, erneut durch eine Geste, fest, dass alles in Ordnung war. Schließlich erteilte er sich selber mit einer Geste den Anfahrtsbefehl. Der Lokführer hat sich also durch bestimmte Gesten gleichsam selber dirigiert. Etwas wissenschaftlicher ausgedrückt, wurde seine Tätigkeit in ein Ritual eingebunden, das ihn ganz auf seine Tätigkeit konzentrierte. Rituale sind geregelte Handlungsabläufe, bei denen die Bedeutung einer Handlung durch Symbole dargestellt wird.

Ritual

Geregelter Handlungsablauf, der mit festgelegten Gesten und anderen Symbolen verbunden ist.

Die Tayloristische Managementlehre ist auch heute in vielen Unternehmen, in denen an Fließbändern gefertigt wird, verbreitet. Es gab allerdings schon früh eine Organisationstheorie, die dem Taylorismus kritisch gegenüberstand und eine Alternative zu ihm präsentierte, nämlich der Human Relations-Ansatz. Der Human Relations-Ansatz ist mit den Namen Elton Mayo und Fritz Jules Roethlisberger sowie mit den Hawthorne-Experimenten verbunden. Mayo und Roethlisberger argumentierten, dass die Produktivität und die Leistungsfähigkeit von Unternehmen vor allem von der Arbeitszufriedenheit und der Arbeitsmotivation abhängig seien und diese wiederum durch die sozialen Beziehungen in Organisationen bestimmt würden. Die Hawthorne-Experimente waren eine groß angelegte Untersuchung der Zusammenhänge zwischen Arbeitsbedingungen, insbesondere Entlohnung und Führungsstil einerseits und der Arbeitsleistung von Arbeitskräften andererseits. Die Experimente wurden in den Werken der Western Electric Company in Hawthorne durchgeführt und demonstrierten die Bedeutung sozialpsychologischer Faktoren für Arbeitszufriedenheit und Arbeitsleistung. Allerdings waren die Ergebnisse nicht immer klar und wurden in der einschlägigen Forschung zum Teil kontrovers diskutiert.

Human Relations-Ansatz

Erklärt die Leistungsfähigkeit von Organisationen durch die Gestaltung der sozialen Beziehungen in der Organisation, konkret durch das Ausmaß, in dem diese den individuellen Bedürfnissen und Interessen der Organisationsmitglieder Rechnung tragen.

Die Hawthorne-Experimente und der Human Relations-Ansatz haben zu einem großen Aufschwung der Organisationspsychologie geführt. In unserem Zusammenhang besonders interessant ist das von der Organisationspsychologie entwickelte Konzept der Organisationsentwicklung. Das Konzept der Organisationsentwicklung geht von der Einsicht aus, dass die empirischen Grundlagen der Organisationsforschung keine klare Aussage darüber ermöglichen, wie die sozialen Prozesse in einer Organisation gestaltet werden müssen, um die Arbeitszufriedenheit und Arbeitsmotivation und damit die Leistung der Organisation zu fördern. Deshalb setzt dieses Konzept darauf, dass die Mitglieder einer Organisation an der Gestaltung der Prozesse, welche Motivation, Arbeitszufriedenheit und Leistungsfähigkeit fördern sollen, selber mitwirken. Sie sollen dabei befähigt werden, ihre Probleme selber zu erkennen, unterschiedliche Problemlösungen zu diskutieren und auszuprobieren und Lösungen zu finden, die ihren Bedürfnissen ebenso angemessen sind, wie den Anforderungen der Organisation. Die wegen unvollständigen Wissens über die Gestaltungsprinzipien der Organisation bestehende Unsicherheit soll also durch eine Verständigung zwischen den Organisationsmitgliedern und der Führung der Organisation ersetzt werden. Diese Verständigung

soll nicht einmalig, sondern in einem laufenden Prozess erfolgen, der es den Organisationsmitgliedern und der Organisation erlaubt, sich immer wieder an veränderte Bedingungen,
Bedürfnisse und Anforderungen anzupassen. Dadurch entsteht eine lernende Organisation.

Organisationsentwicklung

Ein Managementkonzept, das Führung als Gestaltung von Organisationsstrukturen unter
Beteiligung der Organisationsmitglieder versteht.

Mit dem Begriff der Lernenden Organisation bezeichnete der Organisationsforscher Peter M.
Senge eine Organisation, die interne und vor allem externe Veränderungen als Anregung
und Chance begreift, ihre Wissensbasis und ihre Handlungsmöglichkeiten – und damit ihre
Leistungsfähigkeit – zu verbessern. In Lernenden Organisationen greifen die Persönlichkeits-
entwicklung, die Verständigung auf neue Prinzipien und die Entwicklung neuer Handlungsmöglichkeiten ineinander. Wichtige Grundlagen der Lernenden Organisation sind einerseits
Arbeiten im Team und andererseits die Vermittlung von übergreifenden Zusammenhängen
und das Schaffen von vernetztem Denken (Systemdenken). Ein bekanntes Beispiel für eine
Lernende Organisation war in den 1980er und 1990er Jahren Nissan United Kingdom. Dort
verband ein Managementteam erfolgreich die damals überlegenen japanischen Formen der Arbeitsorganisation in der Automobilindustrie mit europäischen Denk- und Arbeitsweisen. Das
machte Nissan United Kingdom zu einem der weltweit produktivsten Automobilunternehmen.
Grundlagen dieses Erfolges waren die durchgängige Einführung von Teamarbeit – die Arbeitskräfte arbeiteten nicht einzeln, sondern in Gruppen, die sich weitgehend selbst organisieren konnten –, eine regelmäßige Weiterbildung der Arbeitskräfte und eine kontinuierliche
Verbesserung der Leistungen der Gruppen, eine systematische Beteiligung der Gruppen an
der Organisationsentwicklung und die Organisation von innerbetrieblichen Dialogen zur
Vermittlung übergreifender Zusammenhänge und Visionen.

Lernende Organisation

Eine Organisation, die interne und vor allem externe Veränderungen als Anregung und
Chance nutzt, um ihre Wissensbasis, ihre Handlungsmöglichkeiten und damit ihre Leistungsfähigkeit zu verbessern.

Mit dieser Form der Organisationsentwicklung wird in Organisationen genau das vermieden,
was Ralf Dahrendorf für die gesamte Gesellschaft als ärgerliche Tatsache beschrieben hat,
nämlich die Tatsache, dass gesellschaftliche Regeln nicht das Handeln zulassen, das Individuen gerne möchten, sondern zu einem Verhalten zwingen, das ihren Bedürfnissen und
Wünschen nicht oder nur teilweise entspricht. Bezogen auf Organisationen beschreibt der
Erziehungswissenschaftler und Organisationsforscher Chris Agyris diese ärgerliche Tatsache
als Spannungsfeld zwischen Organisation und Persönlichkeit. Organisationsprinzipien stehen

oft der Persönlichkeitsentfaltung ihrer Mitglieder (oder Arbeitskräfte) im Wege. Das führt zu einem inneren Widerstand vieler Organisationsmitglieder gegen Organisationsprinzipien. Mehr noch: Organisationsprinzipien hemmen die Organisationsmitglieder an der Entfaltung ihrer Kompetenzen und Fähigkeiten und beeinträchtigen dadurch die Leistungs- und Lernfähigkeit der Organisation. Wir werden das weiter unten noch ausführlicher diskutieren.

Zu den bekanntesten Organisationstheorien gehört die verhaltenswissenschaftliche Entscheidungstheorie, die sowohl in der Soziologie als auch in der Betriebswirtschaftslehre verbreitet ist. Ihre Grundzüge wurden schon Ende der 1930er Jahre von Chester Barnard, einem Manager und „Hobbywissenschaftler", entworfen. Ab den 1940er Jahren wurde Barnards Ansatz von Herbert A. Simon, James G. March und Richard Cyert weiterentwickelt und ausgebaut. Barnard und ihm folgend Simon und March definieren formale Organisation als Systeme bewusst koordinierter Handlungen von zwei oder mehr Personen. Handlungen, nicht Personen, sind die Elemente des Systems. Personen als komplexe psychische Systeme gehören zur Umwelt des Systems ebenso wie die physische und soziale Umwelt. Insofern ist die verhaltenswissenschaftliche Entscheidungstheorie vom Ansatz her systemtheoretisch. Das zeigt sich auch darin, dass Organisationen auf ihre eigenen Ziele und Bedürfnisse ausgerichtet sind und menschliches Handeln in Organisationen nach den Zielen und Anforderungen der Organisation geleitet wird. Jede Organisation weist dazu ein hierarchisches Herrschaftssystem auf, dem sich alle Mitglieder der Organisation durch einen Vertrag unterwerfen. Insofern erscheint aus dieser Sicht Organisationshandeln von Personen als reines Rollenhandeln. Allerdings wird dabei im Unterschied zur Rollentheorie und zu rollentheoretischen Komponenten in Parsons Systemtheorie nicht unterstellt, dass Menschen ihre Rolle einfach akzeptieren oder gar internalisiert haben. Vielmehr wird von einem Spannungsfeld zwischen Rolle (Organisationshandeln) und persönlichen Bedürfnissen und Interessen ausgegangen. Deshalb liegt eines der beiden zentralen Probleme von Organisationen darin, durch materielle und immaterielle Anreize einen Ausgleich zwischen persönlichen Interessen und Bedürfnissen einerseits und den Anforderungen und Belastungen des Organisationshandelns andererseits zu schaffen. Dieses Anreiz-Beitrags-Gleichgewicht sichert die Erbringung der erforderlichen Leistungen aller Arbeitskräfte (einschließlich der Führungskräfte) ab. Das zweite zentrale Problem bestand in der Sicherung angemessener Entscheidungen auf den unterschiedlichen Ebenen der Organisation. Dieses zweite Problem wurde vor allem von Simon und March aufgenommen und als Problem beschränkt rationalen Handelns thematisiert.

Verhaltenswissenschaftliche Entscheidungstheorie

Untersucht Organisationen als Handlungssysteme, deren zentrale Probleme die Schaffung eines Anreiz-Beitrags-Gleichgewichts und die Sicherung von angemessenen Entscheidungen unter Unsicherheit und beschränkter Rationalität sind.

Organisationen reagieren auf Unsicherheit (der Ursache beschränkter Rationalität) durch die Gestaltung von Strukturen und Prozessen. Zu der strukturellen Gestaltung gehören Arbeitsteilung, standardisierte Verfahren und hierarchisch festgelegte und durchgesetzte Regeln. Durch diese und ähnliche Mechanismen wird zum einen Komplexität reduziert und zum anderen Kompetenz gesteigert. Arbeitsteilung reduziert beispielsweise Komplexität einfach dadurch, dass jede Organisationseinheit nur einen überschaubaren Teil von Aktivitäten durchführt. Sie steigert Kompetenz durch Spezialisierung von Arbeitskräften und vor allem auch durch die Schaffung von Erfahrungswissen. Wichtige Elemente der Prozessgestaltung sind die Strukturierung von Kommunikations- und Entscheidungsprozessen zwischen den unterschiedlichen Handlungsebenen der Organisation, die Regelung von Sachverhalten bei ungelösten Problemen und die schrittweise Anpassung von Zielen, aber auch Strategien zur Beeinflussung der (unsicheren) Umwelt. Durch die Strukturierung von Entscheidungsprozessen wird Komplexität beispielsweise dadurch reduziert, dass Probleme schrittweise angegangen werden; Kompetenz wird dadurch gesteigert, dass durch entsprechende Beteiligungs- und Verfahrensregeln dafür gesorgt wird, dass alles relevante Wissen, auch das Erfahrungswissen, in die Entscheidung einfließt. Beispiele für Strategien zur Beeinflussung sind Marketingmaßnahmen, aber auch die Schaffung von Marktmacht oder die Beeinflussung wirtschaftspolitischer Entscheidungen.

Die verhaltenswissenschaftliche Entscheidungstheorie ist ein gutes Beispiel dafür, dass sich systemtheoretische und verhaltenstheoretische Ansätze miteinander konstruktiv verknüpfen lassen. Im konkreten Fall erlaubt es die verhaltenstheoretische Komponente, den „Preis" für die Einhaltung der für den Erhalt und die Leistungsfähigkeit erforderlichen Regeln einer Erklärung zugänglich zu machen, statt sich auf die generelle These zurückzuziehen, dass diese Regeln entweder völlig internalisiert oder mit wirksamen Durchsetzungsmechanismen verbunden seien – ohne das eine oder das andere zumindest plausibel zu konkretisieren.

Im zweiten Kapitel habe ich darauf hingewiesen, dass in den meisten sozialwissenschaftlichen Disziplinen neo-institutionalistische Ansätze wieder an Bedeutung gewinnen. Das gilt auch für die Organisationsforschung. Dabei verbergen sich allerdings hinter dem Etikett neo-institutionalistisch zwei ganz unterschiedliche Betrachtungsweisen. Während Ansätze auf der Basis der Neuen Institutionenökonomik Organisationen mit Hilfe des Transaktionskostenansatzes als institutionelle Strukturen betrachten, gilt die Aufmerksamkeit des soziologischen Neoinstitutionalismus der gesellschaftlichen Einbettung organisatorischer Strukturen.

Das Erkenntnisinteresse der Neuen Institutionenökonomik gilt der Frage nach der Effizienz institutioneller Arrangements. Diese Frage enthält zwei Komponenten, nämlich erstens die Frage, welche Arrangements für bestimmte Typen von Transaktionen mit den günstigsten Transaktionskosten verbunden sind, und zweitens, die Frage, welche institutionellen Arrangements bei bestimmten Transaktionen das effizienteste Ergebnis hervorbringen. In der Volkswirtschaftslehre heißt Effizienz Allokationseffizienz im Sinne des sogenannten Pareto-Kriteriums. Der Ökonom und Soziologe Vilfredo Pareto, denn wir im dritten Kapitel als einer Begründer der Lausanner Grenznutzen-Schule kennen gelernt haben, definiert eine Austauschbeziehung dann als effizient (oder optimal), wenn es keine Möglichkeit mehr gibt, für einen der Beteiligten ein besseres Resultat zu erzielen, ohne dass sich dadurch ein anderer Beteiligter verschlechtert. Dieser Effizienzbegriff wird auch in der Neuen Institutionenökonomik verwendet, ist aber umstritten.

> **Pareto-Optimum**
>
> Ein Situation, in der sich kein an einer Transaktion Beteiligter verbessern kann, ohne dass sich gleichzeitig ein anderer verschlechtert.

Im Rahmen der Neuen Institutionenökonomik gibt es drei unterschiedliche Ansätze, nämlich die Theorie der Verfügungsrechte, die Agenturtheorie und die Transaktionskostentheorie. Die Theorie der Verfügungsrechte untersucht Auswirkungen der Struktur von Verfügungsrechten über knappe Ressourcen auf ökonomisches Handeln, unter anderem auf die Bildung und die Effizienz von Unternehmen. Unternehmen benötigen zur Erreichung ihrer Ziele knappe Ressourcen, nämlich Kapital, Arbeit und natürliche Ressourcen. Das Recht zur Verfügung über solche Ressourcen steht jeweils bestimmten Akteuren zu; das Recht der Verfügung über das Kapital zunächst den Aktionären, das Recht der Verfügung über die Arbeit den Arbeitskräften (oder ihren Vertretungen) und das Recht über Rohstoffe und ähnliche Ressourcen beispielsweise bestimmten Verkäufern oder bestimmten Bereichen im Unternehmen selbst. Damit ein Unternehmen entstehen und funktionieren kann, muss es also institutionelle Regeln geben, welche festlegen, wie diese Rechte auf das Unternehmen übertragen werden. Das können aktienrechtliche Regelungen sein oder auch Arbeitsverträge, Tarifvereinbarungen oder Liefervereinbarungen. Mit Hilfe der Theorie der Verfügungsrechte kann man untersuchen, wie sich diese Regeln auf die Struktur und die Leistung von Unternehmen auswirken. Ein interessantes Anwendungsfeld dieser Theorie ist die Analyse unterschiedlicher Unternehmensverfassungen (aktienrechtlicher Regelungen, Gesellschaftsverträge etc.) auf das Problem der Kontrolle von Managern durch Eigentümer.

> **Theorie der Verfügungsrechte**
>
> Untersucht die Effizienz von Organisationen und Märkten (und generell von Austauschbeziehungen) als Folge der Vergabe und der Verteilung von Verfügungsrechten über Ressourcen.

Die Agenturtheorie zerlegt Unternehmen in hierarchische Vertragsbeziehungen, in denen sich jeweils ein Auftraggeber (Prinzipal) und ein Auftragnehmer (Agent) gegenüberstehen. Dabei ergibt sich das Problem, wie die Prinzipale sicherstellen können, dass sich die Agenten gemäß ihrem Auftrag verhalten. Dieses Problem entsteht deshalb, weil sowohl der Prinzipal als auch der Agent eigennützig handeln und zwischen Prinzipal und Agent eine Informationsungleichheit zugunsten des Agenten besteht. Die Agenturtheorie untersucht unterschiedliche Ausgestaltungen und Lösungsmöglichkeiten dieses Problems und stützt sich dabei auf die Analyse der jeweils entstehenden Transaktionskosten. Sie fragt also danach, welche Regeln das Handeln des Agenten wirksam steuern können und welche Kosten für die Kontrolle der Einhaltung dieser Regeln entstehen. Ein wichtiges Anwendungsfeld ist dabei das Verhältnis zwischen Eigentümern und Managern von Unternehmen. Ein anderes Anwendungsfeld ist die Gestaltung von Arbeitsverträgen für und die Kontrolle der Leistung von Arbeitskräften mit speziellen Fähigkeiten und Kompetenzen. Ein ganz einfaches, aber schwer zu lösendes Beispiel sind die Regelung und die Kontrolle der wissenschaftlichen Leistung von Professorinnen und Professoren oder die Regelung und die politische Kontrolle von Ministerialbürokratien durch die Politik.

Principal-Agent-Problem

Die Regelung der Sicherstellung des vereinbarten Handelns eines Akteurs durch einen Prinzipal unter Bedingungen einer Informationsüberlegenheit des Agenten.

Die Transaktionskostentheorie untersucht, die Kosten unterschiedlicher institutioneller Arrangements. Institutionelle Arrangements werden durch Verträge sowie durch geregelte Verfahren der Anpassung von Verträgen an Entwicklungen oder Situationen, die sich beim Vertragsabschluss (noch) nicht absehen lassen, gebildet. Ein interessantes Beispiel für die Anwendung des Transaktionskostenansatzes sind Verträge mit Zulieferern in der Automobilindustrie. Automobilhersteller versuchen zumeist, wichtige Zulieferer fest an sich zu binden und sie in ihre Produktionsabläufe und ihre informationstechnischen Systeme zu integrieren. Das erfordert von Zulieferern oft besondere Investitionen, die sie nur für diesen Auftrag nutzen können. Automobilzulieferer benötigen beispielsweise spezifische Werkzeuge und Anlagen für jeden Automobilhersteller, sie müssen an deren Montagestätten Zwischenlager einrichten und besondere Schnittstellen zu deren informationstechnischen Systemen schaffen. Die damit verbundenen hohen Kosten, die sie als Investitionen tätigen müssen, um den Auftrag erhalten und erfüllen zu können, übernehmen sie jedoch nur, wenn die entsprechenden Verträge eine für die Amortisation der Investitionen ausreichend lange Laufzeit haben. Solche Verträge sind mit erheblichen Unsicherheiten für beide Seiten verbunden. Der Zulieferer kann seine langfristigen Kosten und seine Produktivitätsentwicklung nicht für einen längeren Zeitraum übersehen. Der Abnehmer kann kaum abschätzen, wie sich der Wettbewerb unter den Zulieferern und damit die Marktpreise entwickeln werden. Deshalb sind bei längerfristigen Zulieferverträgen Anpassungsklauseln sinnvoll, deren Kontrolle oft mit hohen Kosten verbunden ist.

Die Neue Institutionenökonomik betrachtet die institutionelle Regelung von Organisationen als Resultat von Vereinbarungen (Verträgen) zwischen Akteuren in und außerhalb der Organisation. Da alle Akteure unter Unsicherheit handeln, kann nicht mehr davon ausgegangen werden, dass die aus diesen Vereinbarungen resultierenden Institutionen effizient sind und deshalb auch von allen Akteuren freiwillig befolgt werden. Vielmehr wird, insbesondere im Transaktionskostenansatz von Williamson, unterstellt, dass sich Akteure opportunistisch verhalten. Opportunistisches Handeln heißt in der Neuen Institutionenökonomik ein Handeln, das sich ausschließlich am Eigennutz orientiert und Regeln nur insofern befolgt, als dies dem Nutzen von Akteuren dient. Institutionen werden deshalb nicht freiwillig befolgt, sondern müssen kontrolliert und durchgesetzt werden, was mehr oder wenige hohe Transaktionskosten verursacht. Deshalb werden die Effizienz von Institutionen und ihre Durchsetzung zum zentralen Problem.

Opportunismus

Ein uneingeschränkt am Eigennutz ausgerichtetes Handeln von Akteuren, das auch die
Verletzung von Regeln, List, Täuschung und ähnliche Merkmale einschließt.

In dem eben angesprochenen Punkt stimmt der soziologische Neoinstitutionalismus mit der
Neuen Institutionenökonomik überein. Organisationen verdanken in der Sicht von John Meyer
und anderen Vertretern des soziologischen Neoinstitutionalismus ihre Existenz vor allem
der Tatsache, dass institutionelle Arrangements von Transaktionen nicht zu einer natürlichen
Effizienz neigen und deshalb auch nicht selbstverständlich akzeptiert werden. Die Antwort
des soziologischen Neoinstitutionalismus auf dieses Problem fällt allerdings anders aus, als
die der Neuen Institutionenökonomik – die Institutionen von Organisationen müssen durch
übergeordnete gesellschaftliche Institutionen legitimiert werden. Die Institutionen einer
Organisation repräsentieren deshalb nicht unbedingt die bezogen auf die Ziele, Aufgaben und
Handlungsbedingungen von Organisationen effizienteste Lösung, sondern übergreifende, oft
universale Institutionen, die Teil der Gesellschaft oder gar einer World Polity (eines globalen
Systems) sind. Zu den universalen Regeln gehört auch das Rationalitätsprinzip. Dabei wird
das Rationalitätsprinzip nicht als universalistisches Prinzip im Sinne einer von Raum und
Zeit unabhängigen Geltung betrachtet, sondern als universalistisch in dem Sinne, dass sich
das Rationalitätsprinzip in der westlichen Kultur durchgesetzt hat und im Rahmen einer
Vielzahl von grenzüberschreitenden Interaktionen und Vernetzungen von Wissenschaftlern,
sozialen Bewegungen, Managern, Unternehmen, Nationalstaaten und vielen anderen Akteuren globalisiert wurde. Der World Polity-Ansatz unterstellt dabei nicht, dass sich Institutionen
und Deutungsmuster deshalb global durchsetzen, weil sie effizienter sind als andere. Wie wir
schon im zweiten Kapitel gesehen haben, geht Meyer vielmehr davon aus, dass gesellschaftliche und globale Institutionen oft in einem Konflikt mit den Erfordernissen von Unternehmen
und anderen Akteuren und auch von effizienten Transaktionen stehen. In vielen Fällen handelt
es sich auch bloß um Mythen, die mit dem rationalen Handeln in und von Unternehmen wenig
zu tun haben. Die globale Ausweitung von Institutionen und Deutungsmustern ist lediglich
die Folge der räumlichen Ausweitung vieler Interaktionen und Netzwerke. Dabei entstehen
immer wieder konkurrierende Institutionen und Deutungsmuster, die nebeneinander existieren. Das werde ich weiter unten noch ausführlicher diskutieren.

World Polity

Ein globales System von Regeln für die institutionelle Regelung von Handeln, Organisationen und ganzen Gesellschaften.

Meyers World Polity-Ansatz unterscheidet sich durch die Ablehnung einer Selektion der jeweils effizientesten Institutionen und Deutungsmuster grundlegend von üblichen evolutionistischen Ansätzen. Wie im dritten Kapitel dargestellt wurde, basieren solche Ansätze auf den
Prinzipien von Variation und Selektion. In einer bestimmten Population entstehen Variationen,

beispielsweise in Form von unterschiedlichen Handlungsmustern oder Regeln, von denen sich jeweils diejenigen durchsetzen, die sich in einem Selektionsprozess, zum Beispiel dem Wettbewerb, als die Stärksten (oder Effizientesten) erweisen. In der Organisationsforschung gibt es mehrere Theorien, die mit diesem evolutionistischen Erklärungsmuster operieren.

Ein in der Organisationsforschung verbreiteter evolutionistischer Ansatz ist der Population Ecology-Ansatz. Dieser Ansatz kommt ursprünglich aus der Bevölkerungs- und der Umweltforschung. Er wurde insbesondere von Michael T. Hannan, John Freeman und Howard E. Aldrich in die Organisationsforschung eingeführt. Der Ansatz baut auf der Einsicht auf, dass sich Organisationen generell nicht zielgerichtet und effizient an ihre Umwelt anpassen, also rational handeln können. Dafür gibt es mehrere Gründe. Organisationen sind erstens keine homogenen Akteure, sondern bestehen aus unterschiedlichen Bereichen und Gruppierungen mit jeweils unterschiedlichen, teilweise auch widersprüchlichen Interessen. Die Entscheidungsträger in der Organisation handeln, zweitens, unter Unsicherheit, so dass ihnen Informationen für eine effiziente Gestaltung der Organisation fehlen. Drittens reagieren vor allem große Organisationen wegen ihrer internen Strukturen und Prozesse mit einer mehr oder weniger großen Trägheit und Pfadabhängigkeit auf Veränderungen der Umwelt. Es gibt also schon durch unterschiedliche Fähigkeiten von Organisationen, ihre Strukturen an Veränderungen ihrer Umwelt anzupassen, eine Variation von Organisationsstrukturen innerhalb einer Population von Organisationen. Diese Variation wird massiv verstärkt durch Neugründungen, welche oft auch neue Organisationsformen einbringen. Entsprechend dem evolutionstheoretischen Erklärungsmuster nimmt die Umwelt, zum Beispiel der Markt, eine Selektion unter den variierenden Organisationsstrukturen vor. Die Selektion führt dazu, dass sich manche Organisationen an erfolgreiche Strukturmodelle, etwa die Formen erfolgreicher Neugründungen, anpassen. Andere differenzieren ihre Strukturen aus und schaffen in bestimmten Bereichen neue Strukturen und schließlich verschwinden manche Organisationen auch einfach, weil sie strukturell nicht mehr hinreichend anpassungsfähig sind.

Population Ecology-Ansatz

Erklärt die Entwicklung von Organisationsstrukturen als Resultat von Selektionsprozessen in einer sinnvoll abgrenzbaren Population von Organisationen.

Dieser Prozess führt über längere Zeiträume zu einer Isomorphie von Organisationen, also zu weitgehend übereinstimmenden Strukturen von Organisationen, weil erfolgreiche Strukturen in der Population bewahrt und reproduziert werden. Darüber hinaus wird das Wissen, das hinter erfolgreichen Variationen steht, Teil des gesellschaftlichen Wissensvorrats und damit institutionalisiert. Es geht beispielsweise in Managementlehren oder als beste Praxis in die Organisationsforschung ein und prägt das Organisationsverständnis von ganzen Gesellschaften oder gar eines übergreifenden Systems im Sinne von Meyers World Polity. Auch Meyer und andere Vertreter des soziologischen Neoinstitutionalismus gehen von einer Isomorphie der Organisationsentwicklung aus, erklären dies aber durch die Entwicklung universaler Institutionen als Rahmen der Organisationsentwicklung.

Isomorphie

Heißt in der Organisationsforschung die Herausbildung weitgehend übereinstimmender Strukturen in unterschiedlichen Organisationen.

Der Population Ecology-Ansatz erklärt die strukturelle Entwicklung von Organisationen als Ergebnis eines Evolutionsprozesses innerhalb von Populationen von Organisationen. Populationen sind eine Menge von Organisationen, die in einer gemeinsamen Umwelt, mit ähnlichen Zielsetzungen und mit ähnlichen Grundmustern operieren, beispielsweise Unternehmen in einem bestimmten Wirtschaftszweig, Verbände oder Organisationen in bestimmten gesellschaftlichen Bereichen, etwa dem Sport. Organisationsentwicklung findet in dieser Sicht in Form von Variations- und Selektionsprozessen zwischen Organisationen statt. Demgegenüber erklärt der (Sozial-)Psychologe Karl E. Weick in seinem evolutionstheoretischen Ansatz Organisationsentwicklung als Variations- und Selektionsprozesse innerhalb von Organisationen. Ebenso wie die Vertreter des Population Ecology-Ansatzes stellt Weick die Rationalität von Organisationen in Frage. Rationales Handeln ist unter Bedingungen von Unsicherheit nur möglich, wenn darüber eine Verständigung erreicht wird. Verständigung ist jedoch zumeist nur in kleineren Gruppen von Akteuren möglich. Deshalb gibt es in Unternehmen zu jedem Zeitpunkt mehrere Rationalitäten. Organisationen bestehen aus lose gekoppelten Elementen, die ihren sinnvollen Zusammenhang immer wieder herstellen müssen. Die Ziele, das Verhalten und die Entwicklung von Organisationen sind das evolutionäre Resultat des Zusammenspiels einer Mehrzahl von Akteuren. Akteure reagieren auf Änderungen in ihrer Umwelt durch Gestaltung, das heißt durch Veränderungen (Variation) ihrer Verständnisse und ihres Handelns. Organisationen wählen im Rahmen von internen Selektionsprozessen die Gestaltungen aus, die sich als besonders hilfreich für das Verständnis und die Bewältigung der neuen Situation erweisen. Erfolgreiche Gestaltungen werden verfestigt, also bewahrt und reproduziert. Die Bewahrung und Reproduktion erfolgreicher Muster hat allerdings eine Kehrseite – sie hemmen die Entwicklung und Durchsetzung neuer Gestaltungen. Solche Pfadabhängigkeiten, die ich im fünften Kapitel ausführlicher diskutieren werde, sind eine wichtige Begleiterscheinung evolutionärer Entwicklung.

Neben den bereits genannten Theorien und Ansätzen gibt es eine Reihe weiterer, die ich hier nicht alle diskutieren kann und will. Ich gehe nur noch kurz auf systemtheoretische Organisationsansätze ein. Einen bekannten systemtheoretischen Ansatz in der Organisationsforschung haben die Sozialpsychologen Daniel Katz und Robert Louis Kahn in den 1960er Jahren entwickelt. Ihre Theorie folgt der damals verbreiteten kybernetischen Systemtheorie, die ich schon im zweiten Kapitel im Zusammenhang mit Karl W. Deutschs kybernetischer Theorie politischer Systeme dargestellt habe.

Katz und Kahn beschreiben Unternehmen als offene Systeme, die aus ihrem Umfeld Inputs (z. B. in Form von Ressourcen, Kapital oder Kundenwünschen) aufnehmen und sie in Outputs (z. B. Güter und Dienstleistungen) transformieren. Der Transformationsprozess erfolgt über geregelte Handlungsabläufe, deren Regelmäßigkeit durch klar definierte Rollen gesichert wird. Diese Handlungsabläufe sind in unterschiedlichen Subsystemen organisiert. Organisationen streben nach einer Kongruenz (Übereinstimmung) von internen und externen

Anforderungen. Dazu müssen sie und ihre Subsysteme ständige Anpassungsleistungen erbringen. Nach außen müssen sie ihren Output so organisieren, dass sie immer wieder den Input erhalten, den sie für ihr Überleben benötigen. Nach innen müssen sie ihre unterschiedlichen Subsysteme in ein Gleichgewicht bringen, damit sie eine den Anforderungen der Umwelt angemessene Transformationsleistung erbringen können. Unternehmen müssen beispielsweise einen Ausgleich zwischen Marketing und Vertrieb einerseits und Forschung und Entwicklung andererseits erzielen, um Güter zu entwickeln, die innovativ, aber auch marktgängig sind.

> **Kybernetische Systemtheorie der Organisation**
>
> Erklärt Organisationen als offene Systeme, die nach einer Kongruenz von internen und externen Anforderungen streben.

Neuere systemtheoretische Ansätze der Organisationsforschung richten sich, wie die sozialwissenschaftliche Systemtheorie insgesamt, größtenteils an Luhmann aus. In Luhmanns Sicht sind Organisationen eine besondere Art sozialer Systeme, deren Merkmal darin besteht, dass ihre Kommunikation die Form von Entscheidungen hat. Sie werden auch durch Entscheidungen gegründet. Entscheidungen sind Handlungen, die ihre eigene Kontingenz thematisieren. Sie berücksichtigen die Tatsache, dass in jeder Situation unterschiedliche Handlungen möglich sind und stellen eine gerichtete Relation zwischen alternativen Handlungsmöglichkeiten dar. Entscheidungen bevorzugen also eine ganz bestimmte Handlung aus einer größeren Zahl von möglichen Alternativen. Sie legen damit Handeln fest und schaffen gleichzeitig einen klaren Bezugspunkt für anschließende Leistungen.

Entscheidungen sind in Luhmanns Systemtheorie nicht bloß Wahlhandlungen zwischen Alternativen, wie das in verhaltenstheoretischen Ansätzen der Fall ist, sondern Akte der Strukturbildung und der Unsicherheitsabsorption. Komplexe Systeme enthalten so viele Elemente, dass nicht mehr jedes Element mit jedem verknüpft werden kann. Die Relationierung von Elementen muss deshalb selektiv und über die Zeit gestreckt erfolgen. Die Nutzung von Zeit für die Selektion setzt jedoch voraus, dass Organisationen Strukturen bilden, welche die bereits getroffenen Selektionen festhalten und die Kontinuität des Selektionsprozesses über den Zeitraum sichern, der für die Relationierung der Elemente notwendig ist. Entscheidungen werden dadurch zu Prämissen (Vorgaben) für weitere Entscheidungen. Sie stellen Beziehungen von Entscheidungen zu anderen Entscheidungen her oder schließen Beziehungen aus. Luhmann bezeichnet das als doppelte Selektivität von Entscheidungen.

Wenn eine Mannschaft in der Fußball-Bundesliga sich für den „Kauf" eines bestimmten Spielers, etwa eines zweiten starken Stürmers von einer anderen Mannschaft, entscheidet, hat sie sich oft gleichzeitig für eine bestimmte Spielformation (in dem konkreten Fall wahrscheinlich für eine Formation mit zwei Stürmern) entschieden. Mit der Entscheidung für eine bestimmte Formation werden bestimmte Anschlussentscheidungen erforderlich, etwa über die Besetzung bestimmter weiterer Positionen in der gewählten Formation, und andere Entscheidungen, etwa über bestimmte Spielstrategien, ausgeschlossen (beispielsweise, weil sie mit der gewählten Formation und der darauf bezogen Zusammensetzung der Mannschaft nicht durchgeführt werden können). Die Entscheidung für eine bestimmte Formation und den

Einkauf bestimmter Spieler hat für die erforderlichen Anschlussentscheidungen eine oder mehrere Entscheidungsprämissen gesetzt, etwa in der Form, dass für die gewählte Formation noch ein weiterer Spieler eingekauft wird, um eine bestimmte Position, z. B. das defensive Mittelfeld, optimal zu besetzen, oder dass bestimmte Spieler nicht mehr gebraucht werden, weil ihre Position durch bessere Spieler besetzt werden kann. Dieser Prozess schafft früher oder später eine Situation, in der Entscheidungen über Spielstrategien weitgehend festliegen.

Eine zentrale Funktion von Entscheidungsprozessen, in denen über die Zeit selektive Relationen zwischen den Elementen eines Systems hergestellt werden, besteht in der Unsicherheitsabsorption. Unsicherheitsabsorption findet dadurch statt, dass eine Entscheidungsstelle Informationen verarbeitet, die dabei verbundene Unsicherheit bewältigt und am Ende nur noch das Resultat der Entscheidung als feststehenden Anschluss für die nächste Entscheidung liefert. Über Unsicherheitsabsorption erzeugt die Organisation bestimmte Sichtweisen und Routinen, an die sie sich zunehmend bindet. Die Organisation konstruiert also in einer Welt von Unsicherheit eine relative Sicherheit und damit klare Handlungsmöglichkeiten. Allerdings werden damit auch Anpassungshemmnisse aufgebaut – um die erworbene Sicherheit zu bewahren, tendieren Organisation dazu, Änderungsmöglichkeiten oder gar Änderungsnotwendigkeiten nicht wahrzunehmen.

Organisationen sind also Systeme, die aus Entscheidungen bestehen und Entscheidungen wechselseitig miteinander verknüpfen. Sie bestehen aus Sequenzen von aufeinander aufbauenden Entscheidungen, schaffen dabei Strukturen und absorbieren damit Unsicherheit. Diese Strukturen werden in Form von Entscheidungsprämissen, wie Kompetenzdefinitionen, Zieldefinitionen, Definition von Karrierebedingungen, sowie Entscheidungsprogrammen, die Kommunikationswege oder Funktionen vorschreiben, fixiert und formal festgelegt. Organisationen unterscheiden sich also von anderen Systemen unter anderem durch eine starke Formalisierung. Diese Formalisierung steht jedoch immer in einem Spannungsfeld mit ihrer Mitgliederumwelt. Organisationen müssen, z. B. über Anreizsysteme, eine Koppelung mit ihren Mitgliedern schaffen – die nicht Teil der Organisation, sondern psychische Systeme in der Umwelt der Organisation darstellen. Ohne solche Anreizsysteme lässt sich die Befolgung von Entscheidungsprämissen nicht sicherstellen.

Luhmann argumentiert in Bezug auf das Verhältnis von Organisationen und Mitgliedern ähnlich wie die verhaltenswissenschaftliche Entscheidungstheorie, die, ihrerseits starke systemtheoretische Elemente aufweist. In beiden Ansätzen wird die Vorstellung zurückgewiesen, Organisationen würden durch ihre Zwecke und durch zweckrationale Strukturen integriert. Luhmann geht dabei noch einen wichtigen Schritt weiter, indem er auch die Zwecksetzung von Organisationen relativiert – Organisationen verändern ihre Zwecke im Rahmen ihrer Kommunikation mit den Systemen, die ihre Umwelt bilden. Damit wird deutlich, dass Organisationen vor einem doppelten „Rationalitätsproblem" stehen – sie müssen nicht nur ihre Strukturen und ihr Handeln rational auf ihre Ziele ausrichten, sondern ihre Ziele auch rational auf ihre Umweltbezüge. Dieses Problem diskutiere ich im folgenden Teil dieses Kapitels ausführlicher und in einem breiteren theoretischen Kontext.

Unternehmen zwischen funktionaler und substantieller Rationalität

Wir haben weiter oben Karl Mannheims Gegenüberstellung von funktionaler Rationalität und substantieller Rationalität angesprochen und dabei festgestellt, dass zwischen beiden ein Spannungsfeld besteht. Funktionale Rationalität heißt bezogen auf Organisationen, dass das Handeln der Organisationsmitglieder durch die institutionellen und organisatorischen Strukturen systematisch auf die Zwecke und Ziele der Organisation ausgerichtet wird. Substantielle Rationalität dagegen bezieht sich auf die Fähigkeit der Organisationsmitglieder, ihre Aufgaben eigenständig und effizient zu erfüllen. Auf den ersten Blick scheint sich beides wechselseitig zu bedingen. Organisationen können ihre Zwecke nicht effizient erreichen, wenn ihre Mitglieder nicht im Rahmen ihrer Möglichkeiten rational handeln. Unter den heute in fast allen Organisationen mehr oder weniger stark ausgeprägten Bedingungen von Unsicherheit benötigen Individuen (und andere Akteure) eine hinreichende Erwartungssicherheit, also institutionelle Regelungen. Diese Regelungen müssen möglichst systematisch auf die Zwecke und Ziele des Unternehmens ausgerichtet sein. Das Spannungsfeld zwischen funktionaler und substantieller Rationalität entsteht einerseits aus Schwierigkeiten moderner Organisationen, funktionale Rationalität organisatorisch und institutionell herzustellen, und andererseits aus den Auswirkungen einer hohen funktionellen Rationalität (oder dem Versuch, diese herzustellen) auf das Informations- und Kommunikationsverhalten der Organisationsmitglieder. Die hier angesprochenen Probleme werden zusätzlich verschärft durch hohe Anforderungen an die Lernfähigkeit und die strukturellen Voraussetzungen zur Erfüllung dieser Anforderungen.

Organisationen sind per Definition Hierarchien. Hierarchien, so haben wir im zweiten Kapitel gelernt, sind zielgerichtete soziale Systeme. Die Hierarchie strukturiert idealtypisch das Handeln aller Organisationsmitglieder und sorgt dafür, dass die Ziele der Organisation erreicht werden. Wir haben bisher nicht darüber gesprochen, wo die Ziele von Organisationen herkommen und wie das Handeln von Organisationsmitgliedern strukturiert werden muss, um diese Ziele zu erreichen. Das sind jedoch zentrale Probleme aller Organisationen. In diesem Teil diskutiere ich diese Probleme zunächst bezogen auf einen besonderen Typ von Organisationen, nämlich Unternehmen. Dabei bediene ich mich zuerst eines verhaltens- oder entscheidungstheoretischen Ansatzes, danach wechsle ich in eine systemtheoretische Sicht.

In einer verhaltens- oder entscheidungstheoretischen Sicht können Organisationen nicht von sich aus Ziele haben. Ziele haben zunächst nur die Mitglieder einer Organisation. Auf der Basis dieser individuellen Ziele müssen im Rahmen von Kommunikations- und Entscheidungsprozessen Ziele für die Organisation festgelegt und umgesetzt werden. Bei (privaten) Unternehmen ist das auf den ersten Blick nicht schwierig, weil Unternehmen zu einem erwerbswirtschaftlichen Zweck gegründet werden. Ihr generelles Ziel wird also schon bei ihrer Konstitution durch einen Gründungsakt definiert. Diesen Gründungsakt problematisieren wir hier nicht; die in unserem Zusammenhang interessanten Probleme der Zielbestimmung entstehen erst danach, wenn der generelle Unternehmenszweck in konkrete operationale Ziele umgesetzt und an Veränderungen in der Umwelt oder im Unternehmen selbst angepasst wird.

Unternehmen

Eigenständige Organisationen, die zu erwerbswirtschaftlichen Zwecken gegründet werden.

In etwas größeren Unternehmen ist die Operationalisierung und Anpassung von Zielen ein vielschichtiger Prozess. Größere Organisationen weisen in verhaltenstheoretischer Sicht eine Vielzahl unterschiedlicher Akteure auf, die in unterschiedlichen Interaktionszusammenhängen zusammenwirken und unterschiedlichen Organisationsbereichen angehören, die selbst Organisationen oder Gruppen (mit eigenen Prozessen der Zielbestimmung) darstellen. Die Organisationen und ihre Teilbereiche interagieren mit einer größeren Zahl von externen Akteuren, die zum Teil selbst Organisationen sind. Diese Interaktionen finden in einem übergeordneten institutionellen Rahmen, etwa gesetzlichen Regeln oder den von John Meyer beschriebenen Institutionen der World Polity, statt.

 Ein interessantes Beispiel für diesen Sachverhalt ist die Unternehmensplanung in vielen Unternehmen, die technologisch hoch entwickelte Produkte herstellen und sich in einem harten Innovationswettbewerb befinden. Wenn solche Unternehmen ihre mittelfristigen Entwicklungs-, Produktions- und Marketingstrategien planen, kommt es oft zu Konflikten zwischen der Forschung und Entwicklung, dem Vertrieb und der Produktion sowie dem Finanzbereich. Die Forschung und Entwicklung will die Technologien und Produktideen vorantreiben, in denen sie ihre besonderen Stärken sieht, der Vertrieb will neue Produkte, die einerseits den Kundenbedürfnissen gut entsprechen, aber sich andererseits auch gut in den bestehenden Strukturen vertreiben lassen, die Produktion will neue Produkte fertigungsgerecht gestaltet haben und die Finanzleute wollen, dass alles möglichst kostengünstig abläuft. Jeder dieser Bereiche bildet einen eigenen Interaktionszusammenhang oder besser eine Teilorganisation. Die Teilorganisationen stellen Organisationen in der Organisation dar, die jeweils eigene Ziele haben und darauf abgestimmte Strukturen aufweisen, somit einer eigenen „Logik" unterliegen. Jede dieser Teilorganisationen ist in sich wieder in unterschiedliche Interaktionszusammenhänge oder Teilorganisationen differenziert, die ebenfalls wieder unterschiedliche Handlungslogiken aufweisen. Innerhalb der Forschung und Entwicklung gibt es zum Teil konkurrierende Projekte, in der Fertigung möglicherweise mehrere Werke, die miteinander innerhalb des Unternehmens konkurrieren und auch im Vertrieb gibt es unterschiedliche Interessen, zum Beispiel zwischen den für unterschiedliche Produktgruppen verantwortlichen Bereichen. Darüber hinaus gibt es im Unternehmen noch „quer" liegende Interaktionszusammenhänge oder Teilsysteme, wie beispielsweise die Arbeitnehmer oder die Kommunikationsbezüge zwischen Topmanagement und wichtigen Investoren. Schließlich sind alle an dem Prozess beteiligten individuellen Akteure auch noch eigene Persönlichkeiten. In der Unternehmensplanung müssen alle diese Organisationen, Interaktionszusammenhänge und Persönlichkeiten zusammengeführt werden. Es braucht nicht viel Phantasie, um sich das Resultat dieses Prozesses vorzustellen. Es wird eine Unternehmensplanung geben, die eine Reihe von Zielen festschreibt und vorgibt. Daneben aber werden die einzelnen Teilorganisationen ihre eigenen Ziele weiterverfolgen. Deren Ziele werden zwar in aller Regel nicht in einem offenen und direkten Widerspruch zu den gemeinsamen Zielen stehen, mit diesen aber oft nur locker verbunden sein. Dieses Ergebnis kann man mit Karl Weicks Evolutionstheorie gut erklären. Unser Unternehmen wird auch am Ende einer intensiven Diskussion über gemeinsame Ziele eine Organisation sein, die aus lose gekoppelten Elementen besteht und die ihren sinnvollen Zusammenhang immer wieder aufs Neue herstellen muss.

Schon in Bezug auf die Bestimmung von Zielen ist die Herstellung funktionaler Rationalität in einer etwas größeren Organisation schwierig. Noch schwieriger wird das, wenn die Organisationsstrukturen an die neu bestimmten Ziele angepasst werden. Wahrscheinlich verfügen weder die Organisation und ihre Akteure selbst noch mögliche externe Berater über ausreichendes Wissen, um die strukturellen Veränderungen (einschließlich der Verteilung von Ressourcen) zu bestimmen und zu begründen, die für eine effiziente Erreichung der neuen Ziele erforderlich sind. Auch in dieser Hinsicht wird es Konflikte geben – und zwar sowohl Konflikte zwischen unterschiedlichen Vorschlägen für die erforderliche Reorganisation als auch Konflikte zwischen Akteuren, welche Strukturen verändern wollen, und solchen, die behaupten, die neuen Ziele könnten mit der bestehenden Organisation effizient erreicht werden. Fehlendes Wissen und Konflikte werden zusammen wahrscheinlich bewirken, dass erstens die Strukturen im Unternehmen nicht einheitlich und konsequent auf die neuen Ziele ausgerichtet werden, und zweitens die tatsächlich getroffene Lösung nicht effizient ist.

Sowohl von den Zielen als auch von den Strukturen her ist es in etwas größeren Organisationen nur beschränkt möglich, funktionale Rationalität in dem Sinne herzustellen, dass das Handeln aller Organisationsmitglieder erwartungssicher auf die effiziente Erreichung der Organisationsziele ausgerichtet ist. Wenn ein solcher Zustand für ein etwas größeres Unternehmen überhaupt erreichbar ist, dann wahrscheinlich nur über einen längeren Anpassungsprozess, in dem auftretende Ziel- oder Strukturprobleme Schritt für Schritt beseitigt werden und die Organisation kontinuierlich verbessert wird. Allerdings stoßen bei vielen Unternehmen auch solche Anpassungsprozesse auf beträchtliche Schwierigkeiten, weil die Unternehmen in einer eher turbulenten Umwelt operieren. In einer turbulenten Umwelt operieren Unternehmen, die sich in einem harten Preis- oder Innovationswettbewerb befinden oder deren Märkte sich rasch verändern. Solche Unternehmen müssen ihre Produkte, Produktionsprozesse und Strukturen häufig verändern, um sich der Entwicklung von Markt und Wettbewerb wirtschaftlich sinnvoll anpassen zu können.

Schon seit den 1970er und 1980er Jahren zeigt die einschlägige Forschung, dass viele Unternehmen ihre Produktions- und Arbeitsorganisation so zu gestalten versuchen, dass unvorhergesehene Probleme und Situationen von den erfahrenen Arbeitskräften selbstständig und außerhalb der üblichen hierarchischen Berichts- und Weisungswege gelöst werden können. Manche Unternehmen haben dazu ihre Organisation auf sogenannte anthropozentrische (menschenzentrierte) Arbeitssysteme umgestellt. Anthropozentrische Arbeitssysteme sind durch flache Hierarchien, eine starke Dezentralisierung von Entscheidungskompetenzen, durch Gruppenarbeit sowie durch die Verknüpfung qualifizierter Facharbeit mit moderner computergestützter Produktionstechnologie charakterisiert. In einer solchen Arbeitsorganisation gibt es nur wenige Hierarchieebenen; die einzelnen Arbeits- und Produktionsbereiche organisieren ihre Arbeit mit großer Eigenverantwortung und die Arbeitskräfte arbeiten in Gruppen zusammen, die gemeinsam für jeweils bestimmte Aufgaben (wie Produktionsschritte, Teilprodukte) verantwortlich sind. Dabei wird die Arbeitsteilung in der Produktion möglichst gering gehalten, so dass für die einzelnen Arbeitskräfte sinnvolle Arbeitszusammenhänge entstehen – für die sie auch sinnvoll Verantwortung übernehmen können. Auf einen einfachen

Punkt gebracht, fahren anthropozentrische Produktionssysteme die funktionale Rationalität der Organisation zu Gunsten einer Stärkung der substantiellen Rationalität der Arbeitskräfte zurück. Bemerkenswerterweise geschieht das nicht in erster Linie in Unternehmen oder Unternehmensbereichen mit viel Handarbeit und wenig Technik, sondern im Gegenteil vor allem in hoch technisierten und automatisierten Unternehmen und Bereichen. Gerade in diesen Unternehmen und Bereichen ist die erfahrungsbasierte substantielle Rationalität der Arbeitskräfte besonders gefragt, um Störungen rasch zu beseitigen oder sogar von vornherein zu vermeiden – damit die teuren Anlagen möglichst permanent und mit voller Leistung in Betrieb gehalten werden können.

In den 1990er Jahren schienen sich anthropozentrische Produktionssysteme auf einem „Siegeszug" durch die meisten Industrieunternehmen zu befinden. Für Unternehmen in den entwickelten Volkswirtschaften, die entweder technologisch anspruchsvolle Produkte herstellen oder mit technologisch anspruchsvollen Produktionsverfahren arbeiteten, schienen anthropozentrische Produktionssysteme der Schlüssel zur Sicherung ihrer internationalen Wettbewerbsfähigkeit zu sein. Für die entwickelten Volkswirtschaften insgesamt versprachen anthropozentrische Produktionssysteme die Sicherung der Wettbewerbsfähigkeit auch bei hohen Löhnen. Obwohl sich anthropozentrische Produktionssysteme in vielen Unternehmen bewährten und die in sie gesetzten wirtschaftlichen Erwartungen erfüllten, fiel der erwartete „Siegeszug" doch deutlich schwächer aus, als dies zunächst erwartet wurde. In vielen Unternehmen wurden zwar Elemente anthropozentrischer Arbeitssysteme und einige der dahinterstehenden Organisationsprinzipien übernommen, die etablierten Strukturen blieben aber weitgehend erhalten. Der in unserem Zusammenhang wichtigste Grund für die hier angesprochene Entwicklung liegt im Verhältnis von funktionaler und substantieller Rationalität. Viele Unternehmen waren und sind nicht bereit, die Hierarchie und Regelung soweit abzubauen, wie es für eine konsequente Einführung anthropozentrischer Arbeitssysteme erforderlich ist. Sie waren nicht bereit, den damit verbundenen Verlust an Kontrolle und Erwartungssicherheit in Kauf zu nehmen und versuchten deshalb, einen tragfähigen „Kompromiss" zwischen den etablierten hierarchischen und formal stark geregelten Strukturen und anthropozentrischen Arbeitssystemen zu finden.

Wir stoßen hier auf ein grundlegendes Organisationsproblem vieler Unternehmen, das ich an anderer Stelle als Dilemma der Lernenden Organisation bezeichnet habe. Schon seit vielen Jahren wird in Wissenschaft und Praxis davon gesprochen, dass sich Unternehmen zu Lernenden Organisationen entwickeln müssen, um im Rahmen einer wirtschaftlichen Entwicklung, die durch eine hohes Innovationstempo und sich rasch verändernde Wettbewerbsbedingungen geprägt ist, ihre Wettbewerbsfähigkeit zu sichern. Das Konzept der lernenden Organisation ist zwar ein interessantes, aber nur schwer realisierbares Konzept. Eine lernende Organisation ist fast ein Widerspruch in sich selbst. Lernen heißt Veränderung, neue Verhaltensweisen, neue Strukturen, unbekannte Situationen und Kreativität. Organisation heißt dagegen Verstetigung und Formalisierung von Handeln, auf längere Dauer angelegte Strukturen, Routinisierung, Verlässlichkeit, Regelung und Kontrolle. Selbstverständlich können und müssen sich Organisationen an veränderte Bedingungen anpassen und sich entsprechend verändern. Insofern muss eigentlich jede Organisation lernen können. Mit dem Konzept der Lernenden Organisation ist jedoch mehr gemeint, nämlich eine Organisation, die ihre Produkte, Prozesse und Strukturen permanent an eine sich laufend verändernde, oft turbulente Umwelt anpassen muss.

Lernen lässt sich mit Organisation immer dann gut vereinbaren, wenn es weitgehend erfahrungsgeleitet ist und im Wesentlichen darin besteht, Erfahrung in Regeln zu übersetzen. Das ist in der Sicht von James G. March die übliche Form des Lernens in Organisationen. Diese Form ist jedoch nur ein kleiner Teil dessen, was Peter Senge und viele andere Organisationsforscher mit dem Konzept der Lernenden Organisation assoziieren. Was sie damit verbinden, ist eine Organisation, die neues Wissen und neue Handlungsmöglichkeiten rasch aufnimmt und nutzt, die innovativ und kreativ auf Probleme und Turbulenzen reagiert und die immer wieder neue Wege sucht. Lernende Organisationen in diesem Sinn sind, wie die Harvard-Professorin Rosabeth Moss Kanter es schön beschreibt, Organisationen, die sich nicht an den „mainstreams" (Hauptströmen) ihres Bereiches orientieren, sondern „newstreams" (neue Ströme) auffinden oder kreieren. Die mit dieser Art von häufigem und vor allem weit ausgreifendem Lernen verbunden Anforderungen führen Organisationen in ein Dilemma.

Dieses Dilemma besteht darin, dass eine Organisation entweder ihre Lernfähigkeit hoch halten kann, oder aber ihre Fähigkeit, Verhalten zu strukturieren und in verlässliche Abläufe einzubinden, zu regeln und zu kontrollieren, aber nicht beides zusammen. Wenn die Organisation ihre Lernfähigkeit hochhalten will, muss sie ihre Strukturen offenhalten, Regelungen stark zurücknehmen, Routinen und etablierte Strategien in Frage stellen lassen. Strukturen offenhalten heißt, dass Verhalten und Abläufe nicht mehr durch existierende Strukturen determiniert werden dürfen, sondern dass abweichendes Verhalten und abweichende Abläufe möglich sein oder gar gefördert und Kontroversen akzeptiert werden müssen. Es heißt in der Konsequenz, dass unterschiedliche strukturelle Lösungen zugelassen werden und nebeneinander zumindest experimentell koexistieren können. Damit werden zwangsläufig Hierarchien und Kompetenzen aufgeweicht und in Frage gestellt, was oft mit einem erheblichen Machtverlust für Teile des Managements oder das Management insgesamt verbunden ist. Darüber hinaus heißt Offenheit, mit Zulieferern, Kunden, Partnern, Hochschulen und anderen Einrichtungen eng zu kooperieren und damit die Grenzen des Unternehmens gegenüber diesen Akteuren zu öffnen – und zu akzeptieren, dass darüber Ideen, Vorstellungen und andere Anstöße in die Organisation einfließen, die im Widerspruch zu Ideen, Vorstellungen oder Regelungen in der Organisation stehen.

Offenheit von Organisationen ist in der Realität der meisten großen Organisation ein durchaus ambivalentes Prinzip. Den großen Vorteilen von Offenheit im Hinblick auf Lernfähigkeit stehen oft ebenso große Nachteile bezüglich der Organisationsfähigkeit gegenüber. Mit einer großen Offenheit verlieren Organisationen an der Fähigkeit, Abläufe sinnvoll aufeinander zu beziehen, Aktivitäten konsequent auf bestimmte Ziele auszurichten und Unternehmensentwicklungen zu planen. Wenn eine Organisation wegen ihrer Offenheit in einer anhaltenden Veränderung begriffen ist, ihre Strukturen im Fluss sind und ihre Entwicklungen durch konkurrierende Vorstellungen und Tendenzen geprägt ist, kann sie zwar vieles an Anstößen aufnehmen und umsetzen, aber sie steuert das Verhalten ihrer Mitglieder und ihrer Organisationseinheiten sehr viel weniger stark als bei stabilen Strukturen und eindeutigen Regelungen. Das gilt umso mehr, als eine Organisation mit großer Offenheit oft auch an kultureller Steuerungsfähigkeit verliert, weil sie vieldeutige und widersprüchliche Orientierungen vermittelt. Im Übrigen zeigen viele Erfahrungen, dass Unternehmen, die zu häufig restrukturieren und reorganisieren wirtschaftlich ebenso gefährdet sind wie Unternehmen, die unfähig sind, sich zu restrukturieren und reorganisieren.

Das hier umrissene Dilemma lässt sich in konkreten Einzelfällen immer wieder durch „Management by exception", zum Beispiel durch Bildung von ad hoc Einheiten (neudeutsch: „task forces") oder durch Ausnahmeregelungen, lösen. Man kann es auch durch eine Verschlankung von Organisationsstrukturen und die Vereinfachung von institutionellen Regeln abschwächen. Es bleibt jedoch ein dauerhaftes und zumeist nur temporär lösbares Problem vieler Unternehmen, funktionale und substantielle Rationalität in eine angemessene Balance zu bringen, die den für die Anpassungs- und Innovationsfähigkeit von Unternehmen notwendigen Fluss an neuen Ideen sichert, ohne durch die damit verbundene Offenheit die Organisationsfähigkeit zu verlieren.

Meine bisherigen Ausführungen zum Rationalitätsproblem von Unternehmen bewegen sich in einem verhaltens- oder entscheidungstheoretischen Rahmen. Zwar habe ich mich nicht auf eine bestimmte Theorie gestützt, aber schon die Gegenüberstellung von funktionaler und substantieller Rationalität ist nur in einem verhaltens- oder entscheidungstheoretischen Rahmen sinnvoll. In einer anderen theoretischen Perspektive würde man die oben diskutierten Probleme begrifflich und konzeptuell anders fassen.

In der Perspektive der in vielen Unternehmen immer noch verbreiteten Tayloristischen Managementlehre, zum Beispiel, besteht Managementkunst vor allem darin, Prozesse so zu strukturieren, dass die substantielle Rationalität der Mitarbeiterinnen und Mitarbeiter möglichst vollständig der funktionalen Rationalität unterworfen ist. Unvorhergesehene Probleme und Schwierigkeiten müssen über entsprechende Eventualitätsplanungen sowie besondere Regeln für „Krisenmanagement" abgefangen werden. Organisationales Lernen ist in dieser Perspektive vor allem eine Sache der Personen und Unternehmenseinheiten, welche Arbeit und Produktion planen und natürlich der mit Forschung und Entwicklung beschäftigten Bereiche. Das Wissen der Beschäftigten in der Produktion muss über institutionalisierte Verfahren abgerufen werden, zum Beispiel über ein betriebliches Vorschlagswesen, das den Beschäftigten für wirtschaftlich interessante Änderungsvorschläge Geld oder andere Prämien zahlt. Bei größeren Unternehmen wird die Komplexität der institutionellen Regelung im Sinne des für die Tayloristische Managementtheorie zentralen Konzepts der Arbeitsteilung dadurch reduziert, dass Unternehmen in eigenständige Sparten und Bereiche aufgegliedert werden, die entweder als eigenständige Unternehmen oder als „Profitcenter" im Unternehmen organisiert sind.

Aus der Sicht der Neuen Institutionenökonomik stellt sich, trotz ihrer verhaltenstheoretischen Basis, das Spannungsfeld von funktionaler und substantieller Rationalität etwas anders dar als in meinen Ausführungen. Die Neue Institutionenökonomik geht grundsätzlich davon aus, dass sich Organisationsmitglieder opportunistisch verhalten. Sie halten sich nur soweit an die Regeln, in denen die funktionale Rationalität der Organisation verankert ist, als dies entweder ihren eigenen Interessen entspricht oder die Nachteile einer Regelverletzung deren Vorteile überwiegen. In dieser Perspektive wird das Verhältnis zwischen funktionaler Rationalität und substantieller Rationalität zu einem Konflikt, mit dem Unternehmen regelmäßig umgehen müssen. Dadurch rücken erstens die vertraglichen Vereinbarungen zwischen der Organisation und ihren Mitgliedern und zweitens die Kontrolle und Durchsetzung dieser Vereinbarungen – und damit die Transaktionskosten – in den Fokus des Interesses. Substantielle und funktionale Rationalität müssen durch institutionelle Regeln (z. B. Arbeitsverträge) aufeinander abgestimmt werden. Da sich aber Individuen auch bezüglich vertraglicher Regeln opportunistisch verhalten, muss die Einhaltung von vertraglichen Regeln kontrolliert und sanktioniert werden. Die Formulierung, Kontrolle und Durchsetzung von Verträgen ist mit Transaktionskosten verbunden, die ein rational handelndes Unternehmen (bzw. rational handelnde Entscheider in Unternehmen) nur so lange in Kauf nimmt, bis die Grenzkosten der Transaktion den durch die Erzwingung organisationskonformen Handelns erzeugten Grenznutzen erreichen. Auf einen einfachen Nenner gebracht heißt das, dass rational handelnde Unternehmen (bzw. Unternehmen, deren Führung rational handelt) funktional rationales Handeln ihrer Mitglieder nie vollständig durchsetzen können, sondern immer ein mehr oder weniger großes Maß an abweichendem Verhalten tolerieren müssen. Evolutionistisch betrachtet, stellt dieses Maß ein Variationspotenzial von Unternehmen dar, das diese nutzen können, um sich an veränderte Umweltbedingungen anzupassen.

Interessanterweise kommt man mit Hilfe von Luhmanns Systemtheorie zu einer ganz ähnlichen Diagnose. Allerdings betrachtet Luhmann die Rationalitätsprobleme von Organisationen nicht als einen Gegensatz zwischen funktionaler Rationalität (der Organisation) und substantieller Rationalität (der Organisationsmitglieder), sondern als ein Problem der Abstimmung von Entscheidungen und der Komplexität dieser Abstimmung. Rationalität bezieht sich auf die Relation von Mitteln und Zweck. Diese Relation wird aber in Luhmanns Sicht nicht in einer Entscheidung simultan, sondern in aufeinanderfolgenden Entscheidungen sequentiell hergestellt – Organisationen entscheiden in separaten Entscheidungen über Zwecke und über Mittel. Erst durch die Verknüpfung dieser Entscheidungen werden Zweck-Mittel-Relationen hergestellt. Wenn in diesem Abstimmungsprozess Unsicherheiten und damit Kontrollverluste auftreten, kann die Organisation darauf nur durch eine Zerlegung von Entscheidungen reagieren – Entscheidungen werden in Teilentscheidungen zerlegt und schrittweise abgearbeitet. Dadurch wird Unsicherheit durch die Streckung der Relationierung von Zwecken und Mitteln über die Zeit absorbiert. Damit wird zwar die Komplexität der Probleme reduziert, auf die sich Entscheidungen beziehen, aber gleichzeitig die Komplexität des Entscheidungsprozesses durch die Vermehrung der Anzahl von Entscheidungen und Entscheidungsprozessen erhöht. Die Organisation besteht dann faktisch aus unterschiedlichen Teilsystemen, die nicht nur besondere Entscheidungsprozesse aufweisen, sondern darüber auch eigene Strukturen und Entscheidungsprämissen entwickeln.

Die Rationalisierung von Entscheidungsprozessen führt also zu einer wachsenden Komplexität von Entscheidungen und diese wiederum zu einer stärkeren Ausdifferenzierung der Organisation und damit zu einem Verlust an zentraler Kontrolle. Das heißt nichts anderes, als dass Organisationen nicht in der Lage sind, ihr Handeln vollständig zu rationalisieren. Um ein komplexitätssteigerndes Vermehren von Entscheidungen in Grenzen zu halten, müssen Organisationen Rationalisierungsprozesse an irgendeiner Stelle abbrechen und dadurch Rationalitätsverzicht in Kauf nehmen. Es kommt somit immer wieder zu Entscheidungsverläufen, die im Sinne der bisher entwickelten Strukturen unerwartet und unvorhersehbar sind. Solche Ereignisse kann man als Kontrollverlust verstehen, aber in Luhmanns Sicht auch als Innovation. Luhmann definiert Innovation als einen kontraintuitiven Entscheidungsprozess, einen Prozess, der zu nicht erwarteten Entscheidungen führt und damit Erwartungen ändert. Innovationen sind, mit anderen Worten, Entscheidungsprozesse, welche die aus der bisherigen Entscheidungsgeschichte vorgegebenen Pfade verlassen.

Die Organisation gesellschaftlicher Interessen

Im vorangehenden Teil dieses Kapitels haben wir über Unternehmen gesprochen, in diesem werden wir über Verbände sprechen. Unternehmen und Verbände stellen unterschiedliche Typen oder Formen von Organisationen dar. Der Unterschied liegt im Zusammenhang zwischen Organisationszielen und den individuellen Zielen der in der Organisation tätigen Personen. Bei Unternehmen sind die Organisationsziele nicht gleichzeitig auch die Ziele der in der Organisation tätigen Personen (der Mitglieder der Organisation). Die Verknüpfung zwischen Organisationszielen und individuellen Zielen wird nur indirekt über eine vertragliche Regelung und über damit verbundene Anreize hergestellt. Die vertragliche Regelung sorgt dafür, dass die Mitglieder des Unternehmens als Arbeitnehmer ihre persönlichen Interessen bei ihrer Tätigkeit für die Organisation zurückstellen und dafür durch Löhne und andere Anreize entschädigt werden. Dadurch entsteht eine Form gemeinsamen Handelns, die man als korporatives Handeln bezeichnet – Handeln, das durch eine Körperschaft (Korporation) mit eigenen Zielen strukturiert und über Regeln und Anreize kontrolliert wird. Einfacher ausgedrückt, stellt korporatives Handeln einen Typ von gemeinsamem Handeln dar, dessen Ziele den Handelnden extern vorgegeben werden.

Verbände beruhen dagegen auf einer Form von gemeinsamem Handeln, die man kollektives Handeln nennt. Kollektives Handeln ist gemeinsames Handeln von individuellen Akteuren auf der Basis gemeinsamer Ziele. Der Unterschied zwischen kollektivem und korporativem Handeln besteht also darin, dass bei Letzterem die Ziele extern vorgegeben sind, während bei Ersterem die Ziele gemeinsam sind.

Korporatives und kollektives Handeln

- Korporatives Handeln: Gemeinsames Handeln von Personen auf der Basis extern vorgegebener Ziele.
- Kollektives Handeln: Gemeinsames Handeln von Personen auf der Basis gemeinsamer Ziele.

Verbände sind Organisationen, die Individuen und andere Akteure gründen oder denen sie beitreten, um gemeinsame Ziele zu erreichen, die sie allein nicht erreichen können. Bei Verbänden stellen die Ziele der Organisation gleichzeitig auch Ziele der Mitglieder dar. Die Erreichung der Organisationsziele bringt jedem Mitglied unmittelbar einen persönlichen Nutzen. Als Verband bezeichnen wir nur solche Zusammenschlüsse von Akteuren, die nicht nur vorübergehend eingegangen werden, sondern auf Dauer angelegt sind. Das macht sie zu Organisationen. Beispiele für Verbände sind der Bundesverband der deutschen Industrie, der Verband der Kleingärtner, Siedler und Kleintierzüchter, der Allgemeine deutsche Automobilclub oder die Deutsche Vereinigung für Politikwissenschaft, aber auch die Gewerkschaften und die sogenannten Nicht-Regierungsorganisationen (Non-governmental organizations, NGOs), wie die Human Rights Watch, Greenpeace oder Attac (Association for the Taxation of Financial Transactions for the Aid of Citizens).

> **Verband**
>
> Ein dauerhaft organisierter Zusammenschluss von Personen oder anderen Akteuren zur Erreichung gemeinsamer Interessen.

Wir betrachten Verbände zunächst wieder in einer verhaltens- und entscheidungstheoretischen Sicht und fragen nach ihren Möglichkeiten, ihr Handeln effizient zu organisieren. Da bei Verbänden eine prinzipielle Übereinstimmung zwischen den Organisationszielen und den individuellen Zielen der Mitglieder besteht, könnte man annehmen, dass sich diese Frage gar nicht wirklich stellt oder dass sich Verbände zumindest viel leichter effizient organisieren lassen als Unternehmen. Das ist jedoch nicht generell der Fall. Wie der amerikanische Nationalökonom Mancur Olson zeigt, folgt aus der Tatsache, dass Menschen, die gemeinsame Interessen haben und sich zur Erreichung dieser Interessen in einer Organisation zusammenschließen, nicht, dass sie die für die Erreichung der Organisationsziele notwendigen Leistungen auch freiwillig erbringen. Olson argumentiert im Gegenteil, dass Verbände umso ineffizienter sind, je mehr Mitglieder sie haben und je größer die Zahl der Menschen in einer Gesellschaft ist, für die das Ziel des Verbandes im positiven Sinn wichtig ist. Das habe ich schon im ersten Kapitel kurz angesprochen, dort aber nicht weiter erklärt, warum größere Gruppen von Gesellschaftsmitgliedern, die breitere Interessen vertreten, viel schlechter organisierbar sind als kleine Gruppen, welche Interessen vertreten, die für die meisten Gesellschaftsmitglieder eher unwichtig oder gar schädlich sind. Diese Erklärung hole ich jetzt nach.

Die Wurzel des Problems lässt sich mit einem Satz beschreiben: Verbände produzieren kollektive Güter. Kollektive Güter sind solche, die man, salopp formuliert, nicht kaufen muss, wenn man sie konsumieren will. Das Gegenstück zu kollektiven Gütern, nämliche private Güter (z. B. Kartoffeln, Autos oder Hotelübernachtungen), kann man nur konsumieren, wenn man dafür einen Preis bezahlt, der proportional zu der erwünschten Menge des Gutes ist. Wer keinen angemessenen Preis bezahlen will (oder kann), wird vom Konsum des Gutes ausgeschlossen. Für private Güter gilt also das Ausschlussprinzip. Private Güter stehen auch nicht in beliebiger Menge zur Verfügung, so dass der Kauf einer bestimmten Menge des Gutes durch einen Käufer die Menge, welche jeder andere Käufer erwerben kann, reduziert. Dieser Sachverhalt wird als Rivalitätsprinzip bezeichnet – Käufer sind bei privaten Gütern Rivalen. Bei kollektiven Gütern gilt weder das Ausschlussprinzip noch das Rivalitätsprinzip. Das bedeutet, dass erstens vom Genuss eines kollektiven Gutes niemand ausgeschlossen werden kann und zweitens, dass der Konsum eines kollektiven Gutes durch einen bestimmten Nutzer den Konsum aller anderen Nutzer nicht beeinflusst.

> **Kollektive Güter**
>
> Güter, bei denen das Ausschlussprinzip und das Rivalitätsprinzip nicht gelten.

In unserem Alltag gibt es ganz viele kollektive Güter – von der Luft über Arbeits- und Studienbedingungen bis hin zu vielen öffentlichen Infrastrukturen und Leistungen. Luft kann nicht nur jeder Mensch atmen, so viel er will, sondern viele Unternehmen können (oder konnten) sie auch verschmutzen, so viel sie wollen. Saubere Luft ist lebensnotwendig, verschmutzte Luft erzeugt Krankheiten und Krankheitskosten. Saubere Luft ist also etwas Wertvolles; Experten können ihren Wert bzw. den Schaden aus der Verschmutzung von Luft sogar ziemlich gut berechnen. Da Luft jedoch ein kollektives Gut ist, nutzen viele Menschen und viele Unternehmen die Luft, ohne sich an ihrer Reinhaltung zu beteiligen. Tatsächlich kann man Luftverschmutzung nur mit staatlicher Zwangsgewalt vermeiden. Da Zwangsgewalt politisch nur bedingt durchsetzbar ist, gibt es viel mehr Luftverschmutzung oder viel weniger saubere Luft, als die meisten Menschen und die meisten Unternehmen haben möchten. Ganz ähnlich ist es mit Arbeits- oder Studienbedingungen. Arbeitsbedingungen werden von Gewerkschaften und Arbeitgeberverbänden im Rahmen von Verhandlungen geschaffen, Studienbedingungen sind das Resultat von Verhandlungen und Interaktionen zwischen engagierten Studierenden und Lehrenden. Von guten Arbeitsbedingungen können jedoch auch die Arbeitgeber und Arbeitnehmer profitieren, die sich an ihrer Herstellung nicht beteiligen, beispielsweise keine Mitgliedsbeiträge an Gewerkschaften bezahlen oder nicht Mitglied eines Arbeitgeberverbandes sind. Gute Studienbedingungen nutzen auch den Studierenden, die sich nie in Fachschaften oder Hochschulgremien engagieren.

Da Menschen und andere Akteure von kollektiven Gütern auch dann profitieren können, wenn sie keinen Beitrag zu den Kosten der Herstellung des jeweiligen Gutes leisten, verhalten sich viele Akteure als „Trittbrettfahrer". Trittbrettfahrer sind Akteure, die ein Gut nutzen, ohne dafür zu bezahlen. Da auch die Herstellung eines kollektiven Gutes mit Kosten verbunden ist – zum Beispiel Kosten für den Betrieb von Gewerkschaften und Arbeitgeberverbänden –, führt Trittbrettfahren dazu, dass weniger von dem kollektiven Gut hergestellt wird als möglich wäre, wenn alle Nutzer angemessen bezahlen würden. Wenn beispielsweise alle Arbeitnehmer in Gewerkschaften engagiert wären und ihre vollen Mitgliederbeiträge zahlen würden, könnten die Gewerkschaften mehr für die Verbesserung der Arbeitsbedingungen der Arbeitnehmer tun und würden am Ende bessere Arbeitsbedingungen erzielen. Das gilt analog für die Arbeitgeberseite: Wenn alle Unternehmen Mitglieder eines Arbeitgeberverbandes wären, könnten diese Verbände bessere Arbeitsbedingungen für die Unternehmen erzielen, als wenn viele Unternehmen aus dem Verband ausscheren. Obwohl die Interessen der Gewerkschaften und die der Arbeitgeber nicht übereinstimmend, sondern oft eher gegensätzlich sind, könnten von einer vollen Beteiligung auf beiden Seiten beide Seiten profitieren. Ein Beispiel: In der zweiten Hälfte des vergangenen Jahrhunderts waren Gewerkschaften und Arbeitgeberverbände stark. Das hat dazu geführt, dass Deutschland zwar einerseits ein im internationalen Vergleich hohes Lohnniveau hatte, gleichzeitig aber auch eine im internationalen Vergleich hohe Produktivität und eine geringe Streikhäufigkeit. Deshalb sind die für die internationale Wettbewerbsfähigkeit von Unternehmen maßgeblichen Lohnstückkosten (die Arbeitskosten pro Einheit eines Gutes) gefallen.

Wir haben oben Verbände als Organisationen definiert, durch die ihre Mitglieder gemeinsame Interessen verfolgen und vertreten. Verbände produzieren also immer kollektive Güter, von denen mindestens alle Mitglieder des Verbandes profitieren können, oft sogar Nicht-Mitglieder. Der Fahrgastverband Pro Bahn engagiert sich für vernünftige Tarife und bessere Fahrgastrechte. Wenn sein Engagement Erfolg hat, bringt das allen Bahnreisenden einen Nutzen, obwohl viele dieser Personen den Verband Pro Bahn bei der Verfolgung seiner Ziele nicht unterstützen. Die Lohnerhöhungen und Arbeitsverbesserungen, welche die Gewerkschaften durchsetzen, kommen ebenso allen Arbeitnehmern der jeweiligen Branche zu Gute, wie die Flexibilisierung von Arbeitsverhältnissen, welche die Arbeitgeberverbände erreichen konnten, allen Unternehmen der Branche Nutzen bringt. Wegen des Trittbrettfahrerproblems können allerdings viele Verbände ihre Ziele viel weniger weit realisieren, als dies den Interessen ihrer Mitglieder entspricht. Dies gilt umso eher, je größer ein Verband ist und je allgemeiner seine Interessen sind, je mehr Menschen seine Ziele teilen.

Der Grund für diesen Sachverhalt liegt, wie Mancur Olson deutlich macht, darin, dass bei großen Verbänden der Beitrag jedes einzelnen Mitgliedes für die Erreichung der gemeinsamen Ziele viel weniger ins Gewicht fällt als bei kleinen. Der Beitrag eines einzelnen Mitglieds einer großen Gewerkschaft zum Budget dieser Gewerkschaft ist vernachlässigbar gering; ob dieses Mitglied bezahlt oder nicht, ändert einzeln betrachtet nichts an der Leistungsfähigkeit der Gewerkschaft. Wenn dagegen beim deutschen Atomforum eines der hundert Mitglieder, vor allem eines der großen Unternehmen, keinen oder keinen angemessenen Beitrag zu den Kosten der Organisation leistet, schlägt das voll auf die Leistungsfähigkeit der Organisation durch. Bei großen Verbänden verändert sich also für jedes einzelne Mitglied der Nutzen, den es aus der Erreichung der Organisationsziele gewinnen kann, kaum, wenn es keinen oder keinen angemessenen Beitrag zur Erreichung dieser Ziele leistet; bei einem kleinen Verband wird dies jedoch für das Mitglied sofort spürbar. Daraus folgt, dass die Mitglieder eines Verbandes umso eher einen angemessenen Beitrag zu den Kosten der Erreichung der gemeinsamen Ziele leisten, je kleiner der Verband ist und umso eher keinen oder keinen angemessenen Beitrag leisten, je größer der Verband ist. Aus diesem Sachverhalt ergibt sich eine politisch problematische Konsequenz: Kleine Verbände sind im Hinblick auf die Erreichung ihrer Ziele viel effizienter als große.

Daraus wird oft die Schlussfolgerung gezogen, dass die speziellen Interessen (Ziele) von kleinen Gruppen in der Gesellschaft viel besser organisierbar sind als die allgemeinen Interessen breiter Bevölkerungskreise. Deshalb gelingt es in dieser Sicht kleinen Gruppen in aller Regel viel besser, ihre besonderen Interessen politisch durchzusetzen als großen Gruppen. Politik wird deshalb in den westlichen Demokratien einseitig durch gut organisierte spezielle Interessengruppen beeinflusst, was oft zu Lasten von wirtschaftlicher Effizienz und sozialer Gerechtigkeit geht. Obwohl auch Olson diese Sicht vertritt, ist sie in der Sicht seiner Theorie keinesfalls zwingend. Olson argumentiert nämlich, dass größere Verbände ihre Mitglieder mit sogenannten selektiven Anreizen dazu motivieren können, die notwendigen Beiträge zu leisten. Selektive Anreize sind nichts anderes als leistungsbezogene Belohnungen. Dazu gehören Löhne für Funktionäre, aber auch die Bezahlung von Streikgeldern für Mitglieder von Gewerkschaften (soweit sie ihren Beitragsverpflichtungen nachgekommen sind) oder günstige Versicherungen für ADAC-Mitglieder. Selbst in einer engen ökonomischen Perspektive gibt es für viele (nicht alle) große Verbände Möglichkeiten, die erforderlichen Leistungen ihrer Mitglieder sicherzustellen.

Das heißt nicht, dass Olsons Theorie falsch ist, aber doch, dass sie zu eng und zu einseitig ist. Es ist empirisch sicher richtig, dass gesellschaftliche Interessen (gemeinsame Ziele einer mehr oder weniger großen Gruppe von Gesellschaftsmitgliedern) ungleiche Durchsetzungschancen haben. Diese beruhen zum Teil auf den von Olson thematisierten Organisationsproblemen, aber eben nur zum Teil. Wie der Soziologe Claus Offe zeigt, hängt die Macht von

Verbänden nicht nur von ihrer Organisationsfähigkeit ab, sondern vor allem von ihrer Konfliktfähigkeit. Als Konfliktfähigkeit bezeichnet Offe die Möglichkeit von gesellschaftlichen Interessengruppen, insbesondere von Verbänden, der Gesellschaft und anderen Gruppen in der Gesellschaft, wichtige Leistungen zu verweigern. Auch die spezifischen Beziehungen zwischen Verbänden und Bürokratien sind ein wichtiger Faktor der Macht von Verbänden.

Eine andere Sicht auf Verbände als die von Olson und vieler ökonomischer und politikwissenschaftlicher Kritiker von Verbandsmacht, gewinnt man mit Luhmanns Systemtheorie. Luhmann betrachtet Verbände als einen sinnvollen Teil des politischen Systems – einen Teil, der sich aus der Autopoiesis des politischen Systems entwickelt hat und eine wichtige Rolle für die weitere Autopoiesis des politischen Systems spielt. Dabei unterstellt er keine einfache Funktionalität. Er geht vielmehr von der in der Soziologie über die Systemtheorie hinaus verbreiteten Annahme aus, dass sich der Prozess der Entwicklung moderner Gesellschaften als Entwicklung von schichtmäßiger (hierarchischer) zu funktionaler Differenzierung darstellt. Das schlägt sich im politischen System insbesondere darin nieder, dass Macht ihren asymmetrischen Charakter (ihren hierarchischen Herrschaftsbezug) verliert und das politische System in die Form eines dynamischen Kreislaufes gebracht wird. In diesem Kreislauf beeinflussen das von Luhmann sogenannte Publikum, als Bürgerinnen und Bürger, über Wahlen die Politik, diese setzt die Entscheidungsprämissen und den strukturellen Rahmen für die Verwaltung, die Verwaltung bindet das Publikum, das wiederum in Wahlen darauf reagieren kann.

Zu diesem Machtkreislauf gibt es jedoch einen Gegenkreislauf. Die Politik beeinflusst über die Parteien die Wähler (das Publikum), das Publikum wiederum übt über das Rechtssystem und die Verbände Einfluss auf die Verwaltung aus, welche ihrerseits die Entscheidungen der Politik vorbereitet. Während der Machtkreislauf auf rechtlich geregelter Kompetenz beruht, spiegelt der Gegenkreislauf die Überlastung des politischen Systems durch die Komplexität von Entscheidungen wider. Die Politik kann oft ohne Vorlagen der Verwaltung keine Entscheidungen treffen, weil sie selbst nicht in der Lage ist, die Informationen zu sammeln und zu verarbeiten, die für Entscheidungen über komplexe Probleme notwendig sind. Die Verwaltung ihrerseits benötigt sowohl bei der Vorbereitung als auch bei der Umsetzung politischer Entscheidungen die Kooperation des Publikums, insbesondere der Verbände. Das Publikum dagegen benötigt die Parteien, um eine Vielzahl unterschiedlicher möglicher Entscheidungen bezüglich unterschiedlicher Probleme auf überschaubare Programme zu reduzieren. Der Gegenkreislauf setzt sich gegenüber dem Machtkreislauf umso stärker durch, je komplexer die Probleme sind und je schneller sie sich verändern.

Die Existenz eines Gegenkreislaufs führt Luhmann folgend dazu, dass sich die Selbstreferentialität des politischen Systems und seiner Teilsysteme bzw. der in ihm tätigen Organisationen, verstärkt und ihre Umweltorientierung schwächt. Politik, Verwaltung und andere Teilsysteme und Organisationen orientieren sich also primär an ihren eigenen Codes (an ihren Maßstäben). Das wird dadurch ermöglicht, dass kein Teilsystem oder keine Organisation einseitig von der jeweiligen Umwelt abhängig ist, sondern diese über den Gegenkreislauf auch von ihr. Um trotz einer starken Selbstreferentialität die notwendige Anpassungsfähigkeit an die Umwelt sicher zu stellen, werden Umweltbezüge externalisiert und damit vereinfacht. Die Umweltbezüge zwischen der Politik und dem Publikum werden beispielsweise in die öffentliche Meinung „ausgelagert", die Umweltbezüge zwischen Verwaltung und dem Publikum auf die Verbände. Die Verbände werden gleichzeitig vom wirtschaftlichen System genutzt, um bestimmte problematische Umweltbezüge (z. B. ökologische Probleme) zu externalisieren und dem politischen System aufzubürden.

In dieser Sicht haben Verbände zwei wichtige Funktionen. Sie ermöglichen, wie wir gerade gesehen haben, eine Externalisierung von Umweltbezügen sowohl des politischen Systems als auch anderer funktionaler Teilsysteme der Gesellschaft, mit denen das politische System gekoppelt ist. Weiter oben haben wir Verbände schon als ein Element des Gegenkreislaufes dargestellt, über welches das Publikum Einfluss auf die Verwaltung und andere Organisationen im politischen System (insbesondere Parteien) nehmen kann.

Beide Funktionen können Verbände nur als Organisationen erfüllen, die in der Lage sind, selbst für ihre Mitglieder (oder die Teilsysteme, die sie repräsentieren) verbindliche Entscheidungen herzustellen. Die Externalisierung von Umweltbezügen der Verwaltung auf Verbände ist für die Verwaltung nur sinnvoll, wenn damit eine Vielzahl von Entscheidungsbezügen zwischen Verwaltung und ihrem Publikum verlässlich auf wenige Entscheidungsbezüge mit Verbänden reduziert werden kann. Umgekehrt kann das Publikum nur dann Einfluss über Verbände auf die Verwaltung nehmen, wenn die Verbände durch Herstellung von Entscheidungen, die für ihre Mitglieder oder die durch sie repräsentierten Teilsysteme verbindlich sind, die für die Verwaltung wichtige Leistung der Komplexität von Umweltbezügen erbringen kann.

Wegen des Zusammenspiels von Machtkreislauf und Gegenkreislauf sind Verbände jedoch bei der Herstellung von verbindlichen Entscheidungen für ihre Mitglieder bzw. die durch sie repräsentierten Teilsysteme auf Kommunikation und Kooperation mit anderen Organisationen angewiesen. Die Kommunikation von Verbänden mit anderen Verbänden oder Organisationen entzieht sich weitgehend der organisationsinternen Steuerung. Verbände und andere Organisation im politischen System unterliegen Michels ehernem Gesetz der Oligarchie. Mit diesem Konzept beschreibt der Politikwissenschaftler und Soziologe Robert Michels die in seiner Sicht unvermeidliche Tatsache, dass demokratische Parteien stark durch Parteieliten und nur wenig durch ihre Mitglieder kontrolliert werden. Dieses Gesetz begründet er damit, dass sich in großen Organisationen bürokratische und spezialisierte Strukturen herausbilden, die von den jeweiligen Funktionseliten kontrolliert werden.

Oligarchie

Herrschaft durch eine kleine Elite.

Ein illustratives Beispiel für das Oligarchieproblem finden wir in der direkten Demokratie in der Schweiz. Die Bildung von politischen Mehrheiten, die auch in Volksabstimmungen Bestand haben, setzt vielseitige und vielschichtige Verhandlungen zwischen Parteien und Verbänden sowie mit den Kantonen voraus. Letztere müssen deshalb in die Verhandlungen einbezogen werden, weil die schweizerische Verfassung vorschreibt, dass Abstimmungen über Gesetze (Referenden) und Vorschläge für Gesetze oder Verfassungsartikel (Initiativen) nicht nur eine Mehrheit der Stimmberechtigten, sondern auch der Kantone benötigen. Diese Verhandlungen finden zum Teil in einem formalen Rahmen statt, insbesondere im Rahmen der sogenannten Vernehmlassung. Die Vernehmlassung ist ein Anhörungsverfahren, welches

Verbänden und Kantonen Gelegenheit gibt, ausführlich zu Gesetzentwürfen (des Bundes) Stellung zu nehmen. Ein großer Teil der Verhandlungen zwischen Parteien, Verbänden und Kantonen findet allerdings informell statt. Das wird in der Schweiz dadurch erleichtert, dass ihre politische Elite erstens klein ist und zweitens eine beträchtliche Ämterkumulation aufweist – die Mitglieder der politischen Elite haben zumeist gleich mehrere Ämter (z. B. Parlamentsmitglied, Vorsitzender eines Verbandes, Aufsichtsratsmitglied in einem öffentlichen Unternehmen, Vorstandsmitglied einer kantonalen Parteiorganisation) inne. Diese kleine verflochtene Elite fällt faktisch einen großen Teil der politischen Entscheidungen. Ihre Macht beruht dabei weitgehend auf der durch die direkte Demokratie geschaffenen Notwendigkeit, einen möglichst breiten Konsens über Gesetzesentwürfe herbeizuführen und möglichst große parlamentarische und populäre Mehrheiten zu organisieren.

In der Sicht von Luhmann besteht das Rationalitätsproblem von Verbänden und anderen politischen Organisationen nicht darin, die Mitglieder der Organisation zu einer angemessen Beteiligung an der Erbringung der Organisationsleistungen zu motivieren, sondern darin, die Entscheidungsfähigkeit politischer Organisationen durch eine Einschränkung der Mitgliederbeteiligung zu sichern. Die breite Beteiligung von Mitgliedern an den Entscheidungen von Organisationen, oder wie es Luhmann ausdrückt, die Demokratisierung von Entscheidungsprozessen in Organisationen, geht zu Lasten der Entscheidungsfähigkeit. Sie hat die gleichen Effekte wie Rationalisierung – sie führt zu einer wachsenden Komplexität von Entscheidungen und von Organisationsstrukturen und damit zu einem Verlust an zentraler Kontrolle oder funktionaler Rationalität.

Ein besonderer Fall: Bürokratie

In seinem bekannten Buch *Soziale Ursprünge von Diktatur und Demokratie* beschreibt Barrington Moore die Rolle der Bürokratie beim Niedergang des kaiserlichen China. Die durchaus gut ausgebildeten Mandarine schufen eine überbordende Bürokratie. Diese war durch einen extremen Egoismus der Mandarine, also das, was man in der institutionellen Ökonomie als Opportunismus bezeichnet, und durch eine starke Korruption gekennzeichnet. Der kaiserliche Verwaltungsapparat presste die Wirtschaft aus und hinderte sie am Wachstum. Er verhinderte die Modernisierung Chinas so lange, bis das System nicht mehr reformierbar war und revolutionär umgestürzt werden musste.

Was Moore über das kaiserliche China und die vorindustrielle Zeit schreibt, erscheint vor dem Hintergrund der deutschen Debatte über Bürokratisierung und Verwaltungsreform ganz aktuell. Wie man seit vielen Jahren in der einschlägigen wissenschaftlichen Literatur und in den Medien nachlesen und hören kann, ist die Bürokratie im modernen Deutschland (und anderen modernen Staaten) zwar, von Ausnahmen abgesehen, nicht korrupt wie die im alten China, aber oft übermächtig und überbordend. Sie produziert eine Fülle von Gesetzen und anderen Rechtsvorschriften und von Programmen und öffentlichen Leistungen, die kaum mehr überschaubar und vor allem schwer kontrollierbar sind. Sie verwendet öffentliche Mittel ineffizient und ist die Triebkraft eines anhaltenden Wachstums der öffentlichen Ausgaben und des Staatapparates. Damit hemmt sie oft Wirtschaftswachstum und Innovation. Sie hat sich bisher keineswegs als reformfreudig erwiesen.

Schon im alten China lagen, wie bei Moore nachzulesen ist, die Probleme der öffentlichen Verwaltung nicht in erster Linie bei individuellem Fehlverhalten von „bösen" Mandarinen. Ihre Ursachen waren vielmehr ungünstige institutionelle Regelungen und die Führungsschwäche des Kaisers. Auch in Deutschland und anderen modernen Ländern werden zentrale Probleme der Bürokratie in der institutionellen Struktur, insbesondere in der Steuerung des bürokratischen Handelns durch Rechtsnormen mit hoher Regelungsdichte und detaillierten Budgetvorgaben, in hierarchischen Aufbau- und Ablaufstrukturen mit starren Kommunikations- und Leitungswegen, und einem wenig leistungsorientiertem Dienstrecht und Besoldungssystem gesehen. Zudem werden auch hier politische Führungsschwächen und politische bzw. demokratische Kontrolldefizite beklagt.

Im Zusammenhang mit solchen Diagnosen wird in Deutschland seit vielen Jahren und Jahrzehnten über eine grundlegende Verwaltungsreform diskutiert – und an manchen Orten, vor allem in Kommunen – entsprechend gehandelt. Insgesamt steht aber in Deutschland eine durchgreifende Verwaltungsreform noch aus. Das lag und liegt vor allem daran, dass es für die Verwaltungsreform konkurrierende Leitbilder gab und gibt. Zunächst stießen die traditionellen, auf Max Weber zurück gehenden Vorstellungen von Bürokratie, die ich im Folgenden als Weberianismus bezeichne, auf Vorstellungen eines „New Public Managements", das stark durch ökonomische und betriebswirtschaftliche Sichtweisen geprägt war. Beide reagierten auf unterschiedliche Weise auf weithin akzeptierte Probleme von Überlastung und Ineffizienz von Bürokratie.

Max Weber hat vor über hundert Jahren Bürokratie als das Resultat der Rationalisierung von Gesellschaft untersucht. In seiner Sicht schlug sich die Rationalisierung der Gesellschaft in der gesellschaftlichen Ordnung als Entwicklung einer legalen Herrschaft nieder. Legale Herrschaft ist im Gegensatz zu ihren Vorläufern, der charismatischen und der traditionellen Herrschaft, eine rationale Form der Herrschaft. Die charismatische Herrschaft beruht auf der persönlichen Ausstrahlung (dem Charisma) eines Führers (oder einer Führerin), beispielsweise auf seiner Heiligkeit oder seiner Heldenhaftigkeit, traditionale Herrschaft auf festgelegten und überlieferten Regeln (Traditionen) zur Bestimmung eines Herrschers, zum Beispiel auf bestimmten Erbschaftsregeln. Die legale Herrschaft beruht dagegen auf einer unpersönlichen Ordnung (Verfassung), der auch die „Herrscher" unterworfen sind. Diese drei Typen bilden die Formen legitimer Herrschaft.

Formen legitimer Herrschaft (Max Weber)

- Charismatische Herrschaft: Herrschaft auf der Basis des Charismas des Herrschers.
- Traditionale Herrschaft: Herrschaft auf der Basis von Traditionen zur Bestimmung des Herrschers.
- Legale Herrschaft: Herrschaft auf der Basis einer unpersönlichen Ordnung.

Mit jedem Herrschaftstyp sind unterschiedliche Formen der Verwaltung verbunden. Charismatische Herrschaft verfügt nicht über einen professionellen Verwaltungsstab, sondern aus Personen, die dem Führer (oder der Führerin) persönlich ergeben sind. In der traditionalen Herrschaft besteht die Verwaltung je nach konkreter Form der Herrschaft entweder auch aus

persönlichen Vertrauensleuten, oder aber aus Funktionären, die durch vertragliche Rege-
lungen (z. B. Lehenseide) an den Herrscher gebunden sind. Erst die legale Herrschaft kennt
Bürokratie im Sinne einer professionellen, regelgeleiteten Verwaltung. Bürokratie ist eine
Form der Organisation, die idealtypisch vollständig durch funktionale Rationalität geprägt
wird. Sie ist gekennzeichnet durch eine festgelegte Hierarchie von Ämtern. Ein Amt ist eine
Position, die durch klar definierte Aufgaben und ebenso klare Rollenerwartungen bestimmt ist.
Die Inhaberinnen und Inhaber von Ämtern müssen über festgelegte Qualifikationen verfügen
und werden nach einem festgelegten, unpersönlichen (rein amtsbezogenen) System entlohnt
und befördert (oder entlassen). Ihre Arbeit ist durchgängig geregelt und muss in Form von
Akten dokumentiert werden. Die Beschäftigung ist in der Regel lebenslänglich.

Bürokratie

Eine Organisationsform, in der das Handeln der Mitglieder vollständig durch Regeln
bestimmt wird.

In Max Webers Konzept, das in der politischen Theorie und in der politischen Praxis einen
starken Niederschlag gefunden hat, ist Bürokratie mehr als andere Typen von Organisationen
systematisch auf funktionale Rationalität ausgelegt. Das macht sie zu einer sehr vorausset-
zungsreichen Organisationsform. Sie kann nur dann effizient funktionieren, wenn erstens
die Amtsinhalte, also die Aufgaben und Rollenerwartungen klar und eindeutig geregelt sind,
wenn zweitens die institutionellen Regeln über die Beziehungen zwischen Ämtern ebenso klar
und eindeutig definiert sind und wenn drittens die jeweiligen Prinzipale (etwa Vorgesetze)
vollständige Kontrolle über das Handeln der ihnen untergeordneten Agenten (Mitarbeiter)
haben. Die Erfüllung dieser drei Voraussetzungen setzt zwei weitere Bedingungen voraus,
nämlich vollständige Information über die Handlungsmöglichkeiten der Amtsinhaber und die
Verfügbarkeit der notwendigen Ressourcen für die Erfüllung der Aufgaben der Bürokratie
und der einzelnen Ämter.

In einer verhaltens- und entscheidungstheoretischen Sicht sind diese Voraussetzungen
und Bedingungen schon deshalb nicht erfüllbar, weil sie an vielen Stellen vollständige Information erfordern. In modernen Gesellschaften handeln auch Bürokratien unter Unsicherheit.
Das fängt schon damit an, dass die Mitglieder von Bürokratien mit unterschiedlichen, zum
Teil widersprüchlichen Rollenerwartungen konfrontiert werden. Darüber hinaus enthalten
die Regeln, nach denen sie handeln müssen, zumeist mehr oder weniger große Interpreta-
tions- und Ermessensspielräume, weil sich die Komplexität der zu regelnden Materien oft
einer klaren Regelung entzieht. Da die Mitglieder der Bürokratie zumeist unterschiedliche
professionelle Hintergründe aufweisen (zum Teil Juristen, zum Teil Ökonomen oder Sozialwissenschaftlerinnen und Sozialwissenschaftler und manchmal Naturwissenschaftler sind
und zudem unterschiedliche berufliche Erfahrungen haben), werden sie Regeln unterschiedlich interpretieren und Ermessensspielräume unterschiedlich nutzen. Das ist mit einer erheblichen Erwartungsunsicherheit verbunden. Zudem gibt es erhebliche Unsicherheit bezüglich
der sachlichen Zusammenhänge des jeweiligen Aufgabenfeldes und schließlich auch noch
Unsicherheit über das Verhalten der Akteure im Umfeld der Bürokratie.

Diese Probleme werden in modernen Bürokratien massiv verschärft durch eine Diskrepanz zwischen den Aufgaben von Bürokratien und den damit verbundenen Zielen einerseits und den für die Erreichung der Ziele erforderlichen Ressourcen andererseits. Bürokratien verfügen in vielen Fällen nicht über die zur Erreichung ihrer Ziele notwendigen Ressourcen. Dabei geht es um Geld und Personal, aber darüber hinaus auch um Recht. Viele Bürokratien verfügen nicht über die finanziellen Mittel, die sie bräuchten, um ihre Aufgaben einigermaßen sinnvoll zu erfüllen. Oft können sie auf Grund rechtlicher oder finanzieller Hemmnisse auch nicht das hochqualifizierte Personal einstellen, das sie eigentlich benötigen würden. Schließlich greift auch das Recht, auf das sie ihr Handeln stützen müssen, zu kurz oder legt Bürokratien auf einen Korridor von Handeln fest, der wenig zielführend ist.

Unter diesen Bedingungen ist aus einer verhaltens- und entscheidungstheoretischen Sicht zu erwarten, dass Bürokratien mit erheblichen Effizienzdefiziten belastet sind und dass sie ähnliche Probleme der Abstimmung zwischen funktionaler und substantieller Rationalität des Handelns ihrer Mitglieder haben, wie wir sie schon für Unternehmen dargestellt haben. Zudem wird man davon ausgehen, dass Bürokratien Mechanismen entwickeln, um die Unsicherheit bezüglich der Wirkungszusammenhänge ihres Aufgabengebietes und des Verhaltens der relevanten Akteure in ihrem Umfeld zu reduzieren, beispielsweise eng mit wichtigen Verbänden in ihrem Bereich kooperieren. Das sind bekannte Sachverhalte, die in der Verwaltungsforschung seit vielen Jahren diskutiert werden. Darauf gehe ich hier nicht weiter ein, sondern betrachte Bürokratie aus einer anderen theoretischen Sicht, nämlich der von Robert Mertons Anomietheorie. Von Merton stammt auch das Konzept der Theorie mittlerer Rechweite, das wir im ersten Kapitel diskutiert haben. Aus dieser Sichtweise kann man die Schwierigkeiten von Organisationen, das Handeln ihrer Mitglieder rein funktional zu strukturieren, gut aufzeigen.

Mit seiner Anomietheorie wendet sich Merton gegen die damals (und heute) verbreitete Sicht, das „Fehlverhalten" (oder abweichendes Verhalten) von Individuen ein Problem sozialer Kontrolle und der Durchsetzung von institutionellen Regeln sei. Demgegenüber argumentiert Merton, dass abweichendes Verhalten oft strukturell bedingt ist, also durch soziale Strukturen provoziert oder gar erzwungen wird. Er greift dazu auf das von Emile Durkheim entwickelte Konzept der Anomie zurück, das er modifiziert. Während Durkheim unter Anomie einen gesellschaftlichen Zustand versteht, der durch Normen nicht hinreichend geregelt ist, spricht Merton dann von Anomie, wenn zwischen kulturell definierten Zielen und verfügbaren legitimen Mitteln eine Diskrepanz besteht. Individuen und andere Akteure befinden sich also in einer anomischen Situation, wenn sie sozial anerkannte oder vorgegebene Ziele mit ihren verfügbaren, gesellschaftlich als legitim betrachteten Mitteln nicht erreichen können. In diesem Fall stehen Individuen und andere Akteure vor der Wahl, entweder die Regeln zu verletzen, welche soziale Ziele vorgegeben, oder diejenigen, welche die Verteilung und die Legitimität von Ressourcen bestimmen.

Ich übertrage das Konzept der Anomie hier auf Bürokratien und bezeichne damit eine Situation, in der es einer Bürokratie dauerhaft unmöglich ist, ihre Aufgaben im Rahmen vorgegebener Regelungen und gegebener Mittel vernünftig wahrzunehmen. Barrington Moore beschreibt eine anomische Situation bezogen auf die chinesischen Mandarine, deren Ziele nicht klar vorgegeben waren und denen die Mittel fehlten, die sie für die Erreichung ihrer Ziele benötigten. Das hat dazu geführt, dass die Mandarine nicht mehr im Sinne ihrer Aufgaben und Funktionen handelten, sondern nur noch ihre individuellen oder über die Familien und Clans definierten Eigeninteressen verfolgten. Die Diskrepanz zwischen Zielen und Mitteln hat, mit anderen Worten, dazu geführt, dass die institutionelle Regelung der Bürokratie und des staatlichen Handelns nicht mehr akzeptiert, sondern zugunsten eigener Interessen durchbrochen wurde. Die Mandarine haben sich nur noch opportunistisch verhalten.

In modernen Demokratien gibt es ähnliche Probleme. Bürokratie operiert hier in pluralistischen Strukturen, die mit permanenten Zielkonflikten verbunden sind und in komplexen Regelungsstrukturen, die Widersprüche enthalten. Die mit pluralistischen Gesellschaftsstrukturen verbundene Interessenvermittlung über Interessengruppen und Parteien begünstigt eine strukturelle Überforderung der finanziellen, rechtlichen und organisatorischen Ressourcen des Staates und seiner Bürokratie. Die Steigerung der finanziellen, rechtlichen und organisatorischen Ressourcen des Staates in Form eines wachsenden Staatsanteils und wachsender Staatsverschuldung, einer deutlichen Zunahme von Gesetzen und Verordnungen und einer wachsenden Bürokratie haben die Überforderung nicht abgebaut, sondern verstärkt, weil sie über höhere Komplexität erkauft wird. Bürokratien handeln in modernen Demokratien also in einer Situation, in der die zumeist als Ansprüche formulierten Ziele ebenso unklar und umstritten sind wie die institutionellen Regeln, und in der die finanziellen Mittel, gemessen an Ansprüchen und Zielen, unzureichend sind – also in einer anomischen Situation.

Individuen und andere Akteure haben, so Merton, fünf Handlungsmöglichkeiten, um auf anomische Situationen zu reagieren. Die erste Handlungsmöglichkeit wird als Konformität bezeichnet und bedeutet, dass die Akteure versuchen, alle Anforderungen und Regeln so weit wie möglich zu erfüllen und den gesetzten Ressourcenrahmen nicht zu sprengen. Das heißt bei Bürokratien insbesondere, dass sich Akteure auf Verfahrensregeln und Organisationsprinzipien (Instanzenwege) zurückziehen, Entscheidungen möglichst gut begründen und absichern und vor allem eher Ineffizienz in Kauf nehmen, als Regeln zu verletzen. Die zweite Möglichkeit heißt Innovation und besteht in dem Versuch, neue Mittel und Wege zu entwickeln, um die gestellten Anforderungen und Ziele doch noch zu erreichen. Bei Bürokratien könnte das beispielsweise die Erschließung neuer Mittel durch Kooperation mit externen Akteuren sein, etwa mit Unternehmen zur Lösung von schulischen Problemen. Die dritte Möglichkeit ist Ritualisierung, das heißt eine Strategie, in der Akteure Ziele und Anforderungen nur symbolisch realisieren, sich aber dafür strikt an ihren vorgegebenen Ressourcenrahmen halten. Im Fall von Bürokratien würde das beispielsweise heißen, dass beim Auftreten eines Problems rasch ein neues Programm verabschiedet wird, dessen Erfolgsaussichten zwar unsicher sind und für das kaum Mittel bereitgestellt werden können, das aber doch Handlungsbereitschaft signalisiert. Die vierte Möglichkeit bezeichnet Merton als Rückzug und definiert diesen als passive Ablehnung vorgegebener Ziele und Mittel – Akteure verweigern sich, wie es so schön heißt, der Gesellschaft. Im Fall von Bürokratien sind das beispielsweise demotivierte Mitarbeiterinnen und Mitarbeiter, die nur noch nach Weisung arbeiten. Die fünfte Handlungsmöglichkeit ist Rebellion, was für Merton heißt, zu versuchen, Ziele und Mittel neu zu bestimmen. Im Fall von Bürokratie ist das der Versuch einer grundlegenden Reform.

In Mertons Sicht sind Bürokratien strukturell auf eine hohe, überzogene Konformität ausgelegt. Bürokratien – und zwar nicht nur staatliche Bürokratien, sondern auch die Bürokratien in großen Unternehmen – tendieren dazu, im Falle von Konflikten zwischen Zielen sowie Zielen und Mitteln, Regeln und etablierte Verfahren zu dogmatisieren. Folgt man dieser Argumentation, ist zu erwarten, dass Bürokratien auf anomische Situationen mit dem Versuch reagieren, ihre Regeln noch schärfer zu fassen, noch konsequenter durchzusetzen, und mit der Entwicklung von noch mehr Regeln. Diese „Prognose" wird durch wissenschaftliche Erkenntnisse und praktische Erfahrungen häufig bestätigt. Das zeigt sich insbesondere in den Schwierigkeiten einer grundlegenden Strukturreform, wie sie in den vergangenen Jahren und Jahrzehnten insbesondere mit dem sogenannten New Public Management versucht wurde.

Das New Public Management war oder ist der ehrgeizige Versuch, öffentliche Verwaltung grundlegend zu modernisieren. Die herkömmliche „input"-Steuerung der Bürokratie, also die Steuerung durch Regeln und strikte Budgetvorgaben, sollte durch eine „output"-Steuerung, also durch Zielvorgaben und Zielvereinbarungen, ersetzt werden. Bürokratien (und ihre Einheiten) schließen im idealtypischen Modell von New Public Management mit ihren vorgesetzten Instanzen (ihren Prinzipalen) Zielvereinbarungen ab und erhalten ein globales Budget zur Erreichung dieser Ziele sowie eine weitreichende Organisationsfreiheit. Es bleibt damit weitgehend den jeweiligen Bürokratien (und ihren Einheiten) überlassen, wie sie sich organisieren und wie sie ihre Mittel einsetzen, um ihre Ziele zu erreichen. Das Ganze wird ergänzt durch eine leistungsorientierte Mittelzuweisung und eine leistungsorientierte Entlohnung.

Das kann man am Beispiel der Hochschulen in Nordrhein-Westfalen illustrieren. Bis vor wenigen Jahren wurden die nordrhein-westfälischen Hochschulen vom zuständigen Ministerium eng an der Leine geführt. Jede Hochschule durfte ihr Personal nur nach einem vom Land vorgeschriebenen Stellenplan einsetzen, sämtliche Mittel waren eng an bestimmte Zwecke gebunden, die Einrichtung oder Auflösung von Fakultäten, Instituten und Studiengängen sowie Prüfungs- und Studienordnungen mussten vom Ministerium genehmigt werden und die Professorinnen und Professoren wurden auf Vorschlag der Hochschulen durch die Ministerin oder den Minister berufen, der auch die jeweiligen Gehälter regelte. Heute genießen die Hochschulen gegenüber dem Ministerium eine weitreichende Autonomie. Sie haben ein globales Budget, über dessen Verwendung sie allein entscheiden. Sie können autonom über die Einrichtung oder Auflösung von Fakultäten, Instituten und Studiengängen entscheiden und diesen auch Mittel zuweisen. Studiengänge bedürfen allerdings der Akkreditierung durch eine qualifizierte Akkreditierungsagentur. Professorinnen und Professoren sind Beamte oder Angestellte der Hochschule, die weitgehend autonom über deren Gehälter entscheidet. Das Ministerium kann die Hochschulen nur noch über Zielvereinbarungen sowie die sogenannte leistungsorientierte Mittelverteilung steuern. Letztere bedeutet, dass zwanzig Prozent des Hochschuletats des Landes nach Leistungen an die einzelnen Hochschulen verteilt werden. Hochschulen, die überdurchschnittliche Leistungen erbringen, erhalten zusätzliche Mittel, solche mit unterdurchschnittlichen Leistungen verlieren Geld. Ähnliche Steuerungssysteme für Hochschulen gibt es in anderen deutschen Bundesländern, in der Schweiz und in Großbritannien.

Außerhalb des Hochschulbereiches hat sich in Deutschland das New Public Management fast nur in Kommunen (und auch dort nur in einem relativ kleinen Teil und oft nur ansatzweise) durchgesetzt. In der Schweiz und anderen Ländern ist New Public Management auch auf der nationalen Ebene und in unterschiedlichen Bereichen eingeführt worden. Insgesamt hat sich das New Public Management in den westlichen Gesellschaften jedoch nur zum

Teil durchgesetzt. Es hat allerdings in vielen Ländern das herkömmliche Weberianische Bürokratiemodell stark verändert. Der belgische Verwaltungswissenschaftler Gert Boukaert spricht deshalb vom Modell einer neo-weberianischen Verwaltung. Dieses Modell verbindet das Weberianische Konzept einer regelgesteuerten Verwaltung mit Vorstellungen von Effizienz und Wirtschaftlichkeit. Das trägt der Tatsache Rechnung, dass sich in modernen Gesellschaften die Legitimität von Politik und Bürokratie nicht nur an deren Legalität, sondern auch an deren Leistung und Wirtschaftlichkeit bemisst.

Es ist kein Zufall, dass sich New Public Management im Hochschulbereich besser durchsetzte als in anderen Bereichen. Hochschulen haben international weitgehend geteilte Ziele, für die es ziemlich klare, ebenfalls international geteilte Maßstäbe gibt. Man kann deshalb die quantitativen Leistungen von Hochschulen recht gut über Absolventenzahlen, Promotionen, Veröffentlichungen in anerkannten Zeitschriften und Verlagen sowie in eingeworbenen Forschungsmitteln ausdrücken. Selbst für die Messung der Qualität von Forschung und Lehre gibt es etablierte Verfahren, die zumindest grobe Richtwerte liefern. Auch die sachlichen Wirkungszusammenhänge sind ziemlich klar. Die Qualität der Lehre oder die Anzahl erfolgreicher Promotionen hängen beispielsweise eng vom Verhältnis zwischen Lehrenden und Lernenden ab, also vom Personaleinsatz und damit von den finanziellen Mitteln der Hochschulen. Letztere spielen für die Qualität der Forschung und die Fähigkeit von Hochschulen, weitere Mittel einzuwerben, eine wichtige Rolle. Deshalb ist es im Hochschulbereich leichter als in anderen Bereichen, Handeln über Zielvereinbarungen oder Zielvorgaben und leistungsbezogene Mittelzuweisungen zu steuern.

In Bereichen, wie etwa der regionalen Strukturpolitik, ist New Public Management kaum stringent und überzeugend einsetzbar, weil es widersprüchliche Ziele gibt, weil Maßstäbe allenfalls sehr abstrakt sind, weil die sachlichen Zusammenhänge, insbesondere Zweck-Mittel-Relationen, unklar sind und nicht zuletzt weil regionale Strukturpolitik immer auf die Kooperation einer mehr oder weniger großen Zahl von Akteuren außerhalb der Bürokratie angewiesen ist. New Public Management stößt also ebenso wie das Weberianische Bürokratiemodell an seine Grenzen, wenn Bürokratien unter pluralistischen Zielen und Anforderungen operieren, oder in einer anomischen Situation im Sinne von Merton, operieren müssen. In solchen Fällen ist es, wie wir weiter oben gesehen haben, oft sinnvoll, Unsicherheit durch Regeln oder Routinen zu reduzieren. Das würde auf ein neo-weberianisches Bürokratiemodell hinauslaufen.

Auch ein solches Modell gewährleistet unter den Bedingungen moderner Gesellschaften keine stabile Strukturierung des Handelns und vor allem keine durchgängige funktionale Rationalität. Die beiden Komponenten seiner Legitimität, nämlich Legalität und Effizienz (oder Leistungsfähigkeit), sind in Situationen, die durch Zielkonflikte, unsichere Ziel-Mittel-Relationen, unzureichende Mittel und anderen Probleme von Unsicherheit und Anomie charakterisiert sind, schon einzeln schwer sicherzustellen. Noch viel schwieriger ist es, sie miteinander in Einklang zu bringen. Es gibt gegenwärtig kein Bürokratiemodell, das in der Lage ist, die konsequente funktionale Rationalität sicherzustellen, durch die sich Bürokratie von anderen Organisationsformen unterscheiden sollte.

Unsere Analyse von Organisationen in unterschiedlichen Formen führt am Ende zu einer ganz einfachen Einsicht: Unter den für komplexe Gesellschaften und ihrer Umweltbezüge typischen Bedingungen von Unsicherheit ist funktionale Rationalität nicht weniger beschränkt als substantielle Rationalität. Aus dieser einfachen Einsicht ergibt sich eine paradoxe Schlussfolgerung: Gerade unter den Bedingungen beschränkter Rationalität sind Regeln und Routinen besonders wichtig, weil sie an Stelle fehlender Information Erwartungssicherheit schaffen. Die beschränkte funktionale Rationalität von Organisationen erzeugt also immer wieder eine Tendenz, mehr Rationalität durch Regeln zu schaffen. Die führt jedoch, wie wir von Luhmann gelernt haben (aber auch von anderen Ansätzen der Organisationstheorie lernen können), zu einer Steigerung von Komplexität, also zu Bedingungen, welche funktionale ebenso wie substantielle Rationalität einschränken. Das hat zur Konsequenz, dass Versuche, funktionale Rationalität zu erzeugen, wegen der damit erzeugten Komplexität die funktionale Rationalität nicht verbessern, sondern verschlechtern. Auch diese Einsicht lässt sich nicht nur mit Luhmann, sondern ebenso mit der verhaltenswissenschaftlichen Entscheidungstheorie begründen.

Auf einen einfachen Punkt gebracht heißt das: In modernen Gesellschaften sind Organisationen weniger durch stabile und klar geordnete Strukturen gekennzeichnet, als durch einen evolutionären Prozess der Strukturbildung, durch den sie sich immer wieder an interne und externe Veränderungen anpassen. Dieser Prozess wird zwar durch hierarchisch vorgegebene Ziele und Rahmenbedingungen gesteuert, aber auch dieser Steuerung sind Grenzen gesetzt. Das lässt sich gut daran ablesen, dass es immer wieder neue Managementlehren oder besser Managementmoden gibt – in der Wirtschaft ebenso wie in der Politik und anderen Bereichen.

Märkte: Die Schwierigkeiten organisierter Spontaneität

Märkte sind spontane Ordnungen, die extern organisiert werden müssen. In der Volkswirtschaftslehre und anderen sozialwissenschaftlichen Disziplinen wird die Rolle des externen Organisators zumeist dem Staat zugeordnet. Allerdings zeigt eine lange und immer wieder mit neuer Heftigkeit geführte Diskussion zum Verhältnis von Staat und Markt, dass dieses Verhältnis weder wissenschaftlich noch praktisch geklärt ist. Gegen Ende des 20. Jahrhunderts wurde diese Diskussion durch den sogenannten Neoliberalismus und die Forderung, den Markt möglichst sich selbst zu überlassen und den Staat zu Gunsten des Marktes möglichst zu beschränken, angefacht. Viele der Forderungen aus dieser Diskussion wurden, gerade durch die Europäische Union, in praktische Politik und in Rechtsvorschriften umgesetzt. Gegenwärtig wird die gegenteilige Diskussion geführt. Die Finanzmarktkrise, die oft als schädliche Folge dem Neoliberalismus und seiner Deregulierungswut angelastet wird, belegt für viele Sozialwissenschaftlerinnen und Sozialwissenschaftler die Notwendigkeit eines starken Staates, der in der Lage ist, dem Markt einen klaren Ordnungsrahmen zu geben und diesen durchzusetzen. Ich nutze in diesem Teil die Diskussion um die wirtschaftlichen Folgen und die ordnungspolitischen Konsequenzen der Finanzmarktkrise des Jahres 2008 als „Folie", um die Schwierigkeiten aufzuzeigen, Märkte so zu organisieren, dass sie spontan operationsfähig sind. Spontan operationsfähig heißt, dass Märkte in einem vorgegebenen Ordnungsrahmen funktionieren, ohne dass dafür immer wieder neue externe Regeln vorgegeben werden müssen. Dabei reduziere ich die Frage der Organisation von Märkten nicht auf das Verhältnis von Markt und Staat. Das ist eine viel zu verkürzte Sicht, weil Märkte nicht nur vom Staat, sondern auch von vielen Organisationen sowie von unterschiedlichen sozialen Netzwerken organisiert werden. Das werde ich im sechsten Kapitel noch vertiefen.

Theorien des Marktes

In den Sozialwissenschaften gibt es unterschiedliche Theorien oder Konzepte des Marktes. Diese Theorien und Konzepte stelle ich hier nicht breit vor, sondern konzentriere mich zunächst auf die Volkswirtschaftslehre. Dabei gehe ich nur auf die Markttheorie der modernen Neoklassik und die Markttheorie der Neuen Institutionenökonomik ein. Am Ende dieses Kapitels werde ich diese Theorien mit theoretischen Überlegungen aus anderen sozialwissenschaftlichen Disziplinen, insbesondere aus der Soziologie und der Politikwissenschaft, verknüpfen.

Die vorherrschende volkswirtschaftliche Theorie versteht Märkte als spontane Ordnung, in deren Rahmen sich Markthandlungen auf der Basis von Preissignalen selbst koordinieren. Eine Markthandlung kommt zustande, wenn ein Verkäufer und ein Käufer vereinbaren, eine bestimmte Menge eines bestimmten Gutes zu einem bestimmten Preis vom einen zum anderen zu übertragen. Dabei wird Geld, wie man auch bei Luhmann nachlesen kann, als Kommunikationsmedium genutzt. Preise bzw. Preisvorstellungen sind über Geld kommunizierte Informationen über Verkaufs- und Kaufabsichten. Jede Markthandlung sendet ein Preissignal aus, auf das andere Marktteilnehmer reagieren. Preissignale wirken darauf hin, dass Angebot und Nachfrage eines Gutes ausgeglichen werden. Bei einer statischen Betrachtung führt dies zu einem Gleichgewicht. Wie der Ökonom Manfred Streit jedoch hervorhebt, führt die mit der Preisbildung herbeigeführte Koordination in der realen Marktwirtschaft nie zu einem abgeschlossenen und vollständigen Ergebnis. Streit erklärt dies durch die allgemeine Ungewissheit, der die Einzelpläne der Marktteilnehmer unterliegen, durch unterschiedliche Planungsperioden und durch mögliche Korrekturen von Plänen auf Grund der Preisbildung. Die durch die Preisbildung erzeugte Koordination hat also die Form einer zeitlich nicht abgrenzbaren, permanenten Iteration. Das heißt mit anderen Worten, dass die Koordination der Markthandlungen durch die Preisbildung zwar immer zu einem Gleichgewicht tendiert, dieses aber nie vollständig erreicht.

Diese Formulierungen verweisen darauf, dass die neoklassische Ökonomie ebenso wie die klassische stark am Gleichgewichtskonzept orientiert ist, das sie von Newton übernommen hat. Wenn man auf das Gleichgewichtskonzept verzichtet, kann man die Koordination von Markthandlungen über die Preisbildung als einen Prozess betrachten, der sich selbst immer wieder neu organisiert. Jede Preisbildung ist dann ein neues Signal, auf das Marktteilnehmer reagieren und dabei Absichten oder Pläne verändern. In Luhmanns Sprache ausgedrückt, haben wir es mit einer permanenten Folge von Kommunikationen und Anschlusskommunikationen zu tun. Im Rahmen dieser Folge können sich aber Strukturen in Form von Erwartungen und Erwartungserwartungen herausbilden. Das Ergebnis ist ein Zustand, der dem Gleichgewicht in der klassischen und neoklassischen Ökonomie nahe kommt. Marktteilnehmer erwarten, dass sich Preise auf einem bestimmten Niveau eingependelt haben und dass auch die anderen Marktteilnehmer dies erwarten. Unter diesen Bedingungen bleibt der Preis ziemlich stabil und Angebot und Nachfrage sind weitgehend ausgeglichen.

Die Koordination von Markthandlungen durch Preisbildung funktioniert nur unter den Bedingungen von Wettbewerb. Wettbewerb heißt im Idealfall vollständige Konkurrenz. Vollständige Konkurrenz ist dann gegeben, wenn kein Anbieter und kein Nachfrager die Preisbildung beeinflussen kann. Das ist allerdings ein statisches Wettbewerbsmodell, das in der wirschaftlichen Realität keine Entsprechung findet, das aber für manche analytischen Zwecke sinnvoll ist. In der Realität kann man zwei Formen des Leistungswettbewerbs unterscheiden, nämlich den Anpassungswettbewerb und den Innovationswettbewerb. Beim Anpassungswettbewerb reagieren die Produzenten durch Veränderung ihrer Preise oder des Einsatzes ihrer Produktionsfaktoren auf die Preisbildung. Letzteres heißt, dass Produzenten ihre Mittel von Bereichen, in denen sie nicht mit hinreichender Profitabilität produzieren können, in andere, profitablere Bereiche verlagern. So hat die deutsche Stahlindustrie auf den weltweiten Verfall der Stahlpreise nach den 1960er Jahren auch dadurch reagiert, dass sie ihre Produktion zu anspruchsvolleren Stahlsorten verlagert hat. Beim Innovationswettbewerb reagieren Produzenten nicht bloß auf die Preisbildung, sondern versuchen diese über Prozess- oder Produktinnovationen zu beeinflussen. Prozessinnovationen vergrößern die Produktionsmöglichkeiten, verringern Knappheit und stoßen damit Preisreduktionen an, die wiederum zusätzliche Nachfrage erzeugen, die durch die höhere Produktivität kostengünstiger befriedigt werden kann, so dass am Ende der Gewinn trotz niedrigerer Preise steigt. Produktinnovationen dagegen erzeugen neue oder verstärkte Nachfrage, welche die Gewinne über höhere Preise verbessert. Auch diese Möglichkeiten hat die deutsche Stahlindustrie nach den 1960er Jahren durch neue Produktionsverfahren, aber auch durch neue Stahlprodukte sowie neue Dienstleistungen, genutzt.

Friedrich August von Hayek hat schon vor langer Zeit Wettbewerb als Entdeckungsverfahren bezeichnet. Aus seiner Sicht ist individuelles Handeln immer mit einem Wissensmangel, also mit Unsicherheit, verbunden. Der Preismechanismus hilft den Individuen, ihre Wissensprobleme durch Beobachtung der Preissignale so zu lösen, dass sie handlungsfähig sind. In den Preissignalen ist das unterschiedliche Wissen vieler Marktteilnehmer enthalten. Sobald Individuen oder andere Akteure ihr Wissen in Markthandlungen umsetzen, lösen sie damit Preissignale aus und geben indirekt ihr Wissen preis. Wenn beispielsweise ein Händler weiß, dass bei einem bestimmten Produkt Versorgungsprobleme und damit Knappheit drohen, wird er versuchen, sich mit einer größeren Menge dieses Produkts einzudecken. Damit löst er aber Preissteigerungen aus und gibt damit sein Wissen über die drohende Knappheit an die anderen Marktteilnehmer weiter. Die Preissteigerung signalisiert den anderen Marktteilnehmern, dass bei dem entsprechenden Produkt eine Verknappung eingetreten oder zu erwarten ist. Ähnlich verhält es sich, wenn ein Gut durch ein anderes substituiert wird, beispielsweise beim Bauen Holz durch Stahl. Auch das schlägt sich in Preissignalen, nämlich steigende Stahlpreise und sinkende Holzpreise, nieder. Käufer oder Verkäufer können auf diese Signale sinnvoll reagieren, ohne deren Grund – die Substitution von Holz durch Stahl beim Bauen – kennen zu müssen. Auch wenig informierte Marktteilnehmer können also über die Preise indirekt für sie relevante Veränderungen und Entwicklungen entdecken. In dieser Weise kann die Produktion und Verteilung einer Vielzahl unterschiedlicher Güter und Dienstleistungen koordiniert werden, ohne dass jemand das Gesamtgeschehen überblicken muss.

Wettbewerb ist zwar ein effizientes Instrument zur Koordination wirtschaftlichen Handelns, aber das heißt nicht, dass seine Spielregeln freiwillig befolgt werden. Ganz im

Gegenteil: In vielen Märkten gibt es Wettbewerbsbeschränken oder zumindest immer wieder Versuche, solche einzuführen. Wettbewerbsbeschränkungen sind Aktivitäten, welche zielgerichtet in die Preisbildung eingreifen oder den Zugang zum Markt (die Teilnahme am Wettbewerb) beschränken. Wettbewerbsbeschränkungen oder Versuche, solche zu etablieren, entstehen entweder aus dem Handeln privater Akteure, insbesondere Unternehmen, oder aus staatlichen Regelungen. Private Wettbewerbsbeschränken gibt es in Form von formalen oder informalen Vereinbarungen zwischen Unternehmen oder Unternehmenszusammenschlüssen, Praktiken von Unternehmen, welche den Marktzugang für Konkurrenten beschränken und unlauteren Handlungen. Zu den Vereinbarungen gehören beispielsweise Preisabsprachen oder die faktische Aufteilung von Märkten und Marktsegmenten. Solche Vereinbarungen werden oft zwischen Anbietern abgeschlossen, die sich damit dem Wettbewerb entziehen. Es gibt aber auch Vereinbarungen zwischen Nachfragern, die damit Marktmacht aufbauen. Ein bekanntes Beispiel dafür sind die im deutschen Einzelhandel inzwischen zur Regel gewordenen Vereinbarungen zwischen den Einzelhandelsketten und ihren Lieferanten, welche häufig ein Preisdiktat der Nachfrager darstellen. Zusammenschlüsse konnte man vor allem in den letzten Jahren sehr häufig beobachten als Versuche, im globalen Wettbewerb eine starke Marktposition (wie es offiziell hieß) oder gar Macht (was nie zugegeben wird) zu erringen. Marktzugangsbeschränkende Praktiken gibt es insbesondere in Form von Alleinvertriebsrechten, langfristigen, ausschließlichen Lieferverträgen, aber auch stillschweigenden Bevorzugungen bestimmter Lieferanten. Unlauteres Handeln gibt es unter anderem in der Form von falschen oder irreführenden Informationen über eigene oder konkurrierende Produkte. Für die Beseitigung oder Vermeidung von Wettbewerbsbeschränkungen ist der Staat als Organisator des Marktes zuständig. Der Staat ist aber selbst auch „Produzent" von Wettbewerbsbeschränken. Dazu gehören insbesondere institutionelle Regelungen, welche eine Preisbindung für bestimmte Produkte festlegen oder welche die Anzahl der Anbieter einschränken, etwa durch Beschränkung der Anzahl von Apotheken in einem bestimmten Gebiet oder die Zuweisung von Bezirken an Schornsteinfeger oder von Versorgungsgebieten an Energieunternehmen. Implizit, aber nicht absichtslos schaffen auch manche Regelungen, die dem Verbraucherschutz oder anderen „guten" Zwecken dienen, Wettbewerbsbeschränkungen.

Wettbewerbsbeschränkungen

Private oder staatliche Aktivitäten, welche zielgerichtet in die Preisbildung eingreifen oder den Zugang zum Markt (die Teilnahme am Wettbewerb) beschränken.

Der Sinn des Marktes besteht darin, das Handeln aller Akteure am Markt so zu strukturieren, dass das bestmögliche Ergebnis für alle Akteure realisiert wird. Ein solches Ergebnis bezeichnet man als Allokationseffizienz. Oft wird Allokationseffizienz als Pareto-Optimum bestimmt. Wie wir weiter unten noch sehen werden, stellt weder Allokationseffizienz noch Pareto-Optimalität ein Maß für soziale Gerechtigkeit dar. Beide beziehen sich nur auf die Beziehung zwischen dem Einsatz der Produktionsfaktoren und der Nachfrage (die einkommens- und vermögensabhängig ist).

Allokationseffizienz

Zustand, in dem alle Ressourcen einer Volkswirtschaft so eingesetzt sind, dass keine Verbesserung der Produktion mehr möglich ist, die alle Marktteilnehmer besserstellt.

Eine wichtige Voraussetzung der Allokationseffizienz von Märkten ist, dass alle Kosten, die bei der Herstellung eines Gutes oder einer Dienstleistung entstehen, auch in den Preis einfließen. Das gilt nicht nur für die Kosten der genutzten Produktionsfaktoren, sondern auch für die Kosten von Schädigungen, etwa der Gesundheit von Arbeitskräften, die bei der Produktion entstehen. Alle Kosten, die nicht in den Preis eingehen, die also im Preis nicht internalisiert sind, bezeichnet man als externe Kosten oder Externalitäten. Zu den wichtigsten externen Kosten der modernen Produktion von Gütern und Dienstleistungen gehören der unbezahlte Verbrauch von natürlichen Ressourcen, wie Luft oder Wasser, und Eingriffe in die natürlichen Lebensgrundlagen der Menschen. Beides bürdet Menschen (auch Menschen in zukünftigen Generationen) erhebliche Schädigungen oder Risiken auf, für die sie von den verursachenden Akteuren nicht entschädigt werden.

Externe Kosten

Kosten für die Herstellung eines Gutes (oder einer Dienstleistung), welche nicht in den Preis eingehen, sondern vom Hersteller auf Dritte abgewälzt – externalisiert – werden.

In der bisher vorgetragenen Sicht ist der Markt ein eleganter Koordinationsmechanismus. Er kann eine Vielzahl von unterschiedlichen Interaktionen mit wenig, vor allem wenig gebündeltem und übergreifendem Wissen so steuern, dass ein effizientes Ergebnis resultiert. Seine Funktionsfähigkeit und Effizienz werden durch wenige Prinzipien bestimmt, nämlich klar definierte Eigentumsrechte, institutionelle Absicherung von Wettbewerb und Internalisierung aller Kosten. Wenn diese Prinzipien durch die staatliche Organisation des Marktes angemessen umgesetzt werden, unterliegt die Operation des Marktes einer einfachen Logik, die ziemlich robust ist. Handeln wird über ein einziges Medium strukturiert, nämlich über Geld. Mit Hilfe dieses Mediums lässt sich auch Wissen substituieren. Die Krux der Sache ist jedoch, dass hinter den einfachen Prinzipien der Organisation von Märkten komplexe sachliche Zusammenhänge und komplexe soziale Interaktionsstrukturen stecken. Das werden wir weiter unten ausführlicher diskutieren.

Ein etwas anderes Verständnis von Markt vermitteln die Ökonomen Rudolf Richter und Eirik Furubotn, zwei bedeutende Vertreter der Neuen Institutionenökonomik. Für sie ist der Markt selbst eine Organisation. Sie sehen den Unterschied vor allem darin, dass bei üblichen Organisationen Handlungen auf der Basis von Verträgen durch Anordnung koordiniert werden, während der Markt durch laufende Austauschvereinbarungen koordiniert wird. Diese Austauschvereinbarungen sind oft ungeschrieben, können aber auch die Form von Recht erhalten. Dabei bilden die Marktteilnehmer soziale Netzwerke, die eine entscheidende Bedeutung für die Funktionsfähigkeit von Märkten haben. In Netzwerken kennen sich Marktteilnehmer gegenseitig und können damit Vertrauen aufbauen. Zudem bilden sich in solchen Netzwerken neben Konkurrenz- auch Kooperationsbeziehungen heraus. Solche Netzwerke sind ein von privaten Akteuren freiwillig bereitgestelltes kollektives Gut, von dem die Marktwirtschaft insgesamt profitiert. Ein gutes Beispiel für diesen Sachverhalt sind Cluster. Cluster bilden ein Netzwerk von kooperativen Beziehungen, an dem auch Unternehmen beteiligt sind, die auf dem Markt Konkurrenten sind. Da diese Unternehmen vom Cluster profitieren, verhalten sie sich auch in ihren Konkurrenzbeziehungen so, dass das Vertrauen, das für die Kooperation im Cluster wichtig ist, nicht beschädigt wird. Sie halten sich in der Konkurrenz beispielsweise an bestimmte Regeln von Fairness oder Treu und Glauben.

In dieser Sicht, die den weiter oben diskutierten Netzwerkansatz von Granovetter aufnimmt, sind Märkte nicht einfach staatlich geordnete Austauschbeziehungen zwischen Individuen, sondern Ordnungsstrukturen, die sich im Verhalten der Akteure immer wieder reproduzieren müssen. Richter und Furubotn definieren Märkte als Netzwerke von Akteuren, die miteinander dauerhaft in Marktbeziehungen stehen, und als ein System geltender Regeln mit einer Durchsetzungsstruktur. Der Staat organisiert also nur einen Rahmen, innerhalb dessen sich Netzwerke bilden, welche die tragende Struktur von Märkten sind. In diesen Netzwerken bilden sich Institutionen, die das Markthandeln regeln, heraus oder werden verändert. Daraus folgt, dass ein großer Teil der institutionellen Strukturen von Märkten nicht durch den Staat geschaffen wird und geschaffen werden kann, sondern in Prozessen der Selbstorganisation des Markthandelns in Netzwerken produziert und reproduziert wird. In der Sicht von Richter und Furubotn bilden diese Regeln nicht nur den Rahmen, in dem der Preismechanismus seine Wirkung entfalten kann, sondern strukturieren Handeln ergänzend, konkurrierend oder anstelle des Preismechanismus. Das zeigt sich beispielsweise darin, dass Unternehmen ihre Preise nicht an das Verhältnis von Angebot und Nachfrage anpassen, weil sie Rücksicht auf ihre Kunden nehmen oder weil sich ihre Preise in einem Rahmen halten, der durch Tradition festgelegt ist. Solches Verhalten ist in unserem Alltag häufig zu beobachten. Viele Bäcker, Metzger, Wirte und andere Kaufleute sind in ihren Stadtquartieren fest eingebunden und handeln viel mehr nach den Regeln dieser Beziehungen als nach Preissignalen. Sie schöpfen oft die durch diese Preissignale kommunizierten Möglichkeiten einer Preiserhöhung nicht aus. Ähnliche Verhaltensweisen findet man bei vielen Familienunternehmen in ihrem Umgang mit Kunden, Lieferanten und Arbeitskräften. Die reinen Regeln des Marktes sind eher eine Sache von Unternehmen, deren Eigentümer und Führungskräfte nicht in soziale Beziehungen mit Kunden, Lieferanten oder Arbeitskräften eingebunden sind. Bei solchen Unternehmen kann man, wie das Beispiel einer bekannten deutschen Drogeriekette zeigt, oft extrem opportunistisches Verhalten feststellen, das auch den Bruch oder die Umgehung von Rechtsnormen einschließt.

Netzwerkkonzept des Marktes

Märkte bestehen aus Netzwerken von Akteuren, die miteinander dauerhaft in Marktbeziehungen stehen, und einem System geltender Regeln mit einer Durchsetzungsstruktur.

Die Entwicklung und Erhaltung von Märkten erfordern, so Richter und Furubotn, immer die ausdrückliche oder stillschweigende Zusammenarbeit zwischen den potenziellen Tauschpartnern. Andernfalls könnten die mit Unsicherheit und eingeschränkter Rationalität verbundenen Probleme von den Marktteilnehmern kaum bewältigt werden. Die Entwicklung und Sicherung von Märkten setzt also beträchtliche Investitionen in marktrelevantes Sozialkapital voraus. Bleiben diese Investitionen aus oder sind zu gering, ist mit opportunistischem Verhalten zu rechnen, das die Funktionsfähigkeit und Effizienz von Märkten, ja sogar die Überlebensfähigkeit der Marktwirtschaft, gefährdet. So sieht es Joseph Stiglitz in dem oben erwähnten Buch, auf das ich jetzt etwas ausführlicher eingehe.

Marktwirtschaft im freien Fall?

Der Titel dieses Teils lehnt sich eng an den Titel eines Buches von Joseph Stiglitz an, der 2001 den Nobelpreis für Wirtschaftswissenschaft erhielt. In diesem Buch diskutiert Stiglitz die Ursachen der Finanz- und Wirtschaftskrise, die 2008 über die Welt hereinbrach und auch zwei Jahre später längst nicht überwunden ist. Dabei macht er auch seine Zunft, die Volkswirtschaftslehre und deren theoretischen Modelle, mitverantwortlich. Deshalb fordert er nicht nur eine neue Wirtschaftsordnung, sondern auch eine Erneuerung der Volkswirtschaftslehre.

Die Finanzmarktkrise von 2008, aus der eine Wirtschaftskrise mit noch nicht absehbarem Ende geworden ist, zeigt Stiglitz zufolge, dass Märkte aus eigener Kraft nicht richtig funktionieren. Mehr noch: Sie zeigt, dass die modernen Volkswirtschaften ein Gleichgewicht zwischen Markt und Staat brauchen. Gerade die Finanzmärkte zeigen seit 25 Jahren, dass sie sich nicht selbst regulieren können, sondern immer wieder in Krisen geraten, aus denen sie durch den Staat gerettet werden müssen. Stiglitz verweist auf über 100 Krisen in weniger als einem halben Jahrhundert. Die Krise von 2008 hat jedoch alle bisherigen Krisen übertroffen und dazu geführt, dass die Weltwirtschaft in den freien Fall überging.

Stiglitz sieht die Ursachen für die Krise nicht im Fehlverhalten einzelner Personen oder der Gier einer ganzen Berufsgruppe, sondern im System. Banker sind nicht gieriger als andere Berufsgruppen, aber sie handeln unter Bedingungen, die es ihnen leicht machen, ihre Gier auszuleben. Sie haben massive Anreize für kurzfristiges und riskantes Handeln. Die rechtlichen Rahmenbedingungen machten es ihnen leicht, Risiken zu verschleiern – und zwar so weit, dass sie selbst nicht mehr wussten, welche Risiken in ihren Portfolios steckten. Man kann den Ausgangspunkt der Krise in der Entwicklung einer Immobilienblase sehen, die durch eine Politik des billigen Geldes der amerikanischen Notenbank und die Deregulierung der Finanzmärkte angeheizt wurde. In einem vernünftig strukturierten Bankensystem hätte billiges Geld einen wirtschaftlichen Aufschwung erzeugen können, in einem weitgehend deregulierten System vergrößerte es die Spekulationsblase. Diese Blase hat nicht nur wegen ihrer Größe so starke negative Auswirkungen auf die Finanzwirtschaft und danach auf die Realwirtschaft gehabt, sondern auch wegen eines Zusammenbruchs des Vertrauens zwischen Banken. Die deregulierten Banken haben aus den Hypothekendarlehen komplexe Produkte entwickelt und diese wiederum mit noch komplexeren Papieren abgesichert. Komplexe Papiere sind weder durch die Banker noch durch die Computermodelle, welche die Banker gerne benutzen, zuverlässig zu bewerten. Als die Krise ausbrach, wussten die Banken nicht, was in ihren Papieren wirklich an Werten und Risiken steckte und sie wussten zudem, dass alle anderen Banken auch nicht wussten, was in deren Papieren steckte. Damit zerstob das Vertrauen der Banken untereinander. Deshalb waren die Banken nicht mehr in der Lage, sich wechselseitig zu stützen und die Krise selbst zu bewältigen. Sie brauchten vielmehr die Politik, die mit ihren milliardenschweren Rettungspaketen für die Banken eine der größten Umverteilungsmaßnahmen durchzog, die es jemals in der Geschichte gab – eine Umverteilung von unten nach oben. Die wirtschaftlichen und sozialen Konsequenzen dieser Umverteilung sind noch kaum übersehbar.

Hinter dieser Entwicklung stecken in Stiglitz' Sicht zwei Gründe, die oft für Marktversagen sorgen, nämlich erstens Agenturhandeln und zweitens Externalitäten. Agenturhandeln spricht die Trennung von Eigentum und Leitungsbefugnis an. Die Vorstände und Aufsichtsräte, die Agenten der Eigentümer, führen die Unternehmen oft nicht im Interesse der Eigentümer, sondern in ihrem eigenen Interesse. Dieses Interesse hängt insbesondere von der Vergütungsstruktur ab. Wenn die Vergütungen von Vorständen (und die Tantiemen der Aufsichtsräte) nicht an die langfristige Ertragsentwicklung gebunden sind, sondern an den Kurs der Aktie, versuchen Vorstände vor allem, den Aktienkurs nach oben zu treiben. Die „Eigentümer" sind oft selbst wieder Agenten, nämlich Pensionsfonds und andere institutionelle Anleger. Im Rahmen dieser Stellvertreterstrukturen werden kurzfristige Erträge zum entscheidenden Handlungskriterium. Risiken und negative längerfristige Wirkungen können durch kreative Buchführung oder gar Bilanzbetrug verschleiert werden. Riskante Produkte können in Derivate eingebunden werden, die nicht nur das Risiko streuen, sondern zumindest kurzfristig sogar noch überdurchschnittliche Renditen bringen. Damit versagt die Informations- und Kontrollfunktion des Marktes. Gleichzeitig steigen die Transaktionskosten, weil sie in Form von Gebühren, welche die Banken als Agenten der Eigentümer von ihren Kunden erheben, zu einer wichtigen Einnahmenquelle werden.

Nicht weniger problematisch als das Agenturhandeln sind die massiven externen Effekte, die mit den Operationen an den Finanzmärkten verbunden sind. Die Krise hatte und hat massive negative Auswirkungen auf die Realwirtschaft und auf viele private Hausbesitzer. Für diese negativen Auswirkungen ihres eigenen Handelns müssen jedoch nicht Banken eintreten – etwa in Form eines Verzichts auf leichtfertig erteilte Hypothekenkredite, sondern die Steuerzahler sowie die Kunden. Damit werden massive Anreize für ein Verhalten geschaffen, das Ökonomen als „Moral Hazard" bezeichnen. Moral Hazard ist die Versuchung, fahrlässig oder bewusst Verpflichtungen zu übernehmen, deren Erfüllung von vornherein fraglich ist. Dazu gehört das Erteilen von Krediten, wenn man weiß, dass die Bedienung dieser Kredite durch die Kunden nur unter günstigen Bedingungen möglich ist. Diese Versuchung ist dann besonders groß, wenn die Chance besteht, dass die jeweiligen Akteure die negativen Folgen der Nicht-Erfüllung einer Vereinbarung externalisieren können. Mit dieser Chance haben die Banken gerechnet. Die enormen politischen Rettungsmaßnahmen für die Banken haben ihnen nicht nur Recht gegeben, sondern auch noch massive Anreize geschaffen, dass die Banken in Zukunft noch weniger sorgfältig mit Risiken umgehen. Damit verlieren die Banken die Fähigkeit, ihre wichtigsten wirtschaftlichen Funktionen zu erfüllen, nämliche effiziente Risikoabsicherung und die Mobilisierung von Kapital bei möglichst geringen Transaktionskosten.

Die Rettungsaktion für die Banken macht auch deutlich, wie stark staatliches Handeln durch wirtschaftliche Interessen, insbesondere durch die Interessen der Finanzwirtschaft, gesteuert wird. Das zeigt Stiglitz zwar im konkreten Bezug zur amerikanischen Politik und zur unterschiedlichen Behandlung der Finanzindustrie und der Automobilindustrie – und zwar sowohl für die Regierungszeit von Bush als auch für die von Obama – es gilt aber für die meisten europäischen Länder nicht weniger. In vielen dieser Länder, Deutschland eingeschlossen, wurden diejenigen, die die Krise verursacht haben, zu den wichtigsten Ratgebern der Regierungen bei der Lösung der Krise. Zumindest in Deutschland wird mit ganz anderen Maßen gerechnet, wenn es um die Finanzwirtschaft und um die Realwirtschaft geht – die gleiche Bundesregierung, die mit riesigen Krediten Griechenland und damit auch den deutschen Banken hilft, verweigert einfache Bürgschaften für Opel. Viel schlimmer noch: Alle diese Länder, die rasch mit Finanzhilfen für die Finanzwirtschaft zur Stelle waren, sind heute nicht in der Lage, einen Ordnungsrahmen zu schaffen, der die Funktionsfähigkeit der Märkte, insbesondere der Finanzmärkte, besser sichern und das Vertrauen in die Märkte wieder herstellen kann. Das macht deutlich, dass die als Reaktion auf die Finanzmarktkrise auch von manchen Ökonomen erhobene Forderung nach einem starken Staat eine Fiktion ist – wie man bei dem Soziologen Rolf Heinze nachlesen kann.

Für Stiglitz rührt die Finanzmarktkrise von 2008 an den Grundfesten der Marktwirtschaft. Diese befindet sich, wie er im Titel seines Buches sagt, im freien Fall. Viele andere Wirtschaftswissenschaftler teilen seine Einschätzung, dass es hier um ein grundlegendes Ordnungsproblem geht – um eine Systemkrise (Peter Bofinger), eine Kernschmelze (Wolfgang Münchau), einen Teufelskreis (Richard Bookstaber) oder einen Flächenbrand (Klaus Zimmermann und Dorothea Schäfer). Tatsächlich spricht vieles dafür, dass die Finanzmarktkrise im Jahre 2008 (ebenso wie ihre vielen Vorläufer) symptomatisch für Veränderungsprozesse in der Marktwirtschaft ist, die deren Fundamente aufweichen. Das wird besonders deutlich, wenn wir die Marktwirtschaft und ihre Grundlagen nicht nur in einer ökonomischen, sondern auch in einer soziologischen Perspektive betrachten.

Wir haben weiter oben mit von Hayek Märkte als Entdeckungsverfahren (und damit als einen Steuerungsmechanismus mit geringen Wissensanforderungen) bezeichnet. Wir haben sie mit Buchanan als eine spontane Ordnung beschrieben, deren Funktionsfähigkeit und Effizienz auf wenigen einfachen institutionellen Prinzipien beruht, vor allem auf dem Privateigentum und der Organisation von Austauschbeziehungen als Wettbewerb. Schon vorher haben wir die Vorstellung von Adam Smith kennengelernt, dass Markthandeln durch eine unsichtbare Hand so geführt wird, dass der Wohlstand aller gefördert wird. Sowohl Richter und Furubotn als auch Soziologen wie Granovetter sehen in Märkten dagegen vor allem Netzwerkstrukturen, sie sich zu einem großen Teil selbst organisieren. Diese Sichtweisen, die für das wissenschaftliche und gesellschaftliche Verständnis von Marktwirtschaft zumindest in der westlichen Welt zentral sind, werden durch die empirischen Erfahrungen mit der Finanz- und Wirtschaftskrise 2008 mit großen Fragezeichen versehen.

Wenn die Diagnose von Stiglitz und anderen Ökonomen richtig ist, dann droht die Ablösung des Marktes als Entdeckungsverfahren durch ein System, das Risiken durch Produkte breiter streut oder kompensiert, die so komplex sind, dass deren Wert und deren Risiken noch nicht einmal für diejenigen transparent sind, welche die Produkte schaffen. Risiko wird also durch höhere Komplexität bekämpft, die jedoch ihrerseits die Unsicherheit und damit das Risiko erhöht. Bei genügend hoher Komplexität wird das Handeln aller Beteiligten in einem spezifischen Sinne von doppelter Kontingenz geprägt. Das Handeln aller ist völlig offen, weil jeder der Beteiligten weiß, dass keiner von ihnen weiß, wie seine Handlungsgrundlagen (der Wert und die Risiken seiner komplexen Produkte) überhaupt beschaffen sind. Das wiederum führt, wie die Finanzmarktkrise gezeigt hat, rasch zu massiven Vertrauensverlusten, welche Netzwerke, die jahre- und jahrzehntelang aufgebaut wurden, in kurzer Zeit funktional entwerten. Die Netzwerke sind dann nicht mehr in der Lage, die Probleme ihrer Mitglieder kooperativ zu lösen. Hätten sich die Banken auf ein kulantes Vorgehen gegenüber den Inhabern von Subprime-Hypotheken geeinigt oder hätte nach dem Platzen der Immobilienblase der Interbankmarkt weiterfunktioniert, hätte das Finanzsystem seine Probleme wahrscheinlich selbst lösen können. Alles, was die Netzwerke des Finanzsystems noch schafften, waren gemeinsame Anstrengungen, um die Regierungen vieler Länder zu veranlassen, finanziell massiv in die Finanzmärkte einzugreifen.

Die Art, in der viele Regierungen die Finanzmärkte mit hohen Beträgen stützten und es weiterhin tun, ist ein interessantes Lehrstück für die weiter oben dargestellte Logik des kollektiven Handelns und ihre politischen Folgen. In den USA wäre es ja denkbar gewesen, dass die Regierung das Problem an der Wurzel löst, nämlich an den problematischen Hypotheken. Konkret hätte sie den jeweiligen Immobilienbesitzern mit Steuererleichterungen, Bürgschaften oder Subventionen helfen können, ihre Verpflichtungen gegenüber den Banken zu erfüllen. Dazu fehlte allerdings den betroffen Hausbesitzern die Organisations- und Konfliktfähigkeit. Stattdessen ging das Geld direkt an die Banken, deren Organisations- und Konfliktfähigkeit sich wieder einmal als durchschlagend erwies. Da die Regierungen der entwickelten Länder bis heute nicht in der Lage sind, Regeln für komplexe Finanzprodukte zu schaffen und durchzusetzen, welche Risiken eingrenzen oder zumindest dazu zwingen, die Existenz von Risiken und ihre mögliche Höhe offenzulegen, schaffen die finanziellen Hilfen an den Bankensektor massive Anreize für „Moral Hazard".

Auch die tragenden institutionellen Säulen der Marktwirtschaft, nämlich das Privateigentum und der Wettbewerb, werden gefährdet. Eigentum an Produktionsmitteln wird für die institutionellen Investoren zu einer Ware, die kurzfristig gehandelt wird. Dazu werden sie zum Teil durch die staatlichen Regeln verpflichtet, denen ihr Handeln als Agenten unterliegt. Sie erwerben also nicht mehr Eigentum, für das sie die Verantwortung tragen, sondern handeln mit Eigentumstiteln. Deshalb gilt ihr Interesse nicht mehr dem Wert des erworbenen Eigentums, sondern dem Wert des erworbenen Titels. Damit drohen jedoch die längerfristigen Bindungen der Eigentümer an Unternehmen und das Interesse an seiner Wettbewerbs- und Innovationsfähigkeit zu erodieren, welche das Privateigentum zu der erfolgreichen und funktionsfähigen Institution, die es bis heute darstellt, machten. Der Erfolg der Institution Privateigentum beruht ökonomisch darauf, dass ein privater Akteur, der die Verfügungsrechte über knappe Faktoren hat, mit diesen effizient umgehen wird, weil er damit seinen Nutzen steigern kann. Das ist der Kern der ökonomischen Argumentation über Privateigentum, insbesondere auch der Neuen Institutionenökonomik. Mit dem Privateigentum verbindet sich das Prinzip der Eigenverantwortlichkeit. Dieses Prinzip ist, so der Soziologe Johannes Berger, einer der ethischen Vorzüge der Marktwirtschaft, die auch strengen moralischen Maßstäben gerecht werden. Wer jedoch nicht mehr an Eigentum, konkret an Verfügungsrechten über knappe Ressourcen interessiert ist, sondern Eigentumstitel nur noch als Finanzprodukte handelt, hat weder Interesse an einem effizienten Umgang mit knappen Faktoren, noch übernimmt er eigene Verantwortung für die Unternehmen, deren Eigentumstitel er handelt. Das gilt umso mehr, als bei vielen Eigentumstiteln zwar institutionelle Investoren formal die Inhaber sind, aber als Agenten für andere Akteure handeln. Ihr Auftrag ist dabei nicht, die Wahrnehmung von Eigentumsrechten an Unternehmen, sondern die Verwaltung und Vermehrung von Vermögen (wie im Fall von Banken oder Hedgefonds) oder die Bereitstellung von sozialer Sicherheit (wie bei Versicherungen oder Pensionsfonds).

Wir stoßen hier auf ein weiteres strukturelles Problem der modernen Marktwirtschaft, nämlich auf die starke Rolle von Agenturen. Viele Aktiengesellschaften werden auf der Leitungsseite und auf der „Eigentümerseite" durch Agenturen bestimmt. Auf der Leitungsseite ist es das Management, auf der „Eigentümerseite" sind es die institutionellen Investoren. Diese Agenturen bestehen zumeist nicht einfach aus Personen, sondern sind auf der Leitungsseite soziale Netzwerke und auf der „Eigentümerseite" Organisationen. Die Netzwerke auf der Leitungsseite sind über vielfältige schwache Beziehungen (zum Beispiel über Aufsichtsratsmandate in anderen Unternehmen oder über Verbände) miteinander vernetzt. Das gleiche gilt für die institutionellen Investoren, die miteinander über gemeinsame Beteiligungen, andere geschäftliche Transaktionen, Funktionen in Verbänden und andere schwache Beziehungen verbunden sind. Auch die Agenturen auf der Leitungsseite und die auf der „Eigentümerseite" sind oft in gemeinsame Netzwerke eingebunden. Schließlich agieren die Personen, welche in den Agenturen tätig sind, in ähnlichen sozialen Feldern, haben einen ähnlichen Habitus, eine ähnliche berufliche Sozialisation und gemeinsame Interessen. Sie bilden insofern eine besondere Klasse.

Die Agenturen eines großen Teils der modernen Marktwirtschaft bilden also soziale Netzwerkstrukturen, die sich zumeist über die Grenzen von Gesellschaften und zum Teil sogar global ausdehnen. Diese Netzwerkstrukturen produzieren einen beträchtlichen Teil der institutionellen Regeln der Wirtschaft. Dazu zwingt sie allein schon die Tatsache, dass die Akteure in den Agenturen zumeist unter Bedingungen großer Unsicherheit operieren. Der Zwang zur Reduktion von Unsicherheit und Beschränkung von Risiken nötigt die Agenturen immer wieder zu Kooperationen, obwohl ihre Netzwerke dafür nur eine beschränkte und fragile Vertrauensbasis produzieren können. Damit wird eine weitere wichtige Grundlage der Marktwirtschaft gefährdet. Der Markt ist in wichtigen Teilen kein unpersönlicher, anonymer und spontaner Mechanismus mehr, der lediglich einer Rahmenordnung unterliegt. Er entwickelt sich in beträchtlichen Teilen vielmehr zu einem schwer durchschaubaren Hybrid von hierarchischer und spontaner Steuerung. Dieser Hybrid hat in den sozialwissenschaftlichen Theorien der Marktwirtschaft noch keinen festen Platz gefunden.

Betrachtet man die hier skizzierten Entwicklungen, kann man durchaus zu negativen Prognosen für die Zukunft der Marktwirtschaft kommen. Diese Prognosen haben jedoch nur einen beschränkten Nutzwert als handlungsermöglichendes und handlungsbeschränkendes Wissen. Sie machen Schwachstellen und Probleme der gegenwärtigen Strukturen und Entwicklungen deutlich, können aber wenig über die Zukunft aussagen. Das liegt ganz einfach daran, dass sich Gesellschaften nicht linear, sondern reflexiv entwickeln. Ihre Akteure oder Systeme reagieren auf Probleme, Schwierigkeiten und Trendbeobachtungen und verändern damit die Entwicklung. Das werden wir im folgenden Kapitel ausführlicher diskutieren.

Resümee

Das Handeln in modernen Gesellschaften unterliegt einer vielschichtigen und oft widersprüchlichen Strukturierung. Diese Strukturierung kann man mit einfachen Modellen, wie dem des rationalen Handelns oder des Rollenhandelns nur holzschnittartig erfassen. Das ist in vielen Fällen durchaus sinnvoll. Nicht sinnvoll ist es dagegen, solche einfachen Modelle mit absoluten interpretierten, methodologischen Prinzipien zu verbinden. Die anspruchsvolleren Theorien, die es in der Sozialwissenschaft gibt, erfassen die komplexe Strukturierung moderner Gesellschaften ebenfalls nur selektiv. Auch das ist sinnvoll, weil damit die intellektuelle Aufmerksamkeit auf bestimmte wichtige Aspekte und Probleme sozialen Handelns und gesellschaftlicher Ordnung fokussiert wird – Verhaltenstheorien rücken beispielsweise die Probleme der Handlungsfähigkeit in den Vordergrund, Systemtheorien dagegen die vielen akteursübergreifenden Momente von Gesellschaft. Ebenso gilt hier jedoch, dass es wenig sinnvoll ist, die unterschiedlichen Theorien mit einem absolutistischen Anspruch zu verbinden. Ich hoffe, in diesem Kapitel gezeigt zu haben, dass es zwischen den oft als gegensätzlich dargestellten, unterschiedlichen methodologischen und theoretischen Ansätzen der Sozialwissenschaft interessante Verbindungslinien gibt, die man produktiv für die schwierige Erklärung des Verhaltens von und in komplexen Gesellschaften nutzen kann.

Literaturhinweise

Bei der kurzen Darstellung der Ethnomethodologie von Garfinkel habe ich mich auf folgendes Buch gestützt:

Schneider W. L., 2002: *Grundlagen der soziologischen Theorie, Band 2: Garfinkel – RC – Habermas – Luhmann*. Wiesbaden: VS Verlag für Sozialwissenschaften.

Zur Anwendung politisch-ökonomischer Theorien auf die internationalen Beziehungen siehe:

Schirm S. A., 2007: *Internationale Politische Ökonomie. Eine Einführung*. Baden-Baden: Nomos.

Scharpf stellt den akteurszentrierten Interaktionismus ausführlich dar in:

Scharpf F. W., 2000: *Interaktionsformen. Akteurszentrierter Institutionalismus in der Politikforschung*. Wiesbaden: VS Verlag für Sozialwissenschaften.

Die ausführliche Darstellung von Max Webers Analyse der Entstehung des westlichen Kapitalismus, auf die ich mich am Anfang dieses Kapitels bezogen habe, findet sich zusammen mit einer breiten Diskussion von Webers Ansatz und Erkenntnissen in:

Schneider W. L., 2002: *Grundlagen der soziologischen Theorie, Band 1: Weber – Parsons – Mead – Schütz*. Wiesbaden: VS Verlag für Sozialwissenschaften.

In diesem Buch ist auch die phänomenologische Methode, die ich in diesem Kapitel kurz umrissen habe, ausführlicher dargestellt.

Die Situationsmethode und ihre soziologische Bedeutung werden von Hartmut Esser in dem folgenden Buch diskutiert:

Esser H., 1999: *Soziologie. Spezielle Grundlagen. Band 1: Situationslogik und Handeln.* Frankfurt: Campus.

Die Analogie zwischen wissenschaftlichen Modellen und Landkarten findet sich bei Karl Deutsch, der auch die Bedeutung und die Merkmale von wissenschaftlichen Modellen ausführlich diskutiert:

Deutsch K. W., 1969: *Politische Kybernetik. Modelle und Perspektiven.* Freiburg: Rombach.

Ich habe mich auch bei der Darstellung der objektiven Hermeneutik zunächst auf eine Sekundärquelle gestützt, nämlich auf

Schneider W. L., 2004: *Grundlagen der soziologischen Theorie, Band 3: Sinnverstehen und Intersubjektivität – Hermeneutik, funktionale Analyse, Konversationsanalyse und Systemtheorie.* Wiesbaden: VS Verlag für Sozialwissenschaften.

Da ich etwas Schwierigkeiten hatte, Oevermanns Ansatz zu verstehen – was nicht Schneiders Buch, sondern meinen eigenen methodologischen Vorstellungen und damit verbundenen Vorurteilen geschuldet war, habe ich mich der Lektüre einer Ausdrucksgestalt dieses Ansatzes zugewendet, nämlich einem auf der Homepage seines Instituts für hermeneutische Sozial- und Kulturforschung angebotenen Arbeitspapier:

Oevermann U., 2002: Klinische Soziologie auf der Basis der objektiven Hermeneutik – Manifest der objektiv hermeneutischen Sozialforschung. Frankfurt: Institut für hermeneutische Sozial- und Kulturforschung.

James Buchanan stellt die Aussage, dass die ökonomische Theorie lediglich die abstrakte Logik von wirtschaftlichem Handeln und damit auch von wirtschaftlichen Strukturen ist, in der folgenden Veröffentlichung ausführlich dar:

Buchanan J. M., 1970: Is Economics the Science of Choice?, in E. Streissler (ed.), *Roads to Freedom.* London: Routledge and Kegan Paul.

Die Ausführungen von Notburga Ott zum Rationalitätskonzept der Ökonomie finden sich in:

Ott N., 2001: Der Ordnungsbezug des ökonomischen Imperialismus – Das Beispiel der Familienökonomik, in: H. Leipold, I. Pies (Hg.): *Ordnungstheorie und Ordnungspolitik – Konzeptionen und Entwicklungsperspektiven.* Stuttgart: Lucius & Lucius.

Die Auseinandersetzung von Anthony Giddens mit dem Gegensatz von „Mikro" und „Makro" ist im 3. Kapitel des folgenden Buches enthalten:

> Giddens A., 1997: Die *Konstitution der Gesellschaft. Grundzüge einer Theorie der Strukturierung.* Frankfurt-New York: Campus.

Karl Mannheim stellt den Zusammenhang zwischen funktionaler Rationalisierung von Gesellschaften und substantieller Rationalität von Individuen in dem folgenden Aufsatz dar:

> Mannheim K., 1960: Typen der Rationalität und organisierte Unsicherheit, abgedruckt in: C. W. Mills (Hg.): *Klassik der Soziologie. Eine polemische Auslese.* Frankfurt: S. Fischer.

Zum Argument, Individualismus und Rationalismus seien spezifische Merkmale der modernen westlichen Zivilisation, siehe:

> Macfarlane A., 1992: On Individualism. Radcliffe-Brown Lecture in Social Anthropology. *Proceedings of the British Academy, 82, 171–199.*

Dieter Schneiders Argument, die frühen Wirtschaftswissenschaften seien durch eine wertrationale Sicht geprägt, findet sich in:

> Schneider D., 2001: *Betriebswirtschaftslehre. Band 4: Geschichte und Methoden der Wirtschaftswissenschaft.* München Oldenbourg.

Eine längere und eine kürzere Darstellung des ökonomischen Rationalitätsprinzips und seiner Probleme bieten das folgende Buch und der folgende Aufsatz:

> Kirchgässner G., 1991: *Homo oeconomicus. Das ökonomische Modell individuellen Verhaltens und seine Anwendung in den Wirtschafts- und Sozialwissenschaften.* Tübingen: Mohr (Siebeck).
> Schmid M., Maurer A., 2003: Institution und Handeln. In: M. Schmid, A. Maurer (Hg.), *Ökonomischer und Soziologischer Institutionalismus. Interdisziplinäre Beiträge und Perspektiven der Institutionentheorie und -analyse.* Marburg: Metropolis.

Zum Konzept der beschränkten Rationalität verweise ich insbesondere auf die folgende Literatur:

> Gigerenzer G., 2008*: Rationality for Mortals: How People Cope with Uncertainty.* Oxford-New York: Oxford University Press.
> Gigerenzer G., Selten R. (eds.), 2001: *Bounded Rationality. The Adaptive Toolbox.* Cambridge-London: MIT Press.
> March J. G., 1994: *A Primer on Decision Making. How Decisions Happen.* New York-London: Free Press.
> March J. G., Simon H. A., 1958: Organizations. New York: Wiley.

Simon H. A., 1957: *Models of Man – Social and Rational.* New York: Wiley.
Simon H. A., 1982: *Models of Bounded Rationality.* Vols. 1, 2. Cambridge: MIT Press.
Simon H. A., 1983: *Reasons in Human Affairs.* Stanford: Stanford University Press.

Elinor Ostroms Verständnis von Regeln als Mittel zur Stabilisierung von Erwartungen wird in dem folgenden Aufsatz dargestellt:

Ostrom E., 1986: An agenda for the study of institutions. *Public Choice*, 48, 3–25.

Bei der Darstellung der Rollentheorie habe ich mich insbesondere auf die folgenden Arbeiten gestützt:

Dahrendorf R., 2006: *Homo Sociologicus. Ein Versuch zur Geschichte, Bedeutung und Kritik der Kategorie der sozialen Rolle.* Wiesbaden: VS Verlag für Sozialwissenschaften.
Joas H., 1978: *Die gegenwärtige Lage der soziologischen Rollentheorie.* Wiesbaden: Akademische Verlagsgesellschaft.
Layton R., 1997: *An Introduction to Theory in Anthropology.* Cambridge: Cambridge University Press.
Schimank U., 2000: *Handeln und Strukturen. Einführung in die akteurtheoretische Soziologie.* Weinheim-München, Juventa.
Schmid M., Maurer A., 2003: Institution und Handeln. In: M. Schmid, A. Maurer (Hg.), *Ökonomischer und Soziologischer Institutionalismus. Interdisziplinäre Beiträge und Perspektiven der Institutionentheorie und -analyse.* Marburg: Metropolis.
Schneider W. L., 2002: *Grundlagen der soziologischen Theorie, Band 1: Weber – Parsons – Mead – Schütz.* Wiesbaden: VS Verlag für Sozialwissenschaften.
Wiswede G., 1977: *Rollentheorie.* Stuttgart: Kohlhammer.

Dem zuletzt genannten Buch ist auch die Aussage entnommen, dass der prognostische Wert des Rollenbegriffs mit seiner normativen Verankerung steht und fällt.

Zum Rollenverständnis der phänomenologischen Soziologie verweise ich auf:

Berger P. L., Luckmann T., 2007: *Die gesellschaftliche Konstruktion der Wirklichkeit. Eine Theorie der Wissenssoziologie.* Frankfurt: Fischer.

Für eine knappe, aber informative Darstellung von John Meyers Theorie der kulturellen Konstruktion des Handelns siehe:

Meyer J. W., 2000: The „Actors" of Modern Society: The Cultural Construction of Social Agency. *Sociological Theory, 18: 100–120.*

Mark Granovetters Kritik an der Beziehungslosigkeit der grundlegenden Ansätze in Soziologie und Ökonomie ist ausführlich dargestellt in:

> Granovetter M., 1985: Economic Action and Social Structure: The Problem of Embeddeness. *American Journal of Sociology, 91: 481–510.*

Das Konzept der schwachen Beziehungen wird in den folgenden Aufsätzen diskutiert:

> Granovetter M., 1973: The Strength of Weak Ties. *American Journal of Sociology, 78: 1360–1380.*
> Granovetter M., 1983: The Strength of Weak Ties: A network Theory Revisited. *Sociological Theory, 1: 201–233.*

Der folgende Aufsatz bietet eine interessante Diskussion von Granovetters These von der Stärke schwacher Beziehungen und der Verbreitung von Verhaltensweisen und Verständnissen:

> Centola D., Macy M., 2007: Complex Contagions and the Weakness of Long Ties. *American Journal of Sociology, 113: 702–734.*

Die von Granovetter angesprochenen Auswirkungen starker Beziehungen auf die Entwicklung von Verständnissen und Orientierungen in sozialen Gruppen sind in der sozialpsychologischen Gruppenforschung schon lange bekannt. Auf diese Forschung kann ich in diesem Kapitel nicht näher eingehen. Die interessierte Leserin/den interessierten Leser verweise ich auf folgende Literatur:

> Frey D., Irle M. (Hg.), 2008: *Theorie der Sozialpsychologie, Bd. 2: Gruppen-, Interaktions- und Lerntheorie.* Bern: Huber.
> Heidbrink H., Lück H. E., Schmidtmann H., 2009: *Psychologie der sozialen Beziehungen.* Stuttgart: Kohlhammer.
> Tegethoff H. G., 1999: *Soziale Gruppen und Individualisierung.* München: Reinhardt.

Wer sich intensiver mit der neuen Institutionenökonomik und anderen neo-institutionalistischen Ansätzen in der Sozialwissenschaft beschäftigen möchte, sei auf folgende Bücher verwiesen:

> Erlei M., Leschke M., Sauerland D., 1999: *Neue Institutionenökonomik.* Stuttgart: Schäffer-Poeschel.
> Schmid M., Maurer A. (Hg.), 2003: *Ökonomischer und Soziologischer Institutionalismus. Interdisziplinäre Beiträge und Perspektiven der Institutionentheorie und -analyse.* Marburg: Metropolis.
> Powell W. W., DiMaggio P. J. (eds.), 1991: *The New Institutionalism in Organizational Analysis.* Chicago: University of Chicago Press.
> Scott R., 2007: *Institutions and Organizations: Ideas and Interests.* Thousand Oaks-London: Sage.

Senge K., Hellmann K.-U. (Hg), 2006: *Einführung in den Neo-Institutionalismus*. Wiesbaden: VS Verlag für Sozialwissenschaften.

Vogt S., 2002: *Institutionenökonomik*. München: Fink.

Meine Darstellung von ausgewählten Kulturtheorien basiert insbesondere auf folgendem Buch:

Moebius S., 2009: *Kultur*. Bielefeld: Transcript.

sowie auf:

Calhoun C., Gerteis J., Moody J., Pfaff S., Virk I. (eds.), 2007: *Contemporary Sociological Theory*. Malden-Oxford: Blackwell.

Crane D., 1994: *The Sociology of Culture. Emerging Theoretical Perspectives*. Cambridge-Oxford: Blackwell.

Moebius S., Quadflieg D. (Hg.), 2006: *Kultur. Theorien der Gegenwart*. Wiesbaden: VS Verlag für Sozialwissenschaften.

Vester H.-G., 2010: *Kompendium der Soziologie III: Neuere soziologische Theorien*. Wiesbaden: VS Verlag für Sozialwissenschaften.

Bei der Darstellung der kulturellen Ökonomik habe ich mich auf das nachfolgend genannte Buch gestützt:

Blümle G., Goldschmidt N., Klump R., Schauenberg B., von Senger H. (Hg.), 2004: *Perspektiven einer kulturellen Ökonomik*. Münster: LIT.

In diesem Buch sind auch die Analyse von Kurt Annen sowie ein Beitrag von Werner Berg zur Notwendigkeit von Kontextualisierung enthalten. Die bibliografischen Angaben dazu lauten:

Annen K., 2004: Kulturelle Ökonomik am Beispiel von Sozialkapital. In: Blümle G., Goldschmidt N., Klump R., Schauenberg B., von Senger H. (Hg.), *Perspektiven einer kulturellen Ökonomik*. Münster: LIT.

Berg W., 2004: Die unerbittlichen Folgen des Vergleichs: Die Entdeckung der Kultur als wichtige Determinante des ökonomischen Prozesses. In: Blümle G., Goldschmidt N., Klump R., Schauenberg B., von Senger H. (Hg.), *Perspektiven einer kulturellen Ökonomik*. Münster: LIT.

Douglass North' Konzept der Wirkung von Institutionen und nicht formalisierten Normen wird ausführlich dargestellt in:

North D., 1990: *Institutions, Institutional Change and Economic Performance*. Cambridge: Cambridge University Press.

Zu den theoretischen und methodischen Problemen der vergleichenden Politikwissenschaft verweise ich auf:

Lehner F., Widmaier U., 2002: *Vergleichende Regierungslehre*. Opladen: Leske + Budrich.

Ich bin bei meiner Diskussion der Strukturierung des Alltags von der Phänomenologie ausgegangen. Dabei habe ich mich vor allem auf die folgende Literatur gestützt:

Berger P. L., Luckmann T., 2007: *Die gesellschaftliche Konstruktion der Wirklichkeit. Ein Theorie der Wissenssoziologie*. Frankfurt: Fischer.

sowie auf

Brühl W. L., 2002: *Phänomenologische Soziologie. Ein kritischer Überblick*. Konstanz: UVK.
Grathoff R., 1989: *Milieu und Lebenswelt. Einführung in die phänomenologische Soziologie und die phänomenologische Forschung*. Frankfurt: Suhrkamp.
Schneider W. L., 2002: *Grundlagen der soziologischen Theorie, Band 1: Weber – Parsons – Mead – Schütz*. Wiesbaden: VS Verlag für Sozialwissenschaften.
Schütz A., Luckmann T., 1979: *Strukturen der Lebenswelt*. Frankfurt: Suhrkamp.
Srubar I., 2007: *Phänomenologie und soziologische Theorie. Ansätze zur pragmatischen Lebenswelttheorie*. Wiesbaden: VS Verlag für Sozialwissenschaften.

Das Kulturkonzept von Ann Swidler ist in dem folgenden Aufsatz dargestellt:

Swidler A., 1986: Culture in Action: Symbols and Strategies. *American Sociological Review, 51: 273–286.*

Swidler bezieht sich insbesondere auf das folgende Buch des Anthropologen Clifford Geertz:

Geertz C., 1973: *The Interpretation of Cultures*. New York: Basic Books.

Die bibliografischen Angaben zu der im Text erwähnten Studie von Jürgen Friedrichs und Sascha Triemer zur Segregation in deutschen Städten lauten:

Friedrichs J., Triemer S., 2009: *Gespaltene Städte? Soziale und ethnische Segregation in deutschen Großstädten*. Wiesbaden: VS Verlag für Sozialwissenschaften.

Die in diesem Kapitel erwähnte These von Peter Walgenbach, dass die meisten Organisationstheorien sich entweder auf Strukturen oder auf Handeln konzentrieren, aber selten beides miteinander verknüpfen, findet sich in:

Walgenbach P., 2006: Die Strukturationstheorie. In: A. Kieser, M. Eber (Hg.): *Organisationstheorien*. Stuttgart: Kohlhammer.

Einen breiten Überblick über Organisationstheorien bieten die folgenden Bücher:

Bonazzi G., 2008: *Geschichte des organisatorischen Denkens*. Wiesbaden: VS Verlag für Sozialwissenschaften.

Kieser A., Eber M. (Hg.), 2006: *Organisationstheorien*. Stuttgart: Kohlhammer.

Miebach B., 2007: *Organisationstheorie. Problemstellung – Modelle – Entwicklung*. Wiesbaden:
  VS Verlag für Sozialwissenschaften.

Ortmann G., Sydow J., Türk K. (Hg.), 2000: *Theorien der Organisation. Die Rückkehr der Gesellschaft*. Wiesbaden: Westdeutscher Verlag.

Preisendörfer P., 2008: *Organisationssoziologie. Grundlagen, Theorien und Problemstellungen*.
  Wiesbaden: VS Verlag für Sozialwissenschaften.

Türk K. (Hg.), 2000: *Hauptwerke der Organisationstheorie*. Wiesbaden: Westdeutscher Verlag.

Sanders K., Kianty A., 2006: *Organisationstheorien. Eine Einführung*. Wiesbaden: VS Verlag
  für Sozialwissenschaften.

Schreyögg G., 2008: *Organisation. Grundlagen moderner Organisationsgestaltung*. Wiesbaden:
  Gabler.

Eine durch ihren Praxisbezug anschauliche Darstellung des Ansatzes der Organisationsentwicklung findet sich in:

Schiersmann C., Thiel H.-U., 2009: *Organisationsentwicklung. Prinzipien und Strategien von
  Veränderungsprozessen*. Wiesbaden: VS Verlag für Sozialwissenschaften.

Peter Senges Konzept der Lernenden Organisation wird beschrieben in seinem Buch:

Senge P. M., 2008: *Die fünfte Disziplin. Kunst und Praxis der Lernenden Organisation*. Stuttgart:
  Schäffer-Poeschel.

Das Beispiel von Nissan United Kingdom ist in einem Buch von Peter Wickens beschrieben
worden, der als geistiger Vater des Modells von Nissan UK gilt:

Wickens P., 1987: *The Road to Nissan*. London: MacMillan.

Siehe auch:

Lehner F., Wickens P. (Hg.), 1997: *Schlüssel zur Weltklasseproduktion*. München-Mering: Hampp.

Die grundlegenden Werke von Simon und March zur verhaltenstheoretischen Entscheidungstheorie habe ich weiter oben unter dem Stichwort „Beschränkte Rationalität" schon genannt.

Die wichtigsten neo-institutionalistischen Ansätze in der Organisationsforschung habe ich
weiter oben schon zitiert. Eine ausführliche Diskussion der Problematik des Effizienzbegriffs
in der Neuen Institutionenökonomik findet sich in:

Richter R., Furubotn E. G., 1999: *Neue Institutionenökonomik. Eine Einführung und kritische Würdigung.* Tübingen: Mohr Siebeck.

Eine breite Darstellung der Anwendung der Neuen Institutionenökonomik auf Organisationen bietet:

Göbel E., 2002: *Neue Institutionenökonomik. Konzeption und betriebswirtschaftliche Anwendung.* Stuttgart: Lucius & Lucius.

Der Ansatz der Population Ecology wird in unterschiedlichen Organisationszusammenhängen ausführlich diskutiert in:

Carroll G. C., Hannan M. T. (eds.), 1995: *Organizations in Industry. Strategy, Structure, and Selection.* New York-Oxford: Oxford University Press.

Der systemtheoretische Ansatz von Daniel Katz und Robert L. Kahn wird dargestellt in:

Katz D., Kahn R. L., 1966: *The Social Psychology of Organizations.* New York: Wiley.

Zur Organisationstheorie von Luhmann verweise ich insbesondere auf:

Luhmann N., 2005: *Soziologische Aufklärung 3. Soziales System, Gesellschaft, Organisation.* Wiesbaden: VS Verlag für Sozialwissenschaft
Luhmann N., 2006: *Organisation und Entscheidung.* Wiesbaden: VS Verlag für Sozialwissenschaften.

Entscheidungsprozesse in Organisationen als Prozesse der Unsicherheitsabsorption werden ausführlich dargestellt in:

Luhmann N., 2000: *Die Politik der Gesellschaft.* Frankfurt: Suhrkamp.

Das Problem der Zielsetzung von Organisationen wird in dem folgenden Buch ausführlich dargestellt:

Kieser A., Walgenbach P., 2007: *Organisation.* Stuttgart: Schäffer-Poeschel.

Die Zusammenhänge zwischen Innovation, Arbeitsorganisation und Wettbewerbsfähigkeit von Unternehmen werden unter anderem in den folgenden Veröffentlichungen diskutiert:

Baethge M., Baethge-Kinsky V., 1998: Der implizite Innovationsmodus: Zum Zusammenhang von betrieblicher Arbeitsorganisation, human ressources development und Innovation. In: Lehner F., Baethge M., Kühl J., Stille F. (Hg.), *Beschäftigung durch Innovation.* München-Mering: Rainer Hampp.

Best M. H., 1990: *The New Competition. Institutions of Industrial Restructuring.* Cambridge: Harvard University Press.

Kern H., Schumann M., 1990: *Das Ende der Arbeitsteilung?* München: Beck.

Piore M. J., Sabel C. F., 1984: The Second Industrial Divide. Possibilities for Prosperity. New York: Basic Books.

Wickens P., 1995: *The Ascendant Organization. Combining commitment and control for long-term, sustainable business success.* Basingstoke-London, Macmillan.

Für eine Einführung in die hier angesprochenen Themen der Arbeits- und Industriesoziologie verweise ich auf:

Minssen H., 2006: *Arbeits- und Industriesoziologie. Eine Einführung.* Frankfurt-New York: Campus.

Das Konzept des anthropozentrischen Arbeitssystems wird ausführlicher dargestellt in:

Brödner P., 1986: *Fabrik 2000: Alternative Entwicklungspfade in die Zukunft der Fabrik.* Berlin: edition sigma.

Lehner F., 1992: *Anthropocentric Production Systems: The European Response to Advanced Manufacturing and Globalization.* Luxembourg: Office for Official Publications of the European Communities, 1992.

Littek W., Charles T. (eds.), 19995: *The New Division of Labour.* Berlin-New York: Walter de Gruyter.

Eine kurze Darstellung der (zögerlichen) Entwicklung anthropozentrischer Produktionssysteme enthält:

Baethge M., 2004: Ordnung der Arbeit – Ordnung des Wissens: Wandel und Widersprüche im betrieblichen Umgang mit Humanressourcen. *SOFI-Mitteilungen*, 32. Göttingen: Soziologisches Forschungsinstitut.

Das Dilemma der Lernenden Organisation habe ich ausführlicher diskutiert in:

Lehner F., 2001: Innovatives Management – ein Widerspruch in sich selbst? In: T. Blecker & H. G. Gmünden (Hg.), *Innovatives Produktions- und Technologiemanagement.* Heidelberg: Springer, 2001.

James Marchs Verständnis von organisationalem Lernen wird in dem folgenden Buch dargestellt:

March J. G., 1999: *The Pursuit of Organizational Intelligence.* Malden-Oxford: Blackwell.

Rosabeth Kanters Konzept der lernenden Organisation findet sich in:

Kanter, R. M., 1990: *When Giants Learn to Dance*. New York: Touchstone.

Einen breiten Überblick über die Verbändeforschung bieten:

Sebaldt M., Straßner A., 2004: *Verbände in der Bundesrepublik Deutschland. Eine Einführung.* Wiesbaden: VS Verlag für Sozialwissenschaften

Mancur Olsons Theorie des kollektiven Handelns wird dargestellt in

Olson M., 1968: *Die Logik des kollektiven Handelns. Kollektivgüter und die Theorie der Gruppe.* Tübingen: Mohr Siebeck.

Claus Offes diskutiert die Macht von gesellschaftlichen Interessen, insbesondere auch den Zusammenhang zwischen Macht und Konfliktfähigkeit in dem folgenden Aufsatz:

Offe C., 1972: Politische Herrschaft und Klassenstrukturen. Zur Analyse spätkapitalistischer Gesellschaftssysteme. In: G. Kress, D. Senghaas (Hg.), *Politikwissenschaft.* Frankfurt: Fischer.

Zur Verbändeproblematik in den modernen Demokratien verweise ich unter anderem auf folgende Literatur:

Kevenhörster P., 2008: *Politikwissenschaft. Bd. 1: Entscheidungen und Strukturen der Politik.* Wiesbaden: VS Verlag für Sozialwissenschaften.

Lehner F., 1998: The Institutional Control of Organized Interest Intermediation: A Political Perspective, in: R. M. Czada & A. Héritier & H. Keman (eds.), *Institutions and Political Choice. On the Limits of Rationality.* Amsterdam: VU University Press.

Leif T., Speth R. (Hg.). 2006: *Die fünfte Gewalt. Lobbyismus in Deutschland.* Wiesbaden: VS Verlag für Sozialwissenschaften.

Lowery D., Brasher H., 2004: *Organized interests and American Government.* New York: McGraw-Hill.

Schneider F., 1985: *Der Einfluss von Interessengruppen auf die Wirtschaftspolitik. Eine empirische Untersuchung für die Schweiz.* Bern-Haupt.

Zimmer A., Weßels B. (Hg.). 2001: *Verbände und Demokratie in Deutschland.* Opladen: Leske + Budrich.

Die Kreisläufe von Macht und Gegenmacht sowie die damit verbundenen Konsequenzen, insbesondere die Externalisierung von Umweltbezügen, werden ausführlich dargestellt in:

Luhmann N., 1981: *Politische Theorie im Wohlfahrtsstaat.* München-Wien: Günter Olzog.

Das eherne Gesetz der Oligarchie wird in dem folgenden Buch beschrieben:

Michels R., 1989: *Zur Soziologie des Parteiwesens in der modernen Demokratie.* Stuttgart: Kröner.

Zu Luhmanns Sicht der Möglichkeiten und Grenzen der Demokratisierung von Verbänden und Bürokratie siehe:

Luhmann N., 2000: *Die Politik der Gesellschaft.* Frankfurt: Suhrkamp.
Luhmann N., 1981: *Politische Theorie im Wohlfahrtsstaat.* München-Wien: Günter Olzog.

Zur direkten Demokratie in der Schweiz, insbesondere zu den durch sie erzeugten Oligarchieproblemen, siehe:

Lehner F., Widmaier U., 2002: *Vergleichende Regierungslehre.* Opladen: Leske + Budrich.
Lehner F., 2011: *Die Schweiz.* Schwalbach: Wochenschau-Verlag (in Vorbereitung).

Die genauen Angaben zu dem im Text erwähnten Buch von Barrington Moore lauten:

Moore B., 1974: *Ursprünge von Diktatur und Demokratie.* Frankfurt: Suhrkamp.

Zur Theorie und Praxis moderner Bürokratien und den Perspektiven der Verwaltungsreform verweise ich insbesondere auf folgende Arbeiten:

Behrens, F., Heinze R. G., Hilbert J., Stöbe-Blossey S., Walsken, E. M., 1995: *Den Staat neu denken: Reformperspektiven für die Landesverwaltungen.* Berlin: Ed. Sigma.
Bonazzi G., 2008: *Geschichte des organisatorischen Denkens.* Wiesbaden: VS Verlag für Sozialwissenschaften.
Bogumil J., Jann W., Nullmeier F. (Hg), 2006: *Politik und Verwaltung. Sonderheft 37 der Politischen Vierteljahresschrift.* Wiesbaden: VS Verlag für Sozialwissenschaften.
Luhmann N., 1981: *Politische Theorie im Wohlfahrtsstaat.* München-Wien: Günter Olzog.
Naschold F., Bogumil J., 2000: *Modernisierung des Staates. New Public Management in deutscher und internationaler Perspektive.* Opladen: Leske + Budrich.
Schedler K., Proeller I., 2000: *New Public Management.* Bern: Haupt.

Gert Bouckaerts Konzept des neo-weberianischen Staates findet sich zusammen mit einem Überblick über die Verwaltungsreform in den westlichen Ländern in dem folgenden Aufsatz:

Bouckaert G., 2006: Auf dem Weg zu einer neo-weberianischen Verwaltung. New Public Management im internationalen Vergleich. In: Bogumil J., Jann W., Nullmeier F. (Hg), 2006: *Politik und Verwaltung. Sonderheft 37 der Politischen Vierteljahresschrift.* Wiesbaden: VS Verlag für Sozialwissenschaften.

Robert Mertons Anomietheorie ist ausführlich dargestellt in dem folgenden Buch:

> Merton R. K., 1968: *Social theory and Social Structure.* New York: Free Press, London: Collier Macmillan.

Bei der Beschreibung und Diskussion der ökonomischen Marktheorie habe ich mich weitgehend gestützt auf:

> Arnold L., 2003: *Makroökonomik. Eine Einführung in die Theorie der Güter-, Arbeits- und Finanzmärkte.* Tübingen: Mohr Siebeck.
> Hankel W., 1982: *Heldensagen der Wirtschaft oder schöne heile Wirtschaftswelt.* München: Econ.
> Mantzavinos C., 2001: *Individuals, Institutions and Markets.* Cambridge: Cambridge University Press
> Streit M., 2005: *Theorie der Wirtschaftspolitik.* Stuttgart: Lucius & Lucius.

Die im Text erwähnte Aussage von Manfred Streit, dass die mit der Preisbildung herbeigeführte Koordination in der realen Marktwirtschaft nie zu einem abgeschlossenen und vollständigen Ergebnis führt, findet sich in dem oben genannten Buch.

Die auf der Neuen Institutionenökonomik basierende Markttheorie von Richter und Furubotn ist dargestellt in:

> Richter R., Furubotn E. G., 1999: *Neue Institutionenökonomik. Eine Einführung und kritische Würdigung.* Tübingen: Mohr Siebeck.

Ein interessantes Beispiel für die ökonomische Problematik staatlicher Regulierung von Märkten ist die Schattenwirtschaft. Siehe dazu:

> Schneider F., Enste D., 2000: *Schattenwirtschaft und Schwarzarbeit: Umfang, Ursachen, Wirkungen und wirtschaftspolitische Empfehlungen.* München-Wien: Oldenbourg.

Die bibliografischen Angaben zu dem Buch von Joseph Stiglitz zur Finanzmarktkrise lauten:

> Stiglitz J, 2010: *Im freien Fall. Vom Versagen der Märkte zur Neuordnung der Weltwirtschaft.* München: Siedler.

Darüber hinaus habe ich mit Hilfe der folgenden Bücher versucht, ein einigermaßen profundes Verständnis der Finanzmarktkrise von 2008 und ihrer Auswirkungen zu entwickeln – wobei ich gelegentlich den Eindruck hatte, das dies auch den einschlägigen Experten nicht immer gelingt:

> Bofinger P., 2009: *Ist der Markt noch zu retten? Warum wir einen starken Staat brauchen.* Berlin: Ullstein (Econ).

Bookstaber R., 2008: *Teufelskreis der Finanzmärkte. Märkte, Hedgefonds und die Risiken von Finanzinnovationen*. Kulmbach: Börsenmedien.

Böch M., 2009: *Finanzwirtschaft. Investition, Finanzierung, Finanzmärkte und Steuerung*. München: Franz Vahlen.

Münchau W., *Kernschmelze im Finanzsystem*. München: Hanser.

Zimmermann K. F., Schäfer D., 2010: *Finanzmärkte nach dem Flächenbrand. Warum es dazu kam und was wir daraus lernen müssen*. Wiesbaden: Gabler.

Rolf Heinzes These, eine starker Staat sei eine Fiktion, findet sich im folgenden Buch:

Heinze R., 2009: Rückkehr des Staates? Politische Handlungsmöglichkeiten in unsicheren Zeiten. Wiesbaden: VS Verlag für Sozialwissenschaften.

Eine anregende soziologische Diskussion des Marktes und der wirtschaftlichen Markttheorie bietet:

Berger J., 2009: *Der diskrete Charme des Marktes. Zur sozialen Problematik der Marktwirtschaft*. Wiesbaden: VS Verlag für Sozialwissenschaften.

Interessante Einblicke in die soziologische Analyse von Märkten vermitteln auch:

Beckert J., 1997: *Grenzen des Marktes. Die sozialen Grundlagen wirtschaftlicher Effizienz*. Frankfurt-New York: Campus.

Beckert J., Diaz-Bone R., Ganßmann H. (Hg.), 2007: *Märkte als soziale Strukturen*. Frankfurt-New York: Campus.

Maurer A. (Hg.), 2008: *Handbuch der Wirtschaftssoziologie*. Wiesbaden: VS Verlag für Sozialwissenschaften.

Eine knappe Analyse der grundlegenden Veränderungen der kapitalistischen Wirtschaft am Ende des 20. Jahrhunderts findet sich in:

Lehner F. 1999: Spekulation statt Produktion – Was treibt den modernen Kapitalismus? In: Nölling W., Schachtschneider K. A., Starbatty J., *Währungsunion und Weltwirtschaft. Festschrift für Wilhelm Hankel*. Stuttgart: Lucius & Lucius.

Auf die internationale Dimension des Marktgeschehens und seiner Strukturierung bin ich in diesem Kapitel nicht eingegangen. Daran interessierte Leserinnen und Leser verweise ich auf:

Hankel W., 1975; *Der Ausweg aus der Krise*. Düsseldorf-Wien: Econ.

Schirm S. A., 2007: *Internationale politische Ökonomie. Eine Einführung*. Baden-Baden: Nomos.

5. Kapitel: Die Logik des sozialen Wandels

Sozialer Wandel ist der Prozess der Veränderung sozialer Strukturen. Dieser Prozess ist eines der zentralen Themen der Sozialwissenschaft. Schon Klassiker der Sozialwissenschaft, wie Mead, Simmel und Spencer, haben festgestellt, dass Gesellschaften und ihre Teile keine statischen Gebilde darstellen, sondern eher Prozesse. Simmel sprach daher konsequent von Vergesellschaftung statt von Gesellschaft. Diese Denkweise findet man in der heutigen sozialwissenschaftlichen Theorie bei Giddens und bei Luhmann, bei den Phänomenologen und bei den unterschiedlichen evolutionistischen Ansätzen. In allen diesen Theorien ist Gesellschaft immer im Fluss. Sie ist eine unaufhörliche Folge aufeinander bezogener Kommunikationen (Luhmann), ein ständiger Prozess der Strukturierung (Giddens), eine Folge von Anpassungen und Erweiterungen sozialer Konstrukte und gesellschaftlichen Wissens (Phänomenologie) oder das Resultat eines kontinuierlichen Evolutionsprozesses (evolutionistische Ansätze). In dieser Sichtweise ist der Übergang zwischen Strukturen und Prozessen fließend. Mit der Unterscheidung zwischen Strukturen und Prozesse wird eigentlich nur gesagt, dass sich bestimmte Elemente von Gesellschaft (Handlungen, Kommunikationen, Verständnisse, Ressourcenverteilungen) über eine mehr oder weniger große Zeitspanne weitgehend stabil verhalten, während andere auch über kurze Zeitspannen betrachtet im Fluss sind. Erstere bezeichnen wir als Strukturen, letztere verweisen auf Prozesse.

Ein Beispiel: Die Interaktionen zwischen Unternehmen, Bildungseinrichtungen, Hochschulen und den Trägern von Infrastrukturen sind zunächst Prozesse. Die einzelnen Akteure agieren zwar in wechselseitigen Bezügen zueinander, aber ihre Aktionen und deren Bezüge verändern sich fortlaufend. Sobald aber bestimmte Akteure häufiger in gleichartigen Bezügen interagieren und sich dabei immer wieder ähnlich verhalten, bildet sich aus dem Interaktionsprozess eine Struktur heraus. Es entwickeln sich zunächst bestimmte regelmäßig wiederkehrende Muster für bestimmte Situationen. Wenn diese Muster für alle an der Interaktion Beteiligten Vorteile bringen, dann verfestigen sie sich zu einer institutionellen Struktur, welche die weiteren Interaktionen „steuert". Diese Struktur könnte das sein, was wir im ersten Kapitel als Cluster bezeichnet haben. Wenn sich dieses Cluster im Laufe der Zeit für die beteiligten Akteure nicht mehr als vorteilhaft erweist, verliert es immer mehr seine Fähigkeit, Interaktionen zu steuern. Die Interaktionen werden dadurch offener und verlieren ihr regelmäßiges Muster. Aus der Struktur ist wieder ein Prozess geworden.

Wenn wir uns mit sozialem Wandeln beschäftigen, dann interessieren uns die Veränderungen der stabilen Elemente, also der Strukturen. Das ist sinnvoll, weil sich verhaltensrelevante und dauerhafte Veränderungen von Gesellschaft, also Wandel, immer in Veränderungen von Strukturen manifestieren. Bei der Beobachtung von Prozessen weiß man nicht, ob Veränderungen bloße Fluktuationen darstellen oder ob sie dauerhafter sind.

> **Sozialer Wandel**
>
> Die Veränderung von sozialen Strukturen über die Zeit.

Sozialer Wandel wird in den sozialwissenschaftlichen Disziplinen und Theorien unterschiedlich thematisiert. Die neo-klassische Ökonomie vernachlässigte sozialen Wandel lange fast vollständig und hatte Schwierigkeiten, ihn systematisch in ihr Denkgebäude einzubauen; erst die neue Institutionenökonomik und vor allem die evolutionistische Ökonomie nahmen Wandel systematisch auf. In der Soziologie ebenso wie in der Anthropologie und der Sozialpsychologie spielte Wandel von Anfang an eine wichtige Rolle und tut das auch heute noch. Allerdings lagen und liegen der Beschäftigung mit Wandel unterschiedliche Verständnisse und Erklärungsansätze zu Grunde. In manchen Theorien wird Wandel als historisch festgelegter Prozess betrachtet, insbesondere bei Marx, in anderen unterliegt Wandel generellen Gesetzmäßigkeiten des Fortschritts oder Differenzierung, wie bei der evolutionären Anthropologie und in soziologischen Modernisierungstheorien. Dem stehen Theorien gegenüber, die Wandel als evolutionären Prozess begreifen, also als Entwicklung, die prinzipiell offen, wenn nicht gar zufällig ist, aber durch bestimmte Mechanismen (Variation und Selektion) gesteuert wird, so etwa bei Spencer und heute in der evolutionistischen Ökonomik oder der Systemtheorie Luhmanns. Schon bei Spencer war auch ein Verständnis von sozialer Evolution mit angelegt, das nicht nur Variationen und Selektionen, sondern auch Lernen und Imitation, strategisches Handeln sowie Selbstorganisation und Emergenz betrachtet. Ich werde diese Vielfalt im Folgenden stark vereinfachend auf zwei große Gruppen aufteilen, die ich mit den Begriffen der Modernisierung und der Evolution bezeichne. Die erste Gruppe umfasst die Modernisierungstheorie, die Theorien der Moderne und der reflexiven Moderne; die zweite Gruppe die Evolutionstheorien. Zwischen beiden Gruppen gibt es Überschneidungen. So baut die Modernisierungstheorie auf dem Differenzierungsansatz von Spencer auf, der gleichzeitig die sozialwissenschaftliche Evolutionstheorie begründete.

Bevor ich diese Theorien diskutiere, betrachte ich Wandel zunächst von seiner empirischen und pragmatischen Seite her. Ich stelle einige reale Prozesse des sozialen Wandels sowie die damit verbundenen alltäglichen und gesellschaftlichen Probleme in Form von Geschichten dar. Ich spreche von Geschichten, weil es mir weder um eine historisch genaue Darstellung noch um eine systematische Analyse der jeweiligen Entwicklungen geht. Ich beschränke mich vielmehr auf eine Interpretation ausgewählter Abläufe und Zusammenhänge der jeweiligen Entwicklungen. Mit Hilfe dieser Geschichten will ich bestimmte Einsichten über Strukturwandel und dessen Gestaltbarkeit vermitteln und damit eine pragmatische Folie als Hintergrund für die nachfolgende theoretische Diskussion erstellen.

Sozialer Wandel: Geschichten aus der Wirklichkeit

Ich stelle in diesem Teil drei unterschiedliche Geschichten dar. Jede dieser Geschichten bezieht sich auf Sachverhalte und Probleme, die wir in den vorangehenden Kapiteln dieses Buches bereits angesprochen haben. Die erste Geschichte handelt vom Strukturwandel von

Regionen und bezieht sich konkret auf das Silicon Valley und das Ruhrgebiet. Die zweite Geschichte nimmt die schon im ersten Kapitel geführte Diskussion über die Entwicklung der Arbeitswelt auf. In der dritten Geschichte nehme ich die Diskussion über die Entwicklung der Marktwirtschaft am Ende des vierten Kapitels wieder auf.

Strukturwandel von Regionen

Ich habe im zweiten Kapitel eine Geschichte erzählt, die in etwa der Geschichte des Silicon Valley entspricht. Genauer gesagt, entspricht sie einer verbreiteten Geschichte von Silicon Valley. Es ist die Geschichte der Entwicklung eines Clusters, das sich mit der und um die Stanford University und vielen Existenzgründern herausgebildet hat. Die Stanford University spielt in dieser Geschichte eine zentrale Rolle nicht nur als Bildungs- und Forschungseinrichtung, sondern auch als eine Einrichtung des Cluster-Managements. Diese Geschichte kann man unter anderem bei dem Unternehmensberater und Managementwissenschaftler Rob Koepp nachlesen. Die Helden dieser Geschichte sind zum einen viele Existenzgründer und zum anderen Fred Terman, der Provost (Kanzler) der Stanford University war. Terman errichtete den Technologiepark der Stanford University, in dem sich Unternehmen ansiedelten, die später Silicon Valley zu einem globalen Zentrum der Informationstechnologie machten. Diese Geschichte ist nicht falsch, aber, wie der Historiker Christophe Lécuyer argumentiert, doch ziemlich einseitig.

Silicon Valley entstand nicht auf einer grünen Wiese, sondern in einer Region, in der es schon vor dem ersten Weltkrieg eine Reihe von kleinen und mittleren Unternehmen aus der Funk-Industrie gab, die von zahlreichen Funkamateuren gestützt oder entwickelt wurde. Silicon Valley entstand auch nicht einfach aus der Verbindung von Universität und Unternehmen, insbesondere Existenzgründern, sondern mit Hilfe von massiver finanzieller Unterstützung durch das Militär und den Staat. Bis zu den 1940er und 1950er Jahren war die San Francisco Peninsula (auf der Silicon Valley liegt) alles andere als eine starke Industrieregion. Sie war bloß industrielles Hinterland mit einigen hundert Beschäftigten in der Industrie. Die ansässigen Unternehmen waren Zulieferer für größere Unternehmen außerhalb der Region, wiesen jedoch eine hohe Qualität und Produktivität auf und verfügten über gut qualifizierte Arbeitskräfte. Zu der Funk-Industrie kamen in den 1930er Jahren mehr und mehr Unternehmen, welche elektronische Komponenten fertigen, insbesondere auch Hewlett-Packard, die ein Paradebeispiel ist für die Geschichte vom Garagen-Unternehmen, das zum globalen Konzern wurde, darstellt. Die meisten Unternehmen waren und blieben jedoch eher klein.

Das erwies sich als ein großer Vorteil für die Region, wie die Regionalforscherin Annalen Saxenian in einem Vergleich mit einem anderen starken mikroelektronischen Cluster in den USA, der Route 128 in Boston, zeigt. Die vielen kleinen und mittleren Unternehmen, die in einem harten Wettbewerb standen – auch im Wettbewerb um militärische Aufträge – erwiesen sich immer wieder als kreativ und innovativ. Das beschränkte sich nicht nur auf den technologischen Bereich, sondern erstreckte sich auch auf die Arbeitsorganisation und Entlohnungssysteme. Um ihre komplexen und anspruchsvollen Produkte zu entwickeln und zu produzieren, waren und sind sie auf eine enge Kooperation mit ihren qualifizierten Arbeitskräften angewiesen. Dazu nutzten die Firmen in unterschiedlicher Weise und unter-

schiedlichen Kombinationen dezentralisierte Arbeitsstrukturen und Teamarbeit, die Einbindung von Arbeitskräften in unternehmerische Entscheidungsprozesse und die Beteiligung der
Arbeitskräfte am Erfolg der Unternehmen. Damit gewannen sie beträchtliche komparative
Vorteile bei der Konkurrenz um qualifizierte Arbeitskräfte. Gleichzeitig errangen sie auch
beträchtliche komparative Vorteile im Hinblick auf Produktivität und Innovation. Das alles
half den Unternehmen nicht nur bei der Akquisition militärischer Aufträge, sondern später
auch bei der Beseitigung ihrer Abhängigkeit von militärischen Aufträgen und ihrer globalen
Einbindung in die zivile Elektronikindustrie.

Im Silicon Valley entstand auch eine besondere Kultur, die durch eine Verbindung
von Konkurrenz und Gemeinschaft gekennzeichnet ist. Die Unternehmen im Silicon Valley
standen zwar zueinander vielfach in Konkurrenz, trotzdem entwickelten sich zwischen ihnen
Kooperationsbeziehungen, in ihnen und um sie herum gar eine „Community" (Gemeinschaft).
Diese Gemeinschaft hat ihre Wurzeln zum einen in der Kultur der Funkamateure, die ihre
Ideen und ihr Wissen untereinander teilten und zum anderen in einem stark ausgeprägten
Regionalbewusstsein. Viele der Unternehmer, Forscher, Entwickler und andere Personen ver-
standen sich als Pioniere der Industrialisierung an der Westküste, die im nationalen Industrie-
kontext, der vom Osten der USA dominiert wurde, Außenseiter waren. Sie hatten damit
eine gemeinsame regionale Interessenbasis und entwickelten mit zunehmendem Erfolg des
Valley auch eine regionalen Stolz. Diese Kultur war und ist durch einen starken und raschen
Fluss von Ideen, Wissen und Kompetenzen in Forschung und Entwicklung, Produktion und
Management innerhalb und zwischen Unternehmen, gekennzeichnet. Das wiederum wird
durch eine große Mobilität der Arbeitskräfte gefördert, die im Silicon Valley ebenfalls kulturell verwurzelt ist.

Der rasche Fluss von Ideen, Wissen und Kompetenz ist einer der wichtigsten Erfolgs-
faktoren von Silicon Valley. Ein zweiter wichtiger Faktor war und ist die Verfügbarkeit von
Risikokapital. Die hohe Produktivität und der große wirtschaftliche Erfolg führten dazu, dass
viele Unternehmen im Silicon Valley große Gewinne machten und viele ihrer Arbeitskräfte
hohe Einkommen erzielten. Das schuf die Grundlage für die Entwicklung eines starken
Risiko-Kapital-Geschäfts, welches für eine starke Zunahme von Existenzgründungen ab den
1960erJahren sorgte. Viele Existenzgründer kamen entweder von der Stanford University
oder von Unternehmen, die bereits im Valley ansässig waren.

Die hier skizzierten Strukturen und Prozesse machen das Silicon Valley zu einem starken
Cluster. Als Cluster bezeichnet man in der Regionalforschung eine regionale Konzentration
von vernetzten Unternehmen, Forschungs- und Bildungseinrichtungen und anderen Einrichtungen in einem bestimmten Wirtschaftszweig. Die Unternehmen sind zum Teil Konkurrenten, zum Teil durch Kundenbeziehungen miteinander verbunden und zum Teil geschäftlich
völlig unabhängig voneinander. Die Vernetzung der Akteure basiert zum Teil auf materiellen
Austauschbeziehungen, zum Teil lediglich auf Kommunikation. Letzteres ist im Silicon Valley
stark ausgeprägt. Cluster gelten als ein wichtiges Moment der nationalen und internationalen
Wettbewerbsfähigkeit der Unternehmen in einer Region und der Region insgesamt. In einer
institutionalistischen Perspektive stellen Cluster Institutionen dar – sie sind durch bestimmte
Verteilungen von Ressourcen und durch bestimmte Regeln geprägt, denen sich Unternehmen
und andere Akteuren nur schwer entziehen können.

Cluster

Eine regionale Konzentration vernetzter Unternehmen und anderer wirtschaftlich und technisch relevanter Akteure in einem bestimmten Wirtschaftszweig.

Einen illustrativen Kontrast zur Entwicklung des Silicon Valley bietet die des Ruhrgebiets. Das Ruhrgebiet hat sich ähnlich dem Silicon Valley aus einer ländlichen, wenig industrialisierten Gegend innerhalb von wenigen Jahrzehnten zu einem industriellen Zentrum entwickelt – allerdings vor zweihundert Jahren, in den Anfängen des industriellen Zeitalters. Da der Aufbau der Kohle- und der Stahlindustrie mit einem hohen Finanzbedarf verbunden war, entstanden im Ruhrgebiet früh großindustrielle Strukturen. Auch in der Chemie und der Energiewirtschaft, die sich im Zusammenhang mit dem Bergbau entwickelten, dominierten großindustrielle Formen. Die Wohnungswirtschaft war überwiegend Teil der großen Montanunternehmen. Neben den großen Unternehmen entstanden zwar auch kleine und mittlere Unternehmen, doch diese waren größtenteils fest in den großindustriellen Komplex eingebunden. Das ging soweit, dass beispielsweise Unternehmen, die Maschinen oder sonstiges Gerät für den Bergbau herstellten, keine oder wenig Forschung und Entwicklung betrieben, sondern weitgehend nach den Blaupausen der Bergbau-Unternehmen produzierten. Mit dem Montanbereich als Kern bildete sich im Ruhrgebiet ein starkes industrielles Cluster heraus. Als ab den späten 1950er Jahren die Montanindustrie im Zuge des globalen Strukturwandels in Schwierigkeiten geriet, erwies sich gerade dieses Cluster als ein wichtiges Entwicklungshemmnis. Es hatte schon in der ersten Hälfte des 20. Jahrhunderts zu einer Pfadverengung der wirtschaftlichen Entwicklung geführt – Infrastrukturen, insbesondere Bildungsinfrastrukturen, die Kompetenzen und Mentalitäten der Arbeitskräfte, die vorhandenen Unternehmen und andere Faktoren waren eng mit der Montanindustrie verflochten und boten deshalb wenig Ansätze für einen raschen und weitreichenden Strukturwandel.

Die Entwicklung solcher Ansätze stößt heute noch auf Strukturen und Denkweisen, die tief in der montanindustriellen Vergangenheit des Ruhrgebiets verankert sind. Die Vergangenheit ist geprägt durch eine starke Konsenskultur, welche die unterschiedlichen wirtschaftlichen, politischen und gesellschaftlichen Akteure des Ruhrgebiets in eine Gemeinschaft einband. Diese Kultur ist teilweise mit der Industrialisierung entstanden und gewachsen, ist aber vor allem das Produkt der Nachkriegszeit. Sie ist geprägt durch große Unternehmen, große Technologien und die Einbindung aller wichtigen ökonomischen und politischen Akteure in eine große politisch-ökonomische Koalition. Das entsprach den Bedürfnissen der montanindustriellen Kerns des Ruhrgebiets und der damit verbundenen Industrien (insbesondere der Chemie und Energiewirtschaft). Dabei standen zwei Probleme im Zentrum, nämlich die Sicherung der sozialen und politischen Stabilität und die Durchsetzung von großindustriellen Infrastrukturen und Anlagen. Bis zum Niedergang der Montanindustrie hat die Konsenskultur des Ruhrgebiets eine hohe gemeinsame Handlungsfähigkeit vermittelt. Allerdings beruhte diese Handlungsfähigkeit auf zwei wichtigen Bedingungen: Es gab wichtige gemeinsame Probleme und eine große Verteilungsmasse. Die wichtigen gemeinsamen Probleme schafften starke Anreize für Kooperation und die große Verteilungsmasse sorgte dafür, dass Kooperation sich für alle lohnte. Mit dem Niedergang der Montanindustrie verlor das

Ruhrgebiet seine wirtschaftliche Klammer, in der seine große Handlungsfähigkeit begründet war. Das Ruhrgebiet verlor damit nicht nur seine wirtschaftliche Einheit, sondern auch seine wirtschaftlichen Außengrenzen, die Städte und Kreise entwickelten sich wirtschaftlich und sozial auseinander. Gleichzeitig gewannen die wirtschaftlichen Bezüge zu ihrem jeweiligen Umland an Gewicht. Diese Tatsachen wurden jedoch von vielen, tief in der Konsenskultur verankerten Akteure des Ruhrgebiets nicht oder erst spät wahrgenommen.

Damit wurde das Ruhrgebiet immer mehr das Opfer der Kehrseite seiner bisher großen Handlungsfähigkeit. Die Kehrseite dieser großen gemeinsamen Handlungsfähigkeit war und ist eine starke Binnenorientierung der Politik und anderer wichtiger Akteure im Ruhrgebiet. Das Ruhrgebiet hat sich lange nach außen abgeschottet und Entwicklungen „draußen" nicht oder verspätet wahrgenommen. Die Öffnung einzelner Städte nach „außen" – etwa von Dortmund nach Westfalen und von Duisburg zum Niederrhein stieß im übrigen Ruhrgebiet auf massive Ablehnung. Die Außenbezüge in die prosperierenden Umfelder des Ruhrgebiets, insbesondere das Rheinland, das Münsterland und Westfalen, wurden selten als Chance genutzt. Vielmehr versuchte das Ruhrgebiet politisch-administrativ eine Einheit durchzusetzen, die es wirtschaftlich und politisch im Inneren längst nicht mehr gab. Wirtschaftlich hatte das immer wieder zur Folge, dass die Kommunen im Ruhrgebiet immer auf die gleichen besonders zukunftsträchtigen Technologien und Wirtschaftszweige setzten, ohne zu berücksichtigen, dass für eine national und international wettbewerbsfähige Entwicklung dieser Technologien und Wirtschaftszweige in den jeweiligen Kommunen oder sogar im Ruhrgebiet insgesamt wichtige Voraussetzungen fehlten. Dabei wurden und werden sie allerdings durch die Strukturpolitik des Landes Nordrhein-Westfalen unterstützt, die sich immer wieder auf die großen „Megatrends" der Welt (Informationswirtschaft, wissensbasierte Dienstleistungen, Gesundheitswirtschaft oder Kreativwirtschaft) stürzt, dafür große Programme entwickelt, mit viel (zu viel) Geld hinterlegt und mit ebenso viel Bürokratie abwickelt. Dabei erscheint allein schon die schiere Größe des Ruhrgebiets als hinreichendes Argument für den Erfolg dieser Programme. Vernachlässigt werden dabei nicht nur fehlende Voraussetzungen, sondern vor allem die Tatsache, dass die Größe des Ruhrgebiets dieses in seinen jetzigen Strukturen zu einem ziemlich schwerfälligen Koloss macht.

Mit dieser Kombination von abnehmender wirtschaftlicher Einheit und anhaltender Binnenorientierung hat das Ruhrgebiet jedoch die Chance verpasst, seine Handlungsfähigkeit und seine wirtschaftliche Entwicklung durch funktionale Ausdifferenzierung zu sichern. So paradox es sich zunächst anhören mag – die geringe funktionale Differenzierung ist das größte Hemmnis für den Strukturwandel im Ruhrgebiets. Damit die Städte und Kreise untereinander und mit dem Umfeld des Ruhrgebiets sinnvolle Zusammenhänge entwickeln können, müssen sie im Rahmen ihrer Möglichkeiten unterschiedliche wirtschaftliche Schwerpunkte entwickeln, so wie das beispielsweise in London und anderen polyzentrischen Agglomerationen der Fall ist. Das bietet jeder Kommune die Chance, in ihren Schwerpunkten das gesamte Potenzial des Ruhrgebiets an Kaufkraft, Wissen, Qualifikationen und Strukturen bei sich zu bündeln. In dem Ausmaß, in dem dies gelingt, bilden sich zwischen den Städten und Kommunen vielschichtige Muster der Arbeitsteilung heraus. Durch Arbeitsteilung entstehen vielfältige und wechselseitige Abhängigkeiten zwischen den Kommunen und den unterschiedlichen Akteuren im Ruhrgebiet. Die wechselseitigen Abhängigkeiten schaffen

Kooperationsanreize und Kooperationszwänge, aber auch Möglichkeiten, so zu kooperieren, dass alle Beteiligten profitieren.

Wir haben im ersten Kapitel ausführlicher darüber gesprochen, dass die Innovationsfähigkeit der Wirtschaft zwar einerseits durch die Innovationsfähigkeit der in dieser Wirtschaft tätigen Unternehmen bestimmt wird, diese aber von Faktoren abhängig ist, die im Umfeld liegen. Als solche Faktoren haben wir unter anderem die Qualität von Bildung und Wissenschaft oder der Infrastrukturen, den politische und administrative Umgang mit technischen und organisatorischen Neuerungen, das Innovationsklima und die Lebensqualität, die Möglichkeiten von Unternehmen, an ihrem Standort mit anderen Unternehmen oder mit Forschungs- und Entwicklungseinrichtungen zu kommunizieren und zu interagieren, und die Bereitschaft, innovative Entwicklungen zu akzeptieren, identifiziert. Diese Faktoren sind eingebunden in Strukturen, die sich dem Handeln der Akteure entziehen und eine eigene Logik entwickeln, also Systeme bilden. In der Regionalforschung werden diese Systeme als regionale Innovationssysteme bezeichnet. Regionale Innovationssysteme bezeichnen institutionelle Strukturen, die umfassender als die von Clustern sind. Während die Reichweite der institutionellen Regelung von Clustern immer auf bestimmte Wirtschaftszweige oder Wertschöpfungsketten beschränkt ist, erstreckt sich die von regionalen Innovationssystemen auf die gesamte Wirtschaft und das gesamte Innovationsgeschehen einer Region.

Regionale Innovationssysteme

Eine Menge von miteinander verknüpften wirtschaftlichen, sozialen und kulturellen Strukturen, die einen institutionellen Rahmen für das Innovationsgeschehen und die Wirtschaftsentwicklung einer Region bilden.

Die Reichweite von regionalen Innovationssystemen wird besonders deutlich, wenn wir das Ruhrgebiet betrachten. Die Strukturen des Montanclusters sind längst aufgelöst worden. Es haben sich, vor allem in Bildung und Wissenschaft, neue Strukturen gebildet. Es haben sich auch neue Kompetenzfelder oder gar Cluster in der Informationstechnologie, der Logistik, der Gesundheitswirtschaft und anderen Bereichen herausgebildet. Geblieben aber sind strukturelle und kulturelle Probleme, etwa das Fehlen einer starken Mittelschicht, die Vorstellung vom Ruhrgebiet als einer Einheit und andere überkommene Denk- und Handlungsmuster. Ein gutes Beispiel dafür sind Existenzgründungen. Im Ruhrgebiet gibt es viel weniger Existenzgründungen als in den Regionen, mit denen sich das Ruhrgebiet vergleichen lassen muss. Das durchschnittliche Wissens- und Technologieniveau der Gründungen ist auch niedriger. Das hat viel damit zu tun, dass die wirtschaftlichen Perspektiven der meisten Menschen im Ruhrgebiet über viele Jahrzehnte eng mit Arbeit in einem großen Unternehmen und anderen großen Organisationen verbunden waren. Das galt nicht nur für die Arbeiter, sondern auch für die technische und administrative Mittel- und Oberschicht. In diesem Milieu konnte sich keine Kultur der Selbständigkeit entwickeln. Wo sich eine solche Kultur entwickelt hat, ist in Milieus mit Migrationshintergrund. In diesen Milieus wird Selbständigkeit oft als einzige Chance wahrgenommen, für sich selbst und andere Menschen aus dem Milieu Beschäftigungschancen zu schaffen.

Die hier angesprochenen Sachverhalte machen deutlich, dass sich im Prozess des Strukturwandels immer wieder verfestigte regionale (oder sektorale) Strukturen bilden, welche die
weitere Entwicklung institutionell regeln. Dabei bilden sich Pfadabhängigkeiten der regionalen Entwicklung heraus. Mit Pfadabhängigkeiten wird die Tatsache beschrieben, dass die
vergangene Entwicklung die zukünftige Entwicklung strukturell begrenzt. Das ist eine selbstverständliche Tatsache, wenn wir bedenken, dass Strukturbildung immer auch dazu dient,
reale Möglichkeiten einzuschränken und damit Komplexität zu reduzieren. Trotzdem wird
die Pfadabhängigkeit von wirtschaftlichen Entwicklungen in der Wissenschaft und mehr noch
in der Praxis oft übersehen oder unterschätzt. Die heutige Wirtschaft wird zwar insgesamt
durch ein hohes Innovationstempo und raschen Wandel charakterisiert – und ist insofern
immer im Fluss. Innovationen und Wandel verteilen sich räumlich jedoch unterschiedlich
und erzeugen immer wieder strukturelle Verfestigungen – im Fluss bilden sich also Inseln,
Stromschnellen und andere Hindernisse, welche den Fluss hemmen oder umlenken. Das
ist durchaus sinnvoll, weil, um im Bild zu bleiben, der Fluss sonst zu einem wilden Wasser
würde, das über die Ufer tritt und viele Zerstörungen anrichtet.

Regionale Strukturbildungen sind, wie die Bedeutung von Clustern zeigt, gerade in
einer Wirtschaft, die durch ein hohes Innovationstempo und raschen Wandel geprägt wird,
notwendig, um wirtschaftliches Handeln so zu organisieren, dass Unternehmen und regionale
Wirtschaften mit dem Tempo und dem Wandel mithalten können. Die mit Strukturbildung
verbundene Einschränkung von Handlungsmöglichkeiten eröffnet Chancen für die Bündelung
von Kräften und Potentialen und damit neue Handlungsmöglichkeiten. Das ist genau das, was
Strukturierung und Systembildung leisten sollen. In Situationen eines dauerhaft hohen Innovationstempos und eines raschen Wandels sind Strukturbildungen aber auch problematisch,
weil sie nur das Handeln innerhalb eines Clusters oder Innovationssystems stabilisieren und
ordnen, nicht aber die Entwicklung des Umfeldes. Deshalb können regionale Strukturbildungen, wie das Beispiel des Ruhrgebiets zeigt, dazu führen, dass die Anpassungsfähigkeit
von Unternehmen und regionalen Wirtschaften an den nationalen und globalen Wandel eingeschränkt wird, weil sie innovatives und kreatives Handeln außerhalb des eingeschlagenen
Pfades hemmen. In solchen Fällen müssen regionale Strukturen differenziert werden, um
Handlungsmöglichkeiten zu öffnen. Die Ausdifferenzierung regionaler Strukturen erhöht
zunächst die Komplexität des wirtschaftlichen und wirtschaftspolitischen Geschehens in der
Region, bis diese wieder eine übergeordnete Struktur entwickelt hat, also ein neues Cluster
oder ein regionales Innovationssystem mit mehreren Clustern. Auch diese neuen Strukturen
werden irgendwann wieder die Anpassungsfähigkeit der Region und ihrer Unternehmen
einschränken und müssen dann erneut verändert werden.

Die Entwicklung der Arbeitswelt

Sozialer Wandel ist in aller Regel kein gradliniger Prozess, sondern einer, der mit Konflikten,
Widersprüchlichkeiten und Schleifen verbunden ist. Das kann man am Beispiel der Entwicklung der Arbeitswelt in den vergangenen 30 Jahren gut illustrieren. In den 1980er Jahren
wurde eine ganze Reihe von Büchern veröffentlicht, in denen ein ebenso grundlegender wie
weitreichender Wandel der industriellen Produktion beschrieben wurde. Die Soziologen Horst

Kern und Michael Schumann sprachen vom Ende der Arbeitsteilung, der Politikwissenschaftler James P. Womack, der Bauingenieur Daniel Roos und der Managementwissenschaftler Daniel T. Jones von der Maschine, welche die Welt verändert, der Ökonom Michael J. Piore und der Sozialwissenschaftler Charles F. Sabel von einer zweiten industriellen Revolution und der Maschinenbauer Peter Brödner von der Fabrik der Zukunft. Dabei ging es im Kern um die Ablösung der mit dem Namen Frederick Taylor und seiner im vierten Kapitel kurz dargestellten Organisationstheorie verbundenen tayloristischen Produktionssysteme. Tayloristische Produktionssysteme sind charakterisiert durch eine hohe Arbeitsteilung, niedrig qualifizierte Arbeitskräfte in der eigentlichen Fertigung sowie eine stark zentralisierte und hierarchische Organisation. Die neuen Produktionssysteme, die oft als schlanke Produktionssysteme bezeichnet werden, sind dagegen durch geringe Arbeitsteilung, Gruppenarbeit, qualifizierte Arbeitskräfte auch in der Fertigung, hohe technische und organisatorische Flexibilität, flache Hierarchien und stark dezentralisierte Strukturen, gekennzeichnet.

Was in den genannten Büchern in den 1980er Jahren als Zukunftsperspektive beschrieben wurde, hatte über 20 Jahre früher beim japanischen Automobilhersteller Toyota begonnen und wurde in den 1970er Jahren als alternatives Produktionsmodell nicht nur bei Toyota, sondern auch in anderen japanischen Unternehmen etabliert. Da die japanische Automobilindustrie mit diesem Produktionsmodell gegenüber den europäischen und amerikanischen Herstellern große Produktivitäts- und Qualitätsvorsprünge und damit große Wettbewerbsvorteile erzielte, erweckte das Modell in den 1980er Jahren das Interesse von Wissenschaftlern, Managern und Politikern in den USA und in Europa. Es sei nur am Rande erwähnt, dass in Deutschland schon seit Mitte der 1970er Jahre im Rahmen eines Programms der Bundesregierung ähnliche Ideen entwickelt wurden wie diejenigen, die dem japanischen Modell zu Grunde liegen, sich aber in der industriellen Praxis kaum durchsetzten.

Produktionssystem und Produktionsmodell

Ein Produktionssystem ist eine spezifische Kombination von Organisationsprinzipien und Regelungen, denen die Produktion unterliegt.

Ein Produktionsmodell beschreibt ein grundlegendes Muster eines bestimmten Typs von Produktionssystem.

Das japanische Produktionsmodell, vor allem in der Version von Toyota, verbindet eine ganze Reihe von Organisationsprinzipien. Wie der Name schlanke Produktion schon sagt, steht dabei das Prinzip im Zentrum, sowohl die Transaktionskosten als auch die Produktionskosten durch eine effiziente und produktive Organisation zu senken. Entscheidend ist dabei, dass dieses Prinzip nicht nur von Zeit zu Zeit angewandt wird, sondern in die alltägliche Operation des Unternehmens fest eingebunden wird. Während viele amerikanische und europäische Unternehmen ihre Organisation fest durchstrukturieren, sie aber in größeren Abständen aufwendigen Rationalisierungsprogrammen unterwerfen, wird im japanischen Modell die Rationalisierung zu einer alltäglichen Operation. Das schlägt sich insbesondere in dem bekannten „Kaizen"-Prinzip nieder, dem Prinzip der kontinuierlichen Verbesserung.

Gemäß diesem Prinzips müssen alle Arbeitskräfte des Unternehmens, insbesondere auch die Arbeiterinnen und Arbeiter in der eigentlichen Fertigung, versuchen, die Strukturen und Abläufe in ihrem Bereich kontinuierlich zu verbessern – auch wenn es sich dabei in der Regel nur um kleine Schritte handelt. Das Kaizen-Prinzip dient nicht nur der Erreichung anspruchsvoller Produktivitätsziele, sondern auch der von noch anspruchsvolleren Qualitätszielen. Viele europäische und amerikanische Unternehmen orientieren sich an der Einhaltung möglichst standardisierter und durchprogrammierten Produktionsabläufe und müssen dafür Kompromisse bei der Qualität machen, weil Fehler in den gefertigten Produkten oder Teilen immer erst am Ende des jeweiligen Fertigungsablaufs behoben werden können. Das japanische Produktionsmodell dagegen hatte totale Qualität, also „Null-Fehler", als Ziel. Dieses Ziel wird zum einen durch die Verknüpfung von Automationstechnik mit qualifizierter Facharbeit und zum anderen durch den Einbau von Möglichkeiten einer raschen Fehlerkorrektur in die Fertigungsprozesse realisiert. Im Sinne der schlanken Produktion gehört zum totalen Qualitätsmanagement aber auch die Vermeidung von Verschwendung von Ressourcen, sei es Arbeitskraft, Material, Kapital oder einfach Zeit. Beispiele dafür sind die Prinzipien von Kanban und „just-in-time". Anstelle von teuren hoch automatisierten Logistiksystemen mit großen Hochregalhallen, wie sie in vielen europäischen und amerikanischen Fabriken üblich waren oder sind, wurde ein einfaches Informations- und Transportsystem eingerichtet, das auf Kanbans (kleine Schildchen oder Etiketten) beruht, mit denen die Arbeiterinnen und Arbeiter in der Fertigung Material bestellen können. Diese Schildchen werden von Transportfahrzeugen an den Arbeitsplätzen abgeholt, die in einem kleinen Lager das benötigte Material besorgen und die Schildchen an den Lieferanten des Materials weiter reichen. Dieser muss dafür sorgen, dass das Material „just-in-time", also dann wenn es gebraucht wird, im Lager angeliefert wird, so dass dort keine großen Materialvorräte gehalten werden müssen.

Ein solches Produktionssystem setzt voraus, dass operationale Entscheidungen weitgehend dezentralisiert werden, die Arbeitskräfte in der Fertigung an diesen Entscheidungen beteiligt werden oder sie selber treffen können und nicht zuletzt, dass die Arbeitskräfte auf allen Ebenen des Produktionsprozesses, auch in der direkten Fertigung, Verantwortung für Qualität und Produktivität übernehmen. Im japanischen Produktionssystem werden deshalb Entscheidungen zur Gestaltung von Arbeitsabläufen im Rahmen einer generellen Organisationsplanung an Teams vergeben. Teams sind jeweils für bestimmte Fertigungsabschnitte oder andere Aufgaben verantwortlich, an deren Planung und Gestaltung sie beteiligt sind. Sie organisieren ihre Arbeit im Rahmen von Zielvorgaben weitgehend selbst und sind für die Qualität und Produktivität ihrer Arbeit direkt verantwortlich.

Allerdings sind die Grundlagen für ihre Gestaltungsmöglichkeiten klar definierte Standardoperationen, welche die zu jedem Zeitpunkt bestmögliche Methode zur Erfüllung einer Aufgabe beschreiben. Diese Methode ist strikt zu befolgen, solange keine Verbesserungsmöglichkeiten bestehen. Gleichzeitig werden die Standardoperationen unmittelbar nach ihrer Einführung zum Ausgangspunkt des Kaizen gemacht, für das die Teams für ihren Bereich verantwortlich sind. Wenn das Team Verbesserungsmöglichkeiten entdecken, werden die Standardoperationen entsprechend verändert und neu festgelegt. Die große Bedeutung der Standardoperationen macht deutlich, dass das japanische Produktionsmodell durchaus noch tayloristische Züge trägt. Die Fertigung ist auch in diesem Modell stark arbeitsteilig organisiert.

Die einzelnen Teams haben allerdings die Möglichkeit, Arbeitsschritte zusammen zu legen oder neu zu zuschneiden, wenn dadurch die jeweiligen Standardoperationen verbessert werden.

Eine besonders wichtige Voraussetzung für das Funktionieren des japanischen Produktionsmodells sind wechselseitige Verpflichtungen zwischen der Unternehmensleitung und den Arbeitskräften. Die Unternehmensleitung verlangt von allen Arbeitskräften ein hohes Engagement, um nicht zu sagen ein bedingungsloses Eintreten für das Unternehmen. Im Gegenzug tritt das Unternehmen für die soziale Sicherheit der Arbeitskräfte ein. Zum japanischen Produktionsmodell gehört lebenslange Beschäftigung – allerdings durchgängig nur bei den großen Unternehmen, nicht immer bei ihren kleineren Zulieferern. Das Prinzip der lebenslangen Beschäftigung sichert zwar das Engagement und die Loyalität der Beschäftigten und damit die Grundlagen für den Erfolg des japanischen Produktionsmodells. Es ist aber für die Unternehmen insofern immer auch ein erhebliches Kostenrisiko, als die Zahl der Arbeitskräfte nicht oder nur mit großer Verzögerung an die Entwicklung der Produktivität und die Absatzentwicklung angepasst werden kann. Das schafft für die japanischen Unternehmen massive Wachstums- und Expansionszwänge – je erfolgreicher das japanische Produktionsmodell im Hinblick auf die Produktivität ist, desto mehr zwingt es Unternehmen zu Wachstum, um die lebenslänglich angestellten Beschäftigten effizient einsetzen zu können. Diese Wachstumszwänge haben über lange Zeit auch für eine hohe Innovationsdynamik der japanischen Industrie gesorgt und tun es zum Teil heute noch. Gleichzeitig ist das japanische Produktionsmodell in dem Masse in Schwierigkeiten geraten, in dem das Wachstum der japanischen Industrie hinter ihrer Produktivitätsentwicklung zurück blieb. Diese Schwierigkeiten haben dazu geführt, dass auch in der japanischen Industrie Rationalisierungsstrategien und Arbeitsstrukturen (wieder) eingeführt wurden, die eigentlich mit dem japanischen Modell überwunden werden sollten.

Der Erfolg des japanischen Produktionsmodells hat in den USA und Europa auf der einen Seite Versuche angeregt, das Modell zu adaptieren, auf der anderen Seite vor allem in Europa zu einer breiten Diskussion über neue Produktionskonzepte geführt. Diese Diskussion zielte darauf ab, grundlegende Prinzipien der schlanken Produktion weiter zu entwickeln und mit neuen Ideen zu verbinden. Dabei standen zwei Leitkonzepte im Vordergrund, nämlich das Konzept der Fertigungssegmentierung und das des anthropozentrischen Produktionssystems. Das Konzept der Fertigungssegmentierung führt die Dezentralisierung konsequent weiter zu einer Aufteilung von Unternehmen in kleinere und beweglichere Teile, Fertigungssegmente genannt, die miteinander flexibel verbunden werden konnten. Jedes dieser Segmente stellt eine kleine Fabrik-in-der-Fabrik dar, das mit anderen Segmenten flexibel verknüpft werden kann. Das Tätigkeit der Fertigungssysteme und ihre Vernetzung werden durch leistungsfähige Informationssysteme ermöglicht. Mit dieser Ausdifferenzierung des Unternehmens in eigenverantwortliche und selbstständig handelnde Einheiten wird die Komplexität der Unternehmenssteuerung reduziert und die Anpassungsfähigkeit des Unternehmens an Veränderungen von Markt, Technik und Organisation erhöht. Das Konzept des anthropozentrischen Produktionssystems sieht eine ähnliche Unternehmensstruktur vor, stellt aber vor allem auf die Verknüpfung von qualifizierter Facharbeit und moderner Produktionstechnologie und eine weitreichende Veränderung der Arbeit ab. Es setzt das Prinzip der Teamarbeit als Gruppenarbeit konsequenter um, als dies in der schlanken Produktion der Fall ist und baut gleichzeitig die Arbeitsteilung ab. Gruppenarbeit heißt nicht nur Teamarbeit, sondern

Verantwortung für bestimmte Teilefamilien (fertigungstechnisch ähnliche Teile). Jede Arbeitsgruppe stellt also ein kleines Fertigungssegment oder ein Fertigungsinsel, wie Peter Brödner es nennt, dar. Die Gruppe plant und steuert also in einem vorgegebenen Rahmen die Fertigung von bestimmten Teilefamilien. Die Tätigkeiten der einzelnen Arbeitskräfte werden breiter definiert und mit anspruchsvolleren Elementen (z. B. Kontroll- oder Planungsaufgaben) angereichert.

Diese Produktionskonzepte und die in ihnen enthalten Ideen wurden in der Praxis angenommen und in vielen Unternehmen zumindest teilweise realisiert. Noch in der Mitte der 1990er Jahren sah in Deutschland so aus, als würden die oben erwähnten Prognosen oder Visionen eines grundlegenden Wandels rasch und breit Realität. Keine zehn Jahre später stellte der Industriesoziologe Martin Baethge, der selbst eine wichtige Rolle in der Forschung über neue Produktionskonzepte spielte, ernüchtert fest, dass die reale Entwicklung weit hinter den Prognosen und Visionen zurückgeblieben war. Zum Teil stellte er sogar eine Re-Taylorisierung fest. In seiner Sicht hat die stagnierende oder gar rückläufige Entwicklung und Einführung neuer Produktionskonzepte strukturelle Ursachen in der Entwicklung der Wissensgesellschaft, konkret in der mit ihr verbunden Unsicherheit, die wir im ersten und im dritten Kapitel bereits diskutiert haben. Diese Unsicherheit führt, so Baethge, dazu, dass das Management wieder vermehrt zu herkömmlichen Mitteln der Reduktion von Unsicherheit und der Kontrolle durch Regeln zurückgreift. Darüber hinaus wird Arbeitsteilung so verstärkt, dass komplizierte Arbeit möglichst auf einfache Arbeit reduziert wird. Das wird unterstützt durch eine starke Verwissenschaftlichung der Gesellschaft, die auch dazu führt, dass viel implizites Wissen (d. h. Wissen, das auf der alltäglichen Erfahrung beruht) und Know-how zu explizitem (wissenschaftlichen) Wissen gemacht wird. Dadurch steigen die Möglichkeiten, Produktionsabläufe zentral zu planen und zu steuern – zumindest in der Wahrnehmung vieler Manager und Unternehmensberater.

Neben den von Baethge genannten Gründen dürfte die Stagnation und der Rückgang der Entwicklung und Einführung neuer Produktionskonzepte auch durch die im letzten Kapitel diskutierten Einflüsse der Finanzmärkte auf die Realwirtschaft befördert werden. Die damit verbundene verstärkte Orientierung der Unternehmensführung an kurzfristigen Aktienentwicklungen und damit an kurzfristigen Kostensenkungen schafft einen ungünstigen Rahmen für neue Produktionskonzepte. Zwar ermöglichen diese Konzepte beträchtliche und nachhaltige Kostenersparnisse, ihre Entwicklung und Einführung ist jedoch mit zeitraubenden Innovations- und Veränderungsprozessen in den jeweiligen Unternehmen verbunden.

Das will ich hier nicht weiter ausführen, sondern auf eine Einsicht verweisen, die sich aus der hier skizzierten Entwicklung neuer Produktionskonzepte ergibt: Strukturwandel besteht selten aus klar trennbaren Prozessen. In aller Regel haben wir es mit mehreren gleichzeitig auf unterschiedlichen Ebenen ablaufenden und sich wechselseitig beeinflussenden Prozessen zu tun. Das sieht man beispielsweise daran, dass das Produktionsmodell von Toyota schon zwischen den 1950er und den1970er Jahren entstand, aber erst in den 1980er Jahren außerhalb von Japan rezipiert und übernommen wurde. Es wurde erst dann übernommen, als sich auf Grund der im ersten Kapitel kurz beschriebenen Veränderungen der internationalen Arbeitsteilung und der Globalisierung von Wettbewerbsstrukturen die Wettbewerbsbedingungen in der Automobilindustrie und anderen Branchen sichtbar veränderten. Es gab also einen regional und auf Unternehmen beschränkten Wandlungsprozess, der sich auf Grund eines globalen Veränderungsprozesses auf der gesamtwirtschaftlichen Ebene räumlich und sektoral ausbreitete und beschleunigte. Das hat in manchen Branchen einen weiteren Wandel der Wettbewerbsbedingungen ausgelöst, der einerseits bei vielen Unternehmen Veränderungsprozesse in ihren Produktionsmodellen ausgelöst hat, auf der anderen Seite aber auch staatliche Aktivitäten, in Europa auch Aktivitäten der Europäischen Union, zur Forschung über neue Produktionskonzepte angestoßen hat. Der damit auf mehren Ebenen (Unternehmen, Branchen, Politik) spielende Prozess der Entwicklung neuer Produktionssysteme stagniert oder entwickelt sich gar rückläufig, weil er durch Veränderungen auf der gesamtwirtschaftlichen und gesamtgesellschaftlichen Ebene (die Veränderung von Wissensstrukturen und veränderten Beziehungen zwischen Finanz- und Realmärkten) beeinflusst wurde.

Wohlfahrtsstaat versus Neoliberalismus

Die Begriffe Wohlfahrtsstaat und Neoliberalismus markieren symbolisch die beiden Pole eines Spannungsfeldes, in dem sich die Diskussion über die Marktwirtschaft und das Verhältnis von Markt und Staat in den westlichen Demokratien seit mehreren Jahrzehnten bewegt. Man könnte Wohlfahrtsstaat und Neoliberalismus in Anlehnung an Luhmann auch als Code der Ordnungspolitik fassen, also als symbolische Bezeichnung der Selektionsmöglichkeiten der Ordnungspolitik. Codes regeln in Luhmanns Theorie die Verarbeitung von Kommunikation und verweisen dabei immer auf Alternativen. Damit machen sie die Kontingenz von Entwicklungen deutlich, im konkreten Fall die Möglichkeit, dass sich das Verhältnis von Markt und Staat sowohl als wohlfahrtsstaatliche wie auch als neo-liberale Ordnung entwickeln und verändern kann. Auf diesen Sachverhalt komme ich weiter unten zurück.

Wir haben den Wohlfahrtsstaat definiert als einen Staat, der über unterschiedliche Maßnahmen versucht, Einkommensungleichheit und deren Folgen abzumildern, um damit für einen sozialen Ausgleich zu sorgen. Das ist eine minimalistische Definition, die einen in unserem jetzigen Zusammenhang wichtigen Aspekt verdeckt, nämlich die Übernahme von Verteilungsfunktionen durch den Staat. Der Wohlfahrtstaat beschränkt sich also nicht auf die Schaffung eines Ordnungsrahmens für die Marktwirtschaft und auch nicht auf die Produktion von Infrastrukturen, sondern greift in das Marktgeschehen und der daraus resultierenden Verteilung von Einkommen und Vermögen ein.

Mit dem Begriff des Neoliberalismus werden zwei unterschiedliche Strömungen zur Revitalisierung des Liberalismus verbunden. Die eine Strömung, die ihre Wurzeln in der „Chicago school of economics" hat und insbesondere mit dem Namen Milton Friedman und James Buchanan verbunden ist, lehnt staatliche Interventionen in den Markt und den Wohlfahrtstaat völlig ab, will den Staat möglichst auf die Sicherung von Eigentumsrechten und Wettbewerb reduzieren, und setzt anstelle der sozialen Sicherungssysteme auf einen sozialen Ausgleich über Steuern und Bildungsgutscheine. Die andere Strömung, die von Deutschland ausgeht und mit Namen wie Walter Eucken, Friedrich von Hayek, Alfred Müller-Armack oder Wilhelm Röpke verbunden ist, lehnt staatliche Eingriffe in den Wirtschaftsprozess ebenfalls ab und steht dem Wohlfahrtsstaat kritisch gegenüber, setzt aber auf eine staatliche Ordnungspolitik und akzeptiert staatliche Aktivitäten zur sozialen Sicherung. Eucken reduziert letztere jedoch, wie Friedman, auf Einkommenspolitik, während Röpke und Müller-Armack auch soziale

Versicherungen vorsehen. Ab den 1970er Jahren wurde der Neoliberalismus sowohl in den USA als auch in Europa radikalisiert und forderte einen drastischen Abbau staatlicher Regulierung und staatlicher Sozialpolitik. Das war verbunden mit einer Laissez-Faire-Doktrin, also mit dem Postulat, ein möglichst wenig regulierter Markt und ein minimaler Staat würden den Wohlstand aller Menschen in der Gesellschaft am besten fördern. Dieser radikalisierte Neoliberalismus hat allerdings mit dem Neoliberalismus von Hayeks und Euckens insofern wenig gemeinsam, als er auch Ordnungspolitik negativ gegenübersteht und annimmt, dass sich ein funktionierender Markt seine Regeln selbst geben kann, wenn der Staat Eigentum und Wettbewerb sichert. Noch weiter ist er wegen der Ablehnung von Sozialpolitik von den Vorstellungen Röpckes und Müller-Armacks entfernt. Mehr noch: Er ist im Gegensatz zu den ordnungspolitischen Konzepten von Hayeks und Euckens theoretisch nicht fundiert.

Neoliberalismus

Wissenschaftliche und politische Ansätze zur Revitalisierung des Liberalismus, deren Leitkonzepte von sozialer Marktwirtschaft über Ordnungspolitik bis zum Marktradikalismus reichen.

Der Wohlfahrtsstaat und der radikalisierte Neoliberalismus haben sich sowohl räumlich als auch im Zeitablauf unterschiedlich durchgesetzt. Der Wohlfahrtsstaat war in den USA und Großbritannien viel schwächer ausgeprägt als in Deutschland und anderen kontinentaleuropäischen Ländern und hier wiederum schwächer als den skandinavischen Ländern. Trotz immer wieder aufflammender Kritik war jedoch der Wohlfahrtsstaat die etablierte politisch-ökonomische Ordnung der meisten westlichen Demokratien. Die Kritik richtete sich zunächst überwiegend nicht gegen das Prinzip des Wohlfahrtstaats, sondern gegen seinen immer stärkeren Ausbau, das Wachstum der staatlichen Sozial- und Transferleistungen und die zunehmenden Interventionen des Staates in den Wirtschaftsprozess. Dieses „Überborden" des Wohlfahrtsstaates war der Auslöser für die Radikalisierung des Neoliberalismus und seine rasche Verbreitung. Zudem geriet der Wohlfahrtsstaat vor allem in Europa auf Grund wachsender Arbeitslosigkeit und der demographischen Entwicklungen zunehmend unter finanziellen Druck. Gleichzeitig verschärfte sich im Zuge der von Robert Reich und anderen beschriebenen globalen Entwicklungen tatsächlich oder vermeintlich die Standortkonkurrenz. Dabei wurden Deregulierung und ein Rückschnitt der staatlichen Sozialpolitik zu häufig verwendeten Argumenten in der Diskussion um die Sicherung und Verbesserung der Standortqualität der entwickelten Volkswirtschaften. Das alles führte in den 1980er und 1990er Jahren dazu, dass der Wohlfahrtsstaat in allen Ländern, selbst in Skandinavien, mehr oder weniger stark zurückgefahren und umgebaut wurde. Darüber hinaus setzte eine breite Deregulierungswelle ein, die insbesondere die sich rasch globalisierenden Finanzmärkte betraf.

Das Ergebnis dieser durch einen erstarkenden radikalen Neoliberalismus bestimmten Entwicklung ist, neben der Finanzmarktkrise und ihren politischen, wirtschaftlichen und sozialen Folgen, eine sich in vielen Ländern zunehmend öffnende Schere zwischen arm und reich. Es gab in den letzten Jahren eine beträchtliche Umverteilung von Einkommen und Vermögen von unten nach oben – genau das, was mit dem Wohlfahrtsstaat verhindert werden sollte. Beides zusammen, Finanzmarktkrise und die wachsende Armut, haben begonnen, die politische, wirtschaftliche, soziale und wissenschaftliche Kommunikation zu verändern. Dabei wird nicht nur die bei der Diskussion um Markt und Staat immer präsente Gerechtigkeitsfrage neu aufgeworfen, sondern auch die Frage nach der Effizienz von Märkten. Mit der Finanzmarktkrise und der Armutsentwicklung ist der radikale Neoliberalismus gleich doppelt eingebrochen. Zum einen wurde der behauptete positive Zusammenhang zwischen Deregulierung und Effizienz der Märkte in einem wichtigen Fall widerlegt ist; zum anderen wurde die häufige Gleichstellung des Marktmechanismus mit sozialer Ungerechtigkeit wieder einmal bestätigt. Ersteres führt auch bei Ökonomen, wie dem Nobelpreisträger Joseph Stieglitz oder dem „Wirtschaftsweisen" Peter Bofinger, zu der Forderung nach einem starken Staat, der den Markt seine ordnende Hand spüren lässt – eine Forderung, die auch von Politikern und Führungskräften sowie in Medien vermittelt wird. Zweiteres erzeugt in manchen Ländern eine neue Gerechtigkeitsdebatte wachsende Erwartungen an die Politik, wieder für mehr Gerechtigkeit zu sorgen. Auch diese Debatte ist unter anderem in der Wissenschaft und in den Medien sowie im politischen Raum auf breite Resonanz gestoßen.

Debatten allein verändern die Welt nicht. Sie erzeugen aber vielfältige Kommunikationsprozesse, welche alltägliche und wissenschaftliche Verständnisse und Wertorientierungen zum Verhältnis von Markt und Staat verändern. Das lehrt uns die phänomenologische Soziologie ebenso wie der symbolische Interaktionismus, die evolutionistische Ökonomie, die Strukturierungstheorie von Giddens, die Systemtheorie von Luhmann und andere Ansätze. Wie stark diese Veränderungen ausfallen, welche Richtung sie nehmen und wie schnell sie sich entfalten, ist allerdings schwer vorher zu sagen. Sie sind stark kontext- und zeitabhängig.

Kontextabhängig heißt, dass die Veränderungen in unterschiedlichen wissenschaftlichen und gesellschaftlichen Kontexten unterschiedlich stark ausfallen und auch in unterschiedliche Richtungen gehen. Das bezieht sich einerseits auf unterschiedliche Gesellschaften und politischen Systeme sowie auf unterschiedliche wissenschaftliche Disziplinen, andererseits innerhalb von Gesellschaften auf unterschiedliche Gruppen, innerhalb von wissenschaftlichen Disziplinen auf unterschiedliche Denkschulen. In Gesellschaften, in denen der Wohlfahrtsstaat schon bisher nur schwach ausgebaut war und wenig in der politischen Kultur verankert ist, werden die Veränderungen wahrscheinlich eher schwächer in Richtung einer Stärkung des Staates ausfallen, als in Ländern mit einer langen und im großen und ganzen erfolgreichen Tradition des Wohlfahrtsstaates. Nach der gleichen Logik ist zu erwarten, dass die Veränderungen in Ländern, deren politische und gesellschaftliche Kultur stark auf individuelle Leistung ausgerichtet ist, schwächer ausfallen als in Ländern, in deren Kultur Gerechtigkeit und Solidarität zentrale Werte sind. Gesellschaftliche Gruppen, die vom radikalen Neoliberalismus profitieren, und deren politische Agenten werden seine negativen Auswirkungen bestreiten und ihre neoliberalen Orientierungen eher noch radikalisieren, während negativ betroffene gesellschaftliche Gruppen und deren politische Agenten in ihrer Skepsis gegenüber dem Markt bestärkt werden und wohlfahrtsstaatliche Verständnisse entwickeln oder verstärken. Ähnliche Unterschiede kann man auch in der Sozialwissenschaft beobachten – je nach Denkschule und grundlegender Auffassung des Verhältnisses von Markt und Staat fallen auch wissenschaftliche Erklärungen der gegenwärtigen Probleme und die entsprechenden wissenschaftlichen Verständnisse unterschiedlich aus.

Die durch die Erfahrungen mit der Finanzmarktkrise und mit der Öffnung der Schere zwischen arm und reich ausgelösten Veränderungen von Verständnissen und Orientierungen zum Verhältnis von Markt und Staat sind nicht nur vom jeweiligen sozialen Kontext abhängig, sondern auch von der Zeit. Wie der Politikwissenschaftler Ronald Inglehart, auf dessen empirischen Untersuchungen zum Wertewandel wir schon im ersten Kapitel eingegangen sind, zeigt, entfalten sich grundlegende und weitreichende Veränderungen von Verständnissen und Orientierungen (Werten) oft erst über Generationen. Die heute älteren Generationen haben ihre Verständnisse und Orientierungen unter ganz anderen Bedingungen entwickelt und über ihre Lebenszeit oft stark verfestigt. Neue Erfahrungen zum Verhältnis von Markt und Staat schlagen sich bei ihnen zumeist nicht in grundlegenden Veränderungen nieder. Die Verständnisse und Orientierungen der heute jungen Generationen werden nach der gleichen Logik dagegen durch ihre heutigen Erfahrungen stark geprägt und verfestigen sich auch, wenn die Erfahrungen selbst, also die realen Entwicklungen und deren soziale Verarbeitung, sich nicht bald verändern.

Ebenso unterschiedlich wie die kulturellen Veränderungen von Verständnissen und Orientierungen zum Verhältnis von Markt und Staat, werden die politischen und wirtschaftlichen Konsequenzen dieser kulturellen Veränderungen in unterschiedlichen Gesellschaften und unterschiedlichen gesellschaftlichen Bereichen ausfallen. Die kulturellen Veränderungen werden durch Institutionen und Machtverhältnisse in wirtschaftliche und politische Entscheidungen sowie in Veränderungen von wirtschaftlichen, politischen und sozialen Strukturen übersetzt. Da institutionelle Strukturen und Machtverhältnisse in unterschiedlichen Ländern unterschiedlich ausgeprägt sind, fallen die durch Finanzmarktkrise und die sich öffnende Schere zwischen arm und reich erzeugten strukturellen Veränderungen des Verhältnisses von Markt und Staat ganz unterschiedlich aus. Deshalb wird sich die empirische Vielfalt von Ordnungsstrukturen und Institutionen in der kapitalistischen Welt eher vergrößern als verringern. Es ist nicht zu erwarten, dass sich aus den durch die Finanzmarktkrise und die wachsende Schere zwischen arm und reich ausgelösten Kommunikations- und Veränderungsprozessen in den meisten westlichen Gesellschaften ein breit akzeptiertes und stabiles Verhältnis von Markt und Staat herausbilden wird.

In den letzten Sätzen steckt die Einsicht, die ich mit der dritten Geschichte vermitteln will. Die Einsicht, dass sozialer Wandel die Vielfalt von Ordnungsstrukturen vergrößert und nicht zu einer weithin geteilten, stabilen Lösung führt, ist deshalb interessant, weil sie zu einem großen Teil sozialwissenschaftlicher Theorie quer liegt. Ein großer Teil sozialwissenschaftlicher Theorie postuliert nämlich, dass sozialer Wandel zumindest innerhalb von bestimmten Gesellschaftsformen zu einheitlichen und kohärenten Strukturen führt. Die World Polity Theorie und der soziologische Neo-Institutionalismus, gehen sogar von einer globalen Isomorphie von kulturellen und organisatorischen Strukturen aus. Das gleiche gilt für die Theorie der Moderne und der Postmoderne, die wir weiter unten diskutieren werden. Auch die Modernisierungstheorie – die nicht identisch mit der Theorie der Moderne und der Postmoderne ist – geht davon aus, dass wirtschaftliche, politische und kulturelle Entwicklungen in Gesellschaften mit gleicher ökonomischer Grundlage, konkret in industrialisierten Gesellschaften, konvergieren. Darauf gehen wir gleich näher ein. Selbst in der Evolutionstheorie, die wir am Ende des Kapitels diskutieren werden, findet man starke Konvergenzannahmen, insbesondere die Annahme, dass Ordnungsstrukturen im Wettbewerb stehen und sich in diesem Wettbewerb am Ende die besten Strukturen durchsetzen oder die Annahme einer zunehmenden Rationalisierung.

Ich will hier keinen grundlegenden theoretischen Gegensatz konstruieren, sondern nur einen anderen Blickwinkel aufzeigen. Die eben angesprochenen Theorien lassen durchaus eine gewisse Variationsbreite von Strukturen zu und argumentieren lediglich, dass die grundlegenden Strukturen oder Strukturmuster konvergieren. Das ist richtig: es gibt Strukturen und Ordnungsprinzipien, die weit über einzelne Gesellschaften hinaus, vielleicht sogar global gelten. Es gibt auch Strukturen und Ordnungsprinzipien, die schon seit so langer Zeit gelten, dass sie als universalistische Prinzipien wahrgenommen werden. Problematisch ist jedoch die einseitige Fokussierung vieler dieser Theorien auf die räumlich und zeitlich besonders weit ausgreifenden Strukturen und Ordnungsprinzipien. Das ist theoretisch problematisch, weil dadurch die Kontingenz sozialer Entwicklungen und die konkrete Eigenlogik oder Selbstreferentialität sozialer Systeme vernachlässigt wird.

Mit der Kontingenz von Entwicklungen ist, wie bei Luhmann oder Giddens, gemeint, dass Entwicklungen von sozialen Systemen nicht determiniert, sondern bloß strukturiert sind und deshalb auch ganz anders als erwartet verlaufen können. Das illustriert die Entwicklung des Wohlfahrtsstaates. Der Wohlfahrtsstaat hatte, vor allem in weiten Teilen Europas, nicht nur eine lange Tradition, sondern er passte auch gut in den Rahmen der entwickelten Industriegesellschaften. Er sorgte dafür, dass Verteilungskonflikte auf einem gut zu bewältigenden Niveau blieben, Veränderungs- und Innovationsrisiken begrenzt und Wandel und Innovation damit ermöglicht wurden, und nicht zuletzt auch für eine hohe Kaufkraft. Er war ökonomisch durchaus erfolgreich, denn die wohlfahrtsstaatlich geprägten Gesellschaften erlebten eine Periode bisher nie gekannter Prosperität. Darüber hinaus entsprach er der Rationalisierung und Bürokratisierung, welche, der Modernisierungstheorie zufolge, zentrale Merkmale und Momente der industriellen Gesellschaft sind. Diese Sachverhalte ließen erwarten, dass der Wohlfahrtsstaat weiterhin einen wichtigen institutionellen Rahmen der jeweiligen Gesellschaften bilden würde.

Wie wir oben gesehen haben, trat das Gegenteil ein. Das lässt sich mit Umweltveränderungen, vor allem mit der Globalisierung, nicht befriedigend erklären. Länder mit einem stark ausgeprägten Wohlfahrtsstaat, wie Deutschland, Österreich oder die skandinavischen Länder waren zu der Zeit im internationalen Vergleich wirtschaftlich erfolgreicher als Länder mit einem schwach ausgeprägten Wohlfahrtsstaat, insbesondere die USA und Großbritannien. Auch Japan passte in diese Diagnose, obwohl es dort keinen stark ausgeprägten Wohlfahrtsstaat gab, dafür aber soziale Sicherung durch die großen Unternehmen. Auch die Finanzmärkte waren kein auslösender Faktor für den Abbau des Wohlfahrtsstaates; ihr Erstarken war eher die Folge dieses Abbaus und der damit verbundenen Deregulierung. Eine bessere Erklärung erhält man, wenn man die Eigenlogik oder Selbstreferentialität des Wohlfahrtsstaates betrachtet. Schon in den 1970er Jahren wurde der Wohlfahrtsstaat in Deutschland und anderswo zunehmend kritisiert, weil er immer weiter ausgebaut und bürokratisiert wurde und sich dabei von seinen ursprünglichen Ausgleichsfunktionen immer weiter entfernte. Das lag daran, dass die Politik immer breitere gesellschaftliche Kreise mit wohlfahrtsstaatlichen Leistungen beglückte und die bürokratischen Apparate, welche diese Leistungen verwalteten, beispielsweise die Sozialversicherungen, die kassenärztlichen Vereinigungen und die Wohlfahrtsverbände, immer weiter ausgebaut wurden. Dadurch entstanden Transaktionskosten, die für die arbeitende Bevölkerung immer sichtbarer wurden – vor allem in der Tatsache, dass Deutschland zwar Spitze bei den Bruttolöhnen war, aber nur Mittelmass bei den Nettoverdiensten. Die wachsenden Kosten des Wohlfahrtsstaats, genauer seiner bürokratischen Agenten, haben lange bevor die Globalisierung und die Macht der Finanzmärkte an Bedeutung gewannen, zu einer immer breiteren wissenschaftlichen und öffentlichen Debatte über den Wohlfahrtsstaat geführt. Diese Debatte wurde dadurch angefacht, dass die Staatsausgaben und die Staatsverschuldung immer weiter wuchsen, weil die Politik in ökonomisch günstigen Zeiten nicht fähig war, Staatsausgaben und Staatsschulden zu reduzieren oder zumindest zu stabilisieren. Sie schuf den kulturellen Nährboden, auf dem der radikalisierte Neoliberalismus sich ausbreiten konnte – so wie die mit dem Neoliberalismus assoziierte Finanzmarktkrise eine Debatte auslöste, die zum Nährboden eines erneuten Umdenkens und Umlenkens des Verhältnisses von Markt und Staat werden kann.

Was ich gerade beschrieben habe, kann man theoretisch als bloße Fluktuationen im Rahmen eines generellen Trends interpretieren. Auf der anderen Seite kann man die Hypothese vertreten, dass die wachsende Komplexität moderner Gesellschaften dazu führt, dass sich diese Gesellschaften einer konsistenten institutionellen Strukturierung entziehen. Diese Hypothese erscheint vor allem dann viel plausibler, wenn es um die institutionelle Strukturierung des Verhältnisses von Markt und Staat geht – eines Verhältnisses, das selbst durch widersprüchliche Steuerungsprinzipien, die zielgerichtete Steuerung der Politik und die spontane Steuerung des Marktes, geprägt ist. Bevor man die hier angesprochenen Probleme in den Bereich der „objektiven" Unmöglichkeiten verschiebt, sollte man sich die im ersten Kapitel erwähnte Aussage von Nico Stehr, dass Wissen Handlungsmöglichkeiten schafft, in Erinnerung rufen. Im Umkehrschluss heißt das, dass unzureichendes Wissen die Möglichkeiten, gesellschaftliche Probleme zu lösen, beschränkt. Wenn es also gegenwärtig nicht gelingt, das Verhältnis von Markt und Staat konsistent zu strukturieren, liegen das nicht bloß an „objektiven" Sachzwängen, sondern fehlendem Wissen.

Tatsächlich tut man der Sozialwissenschaft kein Unrecht, wenn man argumentiert, dass zwar Ökonomen und Soziologen viel über Märkte und Politikwissenschaftler und Soziologen viel über Staat und Politik wissen, beide zusammen aber wenig, vor allem wenig hinreichend Konkretes und Umsetzbares über das Verhältnis von Markt und Staat wissen. Das zeigt Rolf Heinze in seinem Buch *Rückkehr des Staates?*, in dem er sich kritisch mit der ordnungspolitischen Debatte vor und nach der Finanzmarktkrise auseinandersetzt. Man kann seine Einsichten auf die Formel bringen, dass sich die ordnungspolitischen Debatten zwischen Ökonomen, Soziologen und Politologen in einem seltsamen Spannungsverhältnis von Ignoranz und überzogener Lernwilligkeit bewegen. Einerseits wird das Wissen der anderen Disziplinen vielfach ignoriert, andererseits führen tatsächliche oder debattierte Krisen oft zu einem vorschnellen Wechsel bisheriger Vorstellungen und Perspektiven. Unter dem Einfluss des neuen Neoliberalismus und der „Krise" in der staatliche Versicherungs- und Regulierungssysteme waren manche Soziologen und Politologen ebenso vorschnell bereit, den Staat aufzugeben, wie nach der Finanzkrise manche Ökonomen nach dem starken Staat riefen. Das waren in aller Regel kein modisches Verhalten, sondern eher eine Überziehung von etablierten Einsichten. Soziologen und Politologen beschäftigen sich seit fast einem halben Jahrhundert immer wieder mit den Steuerungsproblemen des modernen Staates und haben dabei längst die engen strukturellen Grenzen, die dem Staat bei der Regelung der Wirtschaft gesetzt sind, erkannt. Es gibt in Soziologie und Politikwissenschaft seit langem eine wissenschaftlich gut begründete Skepsis gegenüber dem Staat. Aus dieser Skepsis heraus erscheinen Forderungen nach Liberalisierung, Deregulierung und die Entfesselung der Marktkräfte als wissenschaftlich viel plausibler als sie tatsächlich sind. Diese Forderungen vernachlässigen das Wissen, das die Wirtschaftswissenschaft über viele Jahrzehnte über Marktversagen, die Fragilität von Marktstrukturen und die Grenzen der Selbststeuerung des Marktes erworben haben. Wenn dann, wie im Fall der Finanzmarktkrise, der Markt offensichtlich versagt, scheint dieses Wissen der Forderung nach einem starken Staat wissenschaftlich viel Sinn zu verleihen. Viel hilfreicher wäre es jedoch für eine konsistente oder zumindest konsistentere Gestaltung des Verhältnisses von Markt und Staat, wenn Ökonomen, Soziologen und Politologen ihr Wissen über die Fragilität und die Grenzen von Markt und Staat zusammen fügen und gemeinsam überlegen würden, wie zwei unperfekte Mechanismen pragmatisch so aufeinander abgestimmt werden können, dass sie ihre Schwächen wechselseitig kompensieren und ihre Stärken wechselseitig fördern – ohne Anspruch, eine perfekte Lösung zu entwickeln. Interessante Denkanstöße dazu bietet unter anderem das Konzept des aktivierenden Staates. Das könnte ein gutes Beispiel für die kreative Nutzung von Sozialwissenschaft als Werkzeugkasten sein, die ich im sechsten Kapitel beschreiben werde.

Modernisierung und Moderne

In diesem Kapitel geht es einerseits um die theoretische Erklärung eines Prozesses, nämlich des Prozesses der Modernisierung, und zum anderen um eine Auseinandersetzung mit der Kultur der modernen Gesellschaft, die nicht nur in der Sozialwissenschaft, sondern auch in der Kulturwissenschaft als Moderne bezeichnet wird. Mit Modernisierung wird in der Sozialwissenschaft manchmal die Entwicklung der traditionellen (agrarischen und feudalistischen) zur modernen (industriellen und kapitalistischen) Gesellschaft bezeichnet, oft aber allgemeiner der gesamte Prozess der gesellschaftlichen Entwicklung. Der Prozess der Modernisierung in dem engeren oder weiteren Verständnis ist Gegenstand der Modernisierungstheorie, zu der es eine Reihe unterschiedlicher Ansätze und Varianten gibt. Gemeinsam ist ihnen jedoch die Annahme, dass Wandel ein zumindest in der Tendenz progressiver Prozess ist, in dessen Verlauf menschliche Handlungsmöglichkeiten und vor allem aber die Leistungsfähigkeit und Produktivität der Gesellschaft gesteigert werden. Diese Vorstellung findet man in vielen sozialwissenschaftlichen Theorien, von Comte und die evolutionäre Anthropologie über Durkheim und Weber bis zu Schumpeter, Galbraith und Castells. Spencers Evolutionstheorie oder die evolutionistische Ökonomie könnte man ebenfalls hier einordnen. Diese Theorien diskutiere ich jedoch separat. Auf dem Erklärungsmuster der Modernisierungstheorie bauen auch die Theorie der Moderne und der Postmoderne auf. Sie unterscheiden sich jedoch von der Modernisierungstheorie in einem wichtigen Punkt: Sie setzen Modernisierung nicht mit Fortschritt gleich, sondern setzen sich mit Modernisierung und der Fortschrittsthese kritisch auseinander. Diese Auseinandersetzung führt in der Theorie der Postmoderne zu der Einsicht, dass Modernisierungsprozesse auch umkehrbar sind.

In der Modernisierungstheorie wird eine bestimmte Gesetzmässigkeit des Wandels angenommen. Wandel wird als gesellschaftlicher Rationalisierungsprozess verstanden. Der

Begriff der Rationalisierung, den wir im vierten Kapitel schon ausführlicher angesprochen haben, beschreibt Verhaltensweisen und Prozesse, die darauf abzielen, die Welt vernünftig und „objektiv" zu erfassen und sie damit berechenbarer und beherrschbarer zu machen. Der Begriff der Rationalisierung umfasst also zwei Komponenten. Die eine Komponente ist der Prozess der zunehmenden Durchdringung des Handelns von Menschen und anderen gesellschaftlichen Akteuren durch Vernunft, durch systematisches und objektiviertes Wissen. Die zweite Komponente ist die systematische Nutzung dieses Wissens zur Verbesserung von Handlungsmöglichkeiten und der Leistungsfähigkeit der Gesellschaft und anderer sozialer Systeme. Diese beiden Komponenten sind in allen Fortschrittstheorien enthalten, werden aber unterschiedlich stark betont. Comte, die evolutionäre Anthropologie, Simmel, Weber und die Theorie der Wissensgesellschaft akzentuieren stärker die erste Komponente; Spencer, Durkheim, Marx, Parsons und Castells die zweite.

Diese Vorstellung von Wandel als Rationalisierungsprozess prägte die Soziologie und Sozialanthropologie von Beginn an, findet sich mehr oder weniger explizit in (fast) allen sozialwissenschaftlichen Theorien und Ansätzen, die sich direkt oder indirekt mit sozialer Entwicklung und Wandel beschäftigen. Das gilt für von Hayeks Konzept der Evolution von Institutionen und die Neue Institutionenökonomik ebenso wie für die soziologische und betriebswirtschaftliche Organisationsforschung, um einige Beispiele zu nennen. In den meisten Theorien weist dieser Prozess eine klare progressive Tendenz, aber keinen vorbestimmten Zielzustand auf. Einige Theorien gehen darüber hinaus und legen nicht nur die Richtung des Wandels fest, sondern auch dessen Zielzustand. Solche Theorien haben wir im dritten Kapitel als teleologisch bezeichnet.

> **Rationalisierung**
>
> Die zunehmende Durchdringung von Handeln durch objektiviertes Wissen und die systematische Nutzung dieses Wissens zur Verbesserung von Handlungsmöglichkeiten und Leistungsfähigkeit gesellschaftlicher Akteure und sozialer Systeme.

Fortschritt als teleologisches Konzept

Teleologie bezeichnet eine Lehre oder eine Vorstellung, der zu Folge die Welt einem umfassenden zweckhaften Sinn unterliegt. Ihre Entwicklung strebt deshalb nach einem bestimmten Zielzustand. Die evolutionäre Anthropologie sieht, wie im dritten Kapitel dargestellt wurde, den zweckhaften Sinn in der Rationalisierung des Lebens selbst und bestimmt deshalb die rationalisierte westliche Zivilisation als Zielzustand der Entwicklung aller, Comte unterstellt den gleichen zweckhaften Sinn und beschreibt den Zielzustand als das dritte Stadium. Karl Marx bezeichnet die Zuspitzung des Klassenkampfs als den zweckhaften Sinn gesellschaftlicher Entwicklung und die klassenlose Gesellschaft als zwangsläufigen Zielzustand dieser Entwicklung.

> **Teleologie**
>
> Ein Verständnis von Realität, dass einen zweckhaften Sinn der Welt unterstellt, der zu einem bestimmten Zielzustand führen muss.

Teleologisches Denken mag teilweise eher ideologisch als wissenschaftlich anmuten, was in Bezug auf die evolutionäre Anthropologie auch weitgehend zutrifft. Oft beruht es jedoch auf einer klaren Kausalität und einer wissenschaftlich nachvollziehbaren Logik. Das kann man sowohl bei Comte als auch bei Marx gut erkennen. Comte stellt gesellschaftlichen Wandel als einen Prozess der zunehmenden Durchdringung der natürlichen und der sozialen Umwelt durch Wissen und menschliche Vernunft dar. Der jeweilige Wissensstand bestimmt die Möglichkeiten des Menschen, sich mit der Natur und der Gesellschaft auseinanderzusetzen und sie sich anzueignen. Im ersten Stadium der Entwicklung hat das Wissen, so Comte, den Charakter von Glauben und Offenbarung sowie von darauf aufbauenden Einsichten. Im zweiten, dem metaphysischen oder abstrakten Stadium, geht es dagegen bereits um Wissen, das keine unwiderlegbare Begründung in einer Offenbarung mehr hat, sondern nach vernünftigen Regeln empirisch zu begründen ist. Es gibt aber immer noch eine vorgegebene (natürliche) Ordnung der Welt, die akzeptiert werden muss. Im dritten, wissenschaftlichen oder positiven Stadium, herrscht die Vernunft, welche sich die Welt aneignet und sie nach vernünftigen Vorstellungen gestaltet (oder nutzt). Wissen besteht aus der wissenschaftlichen Einsicht in die Gesetzmäßigkeiten, denen die Welt unterliegt und über die man sich die Welt aneignen kann. Damit hat das Wissen der Menschen die höchstmögliche Qualitätsstufe erreicht, so dass ein weiteres Entwicklungsstadium nicht mehr möglich ist. Das heißt aber nicht, dass dadurch die soziale Dynamik völlig zum erliegen kommt. Die grundsätzliche Qualität des Wissens verändert sich zwar nicht mehr, aber es entwickelt sich inhaltlich weiter und verändert damit die Möglichkeiten, sich die Welt anzueignen und sie nach vernünftigen Vorstellungen zu gestalten.

Auch Karl Marx geht von einer klaren Kausalität aus, nämlich von einer Kausalität zwischen Privateigentum, Ausbeutung und Verteilungskonflikten. Privateigentum ist gemäß der Marxschen Arbeitswertlehre immer mit Ausbeutung verbunden, weil die Besitzer der Produktionsmittel nur dadurch Profit erwirtschaften, dass sie den Arbeitskräften ein Teil der durch ihre Arbeit erzeugten Wertschöpfung entziehen. Das ist mit Verteilungskonflikten verbunden, die immer dann zu einer grundlegenden Veränderung der Produktionsverhältnisse führen, wenn die Produktionsverhältnisse der weiteren Entwicklung der Produktivkräfte im Wege stehen, also die bestehenden Herrschaftsverhältnisse die wirtschaftliche Entwicklung hemmen. Mit der Einführung von Geld spitzt sich der Klassenkonflikt zu, weil Geld im Unterschied zu Naturalien eine unbeschränkte Akkumulation von Profiten in Form von Kapital ermöglicht und als Medium für den Erwerb aller anderen Werte dient. Deshalb bildet sich nur noch eine herrschende Klasse heraus, nämlich die Klasse, die über das Kapital verfügt, und eine ausgebeutete Klasse, die Arbeiter. Die kapitalistische Klasse nutzt insbesondere die Arbeitsproduktivität als Vehikel der Ausbeutung und der Profitmaximierung. Das führt am Ende zu einem scheinbar paradoxen Resultat, nämlich zu einem tendenziellen Fall der Profitrate – die Ausbeutung der Arbeitskräfte verschafft zunächst den Kapitaleignern höhere

Profite, aber gleichzeitig verhindert sie, dass die Kaufkraft mit der Entwicklung der Profite Schritt hält. Die Investition von Kapital in die Steigerung der Arbeitsproduktivität lohnt sich nicht mehr, was nichts anderes heißt, als dass die weitere Entwicklung der Wirtschaft gehemmt wird. Nach der Logik der Marxschen Theorie führt das zu einer revolutionären Beseitigung des Kapitalismus. Da es im Kapitalismus nur noch zwei Klassen gibt, ist die Nachfolgegesellschaft zwangsläufig klassenlos – und damit endet die durch den Klassenkampf vorangetriebene gesellschaftliche Entwicklung.

Es mag vielleicht überraschen, dass auch Schumpeter, zumindest in Bezug auf die Gesellschaftsordnung, ein teleologisches Weltbild vertritt. Schumpeters Konzept des Prozesses schöpferischer Zerstörung stellt eine wichtige theoretische Säule der evolutionistischen Innovationsforschung und der evolutionistischen Ökonomie dar, also eines theoretischen Ansatzes, der alles andere als teleologisch ist. Der Prozess der schöpferischen Zerstörung heißt jedoch nicht nur deshalb so, weil durch neue Produkte und Verfahren der Wert der alten zerstört wird, sondern auch, weil er die ökonomischen und sozialen Fundamente des Kapitalismus, nämlich das Privateigentum und das freie Vertragsrecht, untergräbt. Das liegt daran, dass der Prozess der schöpferischen Zerstörung für die Unternehmen mit hohen Kosten und Risiken verbunden ist. Das begünstigt die Entwicklung großer Unternehmen und von oligopolistischen Strukturen – Strukturen mit einer marktbeherrschenden Stellung weniger Produzenten – in der Wirtschaft. Gleichzeitig werden viele kleine und mittlere Unternehmen beseitigt. Damit schrumpft die bürgerliche Klasse so stark, dass sie ihre politische Bedeutung verliert. Am Ende verschwindet gar die kapitalistische Ethik, die in der Sicht von Schumpeter für den Erfolg des Kapitalismus ebenso bedeutsam war wie das Profitstreben. Das führt zu einer sozialistischen Gesellschaft – die bei ihm definiert ist als Gesellschaft, in der die Kontrolle über die Produktionsmittel und die Produktion einer zentralen Behörde obliegt.

Eine in vieler Hinsicht ähnliche Theorie des wirtschaftlichen und gesellschaftlichen Wandels hat Galbraith in seinen Arbeiten zur modernen Industriegesellschaft entwickelt. Wie Schumpeter geht er von der technologischen Entwicklung und deren Folgen aus, ebenso beobachtet er eine zunehmende wirtschaftliche Konzentration und eine Dominanz großer Unternehmen. Darüber hinaus spricht er von einem wachsenden Apparat zur Beeinflussung der Verbraucher und einem Machtschwund der Gewerkschaften. Diese Veränderungen sind Teil eines umfassenderen Wandlungsprozesses, dessen Ergebnis in einer zunehmenden Organisation von Produktion und Verteilung besteht. Das heißt für ihn konkret, dass ein überwiegender Teil der wirtschaftlichen Transaktionen und Entwicklungen in den entwickelten kapitalistischen Volkswirtschaften nicht mehr spontan über den Markt, sondern hierarchisch über die Planungsprozesse großer Unternehmen und des Staates gesteuert werden. Ein großer Teil der Wirtschaft wird also faktisch zu einem Planungssystem, in welchem der Erfolg von Unternehmen durch wirtschaftliche und politische Macht bestimmt wird. Die wirtschaftliche und politische Macht von Unternehmen hängt wiederum von ihrer Größe und ihren Marktanteilen ab, was die Unternehmen dazu zwingt, zu versuchen, immer größer zu werden. Da der Markt durch diese Entwicklung immer mehr versagt, wird das industrielle Planungssystem zunehmend vom Staat abhängig, der aber seinerseits von den großen Unternehmen abhängig ist. Dadurch wird die Koordination der wirtschaftlichen Transaktionen weder vom Staat noch vom Markt geleistet, sondern von einem vielschichtigen System von Verhandlungen zwischen Unternehmen und Staat. Im Unterschied zu Marx und Schumpeter sieht

Galbraith in diesem Industriesystem keinen Zielzustand. Er argumentiert vielmehr, dass das Industriesystem sich kontingent entwickeln kann. Wenn die wirtschaftliche Wertschöpfung weiterhin im Zentrum der Gesellschaft steht, wird das Industriesystem zur beherrschenden Macht, dass zur Durchsetzung seiner Interessen den Staat instrumentalisiert; wenn sich jedoch in der Gesellschaft andere Werte durchsetzen, wird das Industriesystem zu einem autonomen Teilsystem des Staates.

Modernisierungstheorie

Die Modernisierungstheorie enthält neben dem Konzept der Rationalisierung zwei weitere grundlegende Konzepte, nämlich das der Arbeitsteilung und funktionaler Differenzierung und das der Individualisierung. Im zweiten Kapitel haben wir funktionale Differenzierung aus einer Ordnungsperspektive heraus als Entwicklung unterschiedlicher Regeln und Ordnungs-strukturen für unterschiedliche gesellschaftliche Funktionsbereiche, wie Wirtschaft, Staat oder Wissenschaft, aber auch für Akteure mit unterschiedlichen Funktionen, betrachtet. Im dritten Kapitel diskutierten wir funktionale Differenzierung als einen Prozess der Aufteilung von Tätigkeiten und Funktionen auf Akteure, also über die Arbeitsteilung. Beides sind zwei Seiten derselben Medaille. Die Aufteilung von Tätigkeiten und Funktionen schafft auch diffe-renzierte Regeln und Ordnungsstrukturen. Beides fördert die Durchdringung menschlichen Handelns durch objektiviertes Wissen und die systematische Nutzung dieses Wissens. Indivi-duen und andere Akteure können intensiveres Wissen erwerben und dieses Wissen besser für ihr Handeln nutzen, wenn sich Handeln und Wissen auf einen beschränkten Bereich bezieht. Differenzierte Regeln und Ordnungsstrukturen reduzieren die Komplexität der Situationen, in denen Wissen erworben und genutzt wird. Das kann man sich leicht am Beispiel eines Hoch-schulstudiums vorstellen. Bedingt durch die funktionale Differenzierung der Wissenschaft müssen sich die Studierenden nur mit einem beschränkten Teil wissenschaftlichen Wissens und den auf dieses Wissen bezogenen methodologischen Regeln befassen. Dieses Wissen ist auch nur für einen beschränkten Bereich der Realität und für eine beschränkte Menge von Tätigkeiten nutzbar. Funktionale Differenzierung reduziert also die Komplexität der Handlungs- und der Wissensbezüge von Akteuren und fördert dadurch die Rationalisierung.

Funktionale Differenzierung

Funktions- und tätigkeitsbezogene Spezialisierung von Handlungs- und Wissensbezügen von Akteuren.

Aus der Sicht mancher Modernisierungstheoretiker gehört Individualisierung zu den zentralen Merkmalen der Modernisierung. Individualisierung ist bezogen auf Individuen ein doppel-deutiger Prozess. Auf der einen Seite werden Individuen aus traditionellen sozialen Bezügen und deren Zwänge heraus gelöst und gewinnen damit mehr Freiheit und mehr Möglichkeit zur Selbstbestimmung. Sie können – immer in einem sozial beschränkten Rahmen – eigene Lebensstile entwickeln, ihre sozialen Beziehungen frei wählen und gestalten und ihre Identität selbst bestimmen. Diese Möglichkeiten stellen gleichzeitig Zwänge dar: Individuen sind zur Selbstorganisation und Selbstbestimmung gezwungen, sie müssen einen beträchtlichen Teil ihrer Identitäts- und Sinnfindung selbst leisten, sind für ihr Handeln und ihre sozialen Beziehungen auch selbst verantwortlich und müssen institutionelle Regelungen internalisieren. Gesellschaftlich ist Individualisierung, wie wir gleich in der Diskussion unterschiedlicher Modernisierungstheorien sehen werden, mit einer Pluralisierung von Lebensstilen und sozialen Milieus sowie mit neuen Problemen und Formen sozialer Integration verbunden.

Individualisierung

Zunehmende Möglichkeiten individueller Selbstbestimmung und Freiheit, die gleichzeitig mit wachsenden Zwängen zur Selbstorganisation und Selbstregelung verbunden sind.

Für die meisten Modernisierungstheoretiker ist Modernisierung ein Rationalisierungsprozess, dessen zentrales Moment die funktionale Differenzierung ist. Das gilt insbesondere für Durkheim, der das soziologische Verständnis von Modernisierung bis heute stark prägt. Zwar hatten schon Comte, Spencer und Marx die Bedeutung von Arbeitsteilung und funktionaler Differenzierung erkannt, aber Durkheim hat Arbeitsteilung und funktionale Differenzierung zum zentralen Thema der Analyse gesellschaftlicher Ordnung gemacht. Die erkenntnisleitende Frage seiner Analyse war: Wie wird gesellschaftliche Integration trotz der Auflösung traditioneller sozialer Bindungen, also dem Verlust von Bindung durch gemeinsame Werte (mechanische Solidarität) gesichert? Seine Antwort lautete organische Solidarität, also Integration durch ein Geflecht wechselseitiger Abhängigkeit als Folge funktionaler Arbeitsteilung. Funktionale Arbeitsteilung ermöglicht für Durkheim die gleichzeitige Steigerung von Individualität und Integration.

In der gleichen Denktradition steht Parsons, obwohl er in seiner Erklärung von sozialem Wandel Bezug auf die Evolutionstheorie von Spencer nimmt. Parsons begreift Wandel als Modernisierungsprozess und diesen wiederum als evolutionären Differenzierungsprozess. Wie (fast) alle Modernisierungstheoretiker geht Parsons davon aus, dass der Modernisierungsprozess in eine bestimmte Richtung geht, nämlich in Richtung auf eine Verbesserung der Fähigkeit von Systemen und der Gesellschaft insgesamt, sich an veränderte Umweltbedingungen anzupassen. Mehr noch: Parsons argumentiert, dass der Modernisierungsprozess sogenannte Universalien hervorbringt. Als Universalien bezeichnet Parsons Institutionen und Organisationsformen, die sich so oder ähnlich im Verlauf des Modernisierungsprozesses in allen Gesellschaften herausbilden. Das hat, wie Erwin K. Scheuch feststellt, weniger mit Evolutionismus als mit Lamarckismus zu tun. Jean Baptiste Lamarck entwickelte eine Evolutionstheorie, welche die Möglichkeit einschloss, dass biologische Organismen auf Grund von Umwelteinflüssen erworbene Eigenschaften vererben können. Umwelteinflüsse führen dazu, dass bestimmte Fähigkeiten oder Eigenschaften stärker oder weniger stark genutzt werden. Je mehr sie genutzt werden, desto stärker entwickeln sie sich auch. Lamarck hat seine Theorie nur auf biologische Organismen bezogen, sie wird aber auch oft auf soziale Evolution angewandt. Das heißt, dass soziale Evolution als ein Lernprozess verstanden wird, in dem Gesellschaften lernen, Lösungen zu entwickeln, die ihre Anpassungs- und Überlebensfähigkeit steigern. Dieses Lernen erfolgt insbesondere über funktionale Differenzierung, also durch Schaffung von neuen Teilsystemen, die mit bestimmten Umweltveränderungen besser umgehen können als das System insgesamt. Aus diesen Lernprozessen heraus entwickeln sich die Universalien als Generalisierungen erfolgreicher Normen und Werte.

An dieser Stelle ist es sinnvoll, den entscheidenden Unterschied zwischen teleologischen Konzepten des Wandels und der Modernisierungstheorie hervorzuheben. Beide nehmen an, dass Wandel in eine bestimmte Richtung geht und, von kurzfristigen Fluktuationen abgesehen, unumkehrbar ist. Im Gegensatz zu teleologischen Konzepten postulieren Modernisierungstheorien jedoch keinen bestimmten Zielzustand. Parsons zum Beispiel nimmt zwar an, dass der Modernisierungsprozess mit einer fortlaufenden Verbesserung der Anpassungsfähigkeit von Gesellschaften und mit der Entwicklung von Universalien verbunden ist, betrachtet dies aber als einen nach hinten offenen Prozess.

Ich habe weiter oben erwähnt, dass in der Sicht mancher Modernisierungstheoretiker auch Individualisierung ein zentrales Merkmal der Modernisierung darstellt. Zu diesen Theoretikern gehören insbesondere Georg Simmel und Norbert Elias. Für Simmel führt Differenzierung immer auch zu Individualisierung. Beide treten immer zusammen auf und verstärken sich wechselseitig. Durch Arbeitsteilung entwickeln sich Unterschiede zwischen Gesellschaftsmitgliedern, die dem gleichen sozialen Kreis angehören. Als sozialen Kreis bezeichnet Simmel das unmittelbare Umfeld von Individuen. Durch Arbeitsteilung differenzieren sich bisher homogene soziale Kreise aus. Damit ist ein erster Schritt der Individualisierung vollzogen. Dieser Differenzierungsprozess läuft gleichzeitig in verschiedenen sozialen Kreisen nach ähnlichen Mustern ab, sobald sich die Arbeitsteilung über einen bestimmten sozialen Kreis hinaus ausbreitet. Dadurch gibt es in unterschiedlichen Kreisen Individuen mit weitgehend übereinstimmenden Positionen in der Arbeitsteilung, zwischen denen sich gemeinsame Interessen bilden. Daraus entstehen neue soziale Kreise, die durch funktionale Bezüge der Mitglieder bestimmt sind. Die Zugehörigkeit von Individuen zu einem weiteren, neuen sozialen Kreis eröffnet ihnen neue Möglichkeiten sozialer Beziehungen, durch die sie in andere Kreise geraten oder auf deren Basis sich neue soziale Kreise bilden. Je mehr die funktionale Differenzierung voranschreitet, desto mehr gehören Individuen unterschiedlichen sozialen Kreisen an. Je unterschiedlicher diese Kreise sind, desto geringer ist die Wahrscheinlichkeit, dass andere Individuen die gleichen Zugehörigkeitsmerkmale haben – und desto individueller sind die jeweiligen Individuen. Individualität entsteht also bei Simmel daraus, dass Individuen jeweils Schnittpunkte einer spezifischen Kombination von unterschiedlichen sozialen Kreisen bilden. Je spezifischer diese Kombination ist, je weniger andere Individuen die gleiche Kombination sozialer Kreise aufweisen, desto größer ist die Individualität. Das ist nicht nur eine formale Definition von Individualität, sondern bezieht sich auf konkrete Handlungsmöglichkeiten. Die Zugehörigkeit zu unterschiedlichen sozialen Kreisen bietet Individuen die Möglichkeit, sich jeweils in den Kreis zu begeben, in denen sie ihre momentanen Bedürfnisse und Interessen am besten entfalten können. Je spezifischer die Kombination von sozialen Kreisen eines Individuums ist, desto mehr Freiheit gewinnen Individuen bei der Entfaltung ihrer Persönlichkeit. Die mit der funktionalen Differenzierung einher gehende Individualisierung hat in Simmels Sicht ihre Kehrseite in der Auflösung herkömmlicher sozialer Bindungen sowie in Anonymität und Rationalisierung von Beziehungen bis zur Entfremdung.

Für Norbert Elias bilden Individualisierung und Vergesellschaften wechselseitig aufeinander bezogene Prozesse in der historischen Entwicklung der westlichen Zivilisation. Im Verlauf dieser Entwicklung wird Fremdkontrolle durch Selbstkontrolle substituiert. Das ermöglicht auf der einen Seite die Individualisierung von Individuen, die in Elias' Sicht in einer historisch bisher einzigartigen Weise voneinander abhängig sind, und auf der anderen Seite die Koordinierung von Handlungen über große räumliche und soziale Distanzen hinweg. Das gelingt in Elias' Sicht vor allem deshalb, weil Selbstkontrolle viel effektiver ist als Fremdkontrolle.

Elias unterscheidet sich in einem wichtigen Punkt von den meisten Modernisierungstheoretikern. Er argumentiert nämlich, dass gesellschaftliche Entwicklung ein jederzeit umkehrbarer Prozess ist. Gesellschaftliche Entwicklung manifestiert sich in der Veränderung von Figurationen. Figurationen stellen ein offenes Beziehungsgeflecht dar, das durch Konflikte und Konkurrenz geprägt wird und immer nur eine temporäre Machtbalance aufweist. Wie der Begriff temporäre Machtbalance schon sagt, bildet Macht in einer Gesellschaft keine feste Struktur, sondern ist selbst immer im Fluss. Zwar bilden sich dabei immer wieder temporär Hierarchien zwischen Akteuren, also Situationen, in denen bestimmte Akteure das Handeln anderer Akteure nach ihren Zwecken steuern können. Doch damit sind immer Konflikte um die Verteilung und Veränderung von Machtchancen verbunden. Diese Konflikte sind keine Ausnahmen, sondern stehen im Zentrum aller sozialen Beziehungen. In ihrem Gefolge verändern sich Machtchancen und Machtmittel von Akteuren regelmäßig, was nicht ausschließt, dass eine bestimmte Machtbalance auch einmal über längere Zeit erhalten bleibt. Die regelmäßige Veränderung von Machchancen und Machtmitteln führt dazu, dass die Positionen und Funktionen sozialer Gruppen immer wieder neu bestimmt werden. Damit verändern sich auch Verflechtungszusammenhänge und Figurationen. Je nach dem, wie diese Veränderungen ausfallen, ist dabei auch die Umkehrung von bisherigen Entwicklungen möglich – ebenso wie die spätere Umkehrung der Umkehrung. Das haben wir am Anfang dieses Kapitels sowohl in Bezug auf die Arbeitswelt, als auch auf das Verhältnis von Markt und Staat gesehen. Am Ende der Diskussion dieser Entwicklungen habe ich die Hypothese angesprochen, dass sich moderne Gesellschaften wegen ihrer Komplexität einer konsistenten Strukturierung oft entziehen. Mit Hilfe von Elias' Theorie könnte man diese Hypothese gut begründen und ausbauen.

Nachdem wir ausführlicher über Differenzierung und Individualisierung gesprochen haben, kehren wir zum grundlegenden Konzept aller in diesem Kapitel bisher diskutierten Theorien zurück, dem Konzept der Rationalisierung. Dieses Konzept ist eng mit dem Namen Max Weber verbunden. Für Weber ist der Rationalisierungsprozess das Resultat der Entwicklung spezifischer Werthaltungen. Wie ich im dritten Kapitel dargestellt habe, führt er die Entwicklung des westlichen Kapitalismus auf die protestantische Ethik zurück. Die protestantische Ethik fördert eine systematische Rationalisierung der alltäglichen Lebensführung, die insbesondere durch eine rigorose Zeitdisziplin und eine ständige Orientierung an einem optimalen Einsatz der verfügbaren Ressourcen geprägt ist. Diese Lebensführung löst sich allmählich von ihren religiösen Grundlagen ab und verbreitet sich in der gesamten Gesellschaft. Die dadurch erzeugte Rationalisierung der gesamten Gesellschaft schlägt sich nicht nur in der individuellen Lebensführung nieder, sondern in allen wichtigen gesellschaftlichen Bereichen. Sie schlägt sich nieder in einem kapitalistischen Wirtschaftssystem, einer bürokratischen Verwaltung, in einem rationalen Rechtssystem, einer an keine Tradition mehr gebundene empirische Wissenschaft, der technischen Beherrschung der Welt und in der vollständigen Legalisierung von Herrschaft. Hinter all diesen Sachverhalten steckt das gleiche Prinzip, nämlich das Prinzip, dass die Gesellschaft und ihre Teilsysteme nach vernünftig einsehbaren und empirisch überprüfbaren Prinzipien geregelt werden. Eine wichtige Rolle spielen dabei bürokratische Verwaltungsstrukturen, die Weber zu Folge dafür sorgen, dass Entscheidungen nach klaren Regeln und unabhängig von individuellen Interessen und Vorstellungen getroffen werden. Bürokratie ist also in Webers Sicht eine besonders rationale Form der Organisation – was aus heutiger Sicht mit ein oder zwei Fragezeichen versehen werden könnte. Fragezeichen kann man auch an Webers Hypothese anbringen, alle funktionalen Teilsysteme der Gesellschaft seien dynamisch, weil sie durch anhaltende weitere Rationalisierung ständiger Innovation und Veränderungen unterworfen seien, dabei aber stabil und verlässlich blieben. Dazu verweise ich auf die Diskussion der Probleme moderner Organisationen, Bürokratien eingeschlossen, im vierten Kapitel.

Während Max Weber gesellschaftlichen Wandel als Resultat spezifischer Werthaltungen betrachtet, sieht Manuel Castells, dessen Theorie der Informationsgesellschaft wir schon kurz angesprochen haben, die eigentliche Triebkraft des Wandels von Gesellschaft in Wissen und Technologie. In dieser Perspektive erzeugen neue technologische Paradigmen (Schlüsseltechnologien) über neue wirtschaftliche und soziale Handlungsmöglichkeiten weitreichende Veränderungen in fast allen gesellschaftlichen Bereichen. Sie brechen die unter dem jeweils vorangegangenen Paradigma entstanden Strukturen auf, schaffen neue Strukturen und integrieren diese wieder zu einem konsistenten Muster. Gesellschaftliche Entwicklung ist also ein durch die technologische Entwicklung geleiteter Prozess der nach einer radikalen Umwälzung wieder zu einer stabilen, wenn auch nicht spannungs- und konfliktfreien, Struktur führt.

So haben die Dampfmaschine und andere Energie- und Antriebstechniken die Industrialisierung ermöglicht und vorangetrieben. Sie haben damit die traditionellen agrarisch-feudalen Gesellschaftsstrukturen aufgebrochen und neue kapitalistische Strukturen an ihre Stelle gesetzt, welche die Liberalisierung und die Marktwirtschaft vorangetrieben haben. Dabei entstanden ein neuer Typus von Arbeit, die Industriearbeit sowie neue Verteilungs- und Herrschaftskonflikte zwischen Kapital und Arbeit. Zudem entwickelten sich auf wirtschaftlicher Leistung basierende soziale Aufstiegsmuster für Menschen, die nicht der kapitalistischen Klasse oder Führungsschicht angehörten. Die so entstandene Industriegesellschaft, die in den westlichen Ländern über zweihundert Jahre Bestand hatte, wird nun, so Castells, durch die informationstechnologische oder digitale Revolution aufgebrochen und durch ein neues Gesellschaftsmodell, die Informationsgesellschaft, abgelöst. Die Informationsgesellschaft ist geprägt durch Netze, die zum Teil global ausgeprägt sind, und eine virtuelle Kultur. Netze und virtuelle Kultur lösen einerseits die herkömmliche Sozialstrukturen und Organisationsformen ab, verstärken aber gleichzeitig als Gegentendenz kleinräumige oder kulturell homogene Sozialformen und Bewegungen.

Dieser Umbruch gewinnt seine Dynamik nur zum geringeren Teil aus der unmittelbaren Anwendung der Informationstechnologie. Viel stärker wird die technische, wirtschaftliche und soziale Entwicklung durch die Nutzung der Informationstechnologie zur Wissensproduktion geprägt. Die Durchdringung der Wissensproduktion durch die Informationstechnologie hat, so Castells, die Wissensproduktion grundlegend verändert und neue, teilweise revolutionäre

Entwicklungen in vielen anderen Bereichen, insbesondere der Bio- und Gentechnologie, hervorgerufen. Am Ende entsteht auf der Basis der Informationstechnologie ein technologisches Paradigma, das weit über die Informationstechnologie hinaus reicht. Dieses neue Paradigma bringt in der Sicht von Castells so weitreichende und grundlegende Veränderungen mit sich, dass von einer Revolution gesprochen werden kann. Mit dieser Revolution endet nicht nur ein technologisches Paradigma, sondern eine Epoche – das Industriezeitalter, das einstmals durch die industrielle Revolution begründet wurde. Wie die industrielle Revolution ist auch die informationstechnologische (oder digitale) Revolution nicht als kurzfristiger, rascher Umbruch zu sehen, sondern als langer Prozess mit Veränderungen, die meist über einen Zeitraum von Jahrzehnten verlaufen und die kurzfristig betrachtet oft eher graduell denn radikal sind. Sie zeigen aber am Ende Folgen und Wirkungen, die keineswegs mehr graduell sind.

Dieser Prozess ist mit vielen Widersprüchen und Konflikten verbunden, deren Auflösung wieder neue Konflikte und Widersprüche erzeugt. So werden, wie Castells zeigt, die traditionelle räumliche Einbindung von sozialen Strukturen als Folge der neuen und globalen Kommunikationsmöglichkeiten zunehmend durch soziale Netze und durch eine Kultur der Virtualität abgelöst, die nicht mehr räumlich definiert sind. Diese Entwicklung erzeugt jedoch eine Gegentendenz in Form einer Rückbesinnung auf kleinräumige oder durch gemeinsame Werte begrenzte soziale Assoziationen und Gemeinschaften. Dieser Gegensatz prägt auch die Globalisierung, durch die die Entwicklung in den entwickelten Industriegesellschaften in andere Länder „exportiert" wird. Auf der einen Seite bilden sich eine globale Wirtschaft und globale soziale Netze heraus, auf der anderen Seite ziehen sich Menschen aber in regionale und lokale Kontexte oder in einen neuen Nationalismus oder Fundamentalismus zurück. Auf der einen Seite entwickelt sich eine globale Ordnung, die auf der anderen Seite jedoch starke soziale Bewegungen auf den Plan ruft, die diese Ordnung bekämpfen. Es ist eine Entwicklung, welche geprägt ist von vielen Verwerfungen, Spannungen und Konflikten. Aber es ist auch eine Entwicklung, die aus den gegenwärtigen Verwerfungen, Spannungen und Konflikten eine neue Integration herausbildet.

In der Industriegesellschaft wurde (und wird) das zentrale Spannungsfeld durch die sozialen Schichten und Klassen und die entsprechenden gesellschaftlichen Verteilungskonflikte bestimmt. Das zentrale Spannungsfeld der Informationsgesellschaft wird dagegen bestimmt durch den Konflikt zwischen der Vernetzung von Gesellschaft und der individuellen Identität, etwa in der Entwicklung globaler Netze und einer globalisierten Kultur und dem dadurch provozierten Versuch von vielen Menschen, eine neue nationalistische oder fundamentalistische Geborgenheit zu finden. Das reduziert vielschichtige Konfliktstrukturen und Spannungen auf ein einfaches Erklärungsmuster, das auch eine relativ einfache Handlungslogik vorgibt. So wie der Staat in der Industriegesellschaft über soziale Sicherungssysteme und die Entwicklung des Wohlfahrtstaates die sozialen Konflikte der Industriegesellschaft eingedämmt hat, müssen die Staaten der Informationsgesellschaft Mechanismen zur Lösung von Globalisierungskonflikten und kulturellen Identitätskonflikten entwickeln. So wie die Unternehmen und Gewerkschaften der Industriegesellschaft Verfahren und Strukturen entwickelt haben, um soziale Konflikte und Spannungen in Unternehmen und der Wirtschaft zu regulieren, müssen nun Unternehmen beispielsweise kulturelle Integrationsprobleme in ihren globalen Strukturen lösen.

Die Lösung solcher Probleme ist sicher sehr viel schwieriger als ihre Beschreibung. Sie findet statt in einem Umfeld, dass trotz seiner Strukturierung durch die Informationstechnologie und ihren Wirkungen vielschichtig und turbulent ist. Sie findet statt im Kontext einer wissenschaftlichen und technologischen Entwicklung, die viel komplizierter geworden ist. Dementsprechend ist auch die Bestimmung und Prognose von Handlungsbedingungen viel komplizierter geworden. Aber die Informationstechnologie liefert auch die Werkzeuge und die Prozesse, mit deren Hilfe komplexe Probleme bearbeitet werden können und komplizierte Entwicklungen prognostizierbar und kontrollierbar bleiben. In diesem Sachverhalt liegt der Charme der Theorie der Informationsgesellschaft von Castells – die Technik, die eine komplizierte Entwicklung auslöst, bietet gleichzeitig die Werkzeuge, um die aus dieser Entwicklung resultierenden Probleme besser zu lösen. Trotz vieler Konflikte und Spannungen geht der Fortschritt weiter. Die mit ihm verbundenen Probleme werden nie so stark, dass sie eine Umkehrung der sie verursachenden Entwicklung herbeiführen.

Die damit angesprochene Annahme, dass Wandel zwar nicht auf einen bestimmten Zielzustand zusteuert, aber doch in eine bestimmte Richtung geht und unumkehrbar ist, ist das zentrale Problem der Modernisierungstheorie. Diese Annahme ist theoretisch nicht begründet. Selbstverständlich kann eine historische Entwicklung nicht zeitlich zurück gedreht werden. Daraus folgt aber nicht, dass Wandel unumkehrbar ist. Wenn wir von Wandel sprechen, geht es nicht um historische Abläufe, sondern um die strukturellen Veränderungen, die aus diesen Abläufen resultieren. Während man die Abläufe selbst im Nachhinein nicht mehr verändern kann, sind die aus ihnen resultierenden strukturellen Veränderungen so lange umkehrbar, als frühere Zustände in der Erinnerung oder im Wissensvorrat der Gesellschaft verfügbar sind oder aus der Beobachtung anderer Gesellschaften rekonstruiert werden können. Darüber hinaus können sich die Bedingungen, die einen Wandel ausgelöst haben, so verändern, dass sie einem früheren Zustand ähnlich werden und dadurch eine Umkehrung des Wandels angestoßen wird. Ein interessantes Beispiel dafür ist der Wertewandel. Wenn man Ingleharts Theorie akzeptiert, dann wird die Richtung des Wertewandels umgedreht, sobald viele Jugendliche nicht mehr unter Bedingungen von Prosperität und Wohlfahrt sozialisiert werden, sondern unter solchen, in denen sie bzw. ihre Eltern ihre materiellen Bedürfnisse nicht hinreichend befriedigen können. Da in Deutschland und anderen westlichen Gesellschaften seit einigen Jahren die Armut wächst und die die Einkommensschere auseinander geht, wird die Zahl dieser Jugendlichen zunehmen – und damit in einigen Jahren vermutlich der Anteil materialistischer Wertorientierungen in der Gesellschaft. Darauf komme ich weiter unten zurück.

Die Unumkehrbarkeit von Entwicklungen ließe sich im Rahmen der Modernisierungstheorie theoretisch allenfalls dann begründen, wenn die Rationalisierungsthese zuträfe, also die These, dass gesellschaftliche Strukturen zunehmend durch die Anwendung von Wissen geprägt und deshalb leistungsfähiger würden. Selbst wenn man akzeptiert, dass neues Wissen neue Handlungsmöglichkeiten eröffnet, kann man keineswegs als selbstverständlich voraussetzen, dass diese Handlungsmöglichkeiten von Akteuren oder Systemen auch zur Steigerung der Leistungsfähigkeit genutzt werden. Das illustrieren die im zweiten und vor allem im vierten Kapitel diskutierten Bürokratisierungsprobleme. Entgegen der These von Max Weber, dass Bürokratisierung zu einer Rationalisierung von Gesellschaft führen, stellen wir seit vielen Jahren fest, dass die Bürokratisierung die Leistungsfähigkeit von Staat, Unternehmen und anderen Organisationen massiv beeinträchtigt. Darüber hinaus hemmt die

Bürokratisierung häufig auch den gesellschaftlichen Wandel und die Anpassung von Unternehmen und anderen Organisationen an den gesellschaftlichen Wandel. Ein wichtiger Grund dafür liegt darin, dass Bürokratien die durch Wissen erweiterten Handlungsmöglichkeiten oft nicht nutzen um die Leistungsfähigkeit von Bürokratie und Staat zu verbessern, sondern um ihre Macht gegenüber ihren politischen Prinzipalen auszubauen. Anders betrachtet, führt das wachsende Wissen, das auch das bürokratische Handeln durchdringt, zu einer wachsenden Spezialisierung von Bürokratie. Damit wird auch die Komplexität der Bürokratie erhöht, was dazu führt, dass Bürokratien immer mehr spezialisiertes Wissen in die Vorbereitung der Gesetzgebung einbringen, dadurch Gesetzesvorschläge differenzierter gestalten und schließlich die Komplexität des Rechts erhöhen. Das steigert die Macht der Bürokratie ebenso wie die des Rechtssystems, weil Gesetze nur noch von spezialisierten Bürokratien und spezialisierten Teilen des Rechtssystems verstanden und interpretiert werden können. Gleichzeitig wird damit aber die Regelungsleistung von Recht und damit seine funktionale Rationalität gesenkt. Die weitere Rationalisierung der Gesellschaft kann also gerade nicht mehr durch weitere Bürokratisierung, sondern nur noch durch einen Abbau von Bürokratisierung gesteigert werden.

Moderne, Postmoderne und reflexive Moderne

Bisher haben wir uns mit der Theorie des Modernisierungsprozesses beschäftigt, nun betrachten wir Kultur, die sich im Rahmen dieser Prozesse herausbildet. Wie schon erwähnt, wird diese Kultur als Moderne bezeichnet. Sie ist geprägt von den Prozessen, die wir oben diskutiert haben und verknüpft Fortschrittsglauben, Rationalität, Humanismus, Säkularisierung, Individualismus und Domestizierung miteinander. Fortschrittsglauben ist die nichtwissenschaftliche Version der Verständnisse, die wir gerade oben diskutiert haben, also der Glaube, dass sich die Welt und die Gesellschaft technisch, ökonomisch und sozial immer weiter und immer „höher" entwickeln. Rationalität ist die Überzeugung, dass sich alles durch Vernunft ergründen lässt und begründen lassen muss. Humanismus umfasst Werte, wie der Respekt vor der Würde und Persönlichkeit jedes einzelnen Menschen, das Recht auf individuelle Freiheit sowie der Glaube an die schöpferischen und intellektuellen Fähigkeiten des Menschen. Säkularisierung bezeichnet die „Verweltlichung", also die Ablehnung einer religiösen Grundlegung, von Werten und Institutionen. Individualismus ist eine Geisteshaltung und ein Wertesystem, welches das Individuum und nicht die Gesellschaft in das Zentrum der Betrachtung von sozialem Zusammenleben stellt. Domestizierung schließlich ist eine Haltung gegenüber der Natur, welche diese als beherrschbar betrachtet. Dahinter steht die generelle Vorstellung von Berechenbarkeit und Beherrschbarkeit der Welt.

Moderne

Eine Kultur mit den zentralen Merkmalen Fortschrittsglauben, Rationalität, Humanismus, Säkularisierung, Individualismus und Domestizierung.

Ich diskutiere die Moderne hier auf der Basis der Analyse des israelischen Soziologen Shmuel N. Eisenstadt, der mit seinem Konzept der multiplen Moderne eine interessante Alternative zu der in der Modernisierungstheorie dominierenden Vorstellung eines einheitlichen Modernisierungsprozesses bietet. Während für viele Sozial- und Geisteswissenschaftler Modernisierung als gerichteter Prozess zu einer eigenen Moderne führt, deren wichtigsten Prinzipien und Institutionen universalistisch sind, betont Eisenstadt die Vielfalt der Moderne. Er argumentiert, dass die Entwicklung von Gesellschaften weder geradlinig noch universalistisch verläuft.

Zwar gibt es durchaus ähnliche Tendenzen und Entwicklungspotenziale in allen Gesellschaften. Deshalb kann man erklären, warum es in unterschiedlichen Gesellschaften zu ähnlichen Wandlungs- und Institutionalisierungsprozessen kommt. Dennoch kann man nicht feststellen, dass die einer bestimmten Differenzierungsstufe (Entwicklungsstufe) von Gesellschaften entsprechenden Systeme weitgehend übereinstimmende konkrete Strukturen aufweisen. Der Grund liegt darin, dass es auf jeder Differenzierungsstufe mehrere mögliche Lösungen für die dort bestehenden Probleme gibt. Darüber hinaus hat jede Gesellschaft unterschiedliche Möglichkeiten, zwischen diesen Lösungen zu wählen. Gleichzeitig sind ihre Wahlmöglichkeiten durch unterschiedliche Pfadabhängigkeiten aus den vorhandenen Strukturen und früheren Entwicklungen unterschiedlich eingeschränkt. Deshalb gibt es auf jeder Differenzierungsstufe eine Vielzahl unterschiedlicher Lösungen.

Die Moderne entwickelt sich, wie Eisenstadt in Anlehnung an Max Weber und in Übereinstimmung mit vielen anderen Sozialwissenschaftlerinnen und Sozialwissenschaftlern feststellt, aus Situationen heraus, in der es starke Spannungen zwischen transzendentaler (insbesondere religiöser) und weltlicher Ordnung gibt und in der sich unterschiedliche religiöse, soziale, politische, kulturelle und ökonomische Zentren bilden, die miteinander in Konkurrenz stehen. Aus einer solchen Situation erwächst eine intensive Reflexion der grundlegenden Prinzipien und der Legitimität gesellschaftlicher Ordnung. Das ist mit einem radikalen Bruch der kulturellen Grundlagen von Ordnung verbunden. Anstelle der durch die Religion oder eine andere transzendentale (jenseitige) Lehre vermittelten Gewissheiten treten Prinzipien, die der vernünftigen Begründung und Abwägung bedürfen. Dieser Prozess der Reflexivität greift in der Gesellschaft immer weiter aus und erfasst immer mehr Lebensbereiche. Das ist das grundlegende Prinzip der Moderne. Die eben angesprochene Situation und den damit verbundenen Bruch gab und gibt es, Eisenstadt folgend, nicht nur in der christlichen Welt, sondern auch in anderen Kulturen und Epochen.

Wie andere Theoretiker der Moderne sieht Eisenstadt die Wiege des kulturellen und politischen Programms der Moderne in West- und Mitteleuropa. Ich will dazu nur am Rande anmerken, dass das islamische goldene Zeitalter, dass wir im dritten Kapitel kurz angesprochen haben, nicht nur in der Wissenschaft, sondern auch in Wirtschaft und Gesellschaft einiges von dem vorweg genommen hat, das wir heute als Moderne bezeichnen. Schon während ihrer Entwicklung in Europa war die Moderne nie ein einheitliches Programm. Das zeigt sich an unterschiedlichen Verständnissen von Staat und Markt und den unterschiedlichen Staatskonzepten. So war und ist das Staatskonzept Frankreichs laizistisch und universalistisch; auch die Staatskonzepte der skandinavischen Länder betonen Gleichheit und Homogenität. Dem standen und stehen die Staatskonzepte in der Schweiz und den Niederlande sowie weniger stark ausgeprägt in Großbritannien gegenüber. Schon innerhalb von Europa gab und gibt es unterschiedliche Modernitäten, also unterschiedliche Verständnisse und Praktiken der modernen Gesellschaften. Das wurde noch ausgeprägter, als sich die Modernisierung nach Amerika ausdehnte – das amerikanische Modernitätsprojekt ist aus einer unmittelbaren Ablehnung wichtiger Aspekte des europäischen Modernisierungsprojektes entstanden, beispielsweise der starken Rolle von Herrschaft und Bürokratie. Mit der Ausdehnung des Modernisierungsprojektes über den westlichen Zivilisationskreis hinaus steigerte sich die Vielfalt der Moderne noch einmal. Viele nicht-westliche Länder bzw. deren Eliten haben zwar die wichtigsten Aspekte des westlichen Modells übernommen, diese aber auf ihre spezifischen Bedingungen und Anforderungen zugeschnitten. Mit der zunehmenden Infragestellung des Nationalstaats, sowohl durch Globalisierungs- als auch durch komplementäre Lokalisierungstendenzen, wird die Moderne eher vielfältiger als einheitlicher. Eisenstadt sagt also auf einen Punkt gebracht, dass es multiple Modernen gibt und dass man die moderne Welt und ihre Geschichte nur in Form von multiplen Modernen verstehen kann.

Die Reflexivität, welche die Moderne kennzeichnet, stellt nicht nur vormoderne Ordnungen und deren Prinzipien in Frage, sondern die Vorgegebenheit jeder Ordnung und aller Ordnungsprinzipien. Das liegt schon zuletzt daran, dass Menschen in der modernen (differenzierten) Gesellschaft eine Vielzahl von Rollen mit vielen unterschiedlichen Rollenerwartungen spielen und einer Vielzahl unterschiedlicher Netzwerke angehören, welche zum Teil transnational sind. Darüber hinaus gehören individuelle Freiheit und Eigenverantwortlichkeit zu den zentralen Werthaltungen der Moderne. Freiheit und Eigenverantwortlichkeit umfassen Reflexivität und Exploration sowie aktive Konstruktion und Beherrschung der Natur und der Gesellschaft. Das äußert sich einerseits in Vorstellungen von gesellschaftlicher Teilhabe, andererseits in solchen von gesellschaftlicher Vielfalt. Beides führt zu Phänomenen wie Rebellion, Protest, intellektuellen und ideologischen Gegensätzen, die neue Zentrumsformierungen und Entwicklungen von Institutionen ermöglichen. Damit stoßen wir auf ein weiteres, in unserem Zusammenhang besonders wichtiges Element der Moderne – der Verlust traditioneller Legitimation der politischen Ordnung eröffnet unterschiedliche denkbarere Konstruktionen von Ordnung.

Das europäische Modernisierungsprogramm und die Zivilisation der Moderne waren, so Eisenstadt, vom Anfang ihrer Entwicklung an durch Widersprüche und Konflikte gekennzeichnet. Eisenstadt verweist auf eine Reihe solcher Konflikte, unter anderem auf das Verhältnis von Individualität und Freiheit einerseits und Kontrolle und Disziplin andererseits, das bis heute nicht dauerhaft gelöst ist – wie man an der anhaltenden Diskussion um Markt und Staat gut sehen kann. Das Gleiche gilt für das Verhältnis zwischen Universalismus und Pluralismus, das beispielsweise in der Gleichzeitigkeit von Globalisierung und Lokalisierung zum Ausdruck kommt, die wir im zweiten Kapitel diskutiert haben. Noch schlechter ist es um das Verhältnis von Natur und Gesellschaft bestellt. Wie der französische Anthropologe und Soziologe Bruno Latour argumentiert, ist es nicht gelungen, dieses Verhältnis gemäß den Rationalitätsansprüchen der Moderne vernünftig zu gestalten. Die Moderne ist in seiner Sicht an diesem Verhältnis bisher gescheitert. Wie wir gleich noch sehen werden, schlägt dieses Verhältnis auf die Moderne zurück.

Diese hier nur kurz und unvollständig angesprochenen Konflikte und Probleme haben in der Philosophie und in der Kunst eine intellektuelle Gegenbewegung zur Moderne hervorgerufen, die als Postmoderne bezeichnet wird. In der Sozialwissenschaft blieb der Einfluss dieses Denkansatzes bescheiden, nicht zuletzt weil er sich zwar kritisch mit der Moderne auseinandersetzt, aber dafür keine theoretische Grundlage bietet. Die Postmoderne ist eine philosophische Kritik der Moderne, aber keine alternative Diagnose oder gar Theorie. Sie ist, wie Bruno Latour kritisch feststellt, ein Symptom der Probleme der Moderne, bietet aber keine neue und unverbrauchte Lösung für diese Probleme. Zu einer anderen Einschätzung kommt jedoch der Politikwissenschaftler Ronald Inglehart. In seiner Sicht ist die Postmoderne (oder die Postmodernisierung) eine unter bestimmten Bedingungen zwangsläufige Konsequenz der Moderne. Inglehart stützt sich auf die zentralen Annahmen der Modernisierungstheorie, insbesondere von Max Weber, und argumentiert, dass ökonomische Entwicklungen sowie kultureller und politischer Wandel sich in einer kohärenten Form zusammen entwickeln. Die drei Veränderungsprozesse sind also nicht eigenständig, sondern miteinander verknüpft. Wie viele Modernisierungstheoretiker behauptet er zudem, dass Modernisierung ein universaler Prozess sei, also in allen Gesellschaften nach ähnlichen Mustern ablaufe. Das belegt er mit Daten aus einer großen und über längere Zeit laufenden Untersuchung zu Werten und Entwicklungen in 43 Ländern. Anhand dieser Daten zeigt er, dass unter Bedingungen einer anhaltenden ökonomischen Prosperität sich die Werte in den untersuchten Ländern, auch in den nicht-westlichen Ländern, in ähnlicher Weise von materialistisch zu post-materialistisch wandeln. Materialistische Werte sind solche, die vor allem auf materiellen Wohlstand und soziale Sicherheit abheben, während postmaterialistische Werte die Lebensqualität (also Ökologie, Freizeit, Individualität und Freiheit) betonen. Was Inglehart in seiner Studie behauptet, ist nicht weniger, als dass die Moderne durch ihre wirtschaftlichen Erfolge selbst einen Wertewandel erzeugt, in dessen Verlauf die für ökonomische Leistungsfähigkeit wichtigen materialistischen Werte an Bedeutung verlieren, während postmaterialistische Werte gewinnen. Das schlägt sich unter anderem in einem politischen Autoritätsverlust, in einer stärkeren ökologischen Ausrichtung auch des wirtschaftlichen Handelns und der wirtschaftlichen Nachfrage sowie in neuen Lebensstilen nieder. Allerdings diskutiert er die Konsequenzen des von ihm festgestellten Wertewandels nur im Hinblick auf die Politik und deren Verhältnis zur Zivilgesellschaft. Die dabei diagnostizierte wachsende Bedeutung bürgerlichen Engagements, Protest und sozialer Bewegungen hält sich allerdings in meiner Sicht noch innerhalb der Grenzen der von Eisenstadt festgestellten Widersprüche und Konflikte der Moderne. Aber selbst in Ingleharts Sicht haben wir es nicht mit einem grundlegenden und unumkehrbaren Wandel zu tun. Sollte die wirtschaftliche Prosperität in den Ländern, die heute durch einen relativ hohen Anteil an postmaterialistischen Werten geprägt werden, wieder anhaltend sinken, kann sich auch der Wertwandel wieder umkehren. Diese Umkehrbarkeit gilt aber, so Inglehart, nicht nur bezogen auf Materialismus und Postmaterialismus, sondern auf den Modernisierungsprozess insgesamt. Modernisierung ist, so Inglehart, weder linear noch deterministisch. Damit steht Inglehart ganz in der Nähe die Theorie der reflexiven Modernisierung, die mit den Namen Ulrich Beck und Anthony Giddens verbunden ist.

Die Theorie der reflexiven Modernisierung stellt grundlegende Annahmen der Modernisierungstheorie in Frage, insbesondere die Annahme eines linearen Prozesses, der zwangsläufig in eine bestimmte Richtung läuft. Reflexive Modernisierung ist ein Modernisierungsprozess, der selbst der Modernisierung unterliegt und sich selbst wandelt. Dabei werden die grundlegenden Prinzipien und Institutionen der Gesellschaft werden immer wieder aus sich selbst heraus in Frage gestellt. Ein Beispiel für diesen Sachverhalt ist Bürokratieproblematik. Während für Max Weber die Bürokratisierung ein zentrales Element der Rationalisierung von Gesellschaft darstellt, zeigt

Die Realität häufig das Gegenteil: Die Bürokratie steht von ihrem Prinzip her – und nicht bloss wegen Unzulänglichkeiten ihrer Mitglieder – der wirtschaftlichen und sozialen Entwicklung der Moderne im Wege. Sie schränkt Handlungsfreiheiten massiv ein, hemmt damit Innovation und Anpassungsfähigkeit. Deshalb erscheint Bürokratie selbst als dringend modernisierungsbedürftig.

Was ich gerade für die Bürokratie dargestellt habe, gilt für viele andere Strukturen der Moderne nicht minder. Viele dieser Strukturen erzeugen nicht-intendierte Nebenfolgen, sind bisher nicht konsequent durchgesetzt worden, basieren auf überkommenem Wissen oder repräsentieren Abgrenzungen, die heute in vielen Zusammenhängen obsolet sind. Ein Paradebeispiel für nicht-intendierte Nebenfolgen, auf das ich gleich noch ausführlicher eingehen werde, sind die wachsenden Umweltrisiken. Die Moderne enthält starke Elemente, die aus der Vormoderne stammen, wie Geschlechterrollen und ständische Organisationsformen. Solche Elemente stellen Traditionen dar, die aufrecht erhalten werden, obwohl sie weder vernünftig begründbar sind, noch der Leistungssteigerung der Gesellschaft dienen. Ungleiche berufliche Chancen für Frauen zum Beispiel sind sachlich nicht begründet und enthalten der Wirtschaft dringend benötigte Fachkräfte und hemmen damit Wachstum und Wettbewerbsfähigkeit der Wirtschaft. Dieser Sachverhalt wird in den westlichen Industriegesellschaften kaum bestritten, hält sich aber dennoch seit Jahren und Jahrzehnten hartnäckig. Ähnlich verhält es sich auch mit der überkommenen Abgrenzung von Natur und Gesellschaft, die aus der Vormoderne stammt, in der Menschen der Natur noch weitgehend ausgeliefert waren. Obwohl längst klar ist, dass dieses Verständnis von Gesellschaft und Natur in Anbetracht der Möglichkeiten von Menschen, in die Natur einzugreifen, zu einer Gefahr für die Menschen und ihre Gesellschaft geworden ist, wird es in weiten Teilen von Wirtschaft, Politik und Gesellschaft weiterhin praktiziert.

Diese Sachverhalte führen zu einer Modernisierung der Modernisierung von innen heraus, also zu einer Modernisierung, die nicht durch Umweltfaktoren der jeweiligen Kulturen und Gesellschaften eingefordert wird, sondern durch die Logik der Modernisierung selbst erzeugt wird. Dieser Meta-Wandel der Moderne stellt auch die Grundprinzipien und Grundverständnisse der Moderne in Frage, ohne gleichzeitig neue Prinzipien und Verständnisse zu etablieren. Das ist mit wachsender Unsicherheit verbunden. Diese Unsicherheit geht tief. Sie bezieht sich nicht nur auf konkrete Handlungs- und Gestaltungsbedingungen, sondern viel fundamentaler auf die Frage, wie man in einer von Unsicherheit geprägten Welt überhaupt noch vernünftige Lebensformen und Institutionen entwickeln kann.

Reflexive Modernisierung

Ein grundlegender Wandel von Inhalten und Richtung des Modernisierungsprozesses auf Grund von nicht-intendierten Nebenfolgen, radikalisierter Modernisierung, Infragestellung überkommenen Wissens und der Auflösung herkömmlicher Abgrenzungen.

Die hier angesprochenen Entwicklungen und Zusammenhänge sind zunächst von Ulrich Beck und Anthony Giddens von unterschiedlichen Ansatzpunkten – ökologische Risiken bei Beck, räumliche und zeitliche Entgrenzung bei Giddens – her untersucht worden. Die theoretischen Grundlagen beider Ansätze konvergieren jedoch. Becks Analyse setzt an den ökologischen Folgen der (industriellen) Moderne an. Diese nicht intendierten Folgen werden in der Ökonomie üblicherweise als externe Effekte bezeichnet, weil sie nicht direkt Teil des Marktgeschehens sind. Sie nehmen in der modernen Industriegesellschaft jedoch ein Ausmaß an, das ihre Externalisierung immer weniger zulässt. Viele ökologische Nebenfolgen der Ökonomie stellen nicht mehr bewältigbare Risiken dar, sondern sind zu Gefahren geworden, die sich nicht mehr bewältigen und vor allem nicht mehr versichern lassen. Sie werden damit allmählich „internalisiert", also unmittelbar Teil der Wirtschaft und des Alltags. Die Diskussion über diese Gefahren macht diese zunehmend bewusst und führt zu Konflikten über Risiken und deren Verteilung. Dadurch werden die bestehenden Institutionen in Frage gestellt, weil sie die gesellschaftliche Sicherheit nicht mehr gewährleisten können. Das wiederum stellt die Grundlagen der industriellen Moderne, insbesondere der Forschrittsglaube und das Rationalitätsprinzip, in Frage. Als Konsequenz transformiert sich die Industriegesellschaft durch die Risiken, die sie erzeugt, selbst in eine Risikogesellschaft. Die ökologischen Risiken können nicht einfach durch eine weitere funktionale Differenzierung verarbeitet werden. Vielmehr müssen gesellschaftliche Verteilungsstrukturen neu ausgerichtet werden. Während in der Industriegesellschaft die institutionellen Strukturen vor allem auf die Verteilung des Nutzens ausgerichtet waren, müssen sie in der Risikogesellschaft auf die Verteilung der Risiken bezogen werden. Das ist ein grundlegender Wandel, der allerdings nicht unumkehrbar ist. Die reflexive Modernisierung ist, so Beck, ebenso wie die Modernisierung ein unumkehrbarer Prozess.

Aus der Sicht von Giddens entwickelt sich die reflexive Moderne aus der Entkoppelung von Raum und Zeit in der Moderne. Soziale Räume sind immer weniger geographisch bestimmt, sie werden unabhängig vom Standort des Handelnden betrachtet. Die Trennung von Raum und Zeit führt dazu, dass soziale Beziehungen aus orts-und zeitgebundenen Interaktionszusammenhängen herausgelöst werden. Giddens bezeichnet das als Entbettung. Ermöglicht wird die Entbettung insbesondere durch symbolische Zeichen, wie Geld oder Informationen (Sprache, Bilder), und durch Expertensysteme. Symbolische Zeichen ermöglichen einen Austausch zwischen Individuen und Gruppen ohne Berücksichtigung von deren spezifischen Eigenschaften; Expertensysteme vermitteln Sicherheit und reduzieren Risiken. Durch die Entbettung werden etablierte soziale Praktiken in Frage gestellt, insbesondere Praktiken, die auf Tradition beruhen. Traditionen verschwinden damit zwar nicht unbedingt, sie werden aber in gesellschaftliche Nischen abgedrängt, wo sie entweder als Teile einer pluralistischen Struktur erhalten bleiben oder fundamentalisiert werden. Fundamentalismen stellen der Moderne eine Alternative entgegen und vermitteln Gewissheiten gegenüber den Unsicherheiten der Moderne. Das ist mit Konflikten verbunden. Mit der Entbettung wird ein institutioneller Umgestaltungsprozess in Gang gesetzt, der neue, nicht mehr lokalisierte und nicht mehr traditionsgebundene Institutionen schafft. Diese Entwicklung wird abgesichert durch die Rückbettung von Interaktionen in „face-to-face"-Beziehungen, die standortunabhängig sind. Ein gutes Beispiel dafür ist die Wissenschaft, die zu einem erheblichen Teil internationalisiert oder transnationalisiert ist, wobei gerade in internationalen oder transnationalen Aktivitäten und Netzwerken persönliche Beziehungen oft erst das Vertrauen herstellen, das für gemeinsame Forschung zumeist erforderlich ist.

Die räumliche und zeitliche Entgrenzung von sozialem Handeln ermöglicht eine Ausweitung von Handlungen sowie eine Ausdehnung von Institutionen. Westliche institutionelle Regelungen werden global verbreitet. Das führt – so paradox dies zunächst klingen mag – zu einem zurückgehenden Einfluss der westlichen Gesellschaften auf den „Rest" der Welt. Durch die Verbreitung westlicher Institutionen werden Unterschiede zwischen Weltregionen abgebaut. In entwickelten und weniger entwickelten Ländern bildet sich ein Nebeneinander von Entwicklung und Unterentwicklung heraus. Es entstehen komplexe Beziehungen zwischen lokalen Interaktionen und weit entfernten Interaktionen. Im Rahmen dieser Beziehungen gewinnen lokale Sachverhalte oft an Bedeutung – Globalisierung und Lokalisierung hängen eng zusammen.

Die Theorie der reflexiven Modernisierung von Beck und Giddens erweitern die herkömmlichen sozialwissenschaftlichen Modernisierungstheorien in einem wichtigen Punkt. Sie zeigen, dass die in diesen Theorien angenommen Gesetzmäßigkeiten – Rationalisierung, funktionale Differenzierung und Individualisierung – nicht zu einer ungebrochenen linearen Entwicklung führen, sondern zu einer grundlegenden Veränderung oder gar einer „Revision" der bisherigen Entwicklung. Sie brechen damit eine fast zweihundert Jahre alte Tradition in der Sozialwissenschaft. Dabei stellen sie die grundlegenden Gesetzmäßigkeiten nicht generell in Frage, erweitern sie jedoch. Becks Erweiterung des herkömmlichen Fortschritts-Prinzips besteht darin, dass er nicht nur den Nutzen des Fortschritts, sondern auch dessen negativen Begleiterscheinungen oder Kosten berücksichtigt. Die Vernachlässigung oder Externalisierung dieser Kosten über viele Jahre hat dazu geführt, dass die Entwicklung am Ende qualitativ und nicht bloß quantitativ umschlägt. Giddens dagegen erweitert das Differenzierungsprinzip um das Moment der räumlichen und zeitlichen Entkoppelung. Auch das führt nicht bloß zu einer quantitativen Veränderung – einer Maßstabsvergrößerung der Reichweite von Institutionen, sondern zu einer qualitativen Veränderung von Institutionen und ihrer Wirkung. In dem Maße, wie Institutionen entbettet werden, nimmt ihre Reflexivität zu. Sie verlieren die Selbstverständlichkeit, die sie im Rahmen ihrer sozialen Einbettung hatten und bedürfen deshalb jederzeit der Begründung. Sie regeln zwar weiterhin Verhalten, können dabei aber immer in Frage gestellt und verändert werden. Institutionen werden damit Teil der Interaktionen, die sie regeln.

Soziale Evolution

Im ersten Band seines Buches *Die Gesellschaft der Gesellschaft* bezeichnete Niklas Luhmann die Evolutionstheorie als einzige Theorie, die den Aufbau und die Reproduktion der Strukturen von Gesellschaft und ihrer Teilsysteme erklären kann. Zumindest begrifflich beziehen sich sozialwissenschaftliche Theorien in aller Regel auf die Evolutionstheorie, wenn sie sich mit sozialem Wandel beschäftigen. Allerdings werden dabei ganz unterschiedliche Evolutionskonzepte verwendet, die mit der Evolutionstheorie nur ganz locker verbunden sind. Erste grundlegende Ideen für die Evolutionstheorie lieferte die Bevölkerungstheorie von Thomas Malthus, der sowohl Charles Darwin als auch Herbert Spencer beeinflusste. Die erste ausgebaute Evolutionstheorie in der Biologie entwickelte Jean-Baptiste Lamarck. Erst etwa ein halbes Jahrhundert später folgte Charles Darwin mit seiner Theorie. Schon zwei Jahre vor Darwin entwickelte Herbert Spencer eine Evolutionstheorie, die zu seinen Lebenszeiten einflussreich war, später aber in Vergessenheit geriet. Noch vor Spencer veröffentlichte Auguste Comte das erste Evolutionskonzept in der Soziologie und in der Anthropologie. All diesen Ansätzen kann man eine gemeinsame Idee zuordnen. Die Idee ist, dass es in einer Gesamtheit unterschiedliche Formen gibt, die in Konkurrenz zueinander stehen und von denen sich jeweils die Stärksten oder „Fittesten" durchsetzen. Diese Idee wird allerdings, wie wir gleich sehen werden, unterschiedlich umgesetzt.

Als „Paradigma" der Evolutionstheorie gilt immer noch Darwins Theorie. Für Darwin besteht Evolution aus zufälligen Veränderungen von Organismen einer bestimmten Art in einer Population und einer Selektion dieser Organismen durch die Umwelt. Organismen variieren also innerhalb einer Population, die Selektion erfolgt jedoch durch die Umwelt. Die Selektion erfolgt dadurch, dass bestimmte Variationen häufiger überleben und sich fortpflanzen. Nach einer Generation hat sich also die Zusammensetzung der Population verändert. Das kann über mehrere Generationen zu einer Veränderung der Art führen. Drei Punkte sind bei Darwin in unserem Zusammenhang entscheidend. Erstens, Variationen erfolgen immer innerhalb einer Population von Organismen (Einheiten), nicht innerhalb einer Einheit. Zweitens, die Selektion der Variationen erfolgt immer durch die Umwelt, nicht durch die Population oder Einheit. Drittens, evolutionäre Veränderungen werden erst über eine oder mehrere Generationen, nicht aber innerhalb einer Generation abgeschlossen. Die ersten beiden Punkte implizieren, dass Variationen und Selektionen unabhängig voneinander sind und das jede Variation „blind" erfolgt, also ohne Kenntnis der Selektion und deren Folgen. Diese drei Punkte sind in vielen Evolutionstheorien nicht vollständig erfüllt. Das gilt schon für Lamarck, der ausdrücklich eine Art Lernen vorsieht. Organismen lernen, bestimmte Eigenschaften, die ihre Anpassungs- und Überlebensfähigkeit steigern, stärker zu nutzen. Dieses Lernen steht im Widerspruch zu der von Darwin postulierten Unabhängigkeit von Variation und Selektion. Auch viele sozialwissenschaftliche Theorien weichen mehr oder weniger stark von Darwins Modell ab.

Ich thematisiere das hier deshalb etwas ausführlicher, weil das für die Diskussion über sozialwissenschaftliche Evolutionstheorien gleich zweifach eine wichtige Rolle spielt. Auf der einen Seite werden Evolutionstheorien in der Sozialwissenschaft deshalb abgelehnt, weil argumentiert wird, dass das Darwinsche Evolutionsmodell nicht zu sozialen Systemen oder gesellschaftlichen Entwicklungen passt. Auf der anderen Seite werden sozialwissenschaftliche Evolutionstheorien kritisiert, weil sie sich nicht an das Darwinsche Modell halten. Den ersten Typ von Kritik will ich nicht ausführlicher kommentieren, weil er – auch wenn er von so prominenter Stelle, wie von Anthony Giddens kommt – ganz unterschiedliche Theorien über einen Kamm schert und gleichzeitig keine Alternative zur Erklärung von Wandel bietet. Zum zweiten Typ von Kritik, also dem Vorwurf, eine Evolutionstheorie halte sich nicht an das Darwinsche Muster, will ich eine evolutionistische Anmerkung machen: Würden sich alle Theorien immer an ein bestimmtes Vorbild (Paradigma) halten, gäbe es keine Evolution des Wissens – also keinen Erkenntnisfortschritt. Die Evolution der Wissenschaft vollzieht sich gerade dadurch, dass es immer wieder Abweichungen von bisher geltenden Paradigmen und Aussagen gibt.

Evolutionstheorien in der Sozialwissenschaft

Das erste Evolutionskonzept in der Soziologie und in der Anthropologie existierte schon vor dem biologischen Evolutionskonzept und wurde von Auguste Comte entwickelt. Das Konzept von Comte unterscheidet sich in drei wichtigen Punkten grundlegend von Darwins Konzept. Erstens, Evolution bezieht sich bei Comte auf eine Einheit, die Gesellschaft, bei Darwin dagegen auf eine Population von Einheiten (Organismen). Zweitens, Comte und andere Sozialwissenschaftlerinnen und Sozialwissenschaftler verstehen Evolution als Entfaltung von immanenten Potenzialen von Gesellschaften, während sie bei Darwin durch zufällige Mutation und deren Selektion bestimmt war. Drittens: Der Evolutionismus Comte'scher Provenienz ist deterministisch, während der Darwins probabilistisch ist. Bei Darwin gibt es zwar auch Entwicklungslinien, die aber nur wahrscheinlich, nicht sicher sind, und die auch nicht zu einem absehbaren Zielzustand führen. Evolution wird bei Comte durch neue Formen des Wissens und deren Nutzung erzeugt, welche Gesellschaften neue Entwicklungsmöglichkeiten eröffnen. Dabei setzen sich immer die Formen und Nutzungen durch, welche die Leistungsfähigkeit von Gesellschaften am stärksten fördern.

Als eigentlicher Begründer der sozialwissenschaftlichen Evolutionstheorie gilt jedoch Herbert Spencer. Ich habe seine Theorie schon im dritten Kapitel dargestellt. Dort habe ich gezeigt, dass er Evolution als grundlegendes Prinzip aller Realität, also der natürlichen und der sozialen Welt, betrachtet. Gemäß diesem Prinzip, das Evolution als Differenzierungsprozess fasst, differenzieren sich alle Organismen (auch die Gesellschaft) aus und entwickeln sich von einfachen zu komplexen Strukturen. Strukturen, welche sich im Überlebenskampf der Gesellschaft bewähren, weil sie die Produktivität und die Anpassungsfähigkeit der Gesellschaft erhöhen, werden bewahrt und weiter vermittelt, die anderen verschwinden wieder. Dieses Evolutionskonzept steht näher an dem von Lamarck als an dem von Darwin. Zwar wird Spencer oft als Sozialdarwinist bezeichnet, weil er in Anlehnung an Darwin die Formel vom Überleben der Fittesten geprägt hat. Sein Evolutionskonzept bezieht jedoch systematisch mit ein – Spencer argumentiert, dass sich soziale von biologischer Evolution in einem wichtigen Punkt unterscheidet, nämlich in der Fähigkeit von Menschen, aus Selektionsergebnissen zu lernen und sich an Selektionsprozesse aktiv anzupassen. Dieses Argument hat der amerikanische Soziologie Lester Frank Ward aufgenommen. Ward argumentiert, dass spontane Evolutionsprozesse zunehmend durch gezieltes menschliches und später durch gesellschaftliches Handeln beeinflusst, strukturiert und konstruiert werden. Das schafft völlig neue Veränderungsmöglichkeiten, die dazu führen, dass die Evolution vielfältiger, schneller und offener wird.

In der Anthropologie gab es wie in der Soziologie zunächst eine teleologische Form der Evolutionstheorie. Dieser teleologische Ansatz, der eine einheitliche Entwicklung für alle Kulturen vorsah, wurde anfangs des 20. Jahrhunderts revidiert. Zunächst wurde durch Gordon Childe und Leslie White die Annahme einer einheitlichen Entwicklung aufgeweicht, in dem nur noch von universalen Phasen der Evolution gesprochen wurde. White ordnete dabei die zentrale Rolle der Technologie als Kern der Kultur zu. Später wurde unter anderem durch Julian Steward ein multilinearer Evolutionismus postuliert. Steward argumentiert, dass nicht nur die Technologie, sondern auch andere kulturelle und soziale Methoden die Entwicklung und Nutzung der gesellschaftlichen Ressourcen bestimmen würden. In seiner Sicht gibt es in jeder Kultur spezifische Evolutionsmechanismen. Das gilt nicht nur für unterschiedliche Gesellschaften, sondern auch innerhalb von Gesellschaften für unterschiedliche Teilbereiche oder Teilsysteme. Dabei spielt die Technologie zwar eine dominante Rolle, aber sie dominiert die Evolution nicht völlig. Auf der Basis bestimmter technologischer Veränderungen können sich zumindest in Grenzen unterschiedliche kulturelle Veränderungen entfalten.

Sowohl in der Anthropologie als auch in der Soziologie gibt es in jüngerer Zeit eine Reihe von Ansätzen, die sich stärker an Darwin und vor allem an dem sogenannten Neo-Darwinismus orientiert. Der Neo-Darwinismus erweitert Darwins Evolutionstheorie um die Vererbungslehre von Gregor J. Mendel. Variationen entstehen nun aus der Mutation von Genen, die rein zufällig ist. Evolution heißt die Veränderung der genetischen Zusammensetzung einer Population von Organismen. Noch radikaler sieht der Biologe Richard Dawkins die Evolution. Er interpretiert Evolution als das Ergebnis eines Überlebenskampfes zwischen den Genen, nicht mehr zwischen den Trägern von Genen. Die Träger von Genen (z. B. Körper) sind bloß noch Vehikel, die von den Genen mit geschaffen werden. Diesen Ansatz überträgt er auch auf die Kultur. In der kulturellen Entwicklung spielen sogenannte Meme die gleiche Rolle wie Gene in der biologischen Entwicklung. Meme sind also die Träger von kultureller Information; es sind Gedanken, Ideen, Melodien oder andere symbolische Ausdrucksformen. Vehikel der Meme sind Gehirne. Die Selektion von Memen erfolgt in Form des Aufnehmens oder Vergessens in Gehirnen – Meme führen sozusagen einen Überlebenskampf um einen Platz in Gehirnen. Solche Theorien mögen intellektuell interessant sein, weil sie die Idee einer einheitlichen biologisch-kulturellen Evolutionstheorie vermitteln und den Blick in eine mögliche neue Theoriewelt eröffnen, aber ihr konkreter Erklärungswert für sozialen Wandel ist bisher gering geblieben.

Das gilt auch für etwas weniger abstrakte Konzepte, wie das der Anthropologen Robert Boyd und Peter J. Richerson. Boyd und Richerson haben eine Theorie der „dualen Vererbung" (dual inheritence) entwickelt. Leitidee dieser Theorie ist, dass die Evolution der Menschheit ohne Berücksichtigung der Kultur nicht erklärt werden kann – biologische Erklärungen allein greifen zu kurz. Sie postulieren eine Koevolution von Genen und Kultur und bezeichnen das als duale Vererbung. Duale Vererbung heißt, dass bestimmte Verhaltensweisen von Menschen einerseits genetisch, andererseits aber auch kulturell von Generation zu Generation weitergegeben werden können. Beide Wege sind miteinander verbunden. Genetische Anlagen bestimmten die Lernfähigkeit von Individuen und andere Eigenschaften, die deren Erwerb und Nutzung von kulturellen Inhalten bestimmen. Dadurch wird die kulturelle Entwicklung einer Population durch die genetische Entwicklung der Population geprägt. Umgekehrt beeinflussen kulturell erworbene Eigenschaften und Fähigkeiten die Anpassungs- und Überlebensfähigkeit von Individuen und beeinflussen damit auch die Verteilung von Genen in einer Population. Eine kulturell geprägte gesunde Lebensweise erhöht beispielsweise das Lebensalter und die Fruchtbarkeit von Menschen. Die Gene dieser Personen treten dadurch in der Population häufiger auf. In dieser Weise bestimmt die kulturelle Entwicklung die genetische Entwicklung in einer Population. Das Problem dieses Ansatzes ist in unserem Zusammenhang, dass er kulturelle Veränderungen lediglich abstrakt als Veränderungen auf der individuellen Ebene erklärt, daraus aber keine empirisch überprüfbaren Hypothesen für den Wandel von Kultur und Gesellschaft ableiten kann. Das heißt nicht, dass dieser und ähnliche Ansätze von vornherein sinnlos sind; es heißt aber schon, dass sie gegenwärtig

nicht mehr markieren, als ein vielleicht fruchtbares Forschungsprogramm, das noch in seinen Kinderschuhen steckt. Es könnte sich nicht zuletzt deshalb als fruchtbar erweisen, weil
die wechselseitige Durchdringung von Kultur und Technik, gerade wenn es um Gene (und
Gentechnik) geht, immer enger wird.

Die oben kurz umrissenen neueren evolutionstheoretischen Ansätze gehören sicher
nicht (oder noch nicht) zum theoretischen Kernbestand der Sozialwissenschaft. Zum theoretischen Kernbestand gehört dagegen die Evolutionstheorie von Luhmann, die in wichtigen
Punkten vom Darwinschen Modell abweicht, ohne damit, wie Parsons Theorie, in die Nähe
Lamarcks zu rücken. Luhmanns Theorie unterscheidet sich von Darwins, weil sowohl Variation als auch Selektion immer innerhalb eines Systems stattfinden und die Selektion nicht
durch die Umwelt erfolgt. Zudem betrachtet Luhmann Evolutionen nicht als Veränderung
über Generationen, sondern als kontinuierlichen, alltäglichen Prozess. Von Lamarck trennt
ihn, dass er wie Darwin, einen systematischen Zusammenhang, etwa einen Lernprozess,
zwischen Variation und Selektion ablehnt. Auch von Spencer hebt sich Luhmann in dieser
Hinsicht deutlich ab. Zudem verwirft er Spencers Behauptung, dass Evolution zwangsläufig
von einfachen zu komplexen Strukturen führt.

Positiv gewendet, entwirft Luhmann eine Evolutionstheorie, der zufolge Struktur-
änderungen als Folge von Variation, Selektionen und Restabilisierung immer autopoietisch
innerhalb von Systemen stattfinden. Um Luhmanns Evolutionstheorie gut nachvollziehen zu
können, muss man sich vergegenwärtigen, dass in Luhmanns Systemtheorie Systeme durch
eine Folge von Kommunikationen produziert und reproduziert werden. Diese Kommunikationen schaffen Strukturen in Form von Erwartungen und Erwartungserwartungen, welche
die weitere Kommunikation strukturieren und das System gegen seine Umwelt abgrenzen.
Systeme kommunizieren zwar mit ihrer Umwelt, operieren aber selbstreferentiell – folgen
also, mit anderen Worten, nur ihrer eigenen Logik. Die Umwelt kann ein System durch
Kommunikation nur irritieren, aber nicht determinieren. An diesem Punkt wird die Systemtheorie, genauer die Theorie autopoietischer Systeme, mit der Evolutionstheorie verknüpft.
Irritationen treten in Systemen dann auf, wenn sie von ihrer Umwelt Mitteilungen erhalten,
die nicht den in den Strukturen des Systems angelegten Erwartungen entsprechen. Das
erzeugt auch im System eine Kommunikation, welche nicht den Erwartungen entspricht.
Eine solche unerwartete Kommunikation bezeichnet Luhmann als Variation. Variationen in
diesem Sinne werden durch Mitteilungen aus der Umwelt angeregt, entstehen aber immer
innerhalb von Systemen – und zwar nur dann, wenn das System die Mitteilung wahrnimmt.
Durch eine Variation wird der in den Strukturen angelegte Sinn des Systems in Frage gestellt
oder abgelehnt. Dadurch wird die Kontinuität der Kommunikation unterbrochen. Damit die
Kommunikation – und damit das System – erhalten bleibt, muss diese Variation direkt durch
eine Selektion beantwortet werden. Die Selektion kann in einem autopoietischen selbstreferentiellen System nur innerhalb des Systems erfolgen, nicht durch die Umwelt. Innerhalb
des Systems erfolgt die Selektion durch die bereits vorhanden Strukturen, durch die jede
Variation entweder als anschlussfähig akzeptiert oder als nicht anschlussfähig verworfen wird.
Jede Variation erzeugt also zwingend eine Selektion, die entweder zu einer Änderung oder
einer Reproduktion der bestehenden Strukturen führt. In beiden Fällen ist eine anschliessende
Restabilisierung erforderlich, die der getroffenen Selektion Sinn verleiht. Die Variation hat

im System eine neue Möglichkeit eröffnet, deren Annahme oder Ablehnung in das System durch weitere Kommunikation eingebaut werden muss.

Ein Beispiel dafür ist das Ruhrgebiet nach dem Niedergang der Montanindustrie. Während der Blütezeit der Montanindustrie bildete das Ruhrgebiet ein gegenüber seinem Umland klar abgegrenztes Gesellschaftssystem. Es war wirtschaftlich homogen, hatte einen starken inneren sozialen und politischen Zusammenhang und eine besondere Kultur. In dieser Zeit gab es eine kontinuierliche Kommunikation, welche die wirtschaftlichen, sozialen, politischen und kulturellen Strukturen des Ruhrgebiets immer wieder reproduzierte. Nach dem Niedergang gab es auf einmal Kommunikation, welche diese Strukturen in Frage stellte. Die politischen und wirtschaftlichen Systeme sowohl in Dortmund als auch in Duisburg kommunizierten öfters eine Negation eines Zusammenhangs mit dem Ruhrgebiet. Die dadurch erzeugte Variation wurde jedoch im Gesamtsystem nicht akzeptiert. Um das System Ruhrgebiet wieder zu stabilisieren, wurden symbolische Identitäten, zum Beispiel die Proklamation einer Ruhrstadt oder einer Metropolregion Ruhr sowie gemeinsame politische Interessen gegenüber dem Land kommuniziert, durch die wieder einen sinnvollen Zusammenhang hergestellt werden sollte.

Obwohl in Luhmanns Evolutionstheorie auch die Selektionen im System und nicht durch die Umwelt erfolgen, ist die Umwelt von Systemen für die Evolution des Systems wichtig. Kein System kann ohne Irritationen durch die Umwelt längerfristig evolvieren. Die Evolution würde vielmehr rasch zum Stillstand kommen, weil das System einen optimalen Zustand erreichen würde. Darüber hinaus müssen sich Strukturveränderungen immer in der Umwelt durchsetzen, die das System weder ausloten noch planerisch durchdringen kann. Das heißt allerdings nicht, dass sich Systeme an ihre Umwelt anpassen müssen, sondern lediglich, dass sie sich in ihrem Verhältnis zu ihrer Umwelt stabilisieren müssen – Systeme existieren ja in Luhmanns Sicht immer nur als Differenz von System und Umwelt. Diese Differenz erzeugt bei jeder Strukturveränderung eines Systems immer Multiplikatoreffekte. Jede Strukturveränderungen eines Systems stellt gleichzeitig auch eine Umweltveränderung und damit eine Irritation für die Systeme dar, welche der Umwelt dieses Systems angehören. Diese Irritationen führen zu Variationen in diesen anderen Systemen. Falls diese dort Strukturveränderungen erzeugen, wirken diese wieder als Umweltveränderungen auf das ursprünglich evolvierende System zurück. Strukturveränderungen im Ruhrgebiet stellen also für die sozialen Systeme, die die Umwelt des Ruhrgebiets bilden, beispielsweise für das gesellschaftliche System Westfalens, Umweltveränderungen dar und erzeugen in diesen Systemen Irritationen. Die Infragestellung eines sinnvollen Zusammenhangs der Stadt Dortmund mit dem Ruhrgebiet kommuniziert beispielsweise neue Zusammenhänge zwischen Dortmund und Westfalen. Das erzeugt in den wirtschaftlichen, sozialen und kulturellen Systemen Westfalens Variationen – etwa in der Form der Wahrnehmung neuer regionaler und lokaler Zusammenhänge. Das zwingt diese Systeme zu Selektionen, mit denen sie die neuen Zusammenhänge in Form von Veränderungen ihrer eigenen Strukturen aufnehmen oder aber durch die Reproduktion ihrer bisherige Identität ablehnen. Das wiederum verändert Umweltbedingungen für die sozialen Systeme Dortmunds.

Evolution ist zwar in der Perspektive von Luhmanns Theorie ein alltäglicher Vorgang, der selten zu dramatischen Veränderungen führt. Sie kann sich jedoch auch in Form von evolutionären Errungenschaften niederschlagen. Evolutionäre Errungenschaften sind neue

Formen der innergesellschaftlichen Differenzierung, durch die Komplexität der Gesellschaft und ihrer Umweltbezüge reduziert wird. Beispiele solcher Errungenschaften sind unter anderem die Arbeitsteilung oder die Entwicklung der Schrift. Die Arbeitsteilung reduziert die Komplexität gesellschaftlicher Produktion, die Schrift die Komplexität der Sprache. Letzteres ergibt sich daraus, dass durch die Schrift die Vieldeutigkeit von Lauten in eindeutige Zeichen übersetzt wird. Evolutionäre Errungenschaften sind einmalig, nicht vorhersehbar und irreversibel. Die Irreversibilität ergibt sich daraus, dass evolutionäre Errungenschaften eine dauerhafte höhere Leistung im Umgang mit Komplexität erzeugen. Insofern, aber auch nur insofern, hat Evolution eine vorgegeben Richtung, nämlich die Richtung auf zunehmende Komplexitätsbewältigung. Das ist aber, wie Luhmann ausdrücklich feststellt, nicht gleichbedeutend mit zunehmender Komplexität von Strukturen. Wie wir im vierten Kapitel in Bezug auf Unternehmen und Bürokratien gesehen haben, reduzieren beispielsweise stärker differenzierte institutionelle Regelungen die Komplexität der Organisation nicht, sondern erhöhen sie im Gegenteil. Dagegen lassen sich oft Vereinfachungen feststellen, etwa in Form von organisatorischen Routinen oder von dezentralisierten Arbeitssystemen, die bei der Komplexitätsbewältigung erfolgreicher sind, als komplexe Arrangements.

Luhmanns Evolutionstheorie ist eine der wenigen systematisch konzipierten Evolutionstheorien in der Sozialwissenschaft. Ihre Systematik erhält sie aus der Theorie autopoietischer Systeme. Als Alternative zu Luhmanns systemtheoretischer Evolutionstheorie bietet sich, zumindest auf den ersten Blick, die auf der Rational Choice Theorie aufbauende evolutionistische Ökonomik an.

Ein illustrativer Fall: Die evolutionistische Ökonomik

Die evolutionistische Ökonomie verdient nicht nur als Alternative zu Luhmanns Evolutionstheorie unsere besondere Aufmerksamkeit. Noch interessanter ist sie in unserem Zusammenhang, weil sie die ökonomische Kritik am neoklassischen Paradigma aufnimmt und wesentliche Annahmen des Paradigmas revidiert, ohne das Paradigma formal zurück zu weisen. Technologien und Institutionen werden nicht mehr bloß als gegeben betrachtet, sondern selbst zum Gegenstand der Analyse gemacht. Die evolutionistische Ökonomie untersucht also, wie Technologien und Institutionen entstehen, sich entwickeln und verbreiten. Im Unterschied zur neoklassischen Ökonomie betrachtet die evolutionistische Ökonomie technischen und institutionellen Wandel nicht mehr als extern (außerhalb der wirtschaftlichen Transaktionen) erzeugt, sondern als Teil des wirtschaftlichen Geschehens. Sie ist dabei mit den gleichen Problemen konfrontiert, die wir oben schon in Bezug auf die Soziologie und die Anthropologie festgestellt haben. Es gibt unterschiedliche Evolutionskonzepte, die sich danach unterscheiden lassen, ob und wie sie sich auf Darwins Theorie und die neo-darwinistische Theorie in der Biologie beziehen. Zudem gibt es unterschiedliche Interpretationen von Variation, Selektion und Bewahrung oder Stabilisierung. Am Beispiel der evolutionistischen Ökonomik kann man also die grundlegenden Weichenstellungen und die zentralen Probleme sozialwissenschaftlicher Evolutionstheorie gut illustrieren.

Der Begriff evolutionistische Ökonomik stammt von Thorstein Veblen, der die Neoklassik wegen ihrer Vernachlässigung des technischen Fortschritts der Produktion und der

Institutionen, welche das Handeln wirtschaftlicher Akteure beeinflussen, kritisierte. Veblen untersuchte die Entwicklung von Institutionen und nutzte dazu ein Evolutionskonzept, das deutlich von Darwin geprägt war. Aus seiner Sicht entwickeln sich Institutionen in einem längeren evolutionären Prozess aus individuellem Handeln. In diesem Prozess bilden sich aus dem Handeln heraus bestimmte Muster oder Regelmäßigkeiten heraus, die sich allmählich zu Regeln verdichten. Dabei wird das Handeln von Anfang an durch die sich herausbildenden Regeln beschränkt. Dadurch bilden sich Institutionen als ein sich verstärkender Zusammenhang von Handeln und Regeln, wie wir ihn auch aus Luhmanns Systemtheorie kennen. Anders als Luhmann postuliert aber Veblen eine Selektion der sich in einer Population (z.B. einem gesellschaftlichen Mikrokosmos oder einer Gesellschaft) herausbildenden Institutionen durch die Umwelt. Ähnlich wie bei Hayek setzen sich auch bei Veblen die Institutionen durch, die jeweils (ökonomisch) besonders erfolgreich sind. Diese Strukturen werden bewahrt, bis sie durch erfolgreichere Strukturen in Frage gestellt werden. Allerdings wird die Entwicklung von Strukturen bei Veblen nicht nur von der Selektion durch die Umwelt gesteuert, sondern auch durch die Strukturen selbst. Strukturen kanalisieren zukünftige Strukturentwicklungen und schaffen Pfadabhängigkeiten.

Während Veblen sich stark an Darwin orientierte, sprach Schumpeter der Theorie Darwins jede Bedeutung für die Wirtschaft und die Wirtschaftswissenschaft ab und verwarf deshalb den Begriff Evolution. Das ist, wie Ulrich Witt feststellt, eine Ironie der Theoriegeschichte, weil Schumpeter erstens seine Theorie, insbesondere das Konzept der schöpferischen Zerstörung, klare darwinistische Züge trägt und weil Schumpeters Bedeutung für die evolutionistische Ökonomik vor allem der Tatsache entspringt, dass Richard R. Nelson und Sydney G. Winter – zwei Pioniere der Evolutionsökonomik – seine Theorie mit der Darwins verknüpfen.

Nelson und Winters Theorie der wirtschaftlichen Entwicklung enthält neben den Theorien Schumpeters und Darwins eine dritte grundlegende Komponente, nämlich die verhaltenswissenschaftliche Entscheidungstheorie, die im vierten Kapitel dargestellt wurde. Unternehmen werden dabei als Verhaltenssysteme betrachtet, die unter Bedingungen von Unsicherheit und deshalb beschränkt-rational handeln. Sie operieren einerseits auf der Basis von Routinen, sind aber andererseits mit einer Menge von Fähigkeiten, Prozeduren und Regeln sowie von „Suchfunktionen" zur Informationsbeschaffung und zur technologischen Verbesserung ausgestattet. Die Routinen geben die Verhaltensmöglichkeiten von Unternehmen wieder und sind beständige und beharrliche, aber nicht statische Elemente von Unternehmen. Nicht statisch heißt, dass Routinen auch Verfahren zur kontinuierlichen Veränderung von technischen oder organisatorischen Lösungen und Strukturen beinhalten können. Routinen werden so lange beibehalten, wie die Unternehmen damit hinreichend profitabel sind. Erst wenn dies nicht mehr der Fall ist, werden die „Suchfunktionen" genutzt, um neue Verhaltensmöglichkeiten zu finden und als Routine zu etablieren. Unterschiedliche Unternehmen verfolgen in Bezug auf Forschung und Entwicklung, Organisation und Marketing unterschiedliche Routinen, so dass es innerhalb jeder Branche konkurrierende Routinen gibt. Diese Routinen sind einer Selektion durch den Markt sowie teilweise auch durch nicht-marktliche Selektionsumfelder unterworfen. Ein nicht-marktliches Selektionsumfeld ist beispielsweise die Politik, die bestimmte technisch mögliche Lösungen zulässt, fördert oder eben verbietet. Ein Beispiel für die Wirkung nicht-marktlicher Selektionsumfelder ist die Gentechnologie, die sich wegen unterschiedlicher Regelungen und unterschiedlicher kultureller Normen in unterschiedlichen Ländern ganz unterschiedlich entwickelt.

Soweit folgen Nelson und Winter weitgehend dem Darwinschen Modell. Abweichend von diesem Modell argumentieren sie jedoch, dass Selektionen meist nicht endgültig sind, weil sich Unternehmen an die Selektionswirkungen anpassen können. Unternehmen, die keine oder keine erfolgreichen Innovationen zustande bringen, können beispielsweise technische und andere Lösungen von erfolgreichen Konkurrenten imitieren. Dadurch kommt es innerhalb von Branchen oft zu einer Konvergenz der von Unternehmen verfolgten Routinen. Gleichzeitig werden aber innovativere Unternehmen angeregt, nach besseren Routinen zu suchen. Dadurch wird der Evolutionsprozess in Gang gehalten. Allerdings kann sich der Evolutionsprozess zumeist nur innerhalb von größeren technologischen Paradigmen entfalten, welche das Innovationsverhalten strukturieren und auf bestimmte Pfade festlegen. Solche Pfadabhängigkeiten können nur durch radikale Innovationen, also die Etablierung eines neuen technologischen Paradigmas, durchbrochen werden.

Menschliche Akteure können sich Selektionsprozessen nicht nur aktiv anzupassen, sondern sie können sie darüber hinaus zum Teil antizipieren und manchmal auch durch strategisches Handeln beeinflussen. Wirtschaftliche und soziale Evolutionsprozesse basieren also im Unterschied zu biologischen Evolutionsprozessen zumeist nicht auf zufälligen Variationen, sondern auf Imitation, Lernen und strategischem Handeln. Die Möglichkeiten von Akteuren, sich an Selektionsprozesse durch Imitation, Lernen und strategischem Handeln aktiv anzupassen oder diese gar zu beeinflussen, sind stark wissensabhängig. Das gilt in doppelter Hinsicht. Einerseits beschränkt oder eröffnet das konkrete technische, wirtschaftliche, soziale und kulturelle Wissen von Akteuren deren Möglichkeiten, erfolgreiche Lösungen zu imitieren oder selbst bessere Lösungen zu entwickeln. Andererseits begrenzt oder eröffnet der gesellschaftliche Wissensbestand, insbesondere auch der Stand der einschlägigen wissenschaftlichen Forschung, die insgesamt in der Gesellschaft verfügbaren Handlungsmöglichkeiten, also auch die Möglichkeiten, Variationen zu erzeugen. Darüber hinaus operiert der gesellschaftliche Wissensbestand, insbesondere auch der Stand der einschlägigen wissenschaftlichen Forschung, auch noch als Selektionsumfeld – Variationen, die im Lichte des verfügbaren Wissens als nicht möglich oder sinnvoll erscheinen, werden oft aussortiert, bevor sie eine Chance haben, sich in irgendeinem materiellen Selektionsumfeld zu bewähren. Zudem wird die Wissensentwicklung durch das vorhandene Wissen selbst kanalisiert. Die eben angesprochen Sachverhalte machen deutlich, dass es zwischen biologischer Evolution und sozialer Evolution wichtige Unterschiede gibt, auf die ich weiter unten noch ausführlicher eingehen werde.

Soziale Evolutionsprozesse lassen sich oft nicht in das einfache Darwinsche Grundmuster biologischer Evolution einpassen. In diesem Grundmuster läuft biologische Evolution in einem unmittelbaren Zusammenhang von Variation, Selektion und Restabilisierung ab. Variation findet innerhalb einer klar definierten Population statt, die Selektion erfolgt durch eine bestimmte Umwelt. Durch die Selektion erzeugte Veränderung stabilisiert sich über die Vererbung. Wirtschaftliche und soziale Evolutionsprozesse entfalten sich dagegen oft auf und über mehrere Ebenen mit unterschiedlichen Selektionsprozessen. Das zeigt der australische Management-Professor Johann Peter Murmann in einer historischen Studie zur Entwicklung der Farbstoffindustrie in Großbritannien, Deutschland und den USA In dieser Studie untersucht er die Entwicklung der Farbstoffindustrie nach der Entdeckung künstlicher Farbstoffe Mitte der 1850er Jahre. Diese Entwicklung ist wissenschaftlich besonders interessant, weil sie einen frühen Fall einer raschen wirtschaftlichen Umsetzung einer wissenschaftlichen Erfindung oder Entdeckung abbildet. Nach der Entdeckung künstlicher Farbstoffe übernahm zunächst die britische Industrie für etwa achtzig Jahre die internationale Führung dieses neuen Industriezweiges, wurde aber dann in der Führungsrolle durch die deutsche Industrie abgelöst, während die amerikanische Industrie in diesem Wirtschaftszweig nur eine nach geordnete Rolle spielte. Murmann untersucht in seiner Studie in einer evolutionstheoretischen Perspektive die Gründe für die Ablösung der britischen durch die deutsche Industrie in der technologischen Führung der Farbstoffindustrie. Allgemeiner formuliert, untersucht er die Entwicklung von Strukturen, die Unternehmen und nationalen Industrien internationale Wettbewerbsvorteile vermitteln. Er zeigt, dass komparative Wettbewerbsvorteile das Resultat eines komplexen Evolutionsprozesses – oder besser eines komplexen Koevolutionsprozesses sind. Im konkreten Fall der künstlichen Farbstoffe entwickelten sich die Wettbewerbsvorteile der deutschen Industrie aus drei miteinander verknüpften Prozessen. Der erste Prozess war die Entwicklung der Farbstoffchemie an den Hochschulen. Diese hat sich in Deutschland rascher und breiter entwickelt als Großbritannien, weil es der chemischen Industrie gelang, erhebliche Mittel in die entsprechenden Fachbereiche zu kanalisieren. Das resultierte in größeren Studierendenzahlen und damit in einem größeren Personalangebot für die Forschungslaboratorien der Industrie. Das wiederum stärkte und beschleunigte die industrielle Forschung. Der zweite Prozess war die Entwicklung der Patente und der in den Markt eintretenden Firmen, die beide in Deutschland auf Grund eines anderen rechtlichen Kontextes stärker waren. Deutschland hatte in den Anfangsjahren der Entwicklung der künstlichen Farbstoffe kein Patentrecht. Das erleichterte den Eintritt von neuen Firmen in den wachsenden Markt. Damit konnte die deutsche Farbstoffindustrie rascher wachsen als ihre britische und amerikanische Konkurrenz. Die größere Anzahl von Unternehmen förderte die Entwicklung neuer technischer und organisatorischer Lösungen und trieb den Innovationsprozess auf der Produkt- und Prozessseite stärker voran als in den beiden anderen Ländern. Da der Prozentsatz der Firmen, welche im Wettbewerb überlebten, in allen drei Ländern etwa gleich groß war, errang die deutsche Industrie dadurch einen nachhaltigen Entwicklungsvorteil in Form einer stärkeren Evolutionsdynamik. Diese schlug sich auch in der Modernisierung von Unternehmensstrukturen nieder. Murmann untersucht diese Prozesse viel differenzierter, als ich es im Rahmen dieses Buches wiedergeben kann.

Ich will hier nur zwei Ergebnisse seiner Studie hervorheben. Murmann zeigt, erstens, dass komparative Wettbewerbsvorteile von Unternehmen und nationalen Industrien das Resultat von mehreren miteinander gekoppelten Evolutionsprozessen sind. Dazu gehören Evolutionsprozesse innerhalb von Unternehmen und in ihrer Branche, durch die die Strukturen und technologischen Möglichkeiten der Unternehmen verändert werden. Die technologischen Möglichkeiten sowohl von Unternehmen als auch der ganzen Branche hängen einerseits von der nationalen und internationalen technologischen Entwicklung ab und werden andererseits durch die Entwicklung des Rechts, insbesondere des Patentrechts, beeinflusst. Die technologische Entwicklung, aber auch die Möglichkeiten von Unternehmen, selbst zur technologischen Entwicklung beizutragen oder deren Ergebnisse rasch zu adaptieren, werden insbesondere durch die Entwicklung von Forschung und Lehre an den Universitäten und anderen Hochschulen beeinflusst. Alle diese Strukturen evolvieren in einer mehr oder weniger starken Koppelung; wir haben es also mit einer Koevolution zu tun. Wie Murmanns Vergleich der drei nationalen Entwicklungen deutlich macht – und das ist das zweite wichtige Ergebnis, sind die unterschiedlichen Evolutionsprozesse zwar miteinander gekoppelt, unterliegen aber unterschiedlichen Selektionsumfeldern und Selektionsprozessen und laufen deshalb auch nach einer eigenen Logik ab. Das akademische Fach Chemie und dessen Forschungs- und Entwicklungsgeschehen richtet sich zum Beispiel nicht nur und zumeist auch nicht erster Linie nach den Bedürfnissen der Wirtschaft, insbesondere nicht nach den Bedürfnissen eines bestimmten Industriezweiges, sondern folgt fachlichen und universitären Logiken. Deshalb führt die rasche Aufnahme einer wissenschaftlichen Entdeckung durch die Industrie, in Murmanns Fall der Entdeckung der künstlichen Farbstoffe, nicht zwingend dazu, dass die Universitäten und chemischen Fachbereiche ihre Lehr- und Forschungsaktivitäten an diese Entwicklung anpassen – also mehr Wissen und mehr Personal für den rasch wachsenden neuen Industriezweig bereitstellen. Wir haben es mit Systemen oder Entwicklungen zu tun, die zwar mit einander gekoppelt sind, aber deren Koppelung in unterschiedlichen räumlichen und zeitlichen Kontexten unterschiedlich stark ist. Da sie jeweils eigenen Logiken unterliegen, führt ihre Koevolution auch nicht zwingend zu einer besseren Abstimmung von Strukturen und Entwicklungen.

Auf einen Punkt gebracht, haben wir es in dem von Murmann untersuchten Fall – und wahrscheinlich bei den meisten wirtschaftlichen und sozialen Evolutionsprozessen – mit einem Geschehen zu tun, dass sich der klaren Struktur des Darwinschen Modells entzieht. Selektionen laufen zum Teil gar nicht in einer System-Umwelt-Konstellation ab, sondern innerhalb von Systemen. Dabei sind Variationen und Selektionen nicht unabhängig voneinander, sondern miteinander verknüpft, wie das Luhmanns Systemtheorie postuliert. Da wo Selektionsprozesse in System-Umwelt-Konstellationen ablaufen, sind diese Konstellationen oft wechselhaft und vielschichtig. Das führt zu Variations-Selektions-Zusammenhängen, die indirekt und mehrstufig sind. Die Entwicklung der Farbstoffindustrie in Murmanns Studie wurde nicht primär durch Produkt- und Prozessvariationen in der Population der einschlägigen Unternehmen und deren Selektion durch den internationalen Markt bestimmt, sondern durch die Intervention von Universitäts- und Rechtssystemen in den Zusammenhang von Variation und Selektion. Universitäts- und Rechtssysteme operierten dabei nicht als zusätzliche Selektionsumfelder, sondern haben sich unmittelbar auf die Erzeugung von Variationen ausgewirkt. Das Rechtssystem hat die Anzahl der in den Markt eintretenden Unternehmen beeinflusst und damit auch die mögliche Anzahl von unterschiedlichen Verhaltensweisen, Strategien und Organisationsformen. Das Universitätssystem hat sich, insbesondere über die Bereitstellung qualifizierten Personals für Forschung und Entwicklung, in der Dynamik des Innovationsgeschehens niedergeschlagen, die sich wiederum auf die Zahl neu entwickelter Farbstoffe ausgewirkt hat.

Aus den hier angesprochenen Sachverhalten folgt nicht zwingend, dass das Darwinsche Evolutionskonzept nicht auf soziale und wirtschaftliche Entwicklungsprozesse anwendbar ist. Wie gerade Murmanns Studie zeigt, geht das durchaus. Man muss es nur so anwenden, dass es der realen Komplexität der zu untersuchenden Prozesse einigermaßen angemessen ist. Das ist aber keine Besonderheit der Evolutionstheorie, sondern eine generelle Eigenschaft von (sozial)wissenschaftlichen Modellen. Sowohl die Rational Choice Theorie oder der akteurszentrierte Institutionalismus als auch der symbolische Interaktionismus oder Luhmanns Systemtheorie reduzieren komplexe Strukturen und Prozesse auf möglichst einfache Muster und arbeiten dabei die grundlegende Logik dieser Strukturen und Prozesse heraus. Damit man mit solchen Modellen zu aussagefähigen Ergebnissen kommt, muss man die empirische Situation, auf die man diese Modelle anwendet, in der Begrifflichkeit der Modelle angemessen beschreiben. Wie das geht, kann man bei Murmann gut nachverfolgen.

Ohne eine angemessene Beschreibung der zu untersuchenden empirischen Situation, kann das Erklärungspotential evolutionistischer Ansätze nicht zum Tragen kommen. Das lässt sich am Beispiel der im zweiten Kapitel angesprochenen Erklärung der Entwicklung spontaner Ordnung durch Friedrich August von Hayek verdeutlichen. Gemäß dieser Erklärung entwickelt sich spontane Ordnung in einem evolutionären Prozess, in welchem sich besonders erfolgreiche Handlungsmuster verallgemeinern und zu Regeln werden. Solche Regeln setzen sich selbst durch – sie werden befolgt, weil sie den Individuen Nutzen bringen. In dieser Erklärung bleibt der Verweis auf einen evolutionären Prozess eine bloße Metapher, solange man nicht spezifizieren kann, in welcher Population und wie Variationen von Regeln entstehen, wie die Mechanismen und die Kontexte der Selektion beschaffen sind, denen diese Variationen unterworfen werden und wie sich positiv selektierte Regeln stabilisieren. Besonders erklärungsbedürftig wären dabei die Mechanismen oder Bedingungen, die dafür sorgen, dass sich in dem Selektionsprozess genau die Regeln durchsetzen, die den Individuen in einer Gesellschaft einen so großen Nutzen bringen, dass sie freiwillig befolgt werden. Im Kontext des Hayek'schen Erklärungsmodells wäre dann allerdings auch zu erklären, unter welchen Bedingungen spontane Ordnungen instabil werden oder erst gar nicht richtig entstehen. Solange man diesen Erklärungsaufwand nicht leistet, bleibt die Entstehung (und auch die Gefährdung) spontaner Ordnung letztlich eine kaum verstandene „Black Box". Solange wie diese „Black Box" existiert, kann die Volkswirtschaftslehre zwar den Charme der spontanen Ordnung verkünden und über deren Gefährdung durch den Leviathan räsonieren, aber keine gangbaren Wege aufzeigen, wie denn eine spontane Ordnung entwickelt und gesichert werden kann. Letzteres geht erst dann, wenn es gelingt, die Evolution spontaner Ordnung konkreter und systematischer zu analysieren und zu erklären. Die Entwicklung der evolutionistischen Ökonomik bietet deshalb für die Volkswirtschaftslehre die Chance, sich zu einer realistischen Ordnungswissenschaft zu mausern.

Die Besonderheit der sozialer Evolution: Das Beispiel Wissenschaft

Schon Herbert Spencer hat, wie ich im dritten Kapitel dargestellt habe, deutlich gemacht, dass sich die soziale Evolution von biologischer Evolution in wichtigen Merkmalen unterscheidet. Das ist in der Forschung zur sozialen Evolution auch weitgehend Konsens. Selbst soziobiologische Ansätze, die eine große Nähe zur Biologie aufweisen, gehen zumeist davon aus, dass die biologischen und die kulturellen Evolutionsprozesse, in die menschliches Handeln eingebunden ist, sich erheblich unterscheiden, obwohl sie einer gemeinsamen grundlegenden Logik unterliegen. Im verbleibenden Teil dieses Kapitels will ich diese Unterschiede und deren wissenschaftliches Verständnis noch etwas deutlicher herausarbeiten. Ich nutze dazu drei Theorien, die sich mit der Evolution von Wissenschaft beschäftigen. Das Beispiel Wissenschaft habe ich aus zwei Gründen gewählt: Erstens, gibt es dazu drei ausgebaute Evolutionstheorien mit jeweils unterschiedlicher Herangehensweise an die Besonderheiten sozialer Evolution, und zweitens werde ich die Einsichten der evolutionistischen Wissenschaftsforschung im letzten Kapitel für die Einschätzung des Zustands und der Perspektiven von Sozialwissenschaft nutzen. Die drei Theorien, die ich im Folgenden diskutiere, weisen eine unterschiedliche Nähe zu Darwins Theorie und zur neodarwinistischen Evolutionstheorie in der Biologie auf. Sie stammen von den Wissenschaftsphilosophen David L. Hull und Stephen Toulmin sowie von Niklas Luhmann.

David Hull hat sich intensiv mit der Entwicklung und der Philosophie der Biologie sowie mit Darwin und dem Neodarwinismus beschäftigt. In seiner Sicht können biologischer, sozialer und konzeptueller Wandel mit einer einheitlichen Evolutionstheorie untersucht werden. Mit konzeptuellem Wandel bezeichnet er den Wandel wissenschaftlicher Erkenntnis. Der Anwendbarkeit der Evolutionstheorie auf sozialen und konzeptuellen Wandel liegt kein Mysterium zu Grunde, etwa ein verborgenes Prinzip des Lebens, sondern einfache Prinzipien funktionaler Interdependenz und Organisation. Wissenschaft ist in seiner Sicht systematisch als Ideenwettbewerb und damit als Selektionsprozess organisiert. Das Interesse von Wissenschaftlerinnen und Wissenschaftlern an wissenschaftlicher Anerkennung und wissenschaftlichem Erfolg zwingt diese, sich kritisch mit Ideen auseinander zu setzen und sich am Ideenwettbewerb zu beteiligen. Dabei müssen Wissenschaftlerinnen und Wissenschaftler nicht unbedingt selbst neue Ideen entwickeln, sondern können auch die Funktion von Diffusionsagenten übernehmen. In dieser Rolle besteht ihre Funktion darin, Ideen anderer weiter zu vermitteln und zu entwickeln. Dabei verändern sie allerdings durch ihr eigenes Verständnis und ihre eigene Interpretation die ursprüngliche Idee.

Zur Beschreibung von Selektionsprozessen nutzt Hull die neo-darwinistischen Konzepte von Replikatoren und Interaktoren. Der Begriff Replikatoren ist ein allgemeiner, nicht nur auf die Biologie anwendbarer Begriff für Gene (also für die weiterzugebende Information). Interaktoren sind die Einheiten, welche mit der Umwelt interagieren und dabei Replikationen weiter geben. Selektion ist ein Prozess, in dem die Elimination oder die Vermehrung bestimmter Interaktoren zu einem differenzierten Fortbestand von Replikatoren führen. Aus dem Zusammenspiel von Replikatoren und Interaktoren bilden sich Abstammungslinien. Auf die Wissenschaft bezogen, sind Replikatoren Konzepte (also Gedankengänge oder Argumentationsketten), die weitergegeben werden. Interaktoren sind einzelne Wissenschaftlerinnen und Wissenschaftler oder ganze Forschungsgruppen, die jeweils in der Interaktion mit ihrer wissenschaftlichen Umwelt bestimmte Konzepte weiter vermitteln. Elimination oder Fortbestand von Interaktoren bezieht sich nicht auf die physische Existenz der jeweiligen Personen, sondern auf die Tatsache, dass die Personen bestimmte Ideen und Konzepte weiter vertreten oder aufgeben. Selektion äußert sich einfach darin, dass bestimmte Konzepte in einem bestimmten wissenschaftlichen Umfeld an Bedeutung gewinnen oder verlieren, also häufiger, weniger häufig oder gar nicht mehr vertreten werden. Aus Konzepten, die häufig und über einen längeren Zeitraum vertreten werden, bilden sich Forschungsprogramme, die das Analog zu Abstammungslinien bilden. Wie Abstammungslinien lassen sich auch Forschungsprogramme auf bestimmte ursprüngliche Konzepte zurückführen, verändern aber diese Konzepte über die Zeit. Zwischen unterschiedlichen Forschungsprogrammen kann es zu einem Austausch von Konzepten kommen, was dazu führen kann, dass zwei ursprünglich unterschiedliche Forschungsprogramme zu einem einheitlichen Programm verschmelzen. Umgekehrt kann sich ein Forschungsprogramm über die Zeit so verändern, dass es sich in zwei Programme aufteilt – so wie sich beispielsweise Luhmanns Systemtheorie aus der struktur-funktionalistischen Systemtheorie Parsons heraus gelöst hat. Selektionsprozesse beziehen sich immer auf Arten, also auf gleichartige Organismen oder Individuen. Arten sind in der Wissenschaft für Hull im Unterschied zu Toulmin, auf den ich gleich zu sprechen komme, nicht ganze Disziplinen, sondern konzeptuelle Systeme – also Denkschulen, wie die Phänomenologie, Rational Choice oder Systemtheorie. Hull begründet die Ablehnung von Disziplinen als Analogon zu Arten mit einer insbesondere für die Sozialwissenschaft relevanten Aussage, nämlich der, dass Disziplinen häufig zu heterogen sind, um als Arten zu fungieren. In der Biologie wird die Gleichartigkeit von Organismen oder Individuen vor allem durch ihre gemeinsame Fortpflanzungsfähigkeit bestimmt. Analog dazu werden Arten in der Wissenschaft durch Mengen von Individuen definiert, die miteinander wissenschaftlich systematisch kommunikationsfähig sind. Um systematisch kommunikationsfähig zu sein, müssen wissenschaftliche Arten (Denkschulen) einen Grundbestand an gemeinsamen Methoden, Verfahren und Prinzipien aufweisen.

Während David Hull behauptet, dass man biologische, soziale und konzeptuelle Evolution mit einer einzigen Theorie (einer neodarwinistischen Theorie) erklären kann, betrachtet Stephen Toulmin die darwinistische und neo-darwinistische Theorie als einen Spezialfall einer allgemeineren Evolutionstheorie. Ein anderer Spezialfall dieser allgemeinen Evolutionstheorie ist die Theorie sozio-kultureller Evolution. Beiden gemeinsam ist das Grundmuster der Evolutionstheorie, nämlich die Analyse von Entwicklungen als zeitliche Veränderungen von Populationen, die durch Variation und Selektion betrachtet wird. Evolutionstheorie ist also immer Populationstheorie. Sie bezieht sich immer auf eine Population gleichartiger Organismen oder anderer Elemente. Die Eigenschaften der Organismen oder Elemente der Population können variieren; zwischen den unterschiedlichen Varianten gibt es einen Ausleseprozess. In Darwins Theorie der (biologischen) Evolution erfolgt die Selektion immer durch die Umwelt der Population – ausgewählt werden die Varianten, die am besten an die Umwelt angepasst sind. Variation und Selektion sind in diesem Fall voneinander unabhängig oder, wie Toulmin es formuliert, entkoppelt. In der sozio-kulturellen Evolution sind dagegen Variation und Selektion gekoppelt, also nicht voneinander unabhängig. Die Variationen sind schon auf die Selektionskriterien bezogen, also auf die Anforderungen, die für den Fortbestand und die Weiterentwicklung der „Art" wichtig sind. Im Hinblick auf die Wissenschaft heißt das, dass neue Ideen immer schon auf die spezifischen Selektionskriterien von Wissenschaft bezogen sind, auf die ich gleich eingehen werde.

Wie oben schon erwähnt, setzt Toulmin Art in der Wissenschaft mit Disziplin gleich. Zusätzlich verwendet er zur Beschreibung von Wissenschaft den Begriff der Profession. Der Begriff Disziplin bezieht sich dabei auf den Zusammenhang der Ideen, Methoden und Verfahren in einer durch gemeinsame Erkenntnisziele und Probleme definierten Wissenschaft, während der der Profession den Zusammenhang von Institutionen (das heißt hier Einrichtungen, wie Universitäten oder Fachverbände, nicht Regeln), Rollen und Personen in dieser Wissenschaft bezeichnet. Disziplin und Profession sind miteinander verknüpft. Die Entwicklung von Ideen ist kein nach einer eigenen Logik ablaufender Vorgang, sondern orientiert sich an den Erkenntniszielen und Erkenntnisinteressen der Profession. Umgekehrt ist die Entwicklung der Profession nicht unabhängig von der Entwicklung der Ideen, sondern fügt sich in deren Rahmen ein. In seiner Theorie wird allerdings die Evolution des Wissens als Variation und Selektion von Ideen als Prozess in der Disziplin analysiert, während die Profession in der Regel lediglich den organisatorischen Rahmen des Evolutionsprozesses bildet.

In der Wissenschaft werden neue Ideen danach ausgewählt, ob sie einerseits bessere Lösungen für wissenschaftliche Probleme der jeweiligen Disziplin bieten und andererseits mit den bereits anerkannten Ideen in der Disziplin vereinbar sind. Primäres Auswahlkriterium ist zwar der wissenschaftliche Ertrag im Sinne von Problemlösung oder besserer Erklärungskraft, aber dieses Kriterium basiert selbst auf den etablierten methodischen und theoretischen Vorstellungen der jeweiligen Disziplin. Wissenschaftliche Probleme werden aus dem Ineinandergreifen der grundlegenden Erkenntnisideale oder -interessen einer Disziplin, den speziellen Begriffen, Methoden und Theorien dieser Disziplin und den empirischen Erfahrungen der Wissenschaftlerinnen und Wissenschaftler in der Disziplin bestimmt. Die in der Disziplin etablierten Methoden und Verfahren bestimmen zudem die Maßstäbe, nach denen der Beitrag einer neuen Idee zur Lösung dieser Probleme bemessen wird. Deshalb sind Variation und Selektion in der Wissenschaft nicht unabhängig voneinander, sondern gekoppelt – Variationen zielen intentional auf positive Selektion ab und die Selektion erfolgt durch die gleichen Strukturen, die variieren.

Ein gutes Beispiel dafür, wie wissenschaftliche Evolution in Toulmins Modell abläuft, ist der Umgang der Volkswirtschaftslehre mit den Problemen der Neoklassik, insbesondere mit dem Rationalitätsprinzip und der Betrachtung von Technologien und Institutionen als extern vorgegeben. Obwohl beide Kritikpunkte grundlegende Aussagen des neoklassischen Paradigmas betrafen, wurden die damit angesprochenen wissenschaftlichen Probleme durch neue Ideen (Variationen) gelöst, die sich mit dem neoklassischen Paradigma verbinden liessen. Das Prinzip des rationalen Handelns wurde nicht aufgegeben, sondern lediglich mit Hilfe der Idee modifiziert, auf die Annahme vollständiger Information zu verzichten. Diese Variation löste auf der einen Seite ein wichtiges Problem des unbeschränkten Rationalitätsprinzips, passte aber in den individualistischen Ansatz und das Gleichgewichtskonzept der Neoklassik. Ähnlich wurden auch Institutionen und technischer Wandel in die Analyse einbezogen. Douglass North hat die Tatsache, dass Institutionen oft nicht den Interessen der Akteure entspringen – was dem individualistischen Konzept der Gesellschaft widerspricht oder zu widersprechen scheint – durch das Argument erklärt, dass Institutionen immer die Bedingungen und Interessenlagen zum Zeitpunkt ihrer Entstehung widerspiegeln und nicht die der aktuellen Situation, in der sie wirksam sind. Er hat also eine neue Idee zur Entstehung von Institutionen vermittelt, die dem Prinzip des Individualismus entsprach, aber dennoch die empirische Tatsache erklären konnte, dass Institutionen in der Realität oft nicht optimal auf die Bedürfnisse und Interessen der Gesellschaftsmitglieder zugeschnitten sind. Richard Nelson und Sydney Winter haben ihren evolutionistischen Ansatz ähnlich vermittelt. Sie haben entgegen der etablierten Sicht der Neoklassik technischen Wandel nicht mehr als extern vorgegeben betrachtet, sondern als intern verursacht analysiert, ohne das Paradigma formal zurück zu weisen. Sie haben Wandel systematisch als Resultat von rationalem wirtschaftlichem Handeln unter Unsicherheit erklärt. Unter Unsicherheit folgen Unternehmen Routinen so lange, wie sie sich am Markt bewähren, also hinreichende Ergebnisse liefern. Da Unternehmen unterschiedliche Informationen und unterschiedliche Fähigkeiten der Beschaffung und Nutzung von Informationen haben, entstehen dabei zwangsläufig Variationen. Diese Variationen bewähren sich am Markt unterschiedlich und werden dadurch einer Selektion unterworfen.

Dieses Beispiel passt gut zu Toulmins Theorie, weil sie ein starkes Gewicht darauf legt, dass Disziplinen trotz Wandels eine erkennbare Einheitlichkeit und Kontinuität aufweisen. Disziplinen entwickeln sich, wie Organismen insgesamt, immer so, dass sie bei aller Veränderung ihre Einheitlichkeit und Kontinuität bewahren. Das wird durch ein Gleichgewicht von Neuerung und Auslesekräften abgesichert. Dieses Gleichgewicht wird bei entkoppelter Evolution durch die Umwelt hergestellt, in der sich extreme Neuerungen selten durchsetzen können, weil die vorhandenen Organismen bereits durch ihre Evolutionsgeschichte eine hohe Anpassung erreichen. Bei gekoppelter Evolution räumt allein schon die Koppelung an bestehende Strukturen weitreichenden Neuerungen wenige Chancen ein. Hinter dieser Sichtweise steht ein doch eher biologistisches Verständnis von Evolution, das den „Sinn" von Evolution vor allem darin sieht, den Fortbestand einer Art durch fortwährende Verbesserung ihrer Anpassung an die Umwelt zu sichern. Wissenschaftliche Arten werden, um das nochmals hervorzuheben, durch Erkenntnisideale sowie durch bestimmte Methoden und Verfahren definiert, die für diese Disziplin konstitutiv sind. Diese konstitutiven Ideale, Methoden und Verfahren geben den Rahmen vor, innerhalb dessen sich Begriffe und Theorien üblicherweise verändern können. Das setzt Veränderungen recht enge Grenzen und lässt grundlegende Veränderungen kurzfristig kaum zu. Grundlegende Veränderungen, also Veränderungen der konstitutiven Erkenntnisideale, Methoden und Verfahren einer Disziplin, entwickeln sich über längere Zeiträume. Damit setzt sich Toulmin bewusst von Kuhns Konzept der wissenschaftlichen Entwicklung ab. In diesem Konzept wechseln sich lange Normalphasen, in denen sich kaum Veränderungen abspielen, mit kurzen Phasen wissenschaftlicher Revolution ab. In Toulmins Konzept bauen sich dagegen auch radikale Änderungen in der Disziplin langsam und über längere Zeiträume auf.

In der Logik von Toulmins Ansatz sind grundlegende Veränderungen eher in der Profession als in der Disziplin zu erwarten. Während die Disziplin von Toulmin als einheitliches und klar bestimmtes Konstrukt dargestellt wird, sieht er in wissenschaftlichen Professionen kein integriertes System. Die Institutionen und Personen der Profession arbeiten nicht generell zielgerichtet zusammen, ihre Beziehungen sind vielmehr durch Rivalitäten und Konflikte bestimmt. Die Profession wird deshalb oft durch konkurrierende Machtzentren, Einrichtungen oder Gruppen, zum Beispiel durch unterschiedliche Denkschulen, geprägt. Diese stehen zueinander in Konkurrenz um Autorität und Durchsetzung in der Profession. Es gibt also parallel zur Evolution der Disziplin auch eine der Profession. Die Evolution der Profession wird in Toulmins Sicht allerdings in der Regel durch die Disziplin so beschräkt, dass die Organisation einer Profession letztlich den Interessen der von ihr getragenen Disziplin gilt. Durch diese „Harmonisierung" wird das Veränderungspotential der Profession durch die Disziplin letztlich wieder eingefangen. Damit verliert die Unterscheidung zwischen Disziplin und Profession viel von ihrem Sinn. Gerade in sozialwissenschaftlicher Sicht könnte diese Unterscheidung durchaus fruchtbar genutzt werden. Die vielen unterschiedlichen methodologischen und theoretischen Forschungsprogramme und Denkschulen in der Sozialwissenschaft machen deutlich, dass die Abstimmung zwischen Disziplin und Profession keineswegs so selbstverständlich ist, wie Toulmin unterstellt. Wenn man aber die Unterscheidung so wie Toulmin macht und behauptet, dass sowohl die Disziplin als auch die Profession jeweils einer eigenen Evolution unterliegen, müsste man die Koppelung zwischen beiden Prozessen näher untersuchen und erklären, wie durch diese Koppelung eine Koevolution zwischen Disziplin und Profession stattfindet. Nicht minder erklärungsbedürftig ist allerdings Toulmins Postulat, dass Disziplinen auch in der Veränderung immer eine Einheitlichkeit und Kontinuität wahren. Die Koppelung von Variation und Selektion, auf die Toulmin in diesem Zusammenhang setzt, sichert diese Einheitlichkeit und Kontinuität nicht. Es ist durchaus denkbar, dass sich in einer Disziplin der wissenschaftliche Problemdruck so stark aufbaut, dass eine neue Idee, welche geeignet ist, diese Probleme zu lösen, sich auch dann durchsetzt, wenn sie in einem klaren Gegensatz zu einem großen Teil der Methoden und Prinzipien der Disziplin steht. Beispiele aus der Sozialwissenschaft, die einer solchen Situation zumindest nahe kommen, sind die Ablösung der evolutionistischen Anthropologie durch den Strukturfunktionalismus oder die Entwicklung der Neoklassik. In der Anthropologie wurde durch den Strukturfunktionalismus nicht nur eine neue Theorie etabliert, sondern auch grundlegende Prinzipien, wie das teleologische Entwicklungsmodell und die dahinter stehende Methodologie außer Kraft gesetzt. Die Neoklassik hat unter anderem eine jahrhundertealte Wertlehre beseitigt und die Volkswirtschaftslehre auf neue handlungstheoretische Grundlagen gestellt.

An dieser Stelle lohnt es sich, nochmals Luhmanns Evolutionstheorie aufzunehmen und ihre Anwendung auf Wissenschaft zu betrachten. Wie bei Toulmin wird auch bei Luhmann die Selektion von neuen Ideen nicht durch die Umwelt vorgenommen, sondern durch das System und die vorhanden Wissensstrukturen. Im Gegensatz zu Toulmin sind Variation und Selektion bei Luhmann jedoch entkoppelt. Sie sind deshalb entkoppelt, weil Variation, wie wir schon oben bei der Darstellung der generellen Evolutionstheorie von Luhmann gesehen haben, auf Anstöße von Außen, also aus der Umwelt, angewiesen ist, während Selektion durch interne Prozesse erfolgt. Die Anregungen oder Anstöße von Außen sind mit den internen Selektionsprozessen nicht koordiniert. Die Umwelt eines Systems, also auch des Wissenschaftssystems, sind selbst eigendynamische Systeme. Ob die Mitteilungen dieser Systeme vom Wissenschaftssystem aufgenommen werden und wie das geschieht, wird durch das Wissenschaftssystem selbst festgelegt. Die für die Wissenschaft wichtigsten Systeme in der Umwelt sind die Bewusstseinssysteme (oder psychischen Systeme) von Menschen, konkret von Wissenschaftlerinnen und Wissenschaftler. Menschen sind bei Luhmann nicht Teil des Systems. Teil des Systems sind nur Kommunikationen. Kommunikationen bestehen aus Mitteilungen, die vom System verstanden oder missverstanden werden, auf die also das System reagiert. Systeme verarbeiten Kommunikation mit ihrer Umwelt nach ihrer eigenen Logik. Wissenschaftlerinnen und Wissenschaftler handeln zwar durch ihre wissenschaftlichen Mitteilungen intentional bezogen auf die Wissenschaft; sie wollen mit ihren Mitteilungen durchaus etwas in der Wissenschaft erreichen, beispielsweise eine Veränderung von Annahmen oder anderen Aussagen herbeiführen. Sie können jedoch nicht festlegen, wie das Wissenschaftssystem auf ihre Mitteilungen reagiert, mehr noch: Sie können nicht einmal sicher stellen, dass ihre Mitteilungen im Wissenschaftssystem als Kommunikation verstanden (oder missverstanden) werden. Selbst wenn eine Mitteilung als Kommunikation aufgenommen wird, muss sie noch nicht zu einer Variation führen. Variationen entstehen immer nur aus unerwarteten, abweichenden Kommunikationen, also durch Kommunikationen, deren Inhalt nicht ohne weiteres in die bestehenden Strukturen, beispielsweise in die vorhandenen theoretischen und methodologischen Denkmuster oder das verfügbare empirische Wissen, passen. Wenn eine Kommunikation tatsächlich im Wissenschaftssystem als Variation erkannt wird, löst sie zwingend eine Selektion aus. Die mit der Kommunikation vermittelte, beispielsweise in einem Aufsatz veröffentlichte Idee, wird dann mehr oder weniger kontrovers diskutiert. Die Selektion erfolgt dadurch, dass das neue Wissen als irrelevant oder unwahr abgelehnt wird, oder als wahr anerkannt wird und dass das etablierte Wissen in den relevanten Punkten als nicht mehr wahr bezeichnet wird. Ob Selektionen bezogen auf die Variation erfolgreich ist, lässt sich von den kommunizierenden Wissenschaftlerinnen und Wissenschaftler nicht vorhersagen. Variationen sind als kommunikatives Resultat des intentionalen Handelns von Wissenschaftlerinnen und Wissenschaftler keine Zufälle; Zufall im Sinne eines nicht prognostizierbaren Ereignisses ist dagegen, ob eine Variation eine erfolgreiche Selektion nach sich zieht.

Den hier skizzierten Sachverhalt erleben Wissenschaftlerinnen und Wissenschaftler alltäglich. Sie schreiben einen Aufsatz mit einer neuen Idee, der von einer anerkannten Fachzeitschrift veröffentlicht wird. Der veröffentlichte Aufsatz wird von vielen Wissenschaftlerinnen und Wissenschaftlern gelesen und vielleicht zitiert. In vielen Fällen bleibt es aber dann dabei. Die neue Idee wird in der Fachdiskussion nicht aufgegriffen. Das kann daran liegen, dass die neue Idee gar nicht als solche zur Kenntnis genommen wird, sondern als eine Aussage aufgefasst, die in den Rahmen des vorhandenen Wissens passt. Es kann aber auch daran liegen, dass die neue Idee als unwichtig wahrgenommen wird und deshalb nicht auf weiteres Interesse stößt. Das geschieht vielen Wissenschaftlerinnen und Wissenschaftlern immer wieder. Relativ wenige neue Ideen durchdringen den Filter der ersten Aufmerksamkeit und werden in einem mehr oder weniger großen Fachkreis diskutiert. Erst wenn das der Fall ist, hat die Mitteilung des Autors des Aufsatzes eine Kommunikation ausgelöst und erst dadurch wird aus der neuen Idee eine Variation im Wissenschaftssystem. In vielen Fällen führt die Diskussion zu Ergebnissen der Art, dass die Idee das relevante Problem auch nicht löst, zu kurz greift, theoretisch oder empirisch fragwürdig ist oder noch nicht richtig durchdacht ist. Dann verschwindet die Idee aus der Diskussion, ohne in der jeweiligen Wissenschaft eine bemerkenswerte Spur zu hinterlassen. Das ist eine Selektion, nach der das System leicht restabilisiert werden kann, indem die Variation als wenig bedeutend kommuniziert wird. In manchen Fällen führt die Idee zu einer marginalen Veränderung von etablierten Aussagen, etwa in der Form, dass in der Diskussion festgestellt wird, dass eine bestimmte Aussage in bestimmten Ausnahmefällen nicht gilt. Auch in solchen Fällen lässt sich das System nach der positiven Selektion der neuen Idee leicht restabilisieren, in dem die marginale Änderung in das System eingepasst wird. In wenigen Fällen erzeugt die Veröffentlichung einer neuen Idee jedoch eine breite und länger anhaltende Kontroverse in einem Fach oder Fachgebiet, deren Ergebnis nicht prognostizierbar ist. Das ist dann der Fall, wenn die neue Idee in dem jeweiligen Fach oder Fachgebiet als Infragestellung der etablierten Denkstrukturen kommuniziert wird. In einem solchen Fall wird es immer Argumente für und gegen die Annahme der neuen Idee geben. Wenn am Ende die neue Idee nach intensiver Diskussion abgelehnt – also negativ selektiert wird – wird, müssen die etablierten Denkstrukturen aufwendiger restabilisiert werden, in dem kommunikativ begründet wird, warum die neue Idee abgelehnt wird. Wenn die neue Idee dagegen angenommen wird, müssen nach der positiven Selektion die gesamten Denkstrukturen, die durch die Idee betroffen sind, verändert und neu aneinander angepasst werden.

In der wissenschaftlichen Realität kommt allerdings oft etwas anderes heraus, als eine klare Ablehnung oder Annahme einer neuen Idee in einem Fach oder Fachgebiet – nämlich eine kürzer oder länger anhaltende „Spaltung" des Fachs oder Fachgebietes. Echte Spaltungen, in denen sich zwei Lager unversöhnlich gegenüber stehen, sind dabei selten. Häufiger bildet sich neben dem „Hauptstrom" eines Fachs oder Fachgebietes eine neue Denkschule, die eigene Kommunikationsstrukturen mit eigenen Fachzeitschriften und eigenen Arbeitsgruppen, vielleicht sogar mit einer eigenen wissenschaftlichen Vereinigung, heraus. Die neue Denkschule koexistiert mit dem Hauptstrom, ohne dass dies in dem Fach oder Fachgebiet erhebliche Kontroversen erzeugt. So koexistieren in der Volkswirtschaftslehre die Neue Institutionenökonomik oder die evolutionistische Ökonomik mit dem neoklassischen Hauptstrom, in der Politikwissenschaft neue Governance-Ansätze mit der herkömmlichen Steuerungslehre, in der Sozialanthropologie neoevolutionistische Ansätze mit strukturalistischen oder in der Soziologie die Figurationssoziologie von Elias mit einer Reihe anderer Theorien. Das ist evolutionstheoretisch schwer erklärbar – sowohl wenn man von Toulmin ausgeht, als auch, wenn man sich auf Luhmann stützt. In Toulmins Sicht dürften nur die Varianten überleben, welche die Probleme der jeweiligen Disziplin am Besten lösen, während Luhmann zufolge jede Variation zwangsläufig zu einer Selektion führt. Nur Hull kann mit dieser Situation gut leben, weil sie sein Argument unterstützt, dass der Artbegriff in der Wissenschaft nicht auf ganze Disziplinen, sondern auf einzelne Denkschulen bezogen werden muss.

Im Falle der Neue Institutionenökonomik oder der evolutionistischen Ökonomik könnte man in Toulmins und Luhmanns Sicht argumentieren, dass es sich nicht um Variationen, sondern um Differenzierung handelt. Das ließe sich damit begründen, dass die beiden Ansätze jeweils andere Problemstellungen aufweisen als der Hauptstrom der Neoklassik und insofern nicht mit dem Erklärungsansatz des Hauptstroms in Konkurrenz stehen. Im Hauptstrom werden Institutionen als gegeben und Wandel als extern erzeugt betrachtet und stellen deshalb keine zu erklärenden Probleme dar, während die Neue Institutionenökonomik Institutionen zu ihrem zentralen Problem macht und die evolutionistische Ökonomik den Wandel. Die Koexistenz unterschiedlicher theoretischer Ansätze in der Soziologie lässt sich so nicht auflösen. Die koexistierenden Theorien beschäftigen sich mit den gleichen Problemen und bieten alternative Verständnisse und Erklärungen zu diesen Problemen. Die unterschiedlichen Theorien in der Soziologie stellen also evolutionstheoretisch betrachtet Varianten im Sinne von alternativen Ideen (Toulmin) oder Strukturangeboten (Luhmann) dar. Sie müssten in der Disziplin oder im Wissenschaftssystem eine Selektion hervorrufen – was offensichtlich nicht geschieht, da sie koexistieren.

In der Sicht von Toulmins Theorie könnte man versuchen, diese Situation unter Bezugnahme auf die Profession zu erklären. Man könnte argumentieren, dass in der soziologischen Profession keine hinreichendes Einvernehmen über Erkennntisziele und Erkenntisinteressen existiert, so dass es auch nicht zur Entwicklung der grundlegenden Methoden, Verfahren und Prinzipien kommen kann, auf deren Basis Selektionen vorgenommen und ein Evolutionsprozess in Gang kommen könnten. Damit würde man der Soziologie praktisch Stagnation diagnostizieren. Das wäre aber zumindest dann abwegig, wenn man die Soziologie nicht nur als eine Geisteswissenschaft, die sich nur mit ihren eigenen theoretischen Problemen befasst, sondern als eine empirische Wissenschaft, deren Problembezüge größtenteils auf die Erklärung und Gestaltung von Realität ausgerichtet sind.

Für Luhmanns Systemtheorie stellt sich das Problem anders dar. Zwar nimmt auch Luhmann an, dass Variationen nur in stabilen Zuständen stattfinden können (weil sie nur im Vergleich zu solchen Zuständen als Variation und nicht als bloße Fluktuation erkennbar sind). Darüber hinaus müssen Selektionen immer in den bereits stabilisierten Wissensbestand eingepasst werden. Er macht jedoch die Stabilität des Wissensbestandes nicht an inhaltlichen Kriterien fest, wie etwa der Kontinuität von Problembezügen und der Einheitlichkeit von grundlegenden Methoden und Verfahren, wie das Toulmin tut. Stabilität bezieht sich bei ihm lediglich auf die Erwartungssicherung und die Anschlussfähigkeit von Kommunikation. Wenn sich also in einer Disziplin, wie der Soziologie, ein Wissenschaftsverständnis oder ein Erkenntnismodell entwickelt, dass theoretischen Pluralismus zulässt oder gar als positiv auszeichnet, kann das entsprechende Wissenschaftssystem trotz der Existenz unterschiedlicher, teilweise widersprüchlicher Theorien stabil und damit evolutionsfähig sein. Die Bildung unterschiedlicher Schulen innerhalb einer Disziplin, die sich von der Disziplin teilweise abkoppeln können, kann sogar eine wichtige Grundlage der Stabilität eines Systems sein. In solchen Fällen sind Evolutionsprozesse oft auf die einzelnen Denkschulen beschränkt und beziehen sich nicht auf das Gesamtsystem der Disziplin. Die einzelnen Denkschulen bilden Teilsysteme, die sich wechselseitig zwar irritieren, aber nicht determinieren können. Mitteilungen aus bestimmten Denkschulen werden in anderen Denkschulen als Kommunikation aufgenommen und lösen dort Variationen aus. Der anschließende Selektionsprozess kann zu weiteren Differenzierungen führen, aber auch die Integration von theoretischen Elementen aus einer oder mehreren anderen Denkschulen bewirken. Das kann man gerade in der Soziologie gut beobachten. Theoretische Debatten sind dort oft stark segmentiert, also auf einzelne Schulen bezogen, übergreifende Debatten beziehen sich eher auf die Diagnose und Analyse empirischer Probleme. Dabei spielen, wie wir im ersten Kapitel festgestellt haben, grundlegende methodologische und theoretische Divergenzen nicht nur in der Soziologie, sondern in der Sozialwissenschaft insgesamt, zumeist keine zentrale Rolle. Die theoretische Vielfalt der Soziologie hat nur selten zu einer Destabilisierung oder gar zum Abbruch der fachlichen und professionellen Kommunikation geführt. Sie ist, wie man an vielen Konferenzprogrammen, den Inhalten der allgemeine Fachzeitschriften oder von thematischen Aufsatzsammlungen, der Zusammensetzung vieler Herausgebergremien und Forschergruppen und auch an den Lehrangeboten der sozialwissenschaftlichen Fakultäten und Fachbereiche ablesen kann, längst zu einem selbstverständlichen Merkmal der Sozialwissenschaft geworden, das immer wieder auch konstruktiv genutzt wird.

Aus der vorangehenden Diskussion von drei evolutionstheoretischen Ansätzen, die sich alle auf denselben Problemkomplex, nämlich die Entwicklung von Wissenschaft beziehen, ergibt sich eine recht offensichtliche Schlussfolgerung: Die sozialwissenschaftliche Evolutionstheorie scheint noch weit von einem einigermaßen integrierten und konsistenten Forschungsprogramm entfernt zu sein. Allerdings sind die Diskrepanzen teilweise eher sprachlicher denn inhaltlicher Natur. Wenn Hull beispielsweise von Replikatoren spricht, meint er nicht viel anderes, als das, was Luhmann mit Strukturangeboten bezeichnet, nämlich bestimmte Sinnzusammenhänge. Hulls Konzept der Interaktoren ist zwar mit dem Bezug auf Personen oder Personengruppen handlungstheoretisch formuliert, aber letztlich kommt es nicht auf das Handeln an, sondern auf die Konzepte, welche die Interaktoren vermitteln, also auf Kommunikation. Der Fortbestand der Interaktoren bezieht sich auch nicht auf ihre physische Existenz, sondern auf die Inhalte ihrer Kommunikation. Selbst der starke Bezug von Hull auf Umwelt als Selektionsort markiert keinen unüberwindbaren Gegensatz zu Luhmann. Umwelt heißt ja bei Hull nichts anderes als die Wissenschaft, in der die Interaktoren operieren. Die evolvierende Wissenschaft wird auch nicht als Handlungssystem, sondern als Sinnsystem definiert – nämlich durch Forschungsprogramme als sich verändernde Arten. Auch zwischen Hull und Toulmin oder zwischen Toulmin und Luhmann ließe sich jeweils zeigen, dass manche Divergenzen weniger inhaltlicher als sprachlicher Natur sind. Damit will ich keinesfalls behaupten, es gäbe zwischen den drei Ansätzen keine echten inhaltlichen Diskrepanzen, sondern lediglich, dass die Diskrepanzen sprachlich beträchtlich überhöht werden.

Das ist unter evolutionstheoretischen Gesichtspunkten bemerkenswert, denn das heißt ja, dass Evolutionsprozesse in der Wissenschaft Tendenzen fördern, symbolische (sprachliche) statt inhaltliche Variationen zu produzieren, weil die Erzeugung von Variationen in der Wissenschaft einen hohen Stellenwert hat. Zumindest in der Sicht der Theorien von Hull und Toulmin könnte man erwarten, dass gerade bloße sprachliche Varianten das erste „Opfer" der Selektion würden, weil sie keinen wirklichen Beitrag zu Problemlösungen und zur Weiterentwicklung von Forschungsprogrammen leisten. Dagegen könnte man auf der Basis von Luhmanns Theorie argumentieren, dass rein sprachliche Variationen eine gute Überlebensfähigkeit haben, weil es bei Luhmann nicht auf inhaltliche Aspekte, sondern lediglich auf die kommunikative Anschlussfähigkeit ankommt. Das mag sich zynisch anhören, ist aber nicht so gemeint. Sprachliche Variationen könnten durchaus die Vermittlungsfähigkeit von wissenschaftlichen Ideen und Argumenten verbessern, weil sie mit solchen Variationen auf unterschiedliche Forschungsprogramme oder Denkschulen übertragbar werden.

Resümee

Ich habe in diesem Kapitel eines der schwierigsten Problem der Sozialwissenschaft diskutiert, nämlich die Erklärung von gesellschaftlichem Wandel. Die Tatsache, dass ausgerechnet das Kapitel dieses Buches, das sich mit diesem besonders schwierigen Problem befasst, kürzer als alle vorangehenden Kapitel ausfällt, verweist darauf, dass der Forschungsstand zu diesem Thema eher moderat ist. Es gibt zwar eine Vielzahl empirischer Studien über konkrete Prozesse sozialen Wandels und auch eine Reihe von Gegenwartsdiagnosen oder historischen Analysen über sozialen Wandel. Was bescheiden ist, ist das theoretische Angebot für die Analyse von Wandel. Abgesehen von teleologischen Theorien, welche die Evolution der Sozialwissenschaft nur als ideengeschichtliche Reminiszenzen überlebt haben, enthält dieses Angebot zum einen die Modernisierungstheorie, zum anderen die Evolutionstheorie.

Die Modernisierungstheorie bietet zwar mit den Konzepten der Rationalisierung, Differenzierung und Individualisierung einen einfachen konzeptuellen Rahmen zur Beschreibung von Wandel, aber wenig konkrete Aussagen, über die Mechanismen oder Kausalzusammenhänge von Wandel. Vor allem Rationalisierung und Differenzierung werden gerne als selbstverständliche Prozesse dargestellt, die nicht wirklich erklärungsbedürftig sind, sondern die Erklärung schon in sich bergen. Zudem ist sie problematisch, weil sie annimmt, dass Wandel immer nur in eine Richtung gehen kann. Wenn man diese Einschätzung akzeptiert, landet man schnell bei Luhmanns Einschätzung, dass die Evolutionstheorie die einzige Theorie sei, die sozialen Wandel systematisch erklären könne. Die Evolutionstheorie steckt allerdings in den Sozialwissenschaften noch in ihren Anfängen. Sie präsentiert sich zudem, wie wir eben festgestellt haben, vor allem sprachlich, aber auch inhaltlich noch in einer Reihe unterschiedlicher Ansätze, deren Bezüge bisher in der Evolution der sozialwissenschaftlichen Evolutionstheorie nicht geklärt wurden.

Literatur

Ich habe am Anfang dieses Kapitels den Umgang von Ökonomie und Soziologie mit Wandel nur kurz angesprochen. Wer darüber mehr wissen möchte, sei auf die folgenden Bücher verwiesen, die auch eine wichtige Grundlage für meine Argumentation bilden:

Hodgson G.M., 2001: *How Economics Forgot History. The Problem of historical specifity in social science.* London-New York: Routledge

Jäger W., Weinzierl U., 2007: *Moderne soziologische Theorien und sozialer Wandel.* Wiesbaden: VS Verlag für Sozialwissenschaften

North D.C., 2005: *Understanding the Process of Economic Change.* Princeton-Oxford: Princeton University Press

Meine Kenntnisse und Einsichten zur die Entwicklung des Silicon Valley verdanke ich vor allem folgenden Büchern, die ich zum Teil auch im Text erwähnt habe:

Lécuyer C., 2007: *Making Silicon Valley. Innovation and the growth of High Tech, 1930–1970.* Cambridge-London: MIT-Press

Saxenian A., 1994: *Regional Advantage. Culture and Competition in Silicon Valley and Route 128.* Cambridge-London: Harvard University Press

Sowie

Kenney M. (Ed.), 2000: *Understanding Silicon Valley. The Anatomy of an Entrepreneurial Region.* Stanford: Stanford University Press.

Koepp R., 2002: *Clusters of Creativity. Enduring Lessons on Innovation and Entrepreneurship from Silicon Valley and Europe's Silicon Fen.* Chicester: John Wiley & Sons

Zur wirtschaftlichen Bedeutung von Clustern siehe:

Glassmann U., Voelzkow, H., 2006: Regionen im Wettbewerb: Die Governance regionaler Wirtschaftscluster. In: S. Lütz (Hg.), *Governance in der politischen Ökonomie. Struktur und Wandel des modernen Kapitalismus.* Wiesbaden: VS Verlag für Sozialwissenschaften

Rehfeld D., 1999: *Produktionscluster. Konzeption, Analysen und Strategien für eine Neuorientierung der regionalen Strukturpolitik.* München-Mering: Hampp

Schmid J., Heinze R. G., Beck R. C. (Hg.), 2009: *Strategische Wirtschaftsförderung und die Gestaltung von High-Tech Clustern. Beiträge zu den Chancen und Restruktionen von Cluster-
politik.* Baden-Baden: Nomos

Die in diesem Kapitel kurz skizzierten Entwicklungen und Probleme des Ruhrgebiets sowie
die Zusammenhänge zwischen funktionaler Differenzierung und regionaler Entwicklung
sind ausführlicher dargestellt in:

Bogumil J., Heinze R. G., Lehner F., Strohmeier K. P., 2010: *Ruhrvisionen. Zwischen kollektiven
Illusionen und gemeinsamem Lernen.* Essen: Klartext Verlag

Kilper H., Lehner F., Rehfeld D., Schmidt-Bleek F., 1996: *Wegweiser in die Zukunft. Perspektiven
und Konzepte für den Strukturwandel im Ruhrgebiet,* Essen: Klartext Verlag

Einen breiten Überblick über die gegenwärtige Diskussion über die soziale Strukturierung
von Innovationsprozessen und über Theorie und Realität von Innovationssystemen bieten:

Blättel-Mink B., 2006: *Kompendium der Innovationsforschung.* Wiesbaden: VS Verlag für Sozialwissenschaften

Braczyk H.-J., Cooke P., Heidenreich M. (Eds.): 1998: *Regional Innovation Systems.* London:
UCL Press

Die bibliographischen Angaben zu den vier Büchern, die ich zur Charakterisierung der
Veränderungen von Arbeitsorganisation und Produktionssystemen verwendet habe, lauten:

Brödner P., 1985: Fabrik 2000: *Alternative Entwicklungspfade in die Zukunft der Fabrik.* Berlin:
Sigma

Kern H., Schumann M., 1984: *Das Ende der Arbeitsteilung? Rationalisierung der industriellen
Produktion.* München C. H. Beck

Piore M. J., Sabel C. F., 1984: *The Second Industrial Divide. Possibilities for Prosperity.* New
York: Basic Books

Womack, J.; Jones, D.; Roos, D. 1990: *The Machine that changed the World: The Story of Lean
Production.* Harper Collins, New York

Das japanische Produktionsmodell wird ausführlicher in dem oben genannten Buch von
Womack, Jones und Roos sowie in folgenden Arbeiten beschrieben:

Bonazzi G., 2008: *Geschichte des organisatorischen Denkens.* Wiesbaden: VS Verlag für Sozialwissenschaften.

Shimizu R., 1989: *The Japanese Business Success Factors. How top management, product, money
and people's creativity contribute to Japanese enterprise growth.* Tokyo: Chikura Shobo.

Wickens P. D., 1987: *The Road to Nissan.* London: Macmillan

Zum Konzept der Fertigungssegmentierung siehe:

Warnecke H.-J., 1992: *Die fraktale Fabrik*. Berlin: Springer
Wildemann H., 1988: *Die modulare Fabrik. Kundennahe Produktion durch Fertigungssegmentierung*. München: fmft

Das Konzept des anthropozentrischen Produktionssystems ist eng mit dem Namen Peter
Brödner verbunden. Siehe dazu sein oben genanntes Buch. Zur forschungs- und industrie-
politischen Bedeutung des Konzepts siehe

Lehner F., 1992: *Anthropocentric Production Systems: The European Response to Advanced
Manufacturing and Globalization*. Luxembourg: Office of Official Publications of the European Communities

Martin Baethges Analyse der Stagnation oder des Rückgangs der Entwicklung und Verbreitung neuer Produktionssysteme findet sich in dem folgenden Aufsatz:

Baethge M., 2004: Ordnung der Arbeit – Ordnung des Wissens: Wandel und Widersprüche im
betrieblichen Umgang mit Humanressourcen. SOFI-Mitteilungen Nr. 23: 7–21. Göttingen:
Soziologisches Forschungsinstitut.

Die meisten Untersuchungen zur Entwicklung neuer Produktionskonzepte beziehen sich auf
den Industriebereich. Martin Baethge hat jedoch schon 1986 zusammen mit Herbert Overbeck
ähnliche Entwicklungen auch im Dienstleistungsbereich entdeckt. Siehe dazu:

Baethge M., Overbeck H., 1986: *Zukunft der Angestellten. Neue Technologien und berufliche
Perspektiven in Büro und Verwaltung*. Frankfurt: Campus

Ich habe am Anfang der dritten Geschichte Wohlfahrtsstaat und Neoliberalismus als Codes
der Ordnungspolitik bezeichnet. Ich habe mich dabei auf Luhmanns Ausführungen über
politische Codes in dem folgenden Buch gestützt:

Luhmann N., 2005: *Soziologische Aufklärung 3. Soziales System, Gesellschaft, Organisation*.
Wiesbaden: VS Verlag für Sozialwissenschaften.

Für eine ausführlichere Darstellung von Strukturen und Entwicklungen des Wohlfahrtsstaats
verweise ich auf:

Heinze R. G., Schmid J., Strünck C., 1999: *Vom Wohlfahrtsstaat zum Wettbewerbsstaat. Arbeits-
markt- und Sozialpolitik in den 90er Jahren*. Opladen: Leske + Budrich
Schmidt M. G., Ostheim T., Siegel N. A., Zohlnhöfer R., 2007: *Der Wohlfahrtsstaat: Eine Einführung in den historischen und internationalen Vergleich*. Wiesbaden: VS Verlag für Sozialwissenschaften.

Eine informative Darstellung des Neoliberalismus und der Kritik an ihm bietet:

Wilke G., 2003: *Neoliberalismus.* Frankfurt: Campus

Die Forderung nach einer starken ordnungspolitischen Hand des Staats von Peter Bofinger und Joseph Stiglitz werden in den folgenden beiden Büchern dargestellt:

Bofinger P., 2009: *Ist der Markt noch zu retten? Warum wir einen starken Staat brauchen.* Berlin: Ullstein (Econ)
Stiglitz J, 2010: *Im freien Fall. Vom Versagen der Märkte zur Neuordnung der Weltwirtschaft.* München: Siedler

Zum Zusammenhang zwischen Effizienz und Gerechtigkeit des Markts siehe:

Berger J., 2009: *Der diskrete Charme des Marktes. Zur sozialen Problematik der Marktwirtschaft.* Wiesbaden: VS Verlag für Sozialwissenschaften.

Zu den sozialpsychologischen Grundlagen der in der dritten Geschichte angesprochenen kulturellen Veränderungsprozesse siehe:

Frey D., Irle M., 2004: *Theorien der Sozialpsychologie. Bd. 1: Kognitive Theorien.* Bern: Huber

Die bibliografischen Angaben zu dem Ende der dritten Geschichte erwähnten Buch von Rolf Heinze lauten:

Heinze R. G., 2009: *Rückkehr des Staates? Politische Handlungsmöglichkeiten in unsicheren Zeiten.* Wiesbaden: VS Verlag für Sozialwissenschaften.

Das in diesem Zusammenhang angesprochen Konzept des aktivierenden Staates wird ausführlich dargestellt in:

Behrens, F., Heinze R. G., Hilbert J., Stöbe-Blossey S., Walsken, E. M., 1995: *Den Staat neu denken: Reformperspektiven für die Landesverwaltungen.* Berlin: Ed. Sigma.

Die Argumentation von Ronald Inglehart zur zeitlichen Dimension von Wertewandel findet sich in:

Inglehart, R., 1997: *Modernization and Postmodernization. Cultural, Economic and Political change in 43 Societies.* Princeton: Princeton University Press.

Zur Kontingenz von Entwicklungen verweise ich auf das oben zitierte Buch von Luhmann sowie auf:

Giddens, A., 1995: *Die Konsequenzen der Moderne.* Frankfurt: Suhrkamp.

Ich habe die politischen und bürokratischen Mechanismen, welche der „Ausuferung" des Wohlfahrtsstaats zugrunde liegen vor vielen Jahren in dem folgenden Buch analysiert:

Lehner F., 1979: *Grenzen des Regierens. Eine Studie zur Regierungsproblematik hochindustrialisierter Demokratien.* Königstein: Athenäum

Siehe dazu auch:

Castles F. G., Lehner F., Schmidt M. G. (eds.): *Managing Mixed Economies.* Berlin-New York: Walter de Gruyter.

Für eine ausführlichere Darstellung der Theorien von Comte und Marx siehe:

Berger M., 2004: *Karl Marx: „Das Kapital".* Stuttgart: W. Fink
Brock D., Junge M., Krähnke U., 2007: *Soziologische Theorien von Auguste Comte bis Talcott Parsons.* München Oldenbourg.
Fuchs-Heinritz W., 1998: *Auguste Comte. Einführung in Leben und Werk.* Opladen-Wiesbaden: Westdeutscher Verlag.

Die Analysen von Galbraith und Schumpeter zur Entwicklung des Kapitels werden in den folgenden Büchern dargestellt:

Galbraith J. J., 1972: *Die moderne Industriegesellschaft.* München-Zürich: Droemer Knaur.
Schumpeter J. A., 1950: *Kapitalismus, Sozialismus und Demokratie.* München: Francke.

Ich habe mich bei der Darstellung der Modernisierungstheorie insbesondere auf folgende Bücher gestützt:

Rosa H., Strecker D. , Kottmann A., 2007: *Soziologische Theorien.* Konstanz: UVK.

Sowie:

Degele N., Dries, C., 2005: *Modernisierungstheorie.* München: Wilhelm Fink.
Inglehart R., Welzel C., 2005: *Modernization, Cultural Change, and Democracy.* Cambridge-New York: Cambridge University Press.
Scheuch E. K., 2003: *Sozialer Wandel. Bd.1: Theorien des sozialen Wandels.* Wiesbaden: Westdeutscher Verlag.
Schimank U., 2007: *Theorien gesellschaftlicher Differenzierung.* Wiesbaden: VS Verlag für Sozialwissenschaften.
Stzompka P., 1993: *The Sociology of Social Change.* Oxford-Cambridge: Blackwell
Weymann A., 1998: *Sozialer Wandel. Theorien zur Dynamik der modernen Gesellschaft.* Weinheim-München: Juventa.

In dem oben genannten Buch von Erwin K. Scheuch findet sich auch das im Text übernommene Argument, das Parsons Theorie letztlich lamarckistisch ist.

Wer sich selbst mit der in diesem Kapitel angesprochenen Prozesstheorie von Norbert Elias beschäftigen möchte, sei insbesondere auf das folgende zweibändige Werk verwiesen:

> Elias N., 1976: *Über den Prozess der Zivilisation: Soziogenetische und psychogenetische Untersuchungen.* Frankfurt: Suhrkamp

Zu Manuel Castells Theorie der Informationsgesellschaft verweise ich nochmals auf das bereits im ersten Kapitel erwähnte dreibändige Werk:

> Castells M., 1996: *The Rise of the Network Society. The Information Age: Economy, Society and Culture*, Volume 1. Malden-Oxford: Blackwell.
> Castells M., 1997: *The Power of Identity. The Information Age: Economy, Society and Culture*, Volume 2. Malden-Oxford: Blackwell.
> Castells M., 1998: *End of Millennium. The Information Age: Economy, Society and Culture*, Volume 3. Malden-Oxford, Blackwell.

Shmuel Eisenstadt stellt seine Theorie der (multiplen) Moderne unter anderem in den folgenden Arbeiten dar:

> Eisenstadt S. N., 1969: Wandel, Differenzierung und Evolution. In: W. Zapf (Hg.), *Theorien des sozialen Wandels.* Köln-Berlin: Kippenheuer & Witsch
> Eisenstadt S., 1973: *Tradition, Change and Modernity.* New York: Wiley.
> Eisenstadt S., 2002: Multiple Modernities. In: Eisenstadt S. (ed.). *Multiple Modernities.* New Brunswick-London: Transaction Publishers

Für eine kurze Darstellung der Theorie Eisenstadts siehe:

> Koenig M., 2005: Shmuel Noah Eisenstadt. In: D. Kaesler (Hg.), *Aktuelle soziologische Theorien. Von Shmuel N. Eisenstadt bis zur Postmoderne.* München: C. H. Beck.

Die Kritik von Bruno Latour an der Moderne (und an der Postmoderne) findet sich in seinem Buch:

> Latour B., 2008: *Wir sind nie modern gewesen. Versuch einer symmetrischen Anthropologie.* Frankfurt: Suhrkamp.

Wer sich intensiver mit der Moderne beschäftigen möchte, als wir das hier tun konnten, sei insbesondere auf die folgenden Bücher verwiesen:

> Habermas J., 1988: *Der philosophische Diskurs der Moderne. Zwölf Vorlesungen.* Frankfurt: Suhrkamp.

Nassehi A., 2009: *Der Soziologische Diskurs der Moderne*. Frankfurt: Suhrkamp

Schwinn T. (Hg.), 2006: *Die Vielfalt und Einheit der Moderne. Kultur- und strukturvergleichende Analysen*. Wiesbaden: VS Verlag für Sozialwissenschaften.

Wagner P., 1994: *A Sociology of Modernity. Liberty and Discipline*. London-New York: Routledge.

Die theoretischen Überlegungen und die empirische Forschung von Ronald Inglehart über Modernisierung und Postmodernisierung sind in den folgenden Büchern ausführlich dargestellt:

Inglehart R., 1997: *Modernization and Postmodernization. Cultural, Economic and Political Change in 43 Societies*. Princeton: Princeton University Press.

Inglehart R., Welzel C., 2005: *Modernization, Cultural Change and Democracy*. Cambridge-New York: Cambridge University Press.

Meine kurze Darstellung der Theorie der reflexiven Moderne stützt sich insbesondere auf folgende Arbeiten:

Beck U., 1986: *Risikogesellschaft. Auf dem Weg in eine andere Moderne*. Frankfurt: Suhrkamp.

Beck U., Bonß W. (Hg.), 2001: *Die Modernisierung der Moderne*. Frankfurt: Suhrkamp.

Beck U., Giddens A., Lash S., 1994: *Reflexive Modernization. Politics, Tradition and Aesthetics in the Modern Social Order*. Stanford: Stanford University Press.

Giddens A., 1996: *Konsequenzen der Moderne*. Frankfurt: Suhrkamp.

Anthony Giddens Kritik der Evolutionstheorie findet sich in dem folgenden Buch:

Giddens A., 1997: *Die Konstitution der Gesellschaft*. Frankfurt-New York: Campus.

Bei der Darstellung der Evolutionstheorien in der Sozialwissenschaft habe ich mich insbesondere auf folgende Bücher gestützt:

Barnard A., 2000: History and Theory in Anthropology. Cambridge: Cambridge University Press

Müller S. S. W., 2010: *Theorien sozialer Evolution. Zur Plausibilität darwinistischer Erklärungen sozialen Wandels*. Bielefeld: Transcript

Stzompka P., 1993: *The Sociology of Social Change*. Oxford-Cambridge: Blackwell

Das oben genannte Buch von Stephan Müller ist insbesondere für die Leserinnen und Leser empfehlenswert, die sich für neo-darwinistische und sozio-biologische Ansätzen der Evolutionstheorie interessieren.

Die Theorie der dualen Vererbung von Robert Boyd und Peter Richersen ist in dem folgenden Buch ausführlich dargestellt, dass allerdings für viele Leserinnen und Leser etwas schwierig verständlich sein könnte, weil es in einer stark mathematisch geprägten Form verfasst ist:

Boyd R., Richersen P. J., 1985: *Culture and the Evolutionary Process*. Chicago-London: University of Chicago Press.

Niklas Luhmanns' Evolutionstheorie ist ausführlich dargestellt in:

Luhmann N., 1997: *Die Gesellschaft der Gesellschaft, Bd. 1.* Frankfurt: Suhrkamp

Die bei der Darstellung der evolutionistischen Ökonomik erwähnte Anmerkung von Ulrich Witt zu Schumpeters Rolle in der Theoriediskussion findet sich in dem folgenden Aufsatz:

Witt U., 2006: Evolutionsökonomik – Ein Überblick, in *Ökonomie und Gesellschaft, Jahrbuch 19: Evolution in Wirtschaft und Gesellschaft.* Marburg: Metropolis

Neben diesem Aufsatz habe ich mich bei der Darstellung der evolutionistischen Ökonomik insbesondere auf folgende Arbeiten gestützt, die ich zum Teil auch im Text etwas ausführlicher dargestellt habe:

Boulding K., 1981: *Ecodynamics. A New Theory of Societal Evolution.* Beverly Hills-London: Sage

Foster J., Metcalfe S. J. (eds.), 2001: *Frontiers of Evolutionary Economics. Competition, Self-Organisation and Innovation Policy.* Cheltenham-Northampton: Edward Elgar

Hanappi H., 1994: *Evolutionary Economics. The evolutionary revolution in the social sciences.* Aldershot: Avebury

Schmid M., 2004: *Rationales Handeln und soziale Prozesse. Beiträge zur soziologischen Theoriebildung.* Wiesbaden: VS Verlag für Sozialwissenschaften

Witt U., 2008: Evolutionary economics. In: S. N. Durlauf and L. E. Blume (eds.), *The New Palgrave Dictionary of Economics.* Basingstoke: Palgrave Macmillan

Weise P., 2006: Gesellschaftliche Evolution und Selbstorganisation, in *Ökonomie und Gesellschaft, Jahrbuch 19: Evolution in Wirtschaft und Gesellschaft.* Marburg: Metropolis

Die bibliographischen Angaben zu den im Text diskutierten Studien von Murmann sowie von Nelson und Winter lauten:

Murmann Johann Peter, 2003: *Knowledge and Competitive Advantage. The Coevolution of Firms, Technology, and National Institutions.* Cambridge-New York: Cambridge University Press

Nelson R. R., Winter S. G., 1982: *An Evolutionary Theory of Economic Change.* Cambridge-London: Harvard University Press

Stephen Toulmins evolutionististische Wissenschaftstheorie ist dargestellt in:

Toulmin S., 1983: *Kritik der kollektiven Vernunft.* Frankfurt: Suhrkamp

Eine kritische Darstellung der Evolutionstheorie Toulmins bietet:

Müller S. S. W., 2010: *Theorien sozialer Evolution. Zur Plausibilität darwinistischer Erklärungen sozialen Wandels.* Bielefeld: Transcript

Niklas Luhmanns Evolutionstheorie der Wissenschaft findet sich in:

Luhmann N., 1990: *Die Wissenschaft der Gesellschaft.* Frankfurt: Suhrkamp

Neben den oben genannten Arbeiten stützt sich meine Darstellung der Evolution von Wissenschaft auf folgende Bücher:

Hull D. L., 1988: *Science as a Process. An Evolutionary Account of the social and Conceptual Development of Science.* Chicago-London: University of Chicago Press.
Kwaśnicki W., 1996: *Knowledge, Innovation and the Economy. An Evolutionary Exploration.* Cheltenham-Brookfield: Edward Elgar.

6. Kapitel: Der Nutzen der Einheit

Ich habe im Vorwort dieses Buches dargestellt, dass ich Sozialwissenschaft als ein zusammen-hängendes Wissenssystem betrachte, das allerdings pluralistisch strukturiert und deshalb auch nicht vollständig integriert ist. Diesen Blickwinkel habe ich ganz pragmatisch begründet. Ich habe dargestellt, dass ich keine erkenntnistheoretische Grundsatzdebatte führen will, sondern Möglichkeiten aufzeigen will, wie Sozialwissenschaftlerinnen und Sozialwissenschaftler im Studium, in Wissenschaft und Praxis das große Wissen der Sozialwissenschaft besser und vor allem systematischer nutzen können. Darüber hinaus soll das Buch Anregungen für eine problemorientierte, aber auch systematische Kommunikation und Kooperation zwischen Sozialwissenschaftlerinnen und Sozialwissenschaftlern aus unterschiedlichen Fächern ver-mitteln. In dieser pragmatischen Perspektive ist die Betrachtung von Sozialwissenschaft als einheitliches Wissenssystem deshalb sinnvoll, weil sie oft für die Arbeit von Sozialwissen-schaftlerinnen und Sozialwissenschaftler im Studium, in der Wissenschaft und in der Praxis nützlich ist.

Dieser Nutzen kann vielfältig sein. Er kann in einer Erleichterung der Kommunikation in Arbeitszusammenhängen, in denen Sozialwissenschaftlerinnen und Sozialwissenschaftler aus unterschiedlichen Disziplinen oder mit unterschiedlichen theoretischen Ansätzen zu-sammenarbeiten, bestehen. Diese Erleichterung wird durch die Möglichkeit, Aussagen aus einem anderen theoretischen oder disziplinären Kontext in den eigenen Kontext zu übersetzen, geschaffen. Der Nutzen kann auch daraus resultieren, dass man wissenschaftliche und praktische Probleme aus einer anderen theoretischen oder disziplinären Perspektive betrachtet und dadurch Anregungen für eine veränderte Definition dieser Probleme im eigenen theore-tischen oder disziplinären Kontext gewinnen kann. Veränderungen von Problemdefinitionen können in vielen Fällen die Lösung von Problemen erleichtern. Darüber hinaus kann es oft nützlich sein, kognitive Inhalte anderer Theorien und Forschungsprogramme in die eigene Theorie oder das eigene Forschungsprogramm zu adaptieren, um letztere weiter zu entwickeln. Schließlich erweist sich oft die Verknüpfung von unterschiedlichen Theorien und Ansätzen als nützlich, wenn man eine operationale theoretische Grundlage für ein empirisches For-schungsprojekt benötigt. Diese Perspektive und die damit verbundenen Möglichkeiten und Chancen werde ich im Folgenden noch etwas ausführlicher diskutieren und an konkreten Beispielen illustrieren. Zuvor diskutiere ich zusammenfassend die organisatorischen und inhaltlichen Strukturen der Sozialwissenschaft. Diese Strukturen bilden den Rahmen, in dem die oben genannten Möglichkeiten entstehen und genutzt werden können.

Die Strukturen der Sozialwissenschaft

In den im fünften Kapitel diskutierten evolutionistischen Erklärungen der Entwicklung von Wissenschaft ging es im Kern immer um Wissenssysteme, also um die Inhalte von Wissen-schaft. Nur Toulmin hat mit der Unterscheidung von Profession und Disziplin Organisationsstrukturen einbezogen. Allerdings ging auch er davon aus, dass die Entwicklung von Wissenschaft letztlich durch die Selektionslogik des Wissenssystems bestimmt wird, weil auch das professionelle Organisations- und Kommunikationssystem letztlich dieser Logik unterworfen ist. Diese Sicht unterschätzt jedoch die Bedeutung der Profession als organisatorischen und institutionellen Rahmen wissenschaftlicher Produktion und Kommunikation. Wie ich im Folgenden darstellen werde, kann man gerade in den Sozialwissenschaften einen engen Zusammenhang zwischen den professionellen Organisations- und Kommunikationsstrukturen und dem Wissenssystem feststellen.

Die Strukturen der sozialwissenschaftlichen Profession

In den modernen Industriegesellschaften werden die Inhalte von Wissenschaft im Rahmen von dichten professionellen Organisations- und Kommunikationsstrukturen produziert. Die Organisationsstrukturen werden gebildet durch Fachverbände und andere wissenschaftliche Gesellschaften, Fachzeitschriften und wissenschaftliche Verlage, Hochschulen und deren Fakultäten und Institute sowie andere Forschungseinrichtungen, Forschungsorganisationen und Stiftungen, nationale und internationale Forschungsverbünde und wissenschaftliche Beiräte von Ministerien und anderen Organisationen. Diese Akteure organisieren alltäglich eine Vielzahl von Austausch- und Kommunikationsprozessen. Darüber hinaus gibt es vielfältige informelle Kommunikationsbeziehungen zwischen Wissenschaftlerinnen und Wissenschaftlern.

Viele der organisierten Kommunikationsprozesse sind auf bestimmte Disziplinen beschränkt, manche sind Disziplinen übergreifend. Während die informellen Kommunikationsbeziehungen oft im Kontext bestimmter Denkschulen und Forschungsprogramme angesiedelt sind, sind nur wenige der organisierten Kommunikationsbeziehungen an einem solchen gebunden. Die Fachverbände und Zeitschriften der Disziplinen haben ein genuines Interesse daran, dass es ihnen gelingt, Austausch- und Kommunikationsprozesse zu organisieren, die möglichst alle Denkschulen und Forschungsprogramme in der Disziplin einbeziehen. Wenn sie das nicht schaffen, verlieren Fachverbände Mitglieder oder ihre Konferenzen und Tagungen werden schlecht besucht; die Zeitschriften verlieren Abonnenten. Thematisch organisierte wissenschaftliche Vereinigungen und Zeitschriften, wie die Regional Studies Association oder die Zeitschrift Research Policy, müssen in ihrem eigenen Bestandsinteresse erfolgreich disziplinenübergreifende Austausch- und Kommunikationsprozesse organisieren, weil sie sonst nicht genügend Mitglieder, Autoren und Abonnenten gewinnen können. Viele Fakultäten und Forschungseinrichtungen könnten ihre Aufgaben in Lehre und Forschung gar nicht erfüllen, wenn es nicht gelänge, alltäglich Austausch- und Kommunikationsprozesse zu unterhalten, die nicht nur Denkschulen, sondern auch Disziplinen übergreifen.

Das kann ich gut anhand meines eigenen wissenschaftlichen Umfelds illustrieren. Die Fakultät für Sozialwissenschaft der Ruhr-Universität Bochum, an der ich lehre, umfasst nicht nur die Fächer Soziologie und Politikwissenschaft, sondern auch Sozialpsychologie, Sozialanthropologie & Sozialökonomik (Volkswirtschaftslehre) sowie Methodenlehre & Statistik. Diese Fächer sind innerhalb der Fakultät als Sektionen organisiert, was durchaus Anreize schaffen könnte, sich nur im eigenen Fach zu bewegen. Allerdings gehören die Mitglieder mancher Sektionen unterschiedlichen Denkschulen an, was diese Anreize wieder schwächt. Da alle fünf Fächer an allen Studiengängen und Studienprogrammen der Fakultät beteiligt sind, müssen sie zumindest für die Lehre gemeinsame Verständnisse und Konzepte entwickeln und sich entsprechend austauschen. Tatsächlich geht die Kooperation darüber hinaus. Es gibt in der Fakultät eine ganze Reihe von fachübergreifenden Forschungsaktivitäten, in denen Fakultätsmitglieder aus unterschiedlichen Fächern und unterschiedlichen Denkschulen, aber mit gleichen Interessen an bestimmten Forschungsthemen, zusammenarbeiten. Einzelne Lehrprogramme und Forschungsaktivitäten werden auch mit Mitgliedern anderer Fakultäten durchgeführt. Viele dieser Austauschprozesse ergeben sich aus den funktionalen Erfordernissen und den entsprechenden institutionellen Regelungen von Fakultäten. Nicht wenige entwickeln sich jedoch ohne institutionelle Anstöße aus thematischen oder persönlichen Beziehungen zwischen Wissenschaftlerinnen und Wissenschaftlern.

Ganz ähnlich verhält es sich auch mit dem Institut Arbeit und Technik in Gelsenkirchen, das ich leite. An diesem Institut gibt es Forschungsschwerpunkte, die auf unterschiedliche anwendungsbezogene Problemfelder, wie Gesundheitswirtschaft, regionale Innovation oder Fachkräfteentwicklung, ausgerichtet sind. Da diese Problemfelder auf unterschiedliche sozialwissenschaftliche Disziplinen übergreifen, kommen die Mitglieder der Forschungsschwerpunkte aus unterschiedlichen Disziplinen. Sie vertreten oft unterschiedliche theoretische Ansätze. In ihrer alltäglichen Forschungstätigkeit müssen sie jedoch in Projekten zusammenarbeiten, deren Auftrag in der Lösung eines konkreten praktischen Problems besteht. Um diesen Auftrag zu erfüllen, müssen sie für jedes Projekt eine gemeinsame konzeptuelle Basis und ein gemeinsames Forschungsdesign entwickeln. Sie müssen sich zudem jenseits ihrer unterschiedlichen theoretischen Position auf eine bestimmte Interpretation der empirischen Projektergebnisse und auf gemeinsame Lösungsvorschläge für die Auftraggeber der Projekte einigen. In vielen Projekten arbeiten die Mitglieder des Instituts mit Wissenschaftlerinnen und Wissenschaftlern aus anderen Einrichtungen und anderen Ländern zusammen und müssen auch mit diesen eine gemeinsame Basis für die jeweiligen Projekte entwickeln.

Die hier beschriebenen Kommunikationszusammenhänge bilden für alle Beteiligten jeweils nur einen mehr oder weniger großen Ausschnitt ihres Kommunikationsgeflechts. Das will ich hier nicht weiter ausführen, sondern einfach festhalten, dass moderne Wissenschaftssysteme hoch organisierte und dichte Kommunikationssysteme sind. Diese Systeme werden in den evolutionistischen Erklärungen der Entwicklung von Wissenschaft, die wir im letzten Kapitel diskutieren, vernachlässigt. Wissenschaft wird betrachtet als ein Prozess des Auftretens, der Aufnahme oder Ablehnung und der Verknüpfung von Ideen und Konzepten. Die eigentliche Produktion dieser Ideen und Konzepte sowie die dahinter stehenden Organisations- und Kommunikationsstrukturen und deren jeweilige Logik bleiben außer Betracht. Das gilt selbst für Toulmin, der zwar, wie wir im fünften Kapitel gesehen haben, diese Strukturen als Profession erfasst und den inhaltlichen Strukturen, der Disziplin gegenüber stellt, dabei aber annimmt, dass die Profession letztlich der Logik der Disziplin folgt. Diese Annahme ist jedoch weder theoretisch noch empirisch begründet. Im Gegenteil: Es spricht vieles dafür, dass diese Strukturen nicht einfach der Logik des jeweiligen Wissenssystems unterliegen, sondern einer eigenen Logik folgen. Beide Logiken sind zwar nicht unabhängig voneinander, aber auch nicht vollständig aufeinander abgestimmt.

Das lässt sich am Beispiel von Fachverbänden gut verdeutlichen. Fachverbände sind Organisationen, werden also hierarchisch gesteuert. Die Steuerung erfolgt durch gewählte Personen und Gremien. Jede Wissenschaftlerin und jeder Wissenschaftler, die oder der sich nicht völlig aus den Aktivitäten der Verbände heraus hält, weiß aus eigener Erfahrung, dass es bei Wahlen und der Besetzung von Positionen und Gremien in Fachverbänden viel mehr um Macht, Reputation und die Kontrolle über Ressourcen als um wissenschaftliche Inhalte geht. Das ist ganz einfach die Folge der im vierten Kapitel diskutierten Logik des kollektiven Handelns. Macht, Reputation und die Kontrolle über Ressourcen bilden die Anreize, die Fachverbände für die Übernahme von Führungspositionen und das Engagement in Gremien bieten können. Damit sind aber auch vielfältige Möglichkeiten verbunden, auf die inhaltliche Entwicklung einer Disziplin Einfluss zu nehmen – zum Beispiel durch die Gestaltung von Konferenz- und Tagungsprogrammen, die Auswahl von Themen für Sonderhefte von Fachzeitschriften, die Verleihung von Preisen, die Besetzung der Gremien von Zeitschriften oder die Bestimmung von Vertreterinnen und Vertretern in internationalen Fachvereinigungen. Diese Möglichkeiten sind im Hinblick auf die oben angesprochenen Verbandsinteressen beschränkt, aber oft durchaus wirksam. Sie können dazu führen, dass sich bestimmte Themen, Theorien und Forschungsprogramme schneller und breiter, andere weniger schnell und breit oder gar nicht durchsetzen.

Die Vernachlässigung der professionellen Organisations- und Kommunikationsstrukturen mag sinnvoll sein, wenn es nur darum geht, die ideengeschichtliche Entwicklung von Wissenschaft zu rekonstruieren. Wenn man jedoch wirklich erklären will, warum bestimmte kognitive Inhalte zu einem bestimmten Zeitpunkt in einer Disziplin aufgenommen werden und andere nicht, wie sich bestimmte wissenschaftliche Verständnisse von Realität durchsetzen können, während andere abgelehnt werden, oder warum sich eine Disziplin bestimmte wissenschaftliche oder praktische Probleme zu eigen macht, während andere vernachlässigt werden, greifen diese Erklärungen zu kurz. Sie unterstellen Wissenschaft eine Objektivität, die nicht nur wegen der eigenen Logik der professionellen Organisations- und Kommunikationssysteme in der wissenschaftlichen Realität noch nicht einmal approximativ erreicht werden kann. Da wissenschaftliche Erkenntnis eine wichtige gesellschaftliche Ressource darstellt, wird sie auch von anderen gesellschaftlichen Teilsystemen, insbesondere der Politik und der Wirtschaft, mehr als nur marginal beeinflusst – man denke etwa an die Bedeutung der Militärforschung für manche wissenschaftliche Disziplinen.

Ich kann die komplexen Organisations- und Kommunikationsstrukturen von Wissenschaft, insbesondere der Sozialwissenschaft, hier nicht ausführlich diskutieren, sondern beschränke mich auf eine knappe strukturelle Erklärungsskizze zum Zusammenhang zwischen den professionellen Organisations- und Kommunikationsstrukturen in der Sozialwissenschaft und den pluralistischen Strukturen des sozialwissenschaftlichen Wissenssystem. Dazu nehme ich nochmals die bereits im vierten Kapitel dargestellte Netzwerktheorie von Mark Granovetter auf. Diese Theorie bezieht sich zwar konkret auf die Entwicklung und Verbreitung von Normen und Erwartungen, lässt sich aber auch auf die Erzeugung und Verbreitung von wissenschaftlicher Erkenntnis anwenden. Granovetters Ansatz folgend, betrachten wir Sozialwissenschaft als ein System von sozialen Netzwerken. Die einzelnen Netzwerke basieren auf starken sozialen Beziehungen, also auf Beziehungen, die regelmäßig, intensiv und über unterschiedliche Personen mehrfach verflochten sind. Sie werden zum Teil durch Organisationen, wie Fachverbände oder Hochschulen, geschaffen und geregelt. Die Verknüpfung der Netzwerke erfolgt laut Granovetter über Beziehungen, die zwar unregelmäßig und wenig intensiv sind, jedoch den beteiligten Akteuren eine hinreichende Erwartungssicherheit im Umgang miteinander bietet. Zumindest in der Wissenschaft werden aber unterschiedliche Netzwerke oft auch durch überlappende Mitgliedschaften verknüpft, also dadurch, dass Wissenschaftlerinnen und Wissenschaftler gleichzeitig mehreren Netzwerken angehören.

In der Wissenschaft gibt es unterschiedliche Typen von Netzwerken, die ich hier ohne Anspruch auf Vollständigkeit nenne. Es gibt die Netzwerke, die durch oder innerhalb von Fakultäten für die Durchführung ihrer Aufgaben in Forschung und Lehre organisiert oder spontan gebildet werden. Ein anderer Typ von Netzwerk wird durch regelmäßige wissenschaftliche Zusammenarbeit innerhalb von Sektionen oder Arbeitsgruppen konstituiert, die durch Fachverbände und ähnliche Einrichtungen organisiert werden. Im Rahmen von Fachverbänden und anderen Organisationen entsteht ein dritter Typ von Netzwerken, die durch persönliche Interaktionen in den Gremien dieser Organisationen bestimmt sind. Diese Netzwerke sind oft nicht oder nur lose mit bestimmten Inhalten verbunden. Ein vierter Typ von Netzwerken bildet sich in Form der Zusammenarbeit in Forschungsprojekten und -verbünden, die zum Teil lokal verankert, teilweise aber auch international angelegt sind. Nicht zuletzt gibt es die vielen Netzwerke von Wissenschaftlerinnen und Wissenschaftlern, die nicht Organisations- oder Projektzusammenhänge eingebunden sind, sich aber aus solchen Zusammenhängen bekannt sind und untereinander eine regelmäßige informelle Kommunikation unterhalten.

Schwache Beziehungen bilden sich in den gleichen Kontexten wie starke Beziehungen. Sie unterschieden sich von starken Beziehungen vor allem durch die Häufigkeit und die Stabilität ihrer Kontexte. Wissenschaftlerinnen und Wissenschaftler mit schwachen Beziehungen interagieren zumeist weniger regelmäßig und vor allem in wechselnden Kontexten. Sie treffen sich immer wieder mal in dem einen oder anderen Kontext, mal als Gutachter bei einem großen Forschungsprojekt, mal als Mitherausgeber einer Fachzeitschrift, mal als Diskutanten auf einem Podium oder auch mal am Rande einer internationalen Konferenz an der Hotelbar. Dabei lernen sie sich zumindest soweit kennen und schätzen, dass ein gewisses Grundvertrauen gesichert ist. Das führt dann zum Beispiel dazu, dass man sich bei der anderen Person mal vertraulich nach der Qualität eines Bewerbers oder einer Bewerberin informiert, eine dritte Person für eine Stelle empfiehlt, sich einen fachlichen Rat oder eine fachliche Information einholt und sich wechselseitig neue Veröffentlichungen zusendet.

Diese vielen Netzwerke bilden die Knotenpunkte wissenschaftlicher Kommunikation, in denen die meisten wissenschaftlichen Ideen und Konzepte entwickelt und anfänglich auch kommuniziert werden. Sie sind zugleich die Mikrokosmen, in denen institutionelle Regelungen der Wissenschaft neu entwickelt oder verändert werden. Sie sind mit anderen Worten die Grundeinheiten wissenschaftlicher Produktion. In der Sozialwissenschaft und in vielen anderen Disziplinen beschäftigt sich nur ein relativ geringer Teil der Netzwerke intensiv mit grundlegenden methodologischen und theoretischen Ansätzen und Problemen. Das gilt selbst für einen großen Teil der Netzwerke, die durch enge wissenschaftliche Zusammenarbeit konstituiert werden. Der große Teil auch dieser Netze beschäftigt sich mit konkreten empirischen oder gar praktischen Problemen, beispielsweise mit Problemen der regionalen Wirtschaftsentwicklung, der Familiensoziologie, des Entscheidungsverhaltens von Unternehmen, der Entwicklung und Verteilung von Einstellungen und Werten oder der kulturellen Entwicklung bestimmter Volksstämme.

Dieser Sachverhalt bedeutet, dass die theoretischen und methodologischen Grundlagen, die, wie wir im fünften Kapitel gesehen haben, in evolutionstheoretischer Sicht als konstitutiv für die Evolution von Wissenssystemen betrachtet werden, für einen großen Teil der intensiven und regelmäßigen wissenschaftlichen Kommunikation keine zentralen Themen sind. Theoretische und methodologische Divergenzen erzeugen deshalb oft keine intensive Kommunikation und haben somit wenig Einfluss auf die Evolution der Wissenschaft. Ein gutes Beispiel dafür ist die Volkswirtschaftslehre. Seit vielen Jahren werden, insbesondere von führenden Vertretern der neuen Institutionenökonomik und der evolutionistischen Ökonomik, wichtige Grundlagen der Neoklassik in Frage gestellt ohne dass dadurch eine Debatte provoziert wird, welche zu einer grundlegenden Veränderung der Neoklassik führen könnte. Variationen, die grundlegend sein könnten, werden zwar kommuniziert und aufgenommen, lösen aber keine oder nur marginale Prozesse der Selektion und Restabilisierung aus. Die gleiche strukturelle Logik führt dazu, dass auch wahrgenommene Übereinstimmungen und Ähnlichkeiten zwischen unterschiedlichen Theorien keine bedeutenden Entwicklungen in Richtung auf Konvergenz und Integration erzeugen. Das kann man insbesondere in der Soziologie, der Betriebswirtschaftslehre oder der Sozialanthropologie beobachten, ist aber, wie ich gleich noch ausführen werde, charakteristisch für das Wissenssystem der Sozialwissenschaft insgesamt.

Pluralismus: Die Struktur des Wissenssystems

Die Organisations- und Kommunikationsstrukturen der Sozialwissenschaft lassen sich in den Wissensstrukturen der Sozialwissenschaft gut wieder erkennen. Der methodologische und vor allem der theoretische Pluralismus der Sozialwissenschaft hat eine Struktur, die weder in das erkenntnistheoretische Pluralismuskonzept von Feyerabend, das wir im ersten Kapitel diskutiert haben, passt, noch in die von den im fünften Kapitel diskutierten evolutionistischen Ansätzen vorgegebenen Strukturmuster. Im Erkenntnismodell von Feyerabend heißt Pluralismus die Konkurrenz von Theorien, die prinzipiell gleichrangig sind. In der Sozialwissenschaft haben wir es zwar mit vielen Theorien zu tun, die zwar prinzipiell gleichrangig sind, die aber miteinander eher koexistieren als konkurrieren. Die Abgrenzung zwischen den einzelnen Theorien ist oft unscharf und ihre wechselseitigen Bezüge sind oft fließend. Viele dieser Theorien sind keine strikten Alternativen, sondern basieren auf ähnlichen Grundlagen und teilen Ideen und Konzepte. Das wird deutlich, wenn man versucht, die Struktur der Sozialwissenschaft mit Hilfe von Toulmins Evolutionstheorie zu rekonstruieren.

Wie wir im fünften Kapitel gesehen haben, besteht in Toulmins Sicht der Sinn von Evolution in der Sicherung des Fortbestandes der Art. Art setzt er bezogen auf Wissenschaft mit Disziplin gleich. Der Fortbestand der Disziplin heißt bei ihm eine genealogische Weiterentwicklung der Ideen und der Problembezüge der Disziplin. Toulmin definiert den Fortbestand der Disziplin nicht durch den Erhalt von bestimmten Ideen, Prinzipien und Problembezügen, die konstitutiv für die Disziplin sind, denn auch diese unterliegen in bestimmten Entwicklungszeitpunkten der evolutionären Veränderung. Diese Veränderungen erfolgen jedoch so, dass zwischen neuen und alten Ideen, Prinzipien und Problembezügen Abstammungsbeziehungen bestehen. Das heißt, das sie nicht zufällig entstanden oder von Außen in die Disziplin hineingetragen werden, sondern sich aus den bestehenden Ideen, Prinzipien und Problembezügen heraus entwickeln.

Ein gutes Beispiel für eine solche genealogische Entwicklung bietet die Volkswirtschaftslehre. Ich habe im dritten Kapitel dargestellt, dass sich die Volkswirtschaftslehre auf Grund des Wertparadoxons von Thomas von Aquin gegenüber der Theologie verselbständigt hat und daraus allmählich eine naturrechtliche Basis für die Wirtschaftswissenschaft entstand. Dabei blieb das Wertproblem das zentrale Problem. Im Rahmen der Naturrechtslehre hat sich der Utilitarismus entwickelt, der dann weiter zur klassischen Volkswirtschaftslehre führte. Auch dabei blieb das Wertproblem zentral und wurde immer noch bestimmt durch die Suche nach einem objektiven Maßstab für den Wert von Gütern. Die schon mit der Naturrechtslehre eingeführte und mit dem Utilitarismus verstärkte Orientierung am Nutzen der Individuen schlug sich in der Neoklassik in der Transformation des utilitaristischen Prinzips nieder, das sich ursprünglich auf den gesellschaftlichen Wohlstand und dessen Verteilung bezog, also in ein individualistisches Handlungsprinzip, das Rationalitätsprinzip. Dabei wurde auch die Lösung des Wertproblems auf eine individualistische Basis gestellt.

Von der Volkswirtschaftslehre abgesehen, kann man in der Sozialwissenschaft zwar viele genealogische Zusammenhänge feststellen, aber sie bilden ein ganz anderes Strukturmuster als es Toulmins Theorie vorsieht und als es zumindest approximativ in der Volkswirtschaftslehre erkennbar ist. Genealogisch gibt es mehr oder weniger stark ausgeprägte Zusammenhänge zwischen vielen theoretischen Ansätzen der einzelnen sozialwissenschaftlichen Disziplinen und in der Sozialwissenschaft insgesamt. Herbert Spencer war, wie ich im dritten Kapitel erwähnt habe, einerseits stark von Auguste Comte beeinflusst, nahm aber gleichzeitig den individualistischen Ansatz der Volkswirtschaftslehre auf. Talcott Parsons war wiederum von Spencer beeinflusst, vertrat aber einen holistischen Ansatz, der bekanntlich von der strukturfunktionalistischen Theorie von Borislaw Malinowski und Alfred Radcliffe-Brown abstammt. Wie wir im fünften Kapitel gesehen haben, haben viele soziologische Theorien das Differenzierungsprinzip von Spencer übernommen, so auch Emile Durkheim, dessen Holismus allerdings in einem harten Gegensatz zu Spencers Individualismus stand. Spencers Evolutionstheorie prägte auch Thorstein Veblens Denken, der als ein Begründer der evolutionistischen Ökonomik gilt. Georg Simmels Ideen von der Vergesellschaftung wurden von der Chicago School der Soziologie aufgenommen der auch George Herbert Mead angehörte. Mead studierte einige Zeit bei Wilhelm Wundt, von dessen Ideen er stark beeinflusst war. Max Webers Handlungskonzept hat Eingang in ganz unterschiedliche soziologische Theorien gefunden, ist kritisch etwa von Alfred Schütz aufgenommen worden. Alfred Schütz' Phänomenologie hat sich zum Konstruktivismus weiter entwickelt, auf den so unterschiedliche Ansätze, wie Niklas Luhmanns Systemtheorie und Anthony Giddens Theorie der Strukturierung Bezug nehmen. Das Prinzip der beschränkten Rationalität in der ökonomischen Theorie geht zurück auf die verhaltenswissenschaftliche Entscheidungstheorie aus der Soziologie und der Betriebswirtschaftslehre. Ronald Ingleharts Theorie beruft sich einerseits auf die psychologische Bedürfnistheorie von Abraham Maslow, anderseits auf Max Webers Rationalisierungskonzept und die Modernisierungstheorie. Diese Liste lässt sich noch weiter fortsetzen.

Obwohl es zwischen den vielen theoretischen Ansätzen in der Sozialwissenschaft eine
Vielzahl von Verwandtschaftsbeziehungen gibt, entspricht die Situation der Sozialwissenschaft nicht dem, was nach Toulmins Theorie zu erwarten wäre. In Toulmins Theorie bilden
genealogische Zusammenhänge klare Abstammungslinien. Abstammungslinien im Sinne
von Toulmin haben einen gemeinsamen Ausgang und verästeln sich später. Verästelungen
heißt, dass sich die Entwicklung an einem bestimmten Punkt in zwei oder mehrere Entwicklungslinien trennt, die sich zunehmend von einander entfernen. Die Evolution lässt sich also
durch einen Baum darstellen, dessen Stamm sich in Äste teilt, die sich ihrerseits in weitere
Äste teilen. In der Sozialwissenschaft haben unterschiedliche Theorien teilweise unterschiedliche Ursprünge, werden aber später miteinander zu neuen Ansätzen verknüpft oder durch
kognitive Inhalte aus anderen Theorien verändert. Neuere Theorien greifen auf ältere zurück oder schaffen Querbezüge zu anderen Theorien. Es gibt also in der Sozialwissenschaft
zumeist keine klaren Abstammungslinien. Klare Abstammungslinien könnte man als klar
getrennte Disziplinen oder als ebenso klar getrennte konkurrierende Forschungsprogramme
interpretieren. Die tatsächlich beobachtbaren genealogischen Zusammenhänge zwischen
sozialwissenschaftlichen Theorien entsprechen dagegen dem oben schon skizzierten Bild
eines unscharfen Pluralismus.

Dieses Bild wird noch deutlicher, wenn wir die begrifflichen und konzeptuellen Grundlagen der Sozialwissenschaft und ihrer Theorien betrachten. Wie wir vor allem im zweiten,
vierten und fünften Kapitel gesehen haben, gibt es in der Sozialwissenschaft zwar viele
gemeinsame Begriffe und Konzepte, die jedoch in den unterschiedlichen Theorien und
Forschungsprogrammen mehr oder weniger unterschiedlich definiert und interpretiert werden. Einige Begriffe, wie Arbeitsteilung, Organisation, Herrschaft oder Interaktion, werden
ziemlich einheitlich gebraucht, andere, wie Evolution, Institution oder Handeln, werden
weniger einheitlich gehandhabt. Harte begriffliche Gegensätze dagegen sind selten. Auch
bei grundlegenden Konzepten finden wir bei genauerem Hinsehen selten harte konzeptuelle
Gegensätze, sondern eher unscharfe Muster von Übereinstimmung und Differenz.

Ein illustratives Beispiel für diesen Sachverhalt ist das Konzept des rationalen Handelns. Wenn man dieses Konzept nicht so eng definiert, wie es die neoklassische Ökonomie
mit ihrem strikten Rationalitätskonzept tat, sondern eine Definition zu Grunde legt, wie
wir sie im zweiten Kapitel in Anlehnung an Jürgen Straub formuliert haben, gibt es keine
sozialwissenschaftliche Theorie, die ohne das Konzept des rationalen Handelns auskommt.
Im zweiten Kapitel haben wir rationales Handeln durch zwei Merkmale definiert, nämlich,
dass es sinnhaft strukturiert ist und dass es wissensgeleitet ist. Das so definierte Konzept von
rationalem Handeln finden wir in allen Handlungstheorien und verhaltenswissenschaftlichen
Ansätzen wieder – allerdings auch hier schon mit Variationen. Das brauchen wir hier nicht
weiter zu diskutieren, weil es schon fast trivial ist. Etwas weniger trivial ist, dass auch die
Phänomenologie und der soziale Konstruktivismus auf das Konzept rationalen Handelns
zurückgreifen müssen. Wie ich im vierten Kapitel dargestellt habe, lässt sich der Sinn von
Handeln nur dann typologisch rekonstruieren, wenn man davon ausgeht, dass Handeln rational ist. Im Fall der Systemtheorie ist der Rückgriff auf das Konzept des rationalen Handelns
bei Parsons gut nachvollziehbar. Wie ich im dritten Kapitel dargestellt habe, operieren soziale
Systeme so, dass sie dem rationalen Handeln von Individuen Grenzen setzen, deren Sinn für
die Individuen, auf Grund der Interpenetration von psychischem System und kulturellem bzw.

sozialem System, auch nachvollziehbar sind. Weniger offensichtlich, aber eher noch stärker ist der Rekurs auf rationales Handeln bei Luhmann. Gesellschaft als Sinnsysteme zu fassen, macht nur dann Sinn, wenn man unterstellen kann, dass Individuen sinnvoll handeln – auch und gerade, wenn die Individuen und ihr Handeln selbst nicht Elemente des Systems sind. Nur rational handelnde Individuen können die in Sinnsystemen enthaltenen Konstrukte und Erwartungen in ihrem Bewusstsein adaptieren und entsprechend mit den Systemen in ihrer Umwelt kommunizieren. Wie wir im vorangehenden Kapitel bezogen auf Wissenschaft gesehen haben, geht Luhmann beispielsweise davon aus, dass Individuen (Wissenschaftlerinnen und Wissenschaftler) mit ihren Miteilungen intentional und in Kenntnis der Strukturen des Wissenschaftssystems handeln.

Ein zweites illustratives Beispiel ist das von Luhmann vertretene Konzept des selbstreferentiellen Systems, das oft als Negation jedes Handlungskonzeptes erscheint. Wenn man das Konzept des selbstreferentiellen Systems etwas weiter fasst als Luhmann es tut, kann man erkennen, dass selbst individualistische Ansätze nicht ohne ein solches Konzept auskommen, wenn sie sich mit Institutionen und anderen Regeln beschäftigen. Luhmanns definiert selbstreferentielle Systeme durch die Merkmale Autopoiesis und Selbstorganisation – selbstreferentielle Systeme produzieren ihre Elemente selbst und organisieren ihre Strukturen auch selbst. Wir fassen das Konzept etwas weiter und definieren ein selbstreferentielles System als ein System, das Strukturen aufweist, die in sich stimmig und sinnhaft sind und das über Mechanismen (z.B. einen Selektionsmechanismus) verfügt, durch die die Sinnhaftigkeit des Systems immer wieder hergestellt wird. Ohne ein solches Konzept können auch individualistische Ansätze die Bedeutung von Institutionen und anderen Regeln nicht erklären. Die Bedeutung, welche in allen diesen Ansätzen Institutionen und anderen Regeln zugesprochen wird, liegt in der Reduktion von Unsicherheit und in der Schaffung von Erwartungs- oder Handlungssicherheit. Damit Institutionen und andere Regeln diese Funktion erfüllen können, müssen sie aufeinander abgestimmt sein und eine konsistente Struktur bilden. Andernfalls schaffen sie durch innere Widersprüchlichkeiten die Unsicherheit, die sie eigentlich reduzieren soll. Funktionierende Institutionen und andere Regeln bilden folglich immer Systeme – zumindest im Sinne einer geordneten Menge aufeinander bezogener Elemente. Die Frage, die sich dann stellt, ist, wie denn die innere Ordnung dieser Systeme gesichert werden kann. Sobald sich diese Systeme über größere soziale Distanzen und Räume erstrecken, wie das in modernen, komplexen Gesellschaften zumeist der Fall ist, kann auch eine individualistische Theorie nicht argumentieren, dass diese Ordnung direkt durch individuelles Handeln oder individuelle Kommunikation gesichert und im Fall von Inkonsistenzen oder Widersprüchlichkeiten wieder stabilisiert wird. Eine individualistische Theorie, die sich mit Institutionen und anderen Regeln beschäftigt, muss also annehmen, dass es irgendwelche, von direkten Interaktionen und Kommunikation losgelöste Mechanismen gibt, durch welche die Konsistenz von Regelungssystemen gesichert wird. Das können evolutionäre Selektionsmechanismen, organisatorische Entscheidungsmechanismen, soziale Verständigungsprozesse oder andere Mechanismen sein. Das bedeutet, dass auch eine individualistische Theorie, die sich mit Institutionen und anderen Regeln beschäftigt, zumindest implizit irgendein Konzept von Selbstreferentialität von Regelungssystemen enthält.

Ein drittes Beispiel, das zunächst überraschen mag, weil es nicht nur mit theoretischen Differenzen, sondern mit einem wissenschaftstheoretischen Gegensatz assoziiert wird, ist das Konzept der sozialen Konstruktion von Wirklichkeit. Dieses Konzept liegt, wie ich im ersten Kapitel dargestellt habe, der antirealistischen Wissenschaftsauffassung zu Grunde. Diese Auffassung ist jedoch nicht zwingend mit dem Konzept der sozialen Konstruktion von Wirklichkeit verbunden. Zu diesem Konzept existiert auch eine realistische Version. In dieser Version gibt es zwar eine objektive Realität, die aber nur über menschliche Konstrukte erfasst wird. Diese sind von der Natur der Sache her subjektiv und werden erst durch einen Prozess der Objektivation (der sozialen Verständigung) zu Wissen werden, das als objektiv anerkannt wird. Gemeinsam haben beide Versionen die Aussage, dass Wissen eine soziale Konstruktion ist. Diese Einsicht teilt der Konstruktivismus allerdings mit jeder heute anerkannten Wissenschaftstheorie. Keine dieser Theorien behauptet, dass Wissen objektive Wahrheit darstellt, sondern bestenfalls eine Annäherung an eine Wahrheit, die wir allerdings nicht kennen. Keine neuere sozialwissenschaftliche Theorie betrachtet Wissen als objektive Wahrheit. Für alle sozialwissenschaftlichen Theorien ist Wissen als Grundlage von Handeln oder als Inhalt von Kommunikation und Systembildung jedoch ein wichtiger Faktor. Deshalb kann man argumentieren, dass alle sozialwissenschaftlichen Theorien faktisch einen Bezug zum konstruktivistischen Konzept von Wissen aufweisen. Explizit findet man diesen Bezug nur in wenigen Theorien, so in Luhmanns Systemtheorie, Giddens Theorie der Strukturierung und Fritz Scharpfs akteurszentriertem Institutionalismus; in weniger expliziter Form in der verhaltenswissenschaftlichen Entscheidungstheorie und damit im Konzept der beschränkten Rationalität. Die meisten sozialwissenschaftlichen Theorien schenken dem Prozess der Konstruktion von Wissen dagegen kaum Aufmerksamkeit. Das zeigt beispielhaft, dass Wissen, das man mit guten Gründen zu den Grundlagen von Disziplinen zählen kann, nicht notwendigerweise auch eine wichtige Rolle in der wissenschaftlichen Kommunikation der jeweiligen Disziplinen spielt.

Diese Beispiele verweisen darauf, dass es in der Sozialwissenschaft nicht nur viele theoretischen Differenzen gibt, sondern das dahinter ein beträchtliches Maß an begrifflicher und konzeptueller Übereinstimmung besteht. Diese Übereinstimmung erschließt sich nur zu einem Teil aus der wissenschaftlichen Kommunikation, also aus Debatten und Veröffentlichungen. Ein beträchtlicher Teil besteht vielmehr aus stillschweigend akzeptierten oder implizit enthaltenen Annahmen, Prinzipien und Einsichten. Das ist aber nicht nur in der Sozialwissenschaft so, sondern auch in den anderen Wissenschaften.

In Anbetracht der hier nur grob skizzierten Wissensstrukturen der Sozialwissenschaft, kann man sich die Frage stellen, warum sich aus den vielfältigen genealogischen Zusammenhängen und konzeptuellen Übereinstimmungen nie ein Zustand stärker Integration entwickelt hat, in dem die Sozialwissenschaft durch ein oder ganz wenige Forschungsprogramme strukturiert wird, die klar gegeneinander abgrenzbar sind. Die Antwort auf diese Frage habe ich weiter oben schon gegeben, nämlich die, dass dieselben Netzwerkstrukturen, welche die Sozialwissenschaft kommunikativ vernetzen und damit auch sozial integrieren, die methodologische theoretische Integration der Sozialwissenschaft hemmen. Da methodologische und theoretische Grundsatzfragen in den meisten Netzwerken der Sozialwissenschaft keine zentrale Rolle spielen, bildet sich über diese Netzwerke allenfalls in Ausnahmefällen eine systematische und anhaltende Theorienkonkurrenz heraus. Das wird durch das Verhalten der meisten professionellen Organisationen, welche diese Netzwerke zu einem großen Teil tragen, noch verstärkt. Das Interesse dieser Organisation am Erhalt ihrer Organisationsfähigkeit fördert die Vermeidung grundsätzlicher Auseinandersetzung, welche über anregende intellektuelle Diskussionen hinausgehen und zu anhaltenden innerorganisatorischen Spannungen und Spaltungserscheinungen führen könnten.

Was also die Sozialwissenschaft bewegt, ist nicht die in wissenschaftstheoretischen Werken hervorgehobene Theorienkonkurrenz, sondern eine viel pragmatischer ausgerichtete Konkurrenz von Ideen zur Lösung der wissenschaftlichen und praktischen Probleme, mit denen sich Sozialwissenschaftlerinnen und Sozialwissenschaftler alltäglich beschäftigen. Der resultierende unscharfe Pluralismus schafft zweifellos für das Studium – und generell für das Verständnis – der Sozialwissenschaft manche Probleme und fordert Studierenden, Wissenschaftlerinnen und Wissenschaftlern und anderen Personen, die sich mit Sozialwissenschaft beschäftigen, eine hohe eigene Integrationsleistung ab. Zudem bleiben manche theoretischen Probleme ungelöst, die sich durch die Integration von Wissen aus unterschiedlichen Teildisziplinen oder Denkschulen prinzipiell lösen ließen. Ebenso bleiben manche Potenziale für einen grundlegenden und weitreichenden theoretischen Erkenntnisfortschritt ungenutzt. Das ist erkenntnistheoretisch sicher ein Manko. Pragmatisch gesehen liegt darin allerdings eine große Chance, nämlich die Chance, die unterschiedlichen Ansätze und Theorien als Teile eines vielseitigen Werkzeugkasten kreativ für die Lösung der wissenschaftlichen und praktischen Probleme, mit den sich Sozialwissenschaft beschäftigt, zu nutzen.

Die kreative Vernetzung der Sozialwissenschaft

Im vierten Kapitel habe ich ein Konzept von Kultur angesprochen, das die Soziologin Ann Swidler auf der Basis der Arbeiten des Anthropologen Clifford Geertz entwickelt hat. Diesem Konzept folgend stellt Kultur einen Werkzeugkasten dar, der eine Menge von Symbolen, Ritualen, Kommunikationsformen, Wissen (auch wissenschaftliches Wissen), Geschichten (Erfahrungen oder Berichte) und Verständnisse bereit stellt, mit deren Hilfe Individuen und andere Akteure ihre Handlungsstrategien konstruieren können. Das kann man auf die Wissenschaft übertragen: Theorien und andere kognitive Inhalte sind dann Werkzeuge, mit deren Hilfe Wissenschaftlerinnen und Wissenschaftler ihre wissenschaftlichen und praktischen Probleme lösen. Das ist eine Sichtweise, die für die Sozialwissenschaft in Anbetracht der oben dargestellten Strukturen besonders fruchtbar ist – vor allem, wenn man sich dabei nicht von methodologischen oder disziplinären Grenzen einschränken lässt.

Sozialwissenschaft als Werkzeugkasten

Die Vorstellung von Sozialwissenschaft als Werkzeugkasten ist eine konstruktivistische Vorstellung, die dazu auffordert, sich der Logik von Wissenssystemen zu entziehen und mit Wissen und den dahinter stehenden methodologischen und theoretischen Prinzipien ganz kreativ umzugehen. Kreativität heißt, wie Richard Florida mit Bezug auf Albert Einstein sagt, die Fähigkeit, Wissen aus Zusammenhängen heraus zu lösen, etablierte Denkmuster zu durchbrechen und neu zu kombinieren. Diese Fähigkeit ist in Floridas Sicht die wichtigste Ressource der modernen Wissensgesellschaft. Sie ist so wichtig, dass sich auf ihrer Basis eine neue soziale Klasse bildet – die kreative Klasse, die die gesellschaftliche Führungsrolle übernimmt. Letzteres scheint mir zwar etwas realitätsfern zu sein, ändert aber nichts an der großen Bedeutung von Kreativität. Gerade die modernen Wissensgesellschaften sind auf Kreativität angewiesen, um ihre Handlungsmöglichkeiten so zu erweitern, dass sie mit den komplexen ökonomischen, sozialen, politischen und ökologischen Problemen dieser Welt Schritt halten können. Dabei geht es, so die Innovationsforscher Bengt-Åke Lundvall und Björn Johnson, nicht nur um die kreative Erzeugung neuen Wissens, sondern vor allem um die kreative Nutzung vorhandenen Wissens. In ihrer Sicht ist in der modernen Wissensgesellschaft nicht das Wissen der knappe Faktor, sondern die Fähigkeit, Wissen sinnvoll zu nutzen.

Das lässt sich auf die moderne Sozialwissenschaft übertragen – auch da wird vorhandenes Wissen viel zu wenig genutzt. Das gilt insbesondere im Verhältnis zwischen den Disziplinen. Ein interessantes Beispiel dafür ist die Neue Politische Ökonomie, die anhand der Arbeiten von Anthony Downs und Mancur Olson im ersten und dritten Kapitel dargestellt habe. Ein großer Teil der Arbeiten der Neuen Politische Ökonomie, auch die von Downs, haben sich mit politischen Problemen beschäftigt, ohne den einschlägigen Forschungsstand der Politikwissenschaft auch nur in Ansätzen zur Kenntnis zu nehmen. Das führte dazu, dass die Neue Politische Ökonomie Einsichten lieferte, die weit hinter den Forschungsstand der Politikwissenschaft zurückfielen und die bezogen auf die politische Realität oft so simpel waren, dass sie wenig zur besseren Erklärung dieser Realität beitrugen. Das hatte zur Folge, dass die Neue Politische Ökonomie und der Rational Choice Ansatz insgesamt in der Politikwissenschaft lange Zeit kaum auf Interesse, sondern eher auf Ablehnung stieß – obwohl sie vor dem Hintergrund des damaligen theoretischen Angebots in der Politikwissenschaft für letztere durchaus eine Bereicherung darstellte. Auch die Aufnahme bei den Volkswirten, die sich mit Wirtschaftspolitik beschäftigten, blieb lange eher verhalten, weil die Einsichten der Neuen Politische Ökonomie oft weit weg von den realen Problemen der Wirtschaftspolitik waren. Eine etwas breitere Nutzung des Werkzeugkastens der Sozialwissenschaft hätte nicht nur der Neuen Politische Ökonomie genutzt, sondern auch der Politikwissenschaft und wahrscheinlich auch der Volkswirtschaftspolitik. Darauf komme ich weiter unten zurück.

Der Werkzeugkasten der Sozialwissenschaft besteht nicht nur aus ganzen Theorien, sondern enthält ebenso kleinteiligere Werkzeuge. Unterhalb von ganzen Theorien, die sozusagen die oberste Schublade des Werkzeugkastens bilden, finden wir unterschiedliche Verständnisse von sozialen Strukturen und Prozessen, die letztere unter anderem als Austauschprozesse, Netzwerkbeziehungen und Systeme betrachten. Wenn wir uns an die etablierten methodologischen Regeln halten, sind diese Verständnisse miteinander nicht kombinierbar, weil sie aus Forschungsprogrammen stammen, die auf „gegensätzlichen" methodologischen Prinzipien beruhen. Andernfalls kann man, wie ich das weiter oben in Bezug auf das Wissenssystem Sozialwissenschaft getan habe, ein System auch mal über die hinter seinen Kommunikationen stehenden Netzwerkstrukturen betrachten, um zu einem konkreteren Verständnis dieses Systems zu gelangen. Dabei muss man den Systembegriff nicht aufgeben, sondern im Gegenteil von ihm ausgehen. Ich bin bei meiner Analyse der Strukturen der Sozialwissenschaft durchaus von Luhmanns Verständnis von Systemen als Sinnsysteme, die auf Kommunikation basieren, ausgegangen. Ich habe aber nicht das Sinnsystem Wissenschaft betrachtet, sondern das soziale Interaktionssystem der Profession, das das Sinnsystem Wissenschaft mit Mitteilungen „füttert" und damit in diesem Sinnsystem Variationen auslöst.

In dieser Herangehensweise werden unterschiedliche Verständnisse von sozialen Strukturen und Prozessen aus ihren theoretischen (und methodologischen) Kontexten herausgelöst und in andere Kontexte eingebracht. Sie werden dann als unterschiedlicher Blickwinkel auf bestimmte soziale Strukturen und Prozesse betrachtet. In diesem Sinne blickt die Rational Choice Theorie auf soziale Strukturen von den Konsequenzen dieser Strukturen für individuelles Handeln her. Dabei geht sie nicht von einzelnen Individuen aus, sondern von einem bestimmten Typus von Individuen. Unter diesem Blickwinkel kann man soziale Systeme auch dann betrachten, wenn man davon ausgeht, dass soziale Systeme unabhängig von individuellem Handeln existieren, aber sich für ihre tatsächlichen Wirkungen auf individuelles Handeln interessieren. Das kann für systemtheoretische Ansätze fruchtbar sein, weil man die in ihnen oft implizit enthaltene Annahme, dass Systeme auch so wirken, wie sie sollen, durch empirisch prüfbare Aussagen ersetzen und damit die empirische Erklärungskraft der Ansätze stärken kann.

In einer Schublade darunter bietet der Werkzeugkasten der Sozialwissenschaft unterschiedliche Verständnisse und Definitionen von bestimmten sozialwissenschaftlichen Problemen und die entsprechenden analytischen Konzepte. Theoretische Ansätze sind zumeist mit bestimmten Problemdefinitionen verbunden oder legen solche zumindest nahe. Zudem verwenden sie zur Beschreibung von Problemen und Zusammenhängen jeweils bestimmte Konzepte. Im vierten Kapitel habe ich Mark Granovetters Netzwerkansatz und die daraus resultierende Erklärung der Entstehung und Verbreitung von Institutionen dargestellt. Der Netzwerkansatz ist mit einem bestimmten, interaktionistischen Verständnis von Gesellschaft verbunden, das Gesellschaft für ein System von Beziehungen und nicht von Handlungen steht. Ähnlich wie Elias, wendet sich Granovetter sowohl gegen die individualistische als auch die holistische Sicht von Gesellschaft. In dieser Sicht ist die Entwicklung von institutionellen Strukturen ein Problem der Vermittlung von Regeln über große soziale Distanzen. Dieses Problem untersucht er mit Hilfe des Konzepts der schwachen Beziehung. Die Neue Institutionenökonomik, die ich im zweiten und vierten Kapitel diskutiert habe, geht dagegen von einem individualistischen Ansatz aus. Institutionen entwickeln sich spontan aus individuellem Handeln und setzen sich gesellschaftlich im Rahmen einer Konkurrenz von Regeln nach Maßgabe des Nutzens, den sie für die Gesellschaftsmitgliedern erbringen, auch spontan durch. Aus dieser Sicht ist die Entwicklung von institutionellen Strukturen ein Problem einer durch Konkurrenz angetrieben evolutionistischen entwicklung. Um dieses Problem zu analysieren, kann man die Konzepte der evolutionistischen Ökonomik nutzen. Obwohl die beiden Ansätze von unterschiedlichen methodologischen und theoretischen Grundlagen her argumentieren, kann man ihre Problemverständnisse und Konzepte aus ihren jeweiligen theoretischen (und methodologischen) Kontexten herauslösen und sie miteinander verbinden. Das kann, wie ich weiter unten anhand eines konkreten Beispiels darstellen werde, fruchtbar sein und zur Verbesserung von Erklärungen oder sogar zur Weiterentwicklung von Theorien beitragen.

Das gilt auch für die Werkzeuge in den untersten Schubladen des Werkzeugkastens, in denen sich eine Vielzahl von Aussagen (Hypothesen) über die soziale Realität befindet, mit der sich Sozialwissenschaft beschäftigt. Ein Beispiel: Die Aussage Luhmanns, dass Systeme sich immer als Differenz zur Umwelt entwickeln, beschreibt in Luhmanns methodologischen und theoretischen Bezügen ein zentrales Merkmal von Systemen. Wenn man ihre methodologischen und theoretischen Bezüge vernachlässigt, besagt diese Aussage unter anderem, dass sich soziale Sinnverständnisse oder Regeln in dem Maße zu einem System verfestigen und selbstreferentiell weiter entwickeln, in dem sie im Gegensatz zu anderen sozialen Sinnverständnissen oder Regeln in einer Gesellschaft geraten. Solche Aussagen kann man nutzen, ohne die Systemtheorie, aus der sie kommen, zu übernehmen.

Die Werkzeuge dieses Kastens kann man in unterschiedlicher Weise miteinander verknüpfen. Grob können wir drei Möglichkeiten unterscheiden. Die erste Möglichkeit besteht darin, dass man die Werkzeuge nur heuristisch nutzt. In diesem Fall werden Werkzeuge aus anderen Forschungsprogrammen oder Theorien nur genutzt, um Ideen für die Verbesserung des eigenen Programms oder der eigenen Theorie zu gewinnen. Als zweite Möglichkeit bietet sich an, Theorien oder andere Wissenselemente zusammen zu verwenden, ohne sie inhaltlich miteinander zu verknüpfen und daraus einen eigenen Ansatz zu konstruieren. Bei der dritten, anspruchsvollsten Möglichkeit werden dagegen Theorien inhaltlich miteinander verknüpft. Diese Möglichkeiten illustriere ich an drei Beispielen.

Die Nutzung des Werkzeugkastens: Beispiele

Das erste Beispiel ist der oben angesprochene Fall der Neuen Politischen Ökonomie. Die Neue Politische Ökonomie hat, wie Guy Kirsch in einer bekannten Einführung in die Neue Politische Ökonomie feststellt, zwar große Entwicklungspotenziale, die sie aber bisher nur zum Teil realisiert hat. Das habe ich oben zurückgeführt auf die Tatsache, dass die Neue Politische Ökonomie den einschlägigen Forschungsstand der Politikwissenschaft und auch der Volkswirtschaftspolitik kaum aufgenommen hat. Diesen Forschungsstand hätte die Neue Politische Ökonomie nutzen können, um zu einem differenzierteren Verständnis politischer Prozesse zu kommen und daraus ihre wissenschaftlichen Probleme anspruchsvoller zu definieren. Sie hätte also ihre theoretischen Grundlagen nicht durch Elemente aus anderen Theorien erweitern müssen, sondern diese Theorie lediglich auf anspruchsvoller definierte Probleme anwenden müssen.

Ich reite auf diesem Fall offensichtlich etwas herum. Der Grund dafür liegt darin, dass er auf ein generelles Problem der Queranwendung von Wissen über die disziplinären Grenzen der Sozialwissenschaft verweist. Solche Queranwendungen erfolgen immer wieder in Formen, die als „imperialistisch" betrachtet werden. Das bedeutet, dass die Disziplinen, in deren Gegenstandsbereich andere Disziplinen mit ihren Theorien eintreten, dieses als einen Angriff auf die eigene Disziplin und deren theoretische Kompetenz betrachten. Solche Reaktionen werden insbesondere dann erzeugt, wenn das Theorieangebot der eintretenden Disziplin nicht auf das etablierte Wissen der anderen Disziplin abgestimmt wird. Das hat oft zur Folge, dass die mit der Queranwendung angebotenen neuen Ideen gar nicht erst diskutiert, sondern grundsätzlich abgelehnt werden. Diese Reaktion ist vor dem Hintergrund der im vorangehenden Kapitel diskutierten Theorien wissenschaftlicher Evolution nicht im Mindesten überraschend – in all diesen Theorien stellt die Einpassung in den etablierten Wissenstand ein wichtiges Selektionskriterium dar. Sie repräsentiert jedoch ein Problem des Wissenstransfers zwischen den sozialwissenschaftlichen Disziplinen. Das ärgerliche an diesem Problem ist, dass es mit einem vernünftigen Griff in den Werkzeugkasten der Sozialwissenschaft – also durch die Einbindung von Theorieangeboten aus anderen Disziplinen, in den Forschungsstand der Zieldisziplin – durchaus vermeidbar oder lösbar ist. Zumindest schafft diese Einbindung eine sachliche Kommunikationsplattform.

Das zweite Beispiel, das Beispiel für die Möglichkeit, Theorien oder andere Wissenselemente zusammen zu verwenden ohne sie inhaltlich miteinander zu verknüpfen, und daraus einen eigenen Ansatz zu konstruieren, nehme ich aus meiner alltäglichen Forschungspraxis. In einem Forschungsprojekt geht es darum, Möglichkeiten zu identifizieren, wie man in die Bildungsprozesse von Kindern mit türkischem Migrationshintergrund so eingreifen kann, dass ihre Bildungschancen deutlich und nachhaltig gesteigert werden können. Grund für diesen Auftrag ist die Tatsache, dass Jugendliche mit türkischem Migrationshintergrund die Schule viel häufiger ohne Bildungsabschluss verlassen als deutschstämmige Kinder. Aus der einschlägigen Forschung kennen wir die wichtigsten Faktoren, welchen den Bildungserfolg von Kindern mit und ohne Migrationshintergrund bestimmen. Das hilft uns aber bei unserem Problem nicht wirklich weiter. Mit diesen Faktoren können wir zwar empirisch beobachtete Verteilungen von Bildungsabschlüssen durch sozialstrukturelle Variablen kausal erklären. Damit erklären wir nur den sozialstrukturellen Kontext und das Resultat von Bildungsprozessen, nicht aber die Prozesse selbst. Da wir Maßnahmen entwickeln sollen, mit denen wir diese Prozesse so verändern können, dass die Bildungsverläufe günstiger werden, müssen wir diese Prozesse selbst verstehen.

Diese Prozesse untersuchen wir als Bildungsbiographien. Bildungsbiographien beschreiben die unter Bildungsgesichtspunkten relevanten Lebensläufe von Menschen. Man kann sie konzeptuell als Sequenzen von Entscheidungen erfassen, durch die Bildungsmöglichkeiten eröffnet oder verschlossen werden. Das ist jedoch eine verkürzte Sichtweise, weil Bildungsentscheidungen nach allem was wir wissen, dass Resultat von vielschichtigen Interaktionen in mehr oder weniger komplexen sozialen Zusammenhängen sind. Um diesen Sachverhalt zu erfassen und näher zu beleuchten, bietet sich die Figurationstheorie von Norbert Elias, die wir im zweiten Kapitel diskutiert haben, an. Figurationen sind prozesshafte Modelle sozialer Beziehungsgeflechte, die durch bestimmte Regeln strukturiert werden. Das Figurationskonzept hat für unsere Studie vor allem eine heuristische Funktion. Es liefert uns ein bestimmtes Muster für die Beschreibung von Handeln oder Entscheidungen in Beziehungsgeflechten von interdependenten Individuen. Dieses Muster übertragen wir auf unseren konkreten Fall und beschreiben damit abstrakt die für uns relevanten Aspekte der Situationen, die wir untersuchen wollen. Auf dieser Basis können wir die in unserer Untersuchung zu erfassenden Sachverhalte festlegen und unsere Erhebungsinstrumente gestalten. Nach der Erhebung der Daten können wir dieses Muster nutzen, um aus den Daten Bildungsbiographien zu rekonstruieren.

Allerdings reicht uns dabei das Figurationskonzept nicht, weil es zu wenig operational ist. Es hilft uns also nicht, die komplexen Zusammenhänge von Bildungsbiographien auf eine klare und einfache Variablenstruktur zu reduzieren und sie damit auch systematisch vergleichbar zu machen. Deshalb benutzen wir ein weiteres Werkzeug, nämlich den akteurszentrierten Institutionalismus von Fritz Scharpf, den wir schon im ersten Kapitel diskutiert haben. Nebenbei bemerkt, verknüpfen wir damit eine soziologische Theorie (Elias) mit einer politikwissenschaftlichen (Scharpf). Scharpfs Theorie passt gut zu der von Elias, weil beide Interaktionen in institutionellen Kontexten betrachten. Sie ergänzen sich dabei gut: Elias vermittelt uns ein differenziertes Verständnis der untersuchenden Situation, hilft uns aber nicht, dieses differenzierte Verständnis in ein handhabbares Modell umzusetzen; letzteres geht mit Scharpf besser, dessen Theorie allerdings so abstrakt ist, dass sie wenig zum notwendigen inhaltlichen Verständnis der zu modellierenden Situation beiträgt. Beide Theorien ergänzen sich also für unsere Belange gut. Ihre Verknüpfung bringt uns ein deutliches Mehr an Information und Analysemöglichkeiten.

Im dritten Beispiel geht es um die inhaltliche Verknüpfung von Theorien. Solche Verknüpfungen sind gerade in der Sozialwissenschaft sehr oft sinnvoll, weil viele ihrer Theorien beträchtliche blinde Flecken enthalten und deshalb reale Situationen nur beschränkt erklären können. Durch die Nutzung von kognitiven Inhalten anderer Theorien lässt sich oft die Erklärungskraft deutlich verbessern. Ein illustratives Beispiel für diesen Sachverhalt ist die individualistische Erklärung der Entwicklung von Institutionen mit Hilfe von Evolutionstheorien durch von Hayek, mit der wir uns schon im vierten und fünften Kapitel ausführlicher auseinander gesetzt haben. Die Erklärung, dass sich in einem evolutionären Prozess in einer Gesellschaft diejenigen Institutionen durchsetzen, die allen Individuen die größtmöglichen Vorteile bringen, gerät schon dann in Probleme, wenn man die Entwicklung von Institutionen über die Zeit betrachtet. Der Grund dafür liegt in dem im zweiten Kapitel dargestellten Argument von Douglass North, dass Institutionen immer auf früherem Wissen und früheren Vorstellungen von Menschen aufbauen. Er hat dieses Argument benutzt um zu zeigen, dass Institutionen die Wirtschaft immer an die Vergangenheit binden und damit die wirtschaftliche Entwicklung hemmen. Das bedeutet auch, dass die in der Vergangenheit entwickelten Regeln den in der Gegenwart agierenden Individuen nicht mehr die Vorteile bringen, die sie den Akteuren in der Vergangenheit gebracht haben. Wenn die in der Gegenwart handelnden Individuen nicht weniger rational handeln als die in der Vergangenheit, dann werden sie die aus der Vergangenheit stammenden Regeln keineswegs spontan und freiwillig einhalten. Evolutionistische Ökonomen werden zu Recht argumentieren, dass die Regeln dann eben evolutionär angepasst werden. Wie wir im fünften Kapitel gesehen haben, funktioniert die evolutionäre Anpassung jedoch nur, wenn es zu Variationen kommt. Variationen entstehen in einer Gesellschaft oder einem anderen Kollektiv dadurch, dass sich über einen bestimmten Zeitraum nicht alle Mitglieder der Gesellschaft oder eines anderen Kollektivs an die gleichen Regeln halten. Es ist also nicht der Konsens, sondern der Dissens über Institutionen und anderen Regeln, der die evolutionäre Entwicklung von Regelsystemen aufrechterhält. Wenn man das akzeptiert, kann man aber nicht mehr davon ausgehen, dass sich aus der Evolution wieder ein neues institutionelles Arrangement herausbildet, das von allen Gesellschaftsmitgliedern akzeptiert wird. Jede evolutionäre Entwicklung bietet immer eine Alternative zum Konsens, sprich zur Restabilisierung, nämlich die Differenzierung. Das kann man insbesondere von Niklas Luhmann und seiner Betonung der Kontingenz von Entwicklungen lernen.

Wie bedeutend diese Alternative ist, kann man am Beispiel der Finanzmarktkrise sehen, die wir im vierten Kapitel schon diskutiert haben. Dort haben wir Joseph Stieglitz folgend, die Finanzmarktkrise strukturell, insbesondere durch rechtliche Rahmenbedingungen, Agenturhandeln und Externalitäten, erklärt. Stieglitz wendet sich damit gegen die verbreitete These, die Finanzmarktkrise sei das Resultat einer Kultur der Gier, die sich in der Finanzwirtschaft ausgebreitet habe. Diese These bietet jedoch keine gute Erklärung der Finanzmarktkrise, sondern verschiebt das Problem nur: Wenn man diese These akzeptiert stellt sich die Frage, warum sich diese Kultur in der Finanzwirtschaft so rasch entwickeln konnte, sich aber nicht auch in der übrigen Wirtschaft durchsetzte. Mehr noch: Die „Kultur der Gier" wurde lange vor der Finanzmarktkrise wissenschaftlich und gesellschaftlich problematisiert und kritisiert. Sie geriet dadurch zunehmend in einen offensichtlichen Gegensatz zu wichtigen institutionellen Regeln, sowohl zur übrigen Wirtschaft als auch zur Gesellschaft insgesamt, entwickelte sich aber dennoch weiter. Selbst die Finanzmarktkrise, in der sich diese Kultur als ineffizient erwies, hat ihr kein Ende bereitet. Im Gegenteil: Es spricht manches dafür, dass sich dadurch die „Kultur der Gier" eher noch stabilisiert hat. Das alles wirft mehr Fragen auf, als die These Antworten bietet. Die gleiche Schwachstelle hat Stieglitz' Erklärung. Die Faktoren, die er für die Erklärung der Finanzmarktkrise nutzt, sind nicht spezifisch für die Finanzwirtschaft. In den meisten Ländern wurde die übrige Wirtschaft nicht weniger, sondern eher stärker dereguliert, als die Finanzwirtschaft, und Agenturhandeln sowie Externalitäten sind kein Spezifikum der Finanzwirtschaft. Auch seine Erklärung lässt die Frage offen, warum sich in der Finanzwirtschaft in ähnlichen Kontexten unterschiedliche institutionelle Regulierungen entwickeln konnten.

Da es mir hier nicht um eine reale Analyse der Finanzmarktkrise geht, lasse ich dahin gestellt, ob diese Problembeschreibung zutreffend oder ausreichend ist. Ich beschränke mich darauf, zu zeigen, wie man mit Hilfe des sozialwissenschaftlichen Werkzeugkastens erklären könnte, wie und warum sich in der Finanzwirtschaft institutionelle Strukturen entwickeln konnten, die im Widerspruch zu etablierten institutionellen Regelungen in der Wirtschaft (auch in der Finanzwirtschaft) und in der Gesellschaft stehen und die sich trotz der Finanzmarktkrise stabilisieren konnten. Dazu nutze ich, wie schon in anderen Zusammenhängen, Granovetters Netzwerktheorie. In dieser Perspektive kann man institutionelle Veränderungen durch Veränderungen von Netzwerken und deren Beziehungen erklären. Konkret besteht der erste Schritt der Erklärung in der Hypothese, dass im Zuge der Globalisierung der Finanzmärkte viele Banker und andere Agenten in der Finanzwirtschaft aus herkömmlichen sozialen Beziehungen herausgerissen und in neue, globaler angelegte Beziehungen eingebunden wurden. In diesen globalisierten Netzwerken entwickelten sich neue institutionelle Strukturen, die mindestens teilweise funktional im Hinblick auf den Umgang mit neuen Finanzprodukten und den globalisierten Finanzmärkten waren. Allerdings trafen in diesen Netzwerken, deren Mitglieder aus unterschiedlichen Ländern kamen, auch unterschiedliche institutionelle Regeln und Verständnisse aufeinander. Wenn man die weiter oben genannte Annahme von Hayeks und der Neuen Institutionenökonomik aufnimmt, dass sich in sozialen Aggregaten die jeweils günstigsten Institutionen spontan durchsetzen, kann man als zweiten Schritt der Erklärung die Hypothese formulieren, dass sich die Vorstellungen über Gehälter, Boni und andere Anreize an den höchsten Werten der Mitglieder der neuen Netze orientierten. Gleichzeitig setzten sich spontan auch eher Regelungen oder Vorstellungen über Regelungen durch, die besonders „liberal" waren, also Handlungsmöglichkeiten der Mitglieder der Netzwerke am wenigsten beschränkten. Die Durchsetzung hoher Ansprüche an Gehälter und Boni wurde durch die Konkurrenz der Banken und anderen institutionellen Investoren um besonders erfolgreiche Investmentspezialisten noch verschärft. An dieser Stelle könnte man eine Hypothese einfügen, die erklärt, warum und unter welchen Bedingungen die hohen Ansprüche an die Entlohnung zu opportunistischem Verhalten, als zu einer Missachtung etablierter und anerkannter Regeln führen. Die Werkzeuge dazu bieten die Transaktionskosten-Theorie der neuen Institutionenökonomie und Mertons Anomietheorie. Das will ich hier jedoch nicht ausführen, sondern mich noch einer besonders schwierigen Frage zuwenden, nämlich der Frage, warum sich die neuen institutionellen Strukturen trotz vieler Widersprüche zu etablierten Regeln und Verständnisse und trotz ihres offensichtlichen ökonomischen Scheiterns halten und stabilisieren konnten. Dazu greife ich auf Niklas Luhmann und die oben aus seiner Theorie heraus gelöste Aussage zurück, dass soziale Sinnverständnisse oder Regeln sich in dem Maße zu einem System verfestigen und selbstreferentiell weiter entwickeln, in dem sie in Gegensatz zu anderen sozialen Sinnverständnissen oder Regeln in einer Gesellschaft geraten.

Da ich in dieser kurzen theoretischen Skizze mit der Netzwerktheorie einen interaktionistischen Ansatz gewählt habe, muss diese systemtheoretische Aussage in diesen Ansatz übersetzt werden. Die Brücke dazu bietet Granovetters Konzept der schwachen Beziehungen. Gemäß diesem Konzept breiten sich Institutionen über Netzwerke hinaus aus, wenn sie über schwache, aber vertrauensvolle Beziehungen zwischen Netzwerken vermittelt werden. Im Umkehrschluss folgt daraus, dass in dem Fall, in dem die schwachen Beziehungen zwischen Netzen nicht mehr vertrauensvoll sind, sondern durch Misstrauen und Konflikte geprägt werden, institutionelle Inhalte zwischen Netzwerken nicht mehr positiv vermittelbar sind. Das bedeutet, dass institutionellen Strukturen von Netzwerken nur noch oder weitgehend durch die Kommunikation innerhalb der Netzwerke bestimmt werden und sich dadurch Differenzen zwischen Netzwerken verstärken. Diese Hypothese, die man mit Hilfe von sozialpsychologischen Theorien ausbauen könnte, stellt den dritten Schritt unserer Erklärung dar. Sie erklärt uns nicht nur, warum es zur Entwicklung einer spezifischen institutionellen Struktur in weiten Bereichen der Finanzwirtschaft kann, sondern auch, warum diese Strukturen durch die Finanzmarktkrise nicht destabilisiert, sondern eher stabilisiert wurden. Selbstreferentielle Systeme verarbeiten, so haben wir von Luhmann gelernt, Mitteilungen aus ihrer Umwelt nach ihrer eigenen Logik, also danach, wie sie in ihre eigenen Regelungs- und Sinnstrukturen eingepasst werden können. Übersetzt heißt das, dass die hier relevanten Akteure der Finanzwirtschaft das Verhalten von Akteuren außerhalb ihres Netzwerkes im Sinne ihrer eigenen Regeln und Verständnisse interpretieren. Sie interpretieren also die durch die Finanzmarktkrise ausgelösten Rettungsaktion der Politik als Mitteilung, dass es durchaus sinnvoll ist, mit hochriskanten Produkten zu operieren, um die Gewinnziele von Banken und anderen institutionellen Investoren und vor allem die Einkommensansprüche ihrer Agenten zu erfüllen, weil das Misserfolgsrisiko weitgehend externalisiert werden kann und mit harten Sanktionen für Regelverletzungen nicht zu rechnen ist. Insofern haben sich die neuen institutionellen Regelungen für viele Banker und andere Finanzmarktakteure als wirtschaftlich erfolgreich erwiesen.

Ich habe in diesen Beispielen, ebenso wie in der vorangehenden abstrakten Argumentation, die Nutzung von Sozialwissenschaft einfach dargestellt. Sie ist sicher nicht ganz so einfach, wie die Nutzung eines Werkzeugkastens für die Montage einer Schrankwand. Die Werkzeuge, die man für die Montage einer Schrankwand benötigt, kann man ohne Probleme zusammen verwenden und ihre Anwendung ist auch einfach. Die einzige Schwierigkeit, mit der man bei der Montage der Schrankwand rechnen muss, ist, dass die Montageanleitung von einem Fachmann geschrieben wurde, der es als Beleidigung seiner Expertise empfinden würde, wenn ganz normale Leute seine Anleitung mühelos verstehen könnten. Bei der Nutzung wissenschaftlicher Werkzeuge zur Lösung von Problemen, muss man nicht nur die „Montageanleitung" (den Forschungsplan) selbst erstellen – was allerdings Chancen eröffnet, dass man sie auch versteht – sondern man kann oft die Werkzeuge nicht problemlos zusammen verwenden. Wie wir weiter oben festgestellt haben, werden viele Begriffe und Konzepte in unterschiedlichen Theorien mehr oder weniger unterschiedlich bestimmt. Wenn man das bei der Übernahme vernachlässigt, können Aussagen entstehen, die entweder mit Widersprüchlichkeiten verbunden sind oder deren Sinn sich bei der Übernahme verändert. Im wissenschaftlichen Alltag lösen sich solche Probleme dadurch lösen, dass Wissenschaftlerinnen und Wissenschaftler bestimmte Theorien vertreten und in der Sprache dieser Theorien denken. Sie übersetzen deshalb kognitive Inhalte anderer Theorien schon spontan in die Theoriesprache ihrer eigenen Theorie. Man könnte sicher eine Reihe von methodologischen Regeln entwickeln, durch deren Befolgung die Gefahr von Widersprüchen oder Sinnveränderungen vermieden oder zumindest reduziert werden könnte. Das halte ich nicht für hilfreich. Die Nutzung von Sozialwissenschaft als Werkzeugkasten ist ein kreativer Prozess, der zu neuen Lösungen führen soll. Auch wenn ich ansonsten die im ersten Kapitel referierte Ablehnung von methodologischen Regeln durch Paul Feyerabend nicht teile, stimme ich mit ihm überein, dass methodologische Regeln Kreativität beschränken – was ja auch ihr Sinn ist. Deshalb plädiere ich dafür, die Kreativität bei der Nutzung von Sozialwissenschaft als Werkzeugkasten nicht durch Regeln zu beschränken, sondern sich erst mal darauf zu verlassen, dass die für wissenschaftliches Arbeiten erforderliche Vernunft ausreicht, solche Probleme zu vermeiden, wenn man sich ihrer bewusst ist.

Der alltägliche Charme der kreativen Vernetzung

Die kreative Vernetzung der Sozialwissenschaft bedarf keines großen, auf viele Jahre angelegten Projektes. Ihr besonderer Charme besteht darin, dass sie gut in die Alltagsarbeit von Sozialwissenschaftlerinnen und Sozialwissenschaftler eingebaut werden kann. Viele Sozialwissenschaftlerinnen und Sozialwissenschaftler beschäftigen sich in ihrer alltäglichen Arbeit – sei es im Studium, in der Praxis oder in der Wissenschaft – immer wieder mal mit Problemen, welche die Grenzen einzelner sozialwissenschaftlicher Disziplinen sprengen oder die nicht ganz in den Rahmen einer bestimmten Theorie passen. Viele Sozialwissenschaftlerinnen und Sozialwissenschaftler arbeiten immer wieder mal mit Kolleginnen und Kollegen zusammen, die aus anderen sozialwissenschaftlichen Disziplinen stammen oder andere theoretische Positionen vertreten.

Das läuft in aller Regel ganz problemlos und unprätentiös. Wenn man ein Problem bearbeitet, dass die Grenzen der eigenen Disziplin oder des eigenen theoretischen Ansatzes sprengt, besorgt man sich eben ein paar Bücher und Aufsätze mit deren Hilfe man sich das benötigte Wissen erarbeiten kann. Um die theoretischen und methodologischen Grundlagen dieses Wissens und deren Bezüge zum Wissen der eigenen Disziplin oder des eigenen theoretischen Ansatzes, kümmert man sich dabei oft nur, wenn dies notwendig erscheint. Weniger wissenschaftlich orientierte Menschen „ergoogeln" sich das notwendige Wissen einfach und das bietet ihnen oft noch nicht einmal die Möglichkeit, sich mit den theoretischen und methodologischen Grundlagen dieses Wissens zu beschäftigen. In der interdisziplinären Zusammenarbeit operiert man zumeist in dem, was wir im ersten und dritten Kapitel als Modus 2 kennen gelernt haben – man tauscht sich über empirische Aussagen aus und lässt

die theoretischen Grundlagen soweit wie möglich außen vor. Dabei stützt man sich auf eine
Erfahrung, die man als Sozialwissenschaftlerin oder Sozialwissenschaftler leicht machen
kann: Der Austausch von empirischem, problembezogenen Wissen ist oft interessant und
anregend, grundlegende methodologische und theoretische Debatten sind dagegen ebenso
oft unfruchtbar.

Gerade wenn man Wissenschaft nicht nur abstrakt als Entwicklung von Wissenssystemen
begreift, sondern die dahinter stehenden sozialen Produktions- und Kommunikationsprozesse
betrachtet, sind das ganz nachvollziehbare Einstellungen und Verhaltensweisen. Sie sind im
besten Sinn des Wortes effizient, weil sie den Nutzen von mehr Wissen erzeugen und zwar
nicht auf Kosten schwieriger und fruchtloser Grundsatzdebatten. Es stärkt zudem die Rolle
der Sozialwissenschaft als eine Wissenschaft, deren Wissen gesellschaftlichen Akteuren
neue Handlungsmöglichkeiten eröffnet. Das ist ein ganz wichtiger Punkt, weil an dieser
Rolle viele Arbeitsplätze und viele Drittmittelchancen für Sozialwissenschaftlerinnen und
Sozialwissenschaftler hängen. Der Sozialwissenschaft und ihren Disziplinen verbaut das
allerdings interessante Entwicklungspotenziale. Ihre Entwicklung wird einseitig von empirischem Wissen vorangetrieben, während ihre theoretische Entwicklung im Zustand eines
unscharfen Pluralismus verharrt.

Dieses Problem lässt sich lösen, wenn man den alltäglichen Charme kreativer Vernetzung
besser zum Tragen kommen lässt, also theoretische Diskussionen so in die Alltagsarbeit ein-
baut, dass letztere dadurch nicht beeinträchtigt, sondern befördert wird. Das heißt vor allem
eines: Man darf Diskussionen über theoretische (und methodologische) Grundlagen nicht als
Grundsatzdebatten führen. In dieser Hinsicht bin ich völlig bei der in diesem Buch mehrmals
erwähnten Auffassung von Feyerabend, dass Prinzipien und Regeln die wissenschaftliche
Kreativität hemmen. Kreativität hat oft etwas spielerisches, nichts ganz ernstes. So sollte
man auch im Rahmen der alltäglichen Arbeit mit Diskussionen über theoretische (und methodologische) Grundlagen verfahren. Das soll heißen: Man braucht diese Diskussionen zur
Lösung der konkreten Probleme, mit denen man sich beschäftigt, nicht unbedingt und kann
sich dabei deshalb uneingeschränkt von wissenschaftlicher Neugier nach dem Motto „Mal
sehen was dabei raus kommt" leiten lassen. Diese Empfehlung ist keineswegs unernsthaft
gemeint. Ganz im Gegenteil: Mir liegt, wie in diesem Buch immer wieder deutlich wurde,
viel an der Einheit der Sozialwissenschaft. Diese Einheit lässt sich aber nicht erzwingen.
Sie kann sich nur aus einer produktiven Kommunikation entwickeln. Das können wir von
den im letzten Kapitel diskutierten evolutionistischen Erklärungen von Wissenschaft lernen.

Produktive wissenschaftliche Kommunikation setzt jedoch, diesen Erklärungen folgend,
gemeinsame Grundlagen voraus. Ohne gemeinsame Grundlagen gibt es keine systematische Kommunikation, also keine Kommunikation, welche die Entwicklung einer Disziplin
oder eines Forschungsprogramms vorantreibt. Wenn man dieses Postulat ernst nimmt, sind
fruchtbare Grundlagendebatten, also Grundlagendebatten, die zu einer evolutionären Weiterentwicklung einer Disziplin führen, nicht möglich. Das ist eine durchaus nachvollziehbare
Einsicht, die unter anderem durch den im ersten Kapitel dargestellten Positivismusstreit in
der deutschen Soziologie bestätigt wird. Dieser Streit konnte nicht konstruktiv gelöst werden,
sondern hat die Soziologie auf Jahre tief gespalten.

Dieses Problem lässt sich in Situationen lösen, in denen konkrete empirische Probleme
im Fokus wissenschaftlicher Kommunikation stehen. In solchen Situationen verlieren Grund-

lagendebatten ihre grundsätzliche Bedeutung, weil von ihnen kein entscheidender Beitrag zum Erfolg der konkreten Arbeit erwartet wird. Dann kann man Grundlagendebatten am Rande als anregendes intellektuelles „Spiel" mitlaufen und sich von ihren konstruktiven Ergebnissen überraschen lassen – die dann oft einen bedeutenden Beitrag zur empirischen Arbeit leisten können und gleichzeitig die theoretische Integration der Sozialwissenschaft voran treiben. In diesem Sinne beende ich dieses Buch mit einem Gedicht von Erich Kästner, das ich schon mal als Schlusswort verwendet habe, nämlich für meine Habilitationsschrift. Das Gedicht lautet:

> Je üppiger die Pläne blühen,
> umso verzwickter wird die Tat.
> Man nimmt sich vor, sich schrecklich zu bemühen,
> und schließlich hat man den Salat.

> Es nützt nicht viel, sich rotzuschämen,
> es nützt nicht viel, und es schadet bloß,
> sich tausend Dinge vorzunehmen.
> Lasst das Programm und bessert Euch drauflos!

Literaturhinweise

Das pluralistische Erkenntnismodell von Paul Feyerabend wird in dem folgenden Buch ausführlich diskutiert:

Spinner H. F., 1974: *Pluralismus als Erkenntnismodell.* Frankfurt: Suhrkamp

Ich habe in diesem Kapitel viel über Kommunikation gesprochen, bin dabei aber nicht auf die Kommunikationstheorie und die Kommunikationsforschung eingegangen. Wer mehr dazu erfahren möchte, sei unter anderem auf folgende Bücher verwiesen:

Baecker D., 2007: *Form und Formen der Kommunikation.* Frankfurt: Suhrkamp
Burkart R., 2002: *Kommunikationswissenschaft. Grundlagen und Problemfelder. Umrisse einer interdisziplinären Sozialwissenschaft.* Wien-Köln:Böhlau
Schützeichel R., 2004: *Soziologische Kommunikationstheorien.* Konstanz: UVK

Richard Floridas Darstellungen der Kreativität und ihrer gesellschaftlichen Bedeutung findet sich unter anderem in dem folgenden Buch:

Florida R., 2002: *The Rise of the Creative Class. And How It's Transforming Work, Leisure, Community and Everyday Life.* New York: Basic Books.

Zu den Ausführungen von Bengt-Åke Lundvall und Björn Johnson zur Knappheit von Wissen und Wissensnutzung siehe:

Lundvall B.-Å., Johnson B., 1994: The Learning Economy. *Journal of Industry Studies, 1, 23–42.*

Zu dem in diesem Kapitel kritisch angesprochenen Stand der Neuen Politischen Ökonomie in den 1960er und 1970er Jahren vergleiche:

Lehner F., 1981: *Einführung in die Neue Politische Ökonomie.* Königstein/Taunus: Athenäum

Die bibliographischen Angaben zu dem im Text erwähnten Buch von Guy Kirsch lauten:

Kirsch G., 2004: *Neue Politische Ökonomie.* Stuttgart: Lucius & Lucius.

Die Probleme der Qualität der Erklärungen der Neuen Politischen Ökonomie werden unter anderem in den folgenden Büchern ausführlich diskutiert:

Friedman J., 1996: *The Rational Choice Controversy: Economic Models of Politics Reconsidered.* New Haven: Yale University Press
Shapiro I., Tam H., Green D., 1996: *Pathologies of Rational Choice: A Critique of Applications in Political Science.* New Haven: Yale University Press

Ich habe im Zusammenhang mit der Queranwendung von Theorien aus einer sozialwissenschaftlichen Disziplin in eine andere von „imperialistisch" gesprochen. Was das heißt, kann man gut in dem folgenden Aufsatz nachlesen:

Ott N., 2001: Der Ordnungsbezug des ökonomischen Imperialismus – Das Beispiel der Familienökonomik, in: H. Leipold, I. Pies (Hg.): *Ordnungstheorie und Ordnungspolitik – Konzeptionen und Entwicklungsperspektiven.* Stuttgart: Lucius & Lucius.

Interessante Einsichten zum Thema Kreativität vermittelt:

Holm-Hadula R. M., 2007: *Kreativität. Konzept und Lebensstil.* Göttingen: Vandenhoek & Ruprecht

Die bibliografischen Angaben für die Buchversion meiner am Schluss erwähnte Habilitationsschrift lauten:

Lehner F., 1979: *Grenzen des Regierens. Eine Studie zur Regierungsproblematik hochindustrialisierter Demokratien.* Königstein/T.: Athenäum.

Das am Schluss zitierte Gedicht von Erich Kästner findet sich in:

Kästner E., 1965: *Die kleine Freiheit.* Frankfurt: Fischer.

Register

Sachregister

MIX
Papier aus verantwortungsvollen Quellen
Paper from responsible sources
FSC® C105338

If you have any concerns about our products,
you can contact us on
ProductSafety@springernature.com

In case Publisher is established outside the EU,
the EU authorized representative is:
Springer Nature Customer Service Center GmbH
Europaplatz 3, 69115 Heidelberg, Germany

Printed by Libri Plureos GmbH
in Hamburg, Germany